Bernhard Deister
Anthropologie im Dialog

Innsbrucker theologische Studien

in Verbindung mit den Professoren SJ der Theologischen Fakultät
und dem Beirat Georg Fischer SJ, Bernhard Kriegbaum SJ
und Karl Heinz Neufeld SJ herausgegeben von

Lothar Lies SJ

Band 77

Bernhard Deister

Anthropologie im Dialog

Das Menschenbild bei Carl Rogers und
Karl Rahner im interdisziplinären Dialog
zwischen Psychologie und Theologie

2007
Tyrolia-Verlag · Innsbruck-Wien

Mitglied der Verlagsgruppe „engagement"

Bibliografische Information Der Deutschen Nationalibliothek
Die Deutsche Nationalibliothek verzeichnet diese Publikation in der Deutschen Nationalbib-
liografie; detaillierte bibliografische Daten sind im Internet über http://dnb.d-nb.de abrufbar

© 2007 Verlagsanstalt Tyrolia, Innsbruck
Druck und Bindung: Alcione, Trento
ISBN: 978-3-7022-2870-5

Inhaltsverzeichnis

1. Einleitung 9
   1.1. Kontext und Aktualität der Frage nach dem Menschenbild 10
      1.1.1. Wissenschaftliche Aktualität 11
      1.1.2. Persönlicher Hintergrund 16
   1.2. Grundlagen der Arbeit 17
      1.2.1. Darstellung und Begründung der Fragestellung 17
      1.2.2. Begründung der Wahl der Protagonisten 22
      1.2.3. Quellenlage und Stand der wissenschaftlichen Auseinandersetzung 26
   1.3. Rahmenbedingungen des interdisziplinären Dialogs 28
      1.3.1. Chancen und Grenzen des interdisziplinären Vorgehens 29
      1.3.2. Herleitung und Begründung der anthropologischen Kategorien 35
      1.3.3. Gang der Arbeit 44

I. Teil: Der personzentrierte Ansatz Carl Rogers' 45

2. Grundzüge und Bedeutung des personzentrierten Ansatzes 47
   2.1. Carl Rogers und die Wurzeln des personzentrierten Ansatzes 47
   2.2. Der personzentrierte Ansatz Carl Rogers' 61
      2.2.1. Darstellung und Abgrenzung 62
      2.2.2. Anwendungsfelder und Modifikationen 76
      2.2.3. Die sprachliche Gestalt des Rogersschen Werkes 78
   2.3. Zur Bedeutung des personzentrierten Ansatzes für Psychologie,
      Psychotherapie und Pastoral 80
3. Das Menschenbild des personzentrierten Ansatzes 85
   3.1. Art und Bedeutung der Anthropologie im Werk Carl Rogers' 85
   3.2. Das Menschenbild des personzentrierten Ansatzes Carl Rogers' 88
      3.2.1. Allgemeine Charakterisierung des Menschen als gut, konstruktiv
      und sozial 89
      3.2.2. Bezogenheit des Menschen als Person 94
         3.2.2.1. Der Mensch als Wesen der Bezogenheit von Organismus
         und Selbst 100
         3.2.2.2. Der Mensch als Wesen der Bezogenheit auf Mitmenschen 104
         3.2.2.3. Der Mensch als Wesen der Bezogenheit auf Gott bzw.
         Transzendentes 108
      3.2.3. Möglichkeiten und Entwicklung des Menschen aufgrund der
      Aktualisierungstendenz 111

3.2.4. Grenzen und Gefährdetheit des Menschen aufgrund der
Inkongruenz 120

3.2.5. Bedingungen und Wege der Heilung des Menschen 126

3.2.6. Zielbild des Menschseins: Die ‚fully functioning person' 133

3.2.7. Zusammenfassung des Menschenbildes des personzentrierten
Ansatzes 136

3.3. Kritische Würdigung des Menschenbildes Carl Rogers' 137

II. Teil: Der transzendentaltheologische Ansatz Karl Rahners 143

4. Grundzüge und Bedeutung des transzendentaltheologischen Ansatzes 145

4.1. Karl Rahner und die Wurzeln des transzendentaltheologischen Ansatzes 145

4.2. Der transzendentaltheologische Ansatz Karl Rahners 157

4.2.1. Die Methodik der transzendentaltheologischen Reflexion 157

4.2.2. Themenfelder des transzendentaltheologischen Ansatzes 167

4.2.3. Die sprachliche Gestalt des Rahnerschen Werkes 171

4.3. Zur Bedeutung des tranzendentaltheologischen Ansatzes für Theologie
und Pastoral 174

5. Das Menschenbild des transzendentaltheologischen Ansatzes 179

5.1. Art und Bedeutung der Anthropologie im Werk Karl Rahners 179

5.2. Das Menschenbild des transzendentaltheologischen Ansatzes
Karl Rahners 184

5.2.1. Allgemeine Charakterisierung des Wesens des Menschen als das
Ereignis der freien, vergebenden Selbstmitteilung Gottes 185

5.2.2. Bezogenheit des Menschen als Person und Subjekt 191

5.2.2.1. Der Mensch als Wesen der Bezogenheit von Geist
und Materie 193

5.2.2.2. Der Mensch als Wesen der Bezogenheit auf Gott 197

5.2.2.3. Der Mensch als Wesen der Bezogenheit auf Mitmenschen 208

5.2.3. Möglichkeiten und Entwicklung des Menschen als Wesen der
Transzendenz, der Verantwortung und Freiheit 212

5.2.4. Grenzen und Gefährdetheit des Menschen als Wesen der
radikalen Schuldbedrohtheit 220

5.2.5. Bedingungen und Wege der Heilung des Menschen 224

5.2.6. Zielbild des Menschseins: Die Einheit des Menschen mit Gott
in der hypostatischen Union 229

5.2.7. Zusammenfassung des Menschenbildes des transzendentaltheologischen Ansatzes 230

5.3. Kritische Würdigung des Menschenbildes Karl Rahners 232

III. Teil: Der interdisziplinäre Dialog und seine Implikationen 239

6. Dialogische Zusammen- und Weiterführung der Menschenbilder 241
  6.1. Grundlagen des Dialogs in den beiden Anthropologien 241
  6.2. Zusammen- und Weiterführung der Menschenbilder 242
    6.2.1. Allgemeine Charakterisierung des Menschen 243
    6.2.2. Bezogenheit des Menschen als Person 246
      6.2.2.1. Bezogenheit des Menschen in sich 249
      6.2.2.2. Bezogenheit des Menschen auf Mitmenschen und auf
        Gott bzw. Transzendentes 255
    6.2.3. Möglichkeiten und Entwicklung des Menschen 269
    6.2.4. Grenzen und Gefährdetheit des Menschen 279
    6.2.5. Bedingungen und Wege der Heilung des Menschen 284
    6.2.6. Zielbild des Menschseins 290
    6.2.7. Zusammenfassendes Ergebnis der Zusammen- und Weiter-
      führung der Menschenbilder Carl Rogers' und Karl Rahners 292
  6.3. Kritische Würdigung des Dialoges und seiner Ergebnisse 297
    6.3.1. Formal-methodische Reflexion des Vorgehens 297
    6.3.2. Material-inhaltliche Reflexion der Ergebnisse 300
7. Implikationen des Dialoges für Forschung und Praxis 303
  7.1. Gemeinsame Implikationen 303
  7.2. Fachspezifische Implikationen 308
    7.2.1. Implikationen für die psychologische Forschung sowie die
      psychotherapeutische Praxis 308
    7.2.2. Implikationen für die theologische Forschung sowie die
      seelsorgliche Praxis................................... 311
  7.3. Resümee 316

Zusammenfassung 319

Dank 321

Literaturverzeichnis 323
  I. Quellen 323
    Schrifttum Carl Rogers' 323
      Monographien und Einzelbeiträge 323
      Publikationen Carl Rogers' mit anderen Autoren 324
    Schrifttum Karl Rahners 325

Sämtliche Werke (Sigel: SW) 325
Schriften zur Theologie (Sigel: Schriften) 326
Monographien und Einzelbeiträge 327
Publikationen Karl Rahners mit anderen Autoren 329
II. Sekundärliteratur 329

1. Einleitung

Die jeweilige Anthropologie bildet sowohl für Seelsorge und Pastoraltheologie als auch für Psychotherapie und Psychologie eine, wenn nicht die wesentliche Grundlage.[1] Die Berührungspunkte und Überschneidungen dieser Praxisfelder und Wissenschaftsbereiche fordern zum interdisziplinären Dialog heraus.[2] In der hier vorliegenden Arbeit werden deshalb zwei exemplarische Menschenbilder aus Theologie und Psychologie dargestellt und in einem interdisziplinären Dialog zusammen- und weitergeführt. Die beiden hierfür ausgewählten Protagonisten Carl Rogers und Karl Rahner erscheinen dafür insofern geeignet, als für sie der Blick auf den Menschen und damit die Frage nach einem zutreffenden Menschenbild im Kern ihrer wissenschaftlichen und praktischen Tätigkeit stand.[3] Carl Rogers tat dies zunächst im Rahmen der empirischen Psychologie, Karl Rahner als Theologe. Bei allen Unterschieden zwischen empirischem und hermeneutischem Vorgehen haben sich beide Wissenschaftler in der Frage nach Wesen und Werden des Menschen engagiert und für ihr Fach Innovatives geleistet. Gemeinsam ist ihnen auch das Bestreben, ihre Erkenntnisse praktisch anzuwenden, etwa im Rahmen der Mystagogischen Seelsorge oder der personzentrierten Psychotherapie.[4] So eröffnet sich die Möglichkeit und auch die Notwendigkeit eines differenzierten interdisziplinären Dialogs zur Klärung der Konvergenzen und Divergenzen dieser beiden exemplarischen Anthropologien aus Psychologie und Theologie.

Zur Annäherung an das Thema soll nun zunächst auf die wissenschaftliche Aktualität der Frage nach dem Menschen (1.1.1.) und dem persönlichen Hintergrund der Auseinandersetzung mit dem Thema (1.1.2.) eingegangen werden, bevor in einem zweiten Unterkapitel die Grundlagen der Arbeit dargelegt werden (1.2.). Im dritten Abschnitt der Einleitung werden dann die Rahmenbedingungen des interdisziplinären Dialogs skizziert (1.3.).

---

[1] Vgl. für Theologie und Seelsorge K. RAHNER, Grundentwurf einer theologischen Anthropologie, SW 19, 181, sowie für Psychologie und Psychotherapie W. HERZOG, Modell und Theorie in der Psychologie, 82, und C. KORUNKA, Der Mensch ist gut, 72.

[2] Vgl. P. M. ZULEHNER UND A. HELLER, Sozialwissenschaften 595, und I. BAUMGARTNER, Pastoralpsychologie, 63-65.

[3] Zur Begründung der Auswahl der beiden Protagonisten siehe Kap. 1.2.2., zu Art und Bedeutung der Anthropologie im Werk der beiden Autoren vgl. Kap. 3.1. (C. Rogers) und 5.1. (K. Rahner). Zur Einführung in den jeweiligen Ansatz eignen sich C. ROGERS, Entwicklung der Persönlichkeit, und K. RAHNER, Grundkurs des Glaubens (im Folgenden zitiert mit *Grundkurs*).

[4] Vgl. S. KNOBLOCH UND H. HASLINGER, Mystagogische Seelsorge, die in ihrem Ansatz die theologische Anthropologie Rahners (ebd., 28-63) und die therapeutischen Haltungen Rogers' (ebd., 65-67) verbinden.

1.1. Kontext und Aktualität der Frage nach dem Menschenbild

„Gewiss ist die Menschheit in unseren Tagen voller Bewunderung über die eigenen Erfindungen und die eigene Macht; trotzdem wird sie oft ängstlich bedrückt durch die Fragen nach der heutigen Entwicklung der Welt, nach Stellung und Aufgabe des Menschen im Universum, nach dem Sinn seines individuellen und kollektiven Schaffens, schließlich nach dem letzten Ziel der Dinge und Menschen."[5] Diese Zeitanalyse der Konzilsväter des Zweiten Vatikanums, die sich in der Einleitung der am 7. Dezember 1965 feierlich verkündeten Pastoralkonstitution *Gaudium et spes* findet, ist auch für die Postmoderne zutreffend. Sowohl die Bewunderung wissenschaftlicher Erkenntnisse und technischer Fortschritte als auch die Besorgnis über deren Auswirkungen auf den Menschen und seine Lebenswelt sind eher noch gestiegen. Als Beispiel seien nur die Bereiche der Gentechnologie und Humangenetik,[6] der Neurowissenschaften[7] oder die Gefahren und Möglichkeiten der modernen Physik[8] genannt. Immer wieder werfen diese wissenschaftlichen Entwicklungen in Theorie und Praxis der Natur- und Geisteswissenschaften die Frage nach dem Menschen und einem, seinem Wesen entsprechenden, menschenwürdigen Leben auf.

Letztlich führt dies zu der Frage nach dem je aktuellen und gültigen Menschenbild. Während es in früheren Zeiten anscheinend einen Konsens darüber gab, wer der Mensch sei, bringt „die postmoderne Situation es mit sich, dass die Gesellschaft nicht mehr wie früher durch ein bestimmtes Menschenbild, sondern durch mehrere, z.T. miteinander konkurrierende Menschenbilder geprägt ist, die auf je verschiedene Religionen oder Weltanschauungen zurückgehen."[9] Dabei tragen diese Menschenbilder immer

---

[5] Zweites Vatikanisches Konzil, Pastoralkonstitution Gaudium et spes, Nr. 3, zitiert nach: K. Rahner und H. Vorgrimler, Kleines Konzilskompendium, 450. Im Weiteren wird dieses Konzilsdokument mit dem Sigel GS und der Textnummer zitiert.
Der Text der verwendeten Zitate wurde den Regeln der neuen Rechtschreibung angepasst. Hervorhebungen aus dem Original werden übernommen, vom Verfasser in Zitaten vorgenommene Hervorhebungen als solche gekennzeichnet. Aus Gründen der besseren Lesbarkeit wird an Stellen, die sich auf weibliche wie männliche Personen beziehen, das im allgemeinen Sprachgebrauch üblichere männliche Geschlecht verwendet.
[6] Vgl. N. Knoepfler, Humanbiotechnologie als gesellschaftliche Herausforderung, sowie A. W. Müller, Lasst uns Menschen machen!
[7] Vgl. einführend H. R. Maturana und F. J. Varela, Der Baum der Erkenntnis, sowie unter anthropologischer Perspektive E.-M. Engels, Neurowissenschaften und Menschenbild.
[8] Man siehe dazu nur etwa die politischen Auseinandersetzungen im Zusammenhang mit dem Atomprogramm des Iran, die bis zur Androhung militärischer Angriffe gehen und den Nahen Osten weiter zu destabilisieren drohen und die allgemeine Diskussion um die Sicherheit der Atomkraft. Vgl. M. Heinrich und A. Schmidt, Der Atom-Atlas, insb. 12-25.
[9] R. Radlbeck-Ossmann, Art. Menschenbild, 1135. Vgl. auch C. Wulf, Vom Menschen, 13f.

auch individuelle Züge, da sie bei aller wissenschaftlichen Fundierung „die persönliche Antwort auf die Frage, was ist der Mensch",[10] darstellen.

1.1.1. Wissenschaftliche Aktualität

Die Frage nach dem Menschen und einem zumindest für einen bestimmten Wissenschaftsbereich und seine Erkenntnisse zutreffenden Menschenbild ist von ungebrochener Aktualität. Gerade die wissenschaftlichen Fortschritte und ständigen Verfeinerungen natur- und geisteswissenschaftlicher Erkenntnismöglichkeiten führen zu einer fortwährenden Differenzierung und Veränderung des je erreichten Kenntnisstandes und seiner Anwendungen. So stellt sich für die verschiedenen Disziplinen die Aufgabe der Reflexion ihrer Sicht des Menschen und der theoretischen und praktischen Konsequenzen ihrer Forschungsergebnisse. In den humanwissenschaftlichen Disziplinen Biologie[11], Neurowissenschaften[12] und Medizin[13], aber auch beispielsweise in den Wirtschaftswissenschaften[14] finden sich dementsprechend zahlreiche aktuelle Publikationen, die sich mit der Frage nach dem Menschen und der Relevanz neuester wissenschaftlicher Erkenntnisse für das jeweilige Menschenbild befassen.[15] Aber auch aktuelle gesellschaftliche Entwicklungen, wie etwa die Reform der sozialen Sicherungssysteme, werfen die Frage auf, wer der Mensch ist und was er für ein menschenwürdiges Leben benötigt. Im Kontext politischer aber auch medizinisch-ethischer Fragestellungen wird die eminente Praxisrelevanz zugrundeliegender Menschenbilder deutlich. Sowohl die Frage nach individuellen Ansprüchen auf gesellschaftliche Unterstützung als auch die Frage nach sinnvollen und notwendigen Behandlungen im Bereich der medizinischen aber auch der aus personzentrierter Sicht relevanten psychotherapeutischen Versorgung (und deren Kostenüber-

---

[10] F. Dorsch, Art. Menschenbild, 413.

[11] Vgl. A. Gierer, Biologie, Menschenbild und die knappe Ressource Gemeinsinn.

[12] Vgl. E.-M. Engels, Neurowissenschaften und Menschenbild, sowie W. Singer, Ein neues Menschenbild?, und D. Mergenthaler, Oliver Sacks – Elemente einer Neuroanthropologie. Aus theologischer Sicht empfiehlt sich hierzu der in der Reihe *Quaestiones Disputatae* erschienene Sammelband P. Neuner, Naturalisierung des Geistes – Sprachlosigkeit der Theologie?, dessen Beiträge die Mind-Brain-Debatte unter der Perspektive eines christlichen Menschenbildes analysieren.

[13] Vgl. G. Dörner, Menschenbilder in der Medizin, H. E. Blum, Über das Menschenbild in der Medizin, sowie unter ethischer Perspektive H. Hepp u.a., Verantwortung und Menschenbild.

[14] Vgl. R. Biskup und R. Hasse, Das Menschenbild in Wirtschaft und Gesellschaft, sowie E. Kirchler u.a., Menschenbilder in Organisationen.

[15] Es ließen sich hier zahlreiche weitere Disziplinen aufzählen, in denen anthropologische Aspekte der Forschung bedacht werden. Für einen Überblick über die Zugänge verschiedener wissenschaftlicher Disziplinen zu anthropologischen Fragen vgl. A. Kühnen, Das Bild des Menschen in den Wissenschaften.

nahme durch das Gesundheitssystem), sind nur auf dem Hintergrund einer reflektierten Sicht dessen, wer der Mensch ist, adäquat zu beantworten.[16] Ohne anthropologische Grundlage, sind diese Fragen nur ökonomisch (was ist bezahlbar) oder nach politischem Nutzen (was schmeichelt dem Wähler) entscheidbar, ohne eine, dem Einzelnen wie der Gemeinschaft gerecht werdende Lösung sicherzustellen.

Von besonderer Relevanz und Bedeutung ist die Frage nach dem Menschen in den Disziplinen Psychologie und Theologie. Dies gründet nicht nur darin, dass sie (wie jede andere Wissenschaft auch) von den Erkenntnismöglichkeiten und –grenzen des forschenden Subjektes abhängen, sondern dass der Mensch für sie zentraler Gegenstand ihres Forschens ist und sie deshalb als „Systeme angewandter Anthropologie"[17] bezeichnet werden können. Während sich die Psychologie mit dem Erleben und Verhalten des Menschen sowie dessen Grundlagen und Auswirkungen befasst,[18] ist die Theologie an die menschliche Vermittlung ihres transzendenten, allem menschlichen Erkennen nur indirekt, nämlich mittels der menschlichen Erfahrung und Erkenntnis zugänglichen Gegenstandes verwiesen.[19]

Die Psychologie hat es von ihrem Erkenntnisgegenstand und –interesse her so mit dem Menschen zu tun, „dass jedes psychologische Forschungsprogramm unvermeidbar anthropologische Aussagen und Festlegungen enthält, auch wenn diese nicht direkt intendiert und explizit verbalisiert werden."[20] „Psychologische Theorien sind demnach ohne einen Kern von Annahmen über das ‚Wesen' des Menschen nicht formulierbar."[21] Für diese in jeder psychologischen Theorie enthaltenen anthropologischen Grundannahmen gilt, dass für sie „wegen ihres quasi begrifflichen Charakters Nicht-Falsifizierbarkeit anzusetzen ist ... Daraus folgt nicht, dass anthropologische Kernannahmen nicht kritisiert und zurückgewiesen werden können; allerdings ist das nur unter der Perspektive der Brauchbarkeit möglich, die sowohl auf empirische Argumente wie auch auf übergeordnete Wertungsgesichtspunkte zurückgreifen kann. Damit ist ‚Psychologische Anthropologie' jedoch nicht mehr eine zusätzliche fakultative Teildisziplin innerhalb der objekttheoretischen Einzelwissenschaft, sondern bezeichnet eine Dimension aller psycho-

---

[16] Im Blick auf medizinische und psychotherapeutische Versorgung im Gesundheitswesen beleuchten dies die Beiträge in F. Wessel, Wie krank darf der Gesunde sein?
[17] K. H. Ladenhauf, Psychotherapie, 279, der diesbezüglich ein „inhaltliches und formales ‚Verwandtschaftsverhältnis' im Theoriebereich" konstatiert.
[18] Vgl. P. G. Zimbardo, Psychologie, 3f.
[19] Zur menschlichen Vermittlung göttlicher Offenbarung vgl. W. Beinert, Theologische Erkenntnislehre, 69-73, sowie K. Rahner, Grundkurs, 88-96 und das in Kap. 4.2.1. dazu Ausgeführte.
[20] N. Groeben und E. Erb, Reduktiv-implikative versus elaborativ-prospektive Menschenbildannahmen in psychologischen Forschungsprogrammen, 2.
[21] W. Herzog, Modell und Theorie in der Psychologie, 82.

logischen Theorien, die es bei deren Analyse herauszuarbeiten, zu diskutieren und gegebenenfalls auch zu bewerten gilt."[22]

Beim Blick in Lehrbücher der Psychologie fällt auf, dass diese Reflexion und Explikation der anthropologischen Grundannahmen jedoch trotz ihrer Aktualität und Notwendigkeit ausbleibt.[23] Eine wesentliche Grundlage hierfür ist sicher die starke Orientierung gegenwärtiger psychologischer Forschung an den empirischen Naturwissenschaften. „Wie nie zuvor in der Geschichte ist die Blickrichtung wissenschaftlicher Forschung heute so einseitig materialistisch und mechanistisch orientiert und ausgerichtet, dass das eigentlich Menschliche und wirklich Personale kaum noch oder gar nicht mehr ins Blickfeld treten."[24] Auch wenn diese Kritik sicher nicht auf das Ganze psychologischer Theorienbildung und Forschung zutrifft, so ist doch ein mit der zunehmenden Verbreitung empirischer Modellannahmen einhergehender Rückgang anthropologischer Reflexion zu beobachten.[25]

Gegen diesen Trend wenden sich vor allem die humanistischen, aber auch die tiefenpsychologischen und systemischen Ansätze im Bereich psychotherapeutischer Forschung und Praxis.[26] Anliegen dieser Ansätze, und hier vor allem des personzentrierten Ansatzes Carl Rogers', ist es, „die vom Behaviorismus zerstückelte Person wieder zusammenzufügen, indem sie ihre Teile zu einer einzigartigen Ganzheit *synthetisieren*."[27] Die Problematik empiristischer, sich vor allem an messmethodischen und auswertungsstatistischen Grundfragen orientierender Psychologie ist, „dass die in den naturwissenschaftlichen Methoden inhärenten, mittransportierten Menschenbildannahmen gegenüber einem zureichenden, umfassenden Gegen-

---

[22] N. GROEBEN UND E. ERB, Reduktiv-implikative versus elaborativ-prospektive Menschenbildannahmen in psychologischen Forschungsprogrammen, 2.

[23] Vgl. etwa für den Bereich der Klinischen Psychologie G. C. DAVISON UND J. M. NEALE, Klinische Psychologie, R. H. E. BASTINE, Klinische Psychologie, L. R. SCHMIDT, Klinische Psychologie, oder H. REINECKER, Lehrbuch der klinischen Psychologie und Psychotherapie. Der gleiche Befund zeigt sich Lehrbüchern anderer psychologischer Teildisziplinen, etwa in R. OERTER UND L. MONTADA, Entwicklungspsychologie, oder in W. STROEBE U.A., Sozialpsychologie. Eine Ausnahme stellt P. G. ZIMBARDO, Psychologie, 35-46, dar, der zumindest für die grundlegenden Psychotherapierichtungen die zugrundeliegenden Annahmen über die Natur des Menschen aufführt. Für die anderen Bereiche psychologischer Forschung und Praxis, die in diesem umfassenden Einführungswerk behandelt werden, werden die anthropologischen Grundlagen allerdings ebenfalls nicht reflektiert.

[24] B. PAULEIKHOFF, Das Menschenbild im Wandel der Zeit, 1.

[25] Vgl. zu dieser Kritik N. GROEBEN, Handeln, Tun, Verhalten, 20-86.

[26] Vgl. etwa A. MOLDZIO, Das Menschenbild in der systemischen Therapie, H. SCHEEL, Menschenbild und Heilung oder E. JAEGGI, Zu heilen die zerstoßnen Herzen, welche die Hauptrichtungen der Psychotherapie hinsichtlich der in ihnen enthaltenen Annahmen über den Menschen vergleicht.

[27] P. G. ZIMBARDO, Psychologie, 43. Zur Auseinandersetzung Carl Rogers' mit dem Behaviorismus und seinen Grundannahmen siehe Kap. 2.2.1..

standsvorverständnis vom Menschen zu kurz greifen."[28] Hier besteht die
Aufgabe psychologischer Anthropologie darin, in Auseinandersetzung mit
den Kriterien messmethodisch orientierter psychologischer Theorienbildung
und Forschung „Aspekte zu identifizieren, an denen sich die psychologische
Methodik und Methodologie ändern müsste, um eine möglichst weitgehende, interdependente Übereinstimmung von Gegenstandsvorverständnis und
(wissenschaftlichem) Gegenstandsverständnis zu erreichen."[29]

Menschenbilder bilden aber nicht nur für die psychologische Forschung,
sondern auch für die psychotherapeutische Praxis die entscheidende Grundlage. „Das persönliche Menschenbild – ob es nun bewusst ausgesprochen
wird oder nur implizit vorhanden ist – bestimmt daher die Handlungen des
Psychotherapeuten. Eine intensive Auseinandersetzung mit dem eigenen,
persönlichen Menschenbild ist somit für einen Psychotherapeuten von großer Bedeutung."[30]

Es zeigt sich, dass die Auseinandersetzung mit den der Theorie und Praxis
zugrundeliegenden Menschenbildern für die wissenschaftliche Psychologie
ebenso eine aktuelle und bleibende Aufgabe ist, wie für die Theologie, in der
es eine stete Folge von Publikationen zu diesem Themenbereich gibt.[31]

Die kontinuierliche Auseinandersetzung mit dem Menschenbild hat für
die Theologie bzw. den christlichen Glauben eine doppelte Grundlage: Zum
einen kann der Mensch alle seine Kenntnisse über Gott als dem primären Erkenntnisgegenstand der Theologie nur aus menschlichen Erfahrungen dieses
Gottes und seiner Offenbarung gewinnen, da der transzendente Gott keiner
direkten wissenschaftlichen Betrachtung zugänglich ist – sonst wäre er ja
gerade nicht Gott, sondern ein immanenter, begrenzter Gegenstand menschlicher Erkenntnis neben anderen vergleichbaren Erkenntnisgegenständen[32]
– zum zweiten, weil es dem sich offenbarenden Gott und auch dem christlichen Glauben immer um das Heil des Menschen geht.[33] Der Mensch tritt
so gleich zweifach in den Blick der Theologie: als Hörer und Empfänger
der göttlichen Offenbarung, und als Ziel und Gegenüber allen christlichen
Heilshandelns. Für Karl Rahner geht diese Verwiesenheit der Theologie auf
die Anthropologie so weit, „dass Theologie und Anthropologie notwendi-

---

[28] N. GROEBEN, Handeln, Tun, Verhalten, 53.
[29] N. GROEBEN, Handeln, Tun, Verhalten, 53f.
[30] C. KORUNKA, Der Mensch ist gut, 72.
[31] Hingewiesen sei an dieser Stelle exemplarisch auf J. REBER, Das christliche Menschenbild,
E. HERMS, Menschenbild und Menschenwürde, P. KOSLOWSKI, Gottesbegriff, Weltursprung und
Menschenbild in den Weltreligionen, bzw. L. ULLRICH, Aspekte eines christlichen Menschenbildes.
[32] Vgl. hierzu z.B. W. BEINERT, Theologische Erkenntnislehre, insb. 51-54.
[33] Zu dieser anthropologischen Grundorientierung allen christlichen Handelns vgl. z.B. K.
RAHNER, Grundentwurf einer theologischen Anthropologie, SW 19, 181.

gerweise eines (sind)."[34] Ebenso wie in der Psychologie gehört auch in der Theologie die Reflexion anthropologischer Grundannahmen zu den Aufgaben jeder ihrer Teildisziplinen.[35] Dementsprechend finden sich innerhalb der verschiedenen theologischen Teildisziplinen anthropologische Publikationen[36] und auch in vielen Hand- und Lehrbüchern sind eigene Abschnitte diesem Themenbereich gewidmet.[37]

Die Frage nach dem Menschenbild erweist sich so in allen wissenschaftlichen Disziplinen, insbesondere aber neben der Philosophie und Soziologie in Psychologie und Theologie als eine aktuelle, sich auf die ganze Bandbreite von Theorienbildung, Forschung und Anwendung wissenschaftlicher Erkenntnisse beziehende Grundkomponente wissenschaftlicher Reflexion. Hierbei entwickeln sich die verschiedenen Wissenschaftsbereiche je eigenständig weiter, doch wird gerade an der Frage nach dem Menschen und seinem Wesen auch die Verbundenheit der verschiedenen Disziplinen deutlich. So finden sich anthropologische Publikationen in den Grenzbereichen von z.B. Neurobiologie und Theologie,[38] von Medizin und Psychologie[39] und insbesondere auch von Psychologie und Theologie.[40] Von großer Bedeutung für den anthropologischen Dialog zwischen Theologie und Psychologie aber auch Medizin ist hierbei die Analyse des Zusammenhangs von Glaube und Gesundheit,[41] wie er insbesondere in der amerikanischen, zunehmend aber auch der deutschen Religionspsychologie untersucht wird und zu einer immer engeren Kooperation in Forschung, Ausbildung und Praxis führt.[42] Neben der aus der empirischen Psychologie erwachsenen Religionspsy-

---

[34] K. RAHNER, Grundkurs, 54 f. Zur ausführlichen Begründung dieses Zusammenhanges siehe Kap. 4.2.1., sowie K. RAHNER, Theologie und Anthropologie, Schriften VIII, 43-65.

[35] Vgl. K. RAHNER, Theologie und Anthropologie, Schriften VIII, 61-65, sowie DERS., Grundkurs, 18.

[36] So im Bereich der Sozialethik E. HERMS, Menschenbild und Menschenwürde.

[37] Vgl. etwa T. SCHNEIDER, Handbuch der Dogmatik, W. BEINERT, Glaubenszugänge, sowie im Bereich der Praktischen Theologie H. HASLINGER, Handbuch Praktische Theologie, Bd. 1, und P. M. ZULEHNER, Pastoraltheologie, insb. Bd. 3, Übergänge.

[38] So etwa in H. HEPP U.A., Verantwortung und Menschenbild, oder in dem bereits angeführten Band von P. NEUNER, Naturalisierung des Geistes – Sprachlosigkeit der Theologie?

[39] Z.B. im Sammelband von W. BRÄUTIGAM, Medizinisch-psychologische Anthropologie.

[40] Vgl. etwa M. SCHLAGHECK, Theologie und Psychologie im Dialog über ihre Menschenbilder, T. PHILIPP, Die theologische Bedeutung der Psychotherapie, oder A. M. STEINMEIER, Wiedergeboren zur Freiheit.

[41] Als zusammenfassende Sammelbände siehe T. G. PLANTE UND A. C. SHERMAN, Faith and health, J. LEVIN, God, faith, and health, sowie für den deutschsprachigen Bereich H. MOOSBRUGGER U.A., Religiosität, Persönlichkeit und Verhalten. Als Beispiele für konkrete Studien zum Zusammenhang religiöser Einstellungen und Gesundheit bzw. der Bewältigung belastender Lebensereignisse können T. DEISTER, Krankheitsverarbeitung und religiöse Einstellungen, sowie S. MURKEN, Gottesbeziehung und psychische Gesundheit, dienen.

[42] So weist etwa M. SIEVERNICH, Schuld und Vergebung, 308, darauf hin, dass die Hälfte der medizinischen Fakultäten in den USA Vorlesungen über *Medizin und Religion* anbieten.

chologie[43] stellt auch die theologisch fundierte Pastoralpsychologie[44] einen Schnittbereich zwischen Theologie und Psychologie dar, dem in der praktischen Anwendung die zunehmende Überschneidung und Nähe von Psychotherapie und Seelsorge bzw. kirchlicher Beratungsarbeit entsprechen.[45] Gerade für die Praxisbereiche der Psychotherapie und der Seelsorge gilt, dass sie „bei allen Unterschieden ein Ziel gemeinsam (haben): den Menschen zu befreien aus ihn versklavenden Bindungen und Abhängigkeiten."[46]

Diese zunehmende Überschneidung der psychologisch-psychotherapeutischen und theologisch-seelsorglichen Forschungs- und Anwendungsbereiche verweist auf den Bedarf an Zusammen- und Weiterführung der jeweils zugrundeliegenden anthropologischen Annahmen, um die faktische Kooperation auf das Fundament eines gemeinsamen Menschenbildes gründen zu können. Einen Beitrag zu dieser aktuellen Aufgabe will die hier vorliegende Arbeit anhand eines exemplarischen Dialoges leisten.

1.1.2. Persönlicher Hintergrund

Das Neben- sowie Miteinander von Psychologie und Theologie bildet einen wesentlichen Aspekt des persönlichen Hintergrundes dieser Arbeit. Der Autor hat an der Johannes Gutenberg-Universität Mainz die beiden Diplomstudiengänge in Theologie und Psychologie zeitlich parallel absolviert und so unmittelbar die Verschiedenheit der jeweiligen Zugänge zur Wirklichkeit, aber auch die tiefe Verbundenheit des jeweiligen Interesses an einem hilfreichen, heilvollen Zugang zum Menschen erfahren. Zeitweise war es wie ein Wandel zwischen zwei Welten, die auf den ersten Blick wenig miteinander zu tun haben, aber sich doch fruchtbar ergänzen können, wenn sie in Dialog treten. Diese Erfahrungen im Kontakt mit den beiden wissenschaftlichen Disziplinen haben sich in der Berufspraxis durch eine Weiterbildung in Ge-

---

[43] Als aktuelle deutschsprachige Lehrbücher hierzu siehe S. Heine, Grundlagen der Religionspsychologie, B. Grom, Religionspsychologie, C. Hennning u.a., Einführung in die Religionspsychologie, sowie S. Huber, Dimensionen der Religiosität, der sich vor allem auf Skalen, Messmodelle und Ergebnisse der empirischen Religionspsychologie bezieht.

[44] Als einführende Lehrbücher siehe I. Baumgartner, Pastoralpsychologie, Ders., Handbuch der Pastoralpsychologie, sowie M. Klessmann, Pastoralpsychologie.

[45] Zu Nähe aber auch Unterschiedlichkeit psychotherapeutischer und seelsorglicher Praxis vgl. S. Pfeifer, Seelsorge und Psychotherapie, W. Müller, Psychotherapie in der Seelsorge, M. Utsch, Wenn die Seele Sinn sucht, sowie U. Rauchfleisch, Wer sorgt für die Seele?, der sich neben einem historischen Überblick über das Verhältnis zwischen Psychotherapie und Religion, das lange Zeit vorwiegend von gegenseitiger Ablehnung geprägt war (ebd., 30,38), auch den Möglichkeiten und Problemen der Zusammenarbeit von Seelsorgern und Psychotherapeuten zuwendet (ebd., 209-218).

[46] D. Funke, Theologie und (Tiefen-)Psychologie, 219.

stalttheoretischer Psychotherapie, die Ausbildung zum Pastoralreferenten sowie die bislang sechsjährige Arbeit als Krankenhausseelsorger und praktische Erfahrungen in kirchlicher Beratungsarbeit in einer psychologischen Beratungsstelle und bei der Telefonsseelorge Mainz-Wiesbaden e.V. vertieft. Dort, wo es gelingt, die jeweiligen hilfreichen und heilvollen Aspekte zu verbinden, kommt es zu fruchtbaren Ergänzungen. Aus dem Erleben dieser Ergänzungsmöglichkeiten, aber auch eines Mangels an theoretisch fundiertem Dialog der Disziplinen und ihrer praxisbezogenen Konzepte[47] erwuchs das persönliche wie fachliche Interesse an dem hier vorliegenden interdisziplinären Dialog, dessen Ziel es ist, die wissenschaftliche Auseinandersetzung mit der Frage nach konvergierenden aber auch divergierenden anthropologischen Grundlagen von Forschung und Praxis in Psychologie und Theologie weiterzuführen.

1.2. Grundlagen der Arbeit

Zur Darstellung der Grundlagen dieser Arbeit sollen zunächst die Fragestellung (als Formalobjekt) und der Gegenstand (als Materialobjekt) des hier vorgenommenen interdisziplinären Dialogs dargestellt und in die Pastoraltheologie eingeordnet werden (1.2.1.), bevor in einem zweiten Schritt die Auswahl der beiden Protagonisten begründet wird (1.2.2.) und in einem dritten Unterkapitel Quellenlage sowie Stand der wissenschaftlichen Sekundärliteratur referiert werden (1.2.3.).

1.2.1. Darstellung und Begründung der Fragestellung

Gegenstand dieser Arbeit im Sinne des Formalobjektes ist die Frage nach dem im personzentrierten Ansatz Carl Rogers', als eines Vertreters der empirisch fundierten Psychologie, bzw. dem transzendentaltheologischen Ansatz Karl Rahners, als eines Vertreters der wissenschaftlichen Theologie, explizit und implizit enthaltenen jeweiligen Menschenbild, sowie nach der

---

[47] Viele auf den ersten Blick dialogisch wirkende Beiträge beschränken sich auf ein Nebeneinander von Beiträgen der verschiedenen Richtungen, ohne eine wirkliche Auseinandersetzung über Gemeinsames und Trennendes und eine Weiterführung zu einer gemeinsamen anthropologischen Basis zu leisten. Vgl. etwa die Beiträge in M. SCHLAGHECK, Theologie und Psychologie im Dialog über ihre Menschenbilder, oder H. BRUNNER, Menschenbilder in Psychologie und Psychotherapie, der zwar aus theologischer Sicht kritische Anmerkungen vornimmt, aber nicht den Möglichkeiten einer wechselseitigen Weiterentwicklung der Sicht vom Menschen nachgeht.

Möglichkeit und den Grenzen einer dialogischen Zusammen- und Weiterführung dieser anthropologischen Grundlagen zu einer gemeinsamen, interdisziplinären Sicht des Menschen. Auf der methodisch-formalen Ebene ist
dabei außerdem zu prüfen, ob die als Grundlage für die Darstellung und den
Dialog der Menschenbilder zu erarbeitenden anthropologischen Kategorien
(1.3.2.) sich als angemessen und hilfreich erweisen, oder ob sie der Modifikation und Weiterentwicklung bedürfen.

Gegenstand im Sinne des Materialobjektes sind die anthropologisch relevanten Teile des Schrifttums der beiden Protagonisten sowie der Sekundärliteratur zu ihren Ansätzen und den darin enthaltenen Menschenbildern.[48]

Zur Beantwortung der hier gestellten Untersuchungsfrage werden die
beiden Ansätze jeweils dargestellt und mittels der anthropologischen Kategorien hinsichtlich des in ihnen enthaltenen Menschenbildes analysiert.
Als Menschenbild werden dabei die im Schrifttum der beiden Autoren
explizit formulierten und implizit enthaltenen Annahmen und Aussagen über die Natur, bzw. das Wesen des Menschen verstanden, mit denen die Eigenart menschlichen Erlebens, Erkennens und Handelns sowie
seiner Lebenssituation charakterisiert werden. Diese anthropologischen
Grundannahmen enthalten sowohl empirisch-beschreibende, als auch her-
meneutisch-wesensbezogene Elemente, die zwar zu unterscheiden sind,
aber nie eindeutig voneinander getrennt werden können, da jede Beobachtung von einem bestimmten, selbst nicht direkt falsifizierbaren Gegenstandsvorverständnis ausgeht und dieses in sich beinhaltet.[49] Es ist auch zu
prüfen, inwieweit die zugrundegelegten Kategorien zur Explikation des
jeweiligen Menschenbildes adäquat sind, oder ob relevante Aspekte nicht
in sie integrierbar sind.

Den beiden Menschenbildern kommt eine sowohl erkenntnis- als auch
praxisleitende, regulative Funktion zu.[50] Sie beinhalten in sich immer eine
bestimmte Frage, unter deren Aspekten der Mensch betrachtet wird. Diese
jeweilige anthropologische Grundfrage ist im Rahmen der Explikation und
Analyse der Menschenbilder darzulegen und zu berücksichtigen, da sie von

---

[48] Zu den herangezogenen Werken beider Autoren vgl. die entsprechenden Teile des Literaturverzeichnisses. Die in den *Schriften zur Theologie* bzw. den *Sämtlichen Werken* Karl Rahners
enthaltenen Einzelbeiträge sind hierbei dem jeweiligen Fundort zugeordnet, Monographien
und anderweitig veröffentlichte Einzelbeiträge finden sich nach Alphabet. Beiträge aus den
Schriften zur Theologie werden mit ihrem Titel, dem Kürzel *Schriften* sowie der entsprechenden Bandnummer in römischer Ziffer zitiert, Beiträge aus den *Sämtlichen Werken* mit Titel,
dem Kürzel SW und der Bandangabe in arabischer Ziffer.
[49] Vgl. N. GROEBEN, Handeln, Tun, Verhalten, 49-54, und F. BREUER, Wissenschaftstheorie für
Psychologen, 15-21.
[50] Vgl. W. HERZOG, Modell und Theorie in der Psychologie, 81, H. BRUNNER, Menschenbilder
in Psychologie und Psychotherapie, 63f., sowie G. LANGEMEYER, Theologische Anthropologie,
507-509.

konstitutiver Bedeutung für Erkenntnisrahmen und –absicht des jeweiligen anthropologischen Ansatzes ist und den Bedeutungsgehalt verwendeter Begriffe prägt.

Anschließend werden die beiden Menschenbilder anhand der anthropologischen Kategorien hinsichtlich interdisziplinärer Konvergenzen und Divergenzen analysiert. Hierbei ist zwischen psychologischem und theologischem Sprachspiel zu unterscheiden und die jeweilige Aussage- und Erkenntnisebene zu berücksichtigen, da auch gemeinsam verwendete Begriffe im Rahmen der jeweiligen Disziplin einen je eigenen Bedeutungsgehalt haben können, „weswegen etwa gleiche Begrifflichkeiten völlig Unterschiedliches bezeichnen (können).“[51] Das Ergebnis dieses Dialoges wird so weit als möglich zu einem gemeinsamen, interdisziplinäre Übereinstimmung konstituierenden Menschenbild weitergeführt, das dann auf seine Implikationen für Forschung und Praxis befragt wird. Hierbei ist ebenfalls zu prüfen, ob die eigens hergeleiteten anthropologischen Kategorien eine geeignete Grundlage für den interdisziplinären Dialog darstellen bzw. wo sie gegebenenfalls der Modifikation bedürfen.

Die hier fokussierte Frage leitet sich m. E. konsequent aus dem gewählten Material ab, da beide Autoren in ihrem Werk selbst den Anspruch formulieren, eine auf den Menschen als Ganzen bezogene Anthropologie zu entwickeln, sie dabei die Grenzen ihrer Ursprungsdisziplin überschreiten und damit selbst prinzipielle und konkrete interdisziplinäre Dialogfähigkeit anstreben.[52]

Es geht im Rahmen dieser Arbeit also nicht nur um die Explikation und kritische Würdigung des jeweiligen Menschenbildes der beiden herangezogenen Autoren, sondern um eine dialogische Zusammen- und Weiterführung der Menschenbilder mit dem Ziel, einen möglichst weitgehenden interdisziplinären Konsens zu konstituieren, aber auch bleibende Differenzen aufzuzeigen. Hierbei steht die Frage nach der Möglichkeit wechselseitiger Anregungen und Weiterführungen gerade durch die je andere, fachspezifische Sicht des Menschen im Mittelpunkt. Es ist also zu fragen, welche Anregungen die Sichtweise des empirischen Psychologen für das Menschenbild des Transzendentaltheologen und umgekehrt bietet und welche Folgen und Ergebnisse sich aus der Zusammen- und Weiterführung beider Sichtweisen für das Verständnis des Menschen und die anthropologischen Grundlagen von Forschung und Praxis in beiden Disziplinen ergeben.

---

[51] N. Groeben und E. Erb, Reduktiv-implikative versus elaborativ-prospektive Menschenbildannahmen in psychologischen Forschungsprogrammen, 28.
[52] Zur ausführlichen Begründung vgl. Kap. 1.2.2. (Begründung der Wahl der Protagonisten) sowie die grundlegenden anthropologischen Abschnitte in den Kap. 3.1. (C. Rogers), 5.1. (K. Rahner), sowie 6.1. (Dialog).

Im Rahmen dieses Vorgehens darf nicht aus dem Blick geraten, dass es weder *die* Anthropologie schlechthin gibt,[53] noch *die* Psychologische oder *die* Theologische Anthropologie.[54] Das jeweils einem konkreten Ansatz zugrundeliegende Menschenbild hängt von vielen Faktoren ab und erfährt oft genug im Laufe der Jahrzehnte des wissenschaftlichen Arbeitens eines Autors eine Entwicklung.[55] Neben dem je spezifischen wissenschaftlichen Erkenntnisweg sind dies auch Faktoren persönlicher Erfahrung und kultureller Prägung.[56] Es zeigt sich deshalb eine so große intradisziplinäre Heterogenität und Divergenz anthropologischer Grundannahmen, dass sie einen fruchtbaren interdisziplinären Dialog deutlich erschweren oder sogar unmöglich machen würde. Aus diesem Grund wird der hier intendierte interdisziplinäre Dialog anhand zweier exemplarischer Menschenbilder durchgeführt, um eine schärfere Konturierung und fruchtbarere wechselseitige Ergänzung zu ermöglichen. So kann anhand zweier konkreter Beispiele untersucht werden, wo sich zwischen den Disziplinen Psychologie und Theologie anthropologische Gemeinsamkeiten finden lassen, und wo nicht. Dabei wird zu beachten sein, inwieweit die beiden herangezogenen Protagonisten repräsentativ für ihre wissenschaftliche Disziplin sind und wo sie gegebenenfalls eine Sonderstellung einnehmen. Die Ergebnisse eines solchen exemplarischen Dialogs können dann Grundlage für das weitere interdisziplinäre Gespräch sein.

Bereits bei der Darlegung der Aktualität der Frage nach dem Menschenbild wurde darauf hingewiesen, dass jedem wissenschaftlichen Modell, aber auch jedem alltäglichen Zugang zum Menschen ein zumindest implizites Menschenbild zugrundeliegt, ohne das der ‚Gegenstand Mensch' gar nicht wahrgenommen werden kann.[57] Die Klärung dieses Vorverständnisses und die interdisziplinäre Verständigung darüber scheint deshalb eine unerlässliche Grundlage für alle weiteren Formen interdisziplinärer Forschung wie Praxis zu sein. Ohne ein gemeinsames anthropologisches Fundament können weder Verstehensmodelle noch empirische Befunde oder praktische Zugänge zum Menschen aus einer anderen Disziplin übernommen werden, ohne

---

[53] Vgl. C. WULF, Vom Menschen, 13, sowie G. GRUPE, Anthropologie, 9-11.
[54] So finden sich z.B. in H. GADAMER UND P. VOGLER, Psychologische Anthropologie, und J. FAHRENBERG, Annahmen über den Menschen, zahlreiche nebeneinander stehende Aspekte psychologischer Anthropologien und auch J. M. INGHAM, Psychological anthropology reconsidered, weist auf die Notwendigkeit weiterer Integrationsversuche hin, um den divergierenden Befund, der sich auch bei P. G. ZIMBARDO, Psychologie, 35-46, zeigt, zu einer gemeinsamen Basis zu führen. Für den Bereich der Theologie weist G. LANGEMEYER, Theologische Anthropologie, 499, darauf hin, dass „an der Theologischen Anthropologie ungefähr alles noch problematisch (ist)."
[55] Vgl. exemplarisch das in Kap. 2.1. zur Entwicklung des personzentrierten Ansatz Carl Rogers' Ausgeführte.
[56] Vgl. G. GRUPE, Anthropologie, 12.
[57] Vgl. H. BRUNNER, Menschenbilder in Psychologie und Psychotherapie, 64f.

Gefahr zu laufen, in einen Widerspruch mit den eigenen anthropologischen Grundlagen zu geraten. Die Grundlage einer interdisziplinären Integration von theoretischen und praktischen Anregungen muss deshalb eine gemeinsame, zumindest in den relevanten Aspekten übereinstimmende Sicht des Menschen sein.

Gerade im Bereich der seelsorglichen Praxis und der Beratungsarbeit der Kirchen kommt es zu einer immer größeren Kooperation und Interdependenz zwischen pastoraltheologisch und psychologisch fundierten Theorien und Praktiken.[58] Zum Teil treten hierbei auch innerkirchlich Spannungen und Verständigungsschwierigkeiten auf, so z.B. zwischen caritativer Beratungsarbeit und pfarrlicher Seelsorge.[59] Aufgabe der Pastoraltheologie ist die Reflexion dieser gesamten kirchlichen Praxis und ihre Ausrichtung am Ziel der Heilsvermittlung.[60] Im Anschluss an Karl Rahner wird der Kontext kirchlichen Handelns, den es für die Pastoraltheologie zu betrachten gilt, auf die Gesamtkirche in all ihren Vollzügen – und nicht etwa nur den Bereich der Pfarrseelsorge oder ähnlicher Seelsorgsfelder – geweitet und in Bezug zur Gegenwartssituation gestellt.[61] „Zur Erhellung der Gegenwartssituation bedarf die Praktische Theologie des interdisziplinären Gesprächs mit den Sozial- und Humanwissenschaften, welche die soziale Wirklichkeit, die Bedingungszusammenhänge menschlichen Handelns, psychischen Grundstrukturen analysieren und reflektieren. Die kritische Beteiligung an diesem Kommunikationsprozess wird jenseits der naiven Rezeption von ‚Ansätzen‘ oder selektiver Instrumentalisierung zu einer vertieften und differenzierten Kenntnis der Wirklichkeit führen."[62]

Die Forderung eines solchen interdisziplinären Dialoges stellt keinen völlig neuen Anspruch dar, denn „die direkte bzw. indirekte Berücksichtigung psychologischer Erkenntnisse bzw. psychischer Allgemeinerfahrungen für die pastorale Aufgabenstellung geht bis in die Ursprünge der missionarischen Praxis der frühen Christengemeinden zurück."[63] Auch die Konzilsvä-

---

[58] Vgl. W. Müller, Beratung und Begleitung im Kontext von Seelsorge, J. Scharfenberg, Psychologie und Psychotherapie, und L. Wachinger, Wie in Psychotherapie und Beratung Seelsorge geschieht, 108f.

[59] Vgl. R. Zerfass, Beratung – ein Zankapfel zwischen Caritas und Pastoral?, 31-34.

[60] Vgl. M. Sievernich, Pastoraltheologie, die an der Zeit ist, insb. 233-235.

[61] Vgl. K. Rahner, Die Praktische Theologie im Ganzen der theologischen Disziplinen, SW 19, 504-506.

[62] M. Sievernich, Pastoraltheologie, die an der Zeit ist, 236. K. H. Ladenhauf, Psychotherapie, 279, weist darauf hin, dass „unter den human- und sozialwissenschaftlichen Kooperationspartnern der Praktischen Theologie die Psychotherapie und in unterschiedlicher Weise die (Klinische) Psychologie eine bedeutsame Rolle (spielen)."

[63] H. Pompey, Zur Geschichte der Pastoralpsychologie, 23. Zum Beleg seiner Aussage geht Heinrich Pompey u.a. auf Passagen der beiden Briefe an die Korinther sowie der Apostelgeschichte ein.

ter des Zweiten Vatikanums fordern in der Pastoralkonstitution *Gaudium et spes*, dass „in der Seelsorge nicht nur die theologischen Prinzipien, sondern auch die Ergebnisse der profanen Wissenschaften, vor allem der Psychologie und Soziologie, wirklich beachtet und angewendet werden."[64] Trotz dieser langen Geschichte stellt der Dialog eine echte Notwendigkeit aktueller Praktischer Theologie und Psychologie dar, denn „Psychotherapie wie auch Seelsorge werden die aktuellen Herausforderungen in der Begegnung mit (notleidenden) Menschen nur in wechselseitiger kritischer Anerkennung und Differenzierung der jeweiligen Wahrnehmungs- und Deutungsperspektiven adäquat bewältigen können."[65]

Eine wesentliche Grundlage des geforderten interdisziplinären Gesprächs zwischen Pastoraltheologie und Humanwissenschaften bilden der Dialog über die jeweiligen anthropologischen Grundlagen und die Suche nach einer gemeinsamen Sicht des Menschen, da diese die Basis für jede Integration von Ergebnissen und Ansätzen aus anderen Disziplinen darstellen. Diese Erhellung anthropologischer Grundlagen ist auch insofern eine unmittelbare Aufgabe der Pastoraltheologie, als sie „im Menschen und in einem der Würde des Menschen entsprechenden Menschsein ihren Zweck findet."[66]

Aus den angeführten Gründen entspricht der hier durchgeführte interdisziplinäre Dialog m. E. einer Grundaufgabe der Pastoraltheologie und ist in dieser und nicht in einer anderen theologischen Teildisziplin zu verorten, wenngleich es sicher auch für andere Teilbereiche, wie z.B. Religionspädagogik, Ethik oder Moraltheologie, Anlass zu ähnlichen Dialogen gibt.

1.2.2. Begründung der Wahl der Protagonisten

Die beiden Protagonisten dieser Untersuchung, Carl Rogers und Karl Rahner, wurden weder wegen der Namensalliteration noch wegen ihrer zeitlich parallelen Lebensdaten (1902-1987 bzw. 1904-1984) ausgewählt, sondern weil sie beide in ihrer jeweiligen Disziplin für eine anthropologische Wende stehen, eine breite Rezeption innerhalb ihres Fachgebietes sowie darüber hinaus erfahren haben und in ihrem Werk selbst den Anspruch einer Relevanz und Dialogfähigkeit über die Grenzen des eigenen Faches hinaus erheben.

Carl Rogers hat wesentlich zu „einem Paradigmenwechsel im Verständnis von Psychotherapie"[67] im Sinne einer humanistischen bzw. personalen

---

[64] GS 62.
[65] K. H. LADENHAUF, Psychotherapie, 291.
[66] H. HASLINGER U.A., Praktische Theologie – eine Begriffsbestimmung in Thesen, 387.
[67] W. W. KEIL, Zur Erweiterung der personzentrierten Therapietheorie, 35.

Wende beigetragen. Nicht mehr die Diagnose psychischer Störungen, sondern die Unterstützung ganzheitlicher Wachstumsprozesse des als personales Gegenüber betrachteten Klienten stehen im Mittelpunkt seines Therapiekonzeptes.[68] Carl Rogers ist damit zu einem Hauptbegründer und zentralen Repräsentanten des humanistischen Menschenbildes in der Psychologie und Psychotherapie geworden, das sich auch auf die Weiterentwicklungen von Psychoanalyse und Verhaltenstherapie ausgewirkt hat und somit zu einer Grundkonstante gegenwärtiger Psychotherapie geworden ist.[69] Über den Einfluss der von ihm mitinspirierten amerikanischen Seelsorgebewegung,[70] die auch die deutsche Seelsorge und Pastoralpsychologie entscheidend mitgeprägt hat,[71] hat der personzentrierte Ansatz Carl Rogers' darüber hinaus weit in den Bereich der pastoralen Arbeit und der seelsorglichen Beratung und Gesprächsführung hineingewirkt.[72] Auch auf methodischer Ebene hat Carl Rogers die klinische Psychologie entscheidend geprägt. „Rogers und seine Mitarbeiter gelten als Pioniere der empirischen Psychotherapie-, Prozess- und Wirksamkeitsforschung."[73] Ihnen ist die Übertragung empirisch-wissenschaftlicher Methodik auf das Feld der psychotherapeutischen Beziehung zu verdanken.[74]

Mit der Übertragung seiner anhand der psychotherapeutischen Beziehung gewonnenen Erkenntnisse auf größere soziale und politische Zusammenhänge überschreitet Rogers die Grenzen der Psychologie und erhebt selbst den Anspruch einer Gültigkeit seines Ansatzes für alle Situationen, in denen es um individuelle oder gemeinschaftliche, positive Entwicklung geht.[75] In dieser Entgrenzung seines Ansatzes ist der Anspruch interdisziplinärer Dia-

---

[68] Vgl. hierzu ausführlich das in Kap. 2.2.1. zur Abgrenzung des personzentrierten Ansatzes von Psychoanalyse und Verhaltenstherapie Ausgeführte.

[69] I. BAUMGARTNER, Pastoralpsychologie, 412-417.

[70] Vgl. die ausführliche Einführung von D. STOLLWERK, Therapeutische Seelsorge, insb. 203-274, wo der Autor auf Seward Hiltner eingeht, der wesentlich zur Implementierung des personzentrierten Ansatzes in die Seelsorgebewegung beigetragen hat. Vgl. hierzu auch W. MÜLLER, Menschliche Nähe in der Seelsorge, 40-43.

[71] Vgl. M. KLESSMANN, Pastoralpsychologie, 112. Klessmann verweist darauf, dass über die unmittelbare Seelsorge hinaus besonders auch über Homiletik und Religionspädagogik von Rogers' Ansatz beeinflusst und mitgeprägt wurden.

[72] Vgl. P. F. SCHMID, Personzentrierte Seelsorgliche Beratung und Begleitung, H. LEMKE, Verkündigung im seelsorglichen Gespräch, 496-500, M. VON KRIEGSTEIN, Gesprächspsychotherapie in der Seelsorge, sowie R. BÄRENZ, Gesprächsseelsorge, der sich allerdings auch kritisch mit den Grenzen einer Rezeption des Ansatzes Carl Rogers' für die Seelsorge auseinandersetzt (vgl. ebd., 108f.). H. POMPEY, Seelsorge zwischen Gesprächstherapie und Verkündigung, zeigt auf, wie eine „helfende, partner-zentrierte Gesprächsseelsorge ... beide Grundfunktionen der Heilssorge christlicher Gemeinden: die Verkündigung und die Diakonie" (ebd., 169) vereinen kann.

[73] E.-M. BIERMANN-RATJEN U.A., Gesprächspsychotherapie, 51.

[74] Vgl. N. GRODDECK, Carl Rogers, 82-94, sowie Kap. 2.1.1..

[75] Vgl. C. ROGERS, Der neue Mensch, 12f.

logfähigkeit enthalten, der sich auch in der philosophisch-weltanschaulichen Dimension späterer Publikationen Rogers spiegelt.[76] Dass Carl Rogers diesen Dialog nicht nur fordert, sondern auch selbst leistet, wird im Blick auf die Theologie u.a. an seinem öffentlichen Gespräch mit Paul Tillich deutlich.[77]

In Entsprechung zur humanistischen Wende Carl Rogers' in der Psychologie steht die gesamte Theologie Karl Rahners unter anthropologischen Vorzeichen[78] und kann somit zurecht als „anthropologisch gewendete Theologie"[79] charakterisiert werden. Gerade durch die Weite und Tiefe seiner transzendentalen Reflexion gewann das Denken Rahners einen solchen Einfluss auf die weitere Entwicklung der Theologie im deutschsprachigen Raum und darüber hinaus,[80] dass Karl Lehmann von „fast unschätzbaren Leistungen und Verdiensten für die Kirche"[81] spricht. Einen wesentlichen Beitrag hat Karl Rahner dabei zur Begründung der wissenschaftstheoretisch eigenständigen Pastoraltheologie bzw. Praktischen Theologie geleistet und über die „pastorale Grundorientierung"[82] seiner Theologie nicht nur die Dogmatik, sondern auch die Pastorale Theologie und Praxis – nicht zuletzt durch die auf ihn zurückgehende Mystagogische Seelsorge[83] – nachhaltig beeinflusst.

Gerade durch seine Bereitschaft, sich immer wieder den Fragen seiner Zeit zu stellen und sich dabei nicht auf den binnentheologischen Raum zu beschränken,[84] hat Karl Rahner nicht nur die Forderung nach interdisziplinärem Dialog erhoben, sondern diesen auch selbst initiiert.[85] Dialogfähigkeit fordert Karl Rahner hierbei insbesondere für den Bereich anthropologischer Fragen. So hat sich für ihn die Theologische Anthropologie den Erkenntnis-

---

[76] Vgl. etwa die in C. Rogers, Die Kraft des Guten, und Ders., Der neue Mensch, gesammelten Beiträge.

[77] Vgl. C. Rogers und P. Tillich, Paul Tillich und Carl Rogers im Gespräch.

[78] Vgl. etwa B. J. Hilberath, Karl Rahner, 33.

[79] J. Speck, Karl Rahners theologische Anthropologie, 11. I. Baumgartner, Pastoralpsychologie, 64, spricht davon, dass Rahners Name „für eine anthropologische Wende in der Theologie steht."

[80] Vgl. etwa das Sonderheft *Stimmen der Zeit 1/2004: Karl Rahner – 100 Jahre,* dessen Beiträge die Bedeutung Rahners für die deutschsprachige, aber auch die angelsächsische und lateinamerikanische Theologie aufzeigen.

[81] K. Lehmann, Karl Rahner und die Kirche, 132.

[82] M. Sievernich, Ignatianische Spiritualität und pastorale Grundorientierung, 60-64, hier: 61. Die Bedeutung Karl Rahners für die Pastoraltheologie und ihre Etablierung als wissenschaftliche Disziplin bringen die *Pastoraltheologischen Informationen 24/2 (2004) Theologie aus Pastoraler Leidenschaft* zum Ausdruck, die Beiträge eines pastoraltheologischen Kongresses in Innsbruck anlässlich des 100. Geburtstages und 20. Todestages Karl Rahners beinhalten.

[83] Vgl. S. Knobloch und H. Haslinger, Mystagogische Seelsorge.

[84] Vgl. R. A. Siebenrock, Aus der Mitte in die Weite.

[85] Vgl. die in K. Rahner, Verantwortung der Theologie, SW 15, gesammelten Beiträge, insb. Ders., Die Theologie im interdisziplinären Gespräch der Wissenschaften, SW 15, 693-703, und Ders., Zum Verhältnis zwischen Theologie und heutigen Wissenschaften, SW 15, 704-710.

sen der humanwissenschaftlichen Anthropologien zu stellen und diese theologisch zu reflektieren.[86] Als Beiträge Karl Rahners zum Dialog zwischen Theologie und Psychologie sei zum einen auf seinen Aufsatz *Schuld und Schuldvergebung als Grenzgebiet zwischen Theologie und Psychotherapie*[87] und zum anderen auf die von Albert Görres und ihm verfassten Werke *Das Böse – Wege zu seiner Bewältigung in Psychotherapie und Christentum* sowie *Der Leib und das Heil* hingewiesen. Bei aller wechselseitigen Bezogenheit hat Karl Rahner dabei immer auf die Unterschiede der Zuständigkeiten von Psychotherapeuten und Seelsorgern geachtet.[88]

Der interdisziplinäre Dialog zwischen Karl Rahner und Carl Rogers wird neben den fachspezifischen Divergenzen in Erkenntnisinteresse und -methodik auch zu berücksichtigen haben, dass die beiden Autoren in verschiedenen Wissenschaftskulturen gelebt und geforscht haben. Während sich in den Publikationen Karl Rahners deutlich die etwas schwere Art der westeuropäischen Geisteswissenschaften zeigt, die versucht, alle mögliche Einwände vorweg zu nehmen und nach Möglichkeit zu entkräften, spiegelt sich in den Veröffentlichungen Carl Rogers die leichtfüßigere, manchmal etwas unbekümmert ausgreifende amerikanische Kultur.[89] Diese transatlantische Differenz zwischen europäischer und amerikanischer Wissenschaftskultur bildet neben den Unterschieden der psychologischen und der theologischen Herangehensweise an den Menschen einen weiteren wichtigen Hintergrund des hier angezielten Dialoges. Dass beide Wissenschaftler aber nicht nur für ihren eigenen Herkunftsbereich Relevantes erarbeitet haben und somit trotz der angeführten, unterschiedlichen kulturellen Herkunft für einen Dialog geeignete Protagonisten sind, zeigt sich u.a. an ihrer jeweiligen Rezeption sowohl im anglo-amerikanischen wie europäischen Bereich. So wie der personzentrierte Ansatz Carl Rogers eine wesentliche Größe in der deutschsprachigen Psychotherapie darstellt, hat auch das Denken Karl Rahners weit in den anglo-amerikanischen Raum hineingewirkt.[90]

Der jeweilige Beitrag der beiden Autoren zu einer humanistischen bzw. anthropologischen Wende innerhalb ihrer Disziplin, ihre breite Rezeption in wissenschaftlicher Forschung wie praktischer Anwendung und der in ihrem

---

[86] Vgl. K. RAHNER, Die theologische Dimension der Frage nach dem Menschen, Schriften XII, insb. 392.
[87] K. RAHNER, Schuld und Schuldvergebung als Grenzgebiet zwischen Theologie und Psychotherapie, Schriften II, 279-297.
[88] Vgl. H. VORGRIMLER, Karl Rahner, 382.
[89] Vgl. die Anmerkungen zu Sprache und Stil der beiden Autoren in Kap. 2.2.3. (C. Rogers) und 4.2.3. (K. Rahner).
[90] Zur Bedeutung Carl Rogers' im deutsprachigen Bereich vgl. Kap. 2.3., zur Rezeption Karl Rahners im englischsprachigen Bereich vgl. P. ENDEAN, Karl Rahner im englischsprachigen Raum.

jeweiligen Werk erhobene Anspruch interdisziplinärer Dialogfähigkeit prä-
destiniert sie als exemplarische Vertreter ihrer jeweiligen wissenschaftlichen
Disziplin im hier angestrebten Dialog.

1.2.3. Quellenlage und Stand der wissenschaftlichen Auseinandersetzung

Von beiden Autoren liegt eine Vielzahl an Publikationen vor, aus denen für
die hier durchgeführte Untersuchung die anthropologisch relevanten Teile
des Schrifttums herangezogen wurden.[91] Beide Autoren haben keine systematische anthropologische Monographie vorgelegt, sich aber in vielen ihrer
Schriften umfassend mit anthropologischen Fragen befasst, so dass ihr Gesamtbild des Menschen aus diesen Schriften erschlossen werden kann.[92]
 Die Menge der Sekundärliteratur zu Carl Rogers und Karl Rahner wächst
beständig an.[93] Zusätzlich hat der jeweilige 100. Jahrestag ihrer Geburt zu
einer Reihe aktueller Publikationen geführt, die sich speziell mit dem Leben
und der Entstehungs- sowie Wirkungsgeschichte ihres jeweiligen Werkes
befassen.[94] Für die hier vorliegende Arbeit wurden aus der Sekundärliteratur
zum einen aktuelle Beiträge zu Werk und Bedeutung, zum anderen solche
mit besonderer anthropologischer Relevanz ausgewählt.
 Zu beiden Autoren finden sich Veröffentlichungen, die sich mit ihrer
Anthropologie bzw. ihrem Menschenbild befassen. Während dies zu Carl
Rogers meist kürzere Beiträge in Handbüchern bzw. Sammelbänden sind,[95]

---

[91] Die Aufstellung der herangezogenen Quellen findet sich im ersten Teil Literaturverzeichnisses für jeden der beiden Autoren einzeln. Bezüglich der Sekundärliteratur wurde auf eine
Aufteilung der Literaturangaben nach Referenzautor verzichtet, da zahlreiche Titel nicht eindeutig zuzuordnen sind und die vollständige alphabetische Auflistung der Literatur im zweiten Teil des Literaturverzeichnisses das Auffinden einzelner Literaturangaben erleichtert. Für
eine vollständige Bibliographie des Schrifttums Carl Rogers' sei auf P. F. SCHMID, Personale
Begegnung, 285-314, sowie für Karl Rahner auf die Universitätsbibliothek in Freiburg i.Br.
verwiesen, wo eine vollständige aktuelle Bibliographie der Werke Karl Rahners vorliegt www.
ub.uni-freiburg.de/referate/04/rahner.htm (Stand: 19. März 2006).
[92] Zu Art und Bedeutung der Anthropologie im Werk der Autoren vgl. Kap. 3.1. (Rogers),
sowie 5.1. (Rahner).
[93] Eine fortlaufend aktualisierte, chronologische Auflistung der Sekundärliteratur zu Karl
Rahner findet sich unter www.ub.uni-freiburg.de/referate/04/rahner/rahnerli-neu.htm (Stand:
19. März 2006). Bezüglich der Sekundärliteratur zu Carl Rogers sei auf den Katalog der Library of Congress, Washington D. C. verwiesen, der unter www.loc.gov (Stand: 19. März 2006)
auch die deutschsprachige Sekundärliteratur zu Rogers beinhaltet.
[94] Für Carl Rogers sei auf N. GRODDECK, Carl Rogers, sowie W. W. KEIL UND G. STUMM, Die
vielen Gesichter der Personzentrierten Psychotherapie, für Karl Rahner auf A. R. BATLOGG
u.a., Der Denkweg Karl Rahners, und H. VORGRIMLER, Karl Rahner, verwiesen.
[95] So etwa C. KORUNKA, Der Mensch ist gut, R. EISENGA, Das Menschenbild Rogers', oder C.
KENTRUP, Das Selbst zu sein, das man in Wahrheit ist. Lediglich der Beitrag P. F. SCHMID, Souveränität und Engagement, widmet sich in ausführlicherer Form der Anthropologie Rogers'.

liegen zu Karl Rahner mehrere Monographien mit anthropologischer Fragestellung vor.[96] Eine kurze Reflexion und Kritik des Menschenbildes Carl Rogers' findet sich zudem in einer Reihe pastoralpsychologischer Publikationen, die sich mit der praktischen Anwendung seiner Erkenntnisse in der Seelsorge und pastoralen Beratung befassen.[97] Allerdings beschränken sich diese pastoralpsychologischen Beiträge in der Regel auf eine kurze Darstellung und Kritik der anthropologischen Grundannahmen Carl Rogers', ohne aus theologischer Sicht in einen Dialog mit ihnen zu treten. Somit lässt sich für beide Autoren festhalten, dass es zwar eine Reihe kritischer Auseinandersetzungen mit ihren anthropologischen Grundannahmen und dem in ihren Ansätzen explizit und implizit enthaltenen Menschenbild gibt, dass aber keiner dieser Beiträge als interdisziplinärer Dialog konzipiert ist.

Der hier konstatierte Mangel an weiterführendem interdisziplinärem Dialog beschränkt sich jedoch nicht auf die Auseinandersetzung mit den Menschenbildern Carl Rogers' und Karl Rahners, sondern trifft auch auf das Verhältnis zwischen Theologie und Psychologie insgesamt zu. Denn selbst Publikationen, deren Titel einen Dialog erwarten lassen, wie z.B. die Beiträge der Reihe *Theologie und Psychologie im Dialog*, beschränken sich auf ein Nebeneinander theologischer und psychologischer Stellungnahmen, leisten aber m. E. nicht wirklich einen Beitrag zu einer wechselseitigen Vertiefung und Ergänzung der referierten Thesen.[98]

Lediglich einzelne Werke, so etwa die Beiträge von Anne M. Steinmeier[99], Thomas Philipp[100], sowie Udo Rauchfleisch,[101] genügen m. E. dem Anspruch der Interdisziplinarität, wobei sie eher den Versuch einer Modifikation der Theologie bzw. Seelsorge durch psychologische Erkenntnisse als eine wechselseitige Anregung zur Weiterentwicklung darstellen. Genau diese ist aber das Ziel der hier vorliegenden Arbeit. Es wird, wie bereits ausgeführt wurde, nach Möglichkeiten und Grenzen der gegenseitigen Ergänzung und Weiterentwicklung sowie interdisziplinärer Übereinstimmung hinsichtlich anthropologischer Grundlagen von Forschung und Praxis gefragt.

---

[96] So J. SPECK, Karl Rahners theologische Anthropologie, K. P. FISCHER, Der Mensch als Geheimnis, A. LOSINGER, Der anthropologische Ansatz in der Theologie Karl Rahners, oder B. J. HILBERATH, Karl Rahner: Gottgeheimnis Mensch.

[97] So z.B. H. BRUNNER, Menschenbilder in Psychologie und Psychotherapie, 76-78, M. KLESSMANN, Pastoralpsychologie, 179-185, sowie I. BAUMGARTNER, Pastoralpsychologie, 433-438,465-471, und H. LEMKE, Personzentrierte Beratung in der Seelsorge, 31-38.

[98] Vgl. die von M. SCHLAGHECK herausgegebenen Bände *Theologie und Psychologie im Dialog über ihr Menschenbild, Theologie und Psychologie im Dialog über die Angst,* und *Theologie und Psychologie im Dialog über die Schuld.*

[99] A. M. STEINMEIER, Wiedergeboren zur Freiheit.

[100] T. PHILIPP, Die theologische Bedeutung der Psychotherapie.

[101] U. RAUCHFLEISCH, Wer sorgt für die Seele?

Hierfür finden sich in der gegenwärtigen wissenschaftlichen Literatur keine äquivalenten Beispiele, so dass in der Herleitung und Begründung anthropologischer Kategorien als Grundlage des angestrebten Dialoges eine besondere methodische Herausforderung liegt. Zuvor sind jedoch die Chancen und Grenzen des interdisziplinären Vorgehens sowie dessen Rahmenbedingungen genauer zu reflektieren.

1.3. Rahmenbedingungen des interdisziplinären Dialogs

Der hier vorliegende exemplarische interdisziplinäre Dialog ist in den allgemeinen Dialog der Pastoraltheologie mit den Humanwissenschaften einzuordnen. Gerade in der Suche nach heilsvermittelnden Zugängen zum Menschen, wie sie Gegenstand der Pastoraltheologie sind, kann auf diesen Dialog nicht verzichtet werden, denn „wer der conditio humana gerecht werden will, kommt heute ohne die modernen Humanwissenschaften nicht aus."[102] Theologie und Psychologie sind als Basis dieses Dialoges „in der gemeinsamen Option für die Subjektwerdung der Person verbunden"[103], so dass dieser Dialog für beide Disziplinen einen fruchtbaren Erkenntnisgewinn erhoffen lässt.[104] Solch ein Dialog kann aber nur gelingen „wenn er auf der Basis gleichberechtigter Anerkennung und Partnerschaft erfolgt, die Theologie sich nicht als Metatheorie der Psychologie begreift und der wechselseitige Austausch als eine nie abgeschlossene Aufgabe betrachtet wird."[105]

Es werden im Folgenden zunächst verschiedene Basismodelle des Dialoges zwischen Theologie und Humanwissenschaften referiert, in die das hier gewählte Vorgehen eingeordnet wird. Anschließend wird auf die erkenntnistheoretischen Grundlagen und die Grenzen des interdisziplinären Vorgehens eingegangen (1.3.1.), da diese den Rahmen für die anschließende Herleitung und Begründung gemeinsamer anthropologischer Kategorien zur Darstellung und Weiterführung der Menschenbilder bilden (1.3.2.). Abschließend erfolgt ein Überblick über den weiteren Gang der Arbeit (1.3.3.).

---

[102] P. F. Schmid, Menschengerechte Förderung und Herausforderung, 234.
[103] P. M. Zulehner und A. Heller, Sozialwissenschaften, 595.
[104] Vgl. I. Baumgartner, Pastoralpsychologie, 63-65, sowie P. F. Schmid, Menschengerechte Förderung und Herausforderung, 237-240.
[105] I. Baumgartner, Pastoralpsychologie, 61f.

1.3.1. Chancen und Grenzen des interdisziplinären Vorgehens

In der pastoraltheologischen Literatur werden verschiedene Typisierungen des Beziehungsverhältnisses von Praktischer Theologie und Sozialwissenschaften vorgenommen, wobei darauf hingewiesen wird, dass verschiedene Formen interdisziplinären Kontaktes vorliegen.[106] So unterscheiden Joachim Scharfenberg[107] und Isidor Baumgartner[108] die fünf verschiedenen Dialogformen Kampf, Abgrenzung, Kooperation, philosophische Vermittlung und gegenseitige Kritik, während Norbert Mette und Hermann Steinkamp[109] die drei Pradigmen der Hilfswissenschaft, der Fremdprophetie und der konvergierenden Optionen, die im Folgenden dargestellt werden sollen, aufführen.

Im Paradigma der Hilfswissenschaft oder ancilla (=Dienstmagd), wird der humanwissenschaftliche Dialogpartner der Theologie untergeordnet und dieser „eine Erkenntnisquelle ‚höherer Art' vorbehalten"[110]. Zwar können psychologische Erkenntnisse und Methoden beliebig übernommen und dienstbar gemacht werden, doch „das theologische Vorverständnis (über die ‚Wahrheit' eines Sachverhaltes) entscheidet darüber, welche humanwissenschaftlichen Erkenntnisse nützlich, welche schädlich sind."[111] Ziel ist hierbei nicht die dialogische Auseinandersetzung miteinander, sondern es kommt lediglich zu einer pragmatisch orientierten, der Beliebigkeit anheimgegebenen Verzweckung humanwissenschaftlicher Methoden.

Dem gegenüber werden im Paradigma der Fremdprophetie ganze psychologische Ansätze übernommen, ohne sie wirklich kritisch auf ihre Vereinbarkeit mit pastoralen und theologischen Grundsätzen zu befragen.[112] Ein Beispiel hierfür ist z.B. „die Übernahme von Konzepten und Methoden der Humanistischen Psychologie"[113], und hier insbesondere des Ansatzes Carl Rogers'. Die Gefahr einer solchen, weitgehend unkritischen Adaptation psychologischer Modelle und Praktiken besteht darin, „dass die Theologie ob

---

[106] Der Begriff der Praktischen Theologie wird hier deshalb verwandt, weil das Ausgeführte über den Bereich der Pastoraltheologie hinaus auch für die Disziplinen der Religionspädagogik und Liturgiewissenschaft als weiteren Teilbereichen Praktischer Theologie zutrifft.
[107] Vgl. J. SCHARFENBERG, Psychologie und Psychotherapie.
[108] Vgl. I. BAUMGARTNER, Pastoralpsychologie, 60-65.
[109] Vgl. zum Folgenden N. METTE UND H. STEINKAMP, Sozialwissenschaften und Praktische Theologie, 164-175. Dieser Typisierung folgt auch D. FUNKE, Theologie und (Tiefen-)Psychologie, 223-228.
[110] J. SCHARFENBERG, Psychologie und Psychotherapie, 341.
[111] N. METTE UND H. STEINKAMP, Sozialwissenschaften und Praktische Theologie, 167.
[112] P. F. SCHMID, Menschengerechte Förderung und Herausforderung, 235, spricht vom „Taufen ganzer Richtungen".
[113] N. METTE UND H. STEINKAMP, Sozialwissenschaften und Praktische Theologie, 169. Vgl. auch W. MÜLLER, Beratung und Begleitung im Kontext von Seelsorge, 21, der von einer „zum Teil kritiklosen und unhinterfragten Anwendung dieser Praxis auf die Seelsorge" spricht.

ihrer Begeisterung für die neuen ‚Heilslehren' ihre Identität und ihr kritisches Potential zu verlieren droht"[114].

Den beiden bisher angeführten Modellen ist gemeinsam, dass es in ihnen
nicht zu einem echten Dialog kommt, in dem sich zwei gleichwertige Partner begegnen, sondern dass im Rahmen einer hierarchischen Struktur die
eine Wissenschaft der anderen untergeordnet wird.

Das Ziel eines Dialogs mit der Möglichkeit zu wechselseitiger Befruch-
tung und gegenseitiger Annäherung besteht im Paradigma der konvergierenden Optionen.[115] Im Rahmen dieses Modells vergewissern sich die Dialogpartner zunächst der jeweiligen erkenntnisleitenden Interessen, bevor sie
konvergierende Optionen als Basis für die Selektion und Integration von
Erkenntnissen und Methoden der jeweils anderen Disziplin erarbeiten. Erst
auf dieser gemeinsamen Grundlage wird dann ein wechselseitiger, kritischer
Dialog geführt, in den beide Disziplinen ihre jeweilige Sichtweise einbringen und durch die Auseinandersetzung mit der jeweils anderen Perspektive weiterentwickeln.[116] Eine Weiterführung dieses Modelles besteht in der
Konzeption der Praktischen Theologie als Sozial- bzw. Humanwissenschaft,
die sich unter Rückbezug auf ihre theologischen Grundlagen (z.B. der Offenbarung) bei Verwendung empirischer Methoden und Erkenntnisse mit der
Praxis der Kirche und religiösen Phänomenen befasst.[117] Beispiele hierfür
sind die Disziplinen der Pastoralpsychologie und der Religionspsychologie,
aber auch empirische Ansätze innerhalb der Praktischen Theologie.[118]

---

[114] N. METTE UND H. STEINKAMP, Sozialwissenschaften und Praktische Theologie, 169.
[115] Vgl. N. METTE UND H. STEINKAMP, Sozialwissenschaften und Praktische Theologie, 170-
172, sowie P. F. SCHMID, Menschengerechte Förderung und Herausforderung, 235-240. I.
BAUMGARTNER, Pastoralpsychologie, 60, bezeichnet dieses Modell als „gegenseitige Kritik",
wobei er ebenfalls auf die Bedeutung der Berücksichtigung des jeweiligen Erkenntnisinteresses und methodischen Hintergrundes hinweist.
[116] Vgl. K. BAUMGARTNER UND W. MÜLLER, Beraten und Begleiten, 3. H. WAHL, Pastoralpsychologie, 57, verweist darauf, „dass vor der gegenseitigen kritischen Funktion zwischen
Theologie und Psychologie die wechselseitige Empathie entwickelt werden (muss)", da nur
kritisiert werden könne, was vorher verstanden wurde. Einen dem entsprechenden Dialog mit
den Humanwissenschaften fordern auch O. H. PESCH, Frei sein aus Gnade, 421, und W. PAN-
NENBERG, Anthropologie in theologischer Perspektive, 18f.
[117] P. F. SCHMID, Menschengerechte Förderung und Herausforderung, 236, bezeichnet dies
als Transdisziplinarität um den Aspekt des gemeinsamen Fortschreitens auszudrücken. M. E.
kommt mit dem Begriff der Interdisziplinarität jedoch besser zum Ausdruck, dass es nicht
um das Entwickeln einer neuen wissenschaftlichen Disziplin, sondern um die wechselseitige
Verbindung zweier Fächer mit all ihren Erkenntnissen und Methoden geht. Und auch wenn
der Dialog so das je einzeln Erreichte übersteigt, bleibt er doch ein Vorgang zwischen den
Disziplinen und soll auch an die Ausgangsdisziplinen gebunden bleiben.
[118] Vgl. J. A. VAN DER VEN UND H.-G. ZIEBERTZ, Paradigmenwechsel in der Praktischen Theologie, sowie J. A. VAN DER VEN, Entwurf einer empirischen Theologie, und unter Rückbezug
auf die Konzeption der Pastoraltheologie bei Karl Rahner C. A. M. HERMANS UND M. SCHERER-
ROTH, Interdisziplinarität in der Praktischen Theologie. J. A. VAN DER VEN, Praktische Theologie und Humanwissenschaften, 273-277, bezeichnet diesen Modus als Intradisziplinarität, um

Der Blick auf den Stand der wissenschaftlichen Auseinandersetzung mit den Fragen des interdisziplinären Dialoges zeigt, dass dieser fast ausschließlich von theologischer Seite aus angestrebt und reflektiert wird. Lediglich unter der Fragestellung der Relevanz religiösen Erlebens und religiöser Prägungen für die klinische Psychologie und Psychotherapie kommt es von psychologischer Seite zur Kontaktaufnahme.[119] Zumeist handelt es sich jedoch um pastoraltheologische Dialogansätze.[120] Dieser Befund verweist auf die Notwendigkeit eines grundlegenden interdisziplinären Dialoges, der auch für den psychologischen Partner aufzeigt, wo es für diesen zu Anregungen und Weiterentwicklungen in Theorienbildung und Forschungsmethodik, aber auch in der praktischen Anwendung, z.B. im Bereich der Psychotherapie, kommen kann.

Gemäß des Modells der konvergierenden Optionen bzw. des kritischen Dialoges sollen nun zunächst kurz die erkenntnistheoretischen Grundlagen desselben charakterisiert werden, bevor das gemeinsame Interesse aufgezeigt und die Grenzen des Dialoges reflektiert werden.

Erkenntnistheoretische Grundlage der wissenschaftlichen Psychologie der Gegenwart ist das Prinzip der empirischen Falsifikation.[121] Ziel psychologischer Forschung ist das Erarbeiten von Theorien, deren Annahmen und Implikationen der empirischen Prüfung unter auswertungsstatistischen Aspekten zugänglich sind. Die Gültigkeit einer Theorie stützt sich dabei zum einen auf ihre Operationalisierbarkeit und zum anderen darauf, dass sie von den empirischen Daten nicht widerlegt wird.[122] Diese empirische Grundorientierung stellt auch die wissenschaftstheoretische Grundlage des personzentrierten Ansatz Carl Rogers' dar. Wie noch näher darzulegen sein wird, sind der große Teil seiner psychotherapeutischen aber auch anthropologischen Konzepte auf der Basis empirischer Beobachtungen erarbeitet worden.[123] Zu beachten ist allerdings, dass allen empirischen Beobachtungen

---

auszudrücken, dass die empirische Methodik in die Praktischen Theologie selbst eingeführt wird und diese nach dem Kodex empirischer Wissenschaften arbeitet.

[119] Neben der bereits in Kap. 1.1.1. angeführten religionspsychologischen Forschung zu Fragen des Zusammenhangs von Glaube und Gesundheit spielt hierbei vorallem die Frage nach pathogenen Glaubenserfahrungen und Gottesbildern eine Rolle. Vgl. z.B. R. RUTHE, Wenn die Seele schreit, oder K. FRIELINGSDORF, Der wahre Gott ist anders.

[120] So betonen auch N. METTE UND H. STEINKAMP, Sozialwissenschaften und Praktische Theologie, 175, „dass die Theologie derzeit weitgehend die Nehmende ist." Einen exemplarischen Einblick in solche Dialogversuche bieten M. KLESSMANN UND K. LÜCKEL, Zwischenbilanz.

[121] Zu anderen Ansätzen psychologischer Erkenntnis, etwa der Introspektion, vgl. F. BREUER, Wissenschaftstheorie für Psychologen, 1-21. Da an dieser Stelle keine ausführliche Darlegung einer psychologischen Erkenntnistheorie möglich ist, sei auf F. BREUER, Wissenschaftstheorie für Psychologen, und N. GROEBEN, Handeln, Tun, Verhalten, verwiesen.

[122] Zum erkenntnistheoretischen und forschungspraktischen Hintergrund dieses Wissenschaftskonzeptes siehe F. BREUER, Wissenschaftstheorie für Psychologen, 22-50, 105-174.

[123] Vgl. Kap. 2.1.1. und 2.2.1..

und damit auch allen empirisch fundierten Theorien ein selbst nicht direkt empirisch überprüfbares Gegenstandsvorverständnis zugrundeliegt.[124] Im Rahmen humanwissenschaftlicher Forschung handelt es sich dabei u.a. um das jeweilige Menschenbild, das den theoretischen und methodischen Frage- und Erkenntnishorizont entscheidend mitbestimmt, da jede empirische Überprüfung nur auf der Annahme potentiell existierender Eigenschaften und Zusammenhänge konzipiert werden kann. Daraus leitet sich die insbesondere von Norbert Groeben vertretene Forderung nach einer verstehend-erklärenden Psychologie ab, die sich primär nicht an der Messbarkeit, sondern an ihren anthropologischen und erkenntnistheoretischen Grundlagen orientiert.[125]

Steht der Mensch in seinen empirisch fassbaren Momenten im Mittelpunkt psychologischer Forschung, so liegt der theologischen Forschung ein hermeneutisch erschließender Zugang zur Wirklichkeit zugrunde, insofern diese sich auf die in ihr antreffbare Offenbarung Gottes bzw. die Realisierung des göttlichen Heilswillens hin deuten lässt. Hierbei ist theologische Forschung auf den Menschen und seine Erkenntnismöglichkeiten verwiesen.[126] Ihr Gegenstand, die Offenbarung, als dem objektiven Prinzip der theologischen Erkenntnis, ist nur vermittels des Glaubens, als dem subjektiven Prinzip theologischen Erkennens, zugänglich.[127] Aufgabe der Theologie ist es hierbei, aus dem, der menschlichen Erfahrung und Erkenntnis Zugänglichen auf das dahinter verborgene, bzw. darin anwesende, es aber unendlich transzendierende Geheimnis Gottes zu schließen, bzw. die so erschlossene Offenbarung Gottes, die sich als Heilswille und liebende Gnade dem Menschen zuwendet, dem Menschen erfahrbar werden zu lassen. Die Reflexion und Ermöglichung solcher Erfahrung als Praxis der Kirche ist Gegenstand der Pastoraltheologie und ihrer Anwendung in Seelsorge und kirchlicher Verkündigung.[128]

Bereits diese kursorische Darstellung erkenntnistheoretischer Grundlagen von Psychologie und Theologie verweist auf zwei wesentliche Unterschiede, die als Basis des hier angestrebten Dialoges zu beachten sind: Zum einen das je unterschiedliche Erkenntnisinteresse, zum anderen der Unterschied zwi-

---

[124] Vgl. Kap. 1.1.2. und N. GROEBEN, Handeln, Tun, Verhalten, 49-86.

[125] Ausführlich dargelegt ist dieser Ansatz in N. GROEBEN, Handeln, Tun, Verhalten.

[126] Vgl. P. NEUNER, Der Glaube als subjektives Prinzip der theologischen Erkenntnis, sowie K. RAHNER, Grundkurs, insb. 13-34, sowie Kap. 4.2.1..

[127] Da an dieser Stelle keine ausführliche Darstellung theologischer Erkenntnislehre möglich ist, sei auf W. BEINERT, Theologische Erkenntnislehre, W. KERN UND F.-J. NIEMANN, Theologische Erkenntnislehre, sowie die Beiträge O. H. PESCH, Das Wort Gottes als objektives Prinzip der theologischen Erkenntnis, und P. NEUNER, Der Glaube als subjektives Prinzip der Erkenntnis, verwiesen.

[128] Vgl. M. SIEVERNICH, Pastoraltheologie, die an der Zeit ist, und H. HASLINGER U.A., Praktische Theologie – eine Begriffsbestimmung in Thesen.

schen einem empirisch und einem hermeneutisch fundierten methodischen Vorgehen. Zielt psychologische Forschung auf die beobachtbaren bzw. objektiv erfassbaren Inhalte und Grundlagen menschlichen Erlebens und Verhaltens ab, wendet sich die Theologie dem Menschen primär unter der Perspektive seiner Verwiesenheit auf Gott zu. Dem entsprechen methodisch in der Psychologie der empirische, am Messbaren und objektiv Vergleichbaren orientierte und in der Theologie der hermeneutisch verstehende, auf die Bedingungen der Möglichkeit beobachtbarer Vorgänge rekurrierende Zugang zur Wirklichkeit. Es ist allerdings innerhalb beider Disziplinen darauf zu achten, dass jeweils empirisch-beobachtender und hermeneutisch-deutender Vorgang eine Rolle spielen, wenn auch unter je eigener fachspezifischer Schwerpunktsetzung. Denn keine empirisch orientierte Theorie kommt ohne deutende Vorannahmen aus, und kein hermeneutisch-deutendes Vorgehen kann sich von den Phänomenen, die es in ihrem Bedeutungsgehalt zu verstehen gilt, lösen. Beide Sichtweisen der einen Wirklichkeit bedingen und benötigen sich wechselseitig.

Diese wechselseitige Verwiesenheit bildet die Grundlage des hier durchzuführenden Dialoges. Da beide wissenschaftlichen Zugänge nicht ohne anthropologische Vorannahmen auskommen und sie sich in ihrem Interesse am genaueren Verstehen und Erfassen des Menschen und seiner Wirklichkeit überschneiden, besteht für sie eine konvergierende Option: die Weiterentwicklung des jeweiligen Verständnisses des Menschen als Grundlage adäquater Forschung und Praxis.

Diese disziplinenübersteigende Tendenz, sich bei allen methodisch-separierenden Tendenzen einzelner Humanwissenschaften letztlich immer auf den einen und ganzen, nicht in Teile zerlegbaren Menschen, der in diesem Sinne zurecht als Gestalt bezeichnet werden kann,[129] zu beziehen, ermöglicht einen Vergleich und eine kritische Zusammenführung theologischer und psychologischer Anthropologie. Hierbei kann und soll sich die Theologie genauso von psychologischen Erkenntnissen in Frage stellen lassen, wie sie selbst zur genaueren Klärung und Weiterentwicklung psychologischer Theorien und psychotherapeutischer Praktiken beitragen kann. Denn wenn beide Disziplinen sich auch mit einem je eigenen Erkenntnisinteresse dem Menschen nähern, haben sie es doch mit dem Gleichen zu tun und können sich in ihrem jeweiligen Verständnis desselben ergänzen und wechselseitig vertiefen. So muss die Theologie keine Profanisierung ihrer Erkenntnisse durch den Kontakt mit den empirischen Humanwissenschaften fürchten. Denn „die methodische Forschung in allen Disziplinen (wird), wenn sie in einer wirklich wissenschaftlichen Weise und gemäß den sittlichen Normen

---

[129] Vgl. N. Groeben, Handeln, Tun, Verhalten, 20-25.

vorgeht, niemals dem Glauben wahrhaft widerstreiten, weil die profanen Dinge und die Dinge des Glaubens sich von demselben Gott herleiten."[130] Und auch die Psychologie braucht keine Verwässerung empirischer Befunde durch subjektive Glaubensdeutungen zu befürchten, da es ihr in einem solchen interdisziplinären Dialog zusteht, nur solche Anregungen der theologischen Seite aufzugreifen, die sich mit ihrem Anspruch an Objektivität und empirischer Beobachtbarkeit vereinen lassen.

Es wird im Rahmen des zu führenden Dialoges zum einen zu explizieren sein, welcher Erkenntnisebene (empirische Beobachtung bzw. hermeneutisch-wesensbezogener Schluss) ein bestimmter anthropologischer Sachverhalt zuzuordnen ist, und zum anderen die Frage nach der Gültigkeit und Übersetzbarkeit der jeweiligen Anthropologie in die Begrifflichkeit und den Deutungshorizont der anderen Disziplin zu berücksichtigen sein. Denn so wie die Chance des interdisziplinären Dialoges in einem wechselseitigen Erkenntnisgewinn liegt, so liegen seine Grenzen in der Divergenz der jeweiligen legitimen Erkenntniswege, die bezüglich aller Ergebnisse des Dialoges zu beachten sind. Ein interdisziplinärer Dialog darf nicht zu einer Verschleierung der jeweiligen Erkenntnisbasis führen, sondern muss im Rahmen des der jeweiligen Disziplin eigenen Erkenntnisrahmen zu einer Integration und Weiterführung von methodischen und inhaltlichen Anregungen führen. Dabei ist die jeweils zugrundeliegende Fragestellung zu berücksichtigen, da Theologie und Psychologie „Antworten auf jeweils andere Fragestellungen (geben), weshalb sie auch nicht als sich gegenseitig ausschließend angesehen werden können."[131]

Ein Dialog beruht dabei nicht nur auf gegenseitigem Interesse, sondern benötigt eine gemeinsame methodische Grundlage und einen formalen Rahmen. Dies gilt auch und besonders bei einem exemplarischen interdisziplinären Dialog, wie er in der hier vorliegenden Arbeit zu den Menschenbildern Carl Rogers' und Karl Rahners vorgenommen wird.[132] Theologie und Psychologie können wie zwei verschiedene gedankliche und forschungspraktische Welten erscheinen. Für den interdisziplinären Austausch über die jeweiligen anthropologischen Grundannahmen braucht es deshalb gemeinsame Kategorien, mittels derer eine Vergleichbarkeit und Zusammenführbarkeit der Menschenbilder erreicht werden kann.[133] Hierbei wird zu prü-

---

[130] GS 36.
[131] H. LEMKE, Personzentrierte Beratung in der Seelsorge, 50.
[132] Vgl. zur prinzipiellen Frage nach der Möglichkeit und dem Rahmen dieses Dialogs die entsprechenden Ausführungen in Kap. 1.1. und 1.2..
[133] Vgl. E. JAEGGI, Zu heilen die zerstoßnen Herzen, 13, die zum Vergleich verschiedener Psychotherapierichtungen schreibt: „Dazu muss man Kriterien finden, die eine differenzierende Zusammenschau sinnvoll machen." Gleiches gilt natürlich für eine interdisziplinäre Zusammenschau, in der diese Kriterien bzw. Kategorien auch noch die Gemeinsamkeiten und

fen sein, inwieweit sich die Kategorien als der jeweiligen Anthropologie angemessen erweisen bzw. wo wesentliche Aspekte eines Menschenbildes nicht von ihnen erfasst werden. Da in der wissenschaftlichen Literatur keine solchen Kategorien im Sinne eines interdisziplinären Konsenses vorliegen, werden sie im Folgenden auf Grundlage allgemeiner Themen der theologischen bzw. psychologischen Anthropologie hergeleitet und begründet.

1.3.2. Herleitung und Begründung der anthropologischen Kategorien

Zur Herleitung der anthropologischen Kategorien, mittels derer die Darstellung und der Dialog der Menschenbilder durchgeführt werden, werden nun zunächst Ansätze theologischer und psychologischer Anthropologie hinsichtlich der in ihnen enthaltenen, disziplinenspezifischen Kategorien analysiert, bevor dieser Bestand an Kategorien zu einem interdisziplinär nutzbaren formalen Rahmen zusammengeführt wird.

Als Beispiele theologischer Anthropologie dienen die Monographien Wolfhart Pannenbergs[134] und Otto Hermann Peschs[135], sowie die zusammenfassenden Beiträge Gisbert Greshakes[136] zum *Lexikon für Theologie und Kirche* und Georg Langemeyers[137] zum *Lehrbuch der Katholischen Dogmatik[138]*. Die Beiträge Karl Rahners zu einer theologischen Anthropologie werden an dieser Stelle bewusst ebensowenig herangezogen wie die Beiträge Carl Rogers' im Bereich der psychologischen Anthropologie, um einen von den Protagonisten unabhängigen Rahmen des Dialogs zu konstituieren und einer Konfundierung von äußerem Rahmen und inhaltlicher Position eines der Protagonisten vorzubeugen.

Wolfhart Pannenbergs Ansatz ist für die hier vorzunehmende Ableitung anthropologischer Kategorien insofern von besonderer Relevanz, als er sich in seiner *Anthropologie in theologischer Perspektive* an den Befunden der Humanwissenschaften und hier besonders der Geschichtswissenschaft, die die biologische, soziologische und psychologische Anthropologie in sich aufhebe, orientiert.[139] Er gliedert seine Darstellung in drei Teile: Sie beschreiben den Menschen in der Natur bzw. die Natur des Menschen, den Menschen als gesellschaftliches Wesen und die gemeinsame kulturelle Welt des Menschen.

Unterschiede der Disziplinen und ihres jeweiligen spezifischen Zugangs zum Menschen zu berücksichtigen haben.
[134] W. PANNENBERG, Anthropologie in theologischer Perspektive.
[135] O. H. PESCH, Frei sein aus Gnade.
[136] G. GRESHAKE, Art. Anthropologie, II. systematisch-theologisch.
[137] G. LANGEMEYER, Theologische Anthropologie.
[138] W. BEINERT, Glaubenszugänge – Lehrbuch der katholischen Dogmatik, Bd. 1, 499-620.
[139] Vgl. W. PANNENBERG, Anthropologie in theologischer Perspektive, 22.

Gemäß des von ihm gewählten fundamentaltheologischen Vorgehens leitet Pannenberg dabei jeweils aus den humanwissenschaftlichen Befunden die theologisch relevanten Daten ab, da die Theologie „die Beiträge nichttheologischer Anthropologie nicht unbesehen hinnehmen und als Grundlage akzeptieren kann, sondern kritisch aneignen muss."[140] Als Grunddaten menschlichen Seins ergeben sich dabei Weltoffenheit (bzw. Exzentralität) und Gottebenbildlichkeit, Zentralität und Sünde, sowie der konstitutive Gemeinschaftsbezug des Menschen, der aller Ich- und Selbstwerdung vorausgeht. Dieser Gemeinschaftsbezug drückt sich auch in der Sprachlichkeit und Geschichtlichkeit des Menschen aus, die beide wesentliche Grundlage der Bildung des Subjektes sind. Für Pannenberg zeigt sich, dass „die beiden anthropologischen Hauptthemen der Theologie aber, Gottebenbildlichkeit und Sünde, sich auch beim Versuch einer theologischen Interpretation der Implikationen nichttheologischer anthropologischer Forschung als zentral erweisen."[141] Der Aspekt der Gottebenbildlichkeit gliedert sich dabei in die Verbundenheit mit der göttlichen Wirklichkeit und die Stellung zur Naturwelt, während die Sünde die Gottesferne des Menschen und seine innere Zerrissenheit als Widerspruch des Menschen in sich thematisiert. Die Analysen Pannenbergs zeigen den Menschen als unumgänglich über sich hinaus verwiesenes, in die Werdewelt eingebundenes Beziehungswesen, das in einer Situation universaler Entfremdung und Sünde seine Vollendung nur von der Ganzheit in Gott erhoffen kann.

Im Gegensatz zu Pannenbergs fundamentaltheologischen Zugang hat Otto Hermann Pesch seiner theologischen Anthropologie *Frei sein aus Gnade* einen offenbarungstheologischen Ansatz zugrundegelegt. Sein Anliegen ist es, das Zeugnis der Glaubensüberlieferung mit gegenwärtigen Fragen ins Gespräch zu bringen.[142] „Ort und Ansatz theologischer Anthropologie liegen in der Lehre von Gnade und Rechtfertigung."[143] Diese enthalten das Datum der Sünde und der Rechtfertigung des Menschen durch Gott, so dass der Mensch für Pesch wesentlich „der geliebte Sünder"[144] ist. Grundlegende Kategorien zur Darlegung dieser Sicht des Menschen sind bei Pesch die Frage nach der Gnade, der Mensch im Widerstand gegen Gott bzw. in der Sünde, die Rechtfertigung des Sünders und die Heilsgewissheit in der Erfahrung der Gnade sowie der sich daraus ergebende neue Mensch. Hierbei zeigt sich der Mensch in den Spannungsfeldern von Weltoffenheit und Ichbezogenheit, von Sprache und Freiheit, von Individualität und Gesellschaftsbezug, sowie des Todes als Ende aller innerweltlichen Möglichkeiten des Menschen.

---

[140] W. PANNENBERG, Anthropologie in theologischer Perspektive, 18.
[141] W. PANNENBERG, Anthropologie in theologischer Perspektive, 20.
[142] O. H. PESCH, Frei sein aus Gnade, 44.
[143] O. H. PESCH, Frei sein aus Gnade, 36.
[144] O. H. PESCH, Frei sein aus Gnade, 429.

Gisbert Greshake, für den „die Anthropologie eine fundamentale hermeneutische Perspektive zum Verstehen aller theologischen Aussagen"[145] darstellt
und der den Menschen gar als „partielles Formalobjekt" der Theologie charakterisiert, ist der Mensch anthropologisch in vierfacher Perspektive zu betrachten: hinsichtlich des Schöpfungshandelns Gottes, des Widerspruchs der Sünde
gegen den schöpfungsmäßigen Ursprung, der Erlösung und der Vollendung.
„Nur in diesem umfassenden, die ganze Geschichte Gottes mit seiner Schöpfung einbegreifenden Relationsgefüge ist eine dogmatische Anthropologie zu
entfalten."[146] Und nur die Berücksichtigung aller vier Aspekte kann gewährlei-
sten, dass vom Menschen weder zu gering, noch zu hoch gedacht wird.

Für Georg Langemeyer zeigen sich in seiner *Theologischen Anthropologie* von der Gottebenbildlichkeit des Menschen her folgende durchgehen-
den theologischen Perspektiven des Menschseins:[147] die Geschöpflichkeit
mit den Aspekten der Welteingebundenheit, des Werdens in Raum und Zeit
sowie der Sterblichkeit, die Sündigkeit mit den Aspekten der Verweigerung
der Ebenbildlichkeit und der erbsündlichen Wechselwirkung, sowie die
Christusförmigkeit als Ziel und Weg der Erlösung und Vollendung des Menschen, sowie seines konstitutiven Gemeinschaftsbezuges in der Kirche.

Aus theologischer Sicht ist der Mensch wesentlich auf Gott – aber auch
auf seine Mitmenschen verwiesen. Dies spiegelt sich nicht nur im biblischen
Liebesgebot (Mt 22, 37-40 par.), sondern auch in der theologischen Anthropologie. So finden sich diese Dimensionen neben den bereits angeführten
Ansätzen auch in Jörg Spletts Werk *Freiheitserfahrung* sowie Eugen Bisers
anthropologischer Monographie *Der Mensch* und bilden für Josef Ratzinger
die Grundlage seiner *Einführung in das Christentum*[148].

Als gemeinsame Grundkategorien theologischer Anthropologie zeigen
sich somit die Gottebenbildlichkeit bzw. Begnadetheit des Menschen als
ihm von Gott her verliehene Möglichkeit, die Sünde als Verweigerung dieser angebotenen Möglichkeiten und Entfremdung des Menschen von seinem
eigenen wahren Wesen als Ebenbild und Gegenüber Gottes, das Angebot
der Erlösung bzw. Rechtfertigung des sündigen Menschen in Jesus Christus
und seine von Gott her zu erhoffende Vollendung.[149] Hierbei zeigt sich der
Mensch als immer schon über sich und seine Grenzen hinaus verwiesenes

---

[145] G. GRESHAKE, Art. Anthropologie, II. systematisch-theologisch, 726.
[146] G. GRESHAKE, Art. Anthropologie, II. systematisch-theologisch, 730.
[147] Vgl. G. LANGEMEYER, Theologische Anthropologie, 604-620.
[148] Vgl. die beiden Einführungskapitel von J. RATZINGER, Einführung in das Christentum, 17-
69, in denen es um den Gottesbezug und die kirchliche, d. h. auch gesellschaftlich-soziale
Struktur des Glaubens geht.
[149] Diese Dimensionen bezeichnet auch G. MÜLLER, Katholische Dogmatik, 124, als „reale
Weisen der Verwirklichung des Kreaturseins" des Menschen als Begnadeter, Sünder, Erlöster
und Vollendeter.

Beziehungswesen, dessen Individualität nicht von seiner Bezogenheit auf Mitmenschen und auf Gott gelöst werden kann, ohne sich zu verfehlen, da gerade die Weltoffenheit und Exzentralität Grundmerkmale gelingenden Menschseins sind. Ausdruck findet dies in der Geschlechtlichkeit des Menschen, in der er in der Unterschiedenheit von Frau und Mann immer schon auf das je andere Geschlecht verwiesen ist. Eine weitere theologische Grundbestimmung menschlichen Seins ist die Geschichtlichkeit. Sowohl das individuelle als auch das gemeinschaftliche Leben stehen immer unter der Perspektive geschichtlicher Entwicklung und Verortung. Theologisch gedeutet zeigt sich dies als Heilsgeschichte Gottes mit dem Menschen.[150]

Da es an systematischen psychologischen Anthropologien insbesondere mit Bezug zur Klinischen Psychologie, dem hinsichtlich Carl Rogers relevanten psychologischen Fachgebiet, mangelt und die vorliegenden Anthropologien sich auf eine Nebeneinanderstellung anthropologischer Befunde beschränken, ohne diese Aspekte zu einer Gesamtsicht zu ordnen,[151] wird zur Ableitung psychologisch-fundierter anthropologischer Kategorien auf verschiedene Lehrbücher der Klinischen Psychologie und die in ihnen enthaltenen Aspekte zurückgegriffen. Eine systematische psychologisch-anthropologische Gliederung bietet lediglich Eva Jaeggi[152].

Jaeggi vergleicht in ihrem Werk die Hauptrichtungen der Psychotherapie hinsichtlich der ihnen zugrundeliegenden Menschenbilder und deren Implikationen für die psychotherapeutische Praxis. Um eine Vergleichbarkeit der verschiedenen Ansätze zu erreichen, hat sie Kriterien entwickelt, die einen solchen Vergleich möglich und sinnvoll machen.[153] Als erste Vergleichskategorie dient die Analyse der jeweiligen Entwicklungskonzepte. Jaeggi fragt dabei zum einen nach der postulierten Triebkraft der Entwicklung, aber auch danach, was gemäß des jeweiligen Verständnisses Entwicklung hindert bzw. fördert. Eine zweite Vergleichsgröße stellt die Frage nach dem Verhältnis zwischen innerer und äußerer Realität dar. Liegt der Fokus tiefenpsychologischer Verfahren eher auf dem inneren Erleben und unbewussten Vorgängen im Individuum, konzentrieren sich verhaltenstheoretische Therapieformen vor allem auf das äußere, beobachtbare Verhalten der Klienten. Eine weitere Vergleichskategorie ist die Frage nach dem jeweiligen theoretischen Erklärungsansatz für die Entstehung psychischer Störungen, die Ätiologie. Einen

---

[150] Zur inneren Verwobenheit und Koexistenz von Welt- und Heilsgeschichte vgl. W. PANNENBERG, Anthropologie in theologischer Perspektive, 501-517, und O. H. PESCH, Frei sein aus Gnade, 329-415.

[151] So etwa die Sammelbände H. GADAMER UND P. VOGLER, Psychologische Anthropologie, und W. BRÄUTIGAM, Medizinisch-Psychologische Anthropologie, aber auch die Monographie von J. M. INGHAM, Psychological anthropology reconsidered.

[152] E. JAEGGI, Zu heilen die zerstoßnen Herzen.

[153] Vgl. E. JAEGGI, Zu heilen die zerstoßnen Herzen, 95-252.

Schwerpunkt ihres Vergleiches stellt die Analyse des jeweiligen Therapie-konzeptes dar. Jaeggi fragt dabei zum einen nach den verwendeten Thera-piemethoden, aber auch nach dem jeweiligen Verständnis und der Bedeu-tung der therapeutischen Beziehung im Therapiekonzept. Abschließendes Vergleichskriterium stellen das Therapieziel bzw. das Gesundheitskonzept der fünf herangezogenen Therapierichtungen dar. Eine explizite Herleitung oder gar Begründung der von ihr benutzten Kategorien bleibt Jaeggi leider schuldig. Diese soll im Folgenden unter Rückbezug auf bewährte Lehrbü-cher der (Klinischen) Psychologie bzw. Psychotherapie geleistet werden.[154]

Aus psychologischer Perspektive ist der Mensch ein Wesen grundsätzli-cher Bezogenheit und Verwiesenheit auf andere. So schreibt Jürgen Kriz in der Einführung seiner *Grundkonzepte der Psychotherapie*: „Der Mensch ist ein soziales Wesen. Wie keine andere Spezies ist er physisch wie psychisch schon in seinen elementarsten Bedürfnissen von seinen Mitmenschen – in der Regel zunächst seinen Eltern – abhängig."[155] Kriz weist dabei u.a. auf die soziale Determinierung von Sinnstrukturen und die Einbettung des Men-schen in Rollenmuster hin, die sich auch in den Befunden der Sozialpsycho-logie breit widerspiegeln.[156]

Grundlage jeder wissenschaftlich-anerkannten psychotherapeutischen Lehre sind eine Entwicklungstheorie, eine Theorie, wie Störungen entstehen (Ätiologie), und eine Theorie bezüglich der Heilung dieser Störungen (The-rapietheorie).[157] Mit der menschlichen Entwicklung befasst sich vor allem die Entwicklungspsychologie. Der Entwicklungsbegriff umfasst dabei nicht nur Phasen der kindlichen Entwicklung, sondern das ganze menschliche Le-ben wird als Entwicklungsvorgang betrachtet.[158] Psychische Störungen und die Bedingungen und Prozesse ihrer Entwicklung sind neben der Klinischen

---

[154] Als Reverenzgrößen dienen dabei vor allem A.-E. MEYER U.A., Forschungsgutachten zu Fragen eines Psychotherapeutengesetzes, J. KRIZ, Grundkonzepte der Psychotherapie, G. C. DAVISON UND J. M. NEALE, Klinische Psychologie, aber auch E. JAEGGI, Zu heilen die zerstoß-nen Herzen, 67f.

[155] J. KRIZ, Grundkonzepte der Psychotherapie, 7.

[156] Vgl. hierzu etwa W. STROEBE U.A., Sozialpsychologie, insb. 40-60, 209-257, 369-399, aber auch die entsprechenden Verweise bei W. PANNENBERG, Anthropologie in theologischer Pers-pektive, 151-159.

[157] Vgl. hierzu die bei A.-E. MEYER U.A., Forschungsgutachten zu Fragen eines Psychothe-rapeutengesetzes, zugrundegelegten Richtlinien und Kriterien, die neben der empirischen Wirksamkeitsnachweise gerade auf diese inhaltlichen Kriterien zur Anerkennung als wissen-schaftlich fundiertem Verfahren großen Wert gelegt haben, aber auch die entsprechenden Dar-stellungen in G. C. DAVISON UND J. M. NEALE, Klinische Psychologie, insb. 33-68, und R. H. E. BASTINE, Klinische Psychologie, I, 41-91, 143-275, und II, 179-253.

[158] Vgl. z.B. R. OERTER UND L. MONTADA, Entwicklungspsychologie, die in ihrem Standard-werk der Entwicklungspsychologie Beiträge zu allen Lebensabschnitten des Menschen von der vorgeburtlichen Prägung bis hin zum Sterbeprozess zusammengestellt haben und damit eine gesamtbiographische Perspektive des psychologischen Verständnisses von Entwicklung widerspiegeln.

Psychologie auch Thema der Psychopathologie und der Persönlichkeits-
bzw. Diagnostischen Psychologie.[159] Eine Therapietheorie hat nicht nur darzulegen, wie geheilt werden soll, sondern auch zu erklären, wie und unter
welchen Bedingungen die einzelnen Interventionen oder Techniken im Zusammenhang mit der Entwicklungs- und Störungstheorie wirken sollen.[160]
Aufgabe eines psychotherapeutischen Ansatzes, wie er sich im personzentrierten Ansatz Carl Rogers' findet, ist es, diese Dimensionen psychologischer Betrachtung des Menschen zu integrieren und aufeinander zu beziehen. Auch wenn der allgemeine Rahmen von Entwicklungs-, Störungs- und
Therapietheorie von jedem psychotherapeutischen Ansatz ganz verschieden
gefüllt werden kann, gibt er doch eine gemeinsame Grundstruktur vor, wie
sie auch den vergleichenden Ausführungen Eva Jaeggis zugrundeliegt.[161]

Zu dieser für die Darstellung psychotherapeutischer Theorien grundge-
legten Gliederung lassen sich in der oben bereits dargelegten theologischen
Anthropologie Entsprechungen finden.[162] Auch aus theologischer Sicht sind
die Welt und in ihr der Mensch wesentlich auf Entwicklung angelegt. Dies
drückt sich im Schöpfungsglauben[163] und in der Dimension der Geschichtlichkeit des Menschen aus,[164] die sich in allen dargelegten theologischen
Anthropologien als Grunddimensionen zeigten. Dass diese Entwicklung
keine reibungslose und geradlinige ist, drückt sich in der theologischen
Grunddimension der Schuldhaftigkeit bzw. Sündigkeit des Menschen aus.[165]
Aus christlicher Sicht bleibt der Mensch durch die Sünde, d. h. durch die
Verweigerung Gott gegenüber, hinter seinen ihm schöpfungsgemäß ange-

---

[159] Vgl. M. AMELANG UND D. BARTUSSEK, Differentielle Psychologie und Persönlichkeitsfor-
schung, sowie M. AMELANG UND W. ZIELINSKI, Psychologische Diagnostik und Intervention.

[160] Vgl. hierzu etwa den Aufbau therapeutischer Lehrbücher wie E.-M. BIERMANN-RATJEN U.A.,
Gesprächspsychotherapie, oder L. TEUSCH UND J. FINKE, Krankheitslehre der Gesprächspsychotherapie, sowie die entsprechenden Anforderungen zur Anerkennung psychotherapeutischer Richtungen als wissenschaftlich fundiert in A.-E. MEYER, Forschungsgutachten zu Fragen eines Psychotherapeutengesetzes, das als Grundlage für das 1999 verabschiedete Gesetz
zur Regelung der Anerkennung von Psychotherapierichtungen diente.

[161] Zu den verschiedenen psychologischen Paradigmen und ihren Unterschieden vgl. G. C.
DAVISON UND J. M. NEALE, Klinische Psychologie, 33-68, sowie R. H. E. BASTINE, Klinische
Psychologie, I, 49-91.

[162] Für eine solche Parallelisierung der Darstellung christlich-theologischer und psychologisch-psychotherapeutischer Ansätze spricht auch das Verständnis des Christentums als „therapeutische Religion" (E. BISER, Die Heilkraft des Glaubens, 534). Vgl. auch E. BISER, Theologie als Therapie, insb. 152-182.

[163] Vgl. P. SMULDERS, Art. Schöpfung, insb. 350.

[164] Vgl. etwa W. PANNENBERG, Anthropologie in theologischer Perspektive, 472-517, oder A.
DARLAPP UND J. SPLETT, Art. Geschichte und Geschichtlichkeit.

[165] O. H. PESCH, Frei sein aus Gnade, 36f., betont, dass Geschöpflichkeit und Sünde die
Grunddaten menschlicher Existenz sind und W. PANNENBERG, Anthropologie in theologischer
Perspektive, 20, bezeichnet die Gottebenbildlichkeit (die die Geschöpflichkeit des Menschen
einschließt) und die Sünde als „die beiden anthropologischen Hauptthemen der Theologie".

botenen Möglichkeiten zurück und wird erlösungsbedürftig. Er kann sein Heil und die Erfüllung seiner Möglichkeiten nicht mehr aus sich selbst erreichen, sondern bedarf der Erlösung durch Gott – die ihm in Jesus Christus unwiderruflich angeboten ist.[166] Psychotherapeutische Heilung und theologisch erfasstes Heil des Menschen implizieren dabei beide ein Ziel- oder Idealbild, auf das hin geheilt bzw. erlöst wird: psychologisch im jeweiligen Gesundheitskonzept entfaltet, theologisch in Jesus Christus dem Menschen als geschichtliche Wirklichkeit zugesprochen.[167]

Den psychologischen Dimensionen der Entwicklungs-, Ätiologie- und Therapietheorie[168] entsprechen m. E. somit die heilsgeschichtlichen Dimensionen der Erschaffung, des Sündenfalls, der Erlösung und der Vollendung. Gemeinsam ist beiden Disziplinen die Betonung der Bedeutung menschlicher Bezogenheit und Verwiesenheit über sich hinaus. Steht psychologisch dabei die zwischenmenschliche Bezogenheit im Mittelpunkt, liegt der theologische Fokus zunächst vor allem auf der Verwiesenheit des Menschen über sich hinaus auf Gott, aber auch auf seine Mitmenschen.[169]

Aus den hier angeführten Grunddimensionen einer psychologischen bzw. theologischen Betrachtung des Menschen ergibt sich für die Darstellung der Menschenbilder Carl Rogers' bzw. Karl Rahners folgende Gliederung:

Es soll jeweils zunächst eine zusammenfassende Darstellung der jeweiligen *allgemeinen Charakterisierung des Menschen* vorgenommen werden, um das Eigene und Typische der Ansätze als Verständnishintergrund für das im weiteren Ausgeführte aufzuzeigen. In einem zweiten Unterkapitel wird dann die für Psychologie und Theologie gleichermaßen grundlegende Dimension der *Bezogenheit des Menschen* entfaltet, bevor in einem dritten Teil die *Möglichkeiten und Entwicklung des Menschen* aus der Sicht des jeweiligen Ansatzes dargestellt wird. Als viertes wird von diesen Möglichkeiten aus der Blick auf die *Grenzen und die Gefährdetheit des Menschen* gerichtet. Darauf folgt die jeweilige Darstellung der *Bedingungen und Wege der Heilung* und als sechstes Unterkapitel des sich in diesen Wegen der

---

[166] Vgl. zum Zusammenhang von menschlicher Schuld und göttlichem Erlösungsangebot M. SIEVERNICH, Schuld und Sünde in der Theologie der Gegenwart, insb. zusammenfassend 412-415. Auch W. PANNENBERG, Anthropologie in theologischer Perspektive, 55-57, verweist unter Rückbezug auf S. KIERKEGAARD, Krankheit zum Tode, darauf, dass der durch die Sünde nicht mit sich und seinem wahren Wesen identische Mensch diese Identität und damit das Ziel seiner Bestimmung nicht aus sich selbst hervorbringen kann.

[167] So bezeichnet G. LANGEMEYER, Theologische Anthropologie, 614, Jesus Christus als den vollendeten Menschen und die Christusförmigkeit als Weg und Ziel des Menschen.

[168] K. H. LADENHAUF, Psychotherapie, 286-291, bezeichnet die angeführten Ebenen psychologischer Theorie als für die Pastoraltheologie und die Seelsorge bedeutsame inhaltliche Entwicklungen und fordert diesbezüglich einen kritischen Dialog.

[169] Vgl. etwa das bei W. PANNENBERG, Anthropologie in theologischer Perspektive, 40-76, zur Weltoffenheit bzw. Exzentrizität des Menschen Ausgeführte.

Heilung bzw. des Heils widerspiegelnden *Zielbild des Menschseins.* Eine *Zusammenfassung des Menschenbildes* schließt das jeweilige darstellende Kapitel ab.

Eine erste Überprüfung dieser Kategorien soll anhand der zu ihrer Herleitung verwendeten anthropologischen Modelle erfolgen. Theologischerseits waren dies die Ansätze von Pannenberg, Pesch, Greshake und Langemeyer, auf psychologischer Seite die Vergleichsstudie von Jaeggi. Dabei ist zu fragen, ob deren wesentliche Aspekte den abgeleiteten Kategorien zugeordnet werden können und ob diese Zuordnung mit ausreichender Eindeutigkeit erfolgt. Die in allen vier herangezogenen theologischen Anthropologien zentrale Dimension der Geschöpflichkeit stellt eine Allgemeine Charakterisierung des Wesens des Menschen dar, insofern sie sich auf alle weiteren Dimensionen, insbesondere auf seine Entwicklung und seine Möglichkeiten bezieht. Der Gemeinschaftsbezug (Pannenberg, Pesch und Langemeyer) des Menschen kann unter der Frage nach seiner Bezogenheit thematisiert werden. Eine weitere, in allen theologischen Modellen zu findende Dimension stellt die Sünde dar, die die Grenzen und die Gefährdetheit des Menschen konstituiert. Die Aspekte der Erlösung (Greshake und Langemeyer) bzw. Rechtfertigung (Pesch und Pannenberg) des Menschen beschreiben mögliche Wege und Bedingungen einer Heilung seiner Gefährdetheit und führen zur Beschreibung des menschlichen Zieles in der Vollendung in Gott, die ebenfalls in allen herangezogenen theologischen Anthropologien thematisiert wird. Die bei Pannenberg und Pesch berücksichtigte Dimension der Sprachlichkeit des Menschen kann m. E. ebenso unter seine personale Bezogenheit subsumiert werden wie seine Individualität (i.S. einer Bezogenheit auf sich selbst, die bei Pesch und Pannenberg angesprochen wird), während Geschichtlichkeit (Pannenberg), Freiheit (Pesch) und das Werden in Raum und Zeit (Langemeyer) seinen Möglichkeiten und seiner Entwicklung zuzuordnen sind.

Im Rahmen einer psychologischen Anthropologie bzw. einer wissenschaftlich fundierten Psychotherapietheorie sind nach Jaeggi Aussagen über förderliche und hinderliche Aspekte menschlicher Entwicklung zu machen. Diese lassen sich den Dimensionen Möglichkeiten und Entwicklung bzw. Grenzen und Gefährdung des Menschen zuordnen. Die Beschreibung des Verhältnisses innerer zu äußerer Realität betrifft die allgemeine, sich auf alle weiteren Ebenen auswirkende Charakterisierung des Menschen. Denn ob der Mensch als ein von inneren Impulsen (im Sinne der psychoanalytischen Triebtheorie) oder von äußeren Reizen (im Sinne des Behaviorismus) gesteuertes Wesen betrachtet wird, wirkt sich auf das Verständnis seiner Entwicklung, wie der Gefährdung und Heilung des Menschen aus. Der Dimension menschlicher Begrenztheit und Gefährdung ist die Ätiologie zuzuordnen, während die zu fordernde Therapietheorie Bedingungen und Wege der Heilung reflektiert. Therapieziel und Gesundheitsmodell des jeweiligen Ansatzes bilden eine Zielvorstellung therapeutischen Tuns, aber auch menschlicher Entwicklung insgesamt und können somit dieser letzten anthropologischen Kategorie zugeordnet werden. Es zeigt sich, dass eine Integration aller wesentlichen Aspekte der hier herangezogenen anthropologischen Modelle in die hergeleiteten Kategorien möglich ist, so dass deren Anwendung als Grundlage der Darstellung und dialogischen Zusammenführung der Menschenbilder Carl Rogers' und Karl Rahners legitim erscheint.

Es hätten sich sicherlich noch weitere Dimensionen und Kategorien zur Betrachtung des jeweiligen Menschenbildes wählen lassen, so zum Beispiel die jeweilige Sicht der Geschichtlichkeit, Kulturgebundenheit oder Geschlechtlichkeit des Menschen.[170] Zum einen können aber diese Kategorien, insofern sie für den jeweiligen Ansatz wichtig oder prägend sind, in das hier vorgesehene Gerüst integriert werden (Geschichtlichkeit z.B. im Bereich der Entwicklung des Menschen, Kulturgebundenheit und Geschlechtlichkeit unter der Kategorie der Bezogenheit des Menschen), zum anderen bilden sie eine Art Metaebene, die sich, falls sie sich in den beiden anthropologischen Systemen als relevant erweist, auf die verschiedenen, hier ausgewählten Ebenen auswirkt. So kann die Geschlechtlichkeit des Menschen sowohl seine Bezogenheit, als auch seine Entwicklung oder die Art der Entstehung von Störungen beeinflussen.

Aus den angeführten Gründen bilden m. E. Bezogenheit, Entwicklung, Gefährdetheit und Heilung bzw. Zielbild des Menschseins die Kategorien, die sowohl für ein psychologisches als auch für ein theologisches Verständnis des Menschen grundlegend und zentral sind und dabei die wesentlichen Dimensionen des Menschseins abdecken. Ob diese Kategorien wirklich angemessen sind und eine geeignete Grundlage für den Dialog der beiden hier herangezogenen Menschenbilder als Beispiele psychologischer bzw. theologischer Anthropologie darstellen, wird Gegenstand der abschließenden Diskussion über Grenzen und Möglichkeiten dieses Dialogs (6.3.) sein.

Nach der Herleitung und Begründung der hier gewählten Darstellungskategorien soll nun der Gang der Arbeit skizziert werden.

---

[170] Diese finden sich z.B. in W. PANNENBERG, Anthropologie in theologischer Perspektive. Zur Geschlechtlichkeit des Menschen vgl. aus theologischer Perspektive auch J. SPLETT, Der Mensch ist Person, 110-137.

1.3.3. Gang der Arbeit

Die hier vorliegende Arbeit gliedert sich im Anschluss an dieses einleitende Kapitel in drei Teile. Die beiden ersten Teile dienen der Darstellung und kritischen Würdigung der Ansätze sowie Menschenbilder Carl Rogers' (Kap. 2 und 3) und Karl Rahners (Kap. 4 und 5) und umfassen jeweils zwei Kapitel. Im jeweils ersten Kapitel der beiden Teile werden die biographischen und wissenschaftlichen Wurzeln sowie die Grundzüge des personzentrierten Ansatzes Carl Rogers' (Kap. 2) bzw. des transzendentaltheologischen Ansatzes Karl Rahners (Kap. 4) dargestellt, sowie auf die Bedeutung der Autoren und ihrer Ansätze für ihr jeweiliges Fachgebiet und die psychotherapeutische wie seelsorgliche Praxis eingegangen, um die im jeweils zweiten Kapitel erfolgende Darstellung des expliziten und impliziten Menschenbildes Carl Rogers' (Kap. 3) bzw. Karl Rahners (Kap. 5) vorzubereiten. In diesen anthropologischen Kapiteln wird zunächst auf die Bedeutung und Art der Anthropologie im Werk des jeweiligen Protagonisten eingegangen, bevor mittels der hergeleiteten anthropologischen Kategorien das jeweilige Menschenbild dargestellt und anschließend kritisch gewürdigt wird.

Der dritte Teil der Arbeit (Kap. 6 und 7) führt die anthropologischen Grundpositionen zusammen und versucht sie zu einer gemeinsamen, interdisziplinären Sicht des Menschen als Grundlage weiterer interdisziplinärer Kooperation weiterzuführen. Dazu wird zunächst auf die anthropologischen Grundlagen des Dialoges im Werk der beiden Protagonisten eingegangen (6.1.), bevor mittels der bereits zur Darstellung der Menschenbilder verwendeten Kategorien diese dialogisch zusammengeführt und hinsichtlich sich zeigender Konvergenzen und Divergenzen analysiert werden (6.2.). Eine zusammenfassende Schau über diesen Dialog (der in 6.2.1. bis 6.2.6. erfolgt) versucht diesen dann zu einem gemeinsamen anthropologischen Fundament weiterzuführen (6.2.7.). Die anschließende kritische Würdigung des vorgenommen Dialoges (6.3.) teilt sich in eine methodisch-formale und eine inhaltlich-materiale Ebene. Der Blick auf die Implikationen und Konsequenzen des Dialoges für die psychologische wie theologische Forschung sowie psychotherapeutische und seelsorgliche Praxis schließt die Arbeit resümierend ab und will Anregungen für die weitere interdisziplinäre Entwicklung aufzeigen (Kap. 7).

I. Teil: Der personzentrierte Ansatz Carl Rogers'

2. Grundzüge und Bedeutung des personzentrierten Ansatzes

Da die Entwicklung des personzentrierten Ansatzes in all seinen Erscheinungsformen sehr eng mit der Person Carl Rogers' verbunden ist,[1] soll vor der Darstellung seines theoretischen Ansatzes auf dessen biographische und theoretische Wurzeln eingegangen werden, um die Hintergründe und die Entwicklung des Ansatzes deutlich werden zu lassen (2.1.). Danach folgt eine zusammenfassende Darstellung des personzentrierten Ansatzes anhand des Rogersschen Schrifttums (2.2.1.). Das Charakteristische des personzentrierten Ansatzes wird besonders deutlich in der Abgrenzung gegen die beiden anderen Hauptrichtungen der Psychotherapie: Psychoanalyse und Verhaltenstherapie. Den Grundlagenteil beschließen eine Skizzierung der Anwendungsgebiete des personzentrierten Ansatzes (2.2.2.) und Anmerkungen zu Sprache und Stil Carl Rogers' (2.2.3.). Sodann wird auf die Bedeutung des personzentrierten Ansatzes Carl Rogers' für die Psychologie und Psychotherapie, sowie Seelsorge und Beratung eingegangen (2.3.).

2.1. Carl Rogers und die Wurzeln des personzentrierten Ansatzes

Carl Ransom Rogers wurde am 08. Januar 1902 in Oak Park, einem Vorort von Chicago, als viertes von sechs Kindern geboren.[2] Sein Vater Walter A. Rogers war als Ingenieur mit eigener Firma im Straßen- und Brückenbau

---

[1] Vgl. den Hinweis in C. ROGERS, Eine Theorie der Psychotherapie, 11.
[2] Die Darstellung der Biographie Carl Rogers' stützt sich im Wesentlichen auf Rogers' autobiographischen Beitrag *Das bin ich* (in: C. ROGERS, Entwicklung der Persönlichkeit, 19-43), ergänzt durch die Biographien H. KIRSCHENBAUM, On Becoming Carl Rogers, B. THORNE, Carl Rogers, und DERS., Carl Rogers: Vermächtnis und Herausforderung, D. COHEN, Carl Rogers – A critical Biography und N. GRODDECK, Carl Rogers, sowie M. SUDH, Positive Regard. Die Beiträge dieses Sammelbandes bieten interessante Einblicke in einzelne Episoden des Lebens Carl Rogers' und schildern den Einfluss, den er auf andere Menschen hatte. Neben dem ausführlichen biographischen Beitrag H. KIRSCHENBAUM, Carl Rogers, seien noch die Artikel von Rogers' Kindern Nathalie (N. ROGERS, The Creative Journey) und David (D. ROGERS, A Ripple in the Pond) besonders erwähnt.
Einen detaillierten tabellarischen Überblick über den Lebensweg Carl Rogers' und die Entwicklungsschritte seines Werkes bietet D. CAIN, Carl Rogers. Eine französisch-sprachige, mit ausführlichen bibliographischen Referenzen und zahlreichen Zitaten aus Rogers' Publikationen versehene Biographie haben J. BEILLEROT U.A., Autobiographie de Carl Rogers, vorgelegt. Ausführlichere biographische Informationen finden sich auch bei P. F. SCHMID, Personale Begegnung, 76-90, und R. STIPSITS, Gegenlicht, 74-118.

ein erfolgreicher Geschäftsmann, seine Mutter Julia „besaß eine höhere Schulbildung und hatte ebenfalls zwei Jahre die Universität besucht."[3] Die Rogers' gehörten der *Congregational Church*, einer freien protestantischen Gemeinde an, die der Tradition der calvinistischen Pilgerväter zuzurechnen ist.[4] Die Familie war „gekennzeichnet durch enge Familienbindungen, eine strenge und kompromisslose religiöse und ethische Atmosphäre und etwas, das auf eine Verehrung des Werts der schweren Arbeit hinauslief"[5] und kann geradezu als ein Paradebeispiel des von Max Weber herausgestellten Zusammenhangs von kapitalistischem Erfolg und protestantischer Tugendhaftigkeit gelten. Weber hatte in einer 1902 erschienenen soziologischen Studie aufgezeigt, dass sich wirtschaftlicher Erfolg und ein Leben nach christlichen Werten nicht ausschließen, sondern dass gerade der wirtschaftliche Erfolg als ein Hinweis zu werten ist, dass der „arbeitssame und tugenhafte Christenmensch zu den Auserwählten Gottes gehört"[6], was ganz dem Selbstbild von Rogers' Eltern entsprach.[7]

Carl Rogers wuchs „im Zustand schmerzlicher Einsamkeit [auf]. Kontakt, Beziehung, Nähe, persönliche Vertrautheit und Intimität waren – seinen Berichten zufolge – in seiner Familie für ihn nicht erfahrbar. Statt dessen erlebte er Bewertung, Kontrolle, hohe Ansprüche und Unzulänglichkeitsgefühle, die von hohen und nicht erreichbaren Idealen ausgelöst wurden. Im Angesicht Gottes fühlte sich Carl als ein Nichts, als ein Sünder, der allein durch viel Arbeit und durch gute Taten vor diesem strengen Gott bestehen konnte."[8]

Carl Rogers „war also ein ziemlich alleinstehender Junge, der ununterbrochen las und während der ganzen Oberschulzeit nur zwei Verabredungen mit Mädchen hatte."[9] In dieser Einsamkeit sah er selbst später eine Wurzel seines Interesses an Gesprächsführung. Diese „war ein gesellschaftlich gebilligter Weg, Menschen wirklich nahezukommen. Auch bot er mir die Möglichkeit, Nähe zu finden, ohne den (für mich) langen und schmerzlichen Prozeß des allmählichen Bekanntwerdens durchmachen zu müssen."[10] „Die hohe Sensibilität als Zuhörer, die unglaublichen empathischen und mitfühlenden Qualitäten, aber auch die Achtung und der große Respekt vor dem Anderen, kurzum alle Beziehungsqualitäten, die sein psychotherapeutisches

---

[3] N. GRODDECK, Carl Rogers, 20.
[4] Zur Congregational Church siehe G. SCHOMAEKERS, Daten zur Geschichte der USA, 13.
[5] C. ROGERS, Entwicklung der Persönlichkeit, 21. Vgl. auch H. KIRSCHENBAUM, Carl Rogers, 1.
[6] M. WEBER, Die protestantische Ethik und der Geist des Kapitalismus, 123f.
[7] Vgl. C. ROGERS, Entwicklung der Persönlichkeit, 21f.
[8] N. GRODDECK, Carl Rogers, 10.
[9] C. ROGERS, Entwicklung der Persönlichkeit, 21.
[10] C. ROGERS UND R. ROSENBERG, Die Person als Mittelpunkt der Wirklichkeit, 189 f.

Konzept als heilsam beschreibt, sind Dinge, an denen es ihm selbst von Kindesbeinen an sehr mangelte."[11]

Als Rogers zwölf Jahre alt war, zog seine Familie auf eine von den Eltern gekaufte Farm. Einer der Gründe hierfür war, „die Überzeugung meiner Eltern, dass eine Familie mit Jugendlichen sich von den ‚Versuchungen' des Kleinstadtlebens fernhalten sollte"[12]. Dies unterstreicht die Strenge der Erziehung und damit auch der religiösen Grundprägung, die Rogers erfahren hat, und die ihn später zu einer bewussten Abkehr von der institutionalisierten Religion und allen religiösen Doktrinen veranlasste.[13] Die Herkunft aus einer religiösen Tradition mit fast fundamentalistischen Zügen[14] und die Auflehnung gegen diese Normen teilte Rogers mit anderen Psychologen seiner Zeit, wie z.B. Burrhus F. Skinner und John B. Watson, den Vätern des Behaviorismus.[15] Wie weit diese religiöse Strenge ging, zeigt sich daran, „dass sogar kohlensäurehaltige Getränke einen leicht sündigen Beigeschmack hatten"[16]. Rogers selbst bezeichnete „die protestantische Tradition, in der er aufgewachsen war, mit ihrer Überzeugung von der grundlegenden Verderbtheit der menschlichen Natur als besonders ausschlaggebend für sein Absetzen von diesem Glauben. ... Seine späteren Ansichten über die grundsätzliche Vertrauenswürdigkeit des menschlichen Organismus verstand er auch als diesem Weltbild geradezu diametral entgegengesetzt."[17] Während Rogers sich von aller institutionalisierten Religion abwandte, da er sich von ihr beleidigt fühlte und nicht mit ihr in Verbindung gebracht werden wollte,[18] verweisen die von ihm im Rahmen der Psychotherapie geforderten Werte (z.B. die Haltungen der Echtheit und der bedingungslosen Wertschätzung) und auch ein Teil seiner Begrifflichkeit (so bezeichnet er selbst die Haltung des Therapeuten dem Klienten gegenüber als „eine Art Liebe ... entsprechend dem theologischen Begriff der Agape"[19]) auf eine bleibende innere Nähe zum christlichen Glauben.[20]

Rogers galt in seiner Familie als kränklich und leicht übersensibel und „machte sich unzählige Notizen von allem und jedem, um sicher zu sein,

---

[11] N. GRODDECK, Carl Rogers, 10.
[12] C. ROGERS, Entwicklung der Persönlichkeit, 21.
[13] C. ROGERS, Entwicklung der Persönlichkeit, 24.
[14] C. ROGERS, Eine Theorie der Psychotherapie, 11.
[15] Vgl. D. COHEN, Psychologists on Psychology, 36.
[16] C. ROGERS, Entwicklung der Persönlichkeit, 21.
[17] P. F. SCHMID, Personale Begegnung, 79. Zu Rogers' Annahme der Vertrauenswürdigkeit des Organismus siehe Kap. 3.2.1..
[18] Vgl. C. ROGERS, Ein Abend mit Carl Rogers, 27f.
[19] C. ROGERS, Therapeut und Klient, 218.
[20] Diese Einschätzung findet sich auch bei W. MÜLLER, Über die Menschen zu Gott, 179, sowie I. BAUMGARTNER, Pastoralpsychologie, 474.

dass er nichts vergaß."[21] Dieser Hang zum Dokumentieren und schriftlichen Festhalten kann als eine Wurzel seiner sorgfältigen Dokumentation und akribischen Analyse psychotherapeutischer Gespräche angesehen werden, mit der Rogers die Grundlage der empirischen Psychotherapieforschung geschaffen hat. Eine zweite Wurzel der erfahrungsgeleiteten, experimentellen Vorgehensweise, mit der er später die psychotherapeutische Forschung revolutionierte, liegt darin, dass Rogers während des Farmlebens sein Interesse an naturwissenschaftlicher Forschung entdeckte. Er führte Züchtungsversuche mit Nachtfaltern durch und lernte bereits als Vierzehnjähriger durch ein agronomisches Fachbuch, wie systematische Experimente durchgeführt werden.[22]

Diesen Jugenderfahrungen entsprechend begann er 1919 Agrarwissenschaften zu studieren, verlegte aber während der ersten beiden Studienjahre seinen Schwerpunkt auf die Theologie. 1922 wurde er ausgewählt, um zu einer internationalen *World Student Christian Federation Conference* nach China zu fahren.[23] Dort machte er die Erfahrung, dass „ernsthafte und ehrliche Menschen sehr verschiedenen religiösen Doktrinen anhängen können"[24]. Trotz dieser Unterschiede gab es aber die Möglichkeit zu positiver, zwischenmenschlicher Begegnung und gegenseitiger Bereicherung durch den Austausch. „Rückblickend beschrieb Rogers diese Reise als den idealen Kontext, um aus dem engen religiösen Glauben seiner Eltern auszubrechen und eine eigene spirituelle, intellektuelle und emotionale Unabhängigkeit zu erlangen."[25]

Während der sechsmonatigen Reise reifte in Rogers der Entschluss, gegen den Willen seiner Eltern seine Verlobte Helen zu heiraten. Am 28.8.1924 heirateten Helen und Carl Rogers. Noch im gleichen Jahr trat Rogers, nachdem er die „Ansichten seiner Familie zur Religion verworfen hatte"[26], in das sehr liberale *Union Theological Seminary* in New York ein, um eine modernere religiöse Richtung kennenzulernen und sich auf den Kirchendienst vorzubereiten.

Ein Seminar, das die Studenten ohne Dozenten veranstalteten, und das „zutiefst befriedigend und klärend verlief"[27], ließ ihn erkennen, dass er sich zwar immer für Fragen nach dem Sinn des Lebens und Möglichkeiten einer konstruktiven Verbesserung des Lebens interessieren würde, dass er aber

---

[21] N. GRODDECK, Carl Rogers, 26.
[22] Vgl. C. ROGERS, Entwicklung der Persönlichkeit, 22.
[23] Zu dieser Reise und ihrer zentralen Bedeutung für die persönliche Entwicklung Carl Rogers' siehe B. J. THORNE, Carl Rogers, 3-5.
[24] C. ROGERS, Entwicklung der Persönlichkeit, 23.
[25] N. GRODDECK, Carl Rogers, 38. Vgl. auch H. KIRSCHENBAUM, Carl Rogers, 5f.
[26] C. ROGERS, Eine Theorie der Persönlichkeit, 11.
[27] C. ROGERS, Entwicklung der Persönlichkeit, 24.

nicht im kirchlichen Rahmen arbeiten wolle, um nicht an eine religiöse Doktrin gebunden zu sein. [28]

Rogers wechselte deshalb zum Studium der Psychologie an das *Teachers College* der *Columbia University*, wo er durch William H. Kilpatrick mit dem reformpädagogischen Denken John Deweys konfrontiert wurde. Insbesondere Deweys Hinweise auf die Chancen selbstgesteuerten Lernens, die mit den von Rogers im Rahmen des selbstorganisierten Seminars am *Union Theology Seminary* gemachten Erfahrungen übereinstimmten, haben ihn sowohl in seiner Therapietheorie als auch in seinen pädagogischen Ansichten stark beeinflusst. [29] Sowohl seine Überzeugung, dass der Klient am besten die Richtung des therapeutischen Prozesses bestimmen kann, als auch der von ihm vertretene pädagogische Ansatz, dass der Lernende besser wisse, was und wie er lernen solle, als der Lehrende, gehen auf diesen Einfluss zurück. Auch Deweys demokratische Grundhaltung, die mehr dem gesunden Menschenverstand und dem guten Willen des Einzelnen als der Macht von Experten vertraut, sowie die Betonung der unmittelbaren Erfahrung als Grundlage von Lernprozessen haben Rogers und die Entwicklung seines personzentrierten Ansatzes stark geprägt. [30] So weisen sowohl die Betonung der zwischenmenschlichen Beziehung von Person zu Person als auch die Fokusierung der Therapie auf das aktuelle Geschehen im Klienten eine deutliche Nähe zum pädagogischen Ansatz Deweys auf. [31]

Einen zweiten wesentlichen Einfluss auf Rogers stellen die Psychoanalyse und die Verhaltenstheorie dar. Während seiner Promotion am *Teachers College* arbeitet Rogers als Therapeut am psychoanalytisch orientierten *Institute of Child Guidance*. In dieser Zeit wurde ihm „die Widersprüchlichkeit zwischen dem spekulativen Freudschen Denken im Institut und der höchst statistischen und Thornedikeschen Richtung an der Pädagogischen Hochschule drastisch bewusst." [32] Er meinte, „in zwei Welten zu arbeiten, die sich nie berühren könnten" [33], sah aber rückblickend in der Lösung dieser Spannung eine wichtige Grundlage für die Entwicklung seines eigenen Ansatzes. Eine erste erfolgreiche Synthese psychoanalytischen und empirisch-behavioristischen Denkens stellte Rogers Promotion zum Thema *Messung von persönlichen Einstellungen bei Kindern im Alter zwischen 9 und 13 Jahren* dar, für die er einen Fragebogen selbst erstell-

---

[28] Vgl. C. ROGERS, Entwicklung der Persönlichkeit, 24.
[29] Vgl. C. ROGERS, Eine Theorie der Persönlichkeit, 12, sowie W. M. PFEIFFER, Klientenzentrierte Psychotherapie im Kontext von Kultur und Mode, 224f.
[30] Vgl. C. ROGERS, Lernen in Freiheit, 7.
[31] Zu den Grundansichten JOHN DEWEYS siehe DERS., Problems of man. Auf dieses Werk bezieht sich ROGERS an mehreren Stellen seines pädagogischen Werkes *Lernen in Freiheit*.
[32] C. ROGERS, Eine Theorie der Psychotherapie, 12.
[33] C. ROGERS, Entwicklung der Persönlichkeit, 25.

te, der in gelungener Weise psychoanalytische und verhaltenstheoretische Aspekte integrierte.[34]

Das an den naturwissenschaftlichen Methoden orientierte Forschen Rogers', die von ihm initiierte empirische Psychotherapieforschung, die Formulierung seiner Annahmen in der ‚Wenn-dann-Form', dies alles weist eine gewisse Nähe zum Behaviorismus auf.[35] Seine entwicklungspsychologisch orientierte Theorie über die Entstehung der Inkongruenz, der Grundlage aller psychischen Probleme, und gerade die ersten Formulierungen seiner Theorie und einige von ihm verwendete Begriffe (z.B. Wahrnehmungsverzerrung und -verleugnung, Abwehr u.a.) hingegen zeigen Anklänge an Formulierungen in der Tradition Freuds.[36] Ähnlich seinen religiösen Kindheitserfahrungen haben Psychoanalyse und Behaviorismus Rogers gerade durch die Abwendung von ihnen stark beeinflusst und so in seinem Ansatz ihre Spuren hinterlassen. Infolgedessen charakterisiert Rogers z.B. seine Annahme einer grundlegend positiven Natur des Menschen explizit als kritische Absetzung von der protestantischen Sicht des Menschen als Sünder und der psychoanalytischen Triebtheorie.[37]

Am 17. März 1926 wurde Rogers' Sohn David geboren, der streng nach behavioristischen Kriterien erzogen werden sollte. „Glücklicherweise hatte Helen genug Hausverstand, eine gute Mutter zu sein trotz all dieses zerstörerischen psychologischen ‚Wissens'"[38]. 1928 zog Rogers mit seiner inzwischen auf vier Personen angewachsenen Familie (am 9.10.1928 wurde seine Tochter Nathalie geboren) nach Rochester, wo er eine Stelle als Psychologe bei der entwicklungspsychologischen Abteilung der *Gesellschaft zur Verhinderung von Grausamkeiten an Kindern* antrat.[39] „Auf der Ebene biographischer Bedeutungsfindung ist es interessant, dass Carl, das seelisch verwundete Kind und selbst noch immer im Kampf mit seinen Eltern, seine erste feste Anstellung in einer Einrichtung findet, deren Klientel ‚Problemkinder' sind."[40] In dieser Zeit war er zwar vom fachlich-akademischen Kontakt abgeschnitten und verdiente auch nicht gut, aber er konnte die Arbeit machen, die ihm vorschwebte. Sein Hauptinteresse bestand darin, möglichst noch effektiver mit den Klienten zu arbeiten. Er musste hierbei erkennen, dass

---

[34] C. Rogers, Measuring personality adjustment in children nine to thirteen years of age. H. Kirschenbaum, Carl Rogers, 9, weist darauf hin, dass der von Rogers hierzu entwickelte Fragebogen mit 500.000 verkauften Exemplaren wissenschaftlich und auch wirtschaftlich sehr erfolgreich war.

[35] Vgl. M. O'Haara, Rogers as scientist and mystic, 42.

[36] Vgl. E.-M. Biermann-Ratjen u.a., Gesprächspsychotherapie, 35-40.

[37] Vgl. C. Rogers, Entwicklung der Persönlichkeit, 100. Zu den Unterschieden zwischen dem Ansatz Rogers' und der Psychoanalyse bzw. dem Behaviorismus siehe Kap. 2.2.1..

[38] H. Kirschenbaum, On Becoming Carl Rogers, 44.

[39] Vgl. C. Rogers, Entwicklung der Persönlichkeit, 25f.

[40] N. Groddeck, Carl Rogers, 56f.

die Techniken, die er kennengelernt hatte und nun ausprobierte, nicht zum Ziel führten. Deshalb begann er, aus seiner Praxiserfahrung heraus, eigene Ansichten zu formulieren.[41] Durch eine Mitarbeiterin lernte er Otto Rank, einen Freud-Schüler, kennen. „Ranks Betonung, dass die Therapie mehr für den Klienten dazusein, denn als Kanal für die hochgestochenen Theorien des Therapeuten herzuhalten habe ... (und) ... dass es für den einzelnen Klienten notwendig sei, seinen persönlichen Willen auszudrücken, sein eigenes Leben zu bestimmen und sich ständig seine eigene Realität zu schaffen"[42] beeinflusste Rogers' Arbeiten.

Während der Arbeit in Rochester machte Rogers eine für seinen Ansatz prägende Erfahrung mit einer Klientin: Eine Mutter war wegen Problemen mit der Erziehung ihres Sohnes zu Rogers in die Beratung gekommen. Trotz aller Bereitschaft der Klientin kamen sie jedoch nicht voran, so dass er „ ihr (erklärte), dass es so aussehe, als hätten wir beide alles versucht, doch letztlich versagt, und dass wir genauso gut unsere Treffen aufgeben könnten"[43]. Die Klientin stimmte dem zu, fragte aber im Gehen, ob Rogers auch Erwachsene zur Beratung annehme. Auf seine Zustimmung hin schüttete sie ihm ihr Herz über ihre Probleme mit sich und ihrer Ehe aus. „Die wirkliche Therapie setzte in diesem Moment ein und führte schließlich zum Erfolg."[44] Rogers lernte aus dieser und ähnlichen Erfahrungen, dass es für den therapeutischen Prozess am Besten ist, sich darauf zu verlassen, dass der Klient die für ihn beste Richtung einschlagen kann und wird, wenn er den dazu nötigen Freiraum findet. Das Aufgreifen einer solchen Erfahrung für die Weiterentwicklung seines Verständnisses ist typisch für Rogers. Rogers betont immer wieder, dass „es der Klient in seinem Prozess (war), der die Grunddaten des Lernens für die Entwicklung des klient-zentrierten Denkens gesetzt hat."[45]

Aufbauend auf seinen praktischen Erfahrungen verfasste Rogers 1939 sein erstes Buch *The clinical treatment of the problem child*, dem er es nach eigener Einschätzung verdankte, 1940 eine ordentliche Professur an der *Ohio State University* erhalten zu haben.[46] Dort begann er als Erster, psychotherapeutische Praktika mit Supervision zu veranstalten, was die Tatsache unterstreicht, dass Rogers immer wieder eine Vorreiterfunktion im Bereich der Psychotherapie eingenommen hat. Ein Vortrag mit dem Titel *Neuere Konzepte der Psychotherapie*[47], den er am 11. Dezember 1940 an der

---

[41] Vgl. D. COHEN, Psychologists on Psychology, 57f.
[42] C. ROGERS, Klientzentrierte Psychotherapie, 191.
[43] C. ROGERS., Entwicklung der Persönlichkeit, 27.
[44] C. ROGERS, Entwicklung der Persönlichkeit, 27.
[45] C. ROGERS, Klientenzentrierte Psychotherapie, 192.
[46] Vgl. N. GRODDECK, Carl Rogers, 74.
[47] In überarbeiteter Form stellt dieser Vortrag das zweite Kapitel von C. ROGERS, Die nichtdirektive Beratung, dar.

Universität von Minnesota hielt und in dem er versuchte, seinen Standpunkt klar zusammenfassen, gilt als „das Geburtsdatum der klientzentrierten Psychotherapie"[48]. Die starken Reaktionen auf diesen Vortrag, die von Begeisterung bis zu totaler Ablehnung reichten,[49] veranlassten ihn, seinen Ansatz zu überdenken und 1942 in *Counseling and Psychotherapy* (deutscher Titel: *Die nicht-direktive Beratung*) ausführlicher darzustellen.

Dieses Buch stellte in zweierlei Hinsicht eine kleine Revolution dar: Zum einen stufte Rogers damit Beratung und Psychotherapie als ein und denselben Prozess ein, zum anderen veröffentlichte Rogers darin als Erster die vollständige Mitschrift einer achtstündigen Beratung. Damit brach er zwei Tabus: Erstens zeichnete er Beratungssitzungen direkt auf (zunächst auf Schellackplatten, später dann auf Tonbänder) und transkribierte sie, was für einen Psychoanalytiker damals undenkbar war. Damit schuf Rogers sich eine Forschungsgrundlage, welche objektiver als die bisher üblichen Gedächtnisprotokolle war. Zum anderen „erhob er sein eigenes Beratungsverhalten demonstrativ zum Modell der nicht-direktiven Methode", was „eine große Provokation für viele Wissenschaftler, die sich bemühten, die Psychologie als neutrale Naturwissenschaft zu entwickeln"[50], darstellte.

Die Aufzeichnung von Therapiegesprächen, die er und seine Mitarbeiter bzw. Studenten führten, bot Rogers die Möglichkeit, genauer erforschen zu können, in welchen Passagen des Gespräches Fortschritte stattfinden und was kennzeichnende Merkmale hilfreicher therapeutischer Interventionen sind. Diese sehr an der therapeutischen Technik orientierte Forschung stellte die erste Phase der Entwicklung des Rogersschen Ansatzes dar.[51] Da sich die Therapiesequenzen als besonders fruchtbar erwiesen, in denen der Therapeut dem Klienten seine Wahrnehmung von dessen Gefühle widerspiegelte, ohne weitergehende Interventionen vorzunehmen, wurde der Ansatz in dieser ersten Phase seiner Entwicklung zunächst als nicht-direktiv bekannt und prägte das Schlagwort vom ‚Spiegeln der Gefühle' bzw. der ‚Verbalisierung emotionaler Erlebnisinhalte'.[52] Hierbei lag „Rogers' Verdienst nicht so sehr in der Erfindung einer neuen Methode, sondern eher im lernenden Aufgreifen der Ansätze, in deren Integration und später in der Verdichtung dieser

---

[48] P. F. SCHMID, Personale Begegnung, 81.
[49] Vgl. zu den Reaktionen auf den Vortrag H. KIRSCHENBAUM, On Becoming Carl Rogers, 112f.
[50] N. GRODDECK, Carl Rogers, 84.
[51] Eine kurze Darstellung dieses Ansatzes findet sich bereits in C. ROGERS, The Process of Therapy, einem Artikel aus dem Jahr 1940. Ausführlich dargelegt hat Rogers ihn in DERS., Die nicht-direktive Beratung.
[52] Vgl. E.-M. BIERMANN-RATJEN U.A., Gesprächspsychotherapie, 16, die auf den Ursprung dieser deutschen Variante bei R. UND A.-M. TAUSCH, Gesprächspsychotherapie, verweist. Dem Ehepaar Tausch kommt der Verdienst zu, Rogers Ansatz insb. in dieser frühen Ausprägung in Deutschland bekannt gemacht und den Namen ‚Gesprächspsychotherapie' geprägt zu haben.

unterschiedlichen Elemente zu einem praktizierbaren, überprüfbaren und in sich schlüssigen Gesamtkonzept. ... In Jessie Tafts Buch *The Dynamics of Therapy in an Controlled Relationship* fanden sich bereits 1933 fast alle Ingredienzien für die nicht-direktive Beratungs- und Therapiemethode, die Rogers ab 1940 selbst propagierte."[53]

1945 wechselte Rogers an die Universität von Chicago, wo er neben der Forschungs- und Lehrtätigkeit ein Beratungszentrum gründete. Dies gab ihm die Möglichkeit, auf der einen Seite in der Praxis weitere Erfahrungen zu sammeln und sich auch persönlich weiter zu entfalten und auf der anderen Seite „all die eleganten Methoden der Wissenschaft anzuwenden, um festzustellen, ob ich mich selbst betrogen habe"[54].

Die Erfahrung, dass sich die von ihm gemachten technischen Entdeckungen zu einer starren Methode verselbständigten[55], und weitere Erkenntnisse in Theoriebildung und Forschung veranlassten ihn, für diese zweite Phase der Entwicklung seines Ansatzes den Begriff klientenzentrierte Psychotherapie (Client-centered Psychotherapy) einzuführen, um „zu unterstreichen, dass der Fokus auf die innere Erfahrungswelt des Klienten gerichtet ist"[56] und weniger auf die therapeutische Methode. Rogers schreibt hierzu: „Unser Interesse hat sich von der Beratertechnik zur Beratereinstellung und –philosophie verlagert, wobei die Bedeutung der Technik von einer geistigen Ebene aus neu erkannt wurde."[57]

In dieser Phase (1950 bis 1960) verfasste Rogers seine grundlegenden theoretischen Darstellungen[58] und weitete die Forschungsarbeit aus, so dass „die Zahl der zu Forschungs- und Ausbildungszwecken aufgezeichneten Interviews in dieser Zeit von 4.000 Interviews im ersten Jahr [=1945, AdV.] auf mehr als 11.000 Interviews im Jahr 1957 (stieg). Damit verfügte das Be-

---

[53] N. Groddeck, Carl Rogers, 72.

[54] C. Rogers, Entwicklung der Persönlichkeit, 30.

[55] Hierzu hatte Rogers insofern unfreiwillig selbst beigetragen, als er für ein über die ganze USA verbreitetes Beratungs- und Hilfsprogramm für Kriegsheimkehrer eine in verständlicher und einfacher Sprache gehaltene Praxisbroschüre herausgegeben hatte, „die dem helfenden Laien die nicht-direktiven Beratungstechniken praxisnah erläuterte" (N. Groddeck, Carl Rogers, 87). Groddeck sieht in dieser Broschüre „einen nicht unbedeutenden Beitrag, ... weshalb seine [= Rogers', AdV.] nicht-direktive Beratungsmethode so lange und so hartnäckig als simples Technik-Training missverstanden wurde" – worunter Rogers sehr gelitten habe (ebd., 88). Vgl. auch D. Cohen, Carl Rogers, 116-118.

[56] C. Rogers und P. F. Schmid, Person-zentriert, 189.

[57] C. Rogers, Die klientenzentrierte Gesprächspsychotherapie, 30.

[58] Dies sind z.B. die Aufsätze, die in seinen Büchern *Client-Centered Therapy* (deutsch: *Die klientenzentrierte Gesprächspsychotherapie*) von 1951 und *On becoming a Person* (deutsch: *Entwicklung der Persönlichkeit*) von 1961 zusammengestellt sind, sowie die Aufsätze *Die notwendigen und hinreichenden Bedingungen für Persönlichkeitsentwicklung durch Psychotherapie* von 1957 und *Eine Theorie der Psychotherapie, der Persönlichkeit und der zwischenmenschlichen Beziehung* von 1959, zwei der von Rogers selbst als fundamental bezeichneten Theorieartikel (vgl. C. Rogers und P. F. Schmid, Person-zentriert, 12.).

ratungszentrum zur damaligen Zeit gewiss über die umfangreichste Material- und Datensammlung von Beratungs- und Psychotherapiegesprächen."[59] Die 12 Jahre an der Universität von Chicago waren für Rogers die erfolgreichsten und kreativsten Jahre seiner akademischen Karriere. Als Krönung dieser Arbeit erhielt Rogers 1956 den *Distinguished Scientific Contribution Award* der *American Psychologists Association* (APA), deren Präsident er von 1946 bis 1947 gewesen war. Für Rogers war diese Auszeichnung die persönlich wohl wichtigste, da sie die von ihm immer angestrebte Anerkennung seiner Arbeit durch die akademische Psychologie zum Ausdruck brachte.[60]

In diesen Jahren nahm Rogers mehrere Gelegenheiten war, sich nicht nur mit menschlichen Beziehungen und Gesprächen zu beschäftigen, sondern auch öffentliche Dialoge mit anderen bekannten Persönlichkeiten zu führen.[61] So kam es in den Jahren 1956, 1958 und 1962 zu großen öffentlichen Debatten Rogers' mit Burrhus F. Skinner, dem exponierten Vertreter des Behaviorismus.[62] Auch wenn es in diesem Dialog mehr zum wechselseitigen Vortragen der jeweiligen Positionen als zu einem wirklichen Gespräch kam, bot er doch beiden Wissenschaftlern ein öffentliches Forum, ihre Ansicht vorzutragen. Gerade die kritische Absetzung von den deterministischen Ansichten Skinners, der jeglichen Begriff von Freiheit ablehnte und alles Verhalten auf verstärkende Faktoren zurückführen wollte, haben Rogers' Denken geprägt.[63] Eine große Nähe zwischen Skinner und Rogers zeigt sich in der methodischen Wertschätzung empirischer Verfahren. Während Skinner allerdings Laborexperimente in der psychologischen Forschung forderte, bevorzugte Rogers die bereits erwähnte Analyse von Therapiegesprächen, die zwar nicht standardisierten Laborbedingungen unterliegen, aber die klinische Realität besser repräsentieren als ein Laborexperiment.[64]

---

[59] N. GRODDECK, Carl Rogers, 93.

[60] Vgl. H. KIRSCHENBAUM, On Becoming Carl Rogers, 222.

[61] Eine Sammlung der Dialoge Rogers' mit u.a. Burrhus F. Skinner, Martin Buber, Paul Tillich und Rollo May bieten H. KIRSCHENBAUM UND V. LAND HENDERSON, Carl Rogers: Dialogues.

[62] Vgl. H. KIRSCHENBAUM UND V. LAND HENDERSON, The Carl Rogers Reader, 79-91. Eine ausführliche Untersuchung des Dialogs aus gesprächspsychotherapeutischer Sicht liegt bei U. BRAUN, Selbstaktualisierung versus Verhaltenskontrolle, vor. Diese Untersuchung ist insofern besonders interessant, als in Deutschland die Rogers-Rezeption eine große Nähe zur Verhaltenstherapie und ihren verhaltensmodifikatorischen Ansätzen aufweist (so etwa bei R. und A.-M. TAUSCH, Gesprächspsychotherapie). Braun zeigt deutlich die Problematik dieser Annäherung und ihren Widerspruch zu Grundpositionen Rogers auf. Zu Rogers' Abgrenzung von den Positionen Skinners vgl. Kap. 2.2.1..

[63] Vgl. C. ROGERS, Freiheit und Engagement, 213. Zu den Ansichten B. F. SKINNERS siehe DERS., Science and Human Behavior, sowie das eher anthropologisch orientierte Werk Skinners *Futurum zwei*.

[64] Vgl. C. ROGERS, Eine Theorie der Psychotherapie, 13f.

Innerhalb der Psychologie besteht eine große geistige Nähe zwischen dem Ansatz Rogers' und der Gestaltpsychologie. Auch mit einem der führenden Gestaltpsychologen, mit Kurt Lewin, hatte Rogers Kontakt.[65]

Der Rogers am tiefsten beeinflussende Dialog ergab sich mit Martin Buber, als dieser 1957 zu einer Vortragsreise in den USA war.[66] Im Gegensatz zu der doch eher etwas steifen Debatte Rogers – Skinner, kam es hier zu einem fruchtbaren Austausch.[67] „Für Rogers war der Dialog mit Buber sicher ein wichtiger Anstoß, um sein klient-zentriertes Konzept zu einem dialogischen Konzept zu erweitern... Die dialogische Perspektive stand im klient-zentrierten Konzept noch aus und wurde erst in den 1960er Jahren von Rogers mit der Erweiterung seines Konzeptes zum person-zentrierten Ansatz integriert."[68] Insbesondere Rogers' Verständnis der Bedeutung der Begegnung von Person zu Person, aber auch zahlreiche explizite Bezüge auf Buber und auch die Existenzphilosophie Kierkegaards belegen deren Einfluss auf Rogers.[69]

1957 ging Rogers an die Universität von Wisconsin, wo er ein umfassendes Forschungsprojekt mit Schizophrenen durchführen konnte und hoffte, einen noch größeren „Eindruck machen zu können"[70]. Das sehr ambitionierte und aufwendige Forschungsprojekt, das Rogers gemeinsam mit anderen klientenzentrierten Psychotherapeuten an der dortigen Psychiatrischen Klinik durchführte, um die Wirksamkeit des Therapieansatzes auch bei psychiatrischen Patienten nachzuweisen, erbrachte aber nur mäßige Erfolge und war für Rogers das „zweifellos schmerzhafteste und qualvollste Projekt seines gesamten Berufslebens"[71].

1961 sammelte Rogers in seinem Buch *On becoming a person* (deutscher Titel: *Entwicklung der Persönlichkeit*) Aufsätze aus den 50er Jahren, um

---

[65] Vgl. zu dieser Parallele H.-J. WALTER, Gestalttheorie und Psychotherapie, 251-257, und J. KRIZ, Zum 100. Geburtstag Carl Rogers'.

[66] Vgl. zu den Umständen des Dialogs N. GRODDECK, Carl Rogers, 121-124. Der Dialog selbst ist mehrfach publiziert, so in H. KIRSCHENBAUM UND V. LAND HENDERSON, Carl Rogers: Dialogues, 41-61, und in R. ANDERSON UND K.N. CISSNA, The Martin Buber – Carl Rogers Dialogue. Eine Übersetzung ins Deutsche bietet R. STIPSITS, Carl Rogers im Gespräch mit Martin Buber. Ausführliche Analysen des Dialogs finden sich bei M. FRIEDMAN, Reflections on the Buber Rogers Dialogue, und in K.N. CISSNA UND R. ANDERSON, Carl Rogers in Dialogue with Martin Buber: A new Analysis. Hierbei sind insb. die Ausführungen von Friedman sehr interessant, da er nicht nur als Moderator des Dialoges einen persönlichen, unmittelbaren Eindruck des Gespräches hat, sondern aus der Perspektive Martin Bubers die Bedeutung dieser Gespräche bewertet.

[67] Vgl. R. STIPSITS, Gegenlicht, 18.

[68] N. GRODDECK, Carl Rogers, 123f.

[69] Vgl. C. ROGERS, Entwicklung der Persönlichkeit, 69-71, 197.

[70] So Rogers in seinem Abschiedsbrief an seine Kollegen und Mitarbeiter in Chicago, veröffentlicht in H. KIRSCHENBAUM, On Becoming Carl Rogers, 243f. Zu ROGERS' Erfahrungen vgl. DERS., Ein Bericht über Psychotherapie mit Schizophrenen.

[71] A. BURTON, Twelve Therapists, 62.

einen Überblick über seinen Ansatz in Theorie und Forschung zu geben. Dieses Buch wurde das meist verkaufte und einflussreichste Werk Rogers' und zugleich das ihm liebste.[72]

Während der 60er Jahre entwickelte sich die klientzentrierte Therapie in einer dritten Entwicklungsphase zum personzentrierten Ansatz (Person-centered Approach). Rogers gelangte zu der Überzeugung, dass die von ihm gemachten Entdeckungen über hilfreiche Beziehungen „nicht länger zutreffend lediglich als eine Therapieform charakterisiert werden: Präziser wird er heute als person-zentrierter Ansatz bezeichnet."[73]. Von der Arbeit mit Schizophrenen bis hin zu den Encounter-Gruppen (Begegnungsgruppen) für Sozialarbeiter, leitende Angestellte oder andere, die ihr Persönlichkeitswachstum steigern wollten, reichten die Anwendungsfelder in denen Rogers und seine Mitarbeiter Erfahrungen sammelten.[74]

1964 verließ Rogers Wisconsin und die universitäre Arbeit, da er sich weder am Psychologischen Institut noch in der angeschlossenen Psychiatrischen Klinik recht etablieren konnte[75], und begann am neugegründeten *Western Behavioral Science Institute* in La Jolla, Kalifornien, mitzuarbeiten. Dort richtete er seinen Schwerpunkt auf die Übertragung der Prinzipien für hilfreiche Beziehungen auf Encounter-Gruppen[76] und auf die Implikationen seines Ansatzes für die Pädagogik.[77]

Rogers war aber nicht der eigentliche ‚Erfinder' der therapeutischen Gruppe. Schon seit 1948 hatte Sam Slavson mit Gruppentherapie Erfahrungen gesammelt und neben Jakob Morenos Stegreiftheater (bekannter unter dem heute gängigen Namen Psychodrama) wurde auch von Asya Kadis in der Nachfolge Alfred Adlers gruppentherapeutisch gearbeitet.[78] Ebenso handelt es sich bei den pädagogischen Grundgedanken Rogers' weniger um Neuformulierungen, sondern um das Aufgreifen des Anliegens der Reform-

---

[72] Vgl. P. F. SCHMID, Personale Begegnung, 84.

[73] C. ROGERS, Klientenzentrierte Psychotherapie, 186.

[74] Vgl. hierzu C. ROGERS, Klientenzentrierte Psychotherapie, 226-231. Einen facettenreichen Einblick in die Entwicklung und Verbreitung des personzentrierten Ansatzes über Rogers hinaus bietet der Sammelband W. KEIL UND G. STUMM, Die vielen Gesichter der Personzentrierten Psychotherapie, der neben verschiedenen Strömungen innerhalb der personzentrierten Psychotherapie (65-284) und speziellen Dimensionen und Settings (285-466) auch auf spezielle Anwendungsbereiche (469-607) eingeht.

[75] Vgl. N. GRODDECK, Carl Rogers, 126-137. Neben dem bereits angeführten bescheidenen wissenschaftlichen Erfolg scheiterte Rogers in dieser Zeit auch mit seinem Versuch, einen demokratischen Führungsstil zu praktizieren. Da ein Mitarbeiter Forschungsmaterial stahl, um mehr Einfluss im Team zu erzwingen, musste Rogers gegen seinen eigenen Willen zu einem autoritären Führungsstil zurückkehren und war auch persönlich sehr enttäuscht.

[76] Vgl. den Beitrag von C. ROGERS, Encounter-Gruppen, in dem er seine diesbezüglichen Erfahrungen wiedergibt.

[77] Vgl. C. ROGERS, Lernen in Freiheit.

[78] Vgl. R. COHN UND A. FARAU, Gelebte Geschichte der Psychotherapie, 258f.

pädagogik, das Rogers während seines Studiums kennengelernt hatte.[79] Dies ist ein weiterer Beleg dafür, dass Rogers nicht unbedingt inhaltlich Neues geschaffen hat, sondern dass es ihm gelungen ist, Vorhandenes theoretisch zu integrieren, empirisch zu fundieren und einer breiten Öffentlichkeit publik zu machen. Während die anderen, vor Rogers beginnenden Ansätze nur eine begrenzte Verbreitung erreichten, führte Rogers die Encountergruppen zu weltweiter Bekanntheit und Bedeutung.[80]

Wegen Unzufriedenheiten am *Western Behavioral Science Institute* gründete Rogers 1968 zusammen mit 40 anderen Personen aus verschiedenen sozial- und humanwissenschaftlichen Bereichen ebenfalls in La Jolla das *Center for Studies of the Person* (CSP), dem er bis zu seinem Tod 1987 angehörte. Im CSP wurde versucht, den personzentrierten Ansatz auch in der Organisation des Centers umzusetzen und diese möglichst informell zu halten, um dem Einzelnen mehr Freiraum zu ermöglichen. Hierzu sollten alle Mitwirkenden „die gleiche Stimme in der Leitung der Organisation haben, und die notwendigen Vertretungen nach außen ... von dem Posten eines ‚Nicht-Direktors' erledigt werden, der nach dem Rotationsprinzip temporär von jedem Mitglied besetzt werden sollte."[81] Durch die Befreiung von Leitungs- und Administrationsaufgaben hatte Rogers so mehr Freiraum für seine persönlichen Projekte und Forschungsanliegen und er konnte die Übertragbarkeit seines personzentrierten Ansatzes auf eine Organisation quasi am eigenen Leibe ausprobieren und überprüfen.

1974 begann Rogers mehrwöchige Workshops mit Großgruppen von bis zu 800 Teilnehmenden durchzuführen, die mit einem Minimum an Strukturen funktionierten.[82] Die positiven Erfahrungen, die er damit unter anderem in Südafrika, Nordirland und Südamerika machte, bestärkten ihn darin, der politischen Dimension seines Ansatzes verstärkt nachzugehen. Seinem Optimismus über die möglichen Auswirkungen der personzentrierten Haltung verlieh er 1977 in seinem Buch *On personal power* (deutscher Titel: *Die Kraft des Guten*) Ausdruck. Am Ende dieses Werkes schreibt er: „Ein neuer Menschentypus ... tritt in immer größerer Zahl auf den Plan. ... Auf fast jedem Gebiet ist eine stille Revolution im Gange. Sie verspricht, uns zu einer humaneren, mehr personzentrierten Welt voranzutragen."[83]

---

[79] Vgl. C. ROGERS, Lernen in Freiheit, 7.
[80] Vgl. zu dieser ‚missionarischen' Seite Rogers' B. THORNE, Carl Rogers, 16, der eine Verbindung zur „theologischen Tradition seiner Kindheit" herstellt, „auch wenn die Richtung sich inzwischen geändert hatte".
[81] N. GRODDECK, Carl Rogers, 153f.
[82] Vgl. etwa den Bericht über derartige Veranstaltungen 1977 in Brasilien in C. ROGERS, Der neue Mensch, 153-172.
[83] C. ROGERS, Die Kraft des Guten, 280, 323. Eine ausführliche Darstellung der aus seiner Sicht in seinem Ansatz enthaltenen politischen Implikationen und der von ihm vermuteten

Rogers' Frau Helen starb 1979 nach langer Krankheit, in der sie an den Rollstuhl gefesselt war und von ihrem Mann gepflegt wurde. Nach ihrem Tod reiste Rogers viel und nahm an zahlreichen Workshops und Tagungen teil. Er war nun der „Belastung ... jahrelanger Sorge und Pflege ledig"[84] „und kehrte mit Freude ins Leben zurück"[85].

Im Zusammenhang mit dem Sterben seiner Frau und in den Jahren nach ihrem Tod beschäftigte sich Rogers zunehmend mit spirituellen Fragen.[86] Hierbei ließ er sich von persönlichen Erfahrungen und neuesten naturwissenschaftlichen Theorien leiten. Im Rückblick auf seine Arbeit, in der er es immer vermieden habe, religiöse Begriffe zu verwenden, sagte er, dass die Gründe dafür zum einen in seiner Ablehnung der organisierten Religion und zum anderen in der Unschärfe vieler religiöser Begriffe liegen.[87] Dennoch führte er in späteren Aufsätzen unter der Bezeichnung ‚presence' (Gegenwart, bzw. Gegenwärtigkeit) die Dimension des Transzendentalen und Intuitiven ein, in der sich deutlich religiöse Anklänge finden.[88]

Rogers weist auf seine Nähe zum östlichen Denken hin, wie es ihm im Buddhismus und bei Lao-tse begegnet ist. Gerade in den letzten Jahren seines Lebens, als er sich stark mit spiritueller Erfahrung auseinandersetzte, wurde ihm diese Verbindung deutlich und wichtig, die er insbesondere in der „Betonung der persönlichen Erfahrung als der Hauptstraße des Lernens" und im Zurückweisen von „Manipulation und Einmischung"[89] sah.

Kennzeichnend für alle Einflüsse auf Carl Rogers ist, dass er „nie einen bestimmten Mentor besaß. Er wurde statt dessen von vielen bedeutsamen Persönlichkeiten der verschiedensten Denkrichtungen beeinflusst"[90] und war dabei nie an eine einzige, ‚unaufgebbare' Theorie gebunden. Somit konnte sich sein Denken, von vielen Seiten fruchtbar angeregt, hauptsächlich aus den Erfahrungen, die er und seine Kollegen mit ihren Klienten machten,

---

Auswirkungen der sich daraus ergebenden Konsequenzen und Veränderungen hat Rogers 1978 in einem Beitrag für *Psychologie heute* festgehalten (C. ROGERS, Der gute Mensch von La Jolla). Mit der politischen Dimension des Ansatzes Carl Rogers' befasst sich die politikwissenschaftliche Untersuchung von A.-L. VOGEL, Das Politische bei Carl R. Rogers, der auch auf Rogers' Verständnis von Politik (ebd., 282-286) und die daraus sich ergebenden Maximen einer humanistischen Politik (ebd., 287-329) eingeht.

[84] R. STIPSITS, Gegenlicht, 91.
[85] H. KIRSCHENBAUM, Carl Rogers, 85.
[86] Vgl. C. ROGERS, Der neue Mensch, 56-58.
[87] Wiedergegeben in P. F. SCHMID, Personale Begegnung, 89.
[88] C. ROGERS, Der neue Mensch, 80. Vgl. zur religiösen Dimension insb. im Spätwerk Rogers' M. VAN KALMTHOUT, The religious dimension of Carl Rogers' work. M. O'HAARA, Rogers as scientist and mystic, 51, fordert, dass die Humanistische Psychologie sich stärker mit wissenschaftlichen Untersuchungen dem Spätwerk Rogers', insbesondere in seinen religiösen und gesellschaftlichen Aspekten und Implikationen, zuwenden sollte.
[89] C. ROGERS, Klientenzentrierte Psychotherapie, 192.
[90] C. ROGERS, Therapeut und Klient, 20.

und deren fortwährenden Überprüfung mit den Methoden der wissenschaftlichen Psychologie, weiterentwickeln.[91]

Die letzten Jahre des Lebens Carl Rogers' waren vor allem durch seinen Einsatz für Friedensprojekte gekennzeichnet. Immer wieder versuchte er durch personzentrierte Workshops in sozialen und politischen Krisengebieten zu Frieden und Verständigung beizutragen.[92] Im Rahmen des von ihm gegründeten *Carl Rogers Peace Project* führte er Veranstaltungen u.a. in Nordirland, Südafrika und Russland durch. 1985 versuchte Rogers in Rust/ Österreich im Rahmen eines viertägigen Workshops mit mehr als 50 Politikern und Vertretern wichtiger gesellschaftlicher Gruppen aus Mittelamerika und den Vereinigten Staaten, zu einer Befriedung in Mittelamerika beizutragen.[93] Auch wenn die Konferenz keinen durchschlagenden Erfolg brachte, ist allein das Zusammenführen der Teilnehmer aus z.T. verfeindeten Staaten eine beachtliche Leistung, welche auch die weltweite Anerkennung, die Carl Rogers entgegengebracht wurde, zum Ausdruck bringt. 1987 wurde Carl Rogers, vermutlich als eine Folge dieses Zentral-Amerika-Workshops für den Friedensnobelpreis nominiert[94].

Kurz nach seinem 85. Geburtstag starb Rogers am 4. Februar 1987 in La Jolla an den Folgen eines nach einer Operation erlittenen Herzinfaktes.[95]

2.2. Der personzentrierte Ansatz Carl Rogers'

Der personzentrierte Ansatz Carl Rogers' wird weit über das Feld der Psychotherapie und Beratung hinaus angewandt.[96] Dennoch können die allgemeinen Grundlagen dieses Ansatzes gut am Beispiel der therapeutischen Beziehung

---

[91] Vgl. C. ROGERS, Klientenzentrierte Psychotherapie, 191f. Zum philosophischen Hintergrund des personzentrierten Ansatzes vgl. auch H. QUITMANN, Humanistische Psychologie, 160-170.

[92] Vgl. zu dieser Zeit den Abschnitt *In weltweiter Friedensmission* in N. GRODDECK, Carl Rogers, 182-202. Ein exemplarischer Vortrag in diesem Anliegen ist C. ROGERS, Ansichten eines Psychologen über den Atomkrieg, den er 1982 auf Einladung der Gesellschaft für wissenschaftliche Gesprächspsychotherapie in Hamburg hielt.

[93] Einen ausführlichen Einblick in diese Veranstaltung bietet R. STIPSITS, Gegenlicht, 87-90, der selbst als Mitarbeitender bei diesem Workshop beteiligt war. Rogers' eigener Bericht über den Workshop wurde 1986 im Journal of Humanistic Psychology veröffentlicht (C. ROGERS, The Rust Workshop).

[94] So vermuten zumindest J. VASCONCELLOS, Eulogy, 361, und in Anschluss an ihn R. STIPSITS, Gegenlicht, 89.

[95] Vgl. N. GRODDECK, Carl Rogers, 202.

[96] Vgl. C. ROGERS, Klientenzentrierte Psychotherapie, 186, 189-191, und E.-M. BIERMANN-RATJEN U.A., Gesprächspsychotherapie, 191, die einzelne Anwendungsbereiche aufführen und die Parallelitäten und Unterschiede zur psychotherapeutischen Beziehung am Beispiel der sozialen Arbeit (Beratung) aufzeigen.

verdeutlicht werden. Das unter den Bezeichnungen ‚Therapeut' und ‚Klient' Gesagte kann hierbei auf die Rollen des ‚Helfers' und des ‚Hilfesuchenden' im Allgemeinen übertragen werden. Das Charakteristische des personzentrierten Ansatzes und das Besondere der Leistung Rogers' bei dieser ‚anthropologischen Wende' innerhalb der Psychotherapie lässt sich am deutlichsten anhand der Abgrenzung dieses Ansatzes gegen Psychoanalyse und Verhaltenstheorie, neben denen er sich als „dritte Kraft"[97] etabliert hat, unterstreichen (2.2.1.).

Nach der Darstellung und Abgrenzung des personzentrierten Ansatzes wird auf die verschiedenen Anwendungsfelder des Ansatzes in den Bereichen Psychotherapie, Pädagogik sowie insbesondere Seelsorge und pastorale Beratung eingegangen (2.2.2.). In einem dritten Unterkapitel folgen Anmerkungen zu Besonderheiten der sprachlichen Gestalt des Werkes Carl Rogers', die insbesondere im Blick auf die deutsche Rezeption dieses in Amerika entstandenen Ansatzes von Bedeutung sind (2.2.3.).

2.2.1. Darstellung und Abgrenzung

Nach einer ersten Charakterisierung des personzentrierten Ansatzes Carl Rogers' werden seine grundlegenden Annahmen über die menschliche Natur dargestellt, um anschließend aufzuzeigen, wie es zu Störungen der Entwicklung des Menschen kommen kann. Danach sollen die Bedingungen und der Prozess positiver Veränderungen und abschließend das Ziel der Therapie beschrieben werden.[98]

In seinem Aufsatz *Klientenzentrierte Psychotherapie*, den er 1975 für das *Comprehensive Textbook of Psychiatry* verfasst hat, beschreibt Rogers die klientenzentrierte Therapie „als eine Form der Beziehung mit Menschen *(way of being with persons)*, die heilsame Veränderung und Wachstum fördert. Ihre zentrale Hypothese ist, dass die Person in sich selbst ausgedehnte Ressourcen dafür hat, sich selbst zu verstehen und ihre Lebens- und Verhaltensweisen konstruktiv zu ändern, und dass diese Ressourcen am besten in einer Beziehung mit bestimmten definierten Eigenschaften freigesetzt und verwirklicht werden können. Wenn der Therapeut oder irgendeine andere hilfreiche Person ihr eigenes Echtsein, ihre Anteilnahme und ein tiefes

---

[97] G. STEENBUCK, Zur Aktualität Personzentrierter Begleitung und Beratung, 81.

[98] In dieser Darstellung beziehe ich mich, soweit nicht anders angegeben, auf C. ROGERS, Eine Theorie der Psychotherapie, und DERS., Die notwendigen und hinreichenden Bedingungen. Zur Einführung eignet sich neben den ausführlicheren Werken von E.-M. BIERMANN-RATJEN U.A., Gesprächspsychotherapie und J. FINKE, Gesprächspsychotherapie, auch die zusammenfassende Darstellung von G. STUMM UND W. W. KEIL, Das Profil der Klienten-/Personzentrierten Psychotherapie.

gefühlsmäßiges, nicht urteilendes Verstehen empfindet und zum Ausdruck bringt, dann ist es am wahrscheinlichsten, dass eine solche Freisetzung und Veränderung stattfindet. Die Qualität der Beziehung ist von zentraler Bedeutung für den gesamten therapeutischen Prozess."[99]

Die wesentliche Grundannahme des personzentrierten Ansatzes ist, dass „der innerste Kern der menschlichen Natur, die am tiefsten liegenden Schichten seiner Persönlichkeit, die Grundlage seiner tierischen Natur von Natur aus positiv – von Grund auf sozial, vorwärtsgerichtet, rational und realititisch"[100] ist. Für den Mensch soll gelten, dass er in sich „wie jeder andere lebendige Organismus – Pflanze oder Tier – eine ihm innewohnende Tendenz hat, all seine Fähigkeiten auf eine Art und Weise zu entwickeln, die der Erhaltung oder Steigerung des Organismus dient."[101] Diese Tendenz bezeichnet Rogers als Aktualisierungstendenz und weist darauf hin, „dass diese grundlegende Aktualisierungstendenz das einzige Motiv ist, welches in diesem theoretischen System als Axiom vorausgesetzt wird."[102] Rogers wehrt sich mit diesem Postulat gegen alle Behauptungen, dass der Mensch in seinem Kern unsozial, destruktiv oder sündig sei, wie sie ihm in Psychoanalyse und der protestantischen Prägung seiner Kindheit begegnet sind.[103]

Das Postulat dieser allgemeinen Tendenz hat seine Grundlage in den Erfahrungen, die Rogers in der Therapie mit Klienten gemacht hat. Immer wieder erkannte er, „dass der Klient derjenige ist, der weiß, wo der Schuh drückt, welche Richtungen einzuschlagen, welche Probleme entscheidend, welche Erfahrungen tief eingegraben gewesen sind"[104]. Auch wenn schmerzhafte Prozesse notwendig waren, haben doch immer wieder die Klienten den rechten Weg für sich gefunden und haben sich auf größere Reife und Entfaltung hin entwickelt.

Würde sich ein Mensch unter optimalen Bedingungen entwickeln können, würde ihn die Aktualisierungstendenz zu dem heranreifen lassen, was Rogers als ‚fully functioning person' (deutsch: voll entwickelte Persönlichkeit) bezeichnet.[105] „Mit diesem hypothetischen Begriff des ‚sich verwirklichenden und voll handlungsfähigen Menschen' definiert Rogers das asymptotische Ziel einer optimalen Persönlichkeitsentwicklung."[106]

---

[99] C. ROGERS, Klientenzentrierte Psychotherapie, 187.
[100] C. ROGERS, Entwicklung der Persönlichkeit, 99f.
[101] C. ROGERS, Klientenzentrierte Psychotherapie, 211.
[102] C. ROGERS, Eine Theorie der Psychotherapie, 21f. Siehe auch Kap. 3.2.3., sowie E.-M. BIERMANN-RATJEN U.A., Gesprächspsychotherapie, 78-85 und J. KRIZ UND G. STUMM, Aktualisierungstendenz.
[103] Vgl. C. ROGERS, Entwicklung der Persönlichkeit, 100f.
[104] C. ROGERS, Entwicklung der Persönlichkeit, 27 f.
[105] Vgl. C. ROGERS., Eine Theorie der Psychotherapie, 59f. Vgl. zu Rogers' Konzeption der ‚fully functioning person' auch Kap. 3.2.6..
[106] B. TEICHMANN-WIRTH, Fully functioning person, 133.

Eine solche ‚fully functioning person' wäre dadurch gekennzeichnet, dass sie der eigenen Erfahrung gegenüber vollkommen offen ist, dass alle inneren und äußeren Wahrnehmungen unverfälscht bewusst werden können und daß ihr Selbst eine fließende Gestalt ist, die sich ständig ihrer aktuellen Erfahrung anpasst und diese integriert. Eine solche Person bringt sich selbst eine unbedingte positive Selbstbeachtung entgegen und hat in ihren inneren organismischen Wertungsprozessen eine zuverlässige Orientierungsgrundlage für ihr Verhalten.[107]

Wenn der Mensch ein von seiner Natur her so positives und konstruktives Wesen ist, wie kommt es dann dazu, dass so viele Menschen mit sich und anderen Probleme haben und so viel Negatives in der Welt ist und geschieht? Wie kommt es trotz der Aktualisierungstendenz des menschlichen Organismus zu Persönlichkeitsstörungen?

Die Grundlage für Störungen liegt für Rogers in der Entwicklung des Selbst während der frühen Kindheit.[108] Rogers schreibt über das Wesen des Kindes, dass es innerhalb seiner entwicklungsbedingten Grenzen zunächst eine ‚fully functioning person' sei. „Das Kind nimmt seine *Erfahrung* als Realität wahr; ... Sein Verhalten ist der zielgerichtete Versuch des Organismus, seine erlebten Bedürfnisse nach *Aktualisierung* in der so *wahrgenommenen* Realität zu befriedigen".[109]

In der weiteren Entwicklung lernt das Kind, zwischen sich und der Umwelt zu unterscheiden. Aus dieser Unterscheidung entsteht das Selbst, als das Bild oder Konzept, das ein Mensch von sich selbst hat. Der Teil der Erfahrung, der sich auf das Kind selbst bezieht, wird als Selbsterfahrung im Bewußtsein wahrgenommen. Durch die Interaktion mit der Umwelt entwickelt sich diese Selbsterfahrung zum Selbstkonzept, das ein eigenes Wahrnehmungsobjekt im Erfahrungsfeld wird.[110]

Jedem Menschen wohnt nach Rogers ein Bedürfnis nach positiver Beachtung durch andere inne. „Dieses Bedürfnis ist ein Wesenszug des Menschen. Es ist allgegenwärtig."[111] Das kleine Kind erlebt diese Beachtung und Liebe

---

[107] Vgl. C. ROGERS, Entwicklung der Persönlichkeit, 183-195.
[108] Vgl. C. ROGERS, Die Kraft des Guten, 275-278, und DERS., Eine Theorie der Psychotherapie, 48-55. Wie bereits in Kap. 2.1.2. angesprochen, zeigt sich hier die Nähe Rogers' zu Freud. Auch dieser siedelt die Grundproblematik der menschlichen Persönlichkeit in der frühen Kindheit an. Im Rahmen dieser Arbeit ist es nicht möglich näher auf die Beziehung zwischen Freud und Rogers einzugehen, vgl. deshalb zu den Ansichten Freuds: S. FREUD, Abriß der Psychoanalyse, H. BENESCH, Art. Psychoanalyse, 154-172, und P. G. ZIMBARDO, Psychologie, 403-412. Ein kurzer Vergleich von Gesprächspsychotherapie und Psychoanalyse, der auf die angeführte Nähe aber auch Unterschiede eingeht, findet sich bei E.-M. BIERMANN-RATJEN U.A., Gesprächspsychotherapie, 35-44.
[109] C. ROGERS, Eine Theorie der Psychotherapie, 48.
[110] Vgl. C. ROGERS, Klientenzentrierte Psychotherapie, 212.
[111] Vgl. C. ROGERS, Eine Theorie der Psychotherapie, 49.

zunächst bei seinen Eltern. Es macht aber auch die Erfahrung, dass seine Eltern es nicht für alles lieben, was es tut, sondern dass es Verhaltensweisen gibt, die das Kind zwar als positiv erlebt, die seine Eltern aber ablehnen. „Die Liebe der Eltern oder anderer Bezugspersonen wird von Bedingungen abhängig gemacht."[112] Das Kind verinnerlicht diese Bewertungen, da es sich mehr nach der positiven Beachtung durch andere als nach den Erfahrungen, die einen positiven Wert für die Aktualisierung des Organismus haben, ausrichtet.

Im Zuge der Entwicklung des Selbstkonzeptes wird das Kind sich ein eigenes Gegenüber und damit entsteht das Bedürfnis nach positiver Selbstbeachtung. Diese wird nun mit den von den Eltern und anderen Bezugspersonen übernommenen Bewertungen verknüpft. Das Kind sieht sich selbst nun so, wie es von anderen gesehen wurde, ohne sich der Übernahme dieser Sichtweise bewusst zu sein.[113]

Die, mit der Übernahme der Wertungen anderer verbundene, selektive Selbstbewertung ist die Grundlage für Inkongruenz. „Inkongruenz ist die Diskrepanz, die sich einstellen kann zwischen dem Erleben des Organismus und dem Selbstkonzept."[114] Dies bedeutet, dass das Selbstkonzept, d. h. die Vorstellung des Individuums, wie es sein sollte, und die aktuelle Erfahrung, d. h. die Wahrnehmung dessen, wie es aktuell ist, nicht übereinstimmen. „Um die Selbststruktur aufrecht zu erhalten, werden Abwehrreaktionen erforderlich."[115] Das Individuum nimmt seine Erfahrungen nun selektiv wahr. Erfahrungen, die mit dem Selbstkonzept übereinstimmen, können unverfälscht wahrgenommen und bewusst werden. Erfahrungen, die für das Selbstkonzept irrelevant sind, wird in der Regel überhaupt keine Aufmerksamkeit zugewendet. Erfahrungen, die mit dem Selbstkonzept nicht übereinstimmen oder ihm gar widersprechen, d. h. die mit ihm inkongruent sind, dürfen nicht bewusst werden. Sie werden unterschwellig als bedrohlich empfunden und deshalb entweder verfälscht oder gar nicht wahrgenommen.[116]

„Mit diesen Reaktionen wird erreicht, dass die nun entstellt wahrgenommene Erfahrung in Übereinstimmung mit dem Selbstkonzept bleibt."[117] Abwehrverhalten führt zu psychischer Fehlanpassung. Die Person kann auf

---

[112] C. ROGERS, Die Kraft des Guten, 275.
[113] Vgl. hierzu C. ROGERS, Eine Theorie der Psychotherapie, 49f., und DERS., Die Kraft des Guten, 276-278.
[114] C. ROGERS, Klientenzentrierte Psychotherapie, 214. Vgl. zum Folgenden auch DERS., Die notwendigen und hinreichenden Bedingungen, 170-172, und W. W. KEIL, Inkongruenz.
[115] C. ROGERS, Eine Theorie der Psychotherapie, 52.
[116] Zu Entstehung und Auswirkungen der Inkongruenz vgl. C. ROGERS, Eine Theorie der Psychotherapie, 52, sowie G.-W. SPEIERER, Die Krankheitslehre der klientenzentrierten Psychotherapie, insb. 39-45, und das in Kap. 3.2.4. dazu Gesagte.
[117] W. W. KEIL, Abwehr, 15.

innere oder äußere Reize nicht in einer der Erfahrung angemessenen Weise reagieren, da sie sich ihrer nur verzerrt bewusst ist.[118] Durch die Wahrnehmungsverzerrung stimmen die subjektive Realität des Individuums und die äußere, ‚objektive' Realität nur ungenau oder im Extremfall (z.B. bei akutschizophrenen Personen) überhaupt nicht überein.[119]

Die zielgerichtete innere Tendenz, Wahrnehmung und Verhalten möglichst mit dem Selbst in Einklang zu halten, bezeichnet Rogers im Unterschied zu der Aktualisierungstendenz, wie sie oben beschrieben wurde, als Selbstaktualisierungstendenz.[120] Besteht nun Inkongruenz zwischen dem Selbst und der organismischen Erfahrung, so kommt es zum Konflikt zwischen der Aktualisierungstendenz des Organismus und der Selbstaktualisierungstendenz. Dieser Konflikt ist die Grundlage und Triebfeder für Fehlentwicklungen der Persönlichkeit. Sie entwickelt sich nicht mehr in der für den Erhalt und die Steigerung des Organismus günstigen Richtung, sondern in einer dem Selbst entsprechenden. Diese ist jedoch ambivalent. Im Gegensatz zur „inneren Weisheit des Organismus"[121], die das Individuum sich in einer reifen und konstruktiven Richtung entwickeln lässt, kann die Entwicklung nun auch destruktive Züge annehmen. „Diese Dissoziation, die in den meisten von uns vorhanden ist, stellt das Grundmuster und die Basis jeglicher psychologischer Pathologie des Menschen dar, und sie ist auch die Basis seiner gesamten sozialen Pathologie."[122] Das Ausmaß der Inkongruenz hängt laut Rogers davon ab, inwieweit der Einzelne bedingungslose positive Beachtung erfahren hat und auf dieser Basis zu bedingungsloser, nicht selektiver positiver Selbstbeachtung gelangen konnte.[123]

Das Ziel der Psychotherapie sowie des ganzen personzentrierten Ansatzes in den verschiedenen Anwendungsfeldern ist es, dieser Fehlentwicklung, die bei jedem Menschen in einem gewissen Ausmaß auftritt, entgegenzuwirken und den Prozess der Entstehung der Inkongruenz umzukehren.[124]

Grundlegend für den Prozess der Therapie ist dabei das Vertrauen in den menschlichen Organismus. Der Erfolg einer Therapie soll nicht von therapeutischen Techniken abhängen, sondern von Einstellungen des Therapeuten, die es dem Klienten ermöglichen, sich in einem sicheren und freien Rahmen zu entwickeln.[125] Der Klient wird als ein Partner betrachtet, der in

---

[118] Vgl. C. ROGERS, Eine Theorie der Psychotherapie, 54.
[119] Vgl. C. ROGERS, Eine Theorie der Psychotherapie, 53, und W. W. KEIL, Abwehr, 15f.
[120] C. ROGERS, Eine Theorie der Psychotherapie, 22.
[121] C. ROGERS, Klientenzentrierte Psychotherapie, 232.
[122] C. ROGERS, Die Kraft des Guten, 277.
[123] Vgl. C. ROGERS, Die Kraft des Guten, 278.
[124] Vgl. C. ROGERS, Entwicklung der Persönlichkeit, 110-112.
[125] Vgl. C. ROGERS, Die notwendigen und hinreichenden Bedingungen, 182f., und DERS. Klientenzentrierte Psychotherapie, 187.

der Lage ist, das für ihn richtige Tempo zu wählen und der fähig ist, sich selbst zu bestimmen. Dabei ist eine Veränderung der Persönlichkeit in Richtung auf stärkere Integration, weniger inneren Konflikt und mehr Energie für ein effizienteres Leben intendiert.

Rogers nennt sechs Bedingungen, die für einen solchen positiven Prozess der Persönlichkeitsentwicklung notwendig und nach seiner Ansicht auch hinreichend sein sollen:[126]

1.) Die erste Bedingung ist, dass sich zwei Personen in einem wahrnehmbaren psycho-logischen Kontakt befinden. Hinter dieser Formulierung steht die Annahme, „dass eine positive Persönlichkeitsveränderung von Bedeutung nur in einer Beziehung zustandekommt."[127]

2.) Eine der beiden Personen (in der Therapie: der Klient) befindet sich in einem Zustand der Inkongruenz und nimmt diesen wahr. Er ist verletzbar oder ängstlich und ist sich dessen zumindest minimal bewusst.

3.) Die andere Person (hier: der Therapeut) ist in der Beziehung kongruent und integriert. „Das heißt, dass er innerhalb der Beziehung frei und tief er selbst ist, wobei seine gegenwärtige Erfahrung exakt von seinem Bewusstsein, das er von sich selbst hat, repräsentiert ist."[128] Dies gilt auch wenn sein Erleben gegen seine Ideale verstoßen sollte, d. h. wenn er sich z.B. langweilt oder sich vor dem Klienten ängstigt. Wenn der Therapeut seine eigenen Gefühle und sein Erleben ausdrückt, geht es dabei nicht darum, über den Klienten zu urteilen, sondern darum, dass er selbst nicht von seinen Gefühlen in der Beziehung blockiert wird, sondern ganz frei und offen sein kann.[129]

Es wird vom Therapeuten nicht erwartet, dass er immer eine voll integrierte Person ist, „es genügt, dass er exakt er selbst ist, in dieser Stunde dieser Beziehung"[130]. Rogers selbst wertet die Kongruenz des Therapeuten als den entscheidenden Aspekt. „Damit die Therapie in Gang kommt, ist die Ganzheit des Therapeuten in der Beziehung von primärer Bedeutung"[131].

4.) Der Therapeut empfindet dem Klienten gegenüber bedingungslose positive Wertschätzung, „ein warmes Akzeptieren von jedem Aspekt der Erfahrung des Klienten als einem Teil dieses Klienten ... Das bedeutet, dass es

---

[126] Vgl. zum Folgenden C. ROGERS, Die notwendigen und hinreichenden Bedingungen. Rogers geht an vielen Stellen seines Schrifttums auf diese Bedingungen und das in ihnen enthaltene Zutrauen zu den Selbstentwicklungskräften des Menschen ein, so in DERS., Entwicklung der Persönlichkeit, 84-113, 183-195, 275-279, DERS., Klientenzentrierte Psychotherapie, 192-203, und DERS., Eine Theorie der Psychotherapie, 40-44. Eine ausführliche Darstellung des gesprächspsychotherapeutischen Beziehungsangebotes bieten auch E.-M. BIERMANN-RATJEN U.A., Gesprächspsychotherapie, 13-33.

[127] C. ROGERS, Die notwendigen und hinreichenden Bedingungen, 169.

[128] C. ROGERS, Die notwendigen und hinreichenden Bedingungen, 172.

[129] Vgl. C. ROGERS, Eine Theorie der Psychotherapie, 41f.

[130] C. ROGERS, Die notwendigen und hinreichenden Bedingungen, 172.

[131] C. ROGERS, Eine Theorie der Psychotherapie, 41.

da keinerlei *Bedingungen* des Akzeptierens gibt, kein Gefühl wie ‚Ich mag Dich nur, wenn du so und so bist'. ... Es meint ein Anteilnehmen am Klienten als einer *selbständigen* Person"[132] mit vielen konstruktiven Möglichkeiten. Der Klient soll so akzeptiert werden, wie er sagt, dass er ist, und nicht so, wie der Therapeut ihn gerne hätte, bzw. wie er meint, dass der Klient in Wirklichkeit sei. Diese Haltung soll einen Gegenpol zu der Erfahrung des Klienten darstellen, dass er nur für bestimmte Erlebens- und Verhaltensweisen gemocht wird.[133]

Die positive Anteilnahme des Therapeuten darf dabei nicht besitzergreifend werden, sondern muss den Klienten als eine eigenständige Person achten, die eigene, auch negative oder scheinbar destruktive, Gefühle und Erfahrungen haben darf. Rogers fügt einschränkend hinzu, „dass eine vollkommen bedingungslose Zuwendung außer in der Theorie nicht existiert"[134], dass es aber wichtig ist, dass sich der Therapeut immer wieder um diese Haltung bemüht und sie in der therapeutischen Beziehung möglichst weitgehend lebt.

5.) Der Therapeut versteht das innere Erleben des Klienten empathisch und ist bestrebt, diese Erfahrung zum Ausdruck zu bringen. Er kann an der inneren Welt des Klienten so Anteil nehmen, „als ob es die eigene wäre, ohne jemals die Qualität des ‚als ob' zu verlieren"[135]. Hierbei soll es dem Therapeuten möglich sein, auch Bedeutungen und Gefühle zu erspüren und auszudrücken, die dem Klienten selbst bisher noch nicht bewusst waren. Empathisches Verstehen meint die Fähigkeit, die Erfahrungen, Gefühle und Bewertungen des Klienten so zu verstehen, wie dieser sie versteht. Dadurch wird ein Prozess möglich, in dem „der Therapeut für die Person der vertraute in ihrer inneren Welt"[136] wird und diesem helfen kann, seine Wahrnehmung zu überprüfen. Wichtig ist, dass der Therapeut hierbei frei von Vorurteilen ist, um die Welt wirklich so sehen zu können, wie der Klient sie sieht. Besonders hilfreich ist, wenn es dem Therapeuten gelingt, „die subtilen Bedeutungen am Rande des Bewusstseins des Klienten"[137] zu erfassen und durch ihre Mitteilung diesem zu helfen, tiefere Schichten in sich zu erreichen und bewusst werden zu lassen. Dies muss jedoch ohne Druck auf den Klienten geschehen. Dessen Grenzen sind unbedingt zu wahren. Das Verständnis des Therapeuten sollte sich nicht nur im Inhalt dessen, was er sagt, ausdrücken, sondern auch in der Art wie er es sagt, d. h. z.B. in Tonfall und Mimik.[138]

---

[132] C. ROGERS, Die notwendigen und hinreichenden Bedingungen, 173.
[133] Vgl. C. ROGERS, Entwicklung der Persönlichkeit, 96-99.
[134] C. ROGERS, Die notwendigen und hinreichenden Bedingungen, 174, Anm. 6.
[135] C. ROGERS, Die notwendigen und hinreichenden Bedingungen, 175.
[136] C. ROGERS, Empathie, 79.
[137] C. ROGERS, Klientenzentrierte Psychotherapie, 195.
[138] Vgl. C. ROGERS, Die notwendigen und hinreichenden Bedingungen, 175.

6.) „Die letzte der aufgestellten Bedingungen ist, dass der Klient in einem Mindestausmaß die Akzeptanz und Empathie, die der Therapeut für ihn empfindet, wahrnimmt."[139]

Rogers behauptet, dass es dann, wenn diese sechs Bedingungen erfüllt sind, zu konstruktiven Persönlichkeitsveränderungen kommt, wobei diese desto ausgeprägter sind, je stärker und deutlicher die Bedingungen erfüllt sind.[140]

Die dritte bis fünfte Bedingung, dass der Therapeut in der Beziehung kongruent sein und dem Klienten bedingungslose positive Zuwendung und tiefes einfühlendes Verstehen entgegenbringen soll, stellen die therapeutischen Grundhaltungen des Rogersschen Ansatzes dar und werden auch als „Therapeutenvariablen"[141] bezeichnet. Die erste, zweite und sechste Bedingung stellen die Grundlage der Therapierbarkeit des Klienten dar: Er muss kontaktfähig sein, die eigene Inkongruenz zumindest in einem Mindestmaß wahrnehmen und das ihm vom Therapeuten entgegengebrachte Beziehungsangebot wahrnehmen.[142]

In seinen letzten Lebensjahren hat Rogers aufgrund seiner Erfahrungen, die er insbesondere in Encounter-Gruppen machte, sein Verständnis einer tiefen, heilenden Begegnung erweitert und hat über die drei therapeutischen Grundhaltungen der Kongruenz, bedingungslosen Wertschätzung und Empathie hinaus den Begriff ‚presence' (deutsch: Gegenwart oder Gegenwärtigkeit) eingeführt. Mit diesem Begriff will er der Erfahrung Ausdruck verleihen, dass dann, wenn er sich in einem bestimmten Zustand befindet, den er als ein seinem „inneren intuitiven Selbst am nächsten sein", bzw. als ein „mit dem Unbekannten in sich in Berührung sein"[143] beschreibt, „alles, was immer ich tue, voller Heilung zu sein scheint. Dann ist einfach meine *Gegenwart* befreiend und hilfreich"[144].

Zu positiven Persönlichkeitsveränderungen im Zuge des therapeutischen Prozesses kommt es dadurch, dass die hilfesuchende Person beginnt, die Haltungen des Therapeuten „sich selbst gegenüber einzunehmen, hin zu einem Akzeptieren ihrer selbst, wie sie ist."[145] Dadurch, dass ihm jemand akzeptierend zuhört, wird auch der Klient zunehmend fähig, auf sich und seine Erfahrung zu hören. Wenn die Achtung des Therapeuten für ihn auch bei destruktiven und finsteren Erfahrungen und Gefühlen unerschüttert bleibt,

---

[139] C. ROGERS, Die notwendigen und hinreichenden Bedingungen, 176.
[140] Vgl. C. ROGERS, Eine Theorie der Psychotherapie, 42.
[141] E.-M. BIERMANN-RATJEN U.A., Gesprächspsychotherapie, 14.
[142] Vgl. E.-M. BIERMANN-RATJEN U.A., Gesprächspsychotherapie, 15.
[143] C. ROGERS, Der neue Mensch, 80.
[144] C. ROGERS, Ein klientzentrierter bzw. personzentrierter Ansatz, 242. Vgl. hierzu C. ROGERS UND P. F. SCHMID, Person-zentriert, 119.
[145] C. ROGERS, Klientenzentrierte Psychotherapie, 204.

kann auch der Klient sich immer tiefer akzeptieren, wie er ist. Dadurch kann er in stärkerem Ausmaß Erfahrungen zulassen, die seinem bisherigen Selbstkonzept widersprechen und kann sie als einen Teil von sich selbst akzeptieren. Er gelangt zu einer größeren Kongruenz, die inneren psychischen Spannungen nehmen ab und sein Verhalten wird der Situation und seinem Erleben angemessener. Er wird zunehmend „frei, sich in die Richtungen zu verändern und zu wachsen, die für den reifenden menschlichen Organismus natürlich sind."[146] Der Konflikt zwischen Aktualisierungstendenz und Selbstaktualisierung nimmt ab, und es steht ihm mehr Energie für eine positive Entwicklung zur Verfügung.

Rogers fasst diese Entwicklung im Schema eines Prozess-Kontinuums mit sieben Stufen zusammen.[147] Die Entwicklung geht „von einer rigiden Fixiertheit von Einstellungen, Konstrukten und Wahrnehmungen zu einer Veränderlichkeit und einem Fluss in allen diesen Bereichen"[148]. Am (fiktiven) Ende dieser Entwicklung steht die ‚fully functioning person', die zu einem unmittelbaren Erleben und Gewahrwerden aller aktuellen Vorgänge im Organismus in der Lage ist.[149]

Bereits im biographischen Teil dieser Arbeit ist darauf hingewiesen worden, dass Carl Rogers seinen eigenen personzentrierten Ansatz in der Auseinandersetzung mit den vorherrschenden psychologischen Schulen der Psychoanalyse und des Behaviorismus entwickelt hat.[150] Gerade diese Ab-

---

[146] C. Rogers, Klientenzentrierte Psychotherapie, 205.
[147] Zu diesem Entwicklungsprozess vgl. C. Rogers, Klientenzentrierte Psychotherapie, 204-216, und Ders., Entwicklung der Persönlichkeit, 130-162.
[148] C. Rogers, Klientenzentrierte Psychotherapie, 205.
[149] Vgl. C. Rogers, Entwicklung der Persönlichkeit, 136-158.
[150] Vgl. C. Rogers, Entwicklung der Persönlichkeit, 25, sowie die entsprechenden Abschnitte in Kap. 2.1.1.
Zu Rogers' Abgrenzung von Psychoanalyse und Behaviorismus siehe über das im Folgenden Gesagte hinaus C. Rogers, Die Kraft des Guten, 13-41, und Ders., Entwicklung der Persönlichkeit, 351-389. Im Rahmen dieser Arbeit ist es nicht möglich, eine eigene Darstellung der Psychoanalyse bzw. des Behaviorismus und der sich aus diesem entwickelnden Verhaltenstherapie vorzunehmen. Für eine kurze Einführung in die Psychoanalyse siehe S. Freud, Abriß der Psychoanalyse, H. Benesch, Art. Psychoanalyse, und S.O. Hoffmann, Art. Psychoanalyse. Zur Verhaltenstherapie vgl. H. Benesch, Art. Verhaltenstherapie, und E. Jaeggi, Art. Verhaltenstherapie. Einen Überblick über die Positionen Freuds, Skinners und Rogers' bieten A. Demorest, Psychology's grand theorists, die insbesondere auf den Zusammenhang zwischen persönlichen Erfahrungen und dem Denken Freuds, Skinners und Rogers' eingeht, sowie R.D. Nye, Three psychologies: perspectives from Freud, Skinner, and Rogers, und W. Corell, Persönlichkeitspsychologie, der sowohl *Das psychoanalytische Persönlichkeitssystem Sigmund Freuds* (ebd., 11-37), als auch *B. F. Skinners Beitrag zur Persönlichkeitspsychologie* (ebd., 172-187) darstellt. Zu den Menschenbildern von Psychoanalyse, Verhaltenstherapie und Humanistischer Psychologie vgl. einführend H. Brunner, Menschenbilder in Psychologie und Psychotherapie, sowie die entsprechenden Abschnitte in I. Baumgartner, Pastoralpsychologie. Eine aktuelle Abgrenzung der Gesprächspsychotherapie von psychoanalytischer und verhaltenstheoretischer Psychotherapie bieten E.-M. Biermann-Ratjen u.a., Gesprächspsycho-

grenzung kann das Eigene der Rogersschen Position und das Besondere der von ihm in der Psychologie gemeinsam mit anderen humanistisch orientierten Psychologen durchgeführten anthropologischen Wende, d. h. der Zuwendung zum Menschen als Person und nicht nur als Objekt therapeutischer Deutungen und Techniken, deutlicher werden lassen.[151]

Es ist wichtig zu beachten, dass an dieser Stelle nicht auf die ganze Bandbreite psychoanalytischer und verhaltenstheoretischer Therapieschulen eingegangen werden kann, wie sie sich im Verlauf der Zeit entwickelt hat, sondern nur auf die Erscheinungsformen, auf die sich auch Carl Rogers in seinen Abgrenzungen bezogen hat. Für die Psychoanalyse ist dies die Position Freuds und für die Verhaltenstherapie die Position Skinners. Diese Positionen werden als solche heute kaum noch so vertreten, stellen aber jeweils eine wichtige Grundlage für alle weiteren Entwicklungen der jeweiligen Denkrichtung dar. Da alle Weiterentwicklungen der beiden großen Therapieschulen durch die Erkenntnisse Rogers' beeinflusst sind, kann in der Gegenüberstellung mit diesen Grundpositionen am Besten das Eigene des personzentrierten Ansatzes deutlich werden.[152]

Ein grundlegender Unterschied zur Psychoanalyse, den Rogers anführt, ist die von ihm postulierte konstruktive Aktualisierungstendenz und die auf ihr basierende Vertrauenswürdigkeit des menschlichen Organismus[153]. Er wendet sich scharf gegen die Einstellung Freuds zur menschlichen Natur. Für Freud liegt im unbewussten Es, das der Ort der Triebe, der Motivationsquellen für alles Verhalten, ist, die grundlegende menschliche Natur. Nach Rogers „war Freud überzeugt, dass nichts als Zerstörung die Folge wäre, wenn der menschlichen Natur freier Lauf gelassen würde. Diese Bestie im

---

therapie, 34-50, sowie L. NYKL, Psychologische Kontexte in der C.-Rogers'-Psychotherapie, und DERS., Beziehung im Mittelpunkt der Persönlichkeitsentwicklung.

[151] I. BAUMGARTNER, Pastoralpsychologie, 433, spricht von der „humanistischen Prämisse" und weist auf den inneren Zusammenhang von Anthropologie, Philosophie und Ethik im Denken Rogers' hin, aus dem sich dessen Verständnis von Psychotherapie als personaler Begegnung erschließt.

[152] Vgl. zu dieser gegenseitigen Vernetzung R. RUSSEL, Das therapeutische Bündnis, und D. ZIMMER, Die therapeutische Beziehung, die beide die Bedeutung der Rogersschen Haltungen für das Verständnis der therapeutischen Beziehung in den drei großen Psychotherapierichtungen unterstreichen. Vgl. auch K. GRAWE U.A., Psychotherapie im Wandel, 709. Im gleichen Sinne weist auch I. BAUMGARTNER, Pastoralpsychologie, 412-417, darauf hin, dass es eine – nicht zuletzt auf Rogers und die Humanistische Psychologie zurückzuführende – personale Wende in der Verhaltenstherapie gegeben habe, dass aber ihre Wurzeln in das Menschenbild der Anfangsphase, also der Zeit Watsons und Skinners, hineinreiche. Die ungebrochene Aktualität und Bedeutung Freuds, Skinners und Rogers' für die jeweils in ihrer Folge entstandenen Ansätze dokumentiert das 2005 erschiene Werk A. DEMOREST, Psychology's grand theorists, das sich mit diesen drei ,Gründervätern' und der Entwicklung ihrer jeweiligen Theorie auseinandersetzt.

[153] Vgl. zur Aktualisierungstendenz Kap. 2.2.1. und 3.2.3., zur diesbezüglichen Abgrenzung von der Psychoanalyse vgl. C. ROGERS, Die Kraft des Guten, 27-29.

Menschen unter Kontrolle zu halten, erschien ihm als Aufgabe von höchster Dringlichkeit."[154] „Die Vorstellung, dass der Mensch im Innern irrational, unsozial, sich und andere zerstörend ist – dieses Konzept wird praktisch fraglos hingenommen."[155]

Rogers leugnet nicht, dass in der Therapie viele feindlichen und anti-sozialen Gefühle im Klienten frei werden und dass es dadurch naheliege, in diesen die grundlegende, eigentliche und tiefere Natur des Menschen zu sehen. Auch entspricht diese negative Sichtweise oft dem Selbstbild und der Selbsterfahrung der Klienten. Im Verlaufe der Therapie werde jedoch deutlich, dass diese negativen Emotionen „weder die tiefsten noch die stärk-sten sind, und dass der innere Kern der menschlichen Persönlichkeit der Organismus selbst ist, der in seinem Wesen sowohl selbsterhaltend als auch sozial ist."[156]

Im Bereich des Behaviorismus und der aus ihm hergeleiteten Verhaltens-therapie ist das Wesen des Menschen ein Neutrum. Er wird als ,tabula rasa' verstanden, die allein durch Lernerfahrungen positiv oder negativ geprägt wird. So betonte John B. Watson, „dass alle psychischen Vorgänge redu-zierbar seien auf Muskelbewegungen und Drüsensekretionen, letztlich auf physikalische und chemische Prozesse"[157] und dass diese beobachtbaren Verhaltensweisen durch das Zusammentreffen mit angenehmen Konsequen-zen verstärkt würden.[158] Für den an der objektiv beobachtbaren, äußeren Wirklichkeit interessierten Behavioristen erscheinen Spekulationen über die innere Natur des Menschen irrelevant und unwissenschaftlich. So schreibt

---

[154] C. Rogers, Die Kraft des Guten, 27 f.

[155] C. Rogers., Entwicklung der Persönlichkeit, 100. Dass Rogers neben aller theoretischen und praktischen Abgrenzung von der Psychoanalyse den Verdienst Freuds für die Psychologie und Psychotherapie durchaus schätzte, brachte neben anderem auch sein Besuch im Freud-Haus in der Bergstrasse 19 in Wien zum Ausdruck. Der Besuch endete mit dem heiter-iron-ischen Ausspruch Rogers': „So this is, where all the trouble started!" (R. Stipsits, Gegenlicht, 82). Zum Menschenbild der Psychoanalyse vgl. I. Baumgartner, Pastoralpsychologie, 367-372.

[156] C. Rogers., Entwicklung der Persönlichkeit, 100 f. Zu Rogers' Sicht des Negativen im Menschen vgl. auch Kap. 3.2.4..

[157] I. Baumgartner, Pastoralpsychologie, 413.

[158] Vgl. C. Rogers, Freiheit und Engagement, 211. Eine moderne, auf die Erkenntnisse der Neurowissenschaften aufbauende Variante dieses Denkens bietet K. Grawe, Neuropsycho-therapie. Klaus Grawe, einer der bekanntesten Psychotherapieforscher der Gegenwart und führend an der Herausgabe des Bandes K. Grawe u.a., Psychotherapie im Wandel, beteiligt, der für die Anerkennung der wissenschaftlichen Fundierung von Psychotherapieverfahren in Deutschland entscheidend war, schreibt dort, „dass sich letztlich alle therapeutischen Ver-änderungen auf die Aktivierung bestehender und die Bahnung neuer neuronaler Erregungs-muster zurückführen lassen. Wirksame Therapie beruht auf wirksamer Bahnung."(K. Grawe, Neuropsychotherapie, 42). Hier wird deutlich, dass für ihn die Bahnung das entscheidende ist und dass nicht etwa eine persönliche Veränderung sich in einer veränderten Bahnung nieder-schlägt, wie es einer personzentrierten Sicht eher entspräche.

B. F. Skinner: „Wenn Sie mit ‚Seele' etwas anderes als physikalisch-biologische Prozesse meinen, dann leugne ich ihre Existenz."[159]

Ein weiterer Aspekt in dem sich Rogers von Psychoanalyse und Verhaltenstherapie absetzt, ist die Einstellung zum Klienten/Patienten und zur Rollen- und Machtverteilung in der Psychotherapie.

Rogers wendet sich gegen das sog. ‚medizinische Modell', „welches beinhaltet, nach einer Pathologie Ausschau zu halten, eine Diagnose zu entwickeln – eine spezifische Diagnose –, sowie ein behandlungsorientiertes Denken im Sinne einer Heilung"[160]. Ein solches Modell sieht eine klare Rollen- und Machtverteilung in der Therapie vor. Der Hilfesuchende ist der Patient, der krank ist und dem vom Behandelnden, dem Experten, gesagt werden muss, was er zu tun hat. Rogers selbst schränkt seine Kritik dahingehend ein, dass diese Auffassung gemildert und modifiziert wurde, dass aber Therapeuten dieser Richtung immer noch glaubten, „dass die Kontrolle zeitweilig in den Händen des Therapeuten sein sollte, und dass Kontrolle und Verantwortung in anderen Augenblicken (über die der Therapeut zu entscheiden hat) in die Hände des Patienten bzw. des Klienten zu legen seien"[161]. Von dieser Position grenzt Rogers sich deutlich ab. „Die Politik des klientenzentrierten Ansatzes besteht in einem bewussten Verzicht des Therapeuten auf jegliche Kontrolle über den Klienten wie auch das Entscheidungen-für-diese-Treffen."[162] Alle Entscheidungsprozesse sollen nach Rogers im Klienten verankert bleiben, der Therapeut ist dabei nur ein Begleiter.

Das von Rogers als medizinisches Modell bezeichnete Schema von expertengelenkter Diagnose und Intervention findet sich sowohl in der Psychoanalyse als auch in der Verhaltenstherapie. In der Psychoanalyse hört der Analytiker den freien Assoziationen des Klienten zu und deutet diese, sobald ihm deutlich geworden ist, was ihr störungsbezogener Inhalt ist. Es handelt sich also um ein aufdeckendes Verfahren, d. h., der Therapeut als Experte erklärt dem Analysanden den tieferen Inhalt des Gesagten und Nichtgesagten und verhilft ihm so zu einer Aufarbeitung der Störung.[163]

Das Grundschema einer verhaltenstherapeutischen Behandlung sieht zunächst eine problembezogene Verhaltensanalyse vor, in der die Lernge-

---

[159] B. F. SKINNER, in: M. J. MAHONEY, Kognitive Verhaltenstherapie, 25. Zum Menschenbild des Behaviorismus vgl. I. BAUMGARTNER, Pastoralpsychologie, 412-417. In verhaltenstheoretisch orientierten Lehrbüchern der Klinischen Psychologie finden sich interessanter Weise keine Abschnitte über diese Fragestellung. Vgl. etwa R. H. E. BASTINE, Klinische Psychologie oder G. C. DAVISON UND J. M. NEALE, Klinische Psychologie.

[160] C. ROGERS, Die beste Therapieschule ist die selbst entwickelte, 22. Vgl. zum medizinischen Modell auch DERS., Die klientzentrierte Gesprächspsychotherapie, 205-212.

[161] C. ROGERS, Die Kraft des Guten, 29.

[162] C. ROGERS, Die Kraft des Guten, 25.

[163] Vgl. S. HOFFMANN, Art. Psychoanalyse, 988-997.

schichte des problematischen Verhaltens deutlich werden soll, um dann auf dieser Analyse aufbauend einen Therapieplan zu entwerfen, der dem Klienten helfen soll, das störende Verhalten zu verlernen und ein konstruktiveres Verhalten zu erlernen.[164] Dieses Grundschema ist gemeinsame Grundlage aller verhaltenstheoretischen Psychotherapieformen, auch wenn es in der konkreten Umsetzung schulenspezifische Unterschiede gibt. So ist eine klassische Verhaltenstherapie, etwa mit den Techniken der systematischen Desensibilisierung oder des Fludding, stärker am beobachtbaren äußeren Verhalten orientiert, als zum Beispiel eine kognitive Verhaltenstherapie, in der es stärker um das Erlernen neuer gedanklicher Muster geht.[165]

Aus dem zur Rollenverteilung in der Psychotherapie Gesagten ergibt sich ein weiterer wichtiger Unterschied zwischen dem personzentrierten und den anderen beiden Therapiemodellen. Während bei Rogers die Beziehung zwischen Therapeut und Klient der zentrale und entscheidende Faktor in der Therapie ist, wird sie von Psychoanalyse und Verhaltenstherapie zwar als wichtig betrachtet, aber nur in dem Sinne, dass eine positiv gefärbte Beziehung die Voraussetzung dafür ist, dass das eigentliche therapeutische Wirken, das in Analyse und Intervention besteht, sich möglichst wirksam entfalten kann. Diese unterschiedliche Einstellung wird im Vergleich zwischen der Einstellung Carl Rogers' und des Psychoanalytikers Heinz Kohuts zur Empathie deutlich. Während für Rogers das empathische Verstehen an sich der wirksame Faktor ist, ist dieses Verstehen für Kohut nur ein Hilfsmittel, um eine treffendere Interpretation vornehmen zu können.[166]

In Anlehnung an die von Rogers für seinen eigenen Ansatz gewählte Bezeichnung ,personzentriert' können die Psychoanalyse und die Verhaltenstherapie insofern als ,objektzentriert' bezeichnet werden, als es in ihnen primär um das Diagnostizieren und Behandeln einer Störung (= Objekt) und nicht um das Herstellen einer heilsamen Beziehung zwischen zwei Personen geht.[167]

Eine weitere Frage, in der sich Rogers von dem Behaviorismus und der Psychoanalyse absetzt, ist die nach der Freiheit des Menschen.

Freud ging davon aus, dass alles Verhalten determiniert ist. Das aktuelle Verhalten lässt sich nach ihm aus vergangenen Erlebnissen und aktuellen

---

[164] Vgl. H. BENESCH, Art. Verhaltenstherapie, 389-416, und H. REINECKER, Lehrbuch der Verhaltenstherapie, 45-86.
[165] Für einen Überblick über die verschiedenen verhaltenstherapeutischen Therapieansätze und -methoden siehe G. C. DAVISON UND J. M. NEALE, Klinische Psychologie, 639-676, sowie zur kognitiven Verhaltenstherapie M. HAUTZINGER, Kognitive Verhaltenstherapie bei psychischen Erkrankungen, und zu stärker verhaltensorientierten Ansätzen H. REINECKER, Lehrbuch der Verhaltenstherapie, 147-231.
[166] Vgl. C. ROGERS, Klientzentrierte Psychotherapie, 235-237, und C. ROGERS, Rogers, Kohut, and Erikson.
[167] Vgl. P. F. SCHMID, Souveränität und Engagement, 21-24.

Triebregungen erklären. Dies zeigt sich auch darin, dass Freud vom ,psychischen Apparat'[168] spricht, für den gilt, „dass Es und Über-Ich bei all ihrer fundamentalen Verschiedenheit die eine Übereinstimmung zeigen, dass sie die Einflüsse der Vergangenheit repräsentieren, das Es den der ererbten, das Über-Ich im Wesentlichen den der von anderen übernommenen, während das Ich hauptsächlich durch das selbst Erlebte, also Akzidentelle und Aktuelle bestimmt wird."[169] Zwar sind die bestimmenden Faktoren nicht offen erkennbar, so dass der Eindruck von freien Entscheidungen entstehen kann, aber Freud ging davon aus, dass sie in einer Psychoanalyse aufgedeckt werden können und dass sich dann das ganze Verhalten eines Menschen als notwendige Konsequenz der ihn determinierenden Einflussfaktoren erklären lasse.[170]

Einem noch drastischeren Determinismus ist Rogers bei Watson und Skinner, zwei der Väter des Behaviorismus, begegnet. Von Watson stammt die berühmte Behauptung, dass er aus einem Dutzend gesunder Säuglinge in einer von ihm bestimmten Umwelt die Persönlichkeiten machen könnte, die er wolle.[171] Skinner ist der Ansicht, dass „der freie innere Mensch, der für sein Verhalten verantwortlich sein soll, ... nur ein vorwissenschaftlicher Ersatz für jene Ursachen des Verhaltens (ist), die wir im Verlauf wissenschaftlicher Analyse entdecken. All diese alternativen Ursachen liegen außerhalb des Individuums"[172]. Obwohl Rogers in seinem Aufsatz *Freiheit und Engagement* einige Studien nennt, die Skinners Auffassung zu bestätigen scheinen und die Möglichkeiten äußerer Verhaltenskontrolle durch Wissenschaftler unterstreichen[173], hält er an seiner Ansicht fest, dass der Mensch frei ist. Seine Erfahrungen in der Psychotherapie haben ihm verdeutlicht, dass positive Persönlichkeitsveränderungen ohne freie und verantwortliche Entscheidungen nicht zu verstehen und auch nicht zu erreichen sind.[174]

Zusammenfassend lässt sich im Blick auf die angeführten Abgrenzungen des personzentrierten Ansatzes Carl Rogers' gegen Psychoanalyse und Behaviorismus festhalten, dass das Wesentliche des personzentrierten Ansatzes darin liegt, dass der Mensch als ein in seiner Natur positives, vertrauenswürdiges und selbstverantwortliches Wesen betrachtet wird und dass der Klient

---

[168] Vgl. hierzu S. FREUD, Abriß der Psychoanalyse, 9-11, sowie P. G. ZIMBARDO, Psychologie, 403–412.

[169] S. FREUD, Abriß der Psychoanalyse, 11.

[170] Zusammenfassend dargelegt hat Freud kurz vor seinem Tod seine diesbezüglichen Ansichten in S. FREUD, Abriß der Psychoanalyse, seinem im Juli 1938 begonnen, aber leider unvollendet gebliebenen Werk.

[171] Vgl. J. B. WATSON, Behaviorism, 104.

[172] B. F. SKINNER, Science and Human Behavior, 112.

[173] Vgl. C. ROGERS, Freiheit und Engagement, 212-218.

[174] Vgl. C. ROGERS, Freiheit und Engagement, 220 f.

in der Therapie ein gleichwertiger Partner des Therapeuten und nicht Objekt und Ziel expertengesteuerter Interventionen ist. Es geht also nicht primär um die Beseitigung von Krankheiten und Symptomen, sondern um Wachstum und Reifung der Persönlichkeit. Hierbei kommt dem Klienten, der als frei und verantwortungsfähig angesehen wird, der maßgebliche Anteil an der positiven Entwicklung zu. Der Verdienst Carl Rogers' und mit ihm der Humanistischen Psychologie liegt in der Zuwendung zum Menschen als Subjekt und nicht nur als Objekt einer Behandlung und kann m. E. zutreffend als anthropologische Wende charakterisiert werden.[175]

Die Sprengkraft und Bedeutung dieses Menschenbildes und der von ihm ausgelösten anthropologischen Wende (bis hinein in die anderen Therapieschulen und ihre Weiterentwicklungen!) spiegelt sich in den zahlreichen Anwendungsfeldern, die der personzentrierte Ansatz nicht zuletzt im Bereich der Seelsorge und pastoralen Beratung gefunden hat.

2.2.2. Anwendungsfelder und Modifikationen

Im Rahmen der Darstellung der Grundannahmen des personzentrierten Ansatzes hat sich bereits gezeigt, dass dieser über den unmittelbaren Bereich der psychotherapeutischen Arbeit hinaus Anwendung gefunden hat.[176]

Carl Rogers hat seine, anhand der psychotherapeutischen Beziehung gewonnenen Erkenntnisse selbst schon auf andere Situationen und Anwendungsfelder übertragen. Neben der Arbeit mit Encounter-Gruppen waren dies zunächst insbesondere Fragen der Pädagogik und des Lernens.[177] Ausgehend von der Annahme, dass die von ihm gefundenen Gesetzmäßigkeiten entwicklungsfördernder Beziehungsfaktoren für alle menschlichen Be-

---

[175] W. W. KEIL, Zur Erweiterung der personzentrierten Therapietheorie, 35, spricht von einem „Paradigmenwechsel im Verständnis von Psychotherapie", den Rogers herbei geführt habe.

[176] Vgl. auch den entsprechenden Überblick bei E.-M. BIERMANN-RATJEN U.A., Gesprächspsychotherapie, 191, sowie die Beiträge in W. W. KEIL UND G. STUMM, Die vielen Gesichter der personzentrierten Psychotherapie, 287-607, und in C. ISELI U.A., Identität – Begegnung – Kooperation. In diesem Band sind die Beiträge der gemeinsamen Jubiläumstagung der deutschsprachigen gesprächstherapeutischen und personzentrierten Vereinigungen zusammengetragen, die einen guten Einblick in zahlreiche Felder von Theorie und Praxis der personzentrierten Psychotherapie und verwandter Felder geben. Auch W. WEBER, Wege zum helfenden Gespräch, 13, weist auf die vielfältigen möglichen Anwendungsbereiche des Rogersschen Ansatzes hin.

[177] Vgl. C. ROGERS, Encounter-Gruppen, DERS., Freiheit und Engagement, sowie die entsprechenden Abschnitte in anderen Publikationen, wie z.B. DERS., Die klientenzentrierte Gesprächspsychotherapie, 255-373, und DERS., Entwicklung der Persönlichkeit, 268-306. Zur Anwendung des personzentrierten Ansatzes im Bereich der Pädagogik vgl. R. ASANGER U.A., Rogers und die Pädagogik, M. BEHR, Carl R. Rogers und die Pädagogik, sowie N. GRODDECK, Person-zentrierte Konzepte im Bereich Schule und Lehrerbildung.

ziehungen gelten, haben er und seine Mitarbeiter sich außerdem mit den Konsequenzen für familiäre und partnerschaftliche Beziehungen, aber auch für Verwaltungs- und Organisationsfragen und politische Zusammenhänge befasst.[178]

Der besondere Wert des personzentrierten Ansatzes für diese Einsatzfelder besteht darin, dass er „nicht einfach eine Sammlung probater Regeln und Techniken ist, sondern ein eigenes Konzept beinhaltet, das die Beurteilung der Angemessenheit des eigenen Verhaltens ermöglicht."[179] Dementsprechend gibt es eine Fülle von Literatur zur Umsetzung der Anregungen Rogers' in Gesprächsführung und Beratung, aber auch in der Seelsorge, wo gerade seine Ansichten über die Gleichwertigkeit der Partner einer helfenden Beziehung und seine Achtung vor Wert und Freiheit des Menschen die Übernahme seines Ansatzes förderten.[180] Nach Gerhard Besier geht dies so weit, dass „es heute kaum noch Aus- oder Fortbildungsveranstaltungen zur Seelsorge (gibt), in denen nicht zumindest implizit auch Grundstrukturen der auf Carl Rogers zurückgehenden sog. klientenzentrierten Gesprächspsychotherapie vermittelt werden."[181]

Aufgrund der Weite der Rogersschen theoretischen Formulierungen kam es innerhalb des personzentrierten Ansatzes immer wieder zu Weiterentwicklungen und Veränderungen. Gerhard Stumm und Walter W. Keil sprechen deshalb von dem „Bild einer bunten Vielfalt von Varianten und Strömungen innerhalb der gleichen Richtung"[182]. Eine Grundlage hierfür

---

[178] Vgl. zum Bereich Partnerschaft und Familie C. ROGERS, Partnerschule; DERS., Entwicklung der Persönlichkeit, 307-328, oder DERS., Die Kraft des Guten, 42-107. Zu gesellschaftlichen und politischen Implikationen seines Ansatzes äußert sich Rogers in DERS., Die Kraft des Guten, 108-262, 283-314, wo Rogers gar von einem neuen politischen Menschenbild spricht, sowie DERS., Der neue Mensch, 85-107, und DERS., Der gute Mensch von La Jolla. Einen Beleg für die Fruchtbarkeit des personzentrierten Ansatzes im Bereich des Management bietet D. RYBACK, Emotionale Intelligenz im Management, der diesen Ansatz auf die Führungskräfteentwicklung anwendet. Einen Beitrag zur Anwendung der Rogersschen Grundhaltungen im Bereich der wissenschaftlichen Forschung leistet I. LANGER, Das Persönliche Gespräch als Weg in der psychologischen Forschung, der damit auch alternative wissenschaftliche Erkenntniswege aufzeigt.

[179] E.-M. BIERMANN-RATJEN U.A., Gesprächspsychotherapie, 192. Biermann-Ratjen u.a. führen insgesamt 19 Gründe auf, die die Attraktivität des personzentrierten Ansatzes für diese Anwendungsbereiche ausmachen sollen (ebd. 192f.).

[180] Hingewiesen sei an dieser Stelle nur auf die Werke von W. WEBER, Wege zum helfenden Gespräch, das ein klassisches Beispiel für ein Lernprogramm in personzentrierter Gesprächsführung ist, und auf P. F. SCHMID, Personale Begegnung. Zur Anwendung des personzentrierten Ansatzes im Bereich Seelsorge vgl. M. VON KRIEGSTEIN, Gesprächspsychotherapie in der Seelsorge, P. F. SCHMID, Personzentrierte seelsorgliche Beratung und Begleitung, R. TROIDL, Die klientzentrierte Gesprächspsychotherapie in der Seelsorge, und W. MÜLLER, Menschliche Nähe in der Seelsorge, der insbesondere auf die Bedeutung Seward Hiltners für die Rezeption des Rogersschen Ansatzes in der seelsorglichen Beratung eingeht (ebd., 40-43).

[181] G. BESIER, Seelsorge und Klinische Psychologie, 45.

[182] G. STUMM UND W. W. KEIL, Das Profil der Klienten-/Personzentrierten Psychotherapie, 45. Vgl. auch W. W. KEIL, Die verschiedenen Strömungen in der Personzentrierten Psychotherpie.

sehen sie darin, dass Rogers „wie er selbst zeitlebens immer wieder betont hat, weniger eine eigene Therapieschule begründen, sondern vielmehr die Grundbedingungen von Psychotherapie überhaupt erfassen"[183] wollte. Bei diesen Weiterentwicklungen der personzentrierten Psychotherapie „sollte deren Therapietheorie erweitert werden, dies jedoch nicht im Sinne einer Ergänzung durch andere Konzepte, sondern im Sinne einer Explikation des implizit Enthaltenen."[184] Beispiele für die Weiterentwicklungen und Modifikationen sind neben dem auf Eugene Gendlin zurückgehenden, stark am aktuellen Körpererleben orientierten Focusing[185] die eher verhaltenstheoretisch beeinflusste Gesprächspsychotherapie, die im deutschsprachigen Raum von Reinhard Tausch eingeführt wurde,[186] und die ausschließlich an der therapeutischen Beziehung und ihren Charakteristika orientierte personzentrierte Psychotherapie.[187]

Die Weite und Offenheit des personzentrierten Ansatzes Carl Rogers spiegelt sich sowohl in den angeführten Modifikationen innerhalb des Bereiches der Psychotherapie als auch in der Fülle an nicht-therapeutischen Anwendungsfeldern und ist zugleich Stärke und Schwäche, da neben der Relevanz für vielfältige Beziehungsformen immer auch die Gefahr der Verwässerung und Beliebigkeit in der Anwendung tritt.[188] Sie spiegelt aber auch ein Anliegen Carl Rogers' wieder: Die Verbreitung seiner Gedanken in der Hoffnung, damit dem ‚neuen', sich selbst in konstruktiven sozialen Beziehungen verwirklichenden Menschen, wie Rogers ihn als Ziel seines therapeutischen Ansatzes charakterisiert hat, auf den Plan zu helfen.[189]

2.2.3. Die sprachliche Gestalt des Rogersschen Werkes

Beim Vergleich verschiedener Werke Carl Rogers' fällt der große stilistische Wandel auf, den er parallel zur inhaltlichen Modifikation und Weitung seines Ansatzes vollzogen hat. Sind seine ersten Aufsätze und Werke noch

---

Einen sehr praxisnahen Einblick in die Vielfalt dieser Perspektiven bietet M. PÖRTNER, Praxis der Gesprächspsychotherapie, die mit 60 Therapeuten in 6 Ländern standardisierter Interviews zu ihren Erfahrungen und Ansichten geführt hat.

[183] G. STUMM UND W. W. KEIL, Das Profil der Klienten-/Personzentrierten Psychotherapie, 47.

[184] W. W. KEIL, Zur Erweiterung der personzentrierten Therapietheorie, 34.

[185] Vgl. E. GENDLIN, Focusing, sowie J. WILTSCHKO, Focusing und Focusing-Therapie. Im amerikanischen Sprachgebrauch wird diese Richtung personzentrierter Psychotherapie auch als ‚Experiental Therapy' bezeichnet, so etwa in der empirischen Vergleichsstudie R. ELLIOTT U.A., Research on Experiential Psychotherapies.

[186] Vgl. R. und A. M. TAUSCH, Gesprächspsychotherapie.

[187] Vgl. P. F. SCHMID, Anspruch und Antwort.

[188] Vgl. etwa R. STIPSITS, Gegenlicht, 124.

[189] Vgl. C. ROGERS, Der neue Mensch, 173-186.

ganz in der Sprache der empirischen Psychologie gehalten und bestehen aus Begriffsdefinitionen und dem Aufstellen empirisch überprüfbarer „Wenn-dann-Hypothesen"[190], wendet er sich später immer mehr einem literarisch-narrativen Stil zur Darlegung seiner anthropologischen Grundannahmen und der Visionen seines Ansatzes zu.[191] Diese stilistischen Veränderungen entsprechen den jeweiligen biographischen und inhaltlichen Entwicklungen Carl Rogers'.[192]

In seinem frühen enzylopädischen Beitrag *Eine Theorie der Psychotherapie* etwa stellt Rogers in 40 Definitionen wesentliche Begriffe der anschließend aufgestellten Annahmen dar und schreibt selbst: „Diese Theorie folgt dem ‚Wenn-dann'-Paradigma. Wenn bestimmte Bedingungen existieren (unabhängige Variablen), dann kommt ein Prozess (abhängige Variable) in Gang, der bestimmte charakteristische Elemente aufweist. Wenn der Prozess (nun die unabhängige Variable) in Gang kommt, dann treten bestimmte Persönlichkeits- und Verhaltensveränderungen (abhängige Variable) auf."[193,] Mit seinem Werk *Entwicklung der Persönlichkeit* von 1961 „überschreitet Rogers die engen Grenzen der psychologischen Fachliteratur und wendet sich als Mensch an eine allgemeine Öffentlichkeit, indem er das Thema zwischenmenschlicher Beziehung nicht nur im strengen Sinne fachpsychologisch behandelt, sondern in einer universalen menschlichen Dimension."[194] Seine Werke tragen jetzt einen starken autobiographischen und selbstreflektierenden Zug. So zieht Rogers im ersten Kapitel von *Entwicklung der Persönlichkeit* unter der Überschrift *Das bin ich* eine sehr persönliche Bilanz seines bisherigen Lebens. Rogers ist als Schriftsteller sehr erfolgreich und veröffentlicht nun eine ganze Reihe von Werken.[195]

In den 70er Jahren weitet Rogers erneut Inhalt und Stil seiner Publikationen: Er verlässt nun mit seinem Werk *Partnerschule* vollends den Rahmen seiner wissenschaftlichen Fachdisziplin und spricht gerne von seiner „Philosophie"[196] bzw. der „Politik des klientenzentrierten Ansatzes"[197]. Biogra-

---

[190] So etwa C. ROGERS, Die notwendigen und hinreichenden Bedingungen, DERS., Eine Theorie der Psychotherapie, oder DERS., Die klientenzentrierte Gesprächspsychotherapie.

[191] So etwa in C. ROGERS, Der neue Mensch, DERS., Entwicklung der Persönlichkeit, oder DERS., Die Kraft des Guten.

[192] Einen Überblick über die Entwicklungsstufen des Rogersschen Ansatzes bietet J. SWILDENS, Die klientenzentrierte Therapie. Siehe hierzu außerdem Kap. 2.1..

[193] C. ROGERS, Eine Theorie der Psychotherapie, 40.

[194] N. GRODDECK, Carl Rogers, 138.

[195] Vgl. die vollständige chronologische Rogers-Bibliographie in P. F. SCHMID, Personale Begegnung, 286-314.

[196] So z.B. in C. ROGERS, Der neue Mensch, 13.

[197] So z.B. in C. ROGERS, Die Kraft des Guten, 13,25, oder seinem Aufsatz *Der gute Mensch von La Jolla,* der ganz der politischen Dimension seines Lebenswerkes gewidmet ist. Vgl. zu dieser Entwicklung N. GRODDECK, Carl Rogers, 164.

phisch entspricht dieser erneuten Weitung und Öffnung sein Engagement in Friedensworkshops und Encounter-Gruppen. An den Spätschriften Rogers' wird immer wieder kritisiert, dass sich seine anthropologischen Grundannahmen und seine Zukunftsvisionen jeglicher (empirischen) Überprüfbarkeit entziehen.[198] Als Hintergrund für den bisweilen sehr emphatischen und euphorisierenden Sprachstil Rogers'[199] wird „auf die amerikanischen Wurzeln des Personenzentrierten Konzepts ... und den darin enthaltenen ‚pädagogischen Optimismus' als eine kulturspezifische Besonderheit"[200] hingewiesen.

Die Veränderung des Sprachstiles Rogers' und seine innere Verbindung zum amerikanischen Traum und der Politik des New Deals von Präsident Roosevelt[201] sind für die hier vorliegende Arbeit insofern von Bedeutung, da gerade die starke Betonung der positiven Möglichkeiten des Menschen in den Schriften Rogers' die Gefahr mit sich bringt, seine – durchaus auch enthaltenen, aber stark unterdimensionierten – Hinweise auf Störungen und Gefährungen der menschlichen Entwicklung nicht ausreichend wahrzunehmen. Die Frage nach dieser fast schon einseitig positiven Darstellungsweise der menschlichen Natur[202] wird in Kapitel 3 im Zuge der Betrachtung des Rogersschen Menschenbildes, aber auch im Rahmen der Auseinandersetzung mit dem transzendentaltheologischen Ansatz Karl Rahners zu berücksichtigen sein.

2.3. Zur Bedeutung des personzentrierten Ansatzes für Psychologie, Psychotherapie und Pastoral

„Rogers' Theorie und Praxis (ist) hochgradig individualistisch. ... seine Praxis ist eindimensional und unreflektiert, seine Theorie eher bescheiden."[203]

---

[198] Vgl. zu dieser Kritik E.-M. BIERMANN-RATJEN U.A., Gesprächspsychotherapie, 9, D. HÖGER, Klientenzentrierte Psychotherapie, 216-219, aber auch den Rogersschüler J. M. SHLIEN, Fragen an John M. Shlien, insb. 7-9.

[199] Vgl. beispielhaft seinen *Blick in die Zukunft* in C. ROGERS, Der neue Mensch, 173-186. Diese Charakterisierung findet sich auch bei E. JAEGGI, Zu heilen die zerschlagnen Herzen, 115.

[200] R. STIPSITS, Gegenlicht, 58. W. M PFEIFFER, Klientenzentrierte Psychotherapie im Kontext von Kultur und Mode, 224-228, und J. A. SCHÜLEIN, Rogers' Theorie und Amerika, 208-213, sehen darin einen Ausdruck des amerikanischen Traums. Im gleichen Sinne äußern sich auch R. EISENGA, Das Menschenbild Rogers', 24-29, und E. JAEGGI, Zu heilen die zerstoßnen Herzen, 111.

[201] Vgl. G. T. BARRETT-LENNARD, Inkubation und Geburt der klientenzentrierten Psychotherapie.

[202] Vgl. W. M. PFEIFFER, Klientenzentrierte Psychotherapie im Kontext von Kultur und Mode, 241-243.

[203] A. KÖHLER-WEISKER U.A., Auf der Suche nach dem wahren Selbst, 208, 214.

Zu diesem recht vernichtenden Urteil kommen Angela Köhler-Weisker, Klaus Horn und Johann A. Schülein in ihrer Auseinandersetzung mit Carl Rogers aus psychoanalytischer Sicht, da Rogers weder eine differenzierte Neurosenlehre noch eine zwischen verschiedenen Störungen unterscheidende Therapietheorie biete. Auf der anderen Seite sagt Ruth Cohn über ihn: „Ich habe keinen begabteren Therapeuten kennen gelernt"[204], und nach Wolfgang W. Keil, einem führenden österreichischen Personzentrierten Psychotherapeuten, kann die Bedeutung Carl Rogers' daran abgelesen werden, „dass er einen Paradigmenwechsel im Verständnis von Psychotherapie herbeigeführt hat."[205] So weisen auch Klaus Grawe u.a. in ihrer empirischen Vergleichsstudie psychotherapeutischer Verfahren darauf hin, dass „die Forschungsergebnisse zur Gesprächspsychotherapie von großer Relevanz für den Gesamtbereich der Psychotherapie"[206] sind, da die Erkenntnisse Carl Rogers' sich auf alle anderen Therapieschulen, insbesondere moderne Formen der Psychoanalyse und Verhaltenstherapie, ausgewirkt haben.[207] Diese Spannung zwischen Verehrung und Ablehnung kennzeichnet bis heute die Rezeption des Ansatzes Rogers', in der sich „kein einheitliches Bild"[208] zeigt.

Auf der einen Seite stellt das Werk Carl Rogers' einen weit verbreiteten Ansatz in vielen Bereichen menschlichen Lebens und professioneller, helfender Arbeit dar[209] und hat auch innerhalb des Bereiches der empirischen Psychologie wissenschaftliche Anerkennung gefunden[210], auf der anderen

---

[204] R.C. Cohn und A. Farau, Gelebte Geschichte der Psychotherapie, 289.

[205] W. W. Keil, Zur Erweiterung der personzentrierten Therapietheorie, 35.

[206] K. Grawe u.a., Psychotherapie im Wandel, 140.

[207] Vgl. D. Zimmer, Die therapeutische Beziehung, insb. 112-115, der dies ausführlich für die verschiedenen anderen Therapieverfahren aufzeigt.

[208] R. Stipsits, Gegenlicht, 11.

[209] Vgl. Kap. 2.2.2., sowie U. Esser u.a., The Power of the Person-Centered-Approach. Dieser Band bietet eine Sammlung von Beiträgen des internationalen Kongresses *Competition and Solidarity* der *Gesellschaft für wissenschaftliche Gesprächspsychotherapie* (GwG) von 1995, in denen u.a. auf die Aktualität und ein neues Erstarken der Verbreitung des personzentrierten Ansatzes weltweit hingewiesen wird. Einen aktuellen Einblick in die Vielfalt der deutschen Rogers-Rezeption bietet I. Langer, Menschlichkeit und Wissenschaft, in dem sich auch ein Beitrag zur Rezeption in der Seelsorge findet (ebd., 373-382). Die ungebrochene Aktualität des personzentrierten Ansatzes zeigt sich auch daran, dass die amerikanische *Library of Congress* allein für die Jahre 2002 bis 2005 15 neu erschienene personzentrierte Publikationen verzeichnet (www.loc.gov, Stand: 22. September 2005).

[210] So ist es nach dem 1999 in Kraft getretenen Psychotherapeutengesetz ein in Deutschland als wissenschaftlich fundiert anerkanntes Verfahren,, vgl. E.-M. Biermann-Ratjen u.a., Gesprächspsychotherapie, 9, 51-74. Die Wirksamkeit des personzentrierten therapeutischen Ansatzes wurde in vielfachen empirischen Studien belegt. So etwa bei K. Grawe u.a., Psychotherapie im Wandel, 134, die von einer „sehr überzeugend nachgewiesenen Wirksamkeit" sprechen, sowie in der internationalen Metastudie R. Elliott u.a., Research on Experiential Psychotherapies, die 99 Einzeluntersuchungen zusammengefasst haben. Zur wissenschaftlichen Fundierung der Klientenzentrierten Psychotherapie vgl. auch J. Eckert, Forschung zur

Seite spielt „trotz der wissenschaftlichen Solidität... diese Therapierichtung in den Lehrveranstaltungen von Universitäten immer seltener eine herausgehobene Rolle. ... An der inzwischen geringer gewordenen Verbreitung an den Universitäten in den USA"[211] zeigt sich, dass der Ansatz Carl Rogers' im Rahmen der akademischen Psychologie an Ansehen verliert.

Die Fülle seiner Anwendungsbereiche und die große Verbreitung gerade im Bereich beratender Gesprächsführung weisen aber auf die ungebrochene Relevanz und Bedeutung der Erkenntnisse Carl Rogers' und seines Werkes hin. So gilt Carl Rogers mit seinen Mitarbeitern nicht nur als „Pioniere der empirischen Psychotherapie, Prozess- und Wirksamkeitsforschung"[212], sondern er hat mit dem personzentrierten Ansatz die Grundlage für eine Fülle von Möglichkeiten, hilfreich mit Menschen zu arbeiten, geschaffen. Grundlegend für diese Bedeutung sind die von ihm theoretisch und empirisch fundierten therapeutischen Haltungen der Kongruenz, bedingungslosen Wertschätzung und Empathie, „die zum Grundbestand aller gängigen Therapieschulen"[213] gehören.

Durch die von ihm wesentlich beeinflusste Seelsorgebewegung[214] hat der personzentrierte Ansatz Carl Rogers' weit in den Bereich der pastoralen Arbeit hineingewirkt. „Nicht nur die Seelsorge, sondern fast alle Bereiche der Praktischen Theologie, besonders auch der Homiletik und Religionspädagogik, wurden von der Seelsorgebewegung ... mit beeinflusst und geprägt."[215]

Ein Beleg für die seelsorgliche Relevanz des personzentrierten Ansatzes ist, dass die drei hilfreichen Haltungen der Wertschätzung, Selbstkongruenz und Empathie die ersten drei ,Prinzipien der Mystagogie' der mystagogischen Seelsorge sind, die die Grundlage für eine wirklich mystagogische, d. h. den Menschen zu sich und darin zur Erfahrung Gottes in seinem eigenen Leben führende Seelsorge bilden.[216] Isidor Baumgartner bezeichnet diese Rogers-Variablen als „bewährte diakonisch-therapeutische Haltungen"[217], die für ihn mit den christlichen Grundtugenden Glaube, Hoffnung und Lie-

---

klientenzentrierten Psychotherapie, U. UND J. BINDER, Studien zu einer störungsspezifischen klientenzentrierten Psychotherapie, sowie H. LINSTER, Wissenschaftliche Fundierung von Psychotherapie.

[211] R. SACHSE UND J. HOWE, Zur Zukunft der klientenzentrierten Psychotherapie, 6.

[212] E.-M. BIERMANN-RATJEN U.A., Gesprächspsychotherapie, 51.

[213] D. ZIMMER, Die therapeutische Beziehung, 112.

[214] Vgl. die ausführliche Einführung von D. STOLLWERK, Therapeutische Seelsorge, insb. 203-274, wo der Autor auf Seward Hiltner eingeht, der wesentlich zur Implementierung des personzentrierten Ansatzes in die Seelsorgebewegung beigetragen hat. Vgl. hierzu auch W. MÜLLER, Menschliche Nähe in der Seelsorge, 40-43.

[215] M KLESSMANN, Pastoralpsychologie, 112.

[216] vgl. H. HASLINGER, Was ist Mystagogie?, 64-67.

[217] I. BAUMGARTNER, Pastoralpsychologie, 527.

be korrelieren.[218] Christopher Linden geht sogar so weit, „diese Basisbedingungen, da wo sie hilfreich verwirklicht werden, als implizite oder explizite Antwort auf die liebende Zuwendung Gottes zum Menschen und zur Welt, als anonyme oder ausdrückliche Nachfolge Jesu"[219] und eine solche Beziehung „als notwendiger Erschließungsvorgang des Glaubens an den dreifaltigen Gott"[220] zu bezeichnen.

Ein konkretes seelsorgliches Anwendungsfeld des personzentrierten Ansatzes Carl Rogers' stellt die Telefonseelsorge dar.[221] Der Autor dieser Arbeit wurde im Rahmen seiner ehrenamtlichen Tätigkeit bei der Telefonseelsorge Mainz-Wiesbaden e.V. selbst in personzentrierter Gesprächsführung geschult[222] und auch Beate Glania erscheint der Ansatz Carl Rogers' „sehr geeignet als Grundlage für die Beratungsarbeit am Telefon. Zuhören im Sinn des personzentrierten Ansatz hat verwandelnde Kraft."[223]

Auch in der Ausbildung in pastoraler Gesprächsführung spielen diese, von Rogers empirisch als wirksam erwiesenen Haltungen eine führende Rolle.[224] Beispiele hierfür sind das verbreitete Curriculum *Wege zum helfenden Gespräch* von Wilfried Weber, das 2000 bereits in der zwölften Auflage erschienen ist, oder die von Helga Lemke konzipierten Ausbildungskurse,[225] sowie das Buch *Ganz Ohr* von Wunibald Müller, in dem er die drei hilfreichen Haltungen nach Rogers für das seelsorgliche Gespräch und die geistliche Begleitung anwendet.

Wesentlich für die Rezeption des personzentrierten Ansatzes Carl Rogers' und seine Bedeutung für Psychologie und Pastoral ist neben den therapeutischen Haltungen das zugrundeliegende Menschenbild, das die Psychologie und die Seelsorgepraxis nachhaltig geprägt und verändert hat,[226] und das im folgenden Kapitel differenziert dargestellt wird.

---

[218] Vgl. I. BAUMGARTNER, Pastoralpsychologie, 527-543.

[219] C. LINDEN, Lebendige Beziehung als Erschließung des Glaubens an den dreieinen Gott, 225f.

[220] C. LINDEN, Lebendige Beziehung als Erschließung des Glaubens an den dreieinen Gott, 226.

[221] Vgl. B. GLANIA, Zuhören verwandelt, sowie J. WIENERS, Handbuch Telefonseelsorge, insb. 48-66.

[222] Die Ausbildungsnachweise der Telefonsseelsorge Mainz-Wiesbaden e.V. enthalten den ausdrücklichen Hinweis darauf, dass die Mitarbeitenden in Gesprächsführung nach Carl Rogers geschult werden.

[223] B. GLANIA, Zuhören verwandelt, 243.

[224] W. MÜLLER, Menschliche Nähe in der Seelsorge, 12, weist darauf hin, dass er das dort Publizierte in zahllosen Kursen zum Thema Gesprächsführung und seelsorglicher und spiritueller Begleitung erprobt habe. Auch der Autor der hier vorliegenden Arbeit ist im Rahmen seiner pastoralen Ausbildung im Bistum Mainz in der Zeit von 1995 bis 1999 nach dem personzentrierten Ansatz Carl Rogers' geschult worden.

[225] Vgl. H. LEMKE, Personzentrierte Beratung in der Seelsorge, insb. 64-75.

[226] Vgl. W. W. KEIL, Zur Erweiterung der personzentrierten Therapietheorie, 35.

3. Das Menschenbild des personzentrierten Ansatzes

Im Anschluss an die Darstellung des personzentrierten Ansatzes Carl Rogers' im zweiten Kapitel wird in diesem Kapitel zunächst ein Überblick über die Art und Bedeutung der Anthropologie im Werk Carl Rogers' gegeben (3.1.), anschließend das seinem Ansatz explizit und implizit zugrundeliegende Menschenbild dargestellt (3.2.) und schließlich kritisch gewürdigt (3.3.).

3.1. Art und Bedeutung der Anthropologie im Werk Carl Rogers'

Carl Rogers hatte nie die Absicht, eine systematische philosophische Anthropologie zu verfassen, vielmehr hat er als klinischer Psychologe gearbeitet und geforscht und daraus – gerade in der Abgrenzung zu den Menschenbildern von Psychoanalyse und Verhaltens-therapie – seine Form der Psychotherapie entwickelt. Dennoch sind „wesentliche Aspekte seines Menschenbildes praktisch in jeder Publikation enthalten."[1] Der therapeutische Ansatz Carl Rogers' lässt sich nur von seinem Menschenbild her verstehen, so dass Peter F. Schmid, zu Recht schreibt: „Personzentrierte Psychotherapie ist die Praxis eines Menschenbildes."[2]

Seine anthropologischen Ansichten hat Carl Rogers nicht aus einem philosophischen oder anderen weltanschaulichen System abgeleitet, sondern aus der therapeutischen Erfahrung und der psychologischen Forschung gewonnen. Er selbst schreibt dazu: „Meine Ansich-ten über die grundlegenden Eigenschaften des Menschen haben sich durch meine psychotherapeutische Erfahrung gebildet. ... Meiner Erfahrung nach hat der Mensch Eigenschaften, die seiner Gattung innewohnen"[3]. Auch wenn das Stichwort ‚Anthropologie' bei Carl Rogers als Begriff nicht vorkommt[4], wird an den Titeln vieler Publikationen sein anthropologisches Interesse deutlich. Erwähnt seien hier nur die Bücher *Entwicklung der Persönlichkeit, Der neue Mensch, Die Person als Mittelpunkt der Wirklichkeit* und *Von Mensch zu Mensch.* Es gehört fast zum typischen Aufbau insbesondere später Rogersscher Publikationen, dass er (meist zu Beginn) auf seine anthropologische Grundhypothe-

---

[1] J. Kriz, Grundkonzepte der Psychotherapie, 201.
[2] P. F. Schmid, Menschenbild, 210.
[3] C. Rogers, zitiert nach B. Thorne, Carl Rogers, 79.
[4] Vgl. A. Suter, Menschenbild und Erziehung bei M. Buber und C. Rogers, 94.

se eingeht und von dieser aus seine Ansicht über den therapeutischen oder auch pädagogischen Prozess entfaltet.[5]

Als Ansatzpunkt der anthropologischen Ausführungen Carl Rogers' zeigt sich so die Herausforderung, „einem gestörten, konfliktbeladenen Menschen gegenüberzustehen, der Hilfe sucht und erwartet"[6]. Die anthropologische Grundfrage Carl Rogers' besteht darin, welche Bedingungen und Einflussfaktoren ein Mensch für eine positive Persönlichkeitsentwicklung benötigt und worauf die von ihm beobachtete Tendenz zu diesen positiven Veränderungen basiert.[7] Rogers fragt nicht nur nach dem Wesen des Menschen, der ihm begegnet, sondern vor allem nach den Bedingungen und Faktoren, die zu positiven Persönlichkeitsveränderungen beim Hilfesuchenden führen. Bereits bei der biographischen Darstellung der Entwicklung seines personzentrierten Ansatzes wurde deutlich, dass die empirische Psychotherapieforschung die erste Grundlage seiner Ansichten ist.[8] Insofern stehen seine anthropologischen Aussagen unter einer pragmatisch-therapeutischen Grundprämisse. Auf dieser Prämisse basieren die weiteren Schlüsse auf Grundstruktur und Wesenszüge menschlichen Lebens und Erlebens.[9]

Das Menschenbild Carl Rogers' ist der psychologischen Anthropologie zuzuordnen, „wobei es zu bedenken gilt, dass sich in ihm empirisch-verifizierte und philosophisch-spekulative Gedanken mischen ohne den Anspruch, als umfassendes Menschenbild gelten zu wollen."[10] Diese Zweigleisigkeit von empirisch fundierten Beobachtungen und wesensbezogenen Annahmen entspricht der im Einleitungsteil bereits ausgeführten Grundstruktur aller psychologischen Modelle, die „unvermeidbar anthropologische Aussagen und Festlegungen enthalten, ... für die wegen ihres quasi begrifflichen Charakters Nicht-Falsifizierbarkeit anzusetzen ist"[11]. Es wird im Folgenden darauf zu achten sein, ob Rogers in seinen Ausführungen falsifizierbare, auf empirischen Beobachtungen basierende Theorieteile und wesensbezogene Postulate differenziert. Denn wesensbezogene Aussagen können nur anhand

---

[5] Vgl. etwa C. ROGERS, Therapeut und Klient, 17, 136-138, DERS., Der neue Mensch, 66f., DERS., Klientenzentrierte Psychotherapie, 187, sowie DERS., Entwicklung der Persönlichkeit, 48f., 73f., 84, 164, 183.

[6] C. ROGERS, Entwicklung der Persönlichkeit, 45.

[7] Vgl. ausführlich C. ROGERS, Entwicklung der Persönlichkeit, 45-82.

[8] Vgl. Kap. 2.1.1. C. ROGERS, Die klientenzentrierte Gesprächspsychotherapie, 31, schreibt dazu: „Die Phänomene sind der Ausgangspunkt, nicht die Theorie."

[9] Vgl. zu dieser Rogersschen Vorgehensweise C. ROGERS, Entwicklung der Persönlichkeit, 183, sowie P. F. SCHMID, Personale Begegnung, 116, und A. SUTER, Menschenbild und Erziehung bei M. Buber und C. Rogers, 94.

[10] A. SUTER, Menschenbild und Erziehung bei M. Buber und C. Rogers, 95.

[11] N. GROEBEN UND E. ERB, Reduktiv-implikative versus elaborativ-prospektive Menschenbildannahmen in psychologischen Forschungsprogrammen, 2. Vgl. hierzu ausführlicher Kap. 1.1.1..

ihrer Stimmigkeit und ihrem Erklärungswert für phänomenologische Beobachtungen und empirische Zusammenhänge beurteilt werden, während für alle falsifizierbaren Theorieteile eine empirische Überprüfung gefordert ist.[12]

Auch wenn Carl Rogers sich von philosophischen Überlegungen als Grundlage seiner Ansichten distanziert,[13] erhebt er einen über das rein empirisch Begründbare hinausgehenden und in diesem Sinne philosophischen Anspruch. So spricht er immer wieder von den „radikalen und revolutionären philosophischen Folgerungen"[14] seines Ansatzes, von den „politischen Implikationen des personzentrierten Ansatzes"[15] oder seiner „Philosphie"[16]. Er „spreche nicht mehr bloß über Psychotherapie, sondern über einen Standpunkt, eine Philosophie, eine Lebenseinstellung, die auf jede Situation anwendbar sind, in der das *Wachstum* – einer Person, einer Gruppe oder einer Gemeinschaft – eines der angestrebten Ziele ist."[17] Mit dieser Weitung seines Geltungsanspruches verlässt Rogers explizit den Bereich der empirisch-psychologischen Anthropologie. Damit werden seine Aussagen nicht mehr nur einer empirischen Überprüfung, sondern auch prinzipiellen Betrachtungen zum Wesen des Menschen zugänglich, was insbesondere für den in den Kapiteln 6 und 7 vorzunehmenden Dialog mit dem transzendentaltheologischen Ansatz Karl Rahners wichtig ist. Zu beachten ist hierbei jedoch die von Rogers selbst vorgenommene Einschränkung seines Anspruches auf Situationen, in denen es um das Wachstum im Sinne von als positiv erlebten Veränderungen geht.[18]

Entsprechend der Ausweitung seines Geltungsbereichs wurden auch die Grundlagen der Rogersschen Anthropologie ausgeweitet. Zu der empirischen Forschung und der therapeutischen Erfahrung traten zunehmend auch philosophische und religiöse Einflüsse. So führt Peter F. Schmid in seinem Beitrag zum Menschenbild Carl Rogers' 13 Einflüsse auf, darunter neben empirischen Quellen die jüdisch-christliche sowie fernöstliche Religion, philosophische Quellen wie Existenzphilosophie und Personalismus, aber auch die Auseinandersetzung mit Psychoanalyse und Behaviorismus.[19] Allerdings habe Rogers sein Menschenbild „nicht aus der Philosophie abgelei-

---

[12] Vgl. F. BREUER, Wissenschaftstheorie für Psychologen, insb. 81-92.

[13] So etwa in C. ROGERS, Entwicklung der Persönlichkeit, 183f.

[14] C. ROGERS, Therapeut und Klient, 133.

[15] C. ROGERS, Der neue Mensch, 139. Vgl. hierzu auch seinen Artikel *Der gute Mensch von La Jolla*.

[16] So z.B. in C. ROGERS, Entwicklung der Persönlichkeit, 163f., bzw. DERS., Der neue Mensch, 13.

[17] C. ROGERS, Der neue Mensch, 12.

[18] Zum Wachstums- und Entwicklungsbegriff Carl Rogers vgl. Kap. 3.2.3..

[19] Vgl. P. F. SCHMID, Menschenbild, 210-212. Zu den einzelnen Einflüssen siehe auch Kap. 2.1.2..

tet, sondern aus der Erfahrung ein therapeutisches Konzept entwickelt und eine dazu passende psychologische und anthropologische Theorie entworfen. Seine Bezugnahme auf Denker wie Kierkegaard oder Buber erfolgte im nachhinein; die Auseinandersetzung mit ihnen befruchtete freilich die weitere Ausbildung seiner Anthropologie.“[20] Zum gleichen Ergebnis bezüglich der Bedeutung äußerer theoretischer Einflüsse auf die Entwicklung seiner Ansichten kommt Beate Glania, für die „diese Einflüsse nur die Hintergrundfolie eines von Eigenständigkeit und Originalität geprägten Konzeptes (bilden). Seine Aussagen sind nicht in direkter Linie einer Denktradition entnommen, vielmehr ging er phänomenologisch und empirisch vor und entwickelte so – in Auseinandersetzung mit Impulsen des Zeitgeistes – seine Theorie.“[21]

Die bereits angesprochene anthropologische Zweigleisigkeit Rogers' – empirisch fundierte Aussagen einerseits und phänomenologisch erschlossene Annahmen über zugrundeliegende Strukturen andererseits – wird im Weiteren zu beachten sein, um seinen Aussagen und ihrem jeweiligen Geltungsanspruch gerecht zu werden. Denn während empirische Aussagen zunächst nur einen empirischen Überprüfungsansspruch beinhalten, müssen phänomenologische Aussagen auch einer philosophisch-theologischen Auseinandersetzung stand halten. So betont auch Schmid, dass es wichtig sei, „genau zwischen den erwähnten empirischen Beobachtungen in zwischenmenschlichen Beziehungen und ihren Ergebnissen einerseits und den hypothetischen Annahmen ihrer globalen Ursachen und den für sie angeführten Argumenten andererseits zu unterscheiden.“[22]

Als Grundlage für diese Auseinandersetzung soll nun das in den Schriften Carl Rogers' implizit und explizit enthaltene Menschenbild dargestellt werden.

3.2. Das Menschenbild des personzentrierten Ansatzes Carl Rogers'

Im Einleitungsteil ließen sich aus der Grundstruktur klinisch-psychologischer sowie theologischer Anthropologien gemeinsame Kategorien ableiten, hinsichtlich derer die Darstellung und der interdisziplinäre Dialog der Menschenbilder durchgeführt werden sollen. Es zeigte sich, dass diese gemeinsamen anthropologischen Kategorien dabei die Grundstruktur psycho-

---

[20] P. F. SCHMID, Personale Begegnung, 116.
[21] B. GLANIA, Zuhören verwandelt, 197f.
[22] P. F. SCHMID, Personale Begegnung, 111.

therapeutischer Ansätze (Entwicklungstheorie, Ätiologie, Therapietheorie und -ziel bzw. Gesundheitskonzept) aufgreifen und integrieren konnten.[23] Die zunächst rein formal hergeleiteten Kategorien sollen nun inhaltlichen Aspekten des personzentrierten Ansatzes Carl Rogers' zugeordnet werden, um als Rahmen für die Darstellung seines Menschenbildes zu dienen.

Die von Carl Rogers immer wieder vorgetragene Grundannahme seines Ansatzes ist, dass der Mensch in seinem innersten Kern positiv und vertrauenswürdig ist und dass ihm eine Tendenz zur Entwicklung und Entfaltung seiner Möglichkeiten innewohnt.[24] Daraus ergibt sich für die Darstellung seines Menschenbildes die *Allgemeine Charakterisierung des Menschen als gut, konstruktiv und sozial* (3.2.1.). Der Mensch ist für Rogers wesentlich Person, d. h. ein Wesen, in dem Individualität und Bezogenheit in einem spannungsvollen wechselseitigen Bezug stehen. Es soll deshalb anschließend die *Bezogenheit des Menschen als Person* (3.2.2.) in den Dimensionen der *Bezogenheit in sich* (3.2.2.1.), der *Bezogenheit auf Mitmenschen* (3.2.2.2.) und der bei Rogers ebenfalls ansatzweise zu findenden *Bezogenheit auf Gott bzw. Transzendentes* (3.2.2.3.) dargestellt werden. Die im personzentrierten Ansatz der menschlichen Entwicklung wesentlich zugrundegelegte Kraft ist die Aktualisierungstendenz. Diese kann jedoch durch internalisierte Bewertungen von außen, die zu einer Inkongruenz des Menschen führen, gestört werden. Hieraus ergeben sich die Abschnitte zu *Möglichkeiten und Entwicklung des Menschen aufgrund der Aktualisierungstendenz* (3.2.3.) und zu *Grenzen und Gefährdetheit des Menschen aufgrund der Inkongruenz* (3.2.4.). Unter *Bedingungen und Wege der Heilung* (3.2.5.) wird Rogers Verständnis von Psychotherapie bzw. hilfreichen, heilenden Beziehungen vorgestellt, bevor das diesem therapeutischen Prozess zugrundeliegende *Zielbild des Menschseins: Die fully functioning person* (3.2.6.) dargestellt wird. Eine *Zusammenfassung des Menschenbildes des personzentrierten Ansatzes Carl Rogers'* (3.2.7.) schließt dieses Kapitel ab.

3.2.1. Allgemeine Charakterisierung des Menschen als gut, konstruktiv und sozial

Die immer wieder von Rogers betonte Grundlage seines Menschenbildes ist „die wachsende Erkenntnis: der innerste Kern der menschlichen Natur ... ist von Natur aus positiv – von Grund auf sozial, vorwärtsgerichtet, rational

---

[23] Vgl. zur Herleitung und Begründung der anthropologischen Kategorien Kap. 1.3.2..
[24] Vgl. etwa C. ROGERS, Therapeut und Klient, 137, DERS., Der neue Mensch, 66f., DERS., Klientenzentrierte Psychotherapie, 187, sowie DERS., Entwicklung der Persönlichkeit, 99f.

und realistisch"[25]. Rogers bezeichnet diese Grundannahme als „tiefe Lernerfahrung", die ihm durch seine Erfahrungen in der psychotherapeutischen
Arbeit mit Menschen „aufgezwungen worden" sei.[26]

„Aus Praxis, Theorie und Forschung geht eindeutig hervor, dass der personenzentrierte Ansatz auf einem grundlegenden Vertrauen zum Menschen
und zu allen Organismen basiert. Es liegen gesicherte Befunde aus vielen
Disziplinen vor, die eine noch weitergehende Aussage rechtfertigen. Man
kann sagen, dass in jedem Organismus auf jedweder Entwicklungsebene eine Grundtendenz zur konstruktiven Erfüllung der ihm innewohnenden Möglichkeiten vorhanden ist. Auch der Mensch weist diese natürliche Tendenz
zu einer komplexeren und vollständigeren Entfaltung auf."[27]

Rogers wehrt sich mit dieser Charakterisierung des menschlichen Wesens vehement gegen die ihm in der protestantischen Tradition begegnende
Grundansicht, dass der Mensch im Wesen sündhaft sei.[28] Rogers bezieht
sich nirgends explizit auf eine bestimmte protestantische theologische Richtung, trifft allerdings mit seiner Kritik einen durchaus typischen Wesenszug
protestantischer Anthropologie. Die von Rogers in seiner Kindheit erlebte
Congregational Church, eine amerikanische protestantische Freikirche in der
Tradition der Pilgerväter, schreibt noch heute in ihrem fünften Glaubensartikel von der menschlichen Verkommenheit, dass alle Menschen Sünder sind
und dass „sie keine Möglichkeit haben sich von ihrem gefallenen Zustand
zu befreien, sondern dauerhaft mit dem verbunden sind, was böse ist."[29]
Dem Sünder bleibt nur, die Heiligkeit Gottes und die „Schuldhaftigkeit und
Schande seiner eigenen perversen Natur"[30] anzuerkennen. Befreiung kann
dem Menschen nur die Rechtfertigung durch Gott bringen, wobei auch diese
ihn „nicht von den Unsicherheiten, der Unkenntnis und den Fehlern, die für
den Menschen typisch sind, befreit."[31]

Auch im Evangelischen Erwachsenenkatechismus (als eines deutschsprachigen kirchlichen Glaubensbuches) und in der Anthropologie Wolfhart
Pannenbergs (als eines Vertreters zeitgenössischer protestantischer Theologie), finden sich die Charakterisierung des Menschen als Sünder und die
Tendenz, „dass der Mensch ausschließlich negativ, nämlich als ‚sich selbst

---

[25] C. ROGERS, Entwicklung der Persönlichkeit, 99f. Vgl. auch DERS., Therapeut und Klient,
137, DERS., Der neue Mensch, 66f., und DERS., Klientenzentrierte Psychotherapie, 187.
[26] C. ROGERS, Entwicklung der Persönlichkeit, 42.
[27] C. ROGERS, Der neue Mensch, 69. Zur Darstellung dieser allen Organismen innewohnenden Tendenz zu Wachstum und Entfaltung siehe Kap. 3.2.3..
[28] Vgl. hierzu P. F. SCHMID, Personale Begegnung, 79,89.
[29] www.eccenter.com\articlesoffaith Art. 105 (Stand: 8. März 2006), Übersetzung: B.D..
[30] Ebd., Art. 107.
[31] Ebd., Art. 111.

im Wege' bestimmt wird."[32] Das Sündersein sei „eine Bedingung, die Gott den Menschen auferlegt (conditio humana)"[33] und sogar gute Werke seien sündig, „weil die Person, die sie tut, ein Sünder ist"[34]. Auch Wolfhart Pannenberg beschreibt die „fundamentale *Gebrochenheit* der menschlichen Daseinsform"[35] und sieht in der Sünde „ein fundamentales Strukturelement in der Konstitution menschlichen Daseins"[36], das nicht von der menschlichen Natur getrennt werden kann. „Dass die Universalität der Sünde im Lichte der Christusoffenbarung als deren Voraussetzung erkennbar wird, rechtfertigt es, die Wurzel der menschlichen Selbstverfehlung in den allgemeinen Naturbedingungen des menschlichen Daseins aufzusuchen"[37].

Die Übermacht der Sündenthematik gegenüber der damit untrennbar verbundenen Thematik der Rechtfertigung des Menschen durch Gott in Jesus Christus drückt sich m. E. darin aus, dass bei Pannenberg die Soteriologie nur am Rande thematisiert wird, während er die Sünde des Menschen an mehreren Stellen seiner Anthropologie breit entfaltet.[38] So bleibt aus protestantischer Sicht der Gerechtfertigte Sünder und steht zeitlebens im Kampf mit den Realitäten Schuld, Leid und Tod.[39] Gegen dieses, wie der Evangelische Erwachsenenkatechismus selbstkritisch anmerkt, vielleicht „zu düstere Bild vom Menschen"[40], das Rogers in der religiösen Prägung seiner Kindheit begegnet ist, wendet dieser sich mit seinen Hypothesen zur positiven Natur des Menschen.

Ebenso scharf wie gegen die protestantische Sicht des Menschen als Sünder grenzt Rogers sich gegen das psychoanalytische Triebkonzept ab, gemäß dessen die grundlegende Natur des Menschen aus dem Es besteht, das triebgelenkt nach Befriedigung strebt und dabei sehr destruktive Züge annehmen kann.[41] Primäre Aufgabe der analytischen Psychotherapie ist es, diese ungezähmten Kräfte auf eine gesunde und konstruktive Weise im Zaum zu halten. Scheinbare Bestätigung findet diese Annahme destruktiver Kräfte im Menschen „in der Tatsache, dass man in der Therapie andauernd feindliche und antisoziale Gefühle aufdeckt; dadurch fällt es leicht anzu-

---

[32] M. SIEVERNICH, Schuld und Sünde in der Theologie der Gegenwart, 345.
[33] Evangelischer Erwachsenenkatechismus, Nr. 666.
[34] Evangelischer Erwachsenenkatechismus, Nr. 276.
[35] W. PANNENBERG, Anthropologie in theologischer Perspektive, 103.
[36] W. PANNENBERG, Das Glaubensbekenntnis, 171.
[37] W. PANNENBERG, Anthropologie in theologischer Perspektive, 131.
[38] So etwa in W. PANNENBERG, Anthropologie in theologischer Perspektive, 77-150, 236-303. Zu Pannenbergs Theologie der Sünde vgl. auch C. BÖTTIGHEIMER, Der Mensch im Spannungsfeld von Sünde und Freiheit, 368-400.
[39] Vgl. Evangelischer Erwachsenenkatechismus, Nr. 877.
[40] Evangelischer Erwachsenenkatechismus, Nr. 277.
[41] Vgl. hierzu C. ROGERS, Entwicklung der Persönlichkeit, 100, sowie das in Kap. 2.2.1. zur Abgrenzung Rogers' von der Psychoanalyse Ausgeführte.

nehmen, dass man hier die tiefere und darum grundlegende Natur des Menschen sieht."[42] Rogers hält es für einen schwerwiegenden Fehler, in diesen destruktiven Zügen die tiefere Natur des Menschen zu sehen. Für ihn ist „offenkundig geworden, dass diese ungezähmten und unsozialen Triebregungen weder die tiefsten noch die stärksten sind und dass der innere Kern der menschlichen Persönlichkeit, der Organismus selbst ist, der in seinem Wesen sowohl selbsterhaltend als auch sozial ist"[43]. Dementsprechend gibt es für ihn „keinerlei Evidenz für eine angeborene destruktive Tendenz, noch eine Notwendigkeit, die menschliche Natur zu kontrollieren."[44]

Ist der Mensch in seiner Entwicklung frei, d. h. kann er zwischen einer destruktiven und einer konstruktiven Entwicklungsrichtung wählen, so werde er sich immer für die positive Richtung, hin auf Reife und Wachstum, entscheiden. Diese Annahme findet sich in den Konzepten der Aktualisierungstendenz und der ‚Weisheit' des Organismus.[45] Voraussetzung für ein dieser organismischen Tendenz entsprechendes Wachstum ist, dass die Umwelt nicht hindernd, sondern unterstützend auf den Organismus einwirkt.[46]

An dieser Stelle zeigt sich ein weiterer wichtiger Aspekt des Menschenbildes Carl Rogers': Der Mensch ist für ihn ein soziales Wesen, das auf die Beziehung zu anderen Menschen angelegt ist. In dieser Beziehung ist er auf das Erleben positiver Beachtung angewiesen. Rogers kennzeichnet dieses Bedürfnis als einen „Wesenszug des Menschen. Es ist allgegenwärtig."[47] Der Mensch kann sich selbst nur in dem Maße positiv begegnen und wahrnehmen, wie er positive Beachtung durch andere erfahren konnte. Da kein Mensch nur bedingungslose positive Beachtung erfährt, wird auch die Selbstbeachtung immer unvollkommen und letztlich unbefriedigend bleiben.[48]

Dass der Mensch für Rogers ein Beziehungswesen ist, drückt sich auch darin aus, dass er die Befriedigung des Bedürfnisses nach positiver Beachtung als etwas Wechselseitiges kennzeichnet: „Erfährt ein Individuum sich selbst als jemanden, der das Bedürfnis nach positiver Beachtung eines anderen befriedigt, dann erfährt es notwendigerweise Befriedigung seines eigenen Bedürfnisses nach positiver Beachtung."[49] Die Befriedigung des Bedürfnisses des anderen soll selbst wieder als Befriedigung erlebt werden.

---

[42] C. ROGERS, Entwicklung der Persönlichkeit, 100.
[43] C. ROGERS, Entwicklung der Persönlichkeit, 100f. Zu Rogers' Organismus-Begriff siehe Kap. 3.2.2.1..
[44] C. ROGERS, Die beste Therapieschule ist die selbstentwickelte, 22.
[45] So etwa C. ROGERS, Der neue Mensch, 69-72; DERS., Eine Theorie der Psychotherapie, 21-22, 37, DERS., Therapeut und Klient, 136-138, und öfter.
[46] Vgl. C. ROGERS, Meine Beschreibung einer personenzentrierten Haltung, 75.
[47] C. ROGERS, Eine Theorie der Psychotherapie, 49.
[48] Vgl. Kap. 2.2.1. und 3.2.4..
[49] C. ROGERS, Eine Theorie der Psychotherapie, 45.

Hier zeigt sich ein weiterer wichtiger Grundsatz: Der Mensch ist für Rogers nicht nur ein beziehungs- und zuwendungsbedürftiges Wesen, sondern zugleich auch ein zutiefst beziehungs- und liebesfähiges Wesen.[50] Er kann, zumindest im Rahmen der helfenden Beziehung, einem anderen Menschen gegenüber bedingungslose positive Beachtung empfinden, ihm mit Echtheit und Wahrhaftigkeit begegnen und ihn empathisch so tief verstehen, dass dieses Verstehen sogar den Rahmen des dem anderen selbst Bewussten übersteigen kann. Rogers fügt einschränkend hinzu, dass kein Therapeut oder anderer Mensch diese Haltungen immer einnehmen kann, aber seine Annahmen zu helfenden Beziehungen und zur Entwicklung einer reiferen Persönlichkeit wären sinnlos, wenn der Mensch nicht in der Lage wäre, zumindest zeitweise die angegebenen Haltungen in einem gewissen Maße einzunehmen.[51]

In seiner Beziehungsfähigkeit hat der Mensch sogar die Möglichkeit, so tief mit einem anderen Menschen in Verbindung zu treten, dass er sich selbst übersteigt und über die bekannten Bewußtseinsebenen hinausstößt. Rogers schreibt hierzu: „Unsere Beziehung transzendiert sich selbst und wird ein Teil von etwas Größerem."[52] Ohne dass der Mensch dies forcieren könnte, hält Rogers ihn für fähig, mit etwas Höherem und Umfassenden, dem „Unbekannten in mir" bzw. dem „transzendentalen Kern",[53] in Kontakt zu treten.

Die Abgrenzung gegen die mechanistischen Menschenbilder der Verhaltenstherapie und der Psychoanalyse Freuds lässt deutlich werden, dass der Mensch für Rogers ein zur freien Entscheidung und zur Verantwortung fähiges Wesen ist. So soll beispielsweise der Klient am besten wissen, welche Richtung in der Therapie die Richtige ist, und der Schüler/Lernende soll besser als sein Lehrer entscheiden können, was für ihn wichtig ist zu lernen.[54] Der Mensch hat bei Rogers Wert und Würde, er ist ein selbstverantwortliches und mündiges Wesen, das in sich die Möglichkeit hat, die richtige Richtung zu wählen.[55] Und diese Richtung soll nach Carl Rogers immer auch den anderen, den sozialen Bezug beinhalten, wenn der Mensch sich frei entscheiden kann. Er schreibt: „Ich bin nicht blind für das unglaubliche Maß an sinnloser Gewalt ... Doch meine Erfahrung mit Einzelnen und mit Gruppen hat mir gezeigt, dass das Individuum, wenn es sich der ihm offen-

---

[50] Vgl. zu diesem Aspekt des Menschenbildes Carl Rogers' Kap. 3.2.2.2..

[51] Vgl. hierzu etwa C. ROGERS, Die notwendigen und hinreichenden Bedingungen, 172.

[52] C. ROGERS, Der neue Mensch, 80.

[53] C. ROGERS, Der neue Mensch, 80. Vgl. hierzu ausführlicher Kap. 3.2.2.3..

[54] Vgl. C. ROGERS, Therapeut und Klient, 134, sowie zum Bereich der Pädagogik DERS., Der neue Mensch, 137-152, und DERS., Lernen in Freiheit, wo er ausführlich die Implikationen seines Ansatzes für den Bereich der Pädagogik und Erziehung darstellt.

[55] Vgl. hierzu zusammenfassend C. KORUNKA, Der Mensch ist gut, 71.

stehenden Wahlmöglichkeiten voll bewusst ist, einer konstruktiven Wahl in Richtung auf soziale Harmonie den Vorzug gibt gegenüber einer destruktiven in Richtung auf soziale Disharmonie."[56] In dieser Entscheidungsfähigkeit ist der Mensch aber anfällig für negative Einflüsse seiner Umwelt. Wird deren Zuwendung zu sehr an Bedingungen geknüpft, so entsteht im Menschen eine Spaltung, die ihn, aus der Notwendigkeit innerer Einheit heraus, auch Richtungen einschlagen lässt, die zwar seinem Selbstbild dienen, aber der gesunden Entwicklung seines Organismus entgegenstehen.[57] Dieser Prozess der Selbstentfremdung soll und kann dann in einer helfenden Beziehung umgekehrt werden.[58]

Zusammenfassend lässt sich festhalten, dass der Mensch für Carl Rogers ein vertrauenswürdiges, positives, beziehungsfähiges und soziales Wesen ist, das zwar in seiner Entwicklung gestört werden kann, letztlich in seinem Kern aber immer positiv und sozial ist. Dieses aus der Sicht Carl Rogers' positive und soziale Wesen des Menschen soll in den nun folgenden Abschnitten genauer hinsichtlich seiner Bezogenheit differenziert werden.

3.2.2. Bezogenheit des Menschen als Person

Schon der Name ‚person-zentrierter Ansatz'[59] (engl.: ‚person-centered approach') bringt zum Ausdruck, dass der Mensch für Rogers wesentlich Person ist. Rogers selbst schreibt dazu: „Ich gebrauche den Ausdruck ‚Person' in einem mehr allgemeinen Sinn, um auf jedes Individuum hinzuweisen."[60]

---

[56] C. Rogers, Der neue Mensch, 7.

[57] Vgl. zu diesem Prozess der Entfremdung und Spaltung, der zur Inkongruenz führt Kap. 3.2.4..

[58] Vgl. zu diesem Aspekt der Korrektur negativer Beziehungserfahrungen durch helfende Beziehungen P. F. Schmid, Personale Begegnung, 115.

[59] Bei Rogers und in der Sekundärliteratur zu seinem Ansatz wechseln immer wieder die Bezeichnungen zwischen dem Singular ‚person-zentriert' und dem Plural ‚personen-zentriert'. So kommen auch in den deutschen Übersetzungen von Rogers' Beiträgen sowohl die Bezeichnung ‚person-zentriert' (so etwa im gleichnamigen Werk von C. Rogers und P. F. Schmid, Person-zentriert) als auch ‚personen-zentriert' (so z.B. in C. Rogers, Der neue Mensch, 65) vor. Ich verwende in der hier vorliegenden Arbeit aus Gründen der Konsistenz außer in Zitaten, die sich an die Originalformulierung halten, stets die Bezeichnung ‚person-zentriert', da diese zum einen klanglich dem amerikanischen Original ‚person-centered approach' nähersteht und in Deutschland die gebräuchlichere Form darstellt und zum anderen der Begriff Person als solcher beide Dimensionen der Individualität, d. h. den Singular von Person, und der Bezogenheit, d. h. den Plural der Personen, in sich vereint. Zu der, in der deutschsprachigen Rogers-Rezeption z.T. heftig geführten Debatte über die richtige und den Intentionen Carl Rogers' am besten entsprechenden Bezeichnung siehe R. Stipsits, Gegenlicht, 26.

[60] Aussage C. Rogers' in einer Theoriediskussion 1981 in Salzburg, wiedergegeben in C. Rogers und P. F. Schmid, Person-zentriert, 128.

Der Begriff Person beinhaltet von seiner Begriffsgeschichte und insbesondere seiner Prägung durch die christliche Theologie her eine innere Spannung: Er umfasst die Pole der Individualität und der Bezogenheit.[61] „Person ist die faktische, formallogisch widersprüchlich bleibende Einheit von radikalster Individuiertheit (von keiner anderen als nur ihr selbst zu übernehmender Freiheit) und umfassendster Universalität (Geistigkeit), von Immanenz und Transzendenz, von Insistenz und (modern gesprochen:) Ek-sistenz (Existenz). In ihrer Einheit geht weder die Universalität des Geistes als des Seins und Wesens restlos unter in der Individualität, noch wird die Individualität preisgegeben und aufgelöst in die Totalität eines größeren Ganzen: Person ist der wirkliche Vollzug bleibender ontologischer Differenz."[62] Daraus folgt für den Vollzug dieses personalen Menschseins: „Weltgestaltung und Selbstverwirklichung sind Aspekte ... des wirklichen Selbstvollzugs der menschlichen Person in der Geschichte."[63]

Hieraus ergibt sich die Aufgabe, zu prüfen, inwieweit diese beiden Pole in den Ausführungen Carl Rogers' und in seinem Verständnis von Person integriert sind. Hierzu wird zunächst der Begriff Person in seiner Verwendung bei Carl Rogers dargestellt. Anschließend wird überprüft, ob dieser Personbegriff die beiden angeführten Pole der Individualität und Bezogenheit in sich vereint. Im Anschluss an diesen grundlegenden Teil wird in drei Unterkapiteln die Bezogenheit des Menschen in sich, auf Mitmenschen und auf Gott, wie sie sich im personzentrierten Ansatz Carl Rogers' findet, dargestellt.

Obwohl Rogers den Begriff Person ständig benutzt und auch seinen Ansatz als personzentriert bezeichnet, hat er an keiner Stelle seines umfangreichen Schrifttums definiert, was er unter ‚Person' versteht.[64] Selbst in seinem 1979 für die Enzyklopädie *Psychology, A Study of a Science*[65] verfassten Artikel mit 40 Einzeldefinitionen zentraler Begriffe, definiert Rogers nicht

---

[61] Der Pol der Individualität entspringt seiner christologischen Verwendung für die Einheit der zwei Naturen in der einen Person Jesu Christi und der Pol der Relationalität seiner trinitätstheologischen Verwendung für die drei göttlichen Personen und ihre Einheit. Vergleiche zum Personbegriff und seiner Prägung durch die christliche Theologie auch J. WERBICK, Art. Person, und DERS., Trinitätslehre, insb. 543-551. Einen Überblick über die Begriffsgeschichte bietet auch P. F. SCHMID, Souveränität und Engagement. Schmid gibt in dieser Untersuchung einen Abriß der philosophie- und theologiegeschichtlichen Entwicklung der Bedeutung des Begriffes Person (ebd., 24-74) sowie der Verwendung des Begriffes in anderen psychologischen Ansätzen (ebd., 74-121) und stellt diese dann in Beziehung zum personzentrierten Begriff der Person, wie er sich bei Rogers finden lässt (ebd., 122-151). In dieser Untersuchung wird deutlich, wie schwierig es ist, den Personenbegriff Rogers' genauer zu fassen, da er ihn nicht explizit definiert, obwohl er ihn häufig verwendet.

[62] M. MÜLLER UND A. HALDER, Art. Person, 383.

[63] M. MÜLLER UND A. HALDER, Art. Person, 387.

[64] Vgl. P. F. SCHMID, Personale Begegnung, 116.

[65] C. ROGERS, Eine Theorie der Psychotherapie.

sein Verständnis von ‚Person', obwohl er den Begriff so oft benutzt, dass Peter F. Schmid ihn als „allgegenwärtig" charakterisiert.[66]

Es wurde bereits darauf hingewiesen, dass Rogers den Begriff Person weniger im Sinne eines einzelnen Elementes seiner Persönlichkeits- oder Therapietheorie benutzt hat, sondern als allgemeine Bezeichnung für das Individuum. Hierin kann m. E. der Grund liegen, warum er diesen Begriff nie definiert hat: Es war für ihn weniger ein theoretisches Konstrukt als vielmehr ein hinweisender Oberbegriff. Festzuhalten ist, dass Carl Rogers den Begriff Person zwar nicht durch eine abgegrenzte Definition, wohl aber durch seinen ganzen Ansatz, der in seinen theoretischen Grundpositionen und praktischen Konkretionen den Menschen fokussiert und als Person interpretiert, beschreibt.

Schmid rechtfertigt die Tatsache, dass Rogers nie versucht hat, sein Verständnis von Person in Form einer Definition festzuhalten, dadurch, dass sich der Mensch nicht gänzlich fassen lasse.[67] Jeder Versuch zu definieren, was oder besser wer der Mensch sei, kann von ihm reflektiert werden, so dass er wieder außerhalb dieser Definition steht. Auch widerstrebe es dem personzentrierten Ansatz, den Mensch als solchen zum Objekt einer Definition zu machen, da es ja gerade das Anliegen des Ansatzes ist, den Menschen nicht als Objekt, sondern als Subjekt in den Blick zu nehmen. In Abgrenzung von Psychoanalyse und Verhaltenstherapie kennzeichnet Schmid diese verschiedenen Zugänge zum Menschen als problem- bzw. personzentriert[68]. Während Psychoanalyse und Verhaltenstherapie, mechanistischen bzw. naturwissenschaftlichen Konzepten folgend, daran interessiert sind, den Menschen als Objekt von Untersuchungen, Experimenten und Diagnosen zu verstehen und zu analysieren, d. h. in verstehbare Einzelfunktionen zu zerlegen, will der personzentrierte Ansatz den Menschen so verstehen, wie er sich selbst versteht. Nicht operationalisierbare Einzelteile interessieren, sondern der Mensch als Ganzes, der etwas anderes ist, als nur die Summe seiner Teile oder Einzelaspekte.[69] Geht es Psychoanalyse und Verhaltenstherapie um die Diagnose und Therapie eines Problems bzw. einer Störung (= problemzentriert), steht im personzentrierten Ansatz die Person mit ihren Entwicklungspotenti-

---

[66] P. F. Schmid, Souveränität und Engagement, 129. Diese Untersuchung Schmids zum Personbegriff Rogers' bildet die Grundlage der folgenden Ausführungen. Vgl. zusammenfassend P. F. Schmid, Personale Begegnung, 112-118.

[67] Vgl. P. F. Schmid, Souveränität und Engagement, 19f.

[68] Vgl. P. F. Schmid, Personale Begegnung, 39.

[69] Dieses Grundverständnis des Menschen weist eine große Nähe zum Ansatz der gestalttheoretischen Psychologie etwa bei W. Metzger, Gestalt-Psychologie, M. Wertheimer, Produktives Denken, und K. Lewin, Feldtheorie, auf. Vgl. zu dieser Nähe Rogers' zur Gestaltpsychologie bzw. –theorie H.J. Walter, Gestalttheorie und Psychotherapie, 251-257.

alen und ihrem Erleben im Mittelpunkt (= personzentriert). Für den personzentrierten Ansatz ist „Psychotherapie Begegnung zwischen Personen"[70], in der es keine Machtansprüche und keine Manipulation geben soll, sondern in der dem Klienten eine eigenverantwortliche Entwicklung ermöglicht werden soll.[71]

Für das Verständnis des Rogersschen Personbegriffs ist es wichtig, zu beachten, dass er sein Verständnis aus der praktischen Erfahrung und Empirie gewonnen und erst in einem zweiten Schritt phänomenologisch eine dazu passende Theorie entworfen hat und nicht ein der Denktradition entnommenes Verständnis auf die Psychologie anwendet.[72] „Seine Anthropologie wird in seinen Fall- und Problemdarstellungen, in seinen meist gut nachvollziehbaren Beschreibungen und in seinen sehr erfahrungsnah gehaltenen Folgerungen aus den Beobachtungen oft klarer und deutlicher, als es eine Analyse der von ihm verwendeten theoretischen Begriffe ergibt."[73]

Wie bereits im biographischen Teil dargestellt, hat sich das Interesse Rogers' mit der Zeit verändert.[74] Ging es ihm zunächst ausschließlich um die therapeutische Beziehung, weitete sich sein Interesse später auf die Persönlichkeitsentwicklung insgesamt und richtete sich gegen Ende seines Lebens dann auch verstärkt auf soziale und politische Zusammenhänge.[75] Ausdruck findet diese Weitung des Horizontes auch in der Verwendung des Adjektives personzentriert, das Rogers für seinen Ansatz am treffendsten fand.[76] Mit dieser Bezeichnung sollte nicht nur die Übertragung der Erkenntnisse vom Bereich der Psychotherapie auf andere Anwendungsfelder zum Ausdruck gebracht werden, sondern auch die Absetzung von allen objektzentrierten Ansätzen.[77]

Wenn Rogers von der Aktualisierungstendenz, der Weisheit des organismischen Wertungsprozesses, von der Selbständigkeit und dem Wert und der Würde des Klienten und von der Grundhaltung des Wertschätzens und Ak-

---

[70] P. F. Schmid, Souveränität und Engagement, 23.

[71] Zum Aspekt der Macht in der therapeutischen Beziehung vgl. C. Rogers, Der gute Mensch von La Jolla, wo er ausführlich auf diese, wie er es selbst nennt, politische Dimension seines Ansatzes eingeht. Zur Abgrenzung Rogers' von dem psychoanalytischen und dem verhaltenstheoretischen Menschenbild siehe Kap. 2.2.1..

[72] Vgl. P. F. Schmid, Souveränität und Engagement, 122-151.

[73] P. F. Schmid, Souveränität und Engagement, 123.

[74] Vgl. Kap. 2.1.1..

[75] Vgl. hierzu C. Rogers, Die Kraft des Guten. In diesem Buch finden sich einzelne Kapitel zu den Anwendungsfeldern, die Rogers für seinen Ansatz sieht. Es sind dies neben den helfenden Berufen die Familie, Ehe und Partnerschaft, Erziehung, Politik und Regierung sowie interkulturelle Spannungen. Zu einzelnen Bereichen hiervon gibt es auch eigene Bücher von Rogers: z.B. Ders., Partnerschule, und Ders., Freiheit und Engagement.

[76] Vgl. z.B. C. Rogers, Der neue Mensch, 66.

[77] Vgl. die Abgrenzung des Rogersschen Ansatzes von der Verhaltenstherapie und der Psychoanalyse in Kap. 2.2.1..

zeptierens spricht, wird deutlich, dass für ihn Menschsein mit Individualität, mit Einzigartigkeit, Freiheit und Verantwortlichkeit zu tun hat.[78]
    Auf der anderen Seite weist Rogers aber auch auf die Bedeutung der Beziehung für das Menschsein hin. Aus der Beziehung zu anderen Menschen heraus entwickelt der Mensch erst sein Selbst, seine Vorstellung von sich, und nur in der Beziehung ist für Rogers die Reorganisation desselben möglich. Nur in einer Beziehung, in der die Person auf die von Rogers benannten Haltungen der Echtheit, der bedingungsfreien Wertschätzung und der Empathie trifft, können positives Wachstum und Entfaltung der Persönlichkeit stattfinden.[79] Und auch den freien selbstverwirklichten Menschen kennzeichnet, dass „eines seiner Grundbedürfnisse darin besteht, sich anderen anzuschließen und mit ihnen zu kommunizieren. In dem Maße, wie er sich noch vollständiger zu seinem Selbst entwickelt, wird er realitätsgerechter sozialisiert."[80] Die gelungene und heilende Beziehung zu anderen Personen ist es also, die dem Menschen hilft, „das Selbst zu sein, das man in Wahrheit ist"[81], wie Rogers es gerne mit den Worten Søren Kierkegaards ausdrückt.
    Die angeführten Äußerungen Carl Rogers' zeigen, dass für ihn menschliches Personsein die beiden Pole der Individualität und der Relationalität umfasst. Allerdings klingt bei Rogers eine Schwerpunktsetzung auf den Pol der individuellen Selbstverwirklichung an, wenn menschliche Beziehung als bereichernd und die Entfaltung fördernd, aber nicht als Selbstzweck und Wert an sich angesprochen wird.[82] Auch wenn der Aspekt der Bezogenheit ein Grundelement des personzentrierten Ansatzes darstellt, scheint er in Gefahr zu sein, nur in dienender Funktion für die individuelle Selbstverwirklichung in den Blick genommen zu werden.[83]
    Hierbei ist allerdings der Aussagehorizont Rogers' zu berücksichtigen: Es geht ihm in seinen Schriften und in der Intention seines personzentrierten Ansatzes darum, dem einzelnen Individuum und den menschlichen Gruppen Wege zu mehr persönlicher Entfaltung aufzuzeigen.[84] Hieraus ergibt

---

[78] Zur Bedeutung und Verwendung dieser Begriffe bei Carl Rogers vgl. exemplarisch C. ROGERS, Eine Theorie der Psychotherapie, 20-39, wo Rogers diese Begriffe definiert, sowie in der hier vorliegenden Arbeit insbesondere die entsprechenden Ausführungen in den Kapiteln 2.2.1. und 3.2.3..

[79] Vgl. auch hierzu C. ROGERS, Eine Theorie der Psychotherapie, 20-39, sowie die entsprechenden Ausführungen in der hier vorliegenden Arbeit, insb. Kap. 3.2.2.2., 3.2.4. und 3.2.5..

[80] C. ROGERS, Entwicklung der Persönlichkeit, 193f.

[81] S. KIERKEGAARD, Die Krankheit zum Tode, 17. Z.B. zitiert in C. ROGERS, Entwicklung der Persönlichkeit, 164.

[82] So z.B. in C. ROGERS, Lernen in Freiheit, 242-245.

[83] Vgl. zu dieser Gefahr der Einseitigkeit bei Rogers K. REMELE, Tanz um das goldene Selbst?, insb. 310-319, und R. EISENGA, Das Menschenbild Rogers', 34.

[84] So schreibt K. KIESSLING, Art. Psychotherapie, 1411: „Gemeinsames Ziel beider Seiten [=Therapeut und Klient, AdV.] sind die Minderung oder Beseitigung des psychischen Leidens und die Förderung der Entwicklung des hilfsbedürftigen Menschen."

sich von der Sache her eine Betonung dessen, was der Einzelne davon hat, wenn er sich auf diesen Weg der Persönlichkeitsentwicklung einlässt. Die von Rogers ebenfalls betonte soziale Dimension des Menschen muss hierbei als Hintergrund mitgedacht werden, auch wenn sie von ihm nicht immer explizit benannt wird.[85]

Dass diese Dimension für das Menschenbild Carl Rogers' bei allen individualistischen Anklängen wesentlich ist, erschließt sich „aus seiner These, dass die therapeutische Beziehung der wichtigste Bestandteil seiner Behandlung ist. Ich habe diese These oft als einen Fremdkörper innerhalb seiner Psychotherapietheorie angesehen, denn sie ist nur verständlich im Rahmen eines dialogischen Menschenbildes. Darin wird der Mensch als Mehrzahl angesehen, als ein intersubjektives Wesen."[86] Auch Peter F. Schmid kommt in seiner ausführlichen Untersuchung des Personbegriffes Carl Rogers' zu dem Ergebnis, dass „durch die Theorie und Praxis des personzentrierten Ansatzes die beiden verschiedenen Stränge von Personbegriffen in einer Weise integriert (wurden), die sie beide als unerlässlich für das Verständnis des Menschen in seinem ganzen Bestand ausweisen. Die für die personzentrierte Sicht charakteristische Spannung zwischen individualistischem und relationalem Aspekt lässt erwarten, dass nach der Überwindung des Entweder-Oder das aus der Praxis bewährte Sowohl-Als auch zu weiterem Denken Anstoß gibt."[87]

Auch wenn Schmid in seiner Aussage ein wenig euphorisch klingt und in der Gefahr steht, die individualistischen Anklänge bei Rogers und insbesondere auch in seiner Rezeption zu unterschätzen, scheint dennoch sein Fazit berechtigt, dass beide Pole im Denken Rogers' eine zwar vielleicht nicht immer gleichgewichtige, aber doch bedeutende und damit einem ganzheitlichen Verständnis des Personseins des Menschen entsprechende Rolle spielen.

Die Frage nach der jeweiligen Gewichtung von Individualität und Bezogenheit bei Carl Rogers und die Gefahr einer einseitig individualistischen Sicht des Menschen wird im weiteren Verlauf der Darstellung seines Menschenbildes zu berücksichtigen sein. Auch in den folgenden Abschnitten müssen sich beide Pole eines ganzheitlichen Personbegriffes wiederfinden, wenn sich das hier vorläufig gezogene Fazit einer ausreichenden Berücksichtigung beider Pole bei Carl Rogers bestätigen soll.

Im Folgenden soll zunächst auf die Aspekte der Bezogenheit des Menschen in sich selbst, sowie auf die Bezogenheit des Menschen auf seine Mit-

---

[85] Vgl. hierzu das in 3.2.1. Gesagte und K. REMELE, Tanz um das goldene Selbst, 313f.

[86] R. EISENGA, Das Menschenbild Rogers', 32.

[87] P. F. SCHMID, Souveränität und Engagement, 150. Zum gleichen Ergebnis kommen auch U. VÖLKER, Humanistische Psychologie, 18 und G. ZURHORST, Eine gesprächspsychotherapeutische Störungs-/Krankheitstheorie in biographischer Perspektive, 75.

menschen näher eingegangen werden, bevor in einem dritten Abschnitt der transzendente Bezug des Menschen bei Rogers dargestellt wird.

3.2.2.1. Der Mensch als Wesen der Bezogenheit von Organismus und Selbst

Wie bei den Aspekten der Inkongruenz und der Heilung des Menschen im therapeutischen Prozess noch näher darzustellen sein wird,[88] ist der Mensch für Rogers nicht nur ein Wesen der Bezogenheit auf Andere und Anderes, sondern trägt auch in sich selbst die Bezogenheit von Organismus und Selbst. Während das neugeborene Kind noch ganz „in einen organismischen Bewertungsprozess eingebunden (ist), der die Erfahrungen an der Aktualisierungstendenz misst"[89], entwickelt sich im Zuge der weiteren psychischen Entwicklung das Selbst als Gegenüber zum Organismus.[90] Rogers selbst sagte zu der Unterscheidung dieser beiden Begriffe: „Ich verwende den Ausdruck ‚Organismus' für das biologische Wesen. Die Aktualisierungstendenz existiert im Organismus, im biologischen menschlichen Organismus. Ich gebrauche den Ausdruck ‚Selbst', wenn ich mich auf das Konzept beziehe, das eine Person von sich hat, die Art, wie sie sich sieht, die Wahrnehmung ihrer Eigenschaften usw.. Das ist das Konzept ihrer selbst."[91]

Zunächst werden die beiden Begriffe Organismus und Selbst in ihrer Verwendung bei Carl Rogers eingeführt und dann in ihrer Bezogenheit aufeinander dargestellt.

Der Begriff Organismus steht bei Rogers für das biologische Wesen des Menschen. Damit meint Rogers allerdings nicht nur den Körper, der Organismus ist für ihn vielmehr der Ort allen Erlebens, „der innere Kern der menschlichen Persönlichkeit"[92]. Rogers spricht davon, dass der Or-

---

[88] Siehe Kap. 3.2.4 und 3.2.5., sowie überblickartig zu beiden Prozessen C. ROGERS, Eine Theorie der Psychotherapie, 48-58.

[89] C. ROGERS, Eine Theorie der Psychotherapie, 48.

[90] Vgl. C. ROGERS, Eine Theorie der Psychotherapie, 26-29, und ausführlicher: DERS., Die Klientenzentrierte Gesprächspsychotherapie, 417-451, wo Rogers in 19 Thesen *Eine Theorie der Persönlichkeit und des Verhaltens* darstellt. Dieser Beitrag bildet auch die Grundlage für das im Folgenden über das Verhältnis von Organismus und Selbst Gesagte.

[91] Rogers in einer Theoriediskussion 1981 in Salzburg, in: C. ROGERS UND P. F. SCHMID, Person-zentriert, 128.

[92] C. ROGERS, Entwicklung der Persönlichkeit, 100f. H. SPIELHOFER, Organismisches Erleben und Selbst-Erfahrung, setzt sogar den Organismus mit der menschlichen Person insgesamt gleich, allerdings wird diese Gleichsetzung der Differenzierung der Begriffe in ihrer Verwendung durch Carl Rogers nicht gerecht. Vgl. etwa die bereits angeführte Unterscheidung durch Rogers selbst in: C. ROGERS UND P. F. SCHMID, Person-zentriert, 128. Allerdings muss angeführt werden, dass auch Rogers an einer Stelle in *Therapeut und Klient* den Organismus als „Geist und Körper umfassende Gesamtperson" (ebd., 136) bezeichnet.

ganismus „erfährt", „wahrnimmt" und „reagiert".[93] „Es geht also um die psychologischen Aspekte von biophysischen Vorgängen (einschließlich der Wahrnehmung von ‚externen' Prozessen und Emotionen). ... Eingeschlossen sind im Organismuskonzept also auf jeden Fall die physische (leibliche) und psychische Dimension."[94] In der Aktualisierungstendenz wohnt dem Organismus die zentrale Triebfeder und Energiequelle menschlichen Lebens inne und im organismischen Wertungsprozess, in dem alle Erfahrungen danach bewertet werden, ob sie der Aktualisierungstendenz entsprechen, ist der Organismus die vertrauenswürdige und konstruktive Orientierungsinstanz für den Menschen.[95] Wie bereits erwähnt, hält Rogers die menschliche Natur, d. h. den menschlichen Organismus, für positiv, konstruktiv und vertrauenswürdig.[96] Sie lässt den Menschen nach persönlicher Erfüllung streben und somit in Richtung einer voll entwickelten Persönlichkeit wachsen.[97]

Der Begriff Selbst steht bei Rogers für das Konzept oder Bild, das ein Mensch von sich selbst hat. Geprägt ist diese Vorstellung von den Erfahrungen, die er mit anderen in Bezug auf sich selbst gemacht hat und davon, wie er sich nun selbst wahrnimmt.[98] Rogers beschreibt das Selbst „als eine organisierte, konsistente begriffliche Gestalt ..., zusammengesetzt aus den Wahrnehmungen des ‚Ich' (‚*me*' or ‚*I*') und den Wahrnehmungen der Beziehungen dieses ‚Ich' zur Außenwelt und zu anderen. Es schließt die Werte ein, die mit diesen Wahrnehmungen verbunden sind."[99] Mit jeder neuen Erfahrung, die bewusst wird, kann sich dieses Selbst verändern.[100] Für Rogers ist mit anderen Worten das Selbst „die Bewusstheit, zu sein"[101]. „Wenn das Kleinkind die Interaktion mit seiner Umgebung aufnimmt, fängt es an, Konzepte über sich selbst, über seine Umgebung und über sich selbst in Beziehung zur Umgebung zu bilden. ... In dieses Bild tritt bald die Wertung des Selbst durch

---

[93] C. ROGERS, Die Klientenzentrierte Psychotherapie, 418f.

[94] G. STUMM UND J. KRIZ, Organismus, 219f.

[95] Vgl. C. ROGERS, Die Klientenzentrierte Psychotherapie, 422; und DERS., Eine Theorie der Psychotherapie, 21f.

[96] Vgl. das hierzu in Kap. 3.2.1. Gesagte.

[97] Vgl. C. ROGERS, Entwicklung der Persönlichkeit, 183-195.

[98] Vgl. C. ROGERS, Die klientenzentrierte Gsprächspsychotherapie, 431f.

[99] C. ROGERS, Klientenzentrierte Psychotherapie, 212. Vgl. auch DERS., Therapeut und Klient, 35f.

[100] Vgl. hierzu K. HEINERTH, Selbst, Selbstkonzept, 279. Heinerth schreibt zur Unterscheidung der Begriffe Selbst und Selbstkonzept: „Das Selbst ist das Subjekt, das sich intrapersonal mit sich selbst, dem Selbstkonzept als Objekt, beschäftigt." (ebd., 278). Ich halte diese Unterscheidung für sinnvoll, auch wenn Rogers selbst die Begriffe immer wieder synonym verwendet (vgl. C. ROGERS, Eine Theorie der Psychotherapie, 26). Eine Unterscheidung der Begriffe kann sich aber auf ebd., 49, beziehen, wo Rogers das Selbstkonzept als ein „Wahrnehmungsobjekt im eigenen *Erfahrungsfeld*" bezeichnet.

[101] C. ROGERS, Die Klientenzentrierte Gesprächspsychotherapie, 430.

andere."[102] Das Kind beginnt aufgrund seines Bedürfnisses nach positiver Beachtung durch andere, diese Werte zu übernehmen und in sein Bild von sich selbst zu integrieren. Da diese übernommenen Werte nicht immer mit der unmittelbaren organismischen Erfahrung übereinstimmen, kann es zu Spannungen zwischen Organismus und Selbst, zur Inkongruenz kommen.[103] Die Person „wählt aus ihren zahlreichen Sinnes-Erfahrungen diejenigen aus, die zu ihrem Konzept vom Selbst passen. ... Die fließende, aber konsistente Organisation, die die Struktur oder das Konzept des Selbst ist, verhindert so das Eindringen einer Wahrnehmung, die im Widerspruch zu ihr steht" oder verändert die Erfahrung im Prozess der Bewusstwerdung so, dass sie mit dem Selbst vereinbar wird[104]. Auf dieser Wahrnehmungsverleugnung oder -verzerrung basieren nach Rogers „viele der Phänomene menschlichen Verhaltens, die Psychologen zu erklären versucht haben."[105]

Das Konzept der Selbstentwicklung bei Carl Rogers wird durch die Befunde der systematischen Säuglingsbeobachtung Daniel Sterns[106], der den „sense of self" als primäres Organisationsprinzip der Entwicklung beschrieben hat, bestätigt. Stern konnte Entwicklungsprozesse beobachten, die genau der Rogersschen Konzeption entsprechen.[107] Es zeigt sich auch im Blick auf die Rezeption dieser Befunde u.a. in neuen psychoanalytischen Ansätzen, wie z.B. bei Otto Frischenschlager[108], „dass Rogers' Konzepte das ‚neue' Psychoanalytische Denken, das die Erkenntnisse der modernen Systemtheorie und die Ergebnisse der systematischen Säuglingsbeobachtung berücksichtigt, bereits enthalten bzw. dass die modernen psychoanalytischen Theorien in hohem Maße mit dem schon vor 50 Jahren entwickelten klientenzentrierten Konzept übereinstimmen."[109]

---

[102] C. ROGERS, Die Klientenzentrierte Gesprächspsychotherapie, 430f.

[103] Vgl. C. ROGERS, Eine Theorie der Psychotherapie, 26-29.

[104] C. ROGERS, Die Klientenzentrierte Gesprächspsychotherapie, 435f.

[105] Vgl. C. ROGERS, Die Klientenzentrierte Gesprächspsychotherapie, 434-441, hier: 435. Siehe hierzu auch das in Kap. 3.2.4. zur Inkongruenz Gesagte.

[106] Vgl. D. STERN, Die Lebenserfahrung des Säuglings.

[107] Vgl. E.-M. BIERMANN-RATJEN, Die entwicklungspsychologische Perspektive des klientenzentrierten Konzepts, 138-143. Auf die Bedeutung der entwicklungspsychologischen Ebene der Persönlichkeitsentwicklung weist auch J. FINKE, Gesprächspsychotherapie, 16f., unter dem Stichwort der „Geschichtsfähigkeit des Menschen" hin. Finke weist allerdings auch darauf hin, dass das „Hier und Jetzt" immer der Bezugspunkt des Verstehens ist, auch wenn Erinnerungen ein „wesentliches Element der ‚inneren Welt' des Patienten" sind. Dieses „lebensgeschichtliche Verstehen" sei prinzipiell unabschließbar.

[108] Siehe z.B. O. FRISCHENSCHLAGER, Präsymbolische Ebenen des psychoanalytischen Diskurses, insb. 48-52, wo der Autor eine aktualisierte Darstellung der psychoanalytischen Therapiesituation vornimmt, von der E.-M. BIERMANN-RATJEN, Die entwicklungspsychologische Perspektive des klientenzentrierten Konzepts, 132, schreibt: „Diese Charakterisierung der therapeutischen Situation ist nun der, die Rogers schon 1957 entwickelt hat, extrem ähnlich."

[109] E.-M. BIERMANN-RATJEN, Die entwicklungspsychologische Perspektive des klientenzentrierten Konzepts, 123.

In einer helfenden Beziehung geht es aus personzentrierter Sicht darum, dem Menschen den Freiraum zu ermöglichen, in dem ihm der eigene Organismus mit seinen Erfahrungen wieder zugänglich wird und er sein Selbstbild so erweitern und verändern kann, dass es mit den organismischen Erfahrungen kongruenter wird.[110] Die vollkommene Entsprechung von unmittelbarer organismischer Erfahrung und Bewusstheit im Selbst wäre die ‚fully functioning person', Rogers' Versuch, „das Bild des Menschen zu entwerfen, der aus einer maximal erfolgreichen Therapie hervorgehen würde."[111]

Das von Rogers in Bezug auf die Entwicklung des Selbst und der Inkongruenz Gesagte zeigt, dass Selbst und Organismus für Rogers voneinander unterschiedene Entitäten bzw. Funktionen sind, die jedoch nicht unabhängig voneinander sind. So schreibt Rogers: „Das Selbst zum Beispiel ist ein wichtiges Konstrukt unserer Theorie, aber dieses Selbst ‚tut' selbst nichts. Es ist nur eine mögliche Erscheinungsform dieser organismischen Tendenz, die den Organismus erhält und entwickelt."[112] Das Selbst bezieht seine Kraft, von Rogers als Selbstaktualisierungstendenz bezeichnet, aus der allgemeinen Aktualisierungstendenz. „Die allgemeine Tendenz zur Aktualisierung drückt sich auch in der Aktualisierung des Teils der organismischen Erfahrung aus, in dem sich das symbolisiert, was wir Selbst nennen. Wenn das Selbst und die Erfahrung des Organismus verhältnismäßig kongruent sind, dann bleibt die Aktualisierungstendenz ebenfalls verhältnismäßig ungespalten. Wenn aber Selbst und Erfahrung inkongruent sind, dann kann die allgemeine Aktualisierungstendenz des Organismus mit diesem Subsystem, nämlich der Tendenz zur Entfaltung des Selbst, in Widerspruch stehen."[113]

Das Selbst scheint die Dimension zu sein, die den Menschen von allen anderen Lebewesen unterscheidet, wobei Rogers nicht weiter auf diese Unterscheidung eingeht.[114] Sie ergibt sich für m. E. daraus, dass er auch bei Kartoffeln und Seeigeln von der organismischen Aktualisierungstendenz spricht, ohne deutlich zu machen, inwiefern hier in einem anderen Sinne als beim Menschen von Organismus die Rede ist.[115] Der Unterschied kann also nur auf der Ebene des Selbst als der Bewusstheit seiner selbst liegen.

---

[110] Vgl. C. ROGERS, Die Klientenzentrierte Gesprächspsychotherapie, 445-447; und das unten in Kap. 3.2.5. zum Prozess der Therapie Gesagte.

[111] C. ROGERS, Entwicklung der Persönlichkeit, 183. Vgl. auch Kap. 3.2.6..

[112] C. ROGERS, Eine Theorie der Psychotherapie, 22.

[113] C. ROGERS, Eine Theorie der Psychotherapie, 22.

[114] Vgl. zu dieser Unterscheidung A. SUTER, Menschenbild und Erziehung bei M. Buber und C. Rogers, 100-102, der in seiner Untersuchung des Menschenbildes Carl Rogers' dazu schreibt: „Der Mensch unterscheidet sich durch sein Bewusstsein von allen anderen Organismen. Diese evolutionsgeschichtlich späte Errungenschaft meint ein Doppeltes: die Fähigkeit zu symbolisieren und die Fähigkeit zu reflektieren. Beides erlaubt dem Menschen, sich von der unmittelbaren Erfahrung abzusetzen und sich und die Umwelt bewusst zu erkennen" (ebd., 100).

[115] Vgl. C. ROGERS, Der neue Mensch, 69-72.

Das Selbst zeigt sich bei Carl Rogers als hypothetisches Konstrukt, das zwar nicht direkt empirisch nachweisbar ist, das aber gerade im Blick auf die Befunde der empirischen Säuglingsforschung einen hohen Erklärungswert hat.[116]

Insgesamt versteht Carl Rogers den Menschen als Person, d. h. als ein Wesen innerer Bezogenheit von unmittelbar erlebendem Organismus und bewusstem und umweltgeprägtem Selbst. Schon diese beiden Pole der Person in sich spiegeln die im einleitenden Teil dieses Kapitels geforderte Zweipoligkeit der Rede von der Person in Individualität, d. h. dem Organismus als selbststeuerndem Zentrum der Entwicklung bzw. innerem Kern der Person,[117] und Bezogenheit, als des von introjizierten Werten der sozialen Umwelt geprägten Selbst, wider.[118] Im nun folgenden Abschnitt soll der Aspekt der Bezogenheit des Menschen auf seine Mitmenschen näher betrachtet werden.

3.2.2.2. Der Mensch als Wesen der Bezogenheit auf Mitmenschen

Für Carl Rogers ist der Mensch „unheilbar sozial"[119]. Entgegen aller Kritik, der personzentrierte Ansatz Carl Rogers' sei individualistisch, ist der Mensch für ihn wesentlich auf Beziehung angelegt. Wenn z.B. Alois Suter schreibt: „Nur subsidiär wichtig für die primär selbstgesteuerte Entfaltung sind Beziehungen für den Menschen aus Rogers' Sicht. Für ihn liegt der Schlüssel zum Verständnis des Menschen in der alle Organismen monadenhaft zur Entfaltung bringenden Aktualisierungstendenz."[120], sieht er damit nur eine Seite des Rogersschen Ansatzes. Denn neben der dem Organismus innewohnenden Aktualisierungstendenz gibt es bei Rogers ein zweites grundlegen-

---

[116] Vgl. E.-M. BIERMANN-RATJEN, Die entwicklungspsychologische Perspektive des klientenzentrierten Konzepts.

[117] Vgl. C. ROGERS, Entwicklung der Persönlichkeit, 100f.

[118] Zur sozialen Prägung des Selbst im Zuge seiner Entstehung vgl. zusammenfassend K. HEINERTH, Selbst, Selbstkonzept, 278, der betont: „Das Selbst als das Abbild von sich selbst ... entwickelt sich in der Auseinandersetzung und Interaktion mit der Realität, besonders mit der sozialen Realität, insbesondere mit signifikanten Bezugspersonen, vor allem in der emotionalen Beziehung zu diesen Personen". Zur Problematik und Diskussion des Selbstbegriffes bei Carl Rogers, aber auch in der Humanistischen Psychologie insgesamt vgl. S. KREUTER-SZABO, Der Selbstbegriff in der Humanistischen Psychologie von A. Maslow und C. Rogers. 1993 führte die Österreichische Gesellschaft für wissenschaftliche Gesprächspsychotherapie sogar ein eigenes Symposium zum Verständnis des Selbst in der Klientenzentrierten Psychotherapie durch. Die Beiträge dieses Symposiums, die allerdings in vielen Aspekten über die Verwendung des Begriffes bei Carl Rogers hinausgehen, finden sich in W. W. KEIL U.A., Selbst-Verständnis.

[119] C. ROGERS UND P. TILLICH, Paul Tillich und Carl Rogers im Gespräch, 260.

[120] A. SUTER, Menschenbild und Erziehung bei M. Buber und C. Rogers, 112.

des Movens: das Bedürfnis nach positiver Beachtung durch andere. Dieses spielt nicht nur bei der Entwicklung des Selbst in der frühen Kindheit eine Rolle[121], sondern begleitet den Menschen durch sein ganzes Leben. Rogers übernahm das Konzept von seinem Schüler Stanley Standal[122].

Es zeigt sich bei Rogers als „ein universales, vom ersten Lebenstag an zu beobachtendes und während des ganzen Lebens andauerndes menschliches Bedürfnis nach Anerkennung bzw. Beachtung im Sinne von Wahrgenommen- und Geliebtwerden von wichtigen anderen. Es tauche im Erleben zusammen mit den ersten Selbsterfahrungen auf."[123] „Das Bedürfnis nach *Selbstbeachtung* entwickelt sich als ein gelerntes Bedürfnis. Es entsteht aus der Verknüpfung von *Selbsterfahrungen* mit Befriedigungen oder Versagungen des *Bedürfnisses nach positiver Beachtung*."[124] Die Art und Weise, wie eine Person sich selbst erlebt und bewertet, d. h. ob sie sich so annehmen und lieben kann, wie sie ist, hängt für Rogers also entscheidend davon ab, welche Bewertung und Beachtung diese Person von anderen erfahren hat.[125] Dieser Einfluss anderer auf das Individuum ist so stark, dass er zu einer Abspaltung von der Aktualisierungstendenz, der Inkongruenz, führen kann. Die Person übernimmt von ihrer Umwelt Bewertungsbedingungen (Ich bin nur liebenswert, wenn ich...), die ihr Erleben und Verhalten bestimmen, auch wenn sie gegen die angeborene Aktualisierungstendenz gerichtet sind.[126]

Das hier zum Bedürfnis des Menschen nach positiver Beachtung durch andere Ausgeführte zeigt, dass der Mensch für Carl Rogers wesentlich auf die Beziehung zu anderen angelegt ist und dass diese Beziehungen ihn zutiefst in seinem Selbstbezug prägen.[127] So erscheint der Mensch bei Rogers entgegen der von Alois Suter und anderen vorgebrachten Egoismus- und Individualismus-Kritik[128] als von seinem Wesen her auf andere bezogen. Peter F. Schmid schreibt hierzu: „Konstitutiv für das Verständnis der menschlichen Natur ist auch die Angewiesenheit der menschlichen Person auf Beziehung. Dies ist für Rogers so selbstverständlich, dass er es kaum eigens betont."[129]

---

[121] Vgl. das hierzu in Kap. 3.2.2.1. Gesagte und C. ROGERS, Eine Theorie der Psychotherapie, 49f.

[122] Vgl. S. STANDAL, The need for positive regard.

[123] E.-M. BIERMANN-RATJEN, Bedürfnis nach positiver Beachtung/Selbstbeachtung, 41f.

[124] C. ROGERS, Eine Theorie der Psychotherapie, 50.

[125] Vgl. C. ROGERS, Die klientenzentrierte Gesprächspsychotherapie, 430-434.

[126] Vgl. C. ROGERS, Eine Theorie der Psychotherapie, 51.

[127] Vgl. hierzu auch das im vorherigen Unterkapitel zur Entwicklung des Selbst Gesagte.

[128] Vgl. hierzu neben der bereits angeführten Arbeit von A. SUTER, Menschenbild und Erziehung bei M. Buber und C. Rogers, die zusammenfassende Darstellung bei K. REMELE, Tanz um das goldene Selbst?, 310-314, der sich u.a. auf H. MAIER-KUHN, Utopischer Individualismus als personales und säkulares Heilsangebot, und A. GILLES, Gesprächspsychotherapie, bezieht.

[129] P. F. SCHMID, Herr Doktor, bin ich verrückt?, 89. Vgl. auch DERS., Personale Begegnung, insb. 116-118, und ausführlich DERS., Souveränität und Engagement, 122-151.

Und auch Gerhard Stumm und Walter W. Keil kommen zu der Einschätzung, dass „mit dem ‚Bedürfnis nach positiver Beachtung‘ die Beziehungsangewiesenheit als zutiefst menschliche Kondition einbezogen (ist). Neben dem zur Autonomie fähigen Menschen kommt sein sozialer Charakter zum Tragen: Rogers sieht ihn als ‚unheilbar sozial‘, als ‚social animal‘.“[130]

Nicht nur bei der menschlichen Grundprägung und Entwicklung des Selbst spielt die Bezogenheit des Menschen auf andere eine wesentliche Rolle, sondern auch bei der Aufhebung und Heilung der durch negative Einflüsse entstandenen Inkongruenz und der aus ihr resultierenden psychischen und sozialen Probleme.[131] So ist für Rogers auch die erste der sechs von ihm als notwendig und hinreichend postulierten Bedingungen für konstruktive Persönlichkeitsveränderungen, „dass ein Minimum an Beziehung, ein psychologischer Kontakt, vorhanden sein muss.“[132] Er schreibt, „dass eine positive Persönlichkeitsveränderung von Bedeutung nur in einer Beziehung zustandekommt.“[133] Auch wenn Rogers auf die Widerlegbarkeit dieser Hypothese hinweist, ist sie als empirisch gut bestätigter Zusammenhang heute Allgemeingut aller gängigen Psychotherapieverfahren.[134]

Im Rahmen seiner Psychotherapietheorie zeigt sich der Mensch bei Rogers aber nicht nur als ein beziehungsbedürftiges, sondern auch als ein beziehungsfähiges Wesen.[135] Die von ihm geforderten therapeutischen Grundhaltungen der Echtheit, der bedingungslosen Wertschätzung und des empathischen Verstehens zeigen, dass Rogers zumindest den Therapeuten im Rahmen der therapeutischen Beziehung für fähig hält, eine menschliche,

---

[130] G. STUMM UND W. W. KEIL, Das Profil der Klienten-/Personzentrierten Psychotherapie, 11. Im gleichen Sinne äußert sich R. STIPSITS, Gegenlicht, 50, für den der Mensch allein aufgrund seiner Sprachlichkeit ein Gemeinschaftswesen und auf andere als Hörer des Gesprochenen hingeordnet ist.

[131] Vgl. zusammenfassend Kap. 2.2.1.1., sowie zur Inkongruenz Kap. 3.2.4. und zum Weg der Heilung Kap. 3.2.5..

[132] C. ROGERS, Die notwendigen und hinreichenden Bedingungen, 169.

[133] C. ROGERS, Die notwendigen und hinreichenden Bedingungen, 169.

[134] Vgl. z.B. R. H. E. BASTINE, Klinische Psychologie, Bd. 2, 208-214, der sich u.a. auf die Befunde von K. GRAWE U.A., Differentielle Psychotherapieforschung, D.E. ORLINSKY UND K.I. HOWARD, The relation of process to outcome in psychotherapy, und das grundlegende Überblickswerk von D. ZIMMER, Die therapeutische Beziehung, bezieht.

[135] Vgl. zum Folgenden C. ROGERS, Eine Theorie der Psychotherapie, insb. 40-47, und DERS., Die notwendigen und hinreichenden Bedingungen. Die Grundgedanken seiner Psychotherapietheorie finden sich aber auch in fast allen anderen Publikationen Rogers', so etwa in DERS., Therapeut und Klient, 22-32, 149-163, 211-223, DERS., Die klientenzentrierte Gesprächspsychotherapie, 34-64, DERS., Entwicklung der Persönlichkeit, 74-76, 275-278, und DERS., Der neue Mensch, 67f. Interessant ist hierbei, dass sich in den späteren Publikationen der Schwerpunkt Rogers' immer mehr weg von einer Darstellung der grundlegenden Haltungen hin zu den intendierten Persönlichkeitsveränderungen und ihren Implikationen für menschliches Zusammenleben insgesamt verschiebt. Hierin spiegelt sich seine Fokusverschiebung von der klientenzentrierten Psychotherapie zu einem mehr generellen, das Gebiet der Psychotherapie weit übersteigenden personzentrierten Ansatz.

von Wärme und Verstehen geprägte Beziehung zu seinem Klienten aufzubauen und erfahrbar werden zu lassen. Hierbei ist sich Rogers durchaus auch der Grenzen des Menschen bewusst, wenn er z.b. bezüglich der Haltung der Kongruenz schreibt: „Es ist nicht notwendig (noch ist es möglich), dass der Therapeut ein Musterknabe ist, der diesen Grad von Integration, von Ganzheit in jedem Aspekt seines Lebens an den Tag legt. Es genügt, dass er exakt er selbst ist, in dieser Stunde der Beziehung"[136].

Mit Jobst Finke kann festgehalten werden: „Mit dem Beziehungskonzept wird in einem affirmativen Sinne die grundsätzliche Verwiesenheit der Person auf die anderen und auf die Gemeinschaft hervorgehoben. Diese Verwiesenheit erscheint nicht als defizienter Modus menschlicher Existenz. ... Möglicherweise auch unter dem Eindruck mehrerer Begegnungen mit Martin Buber betont Rogers in den 60er Jahren des 20. Jahrhunderts zunehmend das Dialogische. Menschsein ist jetzt immer auch ‚In-Beziehung-Sein'. Das hat dann auch zu bedeuten, dass der Mensch das, was er ist, die Art seines Erlebens, seines Wertens und Wollens immer auch dem Einfluss relevanter anderer schuldet, im Guten wie im Schlechten, im Gesunden wie im Kranken."[137]

Bereits bei der einführenden Darstellung des Rogersschen Personbegriffes wurde auf die Polarität von Individualität und Relationalität eingegangen. Diese drückt sich bei Rogers auch in seinem Verständnis der Bezogenheit des Menschen auf seine Mitmenschen aus. So schreibt er zur Frage des Respektes vor dem Anderen und der Haltung der Akzeptanz: „Unserer Erfahrung nach ist dies am ehesten der Person möglich, die einen grundlegenden Respekt vor ihrer eigenen Bedeutung und ihrem eigenen Wert hat. Allem Anschein nach kann man andere erst akzeptieren, wenn man sich selbst akzeptiert hat."[138] Der Weg zu dieser Selbstannahme führt über die Beziehung zu anderen. „In der Tat, nur in der Erfahrung einer menschlichen Beziehung, in der man geliebt wird (etwas was der Agape der Theologen nahe kommt, wie ich meine) kann der Einzelne beginnen, Selbstachtung, Selbstannahme und schließlich sogar Liebe zu sich selbst zu spüren. Wenn er so anfängt, sich selbst als liebenswert und wertvoll anzusehen, trotz all seiner Fehler, dann wird er auch beginnen können, Liebe und Zärtlichkeit für andere zu empfinden."[139] Es zeigt sich in dieser Aussage Carl Rogers', dass für ihn Individualität und Relationalität, Bezogenheit auf sich und auf das Gegenüber, Ich und Du immer wechsel-

---

[136] C. Rogers, Die notwendigen und hinreichenden Bedingungen, 172.

[137] J. Finke, Gesprächspsychotherapie, 14. Zu den von Finke angesprochenen Begegnungen Rogers mit Buber siehe auch Kap. 2.1.1..

[138] C. Rogers, Die klientenzentrierte Gesprächspsychotherapie, 36, Anm. 6.

[139] C. Rogers, zitiert nach K. Remele, Tanz um das goldene Selbst?, 265.

seitig verschränkt sind und nur miteinander, nicht gegeneinander wachsen können.

Die Bezogenheit des Menschen auf seine soziale Umwelt ist sowohl hinsichtlich seiner Angewiesenheit (Bedürfnis nach positiver Beachtung) als auch seiner Fähigkeit (therapeutische Haltungen) ein empirisch fundiertes Konstrukt, das auch von anderen psychologischen Ansätzen geteilt und von deren empirischen Befunden unterstützt wird.

Neben den Bezügen des Menschen in sich und zu seinen Mitmenschen kommt bei Carl Rogers zumindest in seinem Spätwerk noch eine dritte Dimension menschlicher Bezogenheit zum Ausdruck: Die Bezogenheit auf Transzendenz und Transzendentes.

3.2.2.3. Der Mensch als Wesen der Bezogenheit auf Gott bzw.
       Transzendentes

Carl Rogers wandte sich von der von ihm als einengend, ja fast fundamentalistisch erlebten religiösen Prägung seiner Kindheit zunächst durch den Eintritt in das liberale *Union Theological Seminary* und dann durch die vollständige Abkehr von aller verfassten und institutionalisierten Religion ab und wehrte sich auch gegen die Verwendung religiöser Begriffe.[140] Erst in seinen späteren Lebensjahren hat er sich wieder spirituellen Fragen zugewandt.[141] Diese erneute Beschäftigung mit Transzendentem ging so weit, dass er eine weitere, vierte Grundvariable hilfreicher Beziehungen formulierte: „Wenn ich als Gruppenhelfer (group facilitator) oder als Therapeut ganz auf meinem Höhepunkt bin, entdecke ich ein weiteres Merkmal. Ich bemerke, wenn ich meinem inneren, intuitiven Selbst ganz nah bin, wenn ich irgendwie mit dem Unbekannten in mir in Berührung bin, wenn ich mich vielleicht in einem etwas veränderten Bewusstseinszustand in der Beziehung befinde, dass dann alles, was immer ich tue, voller Heilung zu sein scheint. Dann ist einfach meine *Gegenwart* befreiend und hilfreich. Es gibt nichts, was ich tun kann, um diese Erfahrung zu erzwingen, aber wenn ich mich entspannen und dem transzendenten Innersten von mir ganz nah sein kann, dann handle ich vielleicht in seltsamer und impulsiver Weise in der Beziehung, in einer Weise, die ich rational nicht rechtfertigen kann, die nichts mit meinen Denkprozessen zu tun hat. Aber diese seltsamen Verhaltensweisen stellen sich auf eine irgendwie merkwürdige Weise als *richtig* heraus. In

---

[140] Vgl. C. Rogers, Eine Theorie der Psychotherapie, 11f., P. F. Schmid, Personale Begegnung, 89, sowie die entsprechenden Ausführungen zur Biographie Carl Rogers' in Kap. 2.1..
[141] Vgl. hierzu neben dem in Kap. 2.1.1. Gesagten P. F. Schmid, Personale Begegnung, 89f., und N. Groddeck, Carl Rogers, 177-181.

solchen Augenblicken scheint es, dass mein innerer Sinn (inner spirit) sich hinausgestreckt und den inneren Sinn des anderen berührt hat. Unsere Beziehung transzendiert sich selbst und wird Teil von etwas Größerem. Tiefes Wachstum und Heilung und Energie sind gegenwärtig."[142] Rogers fügt selbst an, „dass dieser Bericht etwas Mystisches an sich hat. Unsere Erfahrungen, das ist klar, schließen das Transzendente, das Unbeschreibbare, das Spirituelle ein."[143]

Neben seinen vielschichtigen Erfahrungen in der Arbeit mit Klienten und Gruppen waren wohl auch die Erfahrungen und Geschehnisse rund um den Tod seiner Frau Helen entscheidend für die Hinwendung Carl Rogers' zu religiösen Fragen und Beschreibungen.[144] Rogers selbst schreibt zu diesen Erfahrungen, dass sie ihn „viel aufgeschlossener für die Möglichkeit eines Weiterbestehens der menschlichen Seele gemacht (haben), etwas das ich nie zuvor für möglich gehalten hatte. Diese Erlebnisse haben bei mir ein großes Interesse für übersinnliche Phänomene aller Art geweckt."[145]

Während Kritiker anfragen, ob es sich bei diesen religiösen Äußerungen „um ein ‚Ausweichen' in transpersonale Bereiche handelt, das sehr fremd und überhaupt konzeptaufweichend wirkt"[146], berichten auch andere personzentrierte Autoren über ähnliche Erfahrungen, so z.B. Brian Thorne, der von einem Zustand erhöhter Bewusstheit spricht, der „sich durch die Erfahrung des Transzendenten auszeichnet, d. h., dass sich zwei Personen mit etwas

---

[142] C. Rogers, Ein klienten- bzw. personzentrierter Ansatz in der Psychotherapie, 242. Auch wiedergegeben in Ders., Der neue Mensch, 80, und Ders., Meine Beschreibung einer personenzentrierten Haltung, 77. Vgl. zu solchen Erfahrungen im Rahmen der Psychotherapie auch W. Müller, Wenn der Geist die Seele berührt, der diese Phänomene als Erfahrungen des Heiligen Geistes deutet (ebd., 122).

[143] C. Rogers, Ein klienten- bzw. personzentrierter Ansatz in der Psychotherapie, 242.

[144] Vgl. C. Rogers, Der neue Mensch, 56-58, sowie N. Groddeck, Carl Rogers, 178f., der ebenfalls parapsychologische Erfahrungen Rogers' und seiner Frau als Beweggrund für diese Erweiterung des Denkens Carl Rogers' anführt, während für R. Stipsits, Gegenlicht, 91, der Versuch Rogers' im Vordergrund steht, seinem Leben auch im Alter Sinn zu geben. Mit der religiösen Dimension insbesondere im Spätwerk Carl Rogers' hat sich ausführlicher M. Van Kalmthout, The religious dimension of Carl Rogers work, befasst, der eine „universale Psychopathologie" (ebd., 25) bei Rogers kritisiert, die alle menschlichen Probleme ausschließlich auf die Entfremdung vom organismischen Wertungsprozess zurückführe und von einer gleichermaßen im Einzelnen wie im Kosmos wirksamen, heilenden Kraft ausgehe. Van Kalmthout fragt an, inwieweit andere als die Quellen der empirischen Wissenschaft an dieser Stelle herangezogen werden können (ebd., 30). Allerdings scheint mir hier ein sehr enger, empiristischer Wissenschaftsbegriff vorzuherrschen, der der Intention Rogers' insbesondere im Blick auf sein Spätwerk nicht gerecht wird. Hier kann mit M. O'Haara, Rogers as scientist and mystic, 51, zurecht eine vertiefte, wissenschaftliche, aber nicht rein empiristisch orientierte Auseinandersetzung mit dem Spätwerk Rogers' gefordert werden. Vgl. hierzu auch R. Stipsits, Gegenlicht, 171f.

[145] C. Rogers, Der neue Mensch, 57.

[146] R. Stipsits und G. Pawlowsky, Deutung aus Empathie, 217.

Größerem als sie selbst verbunden fühlen"[147], und auch Wunibald Müller.[148] Rogers selbst sagt zu der Bedeutung der Entdeckung dieser Dimension für sein Denken und Wirken: „Ich bin gezwungen zu glauben, dass ich, wie viele andere, die Bedeutung dieser mystischen, spirituellen Dimension unterschätzt habe"[149] – und nimmt Bezug auf die Entwicklung in den modernen Naturwissenschaften, in denen immer mehr energetische und probabilistische Modelle vorherrschen.[150]

Insbesondere seine Annahmen und Beobachtungen bezüglich der organismischen Aktualisierungstendenz und ihrer Entsprechung zu der in den Naturwissenschaften gefundenen formativen Tendenz im Universum[151] führen Rogers dazu, anzunehmen, „dass wir es mit einer mächtigen schöpferischen Tendenz zu tun haben, die unser Universum von der kleinsten Schneeflocke bis zur unermesslichsten Galaxie, von der niedersten Amöbe bis zum sensibelsten und begabtesten Menschen erschaffen hat. Und vielleicht aktivieren wir dadurch auch unsere Fähigkeit, uns selbst zu transzendieren und neue, stärkere spirituelle Richtungen der menschlichen Evolution zu erschließen. Diese Formulierung ist für mich die philosophische Basis eines personzentrierten Ansatzes."[152]

Wunibald Müller kritisiert an dieser Aussage Rogers, dass sie „etwas Abstraktes, ja Kaltes und Unpersönliches an sich haben"[153], betont aber auch, dass der Weg Carl Rogers' „unausweichlich von der horizontalen in die vertikale Dimension"[154] führt. Müller beschreibt damit zwei charakteristische Züge der Rogerschen Wiederentdeckung der transzendenten Dimension: Zum einen den klar apersonalen Transzendenzbezug – einen personalen Gott, wie er ihm in der religiösen Prägung seiner Kindheit vorgestellt wurde, gibt es für Rogers nicht[155]

---

[147] B. THORNE, Person-centred counselling, 183.

[148] W. MÜLLER, Wenn der Geist die Seele berührt.

[149] C. ROGERS, Meine Beschreibung einer personenzentrierten Haltung, 77.

[150] Rogers bezieht sich hierbei insbesondere auf Fritjof Capra, Ilya Prigogine und Albert Szent-Gyoergyi (vgl. C. ROGERS, Der neue Mensch, 75-83). J. KRIZ, Entwurf einer systemischen Theorie klientenzentrierter Psychotherapie, 175, verweist dazu ergänzend auf die Arbeiten von H. Maturana und F. Varela im Bereich der Neurobiologie.

[151] Vgl. hierzu C. ROGERS, Der neue Mensch, 65-84.

[152] C. ROGERS, Der neue Mensch, 84.

[153] W. MÜLLER, Über die Menschen zu Gott, 175.

[154] W. MÜLLER, Über die Menschen zu Gott, 180. Auch E. JAEGGI, Zu heilen die zerstoßnen Herzen, 60, spricht von den religiösen Zügen des Ansatzes Carl Rogers' und bezieht sich dabei neben dem hohen moralischen Anspruch an den Therapeuten auch auf Rogers' Nähe zu religiös fundierten Werten und Ansichten. A. GÖRRES, Kirchliche Beratung, 31, schreibt: „Wo immer aber Psychologie mit Achtung, Klugheit und Güte vollzogen wird, dürfen wir vermuten und hoffen, dass hier eine Gottesnähe und Menschennähe waltet, die vielleicht dem Psychologen selbst noch verborgen ist." Vgl. zu diesem Aspekt der Gottesnähe in der zwischenmenschlichen therapeutischen Beziehung auch I. BAUMGARTNER, Pastoralpsychologie, 543.

[155] Vgl. die entsprechenden Äußerungen Rogers' in W. MÜLLER, Über die Menschen zu Gott, 178.

– zum anderen den starken Erfahrungsbezug, der auf Erfahrungen Rogers' zum einen in der therapeutischen Arbeit und zum anderen im Zusammenhang mit dem Sterben und dem Tod seiner Frau basiert.

Es wird im Diskussionsteil dieser Arbeit zu untersuchen sein, inwieweit die religiösen und transzendenten Bezüge bei Carl Rogers mit einem christlichen Verständnis der menschlichen Bezogenheit auf Gott korrespondieren. Es kann aber schon an dieser Stelle festgehalten werden, dass diese Bezüge für das spätere Werk Carl Rogers', wie wir es in seinem personzentrierten Ansatz vorfinden, ein wesentliches Fundament darstellen, auch wenn Rogers sich mit ihnen auf der Ebene wesenhafter Annahmen und nicht empirisch fundierter Aussagen bewegt. Im nun folgenden Kapitel wird die hier bereits angesprochene Aktualisierungs- bzw. formative Tendenz, die eine wesentliche Grundlage der transzendenten Bezüge Carl Rogers' darstellt, unter der Perspektive menschlicher Möglichkeiten und Entwicklung näher betrachtet. Im Blick auf Rogers' Verständnis der menschlichen Person lässt sich festhalten, dass der Mensch bei Carl Rogers Person in den beiden spannungsvollen, aber aufs engste miteinander verbundenen Dimensionen der Individualität und der Bezogenheit auf andere, aber auch auf Transzendentes, ist.

3.2.3. Möglichkeiten und Entwicklung des Menschen aufgrund der Aktualisierungstendenz

Der Kern des personzentrierten Ansatzes ist, wie bereits dargestellt, ein tiefes Vertrauen zum Menschen und zu allen Organismen. Der Mensch wird als ein vertrauenswürdiges und in seinem Kern positives, konstruktives und zutiefst soziales Wesen angesehen.[156]

Dieses Vertrauen begründet Rogers damit, „dass in jedem Organismus auf jedweder Entwicklungsebene eine Grundtendenz zur konstruktiven Erfüllung der ihm innewohnenden Möglichkeiten vorhanden ist."[157] Rogers bezeichnet diese Tendenz als (organismische) Aktualisierungstendenz[158] bzw. als Selbstverwirklichungstendenz.[159] Diese Tendenz führt aber nach Rogers nicht zur planlosen Verwirklichung aller Möglichkeiten, das hieße auch der negativen, sondern sie soll selektiv sein, d. h., wenn der Organismus in seinen Möglichkeiten frei ist, wird er nur die Möglichkeiten verwirklichen, die seiner Reifung und seinem Wachstum dienen.[160]

---

[156] Vgl. die entsprechenden Ausführungen und Belege in Kap. 3.2.1..

[157] C. ROGERS, Der neue Mensch, 69.

[158] So z.B. in C. ROGERS, Eine Theorie der Psychotherapie, 20-22.

[159] So z.B. in C. ROGERS, Der neue Mensch, 69.

[160] Vgl. C. ROGERS, Die Kraft des Guten, 270, und DERS., Klientenzentrierte Psychotherapie, 211.

In seiner Kindheit machte Rogers eine, sein Verständnis der Aktualisierungstendenz prägende Erfahrung:[161] Im Keller des Hauses wurde der Win-
tervorrat an Kartoffeln etwa einen Meter unterhalb eines kleinen Fensters
gelagert. Trotz dieser ungünstigen Wachstumsbedingungen begannen die
Kartoffeln zu treiben und blasse Schößlinge streckten sich bis zu einem drei-
viertel Meter dem Licht entgegen. Obwohl sie nie zu Pflanzen werden würden und nicht ihr eigentliches Potential erfüllen konnten, sah Rogers in diesen
Schößlingen und ihrem Wachstum einen verzweifelten Ausdruck dieser zielgerichteten Tendenz. Selbst „unter den ungünstigsten Bedingungen strebten
sie danach zu werden. Das Leben gab nicht auf, selbst wenn es nicht zur Blüte
gelangen konnte."[162] Rogers vergleicht diese Schößlinge mit Erfahrungen, die
er mit Klienten machte. „Die Bedingungen, unter denen sich diese Menschen
entwickelt haben, waren so ungünstig, dass ihr Leben oft abnormal, verkrüp-
pelt, ja kaum menschlich erscheint. Dennoch kann man der zielgerichteten
Tendenz in ihnen vertrauen."[163] Neben den Erfahrungen in der Psychotherapie
bestärkten auch die in Encounter-Gruppen und im Unterricht gemachten Erfahrungen Rogers' in seiner Annahme der Aktualisierungstendenz.[164]

Rogers weist darauf hin, „dass diese grundlegende Aktualisierungstendenz das einzige Motiv ist, welches in diesem theoretischen System als Axiom vorausgesetzt wird"[165] und nicht beweisbar im empirischen Sinne ist. Er
hat sie eingeführt, um den positiven Erfahrungen mit der Entwicklung seiner
Klienten Ausdruck zu verleihen. Für Rogers stellt sie das „Substrat aller Motivation"[166] dar, *die* Energiequelle des menschlichen, aber auch allen nicht-
menschlichen Lebens. In der Auseinandersetzung mit diesem Konstrukt ist
zu beachten, dass Rogers damit explizit die Ebene der empirisch fundierten
psychologischen Anthropologie verlässt und eine wesensbezogene Aussage
über den Menschen macht. Außerdem beinhaltet dieses Theorem über den
eigentlichen personzentrierten Ansatz hinausgehende Impli-kationen für das
Leben (theologisch gesprochen: die Schöpfung) insgesamt. Deshalb erscheint
eine genauere Reflexion dieses Axioms im Diskussionsteil erforderlich.[167]

Im Rahmen der menschlichen Entwicklung differenziert sich die Aktualisierungstendenz. Im Zuge der Entwicklung des menschlichen Selbst entsteht

---

[161] Vgl. C. ROGERS, Der neue Mensch, 70.
[162] C. ROGERS, Der neue Mensch, 70.
[163] C. ROGERS, Der neue Mensch, 70.
[164] Vgl. hierzu etwa Rogers' Beitrag *Sechs Vignetten* in DERS., Der neue Mensch, 108-133.
[165] Vgl. C. ROGERS, Eine Theorie der Psychotherapie, 22. Das Konstrukt des Selbst ist zwar
auch ein Axiom im Sinne von etwas Gesetztem, aber es handelt sich beim Selbst nicht um ein
Motiv, als etwas Antreibendes, sondern um eine Struktur, die der Erklärung beobachtbarer
Phänomene und ihres Zusammenhanges dient.
[166] C. ROGERS, Der neue Mensch, 74.
[167] Siehe hierzu Kap. 6.2.3..

die Selbstaktualisie-rungstendenz.[168] „Die allgemeine Tendenz zur Aktualisierung drückt sich auch in der Aktualisierung des Teils der organismischen Erfahrung aus, in dem sich das symbolisiert, was wir Selbst nennen. Wenn das Selbst und die Erfahrung des Organismus verhältnismäßig kongruent sind, dann bleibt die Aktualisierungstendenz ebenfalls verhältnismäßig ungespalten. Wenn aber Selbst und Erfahrung inkongruent sind, dann kann die allgemeine Aktualisierungstendenz des Organismus mit diesem Subsystem, nämlich der Tendenz zur Entfaltung des Selbst, in Widerspruch stehen."[169] In dieser Spannung kann es dann zu Entwicklungen kommen, die zwar dem Selbstbild entsprechen, aber dem Wohl und der Entfaltung des Organismus entgegenstehen.[170]

Zur Unterstützung der von ihm postulierten Aktualisierungstendenz bezieht sich Rogers auf neuere naturwissenschaftliche Theorien, die im Universum eine formative Tendenz sehen, die eine Entwicklung zu immer höheren und komplexeren Strukturen und Ordnungen bewirken soll und die neben die Tendenz zur Unordung, die sog. Entropie, tritt.[171] Gemäß dieses zweiten Satzes der Wärmelehre neigen geschlossene Systeme dazu, sich hin zu einer geringeren Ordnung und zu mehr Zufälligkeit zu verändern.[172] Demgegenüber scheint für Rogers „im Universum ... eine formative Tendenz am Werk

---

[168] Zu einer ausführlichen Darstellung dieses Aspektes menschlicher Entwicklung vgl. E.-M. BIERMANN-RATJEN U.A., Gesprächspsychotherapie, 78-85; sowie das in Kap. 3.2.2.1. zur Entwicklung des Selbst Gesagte. In den Darstellungen Carl Rogers' wird dieser Aspekt meist nur sehr knapp, wenn überhaupt behandelt. Der Schwerpunkt seiner Darstellungen liegt eindeutig auf den Entwicklungsmöglichkeiten und positiven Veränderungen des Selbst, weniger auf der Beschreibung entwicklungspsychologischer Zusammenhänge. Vgl. etwa C. ROGERS, Eine Theorie der Psychotherapie, 22, und DERS., Klientzentrierte Psychotherapie, 212, wo beides jeweils in einem Absatz abgehandelt wird. Auch in seinem Buch *Entwicklung der Persönlichkeit* gibt es zwar mehrere längere Abschnitte über die Entwicklungsmöglichkeiten des Selbst im Rahmen hilfreicher Beziehungen, so etwa ebd., 87-113, 114-130, 164-182, aber keine systematische Darstellung der Entwicklung des Selbst und der Selbstaktualisierungstendenz in der Kindheit. Diesem entwicklungspsychologischen Aspekt der personzentrierten Theorie hat sich in Deutschland besonders EVA-MARIA BIERMANN-RATJEN zugewandt. Vgl. hierzu auch DIESS., Zur Notwendigkeit einer Entwicklungspsychologie für Gesprächspsychotherapeuten aus dem personzentrierten Konzept für die Zukunft der klientenzentrierten Psychotherapie.

[169] C. ROGERS, Eine Theorie der Psychotherapie, 22. Zur Vermeidung unnötiger Verwirrung sei noch einmal darauf hingewiesen, dass bei Rogers genau zwischen den Begriffen Selbstverwirklichungs- und Selbstaktualisierungstendenz unterschieden werden muss. Die Selbstverwirklichungstendenz meint die grundlegende organismische Aktualisierungstendenz, während die Selbstaktualisierungstendenz nur einen Teilaspekt, quasi die Tendenz zur Selbst-Selbstverwirklichung, bezeichnet. Vgl. hierzu auch das in Kap. 3.2.2.1. Gesagte, sowie J. KRIZ UND G. STUMM, Aktualisierungstendenz, 19.

[170] Vgl. hierzu das in Kap. 2.2.1. zur Entstehung des Selbst und der Inkongruenz Gesagte, sowie das anschließende Unterkapitel zur Inkongruenz.

[171] Vgl. C. ROGERS, Der neue Mensch, 75-77, und DERS., Die notwendigen und hinreichenden Bedingungen, 211f.

[172] Vgl. B. GREENE, Der Stoff aus dem der Kosmos ist, 204f.

zu sein, die auf jeder Ebene zu beobachten ist. ... Im Universum sind ständig sowohl aufbauende und schöpferische als auch destruktive Kräfte am Werk. Dieser Prozess vollzieht sich auch beim Menschen."[173]

Beispiele für diese Tendenz sieht er im Entstehen von Planeten aus Teilchenwirbeln, in dem Entstehen von Schneeflocken und Eiskristallen aus Wasserdunst und in dem Prozess der organischen Evolution, in der sich Organismen zu einer stetig zunehmenden Komplexität entwickelt haben. Rogers bezieht sich hierzu auf Kurt Goldstein, von dem er das Konzept der Aktualisierungstendenz übernommen hat,[174] auf Abraham Maslow und sein Konzept der menschlichen Motivation,[175] sowie auf den Biologen Albert Szent-Gyorgyi, der laut Rogers „aus seinem Lebenswerk (schloss), dass es mit Bestimmtheit einen Antrieb in allem Lebendigen gebe, sich selbst zu vervollkommnen" und der diesen Antrieb sowohl auf der Zell- als auch der Organismusebene aufzeigte.[176]

Auch in neueren Publikationen zum personzentrierten Ansatz wird immer wieder betont, dass „die ‚Aktualisierungstendenz', die ‚im Organismus enthaltene Tendenz, all seine Möglichkeiten so zu entwickeln, dass sie dazu dienen, den Organismus zu erhalten und zu erweitern' inzwischen nicht mehr Inhalt des Glaubensbekenntnisses einer Psychotherapieschule (ist), sondern etablierter Bestandteil moderner naturwissenschaftlicher Theorienbildung. Selbsterhaltung und Selbstdifferenzierung sind nicht etwas, das ‚der gute Mann aus La Jolla' in seinem Optimismus dem Menschen zugestand, sondern etwas, das er schlicht zur Kenntnis nehmen konnte (musste?)."[177] Eva-Maria Biermann-Ratjen u.a.[178] verweisen ebenso wie Dieter

---

[173] C. Rogers, Der neue Mensch, 75,77.

[174] So in C. Rogers, Die klientenzentrierte Gesprächspsychotherapie, 423. Vgl. zur ursprünglichen Prägung des Begriffes K. Goldstein, Der Aufbau des Organismus, und zur Rezeption des Begriffes bei Rogers J. Kriz, Zum 100. Geburtstag von Carl Rogers, 226f. Goldstein hat den Begriff Selbstaktualisierung als Bezeichnung der grundlegenden Entwicklungstendenz des organischen Lebens in seinem Werk *Der Aufbau des Organismus* geprägt. Rogers hat im Zuge der Adaption in seine Persönlichkeitstheorie zwar die Begriffe mit anderen Akzentsetzungen verwendet (bei ihm ist die Selbstaktualisierung nur ein Teilaspekt, während sie bei Goldstein das Ganze war), aber mit J. Kriz, Zum 100. Geburtstag von Carl Rogers, 227, gilt: „Trotz dieses Unterschiedes ist klar, dass Rogers mit seinem Begriff der (Selbst-) Aktualisierung nicht nur das Wort, sondern, wesentlicher, auch die Konzeption von Goldstein übernommen hat, was er auch in seinen Schriften mit explizitem Hinweis auf Goldstein betont."

[175] Vgl. A. Maslow, Motivation und Persönlichkeit.

[176] C. Rogers, Klientenzentrierte Psychotherapie, 212.

[177] D. Höger, Klientenzentrierte Psychotherapie – ein Breitbandkonzept mit Zukunft, 215, der sich, ohne Belege dafür zu nennen auf die Evolutionstheorie stützt, wenn er schreibt: „Es sind Merkmale, die nach der Evolutionstheorie die Existenz von Leben auf dieser Erde überhaupt erst ermöglichten und überdauern ließen." (ebd.).

[178] E.-M. Biermann-Ratjen u.a., Gesprächspsychotherapie, 85-90.

Höger[179] und Jürgen Kriz[180] zum Beleg für diese Übereinstimmung zwischen dem personzentrierten Postulat der Aktualisierungstendenz und modernen naturwissenschaftlichen Erkenntnissen insbesondere auf die Publikationen der Neurobiologen Humberto R. Maturana und Francisco J. Varela[181], sowie auf Gerhard Roth.[182]

Auch Klaus Heinerth bezieht sich unter Verweis auf Rogers und Maslow darauf, dass „das klientenzentrierte Konzept, wie die Humanistische Psychologie überhaupt, auf biologischen Prämissen (basiert). ... Die Tatsache, dass der Mensch ein biologischer Organismus ist, begründet jedoch nicht nur die Therapie- und Persönlichkeitstheorie von Rogers, sondern das ganze Umfeld menschlichen Seins, besonders des Fühlens, also des Wesentlichen von Psychotherapie überhaupt."[183] Heinerth entfaltet unter Rückbezug auf Rogers[184] in 53 Thesen den Zusammenhang zwischen biologischen und psychischen Prozessen und kommt zu dem Ergebnis, „dass die Möglichkeiten der biologischen Betrachtungsweise noch nicht erschöpft sind. ... Die Kenntnisse über die Paralellität von Körper und Geist sind noch sehr lückenhaft und zu erweitern. Der Schnittpunkt von Körper und Geist, die Welt der Gefühle, das Agens des Lebens, birgt noch Geheimnisse und Chancen."[185]

Die Ausweitung des Postulates der Aktualisierungstendenz über den Bereich des Menschen hinaus auf alles Lebendige, ja sogar auf eine kosmische formative Tendenz wird in der Diskussion darauf anzufragen sein, inwieweit sie mit einem christlichen Schöpfungsverständnis zu vereinen ist. Dies ist insofern von besonderer Bedeutung, als es sich bei der Aktualisierungstendenz um das Konstrukt handelt, an dem die ganze Persönlichkeits- und auch Psychotherapietheorie Carl Rogers' und seines personzentrierten Ansatzes hängt.[186]

Aus dem zur Aktualisierungstendenz Gesagten ergibt sich, dass für Rogers der Mensch in seinem eigenen Organismus die vertrauenswürdigste

---

[179] D. Höger, Klientenzentrierte Psychotherapie – ein Breitbandkonzept mit Zukunft, insb. 215.

[180] J. Kriz, Entwurf einer systemischen Theorie klientenzentrierter Psychotherapie, 174-176. Entsprechende Verweise finden sich aber auch bei J. Kriz und G. Stumm, Aktualisierungstendenz; sowie P. F. Schmid, Personale Begegnung, 101f.

[181] H. R. Maturana und F. J. Varela, Der Baum der Erkenntnis.

[182] G. Roth, Das Gehirn und seine Wirklichkeit.

[183] K. Heinerth, Die Kenntnis der Biologie des Menschen erleichtert das Verstehen eines individuellen Organismus, 126.

[184] Hierbei stützt sich Heinerth auf C. Rogers, Die klientenzentrierte Gesprächspsychotherapie, 417-458.

[185] K. Heinerth, Die Kenntnis der Biologie des Menschen erleichtert das Verstehen eines individuellen Organismus, 140.

[186] Vgl. J. Kriz und G. Stumm, Aktualisierungstendenz, insb. 18, welche die Aktualisierungstendenz als „axiomatisches Kernkonzept und Grundprinzip im Personzentrierten Ansatz von Carl Rogers" bezeichnen.

und konstruktivste Orientierungsgrundlage hat.[187] Rogers spricht in diesem Zusammenhang auch gerne von der „Weisheit des Organismus"[188] bzw. dem „organismischen Bewertungsprozess"[189]. „Dieses Konzept beschreibt einen fortwährenden Prozess, in welchem Werte niemals endgültig fixiert sind, sondern Erfahrungen exakt symbolisiert und kontinuierlich in Hinblick auf die erlebte organismische Erfahrung bewertet werden. Der Organismus erlebt Befriedigung durch jene Stimuli oder Verhaltensweisen, die den Organismus und das Selbst erhalten und fördern und zwar gleichermaßen in der Gegenwart als auch auf lange Sicht. Die Aktualisierungstendenz ist hier das Kriterium."[190] Nach Peter F. Schmid könnte an den Stellen, an denen Rogers vom Organismus spricht auch von dem „inneren Kern der menschlichen Persönlichkeit" oder der „(physischen und psychischen) menschlichen Natur" gesprochen werden.[191]

Für Rogers ergibt sich aus diesen Annahmen und den ihnen zugrundeliegenden Erfahrungen in Psychotherapie und anderen zwischenmenschlichen Beziehungen, dass der reife Mensch nicht einem starren und festgelegten Wertesystem folgen, sondern sich in einem fließenden, auf den jeweiligen Augenblick reagierenden Wertungsprozess befinden sollte.[192] Dieser Wertungsprozess ähnelt für Rogers dem eines Kindes[193]. Kinder haben nach Rogers ein eindeutiges Wertesystem, in dem sie alle Erfahrungen danach bewerten, ob sie dem Ziel des Organismus, der Erhaltung und Reifung, dienen. Hierbei gibt es keine fixierten Bewertungen (wie z.B. ‚Milch ist immer gut'), sondern die Kinder entscheiden flexibel im jeweiligen Augenblick (‚Ich habe Hunger, also will ich Milch.' oder ‚Ich bin satt, also mag ich keine Milch und spucke sie lieber aus.') ob etwas „gerade zur Selbstverwirklichung des Organismus beiträgt oder nicht, angenommen oder zurückgewiesen wird"[194]. Hierbei ist das Kind ganz klar das Zentrum seines Bewertungsprozesses und die Quelle aller Bewertungen. „Es ist in einen *organismischen Bewertungs-*

---

[187] Vgl. u.a. C. ROGERS, Entwicklung der Persönlichkeit, 183-195, insb. 189-191.
[188] C. ROGERS, Klientenzentrierte Psychotherapie, 232.
[189] C. ROGERS, Eine Theorie der Psychotherapie, 48.
[190] C. ROGERS, Eine Theorie der Psychotherapie, 37.
[191] C. ROGERS UND P. F. SCHMID, Person-zentriert, 129f. Vgl. auch Kap. 2.2.1. und 3.2.1..
[192] Vgl. zum Folgenden C. ROGERS, Der Prozess des Wertens beim reifen Menschen, insb. 47-53.
[193] So z.B. in C. ROGERS, Eine Theorie der Psychotherapie, 37, 48f. C. KORUNKA, Der Mensch ist gut, 77, verweist auf die „besondere Nähe der Gedanken Rogers' mit dem radikalen anthropologischen Optimismus Rousseaus. Der berühmte ‚glückliche Wilde' Rousseaus weist Parallelen mit dem von Rogers oft zitierten Kleinkind auf, das auf die Weisheit seines Organismus vertraut und sich auf diesen stützt." Allerdings stamme der Optimismus Rogers' nicht aus philosophischer Lektüre, sondern aus dessen persönlicher Lebenserfahrung. Auch E. JAEGGI, Zu heilen die zerstoßenen Herzen, 133, spricht bei Rogers von einem „Glauben an das ‚Ursprüngliche' in Rousseauscher Manier".
[194] C. ROGERS, Der Prozess des Wertens beim reifen Menschen, 40.

prozess eingebunden, der die *Erfahrungen* an der *Aktualisierungstendenz* misst."[195] Dadurch, dass das Kind die Liebe anderer braucht, von diesen aber nicht für alles, was es tut, geliebt wird, erwirbt es sog. Bewertungsbedingungen, d. h. es bewertet Dinge nun nicht mehr nach seiner persönlichen Erfahrung, sondern danach, ob es für sie Anerkennung und Liebe empfängt, oder nicht.[196] Es wertet nicht mehr gemäß seines organismischen Wertungsprozesses, sondern gemäß statischer, internalisierter Werte, die nicht in die Persönlichkeit integriert, sondern nur oberflächlich übernommen sind.

Diese Art von Wertung dominiert nach Rogers bei den meisten erwachsenen Menschen und führt seiner Ansicht nach dazu, dass wir uns selbst entfremdet werden und unsere Wertungen nicht mehr in zuverlässiger Weise unserer Entfaltung und Reifung dienen.[197] „Dadurch, dass wir die Vorstellungen von anderen als unsere eigenen übernehmen, verlieren wir die Verbindung mit der potentiellen Weisheit unserer eigenen inneren Funktionen und verlieren das Vertrauen in uns selbst."[198] Außerdem kann dies dazu führen, dass ein Mensch in zwei verschiedenen Lebensbereichen einander widersprechenden Werten folgt, da sie ihm im jeweiligen Bereich am ehesten Anerkennung einbringen.[199]

Der reife Mensch, der in einer Psychotherapie oder durch andere heilsame Beziehungen gelernt hat, sich selbst und seinen inneren Erfahrungen zu vertrauen, folgt einem fließenden, beweglichen und am jeweiligen Augenblick orientierten Wertungsprozess. Er kann auf die von ihm mit sich selbst und mit anderen gemachten Erfahrungen differenziert und sensibel reagieren und der Bezugspunkt seiner Wertung liegt ganz in ihm selbst. Er nutzt zwar auch äußere Informationsquellen, zieht diesen aber seine inneren Erfahrungen vor und lässt sich auf das Unmittelbare seiner momentanen Erfahrung ein. „Der Bezugspunkt seiner Wertung liegt wieder ganz in ihm selbst."[200] Ein wesentlicher Unterschied im Vergleich zum kindlichen Werten liegt darin, dass der Erwachsene versucht, auch komplexe Bedeutungszusammen-

---

[195] C. ROGERS, Eine Theorie der Psychotherapie, 48.

[196] Vgl. C. ROGERS, Eine Theorie der Psychotherapie, 50, und DERS., Der Prozess des Wertens beim reifen Menschen, 41-45.

[197] Vgl. hierzu das oben Kap. 2.2.1. zur Entstehung der Inkongruenz Gesagte, sowie ausführlich Kap. 3.2.4..

[198] C. ROGERS, Der Prozess des Wertens beim reifen Menschen, 45.

[199] Dies, was Rogers hier zu internalisierten, aber nicht wirklich in die Persönlichkeit integrierten Werten sagt, scheint mir ein wichtiger und wertvoller Punkt zu sein. Gerade im kirchlich-christlichen Bereich kann es leicht geschehen, dass Werte nur äußerlich übernommen werden, aber nicht verinnerlicht und auf alle Lebensbereiche angewendet werden. Hierbei führt das verinnerlichte religiöse Ideal zu einer Abspaltung innerer Impulse und Bedürfnisse, die diesem Ideal widersprechen und kann sich in Form der sogenannten ekklesiogenen Neurose bis hin zu einer psychotischen Störung der Persönlichkeit entwickeln. Vgl. R. RUTHE, Wenn die Seele schreit, 25-72.

[200] C. ROGERS, Der Prozess des Wertens beim reifen Menschen, 47.

hänge aufzuklären und dass er für seine Entscheidung im Hier und Jetzt immer auch vergangene Erfahrungen und für die Zukunft erwartete Folgen einbezieht. Bei einem solchen Menschen geht Rogers davon aus, „dass der Wertungsprozess sich vor allem danach richtet, ob das Objekt der Erfahrung ihm zur Selbstverwirklichung verhilft. ... Er erkennt, dass, wenn er sich selbst ganz vertrauen kann, seine Gefühle und Intuitionen vielleicht klüger sind als seine Gedanken. ... Er vertraut der Ganzheit seiner selbst."[201]

Rogers fasst seine Annahmen über den Prozess des Wertens beim reifen Menschen in fünf Thesen zusammen, die er als vorläufige Hypothesen betrachtet, die weiter untersucht werden sollten. Die erste These besagt, dass der Mensch „eine organismische Grundlage für einen geordneten Wertungsprozess"[202] habe. Wenn er seinen inneren Erfahrungen gegenüber offen ist, kann der auf diesen Grundlagen basierende Wertungsprozess die Selbstentfaltung fördern (zweite These). Zu dieser Offenheit kann er durch eine Beziehung finden, in der er einfühlsam verstanden und als Person wertgeschätzt wird (dritte These). Als Konsequenz eines solchen organismischen Wertungsprozesses erwartet Rogers in der vierten von ihm formulierten These, dass „Personen, die mehr Offenheit gegenüber ihren Erfahrungen entwickeln, in ihren Wertstrukturen eine organismische Gemeinsamkeit (zeigen). Diese gemeinsamen Werte sind so beschaffen, dass sie die Entwicklung des Individuums und der anderen in seiner Gemeinschaft fördern und dass sie zum Überleben und zur Evolution seiner Spezies beitragen"[203] (fünfte These).

Das auf der Aktualisierungstendenz basierende Entwicklungsmotiv des Menschen in seiner konstruktiven und sozialen Ausrichtung führt Rogers noch zu einem anderen Aspekt des Menschseins: der Freiheit. Freiheit ist für Rogers „etwas Inneres, etwas das im lebendigen Menschen da ist, ziemlich unabhängig von der äußeren Wahl zwischen Alternativen, die wir so oft mit Freiheit gleichsetzen. ... Es ist die Einsicht, dass ich mich selbst leben kann, hier und jetzt und in eigener Entscheidung."[204] Diese Freiheit zu fördern und dem Menschen bewusst werden zu lassen, ist für Rogers ein Ziel des therapeutischen Prozesses, aber auch jeder anderen Form von Persönlichkeitsförderung und -entwicklung in allen gesellschaftlichen Bereichen.[205]

---

[201] C. ROGERS, Der Prozess des Wertens beim reifen Menschen, 48f.

[202] C. ROGERS, Der Prozess des Wertens beim reifen Menschen, 49.

[203] C. ROGERS, Der Prozess des Wertens beim reifen Menschen, 50. Dieser Gedanke findet sich auch in DERS., Lernen in Freiheit, 245. Zur interpersonellen Gemeinschaft von Werten bei Carl Rogers siehe C. KORUNKA, Der Mensch ist gut, 73.

[204] C. ROGERS, Lernen in Freiheit, 260.

[205] Vgl. C. ROGERS, Entwicklung der Persönlichkeit, 114-162, wo Rogers u.a. in einem Prozess mit sieben Phasen diesen Entwicklungsprozess des Menschen von starren, rein umweltabhängigen Werten und Bewertungen hin zur freien ‚fully functioning person' beschreibt (ebd., 136-146).

Christian Korunka weist darauf hin, dass „Rogers diesen Freiheitsbegriff nicht im Widerspruch zu einer psychologischen Beschreibung der Welt als Folgen von Ursache und Wirkung (sieht), sondern als Ergänzung, als eine neue, zusätzliche Dimension. ... Freiheit ist für ihn untrennbar mit Verantwortung verbunden."[206] Diese Freiheit steht also nicht im Widerspruch zu psychologischen Gesetzmäßigkeiten, wie sie Rogers z.b. in seiner Psychotherapietheorie als Zusammenhang von therapeutischen Rahmenbedingungen und innerem Prozess des Klienten als ‚Wenn-dann-Zusammenhang' formuliert hat,[207] sondern sie besteht darin, dass der Mensch in sich die Freiheit hat, sein So-sein anzunehmen oder abzulehnen. Auch mit diesem Verständnis von Freiheit verlässt Rogers die Ebene der empirisch fundierten Anthropologie und macht eine Aussage über das Wesen des Menschen. Es wird im Diskussionsteil darauf einzugehen sein, inwieweit dieses Verständnis von Freiheit mit einem transzendentaltheologischen Freiheitsbegriff, wie er von Karl Rahner vertreten wird, korrespondiert.

Zusammenfassend ergibt sich im Blick auf die Möglichkeiten und Entwicklung des Menschen, dass er aufgrund der ihm gemeinsam mit allem biologischen Leben und dem ganzen Kosmos innewohnenden Aktualisierungstendenz in sich die Kraft und den Antrieb zur Entfaltung seiner Möglichkeiten hat und aus sich heraus in der Lage ist, das für sich Beste, das nach Rogers zugleich auch das der Gemeinschaft Dienliche sein soll,[208] zu erkennen. Ist er offen für seine innere Erfahrung und mit seinem Organismus in Einklang, wird er sich in einer positiven, lebenssteigernden Richtung entwickeln. Ziel dieser Entwicklung ist die ‚fully functioning person', die genau diese Merkmale der Offenheit gegenüber der eigenen Erfahrung, des Vertrauens in den eigenen Organismus und einer der Aktualisierungstendenz entsprechenden fortwährenden Entwicklung zeigt.[209]

Allerdings kann und wird diese idealtypische Tendenz in der Entwicklung des Selbst meist gestört. Der reale Mensch lebt nicht wie der ideale Mensch, die fully functioning person, in vollständiger Einheit mit sich und seinen organismischen Wertungen. Dies lenkt den Blick auf die Grenzen und Gefährdetheit des Menschen aufgrund der Inkongruenz, die im Verständnis Carl Rogers' auf der Entfremdung zwischen Organismus und Selbst beruht.

---

[206] C. KORUNKA, Der Mensch ist gut, 79.
[207] So in C. ROGERS, Die notwendigen und hinreichenden Bedingungen, 177f.
[208] Vgl. die oben angeführte fünfte These von C. ROGERS, Der Prozess des Wertens beim reifen Menschen, 50.
[209] Vgl. z.B. C. ROGERS, Entwicklung der Persönlichkeit, 185-195, insb. 185f., und DERS., Eine Theorie der Psychotherapie, 59 f.

3.2.4. Grenzen und Gefährdetheit des Menschen aufgrund der Inkongruenz

Wie kann es nun angesichts des konstruktiven Entwicklungspotentials des Menschen zu psychischen und sozialen Störungen, Krankheiten und Konflikten kommen? Carl Rogers schreibt hierzu: „Im Menschen – vielleicht speziell in unserer Gesellschaft – kann sich jedoch die potentielle Fähigkeit, sich seiner Funktionen bewusst zu werden, so fehlentwickeln, dass er sich seinen organismischen Erfahrungen völlig entfremdet. Er kann sich selbst schädigen, wie in der Neurose; er kann unfähig werden, sein Leben zu meistern, wie in der Psychose; oder zerrissen und unglücklich, wie im Falle der Fehlanpassung, die jeder von uns aufweist."[210] Bei der Suche nach dem Ursprung dieser Fehlentwicklungen stößt Rogers auf „die Bedeutung und Funktion, die das Bewusstsein im Leben hat."[211] Aufgrund der von Bedingungen abhängig gemachten Liebe der Eltern oder anderer wichtiger Bezugspersonen entwickelt sich im Menschen eine innere Distanz zu seinem unmittelbaren, organismischen Erleben. Das Individuum „neigt dazu, seinen eigenen Erfahrungsprozess zu ignorieren, wo immer dieser mit solchen Konstrukten [den sog. Bewertungsbedingungen, die von anderen übernommen wurden, AdV.] konfligiert; es schneidet sich somit in diesem Maße von seinen organismischen Funktionen ab, das heißt, es disoziiert sich von sich selbst."[212] Für Rogers ist diese Spaltung etwas Erlerntes. Er spricht in der Sprache des Behaviorismus davon, „dass der Einzelne von der Gesellschaft durch Belohnung und Verstärkung zu Verhaltensweisen konditioniert wird, die *de facto* eine Perversion der natürlichen Richtung der Selbstverwirlichungstendenz darstellen. ... Die extrem häufige Entfremdung des Menschen von seinen richtungsweisenden organismischen Prozessen ist kein unvermeidlicher Teil unserer menschlichen Natur. Vielmehr ist es etwas Erlerntes

---

[210] C. ROGERS, Die Kraft des Guten, 272. Vgl. zum Krankheitsmodell des personzentrierten Ansatzes E.-M. BIERMANN-RATJEN U.A., Gesprächspsychotherapie, 90-102, wo die Autoren auch auf die Entwicklung mehr oder weniger früher und damit auch zu mehr oder weniger psychischer Beeinträchtigung führender Störungen eingehen (ebd., 90-95). Zusammenfassende Darstellungen bieten auch W. W. KEIL, Inkongruenz, und G.-W. SPEIERER, Die Krankheitslehre der klientenzentrierten Psychotherapie, der besonders auf die sozialen Entstehungsbedingungen psychischer Störungen eingeht. Einen ausführlichen Überblick über verschiedene äthiologische Ansätze innerhalb des personzentrierten Ansatzes bietet der Sammelband L. TEUSCH UND J. FINKE, Krankheitslehre der Gesprächspsychotherapie.
[211] C. ROGERS, Die Kraft des Guten, 272.
[212] C. ROGERS, Die Kraft des Guten, 276. Zur Bedeutung der Bewertungsbedingungen für die Entwicklung der Inkongruenz siehe auch E.-M. BIERMANN-RATJEN, Bewertungsbedingungen, die schreibt: „Bewertungsbedingungen stellen nach Rogers das Haupthindernis für die Entwicklung der ‚psychisch angepassten' Person dar. Auf ihrer Grundlage ... entsteht Inkongruenz"(ebd., 53).

... Die Tragik der Menschheit besteht darin, dass sie das Vertrauen zu ihren eigenen unbewussten inneren Richtstrahlern verloren hat."[213] Rogers bezeichnet diese Trennung des Menschen von seinen ursprünglichen organismischen Kräften als Inkongruenz.[214] Er versteht unter dieser die „Diskrepanz zwischen dem Erleben des Organismus und dem bewussten Selbstkonzept."[215] Die Grundlage dieser Diskrepanz ist nach Rogers „keine bewusste Entscheidung, sondern eine natürliche, ja tragische Entwicklung während der Kindheit."[216] Aufgrund des menschlichen Bedürfnisses nach positiver Beachtung durch andere übernimmt das Kind von anderen die sog. Bewertungsbedingungen, d. h. die Bedingungen, an welche die von ihm erfahrene positive Beachtung durch andere geknüpft war. Wie schon ausgeführt, bewertet es Erfahrungen nun nicht mehr primär nach ihrer Übereinstimmung mit seinen organismischen Bedürfnissen, sondern danach, ob es dafür von anderen anerkannt und wertgeschätzt wird, oder nicht.[217]

„Bei starker Inkongruenz nimmt die Aktualisierungstendenz zwiespältigen Charakter an. Einerseits unterstützt diese Tendenz [als Selbstaktualisierungstendenz, AdV.] das Selbstkonzept der Person, die darum kämpft, ihr Bild von sich zu vervollkommnen. Andererseits meldet auch der Organismus seine Bedürfnisse an, die mit den bewussten Wünschen der Person vielleicht völlig unvereinbar sind."[218]

Die Inkongruenz ist für Rogers die Grundlage aller psychischen aber auch sozialen Störungen des Menschseins. Sie führt zu Wahrnehmungsverzerrungen und –verleugnungen, da nur mit dem Selbst übereinstimmende Inhalte ins Bewusstsein dringen sollen.[219] Rogers bezeichnet dies als Ab-

---

[213] C. ROGERS, Die Kraft des Guten, 276f.

[214] Vgl. zur Entstehung der Inkongruenz auch C. ROGERS, Eine Theorie der Psychotherapie, 48-58; sowie die ausführliche Darstellung in Kap. 2.2.1.1..

[215] C. ROGERS, Therapeut und Klient, 43. Siehe hierzu auch das in Kap. 3.2.2.1. zu Organismus und Selbst Gesagte.

[216] C. ROGERS, Eine Theorie der Psychotherapie, 52. Zur lebensgeschichtlichen Genese der Inkongruenz siehe auch J. FINKE, Empathie und Interaktion, 109f., der als Entstehungsbedingungen einen Mangel an Akzeptanz, Empathie und Kongruenz seitens der wesentlichen Bezugspersonen anführt. Je ausgeprägter diese Mängel, die K. REMELE, Tanz um das Goldene Selbst?, 299, als „Negativfiguren der drei personzentrierten Grundhaltungen" charakterisiert, sind, desto stärker wird sich Inkongruenz entwickeln.

[217] Vgl. hierzu und zur Bedeutung des Bedürfnisses nach positiver Beachtung und der auf ihm aufbauenden Bewertungsbedingungen für die Entstehung der Inkongruenz W. W. KEIL, Inkongruenz, 175 und E.-M. BIERMANN-RATJEN, Bewertungsbedingungen, 32, sowie Kap. 2.2.1. und 3.2.2.1..

[218] C. ROGERS, Therapeut und Klient, 43f.

[219] Vgl. hierzu C. ROGERS, Eine Theorie der Psychotherapie, 31-32, 52-55. Zu den Folgesymptomen der Inkongruenz siehe auch G.-W. SPEIERER, Die Krankheitslehre der klientenzentrierten Psychotherapie, 45-50. Diese können von psychophysischer Anspannung bis zu einem Zerfall der Einheit der Persönlichkeit, d. h. zu einer Borderline-Störung und zu psychotischen Zuständen führen. Auf den Zusammenhang zwischen der Mobilisierung von Abwehrverhalten

wehrverhalten. „Abwehrverhalten ist die Antwort des Organismus auf Bedrohung. Es wird damit das Ziel verfolgt, die gegenwärtige Struktur aufrecht zu erhalten."[220] „Die Person bemüht sich um ein Verhalten, das mit ihrem Selbstkonzept übereinstimmt."[221] Hierbei kann die Entfremdung von den organismischen Antrieben des Menschen so weit gehen, dass das Verhalten für die Person selbst nicht mehr verstehbar ist.[222] „Grundsätzlich gilt, dass die Inkongruenz eines Erlebens oder einer Person von dieser tendenziell nicht bzw. nicht so deutlich wahrgenommen wird wie von ihren Kommunikationspartnern, die davon bewusst oder unterschwellig negativ berührt werden."[223] Eva-Maria Biermann-Ratjen u.a. schreiben hierzu, dass „weder Kongruenz noch Inkongruenz Zustände (sind), die einer direkten Wahrnehmung oder Reflexion zugänglich sind. Aber es gibt Anzeichen für Kongruenz und Symptome der Inkongruenz."[224] Inkongruenz soll also nicht ein Teil des bewussten bzw. zumindest bewusstseinsfähigen Selbst sein, sondern sich zwischen diesem und den organismischen Tendenzen quasi im Kern der Persönlichkeit abspielen. Dies verweist darauf, dass auch das Konzept der Inkongruenz letztlich nicht Teil einer falsifizierbaren psychologischen Theorie, sondern als innerpsychische Annahme eine auf das Wesen des Menschen bezogene Aussage ist, obwohl sich ihre Auswirkungen und Symptome empirisch erfassen lassen. Das Konzept der Inkongruenz gehört somit zu dem nichtfalsifizierbaren anthropologischen Gegenstandsvorverständnis im Sinne der Unterscheidung Groebens.[225]

In der personzentrierten Literatur wird die Inkongruenz übereinstimmend als „der zentrale Begriff in den Ätiologiekonzeptionen im Rahmen des klientenzentrierten Konzepts"[226] bezeichnet. „Inkongruenz ist als Erleben zu verstehen, das nach Verstandenwerden drängt. ... Störungen, Fehlverhalten, Krankheit ... (sind) ein Ausdruck des Bedürfnisses nach vollständigerer Ak-

---

und Inkongruenz weisen auch E.-M. BIERMANN-RATJEN u.a., Gesprächspsychotherapie, 30f., hin.

[220] C. ROGERS, Eine Theorie der Psychotherapie, 30.

[221] C. ROGERS, Therapeut und Klient, 142. Vgl. hierzu auch W. W. KEIL, Inkongruenz, 176, der schreibt: „Inkongruenz ermöglicht es dem Selbst, seine konsistente Struktur zu bewahren, indem gegen die diese Konsistenz bedrohenden unterschwelligen Erfahrungen weitere Prozesse der Abwehr aktiviert werden."

[222] Vgl. C. ROGERS, Therapeut und Klient, 142, und DERS., Eine Theorie der Psychotherapie, 53f.

[223] W. W. KEIL, Inkongruenz, 177.

[224] E.-M. BIERMANN-RATJEN u.a., Gesprächspsychotherapie, 28.

[225] Vgl. hierzu ausführlich Kap. 1.1.1., sowie N. GROEBEN UND E. ERB, Reduktiv-implikative versus elaborativ-prospektive Menschenbildannahmen in psychologischen Forschungsprogrammen, insb. 1-3.

[226] E.-M. BIERMANN-RATJEN, Ätiologiekonzeption(en), 32. In gleichem Sinne äußern sich W. W. KEIL, Inkongruenz, 175, und G.-W. SPEIERER, Die Krankheitslehre der klientenzentrierten Psychotherapie, 39.

tualisierung"[227]. Auch wenn diese sehr positive Sicht psychischer Probleme und Störungen sicher fragwürdig ist, bringt sie eine wesentliche Dimension des personzentrierten Verständnisses der Grenzen und der Gefährdetheit des Menschen in den Blick: Sie entstehen nicht nur in einem sozialen Kontext, den Jobst Finke als „pathogenes Beziehungsangebot"[228] bezeichnet, sondern sie äußern sich auch im sozialen Bezug und können in zwischenmenschlichen Beziehungen gelindert bzw. aufgehoben werden. So weist Wolfgang M. Pfeiffer darauf hin, „dass psychisches Kranksein immer auch den Aspekt der Beziehungsstörung aufweist. Psychotherapie ist also zu einem wesentlichen Teil Bearbeitung von Beziehungsstörungen in und mittels einer aktuellen Beziehung."[229]

Gert-Walter Speierer unterscheidet in Fortführung des Ansatzes Rogers' drei wesentliche Inkongruenzquellen: sozialkommunikative, d. h. auf der Erfahrung der selektiven Wertschätzung durch relevante Bezugspersonen beruhende, dispositionelle, d. h. genetisch bedingte, und lebensereignisbedingte, d. h. auf aktuellen, das Selbst und die Integrität der Person bedrohenden Erfahrungen basierende Inkongruenz.[230] Er zeigt damit auf, dass es auch im Bereich der Entstehung der Inkongruenz zu einem Zusammenspiel des Individuums mit seinen Eigenschaften und Dispositionen mit der Umwelt und ihren Einflüssen kommt. Auch hier zeigen sich die dem Personbegriff eigenen Pole der Individualität und Relationalität. Jobst Finke schreibt dazu: „Auf der Ebene einer grundlegenden anthropologischen Betrachtung gilt es also zu bedenken, dass die Möglichkeiten des Menschen zu einem wirklich autonomen und authentischen Erleben immer nur bedingt sind, und zwar durch die jeweilige Kultur- und Sozialisationsgemeinschaft."[231]

In diesem Einfluss von außen und der aus ihm entspringenden Entfremdung des Menschen in der Inkongruenz sieht Carl Rogers dann auch die wesentliche Bedingung für das Phänomen des Bösen. Rogers traut dem Menschen, der ganz seiner organismischen Aktualisierungstendenz folgt, zwar ein zutiefst soziales Verhalten zu, allerdings schreibt er in seinem Briefwechsel mit Rollo May, als Antwort auf dessen Bedenken gegenüber der „geradezu teuflischen Unschuld der Aussagen Rogers'"[232] auch: „Meiner Erfahrung nach hat jeder Mensch die Fähigkeit zu bösartigem Verhalten. Wir alle kennen mörderische und grausame Impulse, die Lust wehzutun, Ge-

---

[227] P. F. Schmid, Herr Doktor, bin ich verrückt?, 94.
[228] J. Finke, Empathie und Interaktion, 109.
[229] W. M. Pfeiffer, Die Bedeutung der Beziehung bei der Entstehung und der Therapie psychischer Störungen, 29.
[230] Vgl. G.-W. Speierer, Das Differentielle Inkongruenzmodell der Gesprächspsychotherapie, 168f.
[231] J. Finke, Gesprächspsychotherapie, 13.
[232] R. May, The problem of evil, 244.

fühle von Zorn und Wut, den Wunsch, anderen unseren Willen aufzuzwin-
gen... Ob ich, ob jemand diese Impulse in die Tat umsetzt, scheint mir von
zwei Elementen abzuhängen: soziale Prägung und freie Entscheidung."[233]
Ohne dass Rogers an dieser Stelle näher auf die Grundlage dieser bösartigen
und antisozialen Impulse im Menschen eingegangen wäre, zeigt sich auch
hier die angeführte Spannung zwischen individueller Freiheit und sozialer
Eingebundenheit des Menschen.

Rogers bezeichnet die Inkongruenz auch als „grundlegende Entfremdung im Menschen"[234]. Diese Ausdrucksweise weist eine auffallende Nähe
zur Sündenlehre Paul Tillichs auf, mit dem Rogers 1966, kurz vor dem Tod
Tillichs, einen öffentlichen Dialog führte[235] und der, allerdings erst nach der
Studienzeit Rogers', von 1937 bis 1955 Dozent am *Union Theological Seminary* war.[236]

Tillich benutzt den philosophischen Begriff der Entfremdung, den er von
Schelling, aber auch Hegel und Marx übernimmt,[237] um die Sündentheologie
neu zu formulieren, denn „der moderne Mensch hat ein tiefes Empfinden
für die Entfremdung von seinem ursprünglichen und wahren Sein"[238] – auch
wenn ihm „das belastete Wort ‚Sünde' unbrauchbar geworden ist"[239]. Für
sein Verständnis von Entfremdung greift Tillich auf tiefenpsychologische
und existenzphilosophische Analysen zurück.[240] Grundlage seines Entfrem-
dungsverständnisses ist die Unterscheidung zwischen der Wesensnatur und
der Seinsnatur. Während der Mensch von Gott gut geschaffen ist (=Wesens-
natur), lebt er unter den Bedingungen von Raum und Zeit von dieser Wesensnatur entfremdet (=Seinsnatur), so „dass der Mensch nicht in seinem
Wesen steht, dass er entfremdet ist von dem, was er wesentlich *ist* und darum *sein sollte*"[241]. Die Entfremdung des Menschen betrifft dabei alle Ebenen
menschlicher Bezogenheit. Sie ist „Entfremdung von uns selbst, von dem
anderen Menschen und Entfremdung von dem Grund, aus dem wir kommen
und zu dem wir zurückkehren"[242].

Neben der universalen, jedem Menschen schicksalshaft vorgegebenen
Entfremdung bewahrt Tillich aber auch den Begriff der Schuld bzw. Sünde.

---

[233] C. ROGERS, Reply to Rollo May's letter, 253.
[234] C. ROGERS, Eine Theorie der Psychotherapie, 52.
[235] Vgl. C. ROGERS UND P. TILLICH, Paul Tillich und Carl Rogers im Dialog.
[236] W. SCHÜSSLER, Art. Tillich, Paul, 87.
[237] Vgl. U. MURMANN, Freiheit und Entfremdung, 143-145.
[238] P. TILLICH, Entfremdung und Versöhnung im modernen Denken, 183.
[239] P. TILLICH, Der Mensch im Christentum und im Marxismus, 203.
[240] Vgl. P. TILLICH, Die theologische Bedeutung von Psychoanalyse und Existentialismus.
[241] P. TILLICH, Entfremdung und Versöhnung im modernen Denken, 198. Vgl. hierzu auch
Tillichs Ausführungen in C. ROGERS UND P. TILLICH, Paul Tillich und Carl Rogers im Dialog,
260f.
[242] P. TILLICH, Die Verkündigung des Evangeliums, 272.

„Denn ‚Entfremdung' hebt mehr das Moment des individuellen und universalen Schicksals hervor, während das Wort ‚Sünde' im Gegensatz dazu das
Moment der persönlichen Freiheit und Schuld betont."[243] Deshalb muss das
Christentum für Tillich „zugleich die tragische Universalität der Entfremdung und die persönliche Verantwortung des Menschen anerkennen."[244] In
seiner Entfremdung erlebt der Mensch eine doppelte Angst, nämlich „die
Angst, sich zu verlieren durch Selbstverwirklichung, und die Angst, sich
zu verlieren durch Nichtverwirklichung"[245]. Eine Überwindung dieser Entfremdung und der aus ihr resultierenden Lebensangst ist für Tillich dem
Menschen als endlicher Freiheit nicht möglich. Sie muss dem Menschen
von Gott geschenkt werden. Tillich schreibt hierzu: „Die in der menschlichen Entfremdung enthaltene Frage ist schon ausgerichtet auf die Antwort:
Vergebung."[246]

Carl Rogers bezieht sich trotz des von ihm mit Paul Tillich geführten Dialogs in seinen Schriften nicht explizit auf diesen und dessen Entfremdungsbegriff. Dennoch weisen sowohl die tiefgreifende Auswirkung
der Entfremdung auf alle menschlichen Beziehungsebenen, als auch die
Angewiesenheit auf die Beziehung zu einem Gegenüber (bei Rogers dem
Therapeuten, bei Tillich Gott) zur Überwindung der Entfremdung deutliche Parallelen auf. Auch das mit der Entfremdung verbundene Erleben von
Angst ist beiden Ansätzen gemeinsam. Die beiden Autoren differieren allerdings hinsichtlich der Frage der Vermeidbarkeit menschlicher Entfremdung. Während diese für Rogers erlernt, und damit durch positive Lernerfahrungen prinzipiell vermeidbar ist, hielt sie Tillich für unumgänglich,
auch wenn beide für das Kleinkind einen nicht-entfremdeten Zustand (die
organismische Wertung bei Rogers bzw. die „träumende Unschuld"[247] bei
Tillich) annehmen. Gemeinsam ist beiden Autoren, dass die menschliche
Entfremdung nicht die persönliche Freiheit aufhebt und es letztlich in der
Verantwortung des Einzelnen liegt, welchen Impulsen er folgt. Auch wenn
Carl Rogers sich, abgesehen vom gemeinsamen Dialog, nicht explizit auf
Paul Tillich und dessen Entfremdungsbegriff bezieht und sich auch Tillich
zwar auf tiefenpsychologische Erkenntnisse aber nicht ausdrücklich auf
Carl Rogers stützt, weisen beide Verständnisse menschlicher Entfremdung
eine große Nähe zueinander auf, obwohl bei Carl Rogers die Dimension
der menschlichen Entfremdung von Gott und der Erlösungsbedürftigkeit
nicht thematisiert wird.

---

[243] M. Sievernich, Schuld und Sünde in der Theologie der Gegenwart, 119.
[244] P. Tillich, Systematische Theologie, Bd. 2, 46.
[245] P. Tillich, Systematische Theologie, Bd. 2, 42.
[246] P. Tillich, Systematische Theologie, Bd. 2, 22.
[247] P. Tillich, Systematische Theologie, Bd. 2, 40.

Inwieweit die personzentrierte Auffassung der Grenzen und der Gefährdetheit des Menschen einer christlichen Sicht und insbesondere auch der
katholischen Lehre der Erbsünde entspricht bzw. wo wechselseitige Ergänzungen und Korrekturen angezeigt scheinen, hat der Diskussionsteil dieser
Arbeit zu zeigen.[248] Dass der Entfremdungsbegriff hierbei nicht prinzipiell
einem katholischen Verständnis der erbsündlichen Verfasstheit des Menschen widerspricht, zeigt seine Verwendung bei Walter Kasper, der ihn benutzt, um die Auswirkungen der Erbsünde darzulegen.[249]

Mit Peter F. Schmid kann im Blick auf die personzentrierte Sichtweise
der Grenzen und Gefährdetheit des Menschen aber schon hier festgestellt
werden, dass „im personzentrierten Ansatz die Auseinandersetzung mit Phänomenen des Bösen und mit den destruktiven Kräften im Menschen noch
zu leisten"[250] ist. Es wird zu fragen sein, inwieweit hier der transzendentaltheologische Ansatz Karl Rahners hilfreiche Anregungen geben kann. Zuvor
soll jedoch innerhalb des Rogersschen Denk- und Therapiesystems gefragt
werden, wie die Störungen, die durch die Inkongruenz bei jedem Menschen
entstehen, gemindert oder gar revidiert werden können und worin nach ihm
die Bedingungen und Wege der Heilung des Menschen bestehen.

3.2.5. Bedingungen und Wege der Heilung des Menschen

Zentrale Ursache aller psychischen und sozialen Störungen ist nach Ansicht
des personzentrierten Ansatzes die Inkongruenz des Menschen. Als wesentliche Grundlage der Entstehung von Inkongruenz haben sich Beziehungserfahrungen erwiesen. Von der Ursache menschlicher Begrenzt- und Gestörtheit her ist nun nach den Bedingungen und Wegen einer Heilung, im Sinne
der Überwindung der Störungen, zu fragen, denn „der Weg der Therapie
besteht in der Aufhebung dieser Entfremdung menschlichen Handelns."[251]

Eine wesentliche Grundannahme des personzentrierten Ansatzes ist,
„dass wirkliche Veränderung durch Erfahrung in einer Beziehung zustande

---

[248] Kritik an Rogers Erklärung der Entstehung psychischer Störungen und sozialen Fehlver-
haltens allein aus der Inkongruenz zwischen Selbst und Organismus wird aber auch aus den
Reihen der Gesprächspsychotherapeuten geäußert. So kritisieren J. Howe und W.-R. Minsel,
Gesprächspsychotherapie, 344, dass die fehlende Differenzierung im Ätiologiekonzept „zu
den Schwachstellen der Gesprächspsychotherapie" gehöre und dass „die therapeutische Interventionen bei jeder Störung im Prinzip gleich sind". Im gleichen Sinne äußern sich U. und J.
Binder, Studien zu einer störungsspezifischen klientenzentrierten Psychotherapie, 12.
[249] Vgl. W. Kasper, Jesus der Christus, 240.
[250] P. F. Schmid, Personale Begegnung, 110. Vgl. hierzu auch R. Stipsits, Ablenkung und
Klischee.
[251] C. Rogers, Eine Theorie der Psychotherapie, 52.

kommt"[252] und dass „die Beschaffenheit der zwischenmenschlichen Beziehung zum Klienten als wichtigstes Element den Erfolg bestimmt."[253] Rogers geht davon aus, dass, wenn es gelingt, eine bestimmte, definierbare Art der Beziehung anzubieten, „der andere in sich die Fähigkeit entdecken (wird), diese Beziehung zu seiner Entfaltung zu nutzen, und Veränderungen und persönliche Entwicklung finden statt."[254]

Rogers hat die Charakteristika einer solchen helfenden Beziehung, auf die bereits im Rahmen der Darstellung seines personzentrierten Ansatzes ausführlich eingegangen wurde, an vielen Stellen beschrieben.[255] Grundlage einer solchen helfenden Beziehung ist neben dem Zustandekommen eines psychologischen Kontaktes, dass sich eine Person in einem Zustand der Inkongruenz befindet und dies zumindest ansatzweise wahrnimmt. Die Haltungen, die Carl Rogers seitens der helfenden Person als notwendig und hinreichend für eine positive Persönlichkeitsveränderung beim Anderen betrachtet, sind Kongruenz, bedingungslose Wertschätzung und empathisches Verstehen des anderen.[256]

Kongruenz steht für die „Übereinstimmung mit sich selbst ... Wir meinen damit, dass die vom Therapeuten erlebten Gefühle seinem Bewusstsein zugänglich sind, dass er diese Gefühle leben und sein kann und sie – wenn angemessen – mitzuteilen vermag. Das heisst, er begibt sich in eine unmittelbare persönliche Begegnung mit seinem Klienten, indem er ihm von Person zu Person gegenübertritt. Es bedeutet, dass er gänzlich *er selbst ist* und sich nicht verleugnet." Rogers fügt einschränkend hinzu: „Niemand erreicht diesen Zustand ganz und gar, aber je mehr der Therapeut imstande ist, akzeptierend auf das zu achten, was in ihm selbst vor sich geht, und je

---

[252] C. ROGERS, Entwicklung der Persönlichkeit, 46. Vgl. auch ebd., 76-77, 87-99.

[253] C. ROGERS, Therapeut und Klient, 211.

[254] C. ROGERS, Entwicklung der Persönlichkeit, 47.

[255] So z.B. in C. ROGERS, Die notwendigen und hinreichenden Bedingungen, DERS., Eine Theorie der Psychotherapie, 40-42, DERS., Entwicklung der Persönlichkeit, 45-52, 73-82, 183-185, 275-285, 363, DERS., Therapeut und Klient, 21-32, 149-164, 213-220, sowie DERS., Der neue Mensch, 66-68. Zum Folgenden siehe Rogers Aufsatz *Die notwendigen und hinreichenden Bedingungen*, in dem Rogers zum ersten Mal in dieser Deutlichkeit die sechs Bedingungen für helfende Beziehungen aufführt und erläutert. In vielen anderen Publikationen konzentriert er sich auf die drei Haltungen der helfenden Person und führt die Bedingungen seitens des Hilfesuchenden nur am Rande an (so z.B. in seinem Beitrag *Die zwischenmenschliche Beziehung: Das tragende Element in der Therapie* in: DERS., Therapeut und Klient, 211-231). Diese Bedingungen seitens des Hilfesuchenden sind aber für das Zustandekommen einer wechselseitigen, personalen helfenden Beziehung genauso wichtig, wie die drei Haltungen des Helfers (vgl. E.-M. BIERMANN-RATJEN U.A., Gesprächspsychotherapie, 16-18).

[256] Vgl. zu diesen Haltungen der helfenden Person neben C. ROGERS, Die notwendigen und hinreichenden Bedingungen, und DERS., Therapeut und Klient, 211-231, auch die ausführliche Darstellung dieser Haltungen in Kap. 2.2.1.1.. Aufgrund der erwähnten ausführlichen Darstellung im zweiten Kapitel soll hier nur eine kurze, wiederholende Zusammenfassung der Rogersschen Beschreibung dieser sechs Bedingungen vorgenommen werden.

besser er es fertigbringt, ohne Furcht das zu *sein*, was die Vielschichtigkeit seiner Gefühle ausmacht, um so größer ist seine Übereinstimmung mit sich selbst."[257]

Die Haltung der bedingungslosen Wertschätzung bedeutet, dass die helfende Person „eine warmherzige, positive und akzeptierende Haltung gegenüber den Vorgängen im Klienten einnimmt. ... Es bedeutet, dass er sich um den Klienten auf eine nicht besitzergreifende Weise sorgt, als um einen Mensch voller Möglichkeiten."

Unter Empathie versteht Rogers die Bereitschaft und Fähigkeit, „die innere Welt des Klienten mit ihren ganz persönlichen Bedeutungen so zu verspüren, als wäre sie die eigene (doch ohne die Qualität des ‚als ob‘ zu verlieren)... Diese höchst sensible Einfühlung ist wichtig, um es einem Menschen zu ermöglichen, dass er sich selbst nahekommt, dass er lernt, sich wandelt und entwickelt."[258] Ute und Johannes Binder unterstreichen, dass Rogers' Empathieverständnis nicht einfach das von ihm vorgefundene Verständnis aufgreift. „Rogers erweitert Empathie um den kommunikativen Aspekt und rückt so deren intersubjektive Funktion in den Mittelpunkt. Empathie ist eine Dimension sozialen Verstehens, der eine arteigene Disposition zugrunde liegt. Sie ist eine Erfahrung, unmittelbar der Gefühlslage eines anderen teilhaftig zu werden und sie so zu verstehen."[259] Rainer Sachse betont, dass dieses „Verstehen ein komplexer Verarbeitungs- und Rekonstruktionsprozess" ist und dass der Therapeut versuchen muss, „zu verstehen, was ein Klient jeweils meint und er soll versuchen, das sog. ‚innere Bezugssystem‘ des Klienten zu rekonstruieren. ... Der Therapeut muss selbst wesentlich etwas dazu beitragen, sein Verstehen zu validieren,"[260] d. h. anhand der Reaktionen des Klienten überprüfen, ob er tatsächlich dessen Erleben erfasst hat, oder ob er quasi von außen als Experte etwas zu verstanden haben meint, was der Klient gar nicht so in seinem „inneren Bezugsrahmen"[261], wie Rogers es nennt, erlebt. Verständnis ist also nicht einfach da, sondern Rogers spricht von einem „Maximum an Anstrengung..., um ‚unter die Haut‘ der Person zu gelangen... und die zum Ausdruck gebrachten Einstellungen zu leben, statt sie zu beobachten"[262].

---

[257] C. ROGERS, Therapeut und Klient, 213.
[258] C. ROGERS, Therapeut und Klient, 216.
[259] U. UND J. BINDER, Empathie, 82. Vgl. auch U. BINDER., Empathieentwicklung und Pathogenese in der klientenzentrierten Psychotherapie, wo die Autorin nicht nur eine differenzierte Darstellung des Prozesses empathischen Verstehens nach Rogers gibt (ebd., 44-60), sondern auch auf die Bedeutung des Bezugrahmens des anderen beim empathischen Verstehen (ebd., 83-86) und den Zusammenhang zwischen Empathiefähigkeit und psychischen Störungen (ebd., 87-111) eingeht.
[260] R. SACHSE, Zur allgemeinpsychologischen Fundierung von klientenzentrierte Psychotherapie, 76, 83, 93.
[261] C. ROGERS, Eine Theorie der Psychotherapie, 37.
[262] C. ROGERS, Die klientenzentrierte Gesprächspsychotherapie, 42.

Dieses Verstehen soll am fruchtbarsten sein, wenn der Verstehende beim Hilfesuchenden „ganz knapp unterhalb der Schwelle des Bewusstseins war, an dem Punkt, an dem er [= der Hilfesuchende, AdV.] bereit ist, es als seine eigene Bedeutung anzunehmen."[263] An dieser Stelle ergibt sich die erkenntnistheoretische aber auch theologische Frage, wie denn ein solches tiefes empathisches Verstehen möglich sein kann, wenn auch Carl Rogers die Subjektivität der Wirklichkeit betont.[264] Diese Frage wird in der Auseinandersetzung mit dem personzentrierten Ansatz im dritten Teil dieser Arbeit aufzugreifen sein.

Hat ein Mensch diese drei Haltungen der Kongruenz, bedingungslosen Wertschätzung und Empathie inne, so sollen andere, die mit ihm in Beziehung stehen und diese Haltungen in einem Mindestmaß wahrnehmen, sich in einer positiven Richtung entwickeln können.[265] Hierbei sind für Rogers der Hilfesuchende und sein Erleben der Beziehung von entscheidender Bedeutung. „Wenn keine Kommunikation über diese Einstellungen zustande gekommen ist, existieren diese, soweit es den Klienten betrifft, in der Beziehung nicht, und der therapeutische Prozess könnte nach unserer Hypothese nicht in Gang gesetzt werden."[266] Hierbei liegt „das Zentrum des therapeutischen Prozesses tatsächlich im Klienten selbst, dessen inneres Erleben Tempo und Richtung der therapeutischen Beziehung bestimmt. Die Haltung unanfechtbaren Vertrauens in die Wachstumsprozesse der Individuen stellt ebenso ein Wertsystem dar, wie sie eine Richtlinie für die Therapie bedeutet."[267]

Diese Bereitschaft zu wechselseitiger, personaler Begegnung ist für Rogers so bedeutsam, dass er schreibt: „Ich glaube, dass die Beschaffenheit meiner Begegnungen auf lange Sicht wichtiger ist als mein sachliches Wissen, meine berufliche Ausbildung, meine therapeutische Orientierung oder die im Gespräch angewandte Technik."[268] Diese Aussage Rogers' scheint insbesondere im Blick auf seine Rezeption in Pastoral und Beratung, aber auch für den Dialog mit dem transzendentaltheologischen Ansatz Karl Rahners bedeutsam, da Rogers hier selbst das allgemein Menschliche über das spezifisch Psychologische stellt und damit weit über die eigenen Fachgrenzen hinausgeht. Inwieweit der personzentrierte Ansatz diesem Anspruch gerecht wird und wo er dafür der Ergänzung und Modifikation bedarf, wird im weiteren Verlauf dieser Arbeit zu erörtern sein.

---

[263] C. ROGERS, Die beste Therapieschule ist die selbst entwickelte, 25.
[264] Vgl. C. ROGERS, Brauchen wir ‚eine' Wirklichkeit?
[265] Vgl. C. ROGERS, Die notwendigen und hinreichenden Bedingungen, 178.
[266] C. ROGERS, Die notwendigen und hinreichenden Bedingungen, 176.
[267] C. ROGERS, Therapeut und Klient, 59.
[268] C. ROGERS, Therapeut und Klient, 212.

Die Wirksamkeit der von Rogers geforderten Haltungen hat sich empirisch bestätigt. Hier kann zwar nicht auf die Komplexität der empirischen Psychotherapieforschung und ihrer Ergebnisse und Aussagen eingegangen werden,[269] doch hat sich immer wieder gezeigt, dass sich aufgrund der therapeutischen Beziehungsqualität positive Persönlichkeitsveränderungen und Wachstumsprozesse der Klienten ergeben.[270] Roberta Russel – die selbst keine klientzentrierte Therapeutin, sondern Systemanalytikerin ist – bringt in ihrem Artikel zur Bedeutung der therapeutischen Beziehung deutlich zum Ausdruck, „dass im therapeutischen Prozess die Beziehung zwischen Therapeut und Klient schwerer als die Technik wiegt ... (und) dass vor allem unspezifische Faktoren wie der Grad von Verständnis, Vertrauen und menschlicher Wärme das persönliche Wachstum beeinflussen"[271]. Sie spricht von einem ‚therapeutischen Bündnis‘, um zu verdeutlichen, wie entscheidend wichtig die Beziehung der therapeutischen Partner ist. „Das Bündnis ist sowohl die Voraussetzung als auch das Werkzeug für den Wandel. ... Worauf es in einer professionellen Therapie wie auch in einer therapeutischen Partnerschaft unter Freunden ankommt, sind heilende emotionale Erfahrungen – der wichtigste Motor allen Wandels –, die Brüche in der Beziehung heilen lassen."[272]

---

[269] Vgl. dazu ausführlich K. GRAWE U.A., Psychotherapie im Wandel, und DERS. U.A., Differentielle Psychotherapieforschung, sowie aus personzentrierter Sicht E.-M. BIERMANN-RATJEN U.A., Gesprächspsychotherapie, 51-74, R. SACHSE, Lehrbuch der Gesprächspsychotherapie, 115-126, H.-P. HEEKERENS UND M. OHLING, Therapieevalutation, die sich kritisch mit den in Deutschland durch das Psychotherapeutengesetz und die Psychotherapierichtlinien vorgeschriebenen Evalutationsmethoden auseinandersetzen (ebd., 8f.), sowie J. KRIZ, 50 Jahre empirische Psychotherapieforschung, der einen „forschungspolitischen Pragmatismus" bei gleichzeitiger „Kritik an empirisch reduktionistischer Sicht" (ebd., 3) empfiehlt.

[270] Vgl. z.B. bei C. ROGERS selbst DERS., Entwicklung der Persönlichkeit, 240-267, DERS., Die klientenzentrierte Gesprächspsychotherapie, 220-225, oder DERS., Therapeut und Klient, 188-210. Zu aktuellen Befunden vgl. die Zusammenfassung mehrerer Einzelstudien bei K. GRAWE U.A., Psychotherapie im Wandel, nach dem „Gesprächspsychotherapie nachweislich ein sehr wirksames Verfahren für ein weites Spektrum an Störungen (ist)" (ebd., 135). Weiter heißt es dort: „Die Forschungsergebnisse zur Gesprächspsychotherapie sind von großer Relevanz für den Gesamtbereich der Psychotherapie. Sie sind nämlich ein überzeugender Nachweis, dass durch therapeutische Gespräche allein sehr bedeutsame Veränderungen im klinischen Zustandsbild von Patienten, auch von Patienten mit schwerwiegenden psychopathologischen Symptomen, herbeigeführt werden können. Nirgends sonst wurde so überzeugend nachgewiesen, dass das Gespräch tatsächlich als ein sehr wirksames therapeutisches Mittel angesehen werden kann. Die Gesprächspsychotherapieforschung hat auch gezeigt, dass es für die therapeutische Wirkung seht auf die Art ankommt, in der das Gespräch geführt wird. Wegen der überragenden Rolle, die Gespräche in fast allen Psychotherapien spielen, ist dieser Nachweis ein wichtiger Beitrag zum Gesamtbereich der Psychotherapie und eine Aufforderung an alle klinischen Ansätze, der Gesprächsführung theoretisch, klinisch, in der Forschung und in der Ausbildung einen hohen Stellenwert einzuräumen." (ebd., 140.).

[271] R. RUSSEL, Das therapeutische Bündnis, 62.

[272] R. RUSSEL, Das therapeutische Bündnis, 63, 65.

In der Literatur zum personzentrierten Ansatz Carl Rogers' wird auf die innere Verbundenheit und Konvergenz dieser drei Haltungen, die Rogers auch als „Seinsweise"[273] bezeichnet, hingewiesen.[274] Eva-Maria Biermann-Ratjen und andere „betonen die funktionalen Zusammenhänge dieser Bedingungen miteinander ... (und) stellen die Gesprächspsychotherapie als ein interaktionelles Geschehen auf der Grundlage eines spezifischen Beziehungsangebotes des Therapeuten an den Klienten dar"[275], während Jürgen Kriz „von drei Aspekten einer Begegnungshaltung"[276] spricht.

Das grundsätzliche Ja zum anderen als einer wertvollen und vertrauenswürdigen Person (= bedingungslose Wertschätzung) ist eine Voraussetzung dafür, dass der Therapeut in der Beziehung echt und kongruent sein kann und dem Klienten nichts über sich vormacht (= Kongruenz). Diese Offenheit und Echtheit setzt m. E. Vertrauen zum Anderen und die Bereitschaft, ihn so sein zu lassen, wie er ist bzw. sein will, voraus. Nur dann ist der Zuhörende selbst frei, so zu sein, wie er ist und kann die Welt des anderen so erfassen und verstehen, als ob es seine eigene sei (= Empathie).[277]

Für den Theologen und personzentrierten Psychotherapeuten Peter F. Schmid gilt, „dass die genannten Grundhaltungen eine Einheit bilden, deren Elemente manchmal in Spannung zueinander stehen, die aber ohne einander nicht von Bedeutung wären. Hilfreich sind diese Einstellungen in ihrer Kombination als *eine* Grundhaltung der Person. ... Die beschriebenen Einstellungen und Grundhaltungen konvergieren auf einen – traditionell christlichen – Begriff: die Liebe."[278] Bei dieser Charakterisierung kann sich Schmid auf Rogers selbst beziehen, der zur Haltung der bedingungslosen Wertschätzung schreibt: „Es bedeutet eine Art Liebe zu dem Klienten, so wie er ist; vorausgesetzt, dass wir das Wort Liebe entsprechend dem theo-

---

[273] C. ROGERS, Ein klient- bzw. personzentrierter Ansatz in der Psychotherapie, 243. Auf diese Verbindung wird auch in der personzentrierten Literatur immer wieder hingewiesen, so z.B. von E.-M. BIERMANN-RATJEN U.A., Gesprächspsychotherapie, 16-33, 53-57, J. FINKE, Gesprächspsychotherapie, 1, 14, P. F. SCHMID, Anspruch und Antwort, 86. R. UND A.-M. TAUSCH, Gesprächspsychotherapie, 99, weisen darauf hin, dass „Helfer mit nur einer oder zwei dieser Haltungen im allgemeinen wenig oder gar nicht diese hilfreichen Erfahrungen und Vorgänge bei ihrem Partner (fördern), sondern beeinträchtigen sie eher." Diese empirisch fundierte Aussage unterstreicht den inneren Zusammenhang dieser drei Haltungen als „eines spezifischen Beziehungsangebotes", wie es E.-M. BIERMANN-RATJEN U.A., Gesprächspsychotherapie, 31, nennen.
[274] Ausführlich legen dies E.-M. BIERMANN-RATJEN U.A., Gesprächspsychotherapie, 16-30, dar, die ebd., 53-57, auch auf die empirischen Zusammenhängen der drei sog. Therapeutenvariablen eingehen.
[275] E.-M. BIERMANN-RATJEN U.A., Gesprächspsychotherapie, 31.
[276] J. KRIZ, Grundkonzepte der Psychotherapie, 204. So auch bei J. FINKE, Gesprächspsychotherapie, 2-5.
[277] Vgl. C. ROGERS, Die notwendigen und hinreichenden Bedingungen.
[278] P. F. SCHMID, Personale Begegnung, 151, 255.

logischen Begriff der Agape verstehen und nicht in einer romantischen oder besitzergreifenden Bedeutung."[279]

Inwieweit dieser Rekurs Rogers' auf einen theologischen Liebesbegriff zu recht geschieht, bzw. wo zwischen dem personzentrierten Beziehungskonzept und einem theologischen Verständnis zwischenmenschlicher Liebe zu differenzieren ist, wird im Rahmen des interdisziplinären Dialoges näher zu erörtern sein. Hierbei wird zu beachten sein, dass im personzentrierten Beziehungsverständnis „der Wechselseitigkeit aber keine Symmetrie der Beziehung (entspricht)"[280]. Vielmehr führe der therapeutische Auftrag zu einer dauernden Asymmetrie der Beziehung zwischen dem inkongruenten Hilfesuchenden und dem im Rahmen der Beziehung kongruenten, wertschätzenden und empathisch verstehenden, die Struktur der Beziehung prägenden helfenden Partner/Helfers. Zwar wird eine prinzipielle menschliche Gleichwertigkeit angenommen, im Rahmen der helfenden Beziehung gibt es jedoch jeweils verschiedene Rollen und Aufgaben im Prozess der Heilung psychischer Störungen.

Interessanterweise lehnt Carl Rogers den Begriff der Heilung für seinen Ansatz aufgrund des gängigen, am medizinischen Modell orientierten Begriffsverständnisses ab. Er sagte 1981 in einer Diskussion anlässlich eines Vortrages in Österreich dazu, „dass ich nie das Wort ‚heilen‘ verwende. Ich weiß nicht, was ‚heilen‘ ist. Das kommt von unserer Zurückweisung des medizinischen Modells. Ich glaube, dass die Art der Haltungen, die ich beschreibe, tatsächlich Menschen helfen kann, in eine positive Richtung zu wachsen; ... Das heisst nicht, dass sie einen gegebenen Endpunkt erreichen, den die Gesellschaft als ‚Heilung‘ ansieht. ... Wir erkennen, dass wir der Person ermöglichen zu wachsen, wie es dieser Person möglich ist, und das hat seine Grenzen – da bin ich mir sicher."[281] Diese Ablehnung eines einengenden und festlegenden Begriffes der Heilung begründet Rogers auch mit den zahlreichen Anwendungsfeldern seines Ansatzes. Dieser „scheint in jeder Situation, in der persönliches Wachstum ein Teil des erwünschten Zieles ist, eine Hilfe zu sein und einen Beitrag zu leisten."[282]

Dass in dieser Arbeit trotz der ablehnenden Haltung Carl Rogers' diesem Begriff gegenüber von Heilung gesprochen wird, ist zum einen darin begründet, dass der Begriff geeignet erscheint, eine Brücke zwischen der psychologisch-psychotherapeutischen und der seelsorglich-transzendental-

---

[279] C. Rogers, Therapeut und Klient, 218.
[280] W. M. Pfeiffer, Die Bedeutung der Beziehung bei der Entstehung und der Therapie psychischer Störungen, 33.
[281] C. Rogers, Die beste Therapieschule ist die selbst entwickelte, 32.
[282] C. Rogers, Die beste Therapieschule ist die selbst entwickelte, 32.

theologischen Zuwendung zum Menschen zu bauen,[283] zum zweiten darin, dass er auch innerhalb des personzentrierten Ansatzes Verwendung findet[284] und dass zum dritten gerade im Bereich der Beratung und Psychotherapie sich medizinische Vorstellungen und Begriffe so durchgesetzt haben, dass es als unangemessen erscheint, deren Begrifflichkeit strikt zu meiden, da sie Voraussetzung der Kommunikationsfähigkeit innerhalb dieses Bereiches ist.[285] Den Begriff zu übernehmen heißt zudem nicht, ihn unkritisch zu verwenden und nicht auf die von Rogers angemahnten Aspekte der Offenheit für die je eigene Entwicklung und ihre Grenzen zu achten, die m. E. auch für einen theologischen Heils- und Heilungsbegriff von hohem Interesse und großer Bedeutung sein kann.[286]

Es hat sich gezeigt, dass die Bedingungen und Wege der Heilung des Menschen für Carl Rogers an die Beziehung zwischen Menschen gebunden sind. Wenn die Partner dieser Beziehung bestimmte Haltungen einnehmen, kann in einer solchen personalen Beziehung Heilung im Sinne der Entwicklung und Entfaltung der dem Individuum eigenen Möglichkeiten geschehen. Zielbild solchen sich entfaltenden Menschseins ist die ‚fully functioning person‘, die im Folgenden dargestellt werden soll.

3.2.6. Zielbild des Menschseins: Die ‚fully functioning person‘

Es wurde bereits dargestellt, dass der Mensch für Rogers aufgrund der in ihm wirkenden organismischen Aktualisierungstendenz ein konstruktives, auf Entfaltung seiner Möglichkeiten angelegtes, soziales Wesen ist.[287] Hierbei ist von Rogers „implizit ein Konzept der Höchstentwicklung der Aktualisierung des menschlichen Organismus angedeutet. Diese optimal entwickelte, hypothetische Persönlichkeit wäre gleichzusetzen mit ‚Ziel der sozialen Entwicklung‘, ‚Endpunkt einer optimal verlaufenden Therapie‘ usw.“[288].

---

[283] Vgl. hierzu z.B. die Wiederentdeckung der heilsamen bzw. therapeutischen Dimension von Glaube und Theologie bei E. Biser, Die Heilkraft des Glaubens.

[284] So z.B. bei G. Pawlowsky, Wie werde ich wieder gesund?, 127, der von der „Heilung im personzentrierten Ansatz" schreibt, oder bei R. Stipsits, Gegenlicht, 23, der auch das „heilende Moment in der Psychotherapie" eingeht.

[285] Vgl. hierzu auch die Kritik von E.-M. Biermann-Ratjen u.a., Gesprächspsychotherapie, 52-54, an der empirischen Psychotherapieforschung und hier besonders der sog. Variablenforschung und die Hinweise in R. Sachse und J. Howe, Zur Zukunft der klientenzentrierten Psychotherapie, 6, auf die Notwendigkeit einer „klaren Profilierung einer heilkundlichen psychotherapeutischen Behandlungsform".

[286] Vgl. hierzu die entsprechenden Ausführungen in Kap 6.2.5..

[287] Vgl. das in Kap. 3.2.1. und 3.2.3. zur Aktualisierungstendenz und zu den Entwicklungsmöglichkeiten des Menschen Gesagte.

[288] C. Rogers, Eine Theorie der Psychotherapie, 59.

Rogers bezeichnet dieses Konstrukt als „die voll entwickelte Persönlichkeit (fully functioning person)"[289] und kennzeichnet sie als „fluiden, relativistischen und individualistischen Menschen" [290a], der sich durch „eine zunehmende Offenheit gegenüber der Erfahrung"[290b], der „Tendenz, völlig im jeweiligen Augenblick zu leben" [290c] (im Sinne einer Anpassungsfähigkeit an die jeweils aktuelle Situation) und durch „ein zunehmendes Vertrauen zum eigenen Organismus als einem Mittel, die am meisten befriedigende Verhaltensweise in jeder existentiellen Situation zu erreichen" [290d], auszeichnet.

Dies bedeutet, dass die ‚fully functioning person' für Rogers vollkommen kongruent ist. Sie ist sich aller Aspekte ihres Selbstbildes und ihrer aktuellen Erfahrung bewusst, kann deshalb auf alle organismischen und umweltbezogenen Informationen zurückgreifen und dementsprechend den ihr selbst und der Umwelt am meisten entsprechenden Weg einschlagen.[291] Rogers schreibt, dass dieser Mensch „tatsächlich die vollkommenste und absoluteste Freiheit erlebt", indem er frei ist, „er selbst zu werden oder um sich hinter einer Fassade zu verstecken ... Der vollständig sich entfaltende Mensch dagegen erfährt nicht nur, er benutzt die unumschränkte Freiheit, wenn er spontan, unbehindert und freiwillig das wählt und sich für das entscheidet, was unabhängig davon auch determiniert [d. h. durch Faktoren in der Situation bestimmt, AdV.] ist".[292] Die voll entwickelte Persönlichkeit ist in der Lage, einen optimalen Abgleich der Anforderungen der Situation, der Bedürfnisse und Anforderungen anderer Menschen, aber auch der eigenen Bedürfnisse und Wünsche vorzunehmen und die all diesen Faktoren optimal entsprechende Lösung zu finden.[293]

Hierbei ist der Mensch für Rogers zutiefst sozial, „denn eines seiner Grundbedürfnisse besteht darin, sich anderen anzuschließen und mit ihnen zu kommunizieren. In dem Maße wie er sich noch vollständiger zu seinem Selbst entwickelt, wird er realitätsgerechter sozialisiert."[294] „Wenn das Individuum all seine Körper- und Sinnes-Erfahrungen wahr- und in ein konsistentes und integriertes System aufnimmt, dann hat es notwendigerweise mehr Verständnis für andere und verhält sich gegenüber anderen als Individuen akzeptierender."[295]

---

[289] C. ROGERS, Eine Theorie der Psychotherapie, 59. Vgl. hierzu auch DERS., Entwicklung der Persönlichkeit, 183-195. Die ‚fully functioning person' entspricht auch der Stufe 7 in Rogers Darstellungen des therapeutischen Prozesses. Auch hier sagt er: „Diese Stufe ist eher eine Leitvorstellung als etwas, das sich jemals ganz erreichen ließe." (DERS., Therapeut und Klient, 39).

[290] Zitate aus C. ROGERS, Entwicklung der Persönlichkeit, [a]183, [b]186, [c]187, [d]189.

[291] Vgl. C. ROGERS, Entwicklung der Persönlichkeit, 193f.

[292] C. ROGERS, Entwicklung der Persönlichkeit, 192.

[293] C. ROGERS, Entwicklung der Persönlichkeit, 194.

[294] C. ROGERS, Entwicklung der Persönlichkeit, 193f.

[295] C. ROGERS, Die klientenzentrierte Gesprächspsychotherapie, 447.

Rogers betont, „dass alle diese Charakteristika einer Person *Prozess-merkmale* sind. Die *fully functioning person* wäre eine Person-im-Prozess, eine sich ständig verändernde Person", von der festgestellt werden kann, „dass das Verhalten in jeder neuen Situation ausreichend anpassungsfä-hig wäre und dass sich die Person ständig in einem Prozess der weiteren Selbstaktualisierung befindet."[296] Dies führt dazu, „dass psychische Ge-sundheit niemals mit festen, vorgegebenen Normen einfach gleichgesetzt werden kann: Denn authentisches Leben bedeutet den nie abschließbaren Versuch, eine gelingende Balance oder Synthese der grundlegenden Pola-rität von Einzelheit und Allgemeinheit herzustellen. Das meinte Rogers mit seiner These von der ‚fully functioning person', die dauernd ‚im Prozess' ist."[297] Rogers postuliert „bei allen individuellen Unterschieden die Univer-salität der Tendenzen dieses Prozesses, der zugleich den Gesundheitsbegriff des personzentrierten Ansatzes repräsentiert. Er rückt mit diesem Ideal die Wachstumsmöglichkeiten des Menschen im Gegensatz zu einer pathologie- und defizitorientierten Sichtweise in den Vordergrund."[298]

Eva-Maria Biermann-Ratjen u.a. weisen darauf hin, dass die ‚fully func-tioning person' „natürlich niemals in der Realität vorzufinden, aber als theo-retisches Konzept von Bedeutung (ist)"[299]. Auch Rogers schreibt zu diesem Konstrukt: „Die Resultate von Therapien bestätigen allgemein die Richtung der Theorie, obwohl sie in ihrem Wesen niemals völlig überprüft werden kann, da sie doch eine Asymptote zu definieren versucht."[300] Auch das Kon-strukt der ‚fully functioning person' ist also nicht Teil einer empirisch fun-dierten, Beobachtungen beschreibenden psychologischen Anthropologie, sondern ein wesensbezogenes Postulat, das allein hinsichtlich seiner Stim-migkeit mit der Gesamttheorie und seines Erklärungswertes bewertet wer-den kann.

Mit der ‚fully functioning person' hat Rogers ein Zielbild des Mensch-seins beschrieben, das bei aller Fiktionalität die wesentlichen Kernpunkte seines Menschenbildes zum Ausdruck bringt: die konstruktive Kraft der dem Menschen innewohnenden Aktualisierungstendenz, die sich u.a. in der sog. Weisheit des Organismus als wesentlicher Entscheidungs- und Orien-tierungshilfe des Menschen ausdrückt, seine Bezogenheit auf Mitmenschen und die Eingebundenheit in gelingende menschliche Gemeinschaft und seine Offenheit für die jeweils aktuelle Erfahrung – seiner selbst und der

---

[296] C. ROGERS, Eine Theorie der Psychotherapie, 60.
[297] G. ZURHORST, Eine gesprächspsychotherapeutische Störungs-/Krankheitslehre in biogra-phischer Perspektive, 76.
[298] B. TEICHMANN-WIRTH, Fully functioning person, 134.
[299] E.-M. BIERMANN-RATJEN U.A., Gesprächspsychotherapie, 85.
[300] C. ROGERS, Eine Theorie der Psychotherapie, 60. Vgl. B. TEICHMANN-WIRTH, Fully func-tioning person, 133.

Umwelt. Rogers vereint auch in diesem Zielbild des Menschen die bereits angeführten Pole der Individualität und der Bezogenheit auf Gemeinschaft. Es wird in der Auseinandersetzung mit dem Menschenbild des transzendentaltheologischen Ansatz Karl Rahners zu fragen sein, ob dieses (psychologisch geprägte) Zielbild wirklich dem Menschen in all seinen Dimensionen gerecht wird, oder ob es aus theologischer Sicht der Ergänzung durch weitere Aspekte bedarf. Bevor das Menschenbild des personzentrierten Ansatzes Carl Rogers' einer ersten kritischen Würdigung unterzogen wird, soll es im Folgenden noch einmal kurz zusammengefasst werden.

3.2.7. Zusammenfassung des Menschenbildes des personzentrierten Ansatzes

Menschsein vollzieht sich für Carl Rogers in der spannungsvollen Einheit von Individualität und Relationalität. Der Mensch trägt zwar in der ihm innewohnenden Aktualisierungstendenz das Vermögen zu einer größeren Entfaltung seiner Möglichkeiten in sich, aber diese Tendenz entfaltet sich in Beziehungen. Selbstverwirklichung soll so immer im Einklang mit der sozialen und physischen Umwelt stehen. Der Mensch ist dabei für Rogers ein positives, konstruktives und zutiefst soziales Wesen. Alle destruktiven und antisozialen Züge des Menschen sollen dieser guten Natur gegenüber sekundär sein.

Die menschliche Personalität zeigt sich nicht nur in der Verwiesenheit auf Mitmenschen und Transzendenz, sondern auch als innere Bezogenheit zwischen Organismus und Selbst im Menschen. Der Mensch steht bei Rogers so in einer dreifachen Bezogenheit: in sich, auf Mitmenschen und auf Transzendenz hin.

Zur Entfaltung der ihm in der Aktualisierungstendenz innewohnenden Möglichkeiten bedarf der Mensch geeigneter Umweltbedingungen. Erfährt er gerade in der kindlichen Phase der Entwicklung des Selbst keine bedingungslose positive Wertschätzung, wird es in ihm zu einer Inkongruenz von Selbstbild und organismischer Erfahrung kommen. Diese Inkongruenz ist im Rahmen des personzentrierten Ansatzes die Grundlage aller Gefährdet-und Gestörtheit der menschlichen Entwicklung. Sie ist selbst nicht unmittelbar erfahrbar, kann aber aus Symptomen und Folgeerscheinungen erschlossen werden.

So wie die Entfremdung des Menschen sozial bedingt ist, sind auch die Bedingungen und Wege seiner Heilung wesentlich sozialer Natur: Eine Aufhebung der Inkongruenz kann nach Rogers nur in einer hilfreichen zwischenmenschlichen Beziehung geschehen. Zu dieser gehören neben der

Einsicht des Hilfesuchenden in seine Inkongruenz seitens des Helfenden die Haltungen der Kongruenz, der bedingungslosen Wertschätzung und des empathischen Verstehens. Werden diese Haltungen vom Hilfesuchenden wahrgenommen, kann er sich hin zu mehr Kongruenz im Sinne der Übereinstimmung des Selbstbildes mit der unmittelbaren organismischen Erfahrung entwickeln. Inneres Potential und soziale Bedingungen sind auch in dieser anthropologischen Dimension untrennbar miteinander verbunden.

Zielbild gelingenden Menschseins ist für Rogers die vollkommen mit sich und ihrer Erfahrung kongruente ‚fully functioning person', die zugleich auf ihr individuelles wie auf das soziale Wohl und die gemeinsame Weiterentwicklung angelegt sein soll. Der Mensch erweist sich so in allen Dimensionen Rogersscher Anthropologie als Person: in spannungsvoller Einheit von Individualität und Bezogenheit.

3.3. Kritische Würdigung des Menschenbildes Carl Rogers'

„Die wohl größte Bedeutung von Carl Rogers kann wohl darin gesehen werden, dass er einen Paradigmenwechsel im Verständnis von Psychotherapie herbeigeführt hat."[301] Auch wenn das Menschenbild Carl Rogers' immer wieder als „einseitig optimistisch"[302] und als „hochgradig individualistisch"[303] kritisiert wird und Rollo May gar von einer „geradezu teuflischen Unschuld der Aussagen Rogers'"[304] spricht, hat es doch wesentlich zu der bereits erwähnten humanistischen bzw. anthropologischen Wende im Bereich der Psychotherapie beigetragen.[305] In der Hinwendung zur Person als Ganzer, und nicht mehr nur zu einzelnen Aspekten des psychischen Apparates bzw. zur Lerngeschichte einzelner Symptome psychischer Störungen, liegt ein großer Verdienst Rogers' für den Bereich der Psychotherapie und

---

[301] W. W. KEIL, Zur Erweiterung der personzentrierten Therapietheorie, 35.

[302] W. M. PFEIFFER, Klientenzentrierte Psychotherapie im Kontext von Kultur und Mode, 241. In gleichem Sinne äußern sich R. STIPSITS, Gegenlicht, 58, und J. HOWE, Störungsspezifisches Handeln in der Gesprächspsychotherapie?, 18, dem „das allzu optimistische Menschenbild als nicht geeignet (erscheint)."

[303] A. KÖHLER-WEISKER U.A., Auf der Suche nach dem wahren Selbst, 209, die sogar „in vielen seiner Metaphern und Beschreibungen das Bild einer Monade" ausmachen. Im gleichen Sinne kritisieren auch H. MAIER-KUHN, Utopischer Individualismus als personales und säkulares Heilsangebot, 107, 136-139, die sich mit Rogers' Wachstumsidee und seinem Verständnis von Selbstverwirklichung auseinandersetzt und P. C. VITZ, Der Kult ums eigene Ich, 119-124, das Menschenbild Carl Rogers'.

[304] R. MAY, The problem of evil, 244.

[305] Vgl. für den Bereich des Behaviorismus I. BAUMGARTNER, Pastoralpsychologie, 414f., der von einer personalen Wende in der Verhaltenstherapie spricht.

Beratung, aber auch der Seelsorge.[306] So weist Isidor Baumgartner darauf hin, dass „die therapeutischen Grundhaltungen ... ohne Zweifel ein *hohes Maß an impliziter Christlichkeit*" enthalten und dass „Rogers' Auffassung von Psychotherapie in gewissem Maß mit einem sich ‚immer mehr Bahn brechenden *mystagogischen* Seelsorgsverständnis (konvergiert)."[307]

Wie im Rahmen der Darstellung der einzelnen Aspekte des Menschenbildes Carl Rogers' immer wieder ausgeführt wurde, basiert dieses auf einem ganzheitlichen, die beiden Aspekte der Individualität und der Bezogenheit gleichermaßen integrierenden Personbegriff. Dieses Verständnis des Menschen als Person berücksichtigt auch den Aspekt der menschlichen Freiheit, der nicht nur in der Möglichkeit der Wahl zwischen Alternativen, sondern in der Entscheidung für oder gegen das eigene So-Sein gesehen wird.[308]

Ein Verdienst des Rogersschen Ansatzes ist, dass die Aufgabe der Verwirklichung der dem Menschen innewohnenden Möglichkeiten und Anlagen ausdrücklich betont wird und damit dem Menschen eine Sinn- und Wachstumsperspektive angeboten wird, die über die Befreiung von Symptomen und Störungen, die sonst im Zentrum psychotherapeutischer Zugänge zum Menschen steht, hinausgeht.[309] Auch für die christliche Anthropologie liegt hierin eine Herausforderung, die im weiteren Verlauf dieser Arbeit zu berücksichtigen sein wird, da „christliche Anthropologie stark dazu neigt, jede Art der Selbstliebe und Selbstverwirklichung als sündig abzuwerten"[310]. Gerade in jüngerer Zeit wurde auch aus christlich-anthropologischer Sicht die Notwendigkeit der Selbstannahme und -verwirklichung für die Liebesfähigkeit des Menschen betont.[311] Hierin kann m. E. ein Einfluss der humanistischen Psychologie gesehen werden. Der Theologe und Psychotherapeut Wunibald Müller schreibt sogar: „Ich verweise darauf, wie wichtig die

---

[306] Vgl. etwa H. LEMKE, Personzentrierte Beratung in der Seelsorge, W. MÜLLER, Psychotherapie in der Seelsorge, DERS., Ganz Ohr: Grundhaltungen in der seelsorgerlichen und spirituellen Beratung, und H. POMPEY, Theologisch-psychologische Grundbedingungen der seelsorgerlichen Beratung.

[307] I. BAUMGARTNER, Pastoralpsychologie, 474, 475. Vgl. hierzu auch M. BELOK, Humanistische Psychologie und Katechese, 79-81, und zur Nähe zur mystagogischen Seelsorge H. HASLINGER, Was ist Mystagogie?, 64-67.

[308] Vgl. etwa C. ROGERS, Entwicklung der Persönlichkeit, 192.

[309] Vgl. das in Kap. 2.2.1. zur Abgrenzung von Psychoanalyse und Verhaltenstherapie Gesagte.

[310] M. KLESSMANN, Pastoralpsychologie, 182.

[311] Vgl. zum Thema Selbstverwirklichung in theologischen und kirchlichen Äußerungen zusammenfassend K. REMELE, Tanz um das goldene Selbst?, 338-345, der sich u.a. auf die amerikanische Bischofskonferenz, Bischof Egon Kapellari und Oswald von Nell-Breuning bezieht, sowie die Beiträge des Sammelbandes K. FRIELINGSDORF UND M. KEHL, Ganz und heil, die verschiedene psychologische und religiöse Perspektiven von Selbstverwirklichung darstellen. Zu Rogers' Selbstverwirklichungsverständnis siehe den dort enthaltenen Aufsatz C. KENTRUP, Das Selbst zu sein, das man in Wahrheit ist.

Selbst-Verwirklichung ist und dass Heiligkeit bedeutet, dem eigenen Selbst zur Entfaltung zu verhelfen."[312] Rogers' betont in seinen Publikationen die Rolle des Selbst und der organismischen Aktualisierungstendenz allerdings so stark, dass viele Kritiker von der Gefahr einer Selbsterlösungsideologie sprechen[313], „die den Glauben an die Allmacht der Person suggeriert"[314]. Eva Jaeggi entdeckt hierin den „Optimismus der fünfziger und frühen sechziger Jahre" und meint, dass diese Aussagen Rogers' vor allem Gültigkeit „für den gut verdienenden (weißen) Mittelschichtler der USA" beanspruchen könnten.[315] Auch Wolfgang M. Pfeiffer[316] und Johann A. Schülein[317] sehen in den optimistischen Zügen des Menschen-bildes Carl Rogers' einen Ausdruck des sogenannten Amerikanischen Traums.

Diese Kritik trifft ohne Zweifel eine Einseitigkeit in den Darstellungen Rogers', der sehr stark die positiven Aspekte menschlicher Entwicklungsmöglickeiten betont,[318] und auch eine große Gefahr in deren Rezeption.[319] Aber sowohl Rogers' Verständnis der Entstehung von Störungen als auch der Heilung dieser Störungen berücksichtigt die bereits angesprochene ganzheitliche Sicht des Menschen als Person, insofern in beiden Prozessen interne Faktoren und äußere Einflüsse – und hier insbesondere zwischenmenschliche Beziehungen – wirksam sind.[320] Gerade in Bezug auf die Aufhebung menschlicher Inkongruenz betont Rogers die zwischenmenschliche Beziehung als unerlässliche Voraussetzung für Persönlichkeitswachstum.[321] Deshalb treffen die Vorwürfe des Individualismus und des Egozentrismus für das Menschenbild Carl Rogers' m. E. nicht zu, auch wenn im Zuge der Rogersrezeption und der Humanistischen Psychologie diese Aspekte z.T.

---

[312] W. MÜLLER, Die Ehre Gottes ist der lebendige Mensch, 65.

[313] So H. LEMKE, Theologie und Praxis annehmender Seelsorge, 37, und M. BELOK, Humanistische Psychologie und Katechese, 89. Aber auch aus gesprächspsychotherapeutischer Sicht werden die sehr positiven Grundannahmen Rogers' kritisiert, so z.B. in J. HOWE UND W.-R. MINSEL, Gesprächspsychotherapie, 379f., die die biologische Grundanlage einer konstruktiven Selbstverwirklichungstendenz in Frage stellen.

[314] I. BAUMGARTNER, Pastoralpsychologie, 478.

[315] Beide Zitate aus: E. JAEGGI, Zu heilen die zerstoßnen Herzen, 247.

[316] Vgl. W. M. PFEIFFER, Klientenzentrierte Psychotherapie im Kontext von Kultur und Mode, 224-228, der neun Einflüsse der amerikanischen Kultur auf den Ansatz Rogers' aufführt.

[317] Vgl. J. A. SCHÜLEIN, Rogers' Theorie und Amerika, 208-213. Im gleichen Sinne äußert sich auch R. EISENGA, Das Menschenbild Rogers', 24-29.

[318] Vgl. P. F. SCHMID, Herr Doktor, bin ich verrückt?, 94, und das hierzu in den Anmerkungen zu Sprache und Stil des Werkes Rogers' in Kap. 2.2.3. Gesagte.

[319] Vgl. H. BRUNNER, Menschenbilder in Psychologie und Psychotherapie, 78, und K. REMELE, Tanz um das goldene Selbst?, 313f.

[320] Vgl. Rogers' Reaktion auf die Kritik Paul Tillichs in *Paul Tillich und C. Rogers im Gespräch* (in: C. ROGERS UND P. F. SCHMID, Person-zentriert, 264f.), sowie das in Kap. 3.2.4. und 3.2.5. dazu Ausgeführte.

[321] Vgl. C. ROGERS, Die notwendigen und hinreichenden Bedingungen, 169.

einseitig betont wurden und zu einem „Kult ums eigene Ich"[322] geführt haben.

Bezüglich des Phänomen des Bösen und der Kritik, dass dieses bei Carl Rogers zu wenig im Blick sei, ist darauf hinzuweisen, dass aus personzentrierter Sicht „die manifeste Destruktivität, die im menschlichen Verhalten zu beobachten ist, ein unumstrittenes Faktum (ist). Sie wird aber nicht als die tiefste Schicht des menschlichen Wesens, sondern als reaktives Zerrbild betrachtet."[323] Auch diese Seite des Menschen ist also, zumindest als sekundäres Phänomen, im personzentrierten Ansatz enthalten.

Es bleibt dennoch als Kritikpunkt festzuhalten, dass Carl Rogers sich in seinem Werk „zuwenig mit dem Phänomen des Bösen und den destruktiven Kräften im Menschen auseinandersetzt."[324] Gerade eine christliche Rogers-Rezeption muss sich dieser Aufgabe stellen, um nicht der „Faszination der Fremdprophetie" zu erliegen und "ob ihrer Begeisterung für die neuen ‚Heilslehren' ihre Identität und ihr kritisches Potential zu verlieren"[325], wie Norbert Mette und Hermann Steinkamp bezüglich einer aus ihrer Sicht allzu unkritischen Übernahme des Rogersschen Menschenbildes in kirchlicher Beratung und Pastoralpsychologie schreiben. Dabei wird auch Rogers' Verständnis der organismischen Wertung als zuverlässiger Orientierung für den Menschen daraufhin zu befragen sein, ob es zum einen diese zuverlässige Orientierungsquelle im Menschen selbst so wirklich gibt, und ob es zum anderen nicht der Ergänzung durch andere, womöglich außerhalb des Menschen liegender Orientierungspunkte bedarf.[326] Auch Wolfgang M. Pfeiffer weist darauf hin, dass es „der Freiheit und Verantwortung des Menschen entspricht, dass er nicht von eindeutigen Entwicklungstendenzen getragen ist, sondern in der Spannung zwischen widersprüchlichen Möglichkeiten seinen Weg zu suchen hat."[327]

In diesem Zusammenhang stellen sich auch die Fragen nach menschlicher Schuld und ihrer Vergebung bzw. Überwindung, die Carl Rogers

---

[322] P. C. Vitz, Der Kult ums eigene Ich. Eine sehr ausführliche und ausgewogene Auseinandersetzung mit dieser Selbstverwirklichungsbewegung, aber auch mit diesem Aspekt des personzentrierten Ansatzes Carl Rogers' bietet K. Remele, Tanz um das goldene Selbst?, der sich aus sozialethischer Sicht mit *Therapiegesellschaft, Selbstverwirklichung und Gemeinwohl*, so der Untertitel seines Buches, auseinandersetzt und in Bezug auf Rogers zu dem Ergebnis kommt, dass ihm keine egozentrische Position unterstellt werden kann, auch wenn er nicht deutlich genug die sozialen Aspekte und auch Verpflichtungen des menschlichen Lebens betont habe, was Remele unter anderem auf Rogers' Blick auf die psychotherapeutische Situation und die in ihr geforderte Stärkung Ich-schwacher Menschen zurückführt (ebd., 306-314).
[323] G. Stumm und W. W. Keil, Das Profil der Klienten-/Personzentrierten Psychotherapie, 52.
[324] P. F. Schmid, Personale Begegnung, 110.
[325] N. Mette und H. Steinkamp, Sozialwissenschaften und Praktische Theologie, 169.
[326] Zu Rogers' Verständnis dieses organismischen Wertungsprozesses vgl. C. Rogers, Der Prozess des Wertens beim reifen Menschen, sowie das in Kap. 3.2.3. dazu Ausgeführte.
[327] W. M. Pfeiffer, Klientenzentrierte Psychotherapie im Kontext von Kultur und Mode, 241.

in seinem Schrifttum nicht aufgreift,[328] und nach der Grundlage der jedes menschliche Leben negativ prägenden Inkongruenz. Denn wenn jeder Mensch von seinem Wesen her gut ist und die Inkongruenz ein sekundäres, erlerntes Phänomen darstellt, bleibt die Frage offen, wie es zum einen zu dieser Verbreitung der Inkongruenz kommen konnte und warum sie nicht vollständig überwindbar ist.[329] Daran anknüpfend ist in Kap. 6 zu diskutieren, ob sich die von Rogers als Grundlage dieses menschlichen Wachstums- und Orientierungsprozesses postulierte Aktualisierungstendenz, die er selbst ja als Teil einer kosmischen formativen Tendenz versteht,[330] mit dem christlichen Verständnis von Schöpfung und menschlicher Entwicklung vereinen lässt.

Ein Verdienst dieses Rogersschen Postulates einer zur biologischen Grundausstattung des Menschen gehörenden Aktualisierungstendenz ist es, dass die Leiblichkeit des Menschen in einem positiven Sinn neu in den Blick genommen wird. Ist diese bei Freud vor allem triebbestimmt und damit problematisch, kommt bei Rogers der Leiblichkeit des Menschen eine lebensfördernde Bedeutung zu. Gerade für die Auseinandersetzung mit christlicher Anthropologie, die ja immer ein wenig im Ruf der Leibfeindlichkeit steht, kann dies ein wichtiger und konstruktiver Beitrag des personzentrierten Menschenbildes sein.[331]

Im Rahmen der weiteren Auseinandersetzung mit dem Menschenbild Carl Rogers' ist noch zu prüfen, ob die drei therapeutischen Grundhaltungen der Echtheit, bedingungslosen Wertschätzung und des empathischen Verstehens wirklich einem christlichen Verständnis von Nächstenliebe entsprechen und ob der Gottesbezug des Menschen, den Rogers in seinem Spätwerk zumindest andeutet,[332] im personzentrierten Ansatz (als einem psychologischen Zugang zum Menschen) hinreichend scheint bzw. wo es aus transzendentaltheologischer Sicht einer Ergänzung bedarf. Diesbezüglich wird insbesondere anzufragen sein, inwieweit Rogers' apersonaler Transzendenzbezug mit dem personalen Gottesbezug des christlichen Glaubens in Einklang gebracht werden kann,[333] bzw. inwieweit die

---

[328] Vgl. I. BAUMGARTNER, Pastoralpsychologie, 478f., wo der Autor schreibt, „dass in Rogers' Menschenbild wenig Platz (bleibt) für die Realität des unübersehbaren Leids, das Menschen einander zufügen, und es weitgehend sprachlos (bleibt) angesichts der existentiellen Schuldverstrickung des Menschen" und darauf hinweist, dass „Gesprächspsychotherapie keine andere Vergebung anzubieten (hätte) als die von Menschen immer nur *bedingt und begrenzt realisierbare empathische Annahme des Therapeuten.*"

[329] Vgl. hierzu *Paul Tillich und C. Rogers im Gespräch* (in: C. ROGERS UND P. F. SCHMID, Person-zentriert, 259-265).

[330] Vgl. C. ROGERS, Der neue Mensch, 75-79, und Kap. 3.2.3..

[331] Vgl. M. KLESSMANN, Pastoralpsychologie, 184.

[332] Vgl. Kap. 3.2.2.3..

[333] C. KENTRUP, Das Selbst zu sein, das man in Wahrheit ist, 101, schreibt, „dass Rogers und

bleibenden Divergenzen für eine christliche Rogers-Rezeption bedeutsam sind.

Die hier formulierten weiterführenden Anfragen an das Menschenbild des personzentrierten Ansatzes Carl Rogers', wie es aus seinem Schrifttum erschlossen werden kann, zeigen, dass dieses zwar die notwendige Abstraktion vom konkreten therapeutischen Vorgehen aufweist, um in einen über die rein empirische Überprüfbarkeit hinausgehenden Dialog eintreten zu können,[334] und dass viele Aspekte zwar implizit enthalten sind, von Carl Rogers jedoch nicht ausreichend expliziert wurden.[335] Hier wird es Aufgabe des angestrebten Dialoges sein, diese Implikationen zu entfalten und die Ausführungen Rogers' in diesem Sinne fortzuführen. So weist auch Wolfgang W. Keil darauf hin, dass die Theorie Rogers' „erweitert werden (sollte), dies jedoch nicht im Sinne einer Ergänzung durch andere Konzepte, sondern im Sinne einer Explikation des implizit Enthaltenen."[336] Ob tatsächlich alles für ein aus theologischer Sicht angemessenes Verständnis des Menschen Notwendiges im Ansatz Carl Rogers' zumindest implizit enthalten ist, oder ob es der Ergänzung bedarf, wird die Diskussion zu zeigen haben.

Es kann in Bezug auf das Menschenbild des personzentrierten Ansatzes Carl Rogers' in einem ersten Fazit festgehalten werden, dass es sich um ein die beiden Pole Individualität und Bezogenheit der menschlichen Person berücksichtigendes, in seiner Darstellung zum Teil einseitig optimistisches, aber insgesamt umfassendes psychologisches Menschenbild handelt, das nicht zuletzt aufgrund seiner historischen Bedeutung und seines grundlegenden Einflusses auf alle heutigen psychologischen und psychotherapeutischen Ansätze geeignet erscheint, einem konstruktiven Dialog mit dem transzendentaltheologischen Menschenbild Karl Rahners als Grundlage zu dienen. Unter methodischer Perspektive kann festgehalten werden, dass sich die herangezogenen anthropologischen Kategorien für die Darstellung des Menschenbildes des personzentrierten Ansatzes Carl Rogers' insofern bewährt haben, als alle wesentlichen, anthropologisch relevanten Aspekte des Menschenbildes subsumiert und eindeutig zugeordnet werden konnten.

---

viele Humanistische Psychologen keine Beziehung zu einem christlich-personalen Gottesbild kennen". Ob ein solcher Bezug in den personzentrierten Ansatz integrierbar ist, wird zu untersuchen sein.

[334] Vgl. hierzu D. Höger, Klientenzentrierte Psychotherapie – Ein Breitbandkonzept mit Zukunft, 199.

[335] Auch J. Howe, Störungsspezifisches Handeln in der Gesprächspsychotherapie?, 14, kritisiert diesbezüglich eine „mangelnde Reflexion der anthropologischen Grundannahmen" bei Rogers und fordert, die „anthropologische Basis neu zu diskutieren" (ebd., 18).

[336] W. W. Keil, Zur Erweiterung der personzentrierten Therapietheorie, 34.

II. Teil: Der transzendentaltheologische Ansatz Karl Rahners

4. Grundzüge und Bedeutung des transzendentaltheologischen Ansatzes

Bei Karl Rahner kann ebenso wie bei Carl Rogers ein enger Zusammenhang zwischen Lebenslauf und Theorienbildung konstatiert werden.[1] Deshalb sollen auch für ihn zunächst die biographischen und theoretischen Wurzeln seines Denkens dargestellt werden (4.1.), bevor in einem zweiten Schritt die Grundzüge des transzendentaltheologischen Ansatzes skizziert werden (4.2.). Hierzu folgen der Darstellung seines Denkansatzes (4.2.1.) Hinweise zu den Themenfeldern transzendentaltheologischer Reflexion (4.2.2.) und zur sprachlichen Gestalt des Werkes Karl Rahners (4.2.3.). In einem dritten Teil wird auf die Bedeutung desselben für die Theologie und Pastoral eingegangen (4.3.).

4.1. Karl Rahner und die Wurzeln des transzendentaltheologischen Ansatzes

Karl Rahner wurde am 5. März 1904 als viertes von sieben Kindern in Freiburg im Breisgau geboren.[2] Seine Eltern, Professor Karl Rahner und Luise Rahner, geb. Trescher, stammten beide aus der Freiburger Gegend, so dass die alemannische Herkunft, von der Rahner sagt, „dass sie grüblerisch und verschlossen seien und wie die Pferde arbeiteten"[3], durchaus das Wesen Karl Rahners geprägt hat. Rahner sagte selbst über seine Lebensweise: „Ich habe kein Leben geführt, ich habe gearbeitet."[4]

Karl Rahner „wuchs in einer normalen, mittelständischen, christlichen Familie auf"[5], innerhalb der es keine größeren Konflikte gab. Auf eine sehr nüchterne und pragmatische Art ist Karl Rahner so in den katholischen

---

[1] Vgl. K. Lehmann, Karl Rahners Bedeutung für die Kirche, 8. N. Mette, Zwischen Reflexion und Entscheidung, 145, bezeichnet dies als bei Rahner „vorfindbare fundamentale Einheit von Lehre und Leben, Theorie und Praxis, Dogmatik und Biographie". B. J. Hilberath, Karl Rahner, 11, spricht von einer „Verschränkung von Lebenslauf und Gedankengang". Zu Carl Rogers vgl. Kap. 2.1..

[2] Als umfassende Darstellung des Lebensweges Karl Rahners (und seines Bruders Hugo) ist K. H. Neufeld, Die Brüder Rahner, zu empfehlen. Einen Überblick über das Leben Rahners bieten auch die meisten Einführungen in sein Werk, so auch H. Vorgrimler, Karl Rahner, 19-136. Den Schwerpunkt auf die Quellen und Grundlagen seines Werkes bis zum Ende des zweiten Weltkrieg legen A. R. Batlogg u.a., Der Denkweg Karl Rahners, 19-157.

[3] K. Rahner, Erinnerungen, 28.

[4] K. Rahner, Bekenntnisse, 58.

[5] K. Rahner, Erinnerungen, 19.

Glauben hineingewachsen, dass für ihn auch „der Entschluss, Priester zu werden, eigentlich nicht so ferne liegend"[6] war, obwohl sein Religionslehrer, der eine wichtige Bezugsperson für Karl Rahner und seinen Bruder Hugo war, ihn aufgrund seines verschlossenen Wesens nicht für geeignet hielt, Priester zu werden.[7]

Trotz des ersten Weltkrieges, in dem zwei seiner Brüder Soldaten waren, und seines Engagements in der Jugendbewegung, das zu seiner ersten Begegnung mit Romano Guardini führte, gibt es laut Karl Rahner über seine Jugendzeit nicht viel zu berichten.[8]

Im April 1922, nur drei Wochen nach seinem Abitur, entschloss sich Karl Rahner, ebenso wie sein vier Jahre älterer Bruder Hugo in den Jesuitenorden einzutreten, wobei er später betont, „er sei jedoch keineswegs durch das Vorbild des älteren Bruders dazu bewogen worden."[9] Nach zwei Jahren Noviziat in Feldkirch (Vorarlberg) folgte das dreijährige ordensinterne Philosophiestudium in Feldkirch und in Pullach bei München. Von 1929 bis 1933 studierte Karl Rahner in Valkenburg (Niederlande) Theologie, wobei er eine umfassende neuscholastische Ausbildung erfuhr. Während seines Theologiestudiums empfing Karl Rahner am 26. Juli 1932 von Kardinal Faulhaber in München, St. Michael, die Priesterweihe.

Die ignatianische Spiritualität und insbesondere die von Rahner während seiner Ausbildung intensiv erfahrenen und von ihm später oft selbst geleiteten Exerzitien stellen eine wesentliche Wurzel seines transzendentaltheologischen Denkens dar. Klaus P. Fischer hat in seinen Beiträgen zur Theologie Karl Rahners herausgearbeitet, dass „Methode und Grundeinsichten der Exerzitien für Rahner eminente hermeneutische Bedeutung für die Annäherung an Gott, Offenbarung und Glauben überhaupt (haben)."[10] An anderer Stelle spricht Fischer vom „ignatianisch-mystischen Grundton des Denkens von Karl Rahner"[11]. „Als echter Jünger des heiligen Ignatius von Loyola und seiner Mystik der Gotteserfahrung und des Gott-Findens in allen Dingen

---

[6] K. RAHNER, Erinnerungen, 22.

[7] K. RAHNER, Erinnerungen, 22. Rahner zitiert ihn mit der Aussage: „Nein, der Karl, der ist dafür nicht geeignet. Der ist viel zu kontaktarm und brummig. Lasst, der soll was anderes werden." Hier zeigt sich (ähnlich wie bei den bürgerlichen Familienverhältnissen und der Stellung in der Geschwisterfolge) eine Parallele zum kontaktscheuen Wesen Carl Rogers'. Vielleicht liegt ja gerade in dieser Kontaktscheu eine Wurzel zum professionellen und auch wissenschaftlichen Zugang zum Menschen, der über die Methode und die eigene Rolle Nähe bei gesichertem Abstand ermöglicht. Vgl. C. ROGERS UND R. ROSENBERG, Die Person als Mittelpunkt der Wirklichkeit, 189 f. Hinzuweisen ist allerdings darauf, dass sich Rogers und Rahner hinsichtlich der erlebten Atmosphäre und inneren Freiheit in ihren Familien deutlich unterscheiden.

[8] vgl. K. LEHMANN, Karl Rahner. Ein Porträt, 13*.

[9] K. LEHMANN, Karl Rahner. Ein Porträt, 13*.

[10] K. P. FISCHER, Gott als das Geheimnis des Menschen, 1-8, hier: 3.

[11] K. P. FISCHER, Gotteserfahrung, 9.

geht er von der selbst erfahrenen und erfahrbaren Realität der Selbstmitteilung Gottes aus."[12]

Peter Eicher hat diese Betonung der Bedeutung persönlicher Gotteserfahrung für die Theologie Karl Rahners mit Hinweis auf die unklare Begrifflichkeit der ‚transzendentalen Erfahrung' kritisiert[13] und die transzendentaltheologische Analyse menschlicher Erfahrung überhaupt als die Grundlage Rahnerschen Denkens betont.[14] Eine gelungene Zusammen- und Weiterführung der Positionen Fischers und Eichers hat Philipp Endean vorgelegt.[15] Er unterscheidet zwischen Erfahrung und Erlebnis. Nach seiner Einschätzung geht es Rahner „eben nicht um ein Sondererlebnis, sondern um einen allgemeinen Erfahrungsprozess, der in die Erkenntnis einer (wenn überhaupt) immer schon gültigen, transzendentalen Wahrheit einmündet."[16] Für Endean ist es deshalb ein Fehler, „die ignatianischen bzw. geistlichen und die erkenntnismetaphysischen Zugänge zu Rahner gegeneinander auszuspielen. In je verschiedenen aber komplementären Weisen holte Rahner aus beiden Zugängen sein charakteristisches Verständnis der theologischen Wahrheit, nämlich als etwas, das auf das immer schon anwesende Geheimnis Gottes verweist und die Menschen tiefer in es hineinruft."[17]

Das Denken Karl Rahners ist ohne die Zusammenschau der spirituellen und philosophisch-theologischen Einflussfaktoren nicht angemessen zu verstehen.[18] Gerade angesichts der sprachlichen und gedanklichen Herausforderungen, die das Rahnersche Werk mit sich bringt, ist es für eine adäquate Rezeption wichtig, dessen spirituelle Seite zu berücksichtigen.[19] Denn „wenn die Gnadenerfahrung das Herzstück und die Grundaxiomatik

---

[12] K. P. FISCHER, Der Mensch als Geheimnis, 8. Vgl. zum Gedanken der durch die Exerzitien vermittelten Gotteserfahrung als Grundlage der Rahnerschen Theologie auch ebd., 7-9,21-30,65-370. Im gleichen Sinne äußern sich K. LEHMANN, Karl Rahner, 168, und M. SIEVERNICH, Ignatianische Spiritualität und pastorale Grundorientierung, welcher den unmittelbaren Bezug zwischen Ignatius und Rahner herausarbeitet. Einen Einblick in Wesen und Gestalt ignatianischer Spiritualität bieten M. SIEVERNICH UND G. SWITEK, Ignatianisch.

[13] Insb. in P. EICHER, Erfahren und Denken.

[14] Vgl. P. EICHER, Wovon spricht die transzendentale Theologie?, 291.

[15] P. ENDEAN, Die ignatianische Prägung der Theologie Karl Rahners. Dieser Beitrag Endeans zu den Rahnersymposien in Innsbruck basiert auf einer ausführlichen Studie zum gleichen Thema: DERS., Karl Rahner and Ignatian Spirituality.

[16] P. ENDEAN, Die ignatianische Prägung der Theologie Karl Rahners, 65.

[17] P. ENDEAN, Die ignatianische Prägung der Theologie Karl Rahners, 73.

[18] So betont N. SCHWERDTFEGER, Gnade und Welt, 51, dass zwar das „Ursprungsthema" Rahners „die durch die ignatianische Spiritualität vermittelte mystische Erfahrung der Selbstmitteilung Gottes" sei, stellt aber zugleich heraus, dass Rahners „anthropologische Wende nicht durch persönliche mystische Erfahrung" zustande gekommen sei, sondern in der geschichtlichen Selbstentäußerung Gottes in Jesus Christus gründe.

[19] Zum Stand der Rahner-Rezeption und der Aufgabe einer Berücksichtigung geistlicher und theologischer Schriften Rahners vgl. R. A. SIEBENROCK, Einleitung, und DERS., Wer sich Gott naht, dem naht sich Gott, 20f.

seiner Theologie bildet, dann handelt es sich im Grunde um eine Entfaltung jener im Prozess der Exerzitien erfahrenen Unmittelbarkeit des Subjekts zu Gott, die dazu drängt, mystagogisch und missionarisch weitervermittelt zu werden."[20] Michael Sievernich legt Wert darauf, „dass der ursprüngliche Einsatz und der genuine Ansatz der Theologie Rahners ... weder in der neothomistischen Schultheologie noch in einer theologisch geschürzten Transzendental- oder Existenzialphilosophie zu suchen (ist), sondern in der *geistlichen Erfahrung* des Menschen"[21]. Im gleichen Sinne verweist Karl Rahner darauf, „dass gegenüber der sonstigen Philosophie und Theologie, die mich beeinflusst hat, die ignatianische Spiritualität doch das Bedeutendere und Wichtigere gewesen ist."[22]

Dass die Exerzitien des Ignatius und die Spiritualität seines Ordens für Karl Rahner eine wichtige Grundlage seiner Theologie bilden, ist unbestritten.[23] Rahner selbst sagt in einem Interview anlässlich seines 70. Geburtstages: „Hinter allem was ich tat, stand ein sehr unmittelbares seelsorgerliches und spirituelles Interesse" und betont, dass er hoffe, dabei der „ignatianischen Spiritualität seines Ordens einigermaßen treu geblieben"[24] zu sein.

Die fundierte Kenntnis dessen, was Rahner selbst immer wieder als Schultheologie kritisiert und weiterentwickelt hat, ist ein weiteres wichtiges Fundament für sein Denken. Nach Paul Rulands wird bei Rahner der Schultheologie gegenüber „eine gewisse Ambivalenz deutlich", so „dass die Stichworte ‚Distanzierung' und ‚Überwindung' für die Bestimmung von Rahners Verhältnis zur Neuscholastik alleine kaum ausreichen und hier eine viel tiefer liegende wurzelhafte Verbundenheit vermutet werden darf."[25]

---

[20] M. SIEVERNICH, Ignatianische Spiritualität und pastorale Grundorientierung, 54. Im weiteren Verlauf dieses Aufsatzes schreibt Sievernich: „Die Grunddynamik der ignatianischen Trias von Gotteserfahrung, Seelsorge und Mission bestimmt auch das Werk Rahners. Denn seine Theologie trägt den Prägestempel ignatianischer Spiritualität und ist auf die Praxis der Seelsorge und der Sendung ausgerichtet"(ebd., 60). Auch in DERS., Schuld und Sünde in der Theologie der Gegenwart, 36, sieht Sievernich Rahners „genuinen Ansatz" in der geistlichen Erfahrung und sagt, dass „die transzendentale, von der Gnade getragene religiöse Erfahrung in aller wahren alltäglichen Selbsterfahrung der *spirituelle Ursprungsort* der Rahnerschen Theologie (ist)".
[21] M. SIEVERNICH, Schuld und Sünde in der Theologie der Gegenwart, 34.
[22] K. RAHNER, Im Gespräch, Bd. II, 51. Einen näheren Einblick in diese Spiritualität, wie Karl Rahner sie im Orden kennenlernte, bietet A. R. BATLOGG, Die Mysterien des Lebens Jesu bei Karl Rahner, der im ersten Teil dieser Arbeit auf die Prozesse der Wiederentdeckung der mystischen Dimension der Exerzitien des Ignatius und deren Einfluss auf das Noviziat der Jesuiten eingeht (ebd., 15-120) und im zweiten die Schlüsselrolle der Mysterien des Lebens Jesu für die Exerzitien und ihre Theologie darlegt (ebd., 121-260).
[23] Vgl. hierzu etwa J. SUDBRACK, Karl Rahner und die Theologie der Exerzitien, 39, und R. A. SIEBENROCK, Wer sich Gott naht, dem naht sich Gott, 26.
[24] K. RAHNER, Gnade als Mitte menschlicher Existenz, 81. Zur spirituellen Dimension der Theologie Karl Rahners vgl. E. KLINGER, Das absolute Geheimnis im Alltag entdecken.
[25] P. RULANDS, Zur Genese des Theologumenons vom ‚übernatürlichen Existential', 227.

Immer wieder war es Rahner ein Anliegen, bei der Schultheologie anzu-setzen, um aus ihr heraus durch konsequentes Weiterfragen zum Überstieg ihrer selbst und zur Entfaltung ihres wahren Potentials zu gelangen, das weit über das Zitieren alter Glaubensaussagen und -systeme hinausreicht.[26] Es ging ihm um „die Entbindung jener inneren Dynamik, die auch noch in der landläufigen, scheinbar steril gewordenen ... Schultheologie steckt"[27], auch wenn diese „sich hinsichtlich ihrer Fragen und auch Methoden nur in einem ganz bestimmten Rahmen bewegt hat. Mit der Moderne hatte man nicht viel zu tun."[28] Allerdings bekam Rahner in der Studienzeit in Valkenburg neben einer fundierten schultheologischen Ausbildung durch seinen älteren Ordensbruder Joseph Maréchal und dessen Art der Thomas-Interpretation weitere entscheidende Anstöße für sein späteres Denken.[29]

Maréchals Buch *Le thomisme devant la Philosophie critique,* der fünfte Band des zwischen 1922 und 1926 erschienen Werks *Le point de départ de la métaphysique,* wurde von Rahner ausführlich exzerpiert.[30] Rahner selbst sagt zum Einfluss Maréchals auf sein eigenes Arbeiten: „Dieser Marécha-lismus gestaltete sich bei mir zu dem, was später von anderen Leuten als ‚Transzendentalphilosophie und -theologie‘ bezeichnet wurde."[31]

Maréchals Anliegen war eine Verbindung von Thomismus und Kantianis-mus. Er fragt hierbei nach den Bedingungen der Möglichkeit des Erkennens im Blick auf metaphysische Gegebenheiten. Nach Kant war die Erkenntnis auf die sinnlich gebundene Erfahrung begrenzt, so dass keine Metaphysik im Sinne der Erkenntnis des Absoluten möglich sei. Maréchal ging nun von der Dynamik des Erkennens selber aus, in der er eine transzendentale, die sinnlichen Gegebenheiten und Gegenstände übersteigende Aktivität des Geistes sieht. Der Geist nimmt im Erkennen die Gegenstände nicht einfach entgegen, sondern konstituiert deren Erkenntnis mit. Maréchal hält deshalb die Aktivität des Geistes als ein Apriori, eine aller gegenständlichen Er-kenntnis vorläufige Gegebenheit, eben eine Bedingung der Möglichkeit des Erkennens fest. Er geht über Kant mit der Frage hinaus, aufgrund welcher Bedingungen der menschliche Geist zur Erkenntnis in der Lage ist. Hierbei geht es ihm nicht um empirische, sondern um transzendentale Bedingun-gen jenseits der sinnlichen Wahrnehmung, die dieser notwendig zugrunde

---

[26] J. B. Metz bezeichnet diesen „Zug der theologischen Persönlichkeit Karl Rahners" als „sei-ne Traditionsbejahung ... seine Verpflichtetheit auf die Geschichte des Glaubens und der Kir-che" (J. B. METZ U.A., Gott in Welt, Bd. I, 5*).

[27] K. RAHNER, Gnade als Mitte menschlicher Existenz, 81

[28] K. RAHNER, Glaube in winterlicher Zeit, 50f.

[29] Vgl. B. J. HILBERATH, Karl Rahner, 62-64.

[30] Zum Einfluß Maréchals auf Rahner vgl. B. J. HILBERATH, Karl Rahner, 62-64, sowie A. R. BATLOGG U.A., Der Denkweg Karl Rahners, 70-72.

[31] K. RAHNER, Glaube in winterlicher Zeit, 52.

liegen. Maréchal findet diese Bedingungen der Möglichkeit der Erkenntnis nur von einem letzten Ziel allen Erkennens, vom absoluten Sein her. Jede einzelne Erkenntnis des Menschen weist über sich hinaus auf das je größere Ganze als Rahmen der Einzelerkenntnis und damit auf das Sein schlechthin als Absolutem. Dass es sich bei diesem nicht um eine unendliche Perspektive, sondern um ein reales Ziel handelt, zeigt Maréchal an der unbedingten Geltung des Urteils auf: In dem Satz „Das *ist* das" verbindet das „ist" nicht nur Subjekt und Objekt bzw. Eigenschaft, sondern bejaht zugleich implizit das „Sein" als solches.[32] Auch wenn es eine bis heute umstrittene Frage ist, ob der in jedem Erkenntnisakt implizierte Vorgriff auf das absolute Sein als subjektive Denknotwendigkeit wirklich als Aufweis einer objektiven Sachnotwendigkeit oder nicht nur als Postulat einzuschätzen ist,[33] hat Maréchal mit seiner Art, Thomistisches und Kantianisches Denken zu verbinden, Einfluss auf Rahner gehabt, ohne dass bei diesem von einer ‚deutschen Maréchal-Schule' gesprochen werden kann, da die Eigenständigkeit seines Denkens das bestimmendere Moment ist.[34]

Von 1934 bis 1936 wurde Rahner gemeinsam mit seinem Mitbruder Johannes Lotz zum weiteren Philosophiestudium nach Freiburg geschickt, da er für einen Lehrstuhl für Geschichte der Philosophie vorgesehen war. Dort wollte er bei dem katholischen Philosophen Martin Honecker promovieren – studierte aber vor allem bei dem „damals schon bekannten und hoch geachteten, großen Philosophen Martin Heidegger."[35] Rahners Promotion in Philosophie wurde aber von Honecker abgelehnt, da sie zu stark von Heidegger beeinflusst und zu weit von der damals üblichen katholischen Thomasrezeption entfernt sei.[36] Diese Entscheidung konnte jedoch nicht verhindern, dass die Arbeit unter dem Titel *Geist in Welt* zu einem viel beachteten und in viele Sprachen übersetzten Werk wurde.[37]

Rahner bezeichnet Heidegger als „eine Art Mystagoge in der Philosophie... Er lehrte, Texte neu zu lesen, zu hinterfragen, Verbindungslinien zwischen einzelnen Texten und Aussagen eines Philosophen zu sehen, die eben dem Spießbürger nicht auffielen, und so weiter. Dabei hat er eine große Seins-Philosophie entwickelt, von der ich meine, dass sie für einen Theolo-

---

[32] Vgl. B. J. HILBERATH, Karl Rahner, 63-64.

[33] Vgl. hierzu R. SCHAEFFLER, Die Wechselbeziehungen zwischen Philosophie und katholischer Theologie, insb. 192 ff.

[34] B. J. HILBERATH, Karl Rahner, 64.

[35] K. RAHNER, Erinnerungen, 39 f. Zum Einfluss Heideggers auf das theologische Arbeiten Rahners siehe unten 4.1.2..

[36] Vgl. K. RAHNER, Erinnerungen, 40.

[37] Vgl K. RAHNER, Erinnerungen, 41, und A. RAFFELT, Editionsbericht zu SW 2, XIII-XXXVII, sowie R. A. SIEBENROCK, Glaube gibt zu denken, 67-89. Hilfen zu Verständnis und Interpretation dieses Werkes bietet A. RAFFELT, Geist in Welt.

gen, für den Gott das unsagbare Geheimnis ist und bleiben wird, immer eine faszinierende Bedeutung haben kann und wird."[38] Heidegger hat zwar inhaltlich keinen großen Einfluss auf Rahner gehabt, da er sich nicht zu theologischen Fragen geäußert hat und Rahner selbst gemeinsame Begriffe wie den des Existentials in einem eigenen, von Heidegger verschiedenen Sinn benutzt, allerdings hat Heidegger Rahners Denken in einem formalen Sinn beeinflusst.[39] Rahner selbst sagt dazu: „In der Art des Denkens, in der Art des Mutes, manches traditionell selbstverständliche noch einmal zu hinterfragen, in der Bemühung, in die heutige christliche Theologie auch moderne Philosophie einzubeziehen, da habe ich von Heidegger schon einiges gelernt und werde ihm also auch immer dankbar bleiben."[40]

Aufgrund eines Mangels an Dozenten für Theologie wurde Rahner kurzfristig auf Geschichte der Dogmatik und Dogmenentwicklung umbestimmt und bereits im Dezember 1936 mit seiner Arbeit *E latere Christi*[41] in Innsbruck zum Doktor der Theologie promoviert. Aufgrund früherer patristisch-dogmengeschichtlicher Arbeiten konnte er sich anschließend schon 1937 für das Fach Dogmatik habilitieren und mit dem Unterrichten beginnen.[42] Bis 1939 beschäftigte sich Rahner vor allem mit dem Gnaden-Traktat und der Geschichte und Systematik der Bußtheologie.[43]

Mit dem Einmarsch der Nationalsozialisten in Österreich begann für Rahner aufgrund des gegen die Jesuiten verhängten ‚Gauverbots' eine zehnjährige Unterbrechung der Innsbrucker Zeit, während der er kaum wissenschaftliche Arbeiten publizierte.[44] Von 1939 bis 1944 lebte Karl Rahner in Wien und arbeitete am dortigen Seelsorge-Institut mit. „Die Wiener Situation dürfte bei Karl Rahner auch den Sinn für seelsorgerliche Fragen, den er nie mehr verloren hat, geweckt und geschärft haben."[45] Obwohl es von Karl Rahner keine aus-drücklichen Äußerungen zum NS-Regime gibt und

---

[38] K. RAHNER, Erinnerungen, 43 f.
[39] So sieht K. LEHMANN, Philosophisches Denken, 18, den Einfluss Heideggers etwa auf die Rahnersche Unterscheidung zwischen transzendental und kategorial als stärker an als den Einfluss Kants. Zum Einfluss Heideggers auf Rahner vgl. auch A. R. BATLOGG U.A., Der Denkweg Karl Rahners, 72-74 und K. P. FISCHER, Philosophie und Mystagogie, 37-44.
[40] K. RAHNER, Erinnerungen, 45. An anderer Stelle sagt Rahner: „Ich würde sagen, Martin Heidegger war der einzige Lehrer, vor dem ich den Respekt eines Schülers vor dem großen Meister hatte" (DERS., Im Gespräch, Bd.II, 152).
[41] K. RAHNER, E latere Christi – Zum Ursprung der Kirche als zweiter Eva aus der Seite Christi. Eine Untersuchung über den typologischen Sinn von Joh. 19,34 (= SW 3,1-84).
[42] Vgl. H. VORGRIMLER, Karl Rahner, 40-44.
[43] Vgl. K. LEHMANN, Karl Rahner. Ein Porträt, 16*.
[44] K. H. NEUFELD, Die Brüder Rahner, 175.
[45] M. SCHMID, Mitarbeiter im Wiener Seelsorgeamt 1939–1944, 38. Vgl. auch H. VORGRIMLER, Gotteserfahrung, 115, der diese Zeit als ein „Schlüsselerlebnis" für Karl Rahner bezeichnet. Einen ausführlichen Beitrag zu dieser Zeit bieten auch A. R. BATLOGG, In die Pflicht genommen, und K. H. NEUFELD, Die Brüder Rahner, 159-177.

er sich vor allem mit innerkirchlichen Themen befasste, so z.B. mit dem von ihm und weiteren Theologen verfassten Wiener Memorandum, stand er als Freund Alfred Delps dem Naziregime sicher nicht neutral gegenüber.[46]

Das letzte Kriegsjahr wirkte Rahner in Niederbayern in der Seelsorge für Einheimische und Flüchtlinge. Nach Kriegsende lehrte er Theologie am Berchmanskolleg in Pullach bei München, an dem er selbst einen Teil seiner Ordensstudien absolviert hatte.

Von 1949 bis 1964 wirkte Rahner dann als Professor für Dogmatik und Dogmengeschichte in Innsbruck. Gerade in den ersten Nachkriegsjahren veröffentlichte Rahner eine Fülle von Schriften zur geistlichen Theologie, wie z.B. seine vielfach aufgelegten Fastenpredigten *Von der Not und dem Segen des Gebetes.*

Für Karl Lehmann kündigen sich in diesen Jahren bei Rahner „zwei weitere Dimensionen seines theologischen Interesses an: der ausdrückliche Blick auf die pastorale und pastoraltheologische Situation der Kirche und die Zuwendung zu kirchenreformerischen Fragen."[47] Rahner stellte sein Wirken unter die Forderung, die wissenschaftliche Konfrontation der Probleme der Neuzeit mit dem Fundament der Glaubenslehre der Kirche anzugehen. Mit dieser Verbindung übersteigt er den Rahmen der bis dahin vorherrschenden neuscholastischen Schultheologie. Rahner selbst sagt dazu: „Ich kann als katholischer Theologe in keinem Punkt meiner Überlegens, Denkens, Arbeitens absehen von der Frage: ‚Was lehrt das kirchliche Lehramt über diese und jene Frage?' Aber auf der anderen Seite kann ich das auch nicht einfach nur beinahe papageienartig repetieren, sondern muss darüber nachdenken, was bedeutet denn das, was soll denn das, in welchen Zusammenhang stell ich das, um das wirklich existentiell echt rezipieren zu können? Und bei einer solchen notwendigen, der Theologie aufgegebenen Frage ist natürlich die geistige Situation der eigenen Zeit ein unerlässlicher Rahmen, innerhalb dessen die Theologie betrieben werden muss."[48]

Der Anspruch, „intensiv, mutig und scharf zu denken und selbstverständlich mit dem Geheimnis zu rechnen"[49] ist typisch für das Vorgehen Rahners, ebenso wie seine Offenheit für die aktuellen Fragen. Dass es von Rahner außer seinem *Grundkurs des Glaubens*, den Rahner selbst als „eine gewisse Zusammenfassung meiner Theologie" charakterisiert[50], keine systematische Dogmatik gibt, liegt nicht zuletzt daran, dass er seine Kraft und Zeit immer wieder den aktuellen Anfragen und Aufgaben zugewandt

---

[46] Zur Freundschaft zwischen Rahner und Delp siehe K. RAHNER, Erinnerungen, 37f.
[47] K. LEHMANN, Karl Rahner. Ein Porträt, 16*.
[48] K. RAHNER, Erinnerungen, 54.
[49] K. RAHNER, Erinnerungen, 55.
[50] K. RAHNER, Erinnerungen, 57.

hat. So bestehen die 16 Bände seiner *Schriften zur Theologie* aus einer Fülle von Aufsätzen zu Einzelfragen, Gutachten und Stellungnahmen zu aktuellen Themen. Ihm lag nicht an einer systematischen Publikation seines Ansatzes, sondern daran, Antworten auf die drängenden Fragen der Zeit zu suchen und so weit als möglich zu finden. Man kann Rahners Theologie in diesem Sinne als ausgesprochene Zeitgenossenschaft charakterisieren.

Wenngleich Karl Rahner „keine ausgebauten theologischen Traktate verfasst (hat),... obwohl... ein immenses Material in seinen einzelnen Ausführungen (Vorträgen, Aufsätzen, Gutachten) vorliegt"[51], durch die Herausgabe der zweiten Auflage des *Lexikon für Theologie und Kirche* in den Jahren 1957 bis 1965, der Reihe *Quaestiones Disputatae* (gemeinsam mit Heinrich Schlier), des *Handbuches der Pastoraltheologie*, sowie von *Herders Theologischem Taschenlexikon* prägte er die theologische Landschaft und das dogmatische Arbeiten bleibend. Hierbei ist gerade „die ‚Schultheologie', Ausgangspunkt vieler Rahnerscher Über-legungen, ein Grund, warum seine Gedankengänge eine erstaunlich große internationale Expansivkraft erlangen konnten: Jeder Theologe kannte von seinem Studium der traditionellen Theologie her den Problemstand und konnte so auch eher der Weiterentwicklung folgen."[52]

Rahner hatte trotz seiner Popularität aber nicht nur Freunde: So wurde er im Vorfeld des Zweiten Vatikanischen Konzils mit der sogenannten Vorzensur belegt. Die Proteste dagegen waren aber so vehement und so breit gestreut, dass selbige zwar nie aufgehoben, faktisch aber auch nie vollzogen wurde.[53]

Trotz dieses Störfeuers wurde Rahner auf Einfluss Kardinal Königs aus Wien hin, der ihn als Berater mit zum Konzil genommen hatte, Peritus (Experte) in der Theologischen Kommission.[54] Rahner wurde zu einer der bedeutenden Persönlichkeiten des Konzils und hat weit über konkrete For-

---

[51] B. J. HILBERATH, Karl Rahner, 160. Eine Zusammenfassung der Kerngedanken Rahnerscher Theologie bietet allerdings der *Grundkurs des Glaubens*, in dem Rahner auch viele Gedanken früherer Aufsätze bis hin zu ganzen Formulierungen (etwa im Abschnitt über die Christologie innerhalb einer evolutiven Weltanschauung) übernimmt.

[52] K. LEHMANN, Karl Rahner. Ein Porträt, 19*.

[53] Vgl. zu Rahners Sicht dieses Vorgangs K. RAHNER, Erinnerungen, 63 f., und K. H. NEUFELD, Die Brüder Rahner, 234f. Zum Protest gegen diese Maßnahme K. LEHMANN, Karl Rahner. Ein Porträt, 17*.

[54] Eine sehr ausführliche Darstellung dieser Zeit – und auch des Rahnerschen Wirkens über das Konzil hinaus – findet sich bei K. H. NEUFELD, Die Brüder Rahner, 227-271. H. VORGRIMLER, Karl Rahner verstehen, 171-220, bietet eine Sammlung von Ausschnitten aus Briefen Karl Rahners aus dieser Zeit, die einen sehr interessanten Einblick in sein Erleben der Konzilsarbeit mit allen Höhen und Tiefen bieten. Eine ausführliche Untersuchung der Beiträge Karl Rahners zum II. Vatikanischen Konzil findet sich unter ekklesiologischer Perspektive bei G. WASSILOWSKY, Universales Heilsakrament Kirche, und (zusammengefasst) in DERS., Kirchenlehrer der Moderne, 229-239.

mulierungen hinaus den Geist des Konzils und seiner Dekrete mitgeprägt, wobei „die Geschichte des Einflusses Karl Rahners auf das Zweite Vatikanische Konzil erst jetzt geschrieben wird. ... Rahners Wirkung beruht jedoch nicht nur in der Art der Mitarbeit während des Konzils, sondern auch schon in der weltweiten vorkonziliaren Rezeption seiner theologischen Gedanken, die mit den Geist dieser Kirchenversammlung vorbereitete."[55] Die Hinwendung zur Sache ohne die eigene Person und deren Verdienste hoch zu halten, ist ein typisches Merkmal der Lebens- und Arbeitshaltung Karl Rahners: Er war immer bereit, nicht nur Überliefertes, sondern auch sich selbst fundamental in Frage stellen zu lassen und sich der je größeren und genaueren Erkenntnis unterzuordnen. Spirituell betrachtet ging es ihm dabei (dem Leitspruch der Jesuiten entsprechend) immer um die größere Ehre Gottes. Er wollte mit seinem Denken und Wirken, aber auch mit seinem persönlichen Leben und Sein dem immer zugleich gegenwärtigen und sich entziehenden Geheimnis, das wir Gott nennen, näher kommen. Dass sich mit jeder neuen Antwort eine noch größere Zahl theologischer und existentieller Fragen auftut, nahm er dabei in Kauf.[56]

Die Bedeutung, die das Konzil und seine Beschlüsse für Karl Rahner hatten, zeigt sich darin, dass er zusammen mit Herbert Vorgrimler die Herausgabe der Konzilsdokumente in den drei Ergänzungsbänden zum *Lexikon für Theologie und Kirche* sowie dem *Kleinen Konzilskompendium* übernahm und lebenslang durch die Interpretation von Konzilsaussagen diese in die aktuelle Theologie einbrachte. Für Rahner war das zweite Vatikanische Konzil „das erste Konzil einer Weltkirche, die wirklich Weltkirche und nicht eine Kirche in aller Welt mit europäischen Exporten sein will und angefangen hat, das zu werden. ... ein Konzil, hinter das die Kirche nicht mehr zurück kann."[57]

Noch während des Konzils kam für Karl Rahner der Abschied von Innsbruck. 1964 übernahm er als direkter Nachfolger Romano Guardinis den Münchner Guardini-Lehrstuhl für Christliche Weltanschauung und Religionsphilosophie. Nach drei Jahren verließ Rahner diesen Lehrstuhl – sehr zur Enttäuschung und zum Ärger Guardinis – und nahm einen Ruf nach Münster

---

[55] K. Lehmann, Karl Rahner. Ein Porträt, 19*f. Unterstützt wird diese positive Einschätzung der Bedeutung Rahners für das Konzil von Elmar Klinger in seinem Vorwort zu dem für Karl Rahner zu dessen 80. Geburtstag erstellten Sammelband E. Klinger und K. Wittstadt, Glaube im Prozess, 5: „Karl Rahner war nicht nur Peritus des Konzils. Er gehört auch zu seinen geistigen Wegbereitern. ... Der historische Beitrag Karl Rahners auf dem II. Vatikanum bleibt unbekannt, solange die Quellen dafür nicht erschlossen sind." Die Beiträge dieses Sammelbandes geben unter vielfältigen Perspektiven ein lebendiges Zeugnis der geistigen Beiträge Karl Rahners zum Konzil.

[56] Vgl. K. Rahner, Grundkurs, 43.

[57] K. Rahner, Erinnerungen, 89.

an, wo er bis zu seiner Emeritierung 1971 Dogmatik und Dogmengeschichte lehrte. Er entschied sich für diesen Wechsel, da ihm von der Theologischen Fakultät in München kein Promotions- und Habilitationsrecht zugestanden wurde.[58] In der Zeit nach dem Konzil wurde Rahner zunehmend kritischer in seinen Aussagen zur aktuellen Situation der Kirche. Die Sorge um ein Erlahmen des Reformwillens, die Enttäuschung über die schwierige Umsetzung der mit dem Konzil gebotenen Aufbrüche und die sich differenzierenden Fronten, in denen er sich nun auch mit ehemaligen Bundesgenossen wie etwa Hans Küng kritisch auseinandersetzen musste,[59] erschwerten Rahners Leben und Arbeiten. Obwohl er selbst es nicht so dramatisch einstufte, lassen sich „Züge von Resignation nicht verkennen."[60] Dennoch war er unermüdlich mit Reisen, Vorträgen und Schriften an kirchlichen Reformprojekten und der theologischen Suche nach dem richtigen Weg in die Zukunft beteiligt. So schmerzlich viele Vorgänge in der Kirche für Rahner waren, so tief hat er sie doch immer geliebt. Rahner sagt zu seiner Vorstellung einer zukünftigen Kirche: „ich möchte und wünsche und erwarte eine Kirche von einer – möchte ich sagen – außerordentlich starken Spiritualität, einer stärkeren Frömmigkeit, eine Kirche des Gebetes, eine Kirche, die Gott die Ehre gibt und die nicht meint, Gott ist für uns da, sondern davon überzeugt auch in Theorie und Praxis ist, dass wir Gott anzubeten haben, dass wir ihn um seiner selbst und nicht nur um unseretwillen zu lieben haben."[61] Karl Lehmann schreibt zu dieser manchmal sehr scharfen Kritik Rahners: „Die energischen Zwischenrufe und die Klagen über die Unbußfertigkeit des Kirchensystems im vorletzten und letzten Lebensjahrzehnt Karl Rahners kommen aus einem verwundeten Herzen, das die Kirche auch der Gegenwart mit demselben leidenschaftlichen Eifer liebt, wie bisher, sie allerdings daran auch misst. ... K. Rahner griff oft bewusst zum Mittel beinahe utopischer Überblendung, weil er die Kraft christlicher Verheißung gegen alle Defätismen am Leben halten wollte."[62]

1976 verfasste Karl Rahner auf der Basis der von ihm in München und Münster gehaltenen Vorlesungen zur *Einführung in den Begriff des Christentums* seinen *Grundkurs des Glaubens*, der „die wohl beste Zusammenfassung der Hauptlinien Rahnerscher Theologie"[63] darstellt und auf den deshalb in den nachfolgenden Abschnitten mehrfach zu rekurrieren ist. Josef Ratzinger, der heutige Papst Benedikt XVI, damals Kardinal und Erzbi-

---

[58] Vgl. zu dieser Zeit K. H. Neufeld, Die Brüder Rahner, 256-276.
[59] So etwa die zweijährige schriftliche Debatte um H. Küng, Unfehlbar?
[60] K. Lehmann, Karl Rahner. Ein Porträt, 21*.
[61] K. Rahner, Erinnerungen, 107f.
[62] K. Lehmann, Karl Rahner. Ein Porträt, 22*.
[63] A. Raffelt und H. Verweyen, Karl Rahner, 107.

schof in München und Freising, spricht in seiner Rezension des *Grundkurs des Glaubens* von einer „Synthese seines [= Rahners, A.d.V.] Denkweges", die „über den Wechsel theologischer Moden hinweg denk-würdig bleiben (wird), wie immer man sich im einzelnen zu seinen Aussagen verhält."[64] Es war immer ein Anliegen Karl Rahners, die Kernaussagen christlichen Glaubens in sogenannten *Kurzformeln des Glaubens*[65] zusammenzufassen. Wissend, dass diese Formeln für jede Zeit neu überdacht und formuliert werden müssen, sollten sie der Vergewisserung des eigenen Standes in der Klärung nach Innen, aber auch dem Zeugnis nach Außen dienen.

Ein weiteres Anliegen Rahners war die Ökumene. Durch eine fundierte Klärung der Grundlagen seines katholischen Glaubens suchte er die Grundlage für ein offenes und fruchtbares ökumenisches Gespräch zu bereiten. In seinen letzten Lebensjahren hat er in der gemeinsam mit Heinrich Fries verfassten, im Jahr vor Rahners Tod erschienen Schrift *Einigung der Kirchen – reale Möglichkeit* ein theologisch-kirchenpolitisches Programm vorgelegt, das „in kühnem Gestus die schon jetzt mögliche Einigung der großen christlichen Konfessionen proklamiert."[66]

Am 5. März 1984, einen Tag nach seinem 80. Geburtstag, mußte Rahner in eine Klinik in Innsbruck gebracht werden, wo er am 30. März 1984 gegen Mitternacht an Altersschwäche starb.[67]

---

[64] J. RATZINGER, Vom Verstehen des Glaubens, 177. Neben einer prägnanten und gut nachvollziehbaren Zusammenfassung des Gedankenganges des Grundkurses des Glaubens führt Ratzinger in dieser Rezension auch eine Reihe von Kritikpunkten an Rahners transzendentaltheologischen Ansatz an, auf die in Kap. 4.3 eingegangen wird. Beachtenswert ist, dass Ratzinger in seiner Rezension große Wertschätzung ausdrückt – trotz seiner kritischen Distanz zu Rahner (vgl. hierzu etwa seine Äußerung im Blick auf ihre Zusammenarbeit beim Konzil, dass er und Rahner „trotz der Übereinstimmung in vielen Ergebnissen und Wünschen theologisch auf zwei verschiedenen Planeten lebten", J. RATZINGER, Aus meinem Leben, 131). Ausführlicher geht auf das Verhältnis Rahner-Ratzinger H. VORGRIMLER, Karl Rahner, 126-128, ein. Äußerungen Rahners zu seinem Verhältnis zu Ratzinger finden sich u.a. bei K. RAHNER, Bekenntnisse, 40-43 sowie DERS., Im Gespräch Bd. II, 239-244.
[65] Vgl. K. RAHNER, Grundkurs, 430-440. Zunächst stellt Rahner hier die Notwendigkeit und den Sinn solcher Kurzformeln dar (430-435), bevor er drei solche aufstellt und erklärt (435-440).
[66] K. LEHMANN, Karl Rahner. Ein Porträt, 29*. Trotz barscher Kritik Josef Ratzingers, zu dieser Zeit Präfekt der Glaubenskongregation, der von einem „Parforceritt zur Einheit" und einem „Kunstgriff theologischer Akrobatik, der leider der Realität nicht standhält" spricht (abgedruckt in K. RAHNER UND H. FRIES, Einigung der Kirchen – reale Möglichkeit, Neuauflage von 1985, 160f.), enthält das Werk m. E. beachtenswerte Vorschläge für einen Weg der Wiedervereinigung der getrennten Kirchen. Einen Hinweis auf die internationale und interkonfessionelle Beachtung dieses Werkes bieten A. RAFFELT UND H. VERWEYEN, Karl Rahner, 122 f., die auch auf die Kritik Ratzingers eingehen.
[67] Zu den letzten Lebenstagen Karl Rahners vgl. K. H. NEUFELD, Die Brüder Rahner, 401f. und K. RAHNER, Bilder eines Lebens, 162f., wo seine langjährige Sekretärin ELFRIEDE OEGGL ihre Erinnerungen an Rahners Sterben wiedergibt.

4.2. Der transzendentaltheologische Ansatz Karl Rahners

Wenngleich bei Karl Rahner eine tiefe innere Verbindung zwischen der Art des Fragens und der gestellten Frage besteht und somit Methode und Inhalt sich nicht einfach trennen lassen[68], soll bei der Darstellung seines transzendentaltheologischen Ansatzes zunächst die Methodik der transzendentalen Reflexion als spezifische Weise Rahnerschen Denkens dargestellt werden (4.2.1.).[69] Im zweiten Unterkapitel dieses Abschnittes soll dann ein exemplarischer Überblick über thematische Schwerpunkte des theologischen Schaffens Karl Rahners gegeben werden (4.2.2.), bevor im dritten Teil auf sprachliche Charakteristika des Werkes Karl Rahners eingegangen wird (4.2.3.).

4.2.1. Die Methodik der transzendentaltheologischen Reflexion

Kennzeichnend für die Rahnersche Theologie ist die Art seines Fragens: Er reflektiert bei den sich stellenden theologischen Fragen zumeist auf die Bedingungen der Möglichkeit einer bestimmten Erkenntnis oder eines Tuns des Menschen.[70] Für Rahner liegt in diesem Fragen über den Anschein hinaus

---

[68] vgl. K. LEHMANN, Karl Rahner. Ein Porträt, 28*.

[69] Es sei darauf hingewiesen, dass es selbstverständlich nicht um einen Vollständigkeit beanspruchenden Überblick über das Werk Karl Rahners gehen kann, sondern nur um eine Skizze seiner Art, Theologie zu betreiben. Einführungen in die Theologie Rahners bieten u.a. K. H. WEGER, Karl Rahner, B. J. HILBERATH, Karl Rahner, A. RAFFELT UND H. VERWEYEN, Karl Rahner, und M. SCHULZ, Karl Rahner begegnen, sowie die 2004 aus Anlass des 100. Geburts- und 20. Todestages Rahners erschienenen Werke A. R. BATLOGG U.A., Der Denkweg Karl Rahners, und H. VORGRIMLER, Karl Rahner.

[70] Selbstverständlich gibt es auch Aufsätze Karl Rahners, in denen er auf anderem Weg zu einer Antwort kommt, aber das typisch Rahnersche Vorgehen, das ihn und seinen Ansatz auszeichnet, ist die transzendentale Reflexion auf apriorische Bedingungen im Subjekt. K.-H. WEGER, Karl Rahner, 18, spricht davon, dass es sich „bei dieser Methode um einen, vielleicht den zentralen Punkt der Denkweise Rahners handelt". Auch nach K. NEUMANN, Der Praxisbezug der Theologie bei Karl Rahner, 58, gilt die transzendentale Methode als „*das* Kennzeichen der Rahnerschen Theologie".
Die nun folgende Darstellung des Rahnerschen Ansatzes stützt sich vor allem auf K. RAHNER, Grundkurs, 26-34. Darstellungen seines Ansatzes finden sich auch bei K. RAHNER, Überlegungen zur Methode der Theologie, Schriften IX, 79-126, DERS., Philosophie und Theologie, Schriften VI, 91-102, sowie, allerdings sehr knapp und schlaglichtartig, in DERS., Art. Transzendentaltheologie, SW 17, 1332-1337.
Zu Rahners spezifischem Ansatz des Fragens vgl. W. SANDLER, Die Kunst des Fragens. Sandler zeigt auf, „dass verschiedenste Beiträge, und seien sie auch zu entlegenen Thematiken, durch dieses Kreislaufsystem füreinander relevant werden und im Dienst einer zentralen Mitte stehen" (ebd. 267). Diese Mitte ist bei Rahner der Mensch in seiner Verwiesenheit auf Gott, der sich ihm in Jesus Christus und der angebotenen Gnade selbst als Heil des Menschen mitgeteilt hat. Mit dem „Kreislaufsystem" meint Sandler Rahners transzendentale Reflexion, die immer wieder zwischen phänomenologisch-kategorialer Betrachtung und transzendentaler Reflexion

das Wesen der Religiosität und damit auch der Theologie an sich. „Und nur dort, wo man sich der Frage nach dem Fragen, dem Denken des Denkens, dem Raum der Erkenntnis und nicht nur den Gegenständen der Erkenntnis, der Transzendenz und nicht nur dem in dieser Transzendenz raumzeitlich Erfassten zuwendet, ist man am Beginn, ein homo religiosus zu werden."[71] Die transzendentale Methode ist hierbei für Rahner kein Selbstzweck, sondern er „bedient sich ihrer, um seine theologischen und pastoralen Anliegen zu verfolgen."[72] Vorgrimler schreibt zur Methode Rahners: „Seine Methode, die als Methode, wie er selber sagt, sehr vieles Martin Heidegger verdankt, ist die der Konzentration der Vielfalt auf ganz wenige Grundgedanken, wie er sagt, auf Schlüsselbegriffe oder noch besser auf Schlüsselerlebnisse ... *Der* Grundgedanke dieser Theologie oder *das* Schlüsselerlebnis ist ... die Erfahrung Gottes."[73]

Ausgangspunkt der transzendentalen Reflexion ist die Unterscheidung zwischen dem erkennenden Subjekt und dem erkannten Gegenstand. Der Gegenstand meldet sich nicht einfach von Außen als unmittelbar gegeben, sondern das erkennende Subjekt gibt die Bedingungen vor, innerhalb deren ein Gegenstand erkannt werden kann. Rahner schreibt dazu: „Die Struktur des Subjektes ist vielmehr selber eine apriorische, d. h. sie bildet ein vorgängiges Gesetz dafür, was und wie etwas sich dem erkennenden Subjekt zeigen kann"[74] und führt Augen und Ohren als Beispiele an. Einem Auge können sich nur optische, einem Ohr nur akustische Reize als Erkenntnisgegenstand anbieten. Und ein farbenblinder Mensch wird den gleichen optischen Gegen-

---

schwingt, um sowohl die konkrete Erfahrung als auch deren Bedingungen der Möglichkeit zu berücksichtigen und das eine am anderen zu erproben. Nach Sandler war Rahner ein „Verfechter eines nie zufriedenen Immer-weiter-Fragens, welches das göttliche Geheimnis nicht zersetzt, sondern vielmehr zum Strahlen bringt." (ebd., 191).

Für B. J. HILBERATH, Karl Rahner, 179, „ist das Markenzeichen der Rahnerschen Theologie der eigene denkerische Zugriff", „den theologiegeschichtlichen Ort Rahners" kennzeichnet er als „sein Über-die-Schultheologie-Hinaustreiben" (ebd., 191). Rahner greift das vorhandene Glaubenswissen auf und versucht es zu nutzen, um durch gezieltes Weiterfragen über das bisherigen Antworten hinaus dem göttlichen Geheimnis näher zu kommen, ohne je zu meinen, damit an ein Ende kommen zu können, da Gott das je größere Geheimnis ist. Karl Lehmann spricht von der „Kühnheit grenzenlosen Fragens", die „sich nur leisten (kann), wer zugleich weiß, dass er nicht die Wahrheit hervorbringt, sondern diese ihm bei allem schöpferischen Suchen geschenkt wird" (K. LEHMANN, Karl Rahner und die Praktische Theologie, 6).

Zur Einführung in Rahners transzendentaltheologisches Vorgehen eignen sich P. EICHER, Die anthropologische Wende, 55-64, K.-H. WEGER, Karl Rahner, 13-37, sowie O. MUCK, Thomas – Kant – Maréchal. Zur Kritik an Rahners Transzendentaltheologie siehe N. KNOEPFFLER, Der Begriff ‚transzendental' bei Karl Rahner, 196-207.

[71] K. RAHNER, Grundkurs, 33f.

[72] B. J. HILBERATH, Karl Rahner, 69.

[73] H. VORGRIMLER, Gotteserfahrung im Alltag, 63f. Zur Bedeutung der Erfahrung Gottes für das Denken Karl Rahners vgl. den entsprechenden Abschnitt über die Wurzeln der Theologie Karl Rahners in Kap. 4.1.2..

[74] K. RAHNER, Grundkurs, 30.

stand anders wahrnehmen, als ein Mensch mit Farbensehen. Diese Spannung zwischen dem apriorischen, d. h. jeder konkreten, gegenständlichen Erkenntnis vorgegebenen und zugrundeliegenden Subjekt und dem erkannten Gegenstand ist nicht auf die Wahrnehmung äußerer Gegenstände begrenzt. Auch wenn sich das Subjekt in der Selbstreflexion sich selbst zuwendet, sich also selbst zum Gegenstand der Erkenntnis macht, bleibt es als erkennendes Subjekt dem Erkenntisvorgang vorgegeben, da es den Begriff von sich selbst nicht einfach vorfindet, sondern diesen bildet. Somit bleibt es auch dem Vorgang der Selbstreflexion vorgegeben und wird von diesem nie ganz umfasst.

Rahner unterscheidet zwischen der ursprünglichen Selbstgegebenheit des Subjektes, die zumeist unthematisch bzw. unbewusst bleibt, und dem reflexen Wissen um sich selbst. „Dieser reflexe Akt macht die ursprüngliche Selbstgegebenheit des Wissenden um sich und sein Wissen nicht überflüssig; sein Gegenstand meint sogar im Grunde nur diese ursprüngliche, erhellte Selbstgegebenheit des Subjekts; aber diese vorgestellte, thematisierte Selbstgegebenheit des Subjekts und seines Wissens für sich ist nie mit dieser ursprünglichen Selbstgegebenheit identisch und holt sie auch inhaltlich niemals adäquat ein."[75]

Zur Verdeutlichung des Gemeinten verweist Rahner auf den Unterschied zwischen unmittelbar erlebten Gefühlen wie Freude, Angst oder Liebe und der Reflexion selbiger. Die Reflexion kann nie das unmittelbare Erleben ganz einholen. Die erlebte, gefühlte Liebe bleibt immer anders als ihre bewusste Vorstellung in der Reflexion. Aus psychologischer Sicht lässt sich als Beleg auch die Schwierigkeit der Erkenntnis eigener Schwächen oder verdrängter Gefühle anführen.[76] In der Selbstreflexion gibt das reflektierende Subjekt den Rahmen für seine Erkenntnis vor, bildet mit anderen Worten die apriorische Bedingung für diese Erkenntnis. „Erkenntnis bringt nun einmal nicht nur das Erkannte, sondern auch den Erkennenden ins Spiel, ist nicht nur von den Eigentümlichkeiten des Gegenstandes, sondern auch von der Wesensstruktur des erkennenden Subjekts abhängig. Das gegenseitige Bedingungsverhältnis zwischen erkennendem Subjekt und erkanntem Gegenstand als erkanntem und erkennendem sind der Gegenstand der transzendentalen Fragestellung."[77]

---

[75] K. RAHNER, Grundkurs, 29. Dieser Gedanke ist für die Psychologie und hier insbesondere die Tiefenpsychologie von hoher Relevanz. Z.B. das Phänomen der Verdrängung, aber auch der Übertragung basieren auf dieser Differenzierung von ursprünglicher und reflex-bewusster Selbstgegebenheit. Vgl. exemplarisch S. FREUD, Abriß der Psychoanalyse. Auch das Konstrukt der Inkongruenz im personzentrierten Ansatz Carl Rogers' basiert auf dieser Differenzierung (vgl. oben Kap. 2.2.2. und 3.2.4.).
[76] Vgl. etwa die im personzentrierten Ansatz thematisierte Schwierigkeit eines Menschen, innere Inkongruenz ohne Hilfe von außen selbst zu erkennen. Vgl. W. W. KEIL, Inkongruenz, 177, und E.-M. BIERMANN-RATJEN U.A., Gesprächspsychotherapie, 28.
[77] K. RAHNER, Überlegungen zur Methode der Theologie, Schriften IX, 98.

Die Frage nach den apriorischen Bedingungen der Möglichkeit von Erkenntnis im Subjekt führt Rahner zum Verständnis des Subjektes als Wesen
der Transzendenz. Da jedes Wissen um eine Grenze voraussetzt, dass ich
zugleich über diese Grenze hinaus denke, übersteigt das erkennende Subjekt
immer schon jeden erkannten, endlichen Gegenstand auf das je größere hin.
Im Wissen um sich selbst als endlichem Wesen ist der Mensch immer schon
auf das Unendliche hin geöffnet. Rahner schreibt hierzu, dass „dieses Subjekt grundsätzlich und von sich aus die reine Geöffnetheit für schlechthin
alles, für das Sein überhaupt ist. ... Denn ein Subjekt, das sich selber als endlich erkennt und nicht nur in seiner Erkenntnis unwissend hinsichtlich der
Begrenztheit der Möglichkeit seiner Gegenstände ist, hat seine Endlichkeit
schon überschritten, hat sich selbst als endlich abgesetzt von einem subjekt-
haft, aber unthe-matisch mitgegebenen Horizont möglicher Gegenstände
von unendlicher Weite."[78] Gerade die Begrenztheit der sinnlichen Erfahrung
wird so zum Verweis auf diesen unendlichen, sich der sinnlichen Erfahrung
entziehenden Horizont. An anderer Stelle bezeichnet Rahner den Menschen
„als das Wesen einer unbegrenzten Transzendentalität, als das Wesen, das
jeden einzelnen (endlichen) Gegenstand immer fragend übersteigt (und dadurch gerade erst Geist ist), als das Seiende, das nirgends endgültig Halt
machen kann."[79] Die prinzipielle Grenzenlosigkeit der geistigen Bewegung
zielt immer über jeden begrenzten Horizont hinaus. „Und wenn wir diesem
wie leer erscheinenden Horizont unseres Bewusstseins eine Grenze setzen
wollen, hätten wir ihn gerade durch diese Grenze wieder überschritten"[80], da
das Setzen einer Grenze immer das ‚Darüber-hinaus-gehen' beinhaltet, da
die Grenze nur durch das hinter ihr Gewusste oder zumindest Angenommene zur Grenze (und nicht zur erlebten Unbegrenztheit) wird.

Rahner zeigt in diesem Zusammenhang auch die Unmöglichkeit der
Leugnung von Wahrheit auf. Wer behauptet, es gebe keine Wahrheit setzt
diese Behauptung als gültig und in diesem Sinne als wahr – und widerspricht sich damit selbst. So wie der Mensch unthematisch die Existenz von
Wahrheit voraussetzt, so ist seiner Erkenntnis auch der unendliche Horizont
vorausgesetzt, auch wenn es dem Menschen nicht bewusst ist und er diesen
nicht thematisiert.[81]

Dieses unthematische, jedem Erkenntnisakt vorgegebene Mitbewusstsein
des erkennenden Subjektes und seiner Geöffnetheit auf den unendlichen Ho-

---

[78] K. Rahner, Grundkurs, 31. Vgl. hierzu auch Ders., Erfahrung des Geistes, 26ff. Hier spricht
Rahner von der „Grenzenlosigkeit der geistigen Bewegung".
[79] K. Rahner, Wagnis des Christen, 17.
[80] K. Rahner, Erfahrung des Geistes, 26ff., hier 28.
[81] Vgl. K. Rahner, Grundkurs, 31. Grundgelegt sind diese Gedanken in Ders., Hörer des
Wortes, SW 4, 78-102.

rizont der Erkenntnis bezeichnet Rahner als „tranzendentale Erfahrung"[82]. Als Erfahrung bezeichnet er sie, da sie die Bedingung der Möglichkeit jeglicher konkreten Erfahrung ist, also zu jeder Erfahrung als bedingender und vorausgesetzter Rahmen mit dazu gehört. Die Bezeichnung als ‚transzendentale' Erfahrung verweist darauf, dass sie nicht thematischer Gegenstand, sondern vorgängige Bedingung der Möglichkeit von Erfahrung ist. Hier ist auf die Unterscheidung der Begriffe transzendental und kategorial einzugehen: ‚Transzendental' ist alles, was nicht selbst thematischer Teil und in diesem Sinn Gegenstand der Erfahrung ist, sondern das, was apriorische, d. h. der Erfahrung oder dem Erkennen immer schon vorgegebene Bedingung ist. Transzendentale Gegebenheiten stecken somit den Rahmen möglicher Erfahrungen oder Erkenntnisse ab. Der Begriff ‚kategorial' kennzeichnet konkret gegebene, begrenzte Gegenstände der Erfahrung oder Erkenntnis, z.B. das gesehene Auto, das gewusste Land Australien oder auch der Begriff von sich selbst, der Gegenstand der Selbstreflexion ist. Auch wenn der Mensch sich kategorial selbst zum Gegenstand seines Erkennens macht, bleibt er dieser Erkenntnis zugleich transzendental als erkennendes Subjekt vorgegeben.[83]

Die transzendentale Erfahrung der Vorgegebenheit des Subjektes und seiner „Entschränktheit auf die unbegrenzte Weite aller möglichen Wirklichkeit"[84] ist für Rahner zugleich eine Erfahrung der Transzendenz, in der „die Struktur des Subjekts und damit auch die letzte Struktur aller denkbaren Gegenstände der Erkenntnis in einem und in Identität gegeben ist."[85] Gerade die Erfahrung der Begrenztheit der eigenen Erkenntnis lässt so den Menschen erkennen, dass es ein je Größeres gibt, das jenseits der begrenzten konkreten Erfahrung ist.

In der Eröffnetheit allen Erkennens auf diesen unendlichen Horizont hin ist für Rahner „ein gleichsam *anonymes und unthematisches Wissen* von Gott gegeben"[86]. Hieraus ergibt sich, „dass also die ursprüngliche Gotteserkenntnis nicht von der Art des Erfassens eines sich von außen direkt oder indirekt zufällig meldenden Gegenstandes ist, sondern dass sie den Cha-

---

[82] K. RAHNER, Grundkurs, 31.
[83] Vgl. K. RAHNER, Grundkurs, insb. 28-30. Siehe hierzu auch N. KNOEPFLER, Der Begriff ‚transzendental' bei Karl Rahner, und L.B. PUNTEL, Zu den Begriffen ‚transzendental' und ‚kategorial' bei Karl Rahner, der besonders auf „Rahners Insistieren auf der unlösbaren Einheit von theologischer Wahrheit und Leben bzw. existentiellem Vollzug" (ebd., 192) hinweist, worin sich die untrennbare Einheit von transzendentaler und kategorialer Ebene der Betrachtung ausdrückt. Diese beiden Ebenen können bei aller notwendigen Differenzierung in der jeweiligen Betrachtung und Analyse nicht voneinander losgelöst verstanden werden, vielmehr bilden Sie die beiden Seiten einer Medaille.
[84] K. RAHNER, Grundkurs, 31.
[85] K. RAHNER, Grundkurs, 32.
[86] K. RAHNER, Grundkurs, 32.

rakter eine transzendentalen Erfahrung hat. Insofern diese subjekthafte, ungegenständliche Erhelltheit des Subjekts immer in der Transzendenz auf das heilige Geheimnis geht, ist Gotteserkenntnis schon immer unthematisch und namenlos gegeben – und nicht erst dann, wenn wir anfangen, davon zu reden."[87] Dies ist ein wesentlicher Grundansatz der Theologie Karl Rahners: Gott ist nie ein Erkenntnisgegenstand neben den anderen möglichen, kategorialen Gegenständen unserer Erkenntnis. Wir können von Gott immer nur in Reflexion auf den transzendentalen, gerade nicht in der Erkenntnis gegebenen, sondern dieser Erkenntnis und ihrer Möglichkeit als Bedingung vorgegebenen Horizont unseres Erkennens, Wissens und Lebens sprechen. Daraus ergibt sich auch die Bezeichnung Gottes als das Geheimnis. Im Letzten entzieht sich Gott als der je Größere immer wieder allem menschlichen Erkennen und Reflektieren. Und dennoch ist er gerade in seiner Vorgegebenheit für alles geistige Erkennen und Verstehen das Selbstverständliche. Alles Verstehen kategorialer Gegebenheiten führt diese auf anderes zurück, das zur Erklärung und zum Verstehen herangezogen wird. Gott kann auf nichts anderes, ihm zugrundeliegendes zurückgeführt werden. So gilt, dass „wenn diese Transzendenz die schlichteste, selbstverständlichste, notwendigste Bedingung der Möglichkeit allen geistigen Verstehens und Begreifens ist, dann ist eigentlich das heilige Geheimnis das einzige Selbstverständliche, das einzige, was in sich selber auch für uns gründet."[88]

Diese untrennbare Verbundenheit von transzendentalem Subjekt und heiligem Geheimnis, von Mensch und Gott ist der Ausgangspunkt für Rahners anthropozentrische Wende in der Theologie.[89] Denn wenn der Mensch in all seinen geistigen Lebensvollzügen auf Gott als der letzten Bedingung der Möglichkeit selbiger verwiesen ist, kann ich vom Menschen letztlich gar nicht sprechen, ohne auch von Gott zu sprechen und zu diesem zu gelangen. „Sobald der Mensch begriffen wird als das Wesen der absoluten Transzendenz auf Gott hin, sind ‚Anthropozentrik' und ‚Theozentrik' der Theologie keine Gegensätze, sondern streng ein und dasselbe (von zwei Seiten ausgesagt)."[90]

Ein zweiter, dazu spiegelbildlicher Ansatzpunkt der anthropozentrischen Wende ist für Rahner die Offenbarungstheologie: Wenn Gott sich selbst (und nicht nur etwas über sich) dem Menschen mitteilt und gerade diese Selbstmitteilung das Wesen Gottes ist, das den Menschen in Liebe erreichen will, dann ergibt sich, dass sich vom Menschen und der bei ihm ankommen-

---

[87] K. RAHNER, Grundkurs, 32.
[88] K. RAHNER, Grundkurs, 33. Vgl. K. P. FISCHER, Philosophie und Mystagogie, 41.
[89] Vgl. hierzu und zum Folgenden: K. RAHNER, Theologie und Anthropologie, Schriften VIII, 43-65.
[90] K. RAHNER, Grundkurs, 43.

den bzw. ihm zumindest angebotenen Selbstmitteilung Gottes her erschließt, wer Gott ist, bzw. was wir aufgrund seiner Selbstmitteilung von ihm erkennen können, da er all unser Erkennen immer übersteigt und letztlich das sich entziehende Geheimnis bleibt.[91]

Es gilt demnach, „dass Theozentrik sich also richtig verstanden, durch die Gott selbst mitteilende Gnade in Anthropozentrik verwandelt. Und umgekehrt kann der Mensch sich selbst nur finden, wenn er sich anbetend und liebend loslässt in die freie Unbegreiflichkeit Gottes hinein, also seine Anthropozentrik selber in Theozentrik verwandelt."[92]

Rahner wendet die transzendentale Reflexion auf die notwendigen Bedingungen der Möglichkeit von Erkenntnis auch auf die Gegenstände der Theologie an und fordert, „dass jede dogmatische Theologie auch nach ihrer transzendentalen Seite zu bedenken ist und man sich darum der Frage stellen muss, was die in der betreffenden theologischen Aussage implizit mitausgesagten apriorischen ‚Strukturen' des theologischen Subjekts selbst schon an materialer Inhaltlichkeit enthalten; dass also die transzendentale Seite an der Erkenntnis nicht übersehen, sondern ernst genommen wird."[93]

In der Theologie erhält das Verhältnis zwischen apriorisch-transzendentalen Bedingungen der Erkenntnis und kategorialen Gegenständen eine besondere Bedeutung, da letztlich beide in eins fallen. Die letzte, alle Erkenntnis ermöglichende apriorische Bedingung ist dieselbe Gnade im Sinne der Selbstmitteilung Gottes an das Subjekt, die auch der eigentliche Inhalt des kategorial, geschichtlich Erkannten ist.[94] Rahner geht sogar so weit, dass für ihn letztlich eine theologische Absicherung von Aussagen immer auf der Reflexion auf die transzendentalen Bedingungen einer theologischen Erkenntnis im Subjekt basieren muss.

„Wenn wir den Menschen so [nämlich als das Wesen der Verwiesenheit auf Gott, A.d.V.] begreifen, dann ist natürlich nicht gemeint, dass wir – wenn wir in einem solchen Satz ‚Gott' sagen – von irgendwo anders her als eben durch diese Verwiesenheit selbst wüssten, was mit ‚Gott' gemeint ist. Hier wird Theologie und Anthropologie notwendigerweise eines. Der Mensch weiß explizit nur, was mit ‚Gott' gemeint ist, insofern er diese seine Transzendentalität über alles gegenständlich Angebbare hinaus vor sich kommen lässt, annimmt und reflektierend objektiviert, was mit dieser Transzendenta-

---

[91] Vgl. K. RAHNER, Grundkurs, 54-76. Im Rahmen der Trinitätstheologie führt dies zum Schluss von der ökonomischen (d. h. vom Menschen erfahrene) auf die immanente (d. h. in Gott so seiende) Trinität. Vgl. hierzu auch K. RAHNER, Art. Transzendentaltheologie, SW 17, 1335.
[92] K. RAHNER, Die theologische Dimension der Frage nach dem Menschen, Schriften XII, 390.
[93] K. RAHNER, Theologie und Anthropologie, Schriften VIII, 45.
[94] Vgl. K. RAHNER, Theologie und Anthropologie, Schriften VIII, 45, 49-55.

lität schon immer gesetzt ist. ... Man hat nämlich von Gott keine Erfahrung wie von einem Baum, einem anderen Menschen und anderen äußeren Wirklichkeiten."[95] „Gott ist nicht ‚etwas' neben anderem, das mit diesem anderen in ein homogenes ‚System' einbegriffen werden kann. ‚Gott' sagen wir und meinen das *Ganze*, aber nicht als nachträgliche Summe der Phänomene, die wir untersuchen, sondern das Ganze in seinem unverfügbaren Ursprung und Grund ... Gott meint den Horizont in unendlicher Ferne"[96].

Da Gott nie ein kategorialer Gegenstand neben anderen sein kann, wie besagter Baum oder ein Mensch, da er dann nicht mehr Gott als der je Größere und ganz Andere wäre, können wir unsere Erkenntnis Gottes nur auf dem Weg der transzendentalen Reflexion gewinnen.[97] Da diese Reflexion aber die Inhalte der Offenbarung immer schon voraussetzt und deren Erweis an den transzendentalen Bedingungen menschlichen Seins sucht, handelt es sich bei Rahners Ansatz um Transzendentaltheologie und nicht etwa um eine rein philosophische Erkenntnis, wie ihm von manchem Kritiker vorgeworfen wurde.[98] „Man könnte Transzendentaltheologie diejenige systematische Theologie nennen, die sich des Instrumentariums einer Transzendentalphilosophie bedient und ... von genuin theologischen Fragestellungen her die apriorischen Bedingungen im glaubenden Subjekt für die Erkenntnis wichtiger Glaubenswahrheiten thematisiert"[99].

Michael Sievernich und Peter Eicher fassen das transzendentaltheologische Vorgehen Karl Rahners jeweils in drei typischen Schritten zusammen, wobei sie, ihrem jeweiligen Zugang entsprechend, zu einem unterschiedlichen Ergebnis kommen. Während das Augenmerk Sievernichs sich auf den inhaltlichen Grundduktus der Theologie Rahners richtet, behandelt Eicher die transzendentale Methodik im engeren Sinn. Nach Sievernich lautet „der sich so ergebende *Grundduktus* der Rahnerschen Theologie... dann stichwortartig: (transzendentale) Erfahrung [oder Gnadenerfahrung, wie er es im weiteren Verlauf seiner Arbeit bezeichnet, A.d.V.] – philosophisch-theologische [oder transzendentaltheologische A.d.V.] Reflexion – Mystagogie. Dieser Grundduktus, der von der religiösen Erfahrung ausgeht und ‚diese reflektierend, wieder in die religiöse Erfahrung einweisen will,"[100] rechtfertigt es, mit Karl Neumann Rahners Theologie als eine „Theologie aus Erfahrung und auf Erfahrung hin"[101] zu charakterisieren.

---

[95] K. RAHNER, Grundkurs, 54 f.
[96] K. RAHNER, Gnade als Freiheit, 19.
[97] K. RAHNER, Theologie und Anthropologie, Schriften VIII, 50 f.
[98] Vgl. hierzu H. VORGRIMLER, Gotteserfahrung, 147-155 und ausführlich N. KNOEPFLER, Der Begriff ‚transzendental' bei Karl Rahner, insb. 177ff.
[99] K. RAHNER, Art. Transzendentaltheologie, SW 17, 1332 f.
[100] M SIEVERNICH, Schuld und Sünde in der Theologie der Gegenwart, 34 [Ergänzungen: 40].
[101] K. NEUMANN, Der Praxisbezug der Theologie bei Karl Rahner, 191, vgl. hierzu auch aus-

Peter Eicher unterscheidet in seiner Analyse der Rahnerschen Methodik die drei Schritte phänomenologische Explikation (d. h. Herausarbeiten des der Analyse zugrundeliegenden Lebensvollzugs), transzendentale Reduktion auf das Apriori (d. h. Aufzeigen der apriorischen Bedingungen der Möglichkeit des Vollzugs im vollziehenden Subjekt) und transzendentale Deduktion der möglichen Gegenstandsbereiche dieses so verstandenen Vollzugs (d. h. des Geltungsbereiches der vorher durchgeführten Analyse).[102] Der deutlichste Unterschied zwischen Eicher und Sievernich liegt wohl in diesem dritten Punkt, auch wenn der Blick auf den Geltungsbereich transzendentaltheologisch erschlossener Zusammenhänge durchaus eine mystagogische Dimension haben kann. Während Sievernich vor allem die eher ausdrücklich (pastoral-) theologischen und spirituellen Arbeiten Rahners berücksichtigt, findet sich der von Eicher festgehaltene Ablauf in dieser Form eher in den frühen philosophisch-phänomenologischen Arbeiten Rahners.

Eine Integration der beiden Schematisierungen ist dahingehend möglich, dass Eichers methodenorientierte Darstellung insbesondere in den Schritten zwei und drei, von denen Eicher selbst sagt, dass „in letzter Analyse die beiden Momente der Reduktion und der Deduktion wieder zusammen(fallen)"[103], den mittleren Punkt des von Sievernich dargestellten inhaltichen Grundduktus entfaltet. Auf diesen Schritt folgt dann der bei Rahner immer mitgegebene Bezug auf Praxis und christliches Leben in der Dimension der Mystagogie. So hat Rahner selbst über seine Theologie gesagt, dass sie „so abstrakt und schulmeisterlich sie auch war, doch eine letzte pastorale, seelsorgerliche Inspiration gehabt hat."[104]

Der transzendentaltheologische Ansatz ist für Rahner ein unabdingbarer Zugang zu theologischen Fragen, ohne den dieses „in einer vortheologischen Bildhaftigkeit stecken (bleibt)"[105]. Er ist sich jedoch der Grenzen seines Ansatzes und der Ergänzungsbedürftigkeit durch andere theologische Ansätze bewusst. „Transzendentaltheologie kann und will somit nicht *die* Theologie sein, sondern ein Moment an ihr ... Die existentielle (d. h. den Menschen in seinem ‚Heil' betreffende) Bedeutung geschichtlicher Tatsachen kann ohne Transzendentaltheologie nicht verständlich gemacht werden ... Schon darum nicht, weil die *Erkenntnis* der Tatsächlichkeit solcher Heilsereignisse gar nicht *bloß* ‚aposteriorisch' geschehen kann: wenn sie den Menschen als solchen angehen sollen, muss der Mensch sie mit sich selbst als Ganzem

---

führlich ebd. 137-200, wo Neumann sich unter der Überschrift *Konzentration auf Gnade als Konzentration auf Erfahrung* ausführlich mit dem Erfahrungsbezug der Theologie Rahners befasst.

[102] P. EICHER, Die anthropologische Wende, 55-64, insb. 56f.

[103] P. EICHER, Die anthropologische Wende, 64.

[104] K. RAHNER, Im Gespräch, Bd. II, 52.

[105] K. RAHNER, Theologie und Anthropologie, Schriften VIII, 54.

angehen, d. h. finden, dass er von sich aus auf sie verwiesen ist. Geht er sie mit sich selbst an, treibt er Transzendentaltheologie."[106]

Für die anthropologische Wende, die alle Theologie als tranzendentale Anthropologie betreiben lässt, führt Rahner drei Gründe an:[107]

Der erste liegt im Wesen der Sache. Bei jeder Erkenntnis, auch der theologischen, ist die Frage nach dem erkannten Gegenstand immer auch zugleich die Frage nach dem Wesen des erkennenden Subjekts und dem in diesem apriori gegebenen Horizont der Möglichkeit solcher Erkenntnis.[108] Theologisch bedeutet dies, dass alle Offenbarung, da sie Offenbarung zum Heil des Menschen ist, den Menschen nur insoweit erreichen kann, als dieser eine Empfänglichkeit hierfür in seinem transzendentalen Wesen hat – auch wenn er dann die angebotene Offenbarung ablehnt und sich ihr verschließt. Auch die Bedeutung dessen, was mit Heil gemeint ist, lässt sich nur von dem her erschließen, was das Wesen des Menschen verletzt, ihn also unheil sein lässt.

Der zweite Grund für die Notwendigkeit der anthropozentrischen Wende kann als zeitgeschichtlicher Grund charakterisiert werden. Eine heutige Theologie darf ebenso wie eine aktuelle Philosophie nicht hinter die transzendental-anthropologische Wende der neuzeitlichen Philosophie zurückfallen. Da jede neue Philosophie die bisherige in sich aufhebt und weiterführt, kann sich auch die Theologie, die das philosophische Denken aufgreift und übersteigt, dieser Entwicklung nicht verschließen. Zumal für Rahner „diese transzendentale Methode ... doch – mindestens einmal seit Thomas – überall in der Theologie (wenn auch in verschiedener Intensität) am Werk ist."[109]

Der dritte Grund für die Forderung eines transzendental-anthropologischen Ansatzes in der Theologie ist fundamentaltheologisch-apologetischer Natur. Viele Aussagen der Theologie und Verkündigung sind dem Menschen von heute fremd geworden und erscheinen ihm Mythen zu sein, die mit ihm und seinem Leben nicht in Beziehung stehen. Damit auch der nicht selbstverständlich christlich geprägte, moderne Mensch von den christlichen Wahrheiten erreicht werden kann, müssen sie so formuliert und begründet werden, dass er ihre Relevanz für sein Selbstverständnis und seinen Lebensalltag erkennen kann. „Die Aufdeckung solcher Zusammenhänge zwischen dem Inhalt der dogmatischen Sätze und der menschlichen Selbst-

---

[106] K. Rahner, Art. Transzendentaltheologie, SW 17, 1334.
[107] Vgl. herzu K. Rahner, Theologie und Anthropologie, Schriften VIII, 49-61, sowie zusammenfassend K. Lehmann, Karl Rahner. Ein Porträt, 36* f.
[108] Vgl. hierzu das im Bisherigen zur transzendentalen Reflexion und Erfahrung ausgeführte, sowie hierzu und zum Folgenden K. Rahner, Theologie und Anthropologie, Schriften VIII, 50 ff.
[109] K. Rahner, Theologie und Anthropologie, Schriften VIII, 56.

erfahrung ist aber sachlich nichts anderes als die geforderte Kehre zu einer transzendental-anthropologischen Methode der Theologie."[110] Gegen diese Kehre und damit gegen die Theologie Karl Rahners wurde der Vorwurf des Anthropozentrismus erhoben. Rahner selbst entgegnete wenige Jahre vor seinem Tod darauf: „So im allgemeinen Geschwätz des Alltags gehöre ich gerade zu den ‚anthropozentrischen' Theologen. Das ist *letztlich* ein absoluter Unsinn. Ich möchte ein Theologe sein, der sagt, dass *Gott* das Wichtigste ist, dass wir dazu da sind, in einer uns selbst vergesssenden Weise ihn zu lieben, ihn anzubeten, für ihn da zu sein ... dass eine Theologie sagen muss, dass der *Mensch* der ist, welcher, letztlich auf Gott bezogen, sich über Gott vergessen muss"[111].

Die Tranzendentaltheologie soll deshalb „den Menschen legitimieren und ermutigen, sein Heil nicht in der ‚Idee', sondern in der Geschichte (als Einheit von Vergangenheit, Gegenwart und Zukunft) zu suchen, Gott zu begegnen im Menschen und letztlich in dem Menschen, in dem Gott endgültig in der Welt da ist und geschichtlich erscheint, in Jesus Christus"[112]. Angesichts der Fragen und Nöte des modernen Menschen in einer pluralistischen und säkularen Zeit betont Rahner: „Die christliche Verkündigung muss gerade heute einen Menschen anrufen, dem es um sich selber geht ..., weil ja das Christentum selbst sich als eine Botschaft vom Heil des *Menschen* versteht."[113]

4.2.2. Themenfelder des transzendentaltheologischen Ansatzes

In seinem Aufsatz *Theologie und Anthropologie* führt Rahner anhand verschiedener Themenbereiche der Theologie aus, welche Konsequenzen sich

---

[110] K. RAHNER, Theologie und Anthropologie, Schriften VIII, 61. A. LOSINGER, Der anthropologische Ansatz in der Theologie Karl Rahners, 76, charakterisiert dementsprechend Rahners Theologie „materialiter als Anthropologie" und „formal als Transzendentaltheologie". Dieser Charakterisierung ist zuzustimmen, wenn nicht aus dem Blick gerät, dass im Materialobjekt Mensch immer dessen Gottbezogenheit konstitutiv mit zu bedenken ist.

[111] K. RAHNER, Im Gespräch 2, 166.

[112] K. RAHNER, Art. Transzendentaltheologie, SW 17, 1336.

[113] K. RAHNER, Die theologische Dimension der Frage nach dem Menschen, Schriften XII, 389. Zu Rahners Einschätzung der gesellschaftlichen Situation und der ‚planetarischen Diaspora', in der sich das Christentum in einer globalisierten Welt vollzieht, siehe seine Analyse *Zur gegenwärtigen Situation des Christen* (DERS., Sendung und Gnade, 13-47). Diese Analyse ist zwar in den fünfziger Jahren des letzten Jahrhunderts entstanden, besitzt aber in weiten Teilen immer noch Gültigkeit. Vieles, was Rahner damals schon dargelegt hat, spiegelt sich in den heutigen Veränderungsprozessen pastoraler Strukturen. Vgl. hierzu z.B. das Referat *Pastoral der Präsenz* von M. SIEVERNICH, sowie den diesem zugrundeliegenden Reformprozess im Bistum Mainz (K. LEHMANN, Lebendige Gemeinden in erneuerten pastoralen Räumen). Beides zugänglich unter www.Bistum-Mainz.de (Stand: 25. März 2006).

aus der transzendentaltheologischen Reflexion für die Theologie ergeben. Sie ist nicht nur relevant für das Verständnis des Menschen als Hörer des Wortes und Wesen der Transzendenz, für das Verstehen der Offenbarung als Selbstmitteilung Gottes, sondern auch für Trinitätslehre und Christologie, für Ekklesiologie, Sakramentenlehre und Eschatologie.[114]

Es kann leicht der Eindruck entstehen, Karl Rahner habe zu allen theologischen Fragestellungen und Themen Wichtiges gesagt oder geschrieben. Karl Heinz Neufeld betont aber zurecht, dass, „so vielseitig seine [= Rahners, A.d.V.] Äußerungen auch sind, dieser Eindruck unberechtigt (ist). ... Es lassen sich Themen angeben, die diesen Theologen mehr als andere beschäftigt haben."[115] Bei der Auswahl dieser Themen folgte Karl Rahner zum einen den Anforderungen seiner theologischen Lehrtätigkeit, in der er es schwerpunktmäßig mit der Schöpfungslehre sowie den Fragen der Buße und der Gnade, aber auch mit der Christologie zu tun hatte,[116] zum anderen „war ein seelsorgerliches und pastorales Kriterium sicher der entscheidende Gesichtspunkt."[117] Er selbst sagte 1982 in einem Interview dazu: „Mein Lebenswerk, wenn es so genannt werden darf, hat ja keinen sehr deutlich vorgegebenen Plan gehabt, sondern war stark von den Bedürfnissen des Tages, von den Aufgaben meiner Professur usw. bestimmt. Wenn Sie die 14 Bände meiner Schriften zur Theologie anschauen, dann sehen Sie, dass das alles zusammengesetzt ist aus Einzelaufsätzen, die meistens sogar zunächst Vorträge gewesen sind."[118]

Roman A. Siebenrock kennzeichnet diesen Zug des Arbeitens Rahners als ‚Anlasstheologie'. „Missionarischer Auftrag, Solidarität in der Glaubensnot und theologische Verantwortung verbinden sich. Deshalb lässt sich Rahner immer wieder in neue Zusammenhänge und Situationen hineinziehen, lässt sich von Fragen in Anspruch nehmen. Rahners Werk ist von der Wurzel her geschichtlich mit der Not der Glaubenden verbunden. Eine systematisch abgerundete Theologie bietet er nicht. Er schrieb Essays, die seine Anlasstheologie bezeugen."[119]

---

[114] Vgl. hierzu K. RAHNER, Theologie und Anthropologie, Schriften VIII, 61-65. Ausführlich und systematisch kann dies anhand des *Grundkurs des Glaubens* nachvollzogen werden, in dem Rahner mit seiner Methodik alle diese theologischen Felder behandelt und erschließt. Ausführlich aufgegriffen werden die Themenfelder und Schwerpunkte Rahnerscher Theologie in A. BARTLOGG U.A., Der Denkweg Karl Rahners, insb. 159-299 sowie H. VORGRIMLER, Karl Rahner, 137-278 und die beiden schon oben angeführten Sammelbände R. A. SIEBENROCK, Karl Rahner in der Diskussion und M. DELGADO UND M. LUTZ-BACHMANN, Theologie aus Erfahrung der Gnade.

[115] K. H. NEUFELD, Karl Rahner – Zeitgenosse, 20f.

[116] Siehe K. H. NEUFELD, Karl Rahner – Zeitgenosse, 21.

[117] K. H. NEUFELD, Karl Rahner – Zeitgenosse, 21.

[118] K. RAHNER, Im Gespräch, Bd. II, 266. Rahner bezieht sich in dieser Aussage auf den Publikationsstand 1982, insgesamt sind 16 Bände der *Schriften zur Theologie* erschienen.

[119] R. A. SIEBENROCK, Aus der Mitte in die Weite, 69. Ebenso in DERS., Wer sich Gott naht, dem naht sich Gott, 22.

Diese Bereitschaft Rahners, sich auf die aktuellen Anliegen und Anfragen einzulassen, blieb nicht unumstritten. „Immer wieder machte man ihm den Vorwurf, sein eigentliches Gebiet zu überschreiten und zu Dingen etwas zu sagen, die nach der lang gewohnten Einteilung nicht zu seinen Fächern gehörten."[120] Als Beispiele nennt Neufeld Rahners Beiträge zu Fragen der Moraltheologie, zur Grundlegung der Pastoraltheologie, oder Praktischen Theologie, wie Rahner sie lieber nannte, und zu Fragen des geistlichen Lebens und der Spiritualität.[121] Rahner sagt über sich selbst, er habe „eigentlich doch mehr eine Theologie zu treiben gesucht, die auf die konkrete Verkündigung in der Kirche, auf das Gespräch mit den Menschen von heute ausgerichtet ist."[122] Auf die Kritik an seinem Sprachstil und die Schwierigkeit vieler, seine Gedankengänge nachvollziehen zu können, eingehend, betont er an der angeführten Stelle nochmals, „dass der seelsorgerliche Aspekt einer Verkündigung des christlichen Glaubens für heute doch das Maßgebliche in meiner Arbeit gewesen sei."[123] Johann Baptist Metz greift dies auf, wenn er in seiner Laudatio zum 70. Geburtstag Rahners schreibt: „Der Kanon ist das Leben, nicht das geschmäcklerisch Gewählte, sondern das Aufgedrängte, das Unbequeme."[124]

Bei aller Vielfalt und Variation im theologischen Schaffen Rahners wäre es aber falsch, in der Heterogenität nicht die „verborgene Einheit und Folgerichtigkeit"[125] zu sehen. So weist Neumann darauf hin, dass an vielen Stellen „nur die Variation einiger weniger Grundgedanken" vorliege und dass „viele Arbeiten nur Umarbeitungen und Adaptationen von früheren darstellen."[126]

Die Themen der Offenbarung (ausgehend von den frühen Werken *Geist in Welt* und *Hörer des Wortes* bis in den *Grundkurs des Glaubens*) und der Gnadenlehre bilden einen roten Faden im Werk Karl Rahners und werde von ihm im Gedanken von der Selbstmitteilung Gottes und dem ‚übernatürlichen Existential‘ des Menschen, das diesen für diese Offenbarung und den Empfang der Gnade, die Gott selbst in seiner Liebe ist, bereitet, verbunden und integriert.[127] Sievernich sieht im Gnadenthema „das Herzstück und die Axiomatik seiner Theologie", „das ausdrückliche oder implizite Gravitationszentrum"[128], um das sich alles andere dreht und in dem es seinen Zusammenhalt

[120] K. H. Neufeld, Karl Rahner – Zeitgenosse, 22.
[121] K. H. Neufeld, Karl Rahner – Zeitgenosse, 22.
[122] K. Rahner, Im Gespräch, Bd. II, 266.
[123] K. Rahner, Im Gespräch, Bd. II, 266.
[124] J. B. Metz, Karl Rahner – ein theologisches Leben, 311.
[125] K. Neumann, Der Praxisbezug der Theologie bei Karl Rahner, 68.
[126] K. Neumann, Der Praxisbezug der Theologie bei Karl Rahner, 68, 69.
[127] Diese Themen werden im fünften Kapitel als Aspekte des Menschenbildes Karl Rahners näher untersucht.
[128] M. Sievernich, Ignatianische Spiritualität und pastorale Grundorientierung, 54, 63. Ähnlich äußern sich u.a. R. A. Siebenrock, Gnade als Herz der Welt, 34, P. Rulands, Selbstmitteilung

findet. Unlösbar verbunden sind diese Themen mit der Christologie. Paul Rulands schreibt unter Verwendung eines Rahnerzitates als Fazit seiner Darstellung der Rahnerschen Gnadentheologie, dass „Rahner stets betont (hat), dass Gnade und Heil im christlichen Verständnis an Jesus Christus gebunden sind, und zwar in dem Sinne, ‚dass ohne eine menschlich reale Begegnung mit Christus der Mensch (...) eben nicht an dem Ort steht, an dem Gott allein zu finden ist und sich dem Menschen zu seinem Heil im Heiligen Geist schenkt'".[129] „Die Frage nach Jesus und dem Verhältnis des Menschen zu ihm wurde für Rahner zum vornehmlichen Schlüssel seines theologischen Arbeitens. ... Hier meldet sich Rahners Jesuitsein in unverkennbarer Nachdrücklichkeit. Nicht umsonst hat er den Vater seines Ordens als jemand ins Gespräch gebracht, der für die Theologie von höchster Bedeutung sei"[130].

Rahner selbst fasst den Kern des Christlichen in drei Mysterien zusammen: Die Trinität, die Inkarnation, d. h. Menschwerdung Gottes in Jesus Christus, und die Gnade, die Gott dem Menschen im Heiligen Geist schenkt. „Es gibt diese drei Mysterien im Christentum, nicht mehr und nicht weniger, so wie es drei Personen in Gott gibt, und diese drei Mysterien sagen das eine: dass Gott sich durch Jesus Christus in seinem Geist uns mitgeteilt hat, damit das unsagbar über uns und in uns waltende Geheimnis in sich selbst die nahe Seligkeit des in die Liebe sich selber aufhebenden erkennenden Geistes sei."[131]

Der Betrachtung, Entfaltung und mystagogischen Vermittlung dieses dreifach-einen Geheimnisses christlichen Lebens und Glaubens dienen die Schriften Karl Rahners, die fachtheologischen genauso wie die geistlichen, und geben so das Menschenbild seines transzendentaltheologischen Ansatzes wieder.

Auf die Bandbreite der Entfaltung dieser Themen im Werk Karl Rahners soll an dieser Stelle nicht weiter eingegangen werden, da es an dieser Stelle nicht um eine ausführliche Darstellung der Theologie Rahners insgesamt, sondern um die Vorbereitung einer Darlegung seines Menschenbildes und darum nur um einen knappen Überblick über sein Werk und seine Art, Theologie zu betreiben, geht.[132] Zur Vertiefung dieses Überblicks soll im

---

Gottes in Jesus Christus: Gnadentheologie, 161, sowie K. Lehmann, Karl Rahner und die praktische Theologie.

[129] P. Rulands, Selbstmitteilung Gottes in Jesus Christus: Gnadentheologie, 195. Das Zitat entstammt einem Beitrag aus Rahners Wiener Zeit, der im Rahner-Archiv zu finden ist (Rahn I, B, 154).

[130] K. H. Neufeld, Karl Rahner – Zeitgenosse, 23.

[131] K. Rahner, Über den Begriff des Geheimnisses in der katholischen Theologie, Schriften IV, 99.

[132] Einen Überblick über die Bandbreite Rahnerscher Transzendentaltheologie bieten A. R. Batlogg u.a., Der Denkweg Karl Rahners.

folgenden Abschnitt auf die sprachliche Gestalt des Rahnerschen Werkes und die verschiedenen, in diesem Werk auffindbaren Genera der ,fachtheologischen' bzw. ,geistlichen' Schriften eingegangen werden.

4.2.3. Die sprachliche Gestalt des Rahnerschen Werkes

Ein Merkmal, für das Rahner gerade unter Theologiestudierenden, aber auch über diesen Leserkreis hinaus bekannt und z.T. auch berüchtigt ist, ist das seiner Sprache und seines Stils: Lange, verschachtelte Sätze, Aneinanderreihungen von Partizipialkonstruktionen, Klammern und Einschüben sowie selbstverständlich und erklärungslos verwendete theologische und philosophische Fachtermini fordern die Leser seiner transzendentaltheologischen Aufsätze zur echten „Anstrengung des Begriffs"[133] heraus. Rahner wusste um diese Eigenart und um die Schwierigkeit, die er damit seinen Zuhörern und Lesern bereitet. In einem Brief vom 30. Mai 1964 schreibt er dazu: „Meine Vorlesungen gelten als zu schwer. Mein Gott, was soll ich machen. Ich kann es doch nicht ändern. Und wenn ich es *noch* billiger machen würde, wäre es auch nichts."[134] Die Komplexität des Inhalts und sein Anliegen eines adäquaten sprachlichen Ausdrucks führten ihn zur Unterordnung der Textverständlichkeit unter seine inhaltlichen Ansprüche. Zur Entstehung des *Grundkurses des Glaubens* schreibt er: "Was ich da diktiere scheint mir nicht schlecht zu sein. Aber ich bin sehr im Zweifel, ob es nicht für die faktischen Hörer zu abstrakt und langweilig wird. Es ist mir aber im letzten gleich. Denn das Buch, das daraus herauskommen kann, ist eben doch noch wichtiger, auch wenn es mehr gelehrte Theologie werden wird."[135] In einem Brief an Hermann Kardinal Volk, mit dem Rahner eine tiefe Freundschaft verband, klagte Rahner dann auch etwas selbstkritisch über den „fortlaufenden Erfolg"[136] seiner dem Grundkurs zugrundeliegenden Vorlesungen.

Eine eingehende Betrachtung der Sprache Karl Rahners bietet Karl Neumann, der auf „die fast lexikonartige Dichte dieses Stils" hinweist, „die alles in einem einzigen Satz sagen will, die daher diesen Satz durch Nebensätze, Klammern und doppelte Klammern so verschachtelt, dass der Leser (mindestens beim ersten Lesen) völlig den Überblick verliert. Doch wenn man beim zweiten Lesen etwa die Klammern überspringt und lediglich der Hauptlinie folgt, zeigt sich ein überraschend klarer Gedankengang. Dieser Stil ist

---

[133] K. RAHNER, Grundkurs, 13. Dieses Hegel-Zitat benutzt Karl Rahner gerne zur Kennzeichnung seines Vorgehens und der Mühen der Leser, die Gedankengänge nachzuvollziehen.
[134] Abgedruckt in H. VORGRIMLER, Karl Rahner verstehen, 219.
[135] Abgedruckt in H. VORGRIMLER, Karl Rahner verstehen, 218.
[136] Wiedergegeben in A. RAFFELT UND H. VERWEYEN, Karl Rahner, 110.

schwierig, aber nicht konfus. ... Er versucht, alles zugleich zu sagen, weil er alles zugleich sieht; er hat stets die Dialektik der Wirklichkeit vor Augen"[137], die sich besonders in Rahners „einerseits – anderseits"[138] (sic!) ausdrückt. Peter Eicher führt Rahners Sprache in seinen transzendentaltheologischen Abhandlungen auf dessen Methode zurück: „Es ist nicht zuletzt das transzendentale Vorgehen, welches als seine Konsequenz eine gewisse Schwierigkeit des Verständnisses mit sich bringt: die transzendentale Denkweise bedingt einen eigenen Stil und eine eigene Kompositionstechnik."[139] Die Schwierigkeit der Sprache resultiert also primär aus der Schwierigkeit des theologischen Gedankenganges, denn in Rahners Ausführungen schwingt die „Summe der bisherigen theologischen Erkenntnisse mit, eingepackt in Nebensätzen mit ‚wenn' und ‚insofern' und in unzähligen Partizipien"[140].

Trotz oder vielleicht gerade wegen dieser komplexen, stets um genaueres Erfassen und Verstehen bemühten Sprache hat Rahner (sicher zur großen Überraschung vieler seiner theologischen Leser) 1973 für seine „wissenschaftliche Prosa"[141] den Sigmund Freud-Preis der Deutschen Akademie für Sprache und Dichtung erhalten.

Einen ganz anderen Sprachstil Rahners findet man in seinen geistlichen, oder wie Rahner sie charakterisiert, den „frommen" Schriften[142], wie z.B. *Worte ins Schweigen, Von der Not und dem Segen des Gebetes* oder *Ich glaube an Jesus Christus*. Diese Schriften zeigen „eine gemeinsame Spra-

---

[137] K. NEUMANN, Der Praxisbezug in der Theologie Karl Rahners, 24-39, hier 25.

[138] K. RAHNER, Grundkurs, 33, und öfter.

[139] P. EICHER, Die anthropologische Wende, 64. Eicher stellt dann Sprache und Stil Rahners näher dar (ebd., 65-67). So schreibt auch R. A. SIEBENROCK, Wer sich Gott naht, dem naht sich Gott, 31: „Rahners Theologie gewinnt ihre eigentümliche Gestalt durch eine in philosophischer Anstrengung des Begriffs ausgearbeitete Glaubensrechenschaft, die den Glauben nicht einfach behauptet, sondern in der Sprache und Denkform der Zeit zu erweisen sucht." Rahner hat sich hierbei an der philosophischen Fachsprache der neuzeitlichen Philosophie orientiert. RAHNER selbst hat dies in einem Beitrag zu Publik-Forum (23. Februar 1979, 13, zitiert nach VORGRIMLER, Karl Rahner, 11) so zum Ausdruck gebracht: „Wenn der Gegenstand eine Vereinfachung im Sachlichen nicht zulässt, dann ist auch eine gewisse Kompliziertheit im Sprachlichen unvermeidlich. Der Leser wird hineingenommen in die auch für den Verfasser schwierigen Überlegungen. Dass er manchen Satz zwei- oder dreimal lesen muss, ist kein Tort, den der Verfasser ihm antut, sondern eine Chance, die ausgebreitete Problematik zu verstehen."

[140] H. VORGRIMLER, Karl Rahner verstehen, 38. Vorgrimler weist in diesem Zusammenhang auch auf den Einfluss der von Rahner fließend gesprochenen Kirchensprache Latein auf dessen Sprachduktus hin. Eine ausführliche Untersuchung des Sprachstils Rahner insbesondere im Blick auf Bezüge zu philosophischen Strömungen und Einflüssen bietet F.K. MAYR, Vermutungen zu Karl Rahners Sprachstil. Mayr betont dabei auch, dass Rahners Gedanken nicht in ein einfacheres Deutsch (wie es sein Bruder Hugo in einem Scherz angeboten haben soll) übersetzt werden könne, ohne seine inhaltliche Tiefe zu verlieren: „das Wesentliche in Rahners Sprachstil – und sein Sprachstil ist sein Denkstil – widersteht einem letzten hermeneutischen Bemühen, ihn in ein ‚gutes' Deutsch, Englisch usw. zu übersetzen"(ebd., 143).

[141] K. NEUMANN, Der Praxisbezug in der Theologie Karl Rahners, 24.

[142] So z.B. in K. RAHNER, Im Gespräch, Bd. II, 57.

che und einen ähnlichen Stil: eine einfache, verständliche Sprache fast ohne Fremdwörter und Abstrakta. Eine Konkretheit und Menschenkenntnis (besonders in *Von der Not und dem Segen des Gebetes*), die wohl Rahners damalige Erfahrungen in der Seelsorge widerspiegelt."[143] Neumann findet in ihnen eine „realistische Psychologie", welche „die seelischen Mechanismen und Fluchtwege, auf denen sich der Mensch dem Anspruch Gottes entzieht", kennt. Es handle sich um ein „betendes Ausbreiten der Lebensgeschichte vor Gott"[144] – ein mystagogischer Zug, der Rahner stets wichtig war.[145]

Rahner wehrte sich immer gegen ein Ausspielen oder Bewerten seiner beiden Genera, den ‚erbaulichen' und den ‚wissenschaftlich-systematischen' Schriften. In einem Brief an Klaus P. Fischer geht er ausführlich darauf ein, dass es für ihn zwei gleichwertige, jeweils einem anderen Kontext (und damit auch Sprachspiel) zuzuordnende Wege sind, das zu tun, wozu er sich berufen sieht: „auf das Ganze des Christentums mindestens hin zu denken versuchen" und „auf diese Weise anderen Menschen dienen, auch Christ zu sein."[146] So hat Hans Urs von Balthasar schon 1939 in seiner Rezension von *Geist in Welt* unter Bezug auf die gleichzeitig erschienenen Texte in *Worte ins Schweigen* betont: die „literarisch stilisierten Gebete wiederholen die Grunderkenntnisse der theoretischen Werke auf der Ebene der religiösen Erfahrung"[147]. Und umgekehrt gilt ebenso, „dass die philosophischen Werke Rahners (wie *auch* seine theologischen Werke) seine religiöse Erfahrung auf der Ebene der abstrakten Theorie wiederholen, dass sie – als deren formale Grundlegung – ein Echo dieser geistlichen Erfahrung sind und sein wollen."[148]

So viel Rahner auch geschrieben, bzw. schriftlich veröffentlicht hat, er war „in erster Linie ein Mann des gesprochenen, nicht des geschriebenen

---

[143] K. NEUMANN, Der Praxisbezug der Theologie bei Karl Rahner, 26.

[144] K. NEUMANN, Der Praxisbezug der Theologie bei Karl Rahner, 26.

[145] Vgl. hierzu das in Kap. 5.2.2.2. zur Mystagogie bei Rahner Gesagte. Zur Theologie des Gebets bei K. Rahner siehe K. LEHMANN UND A. RAFFELT, Karl Rahner Lesebuch, insb. 348-359, und K. RAHNER, Praxis des Glaubens, insb. 124-128, 180-187, 257-259. Aus der Sekundärliteratur sei auf R. STOLINA, Die Theologie Karl Rahners: Inkarnatorische Spiritualität, und den Beitrag von J. REISENHOFER, Ich glaube, weil ich bete, verwiesen.

[146] Rahners Brief ist abgedruckt in K. P. FISCHER, Der Mensch als Geheimnis, 400-410, hier: 402, 400.

[147] H. U. v. BALTHASAR, Rezension für ‚Geist in Welt', 378.

[148] K. P. FISCHER, Der Mensch als Geheimnis, 62. Karl LEHMANN, Ich glaube, weil ich bete, 11, betont, dass die Gebetstexte Rahners, z.B. in K. RAHNER, Gebete des Lebens, „die innere Nähe von Frömmigkeit und Theologie in diesem Denken entdecken lassen". Eindrucksvolle Beispiele für diese innere Verbundenheit von geistlichen und fachtheologischen Texten bieten auch die Predigten in K. RAHNER, Das große Kirchenjahr. So legt Rahner dort z.B. in einer Predigt zu Christi Himmelfahrt in klaren Worten die Bedeutung der Menschwerdung bis hin zur Vollendung des Menschen in der visio beatifica dar (ebd., 297-304) oder entfaltet in einer Predigt zu Pfingsten die Bedeutung und den Inhalt der Selbstmitteilung Gottes (ebd., 308-315).

Wortes. Ausführungen von ihm, die auf dem Papier unübersichtlich und schwer verständlich wirkten, hatten in seinem lebendigen Vortrag Profil und Gliederung durch Betonung und Pausen, durch Gestik und Einsatz der Person."[149] Ein lebendiges Zeugnis vom sprechenden und zugleich schriftlich festgehaltenen Rahner geben die von Paul Imhof und Hubert Biallowons bzw. anderen herausgegebenen Interviewbände.[150]

Die Intention Karl Rahners, Theologie und Spiritualität im Dienst am Glauben seiner Mitmenschen zu vereinen, bringt Karl Lehmann zum Ausdruck, wenn er davon spricht, dass „man bei Karl Rahner Dogmatik, Spiritualität und Pastoral als eine immer lebendige Dreiecksbeziehung verstehen" muss.[151] Gerade diese Verbindung von eigenem Erleben, persönlichem Glaubenszeugnis und theologisch-philosophischer Reflexion bildet m. E. die Grundlage für die Bedeutung, die der transzendentaltheologische Ansatz Karl Rahners für die Theologie und Pastoral hatte und noch aktuell hat.

4.3. Zur Bedeutung des tranzendentaltheologischen Ansatzes für Theologie und Pastoral

„An Superlativen hat es in der Bewertung des Theologen und Jesuiten Karl Rahner nie gemangelt: der bedeutendste Theologe der katholischen Kirche im 20. Jahrhundert, der maßgebliche Experte des Zweiten Vatikanischen Konzils, der Überwinder der Schultheologie. Ihm wird aber auch eine Subjektivierung des Glaubens vorgeworfen, eine billige Vereinnahmung der Nicht-Christen oder die Zerstörung der klassischen Tradition."[152] Diese Einschätzung spiegelt die Bandbreite der Äußerungen über Karl Rahner deutlich wieder, wobei insgesamt die Wertschätzung seines Beitrages zur Weiterentwicklung der Theologie im 20. Jahrhundert deutlich überwiegt.[153] Johann

---

[149] K. H. NEUFELD, Die Brüder Rahner, 269. In gleichem Sinn äußert sich H. VORGRIMLER, Karl Rahner, 8, wenn er über Rahner schreibt, „er sei mehr ein Mensch des gesprochenen als des geschriebenen Wortes gewesen." Für diese Beobachtung spricht auch, dass ein großer, wenn nicht sogar der größte Teil der Veröffentlichungen Rahners zunächst als Vortrag bzw. Vorlesung (seine theologischen Werke wie z.B. der *Grundkurs des Glaubens* oder viele Beiträge seiner *Schriften zur Theologie*) oder als Predigt (seine geistlichen Schriften, wie z.B. die *Betrachtungen zum ignatianischen Exerzitienbuch, Von der Not und dem Segen des Gebetes*, oder *Ich glaube an Jesus Christus*) gehalten wurde und dann erst schriftlich veröffentlicht wurde.

[150] K. RAHNER, Im Gespräch, Bde. I u. II, DERS., Glaube in winterlicher Zeit, sowie DERS., Erinnerungen (herausgegeben von M. Krauss), und DERS., Bekenntnisse (herausgegeben von G. Sporschill).

[151] K. LEHMANN, Karl Rahner und die Praktische Theologie, 3.

[152] R. A. SIEBENROCK, Aus der Mitte in die Weite, 69.

[153] Als Beleg hierfür sei nur auf einen kleinen Ausschnitt der diesbezüglichen Einschätzungen in der Literatur zu Karl Rahner und seinem Werk hingewiesen: A. R. BATLOGG (in: DERS. U.A.,

Baptist Metz fasste dies 1984 so zusammen: „Karl Rahner hat das Antlitz unserer Theologie erneuert. ... Auch die, die ihn kritisieren oder ablehnen, zehren noch von seinen Einsichten, von seinen ebenso scharfsinnigen wie zarten Wahrnehmungen in der Welt des Lebens und des Glaubens."[154]

Wenn auch an dieser Stelle nicht auf die ganze Bandbreite der Bedeutung Karl Rahners für die Theologie eingegangen werden kann, sei auf einige Aspekte hingewiesen.[155]

Ein Verdienst Rahners war „die Verbindung des Glaubens mit dem ernsthaften Denken"[156] und das Einbringen zeitgenössischer philosophischer Gedanken und Aspekte in die katholische Theologie.[157] Harald Schöndorf spricht davon, dass Rahner der Kirche „einen Weg gewiesen hat, die durch den Modernismus in der katholischen Kirche entstandene Krise zu überwinden", indem er es der kirchenamtlichen Theologie ermöglichte, „die Ansätze des neuzeitlichen Denkens und die damit verbundenen neuen Erkenntnisse vor allem der Exegese positiv aufzunehmen, ohne dadurch ihrer eigenen Tradition und der klassischen Lehre der Kirche untreu zu werden", und bezeichnet Rahner als „Brückenbauer von der Neuscholastik hin zu der heutigen Theologie."[158] Der für die Theologie und insbesondere auch für die Pastoral zentrale Aspekt ist für Norbert Mette hierbei, dass „indem Rahner

---

Der Denkweg Karl Rahners, 9) kennzeichnet Rahners Denken als „von nicht zu unterschätzender Bedeutung für die Theologie"; H. VORGRIMLER, Karl Rahner Leben – Denken – Werke, 83, schreibt 1963: „Das Werk Karl Rahners wird die katholische Theologie auch noch im 21. Jahrhundert maßgeblich beeinflussen"; H. FRIES bezeichnet Rahner als „größten Glaubenszeugen unserer Zeit" (in H. VORGRIMLER, Karl Rahner, 279); A. GÖRRES sieht in ihm einen „Nothelfer für Leib und Seele" (so der Titel seines Beitrages in H. VORGRIMLER, Karl Rahner verstehen, 45) und K. LEHMANN, Karl Rahner und die Kirche, 132, spricht von „fast unschätzbaren Leistungen und Verdiensten für die Kirche".

[154] J. B. METZ, Den Glauben lernen und lehren, Dank an Karl Rahner, 13. Ähnlich äußert sich K. LEHMANN, Karl Rahner – Ein katholischer Pionier der Ökumene, 272, für den Rahner „zweifellos zu den bedeutendsten Theologen des 20. Jahrhunderts auf katholischer Seite" gehört.

[155] Die Wirk- und Rezeptionsgeschichte des Denkens Karl Rahners kann nur angerissen werden, da sie nicht eigentlicher Inhalt dieser Untersuchung ist, sondern nur zur Bestätigung der Auswahl Karl Rahners als Protagonist des hier vorzunehmenden Dialogs zwischen Psychologie und Theologie über ihre Menschenbilder dient. Der interessierte Leser sei auf die umfangreiche Sekundärliteratur zu Karl Rahner verwiesen. Einen vollständigen Überblick über die Literatur zu Karl Rahner bieten die Rahner-Seiten der Universitätsbibliothek Freiburg unter http://www.ub.uni-freiburg.de/referate/04/rahner/rahnerma.htm (Stand: 25. März 2006). Hier sei nur auf die von J. B. METZ U.A herausgegebene Festschrift *Gott in Welt* verwiesen, in deren beiden Bänden viele Beiträge zum Einfluss Karl Rahners auf einzelne theologische aber auch nicht-theologische Sachgebiete zu finden sind. Aktuelle Einblicke in die breitgestreute Bedeutung Rahners bieten M. DELGADO UND M LUTZ-BACHMANN, Theologie aus Erfahrung der Gnade, R. A. SIEBENROCK, Karl Rahner in der Diskussion, sowie K. LEHMANN, Karl Rahners Bedeutung für die Kirche.

[156] K. H. NEUFELD, Karl Rahner – Zeitgenosse, 33.

[157] Diesen Aspekt greifen ausführlich die Beiträge des Sammelbandes H. SCHÖNDORF, Die philosophischen Quellen der Theologie Karl Rahners, auf.

[158] H. SCHÖNDORF, Die philosophischen Quellen der Theologie Karl Rahners, 7.

das Subjekt in die Theologie eingeführt hat, habe er gleichzeitig den Menschen in seiner religiösen Lebens- und Erfahrungsgeschichte als Thema der Dogmatik hoffähig gemacht, habe er also Lehre ins Leben und Leben in die Lehre gewendet."[159] Hierin liegt die Grundlage für den „pastoralen Grundimpuls in Rahners Theologie"[160].

Wenngleich „heute in weiten Kreisen ein Konsens besteht, dass die von Rahner stammende Grundkonzeption des Handbuches und der praktischen Theologie überholt sei"[161], so besteht ein großer Verdienst Rahners gerade darin, „die praktische Theologie als theologische Wissenschaft auszuweisen"[162]. Gerade durch die Betonung der praktischen Vernunft als eigenem Erkenntnisweg ist ihm die wissenschaftstheoretische Verortung der Pastoraltheologie als eigenständiger Disziplin gelungen[163], nachdem diese zuvor meist nur als Anwendungswissenschaft für die Erkenntnisse insbesondere der systematischen Disziplinen gesehen wurde.[164] Diese Abgrenzung und Eigenständigkeit hat Rahner aber nicht nur den anderen theologischen Disziplinen, sondern auch den Human- und Sozialwissenschaften gegenüber gefordert. „Darum ist Pastoraltheologie im letzten nicht Psychologie, Pädagogik, Soziologie usw., sondern Theologie und somit wird nur der solcher Sendung gerecht, der auf Gottes Gnade allein vertraut."[165] Dieser Hinweis

---

[159] N. METTE, Zwischen Reflexion und Entscheidung, 145.
[160] N. METTE, Zwischen Reflexion und Entscheidung, 145. Vgl. hierzu auch M. SIEVERNICH, Ignatianische Spiritualität und pastorale Grundorientierung, 54, 60-67, sowie die weiteren Beiträge des Heftes 2 der Pastoraltheologischen Informationen 2004, *Theologie aus pastoraler Leidenschaft – Karl Rahner und die Grundfragen der Praktischen Theologie*, wo ausführlich und unter verschiedenen Blickwinkeln der Bedeutung Rahners und seines Ansatzes für die Pastoraltheologie nachgegangen wird. Das Heft gibt Beiträge zu einem unter gleichem Titel vom 3. bis 5. Juli 2004 in Innsbruck anlässlich des 100. Geburts- und 20. Todestages Karl Rahners durchgeführten Symposions der Konferenz der deutschsprachigen Pastoraltheologen und Pastoraltheologinnen wieder.
[161] K. NEUMANN, Der Praxisbezug der Theologie bei Karl Rahner, 387. Zur Kritik an Rahners Konzeption der Pastoraltheologie als Selbstvollzug der Kirche, die in K. RAHNER Selbstvollzug der Kirche, SW 19, leicht zugänglich ist, siehe K. NEUMANN, Der Praxisbezug der Theologie bei Karl Rahner, 387-393, sowie N. METTE, Zwischen Reflexion und Entscheidung, 146-151.
[162] N. METTE, Zwischen Reflexion und Entscheidung, 146. Sinngemäß auch bei C. A. M. HERMANS UND M. SCHERER-RATH, Interdisziplinarität in der Praktischen Theologie, 157.
[163] Vgl. hierzu ausführlich N. METTE, Zwischen Reflexion und Entscheidung. Dort finden sich auch Verweise auf Beiträge Rahners hierzu. Von Seiten Rahners seien an dieser Stelle K. RAHNER U.A., Die praktische Theologie zwischen Wissenschaft und Praxis, sowie DERS., Pastoraltheologie – ein Überblick, SW 19, 3-29, DERS., Wissenschaftstheoretische Vorüberlegungen, SW 19, 256-260, DERS., Die praktische Theologie im Ganzen der theologischen Disziplinen, SW 19, 503-515, und DERS., Neue Ansprüche der Pastoraltheologie an die Theologie als Ganze, SW 19, 516-531, erwähnt.
[164] Vgl. zu diesem Neuansatz K. RAHNER, Die praktische Theologie im Ganzen der theologischen Disziplinen, SW 19, 503-515, und M. SIEVERNICH, Ignatianische Spiritualität und pastorale Grundorientierung, 64, sowie zum Überblick über Rahner hinaus: N. METTE, Von der Anwendungs- zur Handlungswissenschaft.
[165] K. RAHNER, Sendung und Gnade, 553.

ist m. E. gerade in Zeiten der Interdisziplinarität und der Integration empirischer Methoden in die Pastoraltheologie von bleibender Gültigkeit.[166]

Für Mette zeigt gerade die vielseitige Kritik an Rahners Grundkonzeption „noch einmal, wie ergiebig Rahners Konzeption der praktischen Theologie ist. Sie lässt Weiterführungen und Ergänzungen zu, ohne dass sie grundsätzlich in Frage gestellt werden muss"[167]. Diese Einsicht trifft sehr gut auch für die Bedeutung des transzendental-theologischen Ansatzes Karl Rahners für Theologie und Pastoral insgesamt zu. So schreibt etwa Josef Ratzinger in der Rezension von Rahners *Grundkurs des Glaubens*: „Die weitgespannte Assimilationsfähigkeit seines Denkens spricht für die Weite und den Rang der Grundentscheidung, in die nahezu alle tragenden Gedanken der Gegenwartstheologie aufgenommen und derart eingeschmolzen werden konnten, dass sie vom Ganzen her vertieft und auf eine schöpferische Weise neu gestaltet werden."[168] Insgesamt zieht Ratzinger angesichts dieser „Synthese seines ganzen Denkweges" das Fazit: „Man muss dankbar sein, dass Rahner als Frucht all seiner Bemühungen zuletzt diese imponierende Synthese geschaffen hat, die eine Quelle der Inspiration bleiben wird, wenn einmal der Großteil der heutigen theologischen Produktion vergessen ist."[169]. Diese Anerkennung ist um so höher einzuschätzen, als sie vor dem Hintergrund der prinzipiellen Skepsis Ratzingers gegenüber Rahners transzendentaltheologischem Ansatz zu sehen ist.[170]

Nach der Darstellung des Rahnerschen Ansatzes sowie seiner Wurzeln und Grundlagen und seiner Bedeutung für die Theologie und Pastoral, soll im nun folgenden fünften Kapitel das Menschenbild herausgearbeitet werden, das diesem Ansatz explizit und implizit zugrundeliegt.

---

[166] Zu empirischen, interdisziplinären Ansätzen in der Pastoraltheologie siehe C. A. M. HERMANS UND M. SCHERER-RATH, Interdisziplinarität in der Praktischen Theologie, sowie J. A. VAN DER VEN, Entwurf einer empirischen Theologie, und DERS., Praktische Theologie und Humanwissenschaften. Als ein Beispiel für den kommunikations- und handlungstheoretischen Ansatz siehe H. HASLINGER, Handbuch Praktische Theologie. Zur Kritik an diesen Ansätzen siehe R. BUCHER, Pastoraltheologie als Kulturwissenschaft des Volkes Gottes, insb. 186-188.

[167] N. METTE, Zwischen Reflexion und Entscheidung, 151. Beispiele solcher Infragestellung und Weiterführung finden sich z.B. in den Beiträgen zum bereits erwähnten Rahner-Symposion in Innsbruck. Ein Beispiel für die bis in die Gegenwart hohe Aktualität Rahners ist der Ansatz der Mystagogischen Seelsorge, der auf den transzendentaltheologischen Ansatz Rahners und das darin enthaltene Menschenbild aufbaut. Vgl. hierzu S. KNOBLOCH UND H. HASLINGER, Mystagogische Seelsorge, und S. KNOBLOCH, Wieviel ist ein Mensch wert? M. SIEVERNICH, Ignatianische Spiritualität und pastorale Grundorientierung, 66f., spricht dann auch „die nachhaltige Wirkungsgeschichte dieser pastoral wohl fruchtbarsten Leitkategorie Rahners" an und verweist auf ihre zahlreichen Impulse „für Seelsorge, Katechese, Religionspädagogik, Liturgie, geistliche Begleitung, Jugendarbeit und Diakonie."

[168] J. RATZINGER, Vom Verstehen des Glaubens, 179.

[169] J. RATZINGER, Vom Verstehen des Glaubens, 177, 186.

[170] Vgl. hierzu etwa J. RATZINGER, Aus meinem Leben, 131, sowie H. VORGRIMLER, Karl Rahner, 126-128.

5. Das Menschenbild des transzendentaltheologischen Ansatzes

Dieses Kapitel widmet sich dem Menschenbild, welches dem transzendentaltheologischen Ansatz Karl Rahners zugrunde liegt. Dazu soll zunächst auf den Stellenwert und die Bearbeitung anthropologischer Themen bei Karl Rahner eingegangen werden (5.1.), bevor das dem transzendentaltheologischen Ansatz zugrundeliegende, explizite und implizite Menschenbild dargestellt (5.2.), und anschließend kritisch gewürdigt wird (5.3.).

5.1. Art und Bedeutung der Anthropologie im Werk Karl Rahners

Bei Karl Rahner findet sich trotz der Vielzahl seiner Veröffentlichungen keine ausführliche, explizit anthropologische Monographie. Gleichwohl gibt es eine Fülle von Publika-tionen Rahners, die anthropologische Themen behandeln. So handelt der *Grundkurs des Glaubens*, in dem sich viele der in Einzelaufsätzen schon erarbeiteten Reflexionsschritte auf das Wesen des Menschen und seine Bedeutung für den christlichen Glauben wiederfinden, in weiten Teilen vom Menschen.[1]

Ansatzpunkt und Grundfrage der Rahnerschen Anthropologie, aber auch seiner Theologie insgesamt, ist die Frage nach den „transzendentalen und geschichtlichen Bedingungen der Möglichkeit der Offenbarung"[2], d. h. die Frage nach dem, was den Menschen zu einem potentiellen ‚Hörer des Wortes' macht. Hierbei knüpft Rahner an die Grundstruktur menschlichen Erkennens und Handelns an, gemäß der „der Mensch immer schon in seinem Selbstvollzug auf Gott verwiesen ist, sich als von Gott Angesprochener erfährt und sich nur so verstehen kann."[3] Aufgrund dieser wechselseitigen Verwiesenheit von göttlicher Offenbarung und menschlicher Konstitution sind bei ihm Theologie und Anthropologie untrennbar verbunden, was den Kern seines transzendentaltheologischen Ansatzes ausmacht.[4]

---

[1] Nach A. LOSINGER, Der anthropologische Ansatz in der Theologie Karl Rahners, 5, ist Rahners *Grundkurs* „der systematische Entwurf seiner ‚anthropologisch gewendeten' transzendentalen Theologie", der „zum bleibenden Grundbestand einer Bilanz der Theologie des 20. Jahrhunderts" gehört.
[2] K. RAHNER, Grundkurs, 23.
[3] B. J. HILBERATH, Karl Rahner, 33.
[4] Vgl. hierzu ausführlich Kap. 4.2.1..

Neben explizit anthropologischen Aufsätzen, wie *Würde und Freiheit des Menschen* oder *Das Christentum und der ‚neue Mensch'*, finden sich bei Rahner in vielen Aufsätzen, die dies vom Thema her nicht erwarten lassen, anthropologische Aussagen, so etwa in *Theologische Bemerkungen zum Problem der Freizeit*. Josef Speck unterscheidet deshalb zwischen expliziter und indirekter Anthropologie bei Rahner und weist auf die Schwierigkeit des Zusammentragens des heterogenen Materials hin[5]:

Eine erste Schwierigkeit stellen die Unterschiedlichkeit und der „nur noch schwer überschaubare Umfang"[6] der Publikationen Karl Rahners dar.

Zum zweiten neigt Rahner in starkem Maße dazu, seine eigenen Ausführungen zu relativieren. Er spricht in vielen Einleitungen zu Artikeln untertreibend davon, dass es sich nur um „einige wenige grundsätzliche Erwägungen"[7] oder „ein paar etwas willkürlich ausgewählte Bemerkungen"[8] handle, bzw. dass er als Theologe „zu dem hier behandelten Thema nur Fragen stellen (kann)"[9]. Sicher entsprechen diese Relativierungen Rahners Bewusstsein dafür, was alles noch zu den entsprechenden Fragestellungen zu sagen und zu bedenken wäre, aber sie können dazu verleiten, den Bedeutungsgehalt des Rahnerschen Beitrags zu unterschätzen.

Eine dritte Schwierigkeit im Umgang mit dem Werk Karl Rahners liegt in dessen ausführlichem Eingehen auf die nachtridentinische Schultheologie und die in ihrer theologischen Systematik gängigen Annahmen und Ansätze. Dies erschwert es dem heutigen, mit dieser Schultheologie nicht so vertrauten Leser, den ‚eigentlichen' Strängen der Rahnerschen Argumentation zu folgen.

Eine vierte Schwierigkeit liegt schließlich darin, dass die anthropologische Thematik gerade zur Zeit der Rahnerschen Beiträge „eine noch unerfüllte Aufgabe der Theologie"[10] war. Rahners Werk lässt sich deshalb nicht in ein bereits feststehendes Schema einordnen, sondern muss aus sich selbst heraus auf seine Nachvollziehbarkeit und seinen Aussagewert beurteilt werden, um es im Rahmen seiner Zeit verstehen zu können.[11]

---

[5] Vgl. J. SPECK, Karl Rahners theologische Anthropologie, 11-19.

[6] J. SPECK, Karl Rahners theologische Anthropologie, 7. Vgl. auch K. LEHMANN, Art. Rahner, Karl, 808, der von „einer schwierigen Aufgabe der Rezeption, die Fülle an Einzeleinsichten mit dem Grundansatz zu vermitteln bzw. diese in ein theologisches Weiterdenken einzubringen" spricht. Zur Vielfalt des Werkes Rahner, den Genera der theologischen und der geistlichen Schriften und der Schwierigkeit und Verschiedenheit der Sprachstile siehe die entsprechenden Hinweise in Kap. 4.2.3..

[7] K. RAHNER, Über das Verhältnis von Natur und Gnade, Schriften I, 323.

[8] K. RAHNER, Selbsterfahrung und Gotteserfahrung, Schriften X, 133.

[9] K. RAHNER, Theologische Bemerkungen zum Problem der Freizeit, Schriften IV, 455. Zahlreiche weitere Beispiele dieser Grundfigur Rahnerscher Einleitungen finden sich bei J. SPECK, Karl Rahners theologische Anthropologie, 12.

[10] J. SPECK, Karl Rahners theologische Anthropologie, 22-25, hier: 23.

[11] Wichtige Hinweise zu einer angemessenen Rahner-Rezeption finden sich bei R. A. SIEBENROCK, Wer sich Gott naht, dem naht sich Gott, sowie in dessen Einführung zu der von ihm

Eine große Erleichterung für den Zugang zu Rahners Anthropologie stellt der *Grundkurs des Glaubens* dar, in dem sich die wesentlichen Grundzüge und Kerngedanken finden. Dennoch ist es m. E. wichtig, die von Speck ausgeführten Schwierigkeiten im Blick zu behalten, um nicht der Gefahr einer Beschränkung der Perspektive auf ein Werk Rahners zu erliegen und die Breite seiner Sichtweise, die sich an vielen anderen Stellen seines umfangreichen Werkes ausdrückt, aus dem Blick zu verlieren. So wird es auch Aufgabe der hier vorliegenden Untersuchung sein, die vielen Stränge und Fundstellen der Rahnerschen transzendentaltheologischen Anthropologie und damit seines Menschenbildes zusammenzuführen und zu berücksichtigen.

Dass die Anthropologie bei Karl Rahner ein zentrales Thema ist, das „wie ein ‚roter Faden' die gesamte Theologie Karl Rahners (durchzieht) und ihren tragenden Grund (bildet)"[12], lässt sich auch an Einführungen in die Theologie Karl Rahners ablesen, die sich mit seiner Anthropologie befassen.[13]

Wie bereits dargelegt wurde, ist für Rahner Theologie immer auch Anthropologie.[14] Dieses Grundverständnis Rahnerscher wissenschaftlicher Reflexion speist sich aus zwei Quellen: zum einen aus der Erkenntnistheorie, zum anderen aus dem Christusglauben. In allen theologischen Fragestellungen liegt die Notwendigkeit einer transzendentalen, anthropologischen Reflexion, da keine theologische Erkenntnis vom erkennenden Subjekt getrennt werden kann. Alle Aussagen über Gott sind Aussagen eines Menschen, die von seinem Wesen und seinem Erkenntnisvermögen entscheidend geprägt sind.[15]

Die Einheit von Theologie und Anthropologie erschließt sich für Rahner auf einem weiteren Weg: von der Menschwerdung Gottes her. Denn wenn Gott in Jesus Christus Mensch wird, ergibt sich, „dass Christologie Ende und Anfang der Anthropologie zugleich ist und dass in alle Ewigkeit solche Anthropologie wirklich Theo-logie ist. Denn Gott selbst ist Mensch geworden."[16]

---

herausgegebenen Sammlung von Beiträgen bei den Rahner-Symposien von 1993 und 1999 (DERS., Karl Rahner in der Diskussion, 9-32). Das Grundanliegen, Karl Rahner aus seiner Zeit heraus zu verstehen prägt auch A. R. BATLOGG U.A., Der Denkweg Karl Rahners. Dieses Werk konzentriert sich auf die Frühphase des Schaffens Rahners bis zum Ende des Zweiten Weltkrieges.

[12] A. LOSINGER, Der anthropologische Ansatz in der Theologie Karl Rahners, 16.

[13] Vgl. J. SPECK, Karl Rahners theologische Anthropologie, K. P. FISCHER, Der Mensch als Geheimnis, A. LOSINGER, Der anthropologische Ansatz in der Theologie Karl Rahners, oder B. J. HILBERATH, Karl Rahner: Gottgeheimnis Mensch.

[14] Vgl. Kap. 4.2.1.. Die Verbindung und Einheit von Theologie und Anthropologie bei Karl Rahner zeigt u.a. B. J. HILBERATH, Karl Rahner, 33f. auf.

[15] Vgl. K. RAHNER, Theologie und Anthropologie, Schriften VIII, insb. 43 f.

[16] K. RAHNER, Probleme der Christologie von heute, Schriften I, 205. Vgl. hierzu auch DERS., Zur Theologie der Menschwerdung, Schriften IV, 151, sowie I. BOKWA, Das Verhältnis zwischen Christologie und Anthropologie als Interpretationsmodell der Theologie Karl Rahners,

In umgekehrter Blickrichtung gilt für Rahner aber auch: „Den Menschen kann man nur sagen, in dem man von etwas anderem redet, von Gott, der er nicht ist. Man muss Theologie treiben, um Anthropologie getrieben zu haben, weil der Mensch die reine Verwiesenheit auf Gott ist ... Das ist sein Wesen, er wird definiert durch das Undefinierbare, das er nicht ist, ohne das er aber auch nicht einmal das ist und vor sich selber bringt, was er ist."[17] Theologie und Anthropologie bilden für Rahner die beiden Seiten einer Medaille.

Rahners Anthropologie ist wie seine ganze Theologie vom transzendentalen Ansatz geprägt. Seine Überlegungen setzen bei einem konkreten menschlichen Problem oder Phänomen an (wie etwa der Liebe oder der Unterscheidung von Angst und Furcht)[18] und fragen von der konkreten kategorialen Beobachtung aus nach deren transzendentalen Bedingungen. Als Konsequenz hieraus ist für Rahner „natürlich auch jede Theologie immer eine Theologie der profanen Anthropologien und Selbstinterpretationen des Menschen"[19], da diese sein Erkennen und Erleben prägen. Die Theologie hat sich der Auseinandersetzung mit den nicht-theologischen und in diesem Sinne profanen Natur- und Humanwissenschaften zu stellen, „denn innerhalb der Theologie, der es doch um den Menschen als ganzen und einen gehen muss, kommt der von der rationalen Naturwissenschaft und nicht vom traditionellen Humanismus geprägte Mensch erst langsam zu Gesicht."[20]

Dabei legt Rahner großen Wert auf das richtige Verhältnis zwischen theologischer und profaner Anthropologie. „Auch *theologische* Anthropologie steht darum immer unter dem Vorbehalt, dass sie ihre Aussagen, so wahr sie sein mögen und ihrer letzten ,definierten' Substanz nach auch sind, immer neu zu durchdenken und besser zu verstehen hat von dem her, was die geschichtlich weitergehende Erfahrung (auch der profanen anthropologischen Wissenschaften als Moment der Geschichte des Menschen) über den Menschen beibringen wird. So ist es auch nicht verwunderlich, dass die kirchliche Anthropologie in ihrer Geschichte (unbeschadet ihrer letzten ,Substanz') faktisch in großer Abhängigkeit von der profanen Anthropologie

---

der das reziproke Verhältnis zwischen Christologie und Anthropologie bei Karl Rahner herausarbeitet.

[17] K. RAHNER, Zur Theologie der Weihnachtsfeier, Schriften III, 42. Zur Verwiesenheit des Menschen auf Gott vgl. 5.2.2.2..

[18] Vgl. K. RAHNER, Über die Einheit von Nächsten- und Gottesliebe, Schriften VI, 277-298, sowie DERS., Angst und christliches Vertrauen in theologischer Perspektive, Schriften XV, 267-279.

[19] K. RAHNER, Grundkurs, 19.

[20] K. RAHNER, Die Theologie im interdisziplinären Gespräch der Wissenschaften, SW 15, 702. Dieser Auseinandersetzung dienen die im Band 15 der Sämtlichen Werke unter dem Titel *Verantwortung der Theologie* gesammelten Beiträge.

war und nicht selten ideologische Rechtfertigungen scheinbar theologischer Art für das profane Selbstverständnis des Menschen liefert."[21]

Bei aller Bezogenheit auf die profanen Anthropologien muss die theologische Anthropologie jedoch stets auf ihr theologisches Wesen achten. Für Rahner ist „jede anthropologische Aussage erst dann *theologisch*, wenn sie einen Verweis auf Gott explizit oder implizit enthält und nicht nur als regionale sachhafte Aussage über etwas am Menschen verstanden wird."[22] Aufgabe der theologischen Anthropologie ist eine wissenschafts-theoretische Reflexion der Theologie auf das eigene Tun, da zu ihrem Gegenstand auch die menschliche Erkenntnis gehört.[23] Hierbei greift sie auf Erkenntnisse der Human-, Sozial- und Naturwissenschaften zurück. Für diesen Rückgriff gilt, „dass die theologische Anthropologie nicht eigentlich zusätzlich Neues (wenn auch von höchster Wichtigkeit) zu den Sätzen profaner Anthropologien hinzufügt, sondern diese nur, aber radikal aufsprengt und so einen ersten und letzten Zugang zu dem einen Geheimnis ermöglicht, das wir ‚Gott' nennen."[24] Der Bezug zwischen Theologie und den profanen Wissenschaften ergibt sich auch, „weil die Theologie, wenn auch in einer ihr ganz eigentümlichen Weise, Aussagen macht, deren Gegenstand (als unmittelbarer) innerhalb jenes Bereiches liegt, in dem auch die Gegenstände der Naturwissenschaften und der historischen Wissenschaften zu finden sind."[25] Dies gilt in besonderer Weise da, wo beide vom Menschen handeln.

Ein fundamentaler Unterschied liegt im jeweiligen Zugang zum betrachteten Gegenstand. Während die empirisch arbeitenden Wissenschaften von vornherein per definitionem einen begrenzten, regionalen Zugang zum untersuchten Phänomen haben und dieses durch die Rückführung auf andere, wissenschaftlich beobachtbare Phänomene zu erklären suchen, ist es die Aufgabe der Theologie und damit auch der theologischen Anthropologie das kategorial Beobachtete auf das darin verborgen Zugrundeliegende und sich daraus Ergebende zu transzendieren. Hierbei gilt, dass „die ‚transzendentale Erfahrung' unvermeidlich größer, weiter, mehr (ist) als jede gegenständliche und funktionale Erkenntnis der sog. exakten Wissenschaften. ‚Dieses Plus' macht nach Rahner gerade den ‚Geheimnischarakter' des menschlichen Daseins aus"[26]. Dieser Unterschied zwischen kategorialer und transzendenta-

---

[21] K. RAHNER, Art. Mensch, SW 17, 1201.

[22] K. RAHNER, Art. Mensch, SW 17, 1201.

[23] Vgl. K. RAHNER, Art. Anthropologie, SW 17, insb. 900.

[24] K. RAHNER, Die theologische Dimension der Frage nach dem Menschen, Schriften XII, 392. Vgl. zum Verhältnis profaner und theologischer Anthropologie auch A. RAFFELT UND K. RAHNER, Anthropologie und Theologie, 49 f.

[25] K. RAHNER, Zum Verhältnis zwischen Theologie und heutigen Wissenschaften, SW 15, 704.

[26] K. P. FISCHER, Der Mensch als Geheimnis, 95.

ler Erfahrung „bedeutet aber keine absolute Disparatheit von Theologie und Wissenschaften."[27] Es ist vielmehr gerade die Aufgabe der Theologie, die Relevanz ihrer transzendentalen Reflexion auch für die kategorialen Wissenschaften aufzuweisen und in kritischer aber offener Verbundenheit zu diesen zu stehen. So wie die Theologie von den Natur- und Humanwissenschaften zu lernen hat, sieht Rahner wiederum die Aufgabe der Theologie darin, die anderen Wissenschaften auf mögliche Verkürzungen ihres Menschenbildes und ihre Verantwortung für das Leben aufmerksam zu machen.[28]

Es zeigt sich, dass das Anliegen eines interdisziplinären Dialogs expliziter Teil Rahnerscher Anthropologie ist. Als Basis für einen solchen Dialog soll nun das im transzendentaltheologischen Ansatz explizit und implizit enthaltene Menschenbild Karl Rahners anhand der im Blick auf den späteren Dialog hergeleiteten anthropologischen Kategorien dargestellt und einer ersten kritischen Wertung unterzogen werden.

5.2. Das Menschenbild des transzendentaltheologischen Ansatzes Karl Rahners

„Als erstes ist vom Menschen hinsichtlich der Voraussetzungen für die Offenbarungsbotschaft des Christentums zu sagen: Er ist Person, Subjekt."[29] Alles, was über den Men-schen zu sagen ist, steht unter der Prämisse, dass er immer der Eine und Ganze, nicht in Teile Zerlegbare, ist. Trotz und gerade in dieser Einheit lassen sich nach Rahner bestimmte Aspek-te des Menschseins finden und verdeutlichen. Diese sollen im Folgenden zunächst den inter-disziplinären anthropologischen Kategorien zugeordnet werden, bevor diese auf die Darstellung des Menschenbildes Karl Rahners Anwendung finden.[30] Hierbei ist zu beachten, dass der Mensch „als ganzer nicht die nachträgliche Summe dieser echten Vielfalt"[31] ist, sondern die

---

[27] K. Rahner, Zum Verhältnis zwischen Theologie und heutigen Wissenschaften, SW 15, 709.

[28] Vgl. K. Rahner, Die Theologie im interdisziplinären Gespräch der Wissenschaften, SW 15, insb. 702 f. Als ein Beispiel, wie Rahner dies selbst tut, kann Ders., Experiment Mensch, Schriften VIII, 260-285, dienen, wo er sich kritisch mit den damals schon aktuellen Möglichkeiten der Selbstmanipulation des Menschen durch die wissenschaftlichen und technischen Errungenschaften auseinandersetzt.

[29] K. Rahner, Grundkurs, 37. Hierbei ist zu beachten, dass es sich hier nicht um den Personbegriff im Sinne der Trinitätstheologie handelt, sondern um den modernen, die Subjektivität des Menschen betonenden Begriff von Person. Vgl. hierzu H. Vorgrimler, Karl Rahner, 189f., sowie J. Werbick, Art. Person und Ders., Trinitätslehre, insb. 543-551, wo Werbick auch ausdrücklich auf Rahners Verständnis eingeht.

[30] Zur Herleitung und Begründung der anthropologischen Kategorien vgl. Kap. 1.3.2..

[31] K. Rahner, Grundentwurf einer theologischen Anthropologie, SW 19, 182.

dieser Vielfalt der Aspekte zugrundeliegende und ihr vorgängige (apriorische) Einheit.

Als Grundfrage Rahnerscher Anthropologie zeigte sich die Frage nach der Fähigkeit des Menschen, Empfänger der Offenbarung als göttlicher Selbstmitteilung zu sein. Daraus ergibt sich die *Allgemeine Charakterisierung des Wesens des Menschen als Ereignis der freien, vergebenden Selbstmitteilung Gottes* (5.2.1.). Im Anschluss daran wird das Personsein des Menschen hinsichtlich der drei Ebenen der *Bezogenheit in sich* (5.2.2.1.), der *Bezogenheit auf Gott* (5.2.2.2.) und *auf Mitmenschen* (5.2.2.3.) zu entfalten sein. Hierbei wird im Gegensatz zu der bei Carl Rogers gewählten Reihenfolge der Aspekt der vertikalen Bezogenheit auf Gott vor der horizontalen Bezogenheit auf Mitmenschen thematisiert, da er in der Anthropologie Rahners das primäre und wesentlichere Element darstellt und sich für Rahner die Bezogenheit auf Mitmenschen aus der transzendentalen Verwiesenheit auf Gott ergibt, während bei Rogers der Transzendenzbezug aus Erfahrungen in der zwischen-menschlichen Beziehung entsprungen ist.

Die Entwicklungsfähigkeit des Menschen drückt sich in seiner Tendenz zur Transzendierung des je Erreichten aus, die allerdings durch die Schuldbedrohtheit des Menschen ambivalente Züge annehmen kann. Es ergibt sich der Blick auf *Möglichkeiten und Entwicklung des Menschen als Wesen der Transzendenz, Verantwortung und Freiheit* (5.2.3.), sowie auf *Grenzen und Gefährdetheit des Menschen als Wesen der radikalen-Schuldbedrohtheit* (5.2.4.). Für das Christentum als Erlösungsreligion ist die Perspektive der Überwindbarkeit menschlicher Gefährdetheit und Schuld wesentlich. Hieraus ergeben sich *Bedingungen und Wege der Heilung des Menschen* (5.2.5.) und das sich bei Karl Rahner abzeichnende *Zielbild des Menschseins: Die Einheit des Menschen mit Gott in der hypostatischen Union* (5.2.6.). Eine *Zusammenfassung des Menschenbildes des transzendentaltheologischen Ansatzes Karl Rahners* (5.2.7.) schließt diese Darstellung ab.

5.2.1. Allgemeine Charakterisierung des Wesens des Menschen als das Ereignis der freien, vergebenden Selbstmitteilung Gottes

Die zentrale Charakterisierung des Wesens des Menschen ist für Karl Rahner, dass er „das Ereignis einer freien, ungeschuldeten und vergebenden, absoluten Selbstmitteilung Gottes" ist, so „dass Gott in seiner eigensten Wirklichkeit sich zum innersten Konstitutivum des Menschen selber macht." Diese Aussage ist für ihn „die innerste Mitte des christlichen Daseinsverständnisses"[32]. Alles Weitere, was die Anthropologie über den Menschen sagt, ist zwar für das Verständnis dieser Aussage über den Menschen notwendig, aber nicht spezifisch christlich. Der Mensch ist also aus christlicher Perspektive gerade darin und dadurch Mensch, dass er das Gegenüber Gottes ist.[33] „Dauernde Herkünftigkeit von Gott und radikale Verschiedenheit von ihm sind in Einheit und gegenseitigem Bedingungsverhältnis grundlegende Existentialien des Menschen."[34]

Der Begriff ‚Selbstmitteilung Gottes' sagt aus, dass Gott dem Menschen nicht etwas über sich sagen will, sondern dass Gott sich selbst dem Menschen anbietet. Der Begriff entstammt der Offenbarungstheologie, wird bei Karl Rahner aber ein zentraler Begriff seiner Gnadenlehre.[35] Wenn Rahner ihn auch zu einem Kernbegriff der Anthropologie macht, sagt dies, dass der Mensch wesentlich Adressat und möglicher Empfänger göttlicher Offenbarung ist und dass sich sein Sein in der Schöpfung nur von dort her verstehen lässt.[36] Rahner spricht „von der unsagbaren Nähe dieses Gottes ..., der das andere von sich geschaffen hat, um sich selber ihm in Liebe als ewiges Leben zu schenken."[37]

Mit dem Verständnis des Menschen als Ereignis der Selbstmitteilung Gottes ist nach Rahner zwar „die eigentliche und einzige Mitte des Christentums und seiner Botschaft"[38] erreicht, aber es ist eine Charakterisierung, die auf alle Menschen zutrifft und nicht auf Getaufte oder sich explizit zum Christentum bekennende Menschen eingeschränkt ist. Da die Selbstmitteilung Gottes gerade nicht eine inhaltlich beschränkte, sachhafte Offenbarung,

---

[32] Alle drei Zitate: K. RAHNER, Grundkurs, 122.

[33] In seinem Grundentwurf einer theologischen Anthropologie spricht Rahner gar von einer Partnerschaft des Menschen mit Gott. Vgl. K. RAHNER, Grundentwurf einer theologischen Anthropologie, SW 19, 185f. An anderer Stelle bezeichnet es Rahner als die Natur des Menschen, „das andere Gottes selbst zu sein" (DERS., Art. Anthropologie, SW 17, 907).

[34] K. RAHNER, Grundkurs, 125.

[35] Zur Bedeutung des Begriffs ‚Selbstmitteilung Gottes' für die Offenbarungstheologie vgl. K. RAHNER UND H. VORGRIMLER, Kleines Konzilskompendium, 362. Rahner selbst hat gemeinsam mit Josef Ratzinger „dazu beigetragen, dass der Offenbarungsbegriff des Zweiten Vatikanischen Konzils in dieser Richtung den seit dem Ersten Vatikanischen Konzil dominierenden Begriff (Offenbarung als Mitteilung von Wahrheiten) weiterentwickelte" (B. J. HILBERATH, Karl Rahner, 100). Eine prägnante, sich auf den Grundkurs des Glaubens stützende Einführung in Rahners Offenbarungsverständnis findet sich in J. WERBICK, Den Glauben verantworten, insb. 332-336. Zur zentralen Bedeutung des Begriffs für die Gnadentheologie Karl Rahners vgl. P. RULANDS, Selbstmitteilung Gottes in Jesus Christus, 161, 191-196. M. SIEVERNICH, Ignatianische Spiritualität und pastorale Grundorientierung, 63, schreibt zur Theologie Karl Rahners: „Das ausdrücklich oder implizite Gravitationszentrum aber ist das Gnadenthema." Mit dieser Einschätzung stimmen R. A. SIEBENROCK, Gnade als Herz der Welt, 34, und A. RAFFELT UND H. VERWEYEN, Karl Rahner, 56-63, überein.

[36] Vgl. K. RAHNER, Art. Selbstmitteilung Gottes, SW 17, 1283.

[37] K. RAHNER, Rede des Ignatius von Loyola an einen Jesuiten von heute, Schriften XV, 407.

[38] K. RAHNER, Erfahrungen eines katholischen Theologen, 109f.

sondern „die Mitteilung zum Erfassen und Haben Gottes in unmittelbarer Anschauung und Liebe"[39], d. h. in personaler Beziehung ist, richtet sie sich an alle Menschen.[40] Für Rahner ist der Mensch „das Seiende, das – wenigstens im Modus des Angebotes an seine Freiheit – mit der Selbstmitteilung Gottes, Heiliger Geist der Gnade genannt, immer und überall unausweichlich begabt ist."[41]

Durch die Mitteilung seiner selbst an den Menschen hört Gott aber nicht auf, Gott zu sein. Gott kann seine Nähe dem Geschöpf schenken, „ohne dadurch aufzuhören, Gott, d. h. der von nichts Abhängige, zu sein, der, unendlich bleibend, von nichts anderem her bestimmt wird."[42] Und der Mensch kann die Selbstmitteilung Gottes annehmen, ohne dadurch aufzuhören, das endliche, von Gott unterschiedene Seiende zu sein.[43] Gegen einen Pantheismus, der Gott und Welt einfach gleichsetzt, betont Rahner, dass die Differenz zwischen Gott und Mensch (und damit auch zwischen Gott und Welt) „letztlich nicht nochmals selbst als geschaffen gedacht werden kann, sondern mit Gott identisch ist und jene letzte Einheit ausmacht, die die Selbstmitteilung Gottes und sein Schöpfertum zusammenhält: er selbst ist die Differenz zu seinem Geschöpf und schafft sie nicht und kann darum auch selbst sich zur quasiformalen Bestimmung mit seiner ganzen Wirklichkeit machen."[44]

Den Verstehenshintergrund hierfür bildet das, was Rahner als ‚formale Ursächlichkeit' bezeichnet.[45] Rahner grenzt diese formale Ursächlichkeit von der Wirkursächlichkeit ab. Die Wirkursache eines Geschehens bleibt diesem immer äußerlich. Der Wind, der eine Fahne bewegt, bleibt immer von dieser unterschieden, auch wenn er nur an der Bewegung der Fahne wahrgenommen werden kann. Für die formale Ursächlichkeit gilt: „Ein bestimmtes Seiendes, ein Seinsprinzip ist ein konstitutives Moment an einem anderen Subjekt, in dem es sich selber diesem Subjekt mitteilt und nicht nur etwas von sich Verschiedenes bewirkt, ... Diese innere formale Ursächlichkeit ist im Unterschied zu den uns sonst erfahrungsmäßig gegebenen inneren wesenskonstitutiven Ursachen so zu denken, dass die innere konstituierende Ursache ihr eigenes Wesen in absoluter Unberührtheit und Freiheit in sich selber behält."[46] Für das Verhältnis des Menschen zu Gott bedeutet dies:

---

[39] K. Rahner, Grundkurs, 124.
[40] Vgl. K. Rahner, Grundkurs, 133.
[41] K. Rahner, Die theologische Dimension der Frage nach dem Menschen, Schriften XII, 401. Dieser Gedanke findet sich bereits in K. Rahner, Über das Verhältnis von Natur und Gnade, Schriften I, 339.
[42] K. Rahner, Art. Selbstmitteilung Gottes, SW 17, 1281.
[43] Vgl. K. Rahner, Grundkurs, 125f.
[44] K. Rahner, Art. Selbstmitteilung Gottes, SW 17, 1282.
[45] Vgl. K. Rahner, Grundkurs, 127f.
[46] K. Rahner, Grundkurs, 127.

Gott hat den Menschen so geschaffen hat, dass er sich dem Menschen selbst mitteilen kann, „ohne in dieser Mitteilung sich selbst zu verlieren"[47].

Bedingung hierfür ist, dass die Möglichkeit des Empfangens der Selbstmitteilung Gottes selbst wieder etwas ist, was Gott im Menschen bewirkt. Rahner spricht hier von der ‚doppelten Modalität' der Selbstmitteilung Gottes. Gott bewirkt zum einen die Möglichkeit des Menschen, seine Selbstmitteilung zu empfangen (= Modalität des Angebotes) und zum anderen auch die Möglichkeit des Menschen, diese Selbstmitteilung in einem freien Ja anzunehmen oder in einem Nein abzulehnen (= Modalität der Stellungnahme in Annahme oder Ablehnung). Dadurch, dass auch die Freiheitstat der Annahme oder Ablehnung der von Gott jedem Menschen angebotenen Selbstmitteilung von Gott ermöglicht ist, bleibt er das die Transzendenz des Menschen eröffnende und tragende Woraufhin und Wovonher dieser Transzendenz, eben Gott.[48]

Die Fähigkeit, die Selbstmitteilung und Liebe Gottes (und darin Gott selbst) als das zu empfangen, was sie sind, nämlich ungeschuldetes Geschenk, bezeichnet Rahner als „übernatürliches Existential"[49]. Dieses ist allen Menschen gegeben, denn „Gott kann nur das offenbaren, was der Mensch hören kann."[50] Damit ist nicht eine Beschränkung Gottes quasi auf ‚menschliches Format' gemeint. Ein Wort zu sprechen, das das Gegenüber nicht verstehen kann, würde dem Wesen Gottes als Wahrheit und Liebe widersprechen.[51] Das allen Menschen von Gott ungeschuldet geschenkte ‚übernatürliche Existential' drückt aus, dass es „gerade das Wesen des personal Seienden (seine Paradoxie, ohne die man es gar nicht verstehen kann) (ist), dass es auf die personale Gemeinschaft mit Gott in Liebe hingeordnet ist (von Natur aus) und eben diese Liebe als freies Geschenk empfangen muss"[52].

Um dieses Existential als übernatürlich und ungeschuldet auszuweisen, muss Rahner eine rein hypothetische, auch ohne diese dem Menschen geschenkte Hinordnung auf Gott denkbare, menschliche ‚Restnatur' (‚natura pura') annehmen. Da aber alle Menschen von Gott mit diesem Existential begabt sind, bleibt diese so konzipierte Natur ein theoretisches Konstrukt, was immer wieder zu der Kritik führte, dass „sich vom Wesen unbedingten Seins her eine Schöpfung, die nicht völlig auf die Verherrlichung Gottes

---

[47] K. RAHNER, Grundkurs, 127.

[48] Vgl. K. RAHNER, Grundkurs, 124 f.

[49] K. RAHNER, Grundkurs, 132. Vgl. zum Folgenden DERS., Über das Verhältnis von Natur und Gnade, Schriften I, 323-345, DERS., Grundkurs, 132-139, H. VERWEYEN, Gottes letztes Wort, insb. 239-246, und K.-H. WEGER, Karl Rahner, 79-100.

[50] K. RAHNER, Hörer des Wortes, SW 4, 172.

[51] Vgl. hierzu K. FISCHER, Der Mensch als Geheimnis, 172-176.

[52] K. RAHNER, Über das Verhältnis von Natur und Gnade, Schriften I, 331.

angelegt wäre, überhaupt nicht widerspruchsfrei konzipieren"[53] lasse. Allerdings trägt diese Kritik m. E. zu wenig dem Verdienst Rahners Rechnung, mit dem ,übernatürlichen Existential' eine Verortung des universellen Heilswillen Gottes in jedem Menschen – vor und unabhängig von allem religiösen Bekenntnis und allem ausdrücklichen Glauben – geleistet zu haben.

Karl-Heinz Weger spricht von einem „Zentralbegriff der Rahnerschen Theologie"[54] und legt anhand eines langen Zitats auf *Erfahrung der Gnade* dar, wie „eng mit dieser Aussage einer Gnadenerfahrung (auch der Menschen, die nicht gläubig sind oder nicht gläubig sein wollen) die Frage der *Heilsmöglichkeit* der Nichtchristen verbunden (ist)."[55] Die Heilsmöglichkeit der Nichtchristen ist auch auf dem Zweiten Vatikanischen Konzil festgehalten worden[56] und drückt sich bei Rahner in der Konzeption des ,anonymen Christen' und der sich daraus ergebenden Mystagogie aus.[57]

Unter Bezug auf die Lehre des Konzils fasst Rahner das von ihm unter dem ,übernatürlichen Existential' Verstandene so zusammen: „Die übernatürliche, von Gott den Menschen angebotene Glaubens- und Rechtfertigungsgnade ... kann vielmehr vom universalen Heilswillen Gottes her durchaus verstanden werden als ein als angebotene (!) Gnade dauernd gegebenes Existential der geistigen Kreatur, der Welt überhaupt, die diese finalisiert auf die Unmittelbarkeit zu Gott hin. Der in der Selbstmitteilung Gottes, Gnade genannt, sich objektiv immer und überall im Modus des Angebots und der Ermöglichung heilshaften Handelns objektivierende universale Heilswille Gottes ist, obzwar ungeschuldet und ,übernatürlich', die innerste Entelechie und Dynamik der Welt als der Geschichte der geistigen Kreatur. ... Ob der Mensch das reflex weiß oder nicht, ob er es für sich allein reflektieren kann oder nicht, der Mensch ist durch die ihm als seiner Freiheit angebotene eingestiftete Gnade [= das übernatürliche Existential, A.d.V.] in der Weise eines Formalobjeks, eines geistigen Horizontes apriorischer Art auf die Unmittelbarkeit Gottes finalisiert."[58] In diesen Sätzen Karl Rahners wird deutlich, dass das ,übernatürliche Existential' als allgemeinmenschliche Anlage für das Empfangen der göttlichen Selbstmitteilung das Bindeglied zwischen universalem Heilswillen Gottes, dem Verständnis von Offenbarung als Selbstmitteilung und der Stellungnahme des Menschen zu diesem Angebot Gottes ist.

---

[53] H. VERWEYEN, Gottes letztes Wort, 243. Zur ausführlicheren Kritik Verweyens und anderer an Rahners Konzeption des übernatürlichen Existentials vgl. H. VERWEYEN, Wie wird ein Existential übernatürlich?
[54] K.-H. WEGER, Karl Rahner, 79.
[55] K.-H. WEGER, Karl Rahner, 86.
[56] Vgl. LG 16.
[57] Zu den Konzepten des ,anonymen Christen' und der Mystagogie siehe die entsprechenden Ausführungen in 5.2.2.2..
[58] K. RAHNER, Bemerkungen zum Problem des ,anonymen Christen', Schriften X, 539f.

Rahners Aussage vom Menschen als dem Ereignis der Selbstmitteilung Gottes meint also, dass der Mensch wesentlich darauf angelegt ist, die ihm von Gott angebotene Liebe, die Gott selbst ist, anzunehmen oder abzulehnen. Gott ist sosehr „Inhalt und Mitte der menschlichen Existenz", dass „der Mensch sich selbst nur finden (kann), wenn er sich anbetend und liebend loslässt in die freie Unbegreiflichkeit Gottes hinein"[59].

Karl Rahner charakterisiert die Selbstmitteilung Gottes als frei, ungeschuldet, vergebend und absolut.[60]

Die Begriffe ‚frei' und ‚ungeschuldet' meinen hierbei, dass es Gottes freie Entscheidung ist, sich selbst dem Menschen mitteilen zu wollen. Es gibt hierfür weder in der Schöpfung noch im Wesen des Menschen eine Gott bindende Notwendigkeit, die er nicht selbst gesetzt hätte, so „dass diese Selbstmitteilung Gottes Akt freiester Liebe ... ist."[61]

Die Charakterisierung der Selbstmitteilung Gottes als ‚vergebend' bezieht sich auf ihre Wirkung. In seiner Selbstmitteilung nimmt Gott alles den Menschen von ihm Trennende weg, um die Bedingung der Möglichkeit des Empfangens und der Annahme dieser Selbstmitteilung zu schaffen. Wo der Mensch Gott selbst empfängt, kann er nicht zugleich durch Schuld von diesem getrennt sein. „Gerade der, der sich in der Verlorenheit seiner Schuld dennoch vertrauend an das still waltende Geheimnis seines Daseins wendet, ... erfährt sich als der, ... dem vergeben wird, und er erfährt diese zugeschickte Vergebung als die vergebende, lösende und bergende Liebe Gottes selbst, der vergibt, *indem* er sich selbst gibt, weil nur darin wirklich eine nicht mehr überholbare Vergebung sein kann."[62]

Die Rede von der Absolutheit der Selbstmitteilung Gottes setzt diese in den Horizont der transzendentalen Verfasstheit des Menschen.[63] „Eine Selbstmitteilung Gottes als des personalen, absoluten Geheimnisses an den Menschen als das Wesen der Transzendenz meint von vornherein eine Mitteilung an ihn als geistig personales Wesen."[64] Karl Rahner ist davon überzeugt, dass der Mensch, wenn er sich auf die transzendentale Erfahrung Gottes als des heiligen Geheimnisses einlässt, diesen nicht nur als unendlich fernen Horizont des eigenen Erkennens, sondern zugleich als bergende Nähe, vergebende Intimität, Heimat und Liebe erfährt.[65]

---

[59] K. RAHNER, Die theologische Dimension der Frage nach dem Menschen, Schriften XII, 389f.

[60] Vgl. K. RAHNER, Grundkurs, 122.

[61] K. RAHNER, Grundkurs, 129.

[62] K. RAHNER, Grundkurs, 137.

[63] Vgl. hierzu K. RAHNER, Grundkurs, 132-139 und das oben in Kap. 4.2. zum transzendentaltheologischen Ansatz Gesagte.

[64] K. RAHNER, Grundkurs, 122.

[65] Vgl. K. RAHNER, Grundkurs, 137.

Es wird im interdisziplinären Dialog näher nach dieser konkreten Erfahrbarkeit Gottes und ihrer kategorialen, damit auch einer empirischen Untersuchung möglicherweise zugänglichen Dimension sowie ihren Auswirkungen auf den Menschen und sein Erleben und Verhalten zu fragen sein. Hier liegt ein möglicher Schnittbereich zwischen theologischer und psychologischer Betrachtung des Menschen, wie er auch Gegenstand religionspsychologischer Forschung ist.[66]

Aus dem Verständnis des Menschen als Ereignis der freien, vergebenden Selbstmitteilung Gottes ergeben sich die im Folgenden zu betrachtenden Aspekte des Menschen als Wesen der Bezogenheit, der Transzendenz, Verantwortung und Freiheit, als Wesen der radikalen Schuldbedrohtheit und auch das Zielbild des Menschen in der hypostatischen Union.

5.2.2. Bezogenheit des Menschen als Person und Subjekt

Der Mensch ist für Rahner wesentlich Person und Subjekt.[67] Er erfährt sich als Einzelner aber auch als Teil der Menschheit als Produkt von etwas, das er nicht selbst ist, und die empirischen Wissenschaften führen ihm vor Augen, dass er vielen Einflussfaktoren und Prägungen unterliegt. Ob diese psychologischer, sozialer, biologischer, chemischer oder physikalischer Art sind, sie alle zielen darauf ab, den Menschen „als das Ergebnis und den Schnittpunkt von Wirklichkeiten zu sehen, die einerseits innerhalb des empirischen Erfahrungsbereiches stehen, die er anderseits aber selber nicht ist und die ihn doch in seine Wirklichkeit setzen, bestimmen und so auch erklären. ... Er stellt sich als der fest, der durch anderes geworden ist."[68] Jeder der verschiedenen empirischen Zugänge zum Menschen betrachtet ihn zwar unter einem genau eingegrenzten methodischen Fokus und kann insofern als ‚partikulare Anthropologie‘ bezeichnet werden, betrifft ihn darin aber doch als Ganzen.[69] „Aber inmitten dieser ihn scheinbar auflösenden Herkünftigkeit, die alles an ihm zu einem Produkt der Welt zu machen scheint und von der nichts an ihm von vornherein ausgenommen werden muss und auch nicht ausgenommen werden darf, erfährt der Mensch sich als *Person und Subjekt*."[70]

Gerade darin, dass der Mensch nach sich und seinem Ursprung fragt, erfährt er sich als einer, „der mehr ist als die Summe solcher analysierbarer Komponenten seiner Wirklichkeit. ... Ein endliches System kann sich nicht

---

[66] Vgl. zum Stand religionspsychologischer Forschung hierzu B. GROM, Religiosität.
[67] Vgl. K. RAHNER, Grundkurs, 37-42.
[68] K. RAHNER, Grundkurs, 38.
[69] Vgl. K. RAHNER, Grundkurs, 38 f.
[70] K. RAHNER, Grundkurs, 39.

als Ganzes vor sich selbst bringen.“[71] Dieser reflexe Selbstbezug ist kein empirisch fassbares Moment am Menschen neben anderen (wie seiner biologischen Herkunft oder seiner sozialen Prägung), sondern eine Grundbestimmung des Menschen, die in alle empirischen Teilbereiche hineinreicht und diese übersteigt. Rahner unterscheidet die Subjekthaftigkeit des Menschen von der Sachhaftigkeit der einzelnen, empirisch fassbaren Momente am Menschen.

„Personsein bedeutet so Selbstbesitz eines Subjektes als solchen in einem wissenden und freien Bezogensein auf das Ganze. Diese Bezogenheit ist die Bedingung der Möglichkeit und der vorgängige Horizont dafür, dass der Mensch in seiner empirischen Einzelerfahrung und Einzelwissenschaft mit sich als einem und ganzen umgeht.“[72] Dass der Mensch so jeder Einzelerfahrung als transzendentes Subjekt vorgegeben ist, bedeutet, dass er letztlich bei allen möglichen empirischen Teilerklärungen für menschliches Werden und Gewordensein „der Unableitbare, nicht aus anderen verfügbaren Elementen adäquat Herstellbare (ist); er ist derjenige, der sich selbst immer schon überantwortet ist.“[73] Damit „ist der Mensch nicht bloß ein Fall des Allgemeinen; er ist ein je einmaliger und letztlich nie total Ableitbarer.“[74]

In der Unableitbarkeit und Einmaligkeit des Menschen liegt für Rahner auch der Wert des Menschen. „Mindestens in seinem Handeln ist der Mensch wirklich auch (nicht nur!) individuum ineffabile, das Gott bei seinem Namen gerufen hat, einem Namen, den es nur einmal gibt und geben kann, so dass es wirklich der Mühe wert ist, dass dieses Einmalige als solches in Ewigkeit existiert.“[75] Die Ableitung und Begründung der Einmaligkeit und des Wertes des Menschen aus dem göttlichen Beziehungsangebot heraus zeigt, dass bei Karl Rahner die Pole der Individualität und der Bezogenheit untrennbar zu einem ganzheitlichen Personbegriff verbunden sind.

Das ‚sich Überantwortet und darin auf anderes außer sich bezogen sein‘ des Menschen, vollzieht sich auf drei Ebenen: Als Bezogenheit in sich, als Bezogenheit auf Gott als dem transzendenten Horizont und Ursprung des Menschen und als Bezogenheit auf die Gemeinschaft mit anderen Menschen in Interkommunikation und Liebe.

---

[71] K. RAHNER, Grundkurs, 40.
[72] K. RAHNER, Grundkurs, 41.
[73] K. RAHNER, Grundkurs, 42.
[74] K. RAHNER, Sendung und Gnade, 96. Der gleiche Gedanke findet sich teilweise in wörtlicher Identität in Rahners Beitrag zum österreichischen Katholikentag von 1952: „Der Mensch ist Individuum. Er ist nicht ein bloßer Fall des Allgemeinen; er ist ein je Einmaliger und letztlich nie total Ableitbarer“ (DERS., Würde und Freiheit des Menschen, Schriften II, 251).
[75] K. RAHNER, Über die Frage einer formalen Existentialethik, Schriften II, 237, 239. Zum Gedanken der Individualität und Bedeutung des Menschen bei Rahner vgl. auch J. SPECK, Karl Rahners theologische Anthropologie, 101f., wo er auf die Bedeutung des Handelns für das Wesen des Menschen eingeht.

5.2.2.1. Der Mensch als Wesen der Bezogenheit von Geist und Materie

Der Mensch ist für Karl Rahner eine „Einheit in wirklicher Vielfalt"[76]. Diesen Gedanken entfaltet er im Zusammenhang mit der Frage nach der Möglichkeit einer Christologie innerhalb einer evolutiven Weltanschauung als Bezogenheit von Geist und Materie im Menschen.[77] Ausgehend von der Einheit alles Geschaffenen im gemeinsamen Hervorgang aus Gott, dem Schöpfer der einen Welt, ist es nach Rahner „für eine christliche Theologie und Philosophie selbstverständlich, dass Geist und Materie mehr Gemeinsames als Verschiedenes haben."[78] Diese Einheit zeigt sich in besonderer Weise am Menschen. Der Mensch ist nicht aus zwei disparaten Teilen ‚zusammengesetzt', sondern Geist und Materie bilden in ihm „eine Einheit, die logisch und sachlich der Unterschiedlichkeit und Unterscheidbarkeit seiner Momente vorausliegt, so dass diese Momente eben gerade in ihrem Eigenen nur begreifbar sind, wenn sie *als* Momente des *einen* Menschen verstanden werden."[79]

Geist ist der Mensch, insofern er zu sich selbst kommen und sich selbst gegeben sein kann – gerade in seiner transzendentalen Verwiesenheit über sich selbst hinaus, die Bedingung der Möglichkeit all seiner geistigen Vollzüge ist.[80] Die Geistigkeit des Menschen konstituiert so seine Individualität als einen Pol menschlicher Personalität.

Als Materie erfährt sich der Mensch in seinem Eingefügtsein in die Welt und die Gemeinschaft mit anderen Menschen. „Materie ist die Bedingung der Möglichkeit für das gegenständig andere, das die Welt und der Mensch sich selber sind, Bedingung dessen, was wir als Raum und Zeit unmittelbar erfahren."[81] Die Materie bildet so das Koordinatensystem, in dem sich der Mensch als Geist findet und vollzieht, wobei die Umwelt auch auf den

---

[76] K. Rahner, Grundentwurf einer theologischen Anthropologie, SW 19, 182.

[77] Vgl. hierzu und zum Folgenden K. Rahner, Grundkurs, 180-202. Dieser Abschnitt *Die Christologie innerhalb einer evolutiven Weltanschauung* basiert (mit geringen Veränderungen) auf einem älteren Aufsatz gleichen Titels, den Rahner im fünften Band seiner Schriften zur Theologie 1962 veröffentlicht hat. Vgl. zum im Weiteren Ausgeführten auch Ders., Die Hominisation als theologische Frage, und Ders., Die Einheit von Geist und Materie im christlichen Glaubensverständnis, Schriften VI, 185-214. Einführend sei auf H. Vorgrimler, Karl Rahner, 160-166, verwiesen.

[78] K. Rahner, Grundkurs,183.

[79] K. Rahner, Die Christologie innerhalb einer evolutiven Weltanschauung, Schriften V, 188; zugleich Ders., Grundkurs, 184. Diesen Zusammenhang entfaltet Rahner auch ausführlich in Ders., Der Leib in der Heilsordnung, 29-40, sowie unter Blick auf die Situation der Krankheit als Störung des Miteinanders von Leib und Seele in Ders., Bewährung in der Zeit der Krankheit, SW 12, 415-420.

[80] Vgl. hierzu das oben in 4.2. zur transzendentalen Erfahrung Gesagte.

[81] K. Rahner, Die Christologie innerhalb einer evolutiven Weltanschauung, Schriften V, 190; zugleich Ders., Grundkurs, 185.

Leib und darin auf die Person wirkt.[82] „Durch die Leibhaftigkeit gehört von vornherein die ganze Welt zu mir in all dem, was da passiert. ... Wenn der Mond nicht wäre oder wenn die Sonne nicht wäre, dann wäre ja unser Leib auch anders. In einem gewissen Sinne – ich übertreibe jetzt absichtlich etwas, um das deutlicher zu machen – wohnen wir alle in dem einem selben Leib, der die Welt ist. Und weil es das gibt – das ist im Grunde genommen die metaphysisch-theologische Voraussetzung –, gibt es so etwas wie Erbsünde, so etwas wie Erlösung durch einen anderen."[83] Die Leiblichkeit und die durch sie konstituierte interkommunikative Gemeinschaft der Menschen konstituieren so die Heils- und Unheilsgemeinschaft der einen Menschheit – und damit den relationalen Pol menschlicher Personalität.

Im Leib finden Seele und Geist ihren äußeren Ausdruck, auch wenn dieser immer nur eine zweideutige und unpräzise Ausdrucksform darstellt. „Die Intensität der Darbietung des Geistigen als Leib kann natürlich sehr verschieden sein."[84] Als Beispiel führt er an, dass ein Betrachter der körperlichen Statur eines Immanuel Kant (Rahner schätzt ihn auf 60 kg) „natürlich von Kant weniger gesehen (habe), als wenn ich mich mit ihm unterhalte."[85] Leib und Seele bilden dabei jeweils „ein inneres Moment am einen Menschen."[86]

Nach Karl Rahner hat das „Verhältnis gegenseitiger Bezogenheit von Geist und Materie ... selbst eine Geschichte."[87] Er fasst dieses mit dem Begriff der aktiven Selbsttranszendenz.[88] Der Materie wohnt eine Tendenz zur Höherentwicklung inne. Aktive Selbsttranszendenz meint, dass Gott diesem evolutiven Werden eine innere Dynamik verliehen hat, die den Überstieg zu Wesenshöherem einschließt. Hierbei umfasst die höhere Ordnung die niedrigere bleibend in sich, so dass wirklich von einer Selbstübersteigung und

---

[82] Dieser Gedanke findet sich bereits in K. RAHNER, Hörer des Wortes, SW 4, 196-208. An dieser Stelle kann auf die Erkenntnismetaphysik der frühen Rahner-Werke *Geist in Welt* und *Hörer des Wortes*, insb. Kap. 3-5 und 11-12, nur verwiesen werden. Einführend zu diesen beiden Werken siehe R. A. SIEBENROCK, Glauben gibt zu denken.

[83] K. RAHNER, Der Leib in der Heilsordnung, 43. Zu Erbsünde und Erlösung siehe die Abschnitte über die Gefährdetheit des Menschen (5.2.4.) und über Wege der Heilung/des Heils (5.2.5.).

[84] K. RAHNER, Der Leib in der Heilsordnung, 40.

[85] K. RAHNER, Der Leib in der Heilsordnung, 40.

[86] K. RAHNER, Bewährung in der Zeit der Krankheit, SW 12, 415.

[87] K. RAHNER, Die Christologie innerhalb einer evolutiven Weltanschauung, Schriften V, 190; zugleich DERS., Grundkurs, 185.

[88] Ausführlich behandelt wird dieses Konzept in Kap. 5.2.3. Vgl. über das dort Ausgeführte hinaus K. RAHNER, Die Christologie innerhalb einer evolutiven Weltanschauung, Schriften V, 190-195; zugleich DERS., Grundkurs, 185-193, sowie DERS., Art. Hominisation., SW 17, 1091-1096, und DERS., Art. Evolution, SW 17, 1030-1037. Einen Überblick über den Begriff und seine Entwicklung sowie seinen philosophischen Hintergrund bietet B. WEISSMAHR, Selbstüberbietung und die Evolution des Kosmos auf Christus hin.

nicht von einer Wandlung in ganz Neues, dem eigenen Wesen Fremdes, zu sprechen ist. Rahner erschließt hieraus eine innere, gestufte Einheit der Natur- und der Geistesgeschichte, in der der Mensch als die Selbsttranszendenz der lebendigen Materie anzusehen ist. Dadurch ist er nie nur Gegenüber zur Natur, sondern ihr Teil. Das gemeinsame Ziel von Mensch und Natur ist die Selbstmitteilung Gottes. In ihr findet die „Selbsttranszendenz des Kosmos im Menschen ... dann wirklich ganz zu ihrer letzten Erfüllung"[89].

Wie sich das Zu- und Miteinander von Geist und Materie im menschlichen Leben ereignet, bleibt bei Rahner ebenso offen, wie die Unterscheidung der Begriffe Geist und Seele. Die Seele (als inneres Formprinzip alles Lebendigen) scheint vom Geist zu unterscheiden zu sein, da dieser ja das Ziel der Selbsttranszendenz der belebten (und damit beseelten) Materie ist, dieser gegenüber also den Charakter des Wesenshöheren hat. An anderer Stelle wird aber auch der Begriff der Geistseele benutzt, der die Nähe dieser beiden Begriffe ebenso zum Ausdruck bringt, wie die z.T. abwechselnde Benutzung der Begriffe ohne Differenzierung oder Akzentuierung eines Unterschiedes im Bedeutungsgehalt.[90]

---

[89] K. RAHNER, Grundkurs, 191.

[90] Vgl. zur parallelen Benutzung der Begriffe Geist und Seele etwa K. RAHNER, Art. Mensch, SW 17, 1203 f. Eine Differenzierung zwischen beiden Begriffen bzw. den Ebenen des Intellektuell-Geistigen und des Sinnlich-Erfahrungsbezogen-Seelischen deutet sich in seinem Aufsatz *Der Begriff der Ecstasis bei Bonaventura* an, wenn Rahner fragt, „wie man sich diese ohne Hilfe des Intellekts vollziehende unmittelbare Erfahrung einer Liebesvereinigung denken soll?" (ebd. 15). Er greift hier Bonaventuras Begriffe „sentire" (fühlen) und „cognoscere" (denken) auf. Auch wenn diese „beschreibende Ausdrücke" seien, muss das Zustandekommen dieser Gegebenheit für Rahner theologisch geklärt werden können. Rahners Lösungsansatz liegt in der Selbstmitteilung Gottes, die eine Erfahrung vorläufig zum Verstehen ermöglichen kann. Vgl. A. R. BATLOGG, Der Denkweg Karl Rahners, 33-35. An dieser Stelle ist die Besonderheit einer Erfahrung der Gottunmittelbarkeit aller kategorialen sinnlichen Erfahrung gegenüber zu berücksichtigen. In seinem Aufsatz *Probleme der Christologie von heute*, Schriften I, 174, spricht K. RAHNER vom „Verstehen mit Geist und Herz" und in *Priester und Dichter*, Schriften III, 361, davon, dass „Freiheit nur (ist), wo die Helle des Geistes und die selige Wachheit des Herzens sind". Damit deutet Rahner die Unterscheidung zweier, wenn auch aufs Engste miteinander verbundenen Vollzüge im Menschen an. Andererseits heißt es in dem bereits angeführten Aufsatz *Probleme der Christologie von heute*, Schriften I, 174, auch, man solle den Mut haben, „mit dem Herz zu denken, das man hat, und nicht nur mit dem, das man angeblich haben sollte". Ein Ansatzpunkt der Unterscheidung von geistiger und seelischer Ebene, von Intellekt und Sinnlichkeit/Emotionalität, wie er in Kapitel 6 noch näher in den Blick zu nehmen ist, findet sich schon in Rahners frühem Werk *Geist in Welt*, wo er das spezifische Ursprungsverhältnis zwischen Intellekt und Sinnlichkeit untersucht und dabei deren gegenseitige Bezogenheit in Verschiedenheit herausarbeitet, „so dass das Entspringen mehrerer Vermögen (d. h. in unserem Fall des Intellekts und der Sinnlichkeit) nur als Teilbewegungen der einen Bewegung einer metaphysischen Selbstverwirklichung des einen menschlichen Geistes aufgefasst werden kann" (K. RAHNER, Geist in Welt, SW 2, 197f.). Es sei an dieser Stelle darauf hingewiesen, dass es Rahner bei diesem Rückbezug auf Thomas von Aquin um zwei Vollzüge und nicht um zwei Instanzen/Ebenen im Menschen gegangen ist, was bei der Übertragung dieser Stelle auf das Verhältnis von Seele und Geist zu

Rahner versteht das Verhältnis von Leib und Seele in Analogie zur Einheit von Symbol und Symbolisiertem. „Der Leib ist das Symbol der Seele, insofern er als der Selbstvollzug der Seele (wenn auch nicht als deren adäquater) gebildet wird, und sich die Seele in dem von ihr verschiedenen Leib selbst anwesend sein und in ‚Erscheinung‘ treten lässt.“[91] Diesen Gedanken thomistischer Naturphilosophie führt Rahner weiter zur Ganzheitlichkeit des einen Leibes. „In dieser Einheit von Symbol und Symbolisiertem, die durch den Leib und die Seele gebildet werden, sind die einzelnen Teile des Leibes mehr als quantitativ addierte Stücke des ganzen Leibes; sie sind vielmehr in einer eigentümlichen Weise immer so Teile, dass sie auch das Ganze noch in sich befassen, wobei dieses freilich von den einzelnen Teilen in verschieden strengem Maß gelten mag.“[92]

Diesen Gedanken führt Rahner weiter zur „Zweieinheit von Gesinnung und Tat“[93]. Der Mensch „kann nicht nur in Innerlichkeit leben. Er kann sich nicht zum reinen Geist machen. Selbst noch das Innere vollzieht er am Material seiner äußeren Taten ... Der Mensch objektiviert also sich und seine innere Gesinnung, seine ursprüngliche Freiheitsentscheidung und -haltung, nach außen“[94]. Innere Gesinnung und äußere Tat sind wie Seele und Leib nie von einander zu trennen. Dennoch ist es wichtig, zwischen ihnen zu unterscheiden, da „durch die Richtigkeit der äußeren Tat noch nichts eindeutig über den Wert des Menschen und seiner Taten entschieden ist. Sittliche Werte müssen ja dem Herzen, der ursprünglichen Freiheit entspringen ... (denn) die äußere Tat hat keine eigene Sittlichkeit, wie die Mehrzahl der Moraltheologen sagt.“[95] Rahner bindet diesen Gedanken ausdrücklich an das Verhältnis von Leib und Seele zurück: „Es ist auch hier wie beim Verhältnis zwischen Leib und Seele: Die Seele drückt sich im Leib aus und verhüllt sich darin zugleich, das Gesicht ist der Spiegel der Seele und gibt dennoch ihr Geheimnis nicht preis ... Die innere Ge-

---

bedenken ist. Eine Unterscheidung zweier Instanzen oder Seiten menschlichen Seins deutet sich in K. RAHNER, Glaube zwischen Rationalität und Emotionalität, Schriften XII, 104, an. Hier führt Rahner unter Rückgriff auf die Erkenntnisse der Tiefenpsychologie an, „dass der Mensch (was die Theologie wusste, aber inhaltlich nicht genügend füllte) leibhaftig ist und nicht bloß das abstrakte Subjekt von Transzendenz und Geist, also ein Seelisches mit genau bestimmbaren Inhaltlichkeiten, das vor dem personal geistigen Freiheitsvollzug des Subjekts liegt, Strukturen und Mechanismen aufweist, die nicht einfach vom geistigen Subjekt adäquat beherrschbar sind“ (ebd., 104).

[91] K. RAHNER, Zur Theologie des Symbols, Schriften IV, 304-311, hier: 306. Der Gedanke findet sich auch in DERS, Kirche und Sakramente, 31-35, wo Rahner im Zusammenhang mit den Sakramenten und der Kirche als „Leibhaftigkeit der Gnade“ (ebd., 31) diese Entsprechung von Symbol/Symbolisiertem zu Leib/Seele anführt.

[92] K. RAHNER, Zur Theologie des Symbols, Schriften IV, 306.

[93] K. RAHNER, Über die gute Meinung, Schriften III, 127.

[94] K. RAHNER, Über die gute Meinung, Schriften III, 127 f.

[95] K. RAHNER, Über die gute Meinung, Schriften III, 130.

sinnung mag eigentlich etwas ganz anderes gemeint haben, als sich in der äußeren Tat ausdrückt."[96]

Der Aspekt der Ganzheitlichkeit des einen Menschen in Geist/Seele und Leib findet sich nach Rahner auch in der christlichen Auferstehungshoffnung wieder. Gegen verschiedene Missverständnisse der Entmythologisierung und anderer Deutungen betont er: „Fleisch meint den ganzen Menschen in seiner eigenen leibhaftigen Wirklichkeit. Auferstehung also die Endgültigkeit und Vollendung des *ganzen* Menschen vor Gott, die ihm das ‚ewige Leben' gibt."[97] Nach dem Hinweis auf die bleibende Verbundenheit der Verstorbenen zur Geschichte und dem Schicksal der Welt schreibt er, dass mit der Vollendung der Welt auch die Menschen „als Ganze vollendet werden mit Seele und Leib"[98].

Es wird im Rahmen des interdisziplinären Dialogs zu diskutieren sein, inwieweit die von Rahner vorgenommene innerpersonale Differenzierung von Geist/Seele und Leib/Materie mit der Rogersschen Unterscheidung von Organismus und Selbst korrespondiert und ob sich beide Konzeptionen zu einer gemeinsamen Sicht weiterführen lassen.

Der Mensch ist nach Karl Rahner nicht nur in sich das Wesen der Bezogenheit von Geist und Materie bzw. Leib und Seele, er ist gerade als diese Einheit in Verschiedenheit von Geistigem und Materiellem auch das Wesen der Bezogenheit und Verwiesenheit über sich hinaus: auf Gott und auf seine Mitmenschen hin.

5.2.2.2. Der Mensch als Wesen der Bezogenheit auf Gott

Die Reflexion der Struktur geistiger Erfahrung hat gezeigt, dass der Mensch alles in Frage stellen kann und sich gerade in der Erfahrung seiner Endlichkeit als das Wesen eines unendlichen Horizontes erweist.[99] Diese Erfahrung führt Rahner dazu, dass er den Menschen selbst als Frage bezeichnet: „Jede Antwort ist nur der Aufgang einer neuen Frage. Der Mensch erfährt sich als die unendliche Möglichkeit, weil er notwendig in Praxis und Theorie jedwedes erzielte Resultat immer wieder in Frage stellt, immer wieder in einen weiteren Horizont hineinrückt, der sich unabsehbar vor ihm auftut. ... er ist die Frage, die leer, aber wirklich und unausweichlich vor ihm aufsteht und die von ihm nie überholt, nie adäquat beantwortet werden kann."[100]

---

[96] K. RAHNER, Über die gute Meinung, Schriften III, 129.
[97] K. RAHNER, Auferstehung des Fleisches, Schriften II, 219.
[98] K. RAHNER, Auferstehung des Fleisches, Schriften II, 222.
[99] Vgl. das oben unter 4.2. zur Transzendentalen Erfahrung Gesagte. Hierzu auch K. RAHNER, Grundkurs, 26-34, 42-46.
[100] K. RAHNER, Grundkurs, 43. In *Wagnis des Glaubens* schreibt K. RAHNER: „Ich meine, der Mensch ist die Frage, auf die es keine Antwort gibt" (ebd., 13) und „Weil wir über jeden endlichen Gegenstand hinausgreifen,... ist jedes Ende nur ein Anfang" (ebd., 18).

Für Rahner liegt in dieser Erfahrung des je größeren, unendlichen Horizonts menschlichen Erkennens und Lebens ein Vorgriff auf das ‚Sein‘ überhaupt. Da ein ‚Nichts‘ auch nichts begründen könne, kann die Verwiesenheit des Menschen auf einen je größeren Horizont, soll nicht sein ganzes Leben und Streben nur eine „wahnwitzige Täuschung"[101] sein, nur „das Aufgehen des unendlichen Seinshorizontes von diesem selbst her"[102] sein. Der Mensch kann sich als Mensch, d. h. als geistige Kreatur mit der ihr eigenen Dynamik des Erkennens und Darüber-hinaus-Fragens, nicht vollziehen, ohne mit seiner Verwiesenheit über sich selbst hinaus konfrontiert zu werden. Gerade hierin gründet für Rahner das Person- und Subjekt-sein des Menschen.[103]

Der Mensch findet sich immer schon in dieser Verwiesenheit über sich hinaus vor, ohne dass er diese selbst gesetzt hätte.[104] Er kann sich nur zu ihr verhalten, ihr aber nie entgehen. Selbst wenn er die Augen vor dieser Verwiesenheit verschließt und sich ganz auf Kategoriales beschränkt, steht er dennoch in diesem über ihn hinaus eröffneten Horizont.[105] „Dieses Gestelltsein zwischen Endlichkeit und Unendlichkeit macht den Menschen aus und zeigt sich noch einmal dadurch, dass sich der Mensch gerade in seiner unendlichen Transzendenz, in seiner Freiheit als der sich Auferlegte und geschichtlich Bedingte erfährt. ... Er ist das Subjekt, das als solches sich selbst im Ursprung und Ziel entzogen ist."[106]

Der unendliche Horizont menschlicher Transzendentalität ist das bzw. der, den wir Menschen Gott nennen.[107] Rahner zeigt am Beispiel der Verwendung des Wortes ‚Gott‘ und an seiner Unumgänglichkeit selbst für den Atheismus, der das, was er ablehnt, auch benennen muss, auf, dass es zum Wesen des Menschen gehört, von Gott zu sprechen und über ihn nachzudenken. Würde der Mensch aufhören, diese seine Verwiesenheit über alles Fassbare hinaus zu thematisieren, hätte er „das Ganze und seinen Grund vergessen, und zugleich vergessen – wenn man das so sagen könnte –, dass er vergessen hat. ... Er würde aufhören, ein Mensch zu sein. ... Aber eigentlich existiert der Mensch nur als Mensch, wo er wenigstens als Frage, wenigstens als verneinende und verneinte Frage ‚Gott‘ sagt."[108] „Wo der Mensch diese Verwiesenheit nicht erreicht oder sie frei ablehnt, hat er sich, sein Wesen als

---

[101] K. Rahner, Grundkurs, 44.
[102] K. Rahner, Grundkurs, 45.
[103] Vgl. K. Rahner, Grundkurs, 45f., sowie Kap. 4.2.1. und das oben in Kap. 5.2.2. zum Menschen als Person und Subjekt Gesagte.
[104] Vgl. K. Rahner, Grundkurs, 52.
[105] Vgl. hierzu K. Rahner, Grundkurs, 43f.
[106] K. Rahner, Grundkurs, 53.
[107] Vgl. hierzu und zum Folgenden K. Rahner, Grundkurs, 54-79, hier: 69, sowie K. P. Fischer, Philosophie und Mystagogie, insb. 49ff., und R. Miggelbrink, Latens Deitas.
[108] K. Rahner, Grundkurs, 58.

ganzes verfehlt, das, was ihn von einer innerweltlichen Sache unterscheidet."[109] Der Bezug auf Gott ist also nicht nur Etwas am Menschen, sondern es ist sein innerstes Wesen, an dem sich entscheidet, ob er sich selbst findet und vollzieht – oder nicht. „Die Liebe zu Gott ist wirklich die einzige totale Integration des menschlichen Daseins."[110]

Die Unausweichlichkeit des Redens von ‚Gott' bedeutet aber nicht, dass das Wort deshalb einen bestimmten, allgemein verständlichen oder gar definierbaren Inhalt hätte. Ja, es entzieht sich gerade aller menschlichen Definition, da es das je größere, „*das heilige Geheimnis*"[111], wie Rahner es an anderer Stelle nennt, bezeichnet.

Das Verhältnis des Menschen zu Gott bezeichnet Rahner als Kreatürlichkeit.[112] „Gott will sich selbst mitteilen, seine Liebe, die er selbst ist, verschwenden ... Und so schafft Gott den, den er so lieben könne: den Menschen. Er schafft ihn so, dass er diese Liebe, die Gott selbst ist, empfangen *könne* und dass er sie gleichzeitig aufnehmen könne und müsse als das, was sie ist: das ewig erstaunliche Wunder, das unerwartete, ungeschuldete Geschenk"[113].

Unter der Erschaffung des Menschen durch Gott versteht Rahner nicht ein punktuelles Wirken Gottes im Sinne eines einmaligen Schöpferaktes (entsprechend der menschlichen Erfahrung des Herstellens z.B. eines Tisches, der einmal gezimmert einfach da ist, ohne der weiteren Ein- oder Mitwirkung des Schreiners zu bedürfen), „sondern vielmehr einen dauernden, immer aktuell bleibenden Vorgang, der bei jedem Seienden jetzt ebenso wie in einem früheren Zeitpunkt seines Daseins geschieht, wenn auch eben diese dauernde Schöpfung die eines sich selber *zeitlich* erstreckenden Seienden ist. Schöpfung und Kreatürlichkeit bedeuten also im ersten Ansatz nicht das Ereignis in einem Augenblick (dem ersten eines zeitlichen Seienden), sondern die Setzung dieses Seienden und seiner Zeit selbst, welche Setzung gerade nicht in die Zeit eingeht, sondern deren Grund ist."[114] Das hier Gemeinte kann auch mit dem Begriff der ‚creatio continua', der fortwährenden Schöpfung, ausgedrückt werden. Gott hat also den Menschen und die Welt nicht nur irgendwann geschaffen und sich dann von ihr zurückgezogen, sondern er ist als transzendenter Grund und als Ziel der Schöpfung in ihr fortwährend gegenwärtig und wirksam. Der radikalen Abhängigkeit des Geschaffenen vom Schöpfer korrespondiert hierbei eine absolute Unabhän-

---

[109] K. RAHNER, Art. Mensch, 1202.
[110] K. RAHNER, Von der Not und dem Segen des Gebetes, 145.
[111] K. RAHNER, Grundkurs, 69.
[112] Vgl. hierzu K. RAHNER, Grundkurs, 83-88.
[113] K. RAHNER, Über das Verhältnis von Natur und Gnade, Schriften I, 336f.
[114] K. RAHNER, Grundkurs, 85.

gigkeit des Schöpfers von seinem Werk, die Gottes innerer Verbundenheit mit der Welt aber keinen Abbruch tut.[115]

Das Rahnersche Verständnis der Verwiesenheit des Menschen auf Gott lässt sich mit Josef Speck als „doppelpersonale Beziehung" charakterisieren. „Der Mensch steht *als Person* vor Gott, und er steht vor *einem personalen Gott*"[116]. Für Rahner ist der Mensch dabei „der von Gott aufgerufene weltlich-leibhaftige Partner Gottes. Durch das Wort Partnerschaft (das keine Gleichheit der Beziehung von beiden Seiten aussagen soll, darum: ‚aufgerufen') ist gesagt, dass der Mensch unausweichlich mit Gott selbst zu tun hat und dass in dieser unausweichlichen Verwiesenheit ihm aufgeht, wer er selbst und wer Gott ist"[117].

Das Erschaffensein des Menschen durch Gott und seine bleibende Verwiesenheit auf diesen schaden nach Rahner nicht der Freiheit des Menschen. Im Gegenteil, die Annahme dieser bleibenden Abhängigkeit von Gott befähigt den Menschen dazu, seine Freiheit wirklich zu vollziehen, da sie in ihrem innersten Wesen Freiheit auf Gott hin ist.[118] „Was es eigentlich heißt, etwas anderes als Gott und trotzdem radikal bis ins allerletzte herkünftig von ihm zu sein, was es heißt, dass diese radikale Herkünftigkeit gerade die Eigenständigkeit begründet, das lässt sich nur dort erfahren, wo eine geistige, kreatürliche Person ihre eigene Freiheit noch einmal auf Gott hin und von ihm her als Wirklichkeit erfährt. Erst dort, wo man sich als freies Subjekt vor Gott verantwortlich erfährt und diese Verantwortung übernimmt, begreift man, was Eigenständigkeit ist und dass sie im selben Maße wächst und nicht abnimmt mit der Herkünftigkeit von Gott."[119]

Die (frei angenommene) Abhängigkeit von Gott ist radikal von jeder innerweltlichen Abhängigkeit zu unterscheiden. Es ist gerade das Ziel des dauerhaften Wirken Gottes, den Menschen frei zu setzen.[120] Gott setzt den Menschen für Rahner so frei, dass sich die Grenze zwischen Selbst- und

---

[115] Vgl. H. VORGRIMLER, Karl Rahner, 157-166, wo Vorgrimler auf Aussagen Rahners zum Verhältnis Gottes zum Nichtgöttlichen eingeht und die wechselseitige Bezogenheit von Geschichte und Transzendenz bei Karl Rahner gegen Kritiker, die Rahners Theologie als geschichtsvergessen charakterisieren, herausarbeitet. Vorgrimler stützt sich dabei zum einen auf die Arbeit F. GMAINER PRANZLS, Glaube und Geschichte bei Karl Rahner und Gerhard Ebeling, zusammengefasst in DERS., Glaube und Geschichte, sowie neben den geistlichen Schriften Karl Rahners, die sich etwa wie *Von der Not und dem Segen des Gebetes* mit nicht erhörten Gebeten befassen, auch auf K. RAHNER, Die Einheit von Geist und Materie im christlichen Glaubensverständnis, Schriften VI, 185-214.

[116] Vgl. J. SPECK, Karl Rahners theologische Anthropologie, 32-38, 171-178, hier: 174.

[117] K. RAHNER, Grundentwurf einer theologischen Anthropologie, SW 19, 185.

[118] Vgl. hierzu das unten unter 5.2.3. Gesagte.

[119] K. RAHNER, Grundkurs, 87.

[120] Diese Intention Gottes findet beispielhaft Ausdruck im Jesuswort: „Ich nenne Euch nicht mehr Knechte; ... Vielmehr habe ich Euch Freunde genannt" (Joh 15,15), das einen solchen freisetzenden Gottesbezug ausdrückt.

Fremderlösung (wenn sie in ihrem Zueinander und ihrer gegenseitigen Bedingtheit richtig verstanden werden) aufhebt: „Jedenfalls ist für den christlichen Glauben im Normalfall des Menschen die Erlösung nicht etwas, was am Menschen durch die Tat Gottes an ihm über seine Freiheit hinweg geschieht, sondern ist die Endgültigkeit dieser Freiheitstat des Menschen selber, so sehr sie zuerst und erst recht Gottes Tat am Menschen ist. ... Und gerade dieser Gott bewirkt durch seine freie, unableitbare Gnadentat, dass der Mensch sich selbst, wenn man so sagen will, erlösen kann."[121]

Das heilige Geheimnis, das wir Gott nennen, ist bei Rahner nicht ein abstraktes, sich jeder menschlichen Erfahrung und Bezogenheit entziehendes, transzendentales Erkenntnisprinzip, sondern „der Mensch kann Gott selbst erfahren. Und eure Seelsorge müsste immer und bei jedem Schritt dieses Ziel unerbittlich vor Augen haben."[122] Die „Erweckung solcher göttlicher Erfahrung" ist für ihn „das ausdrücklichere Zusichselberkommen und die freie Annahme einer Verfassung des Menschen..., die immer gegeben, meist verschüttet und verdrängt, aber unausweichlich ist und Gnade heißt, in der Gott selbst in Unmittelbarkeit da ist."[123] Ein Weg dieser Erweckung göttlicher Erfahrung sind für ihn die ignatianischen Exerzitien. Er sieht sie als „mystagogische Hilfe für andere, die Unmittelbarkeit Gottes nicht zu verdrängen, sondern deutlich zu erfahren und anzunehmen."[124]

Die Bedeutung dieser Erfahrung Gottes im konkreten, unmittelbar alltäglichen Leben für den Glauben und damit auch für die Kirche bringt das oft zitierte Rahnerwort zum Ausdruck: „Der Fromme von morgen wird ein ‚Mystiker' sein, einer, der etwas ‚erfahren' hat, oder er wird nicht mehr sein, weil die Frömmigkeit von morgen nicht mehr durch die im voraus zu einer personalen Erfahrung und Entscheidung einstimmige, selbstverständli-

---

[121] K. RAHNER, Das christliche Verständnis der Erlösung, Schriften XV, 237. Vgl. hierzu auch H. VORGRIMLER, Karl Rahner, 218-222. Zu Rahners Soteriologie siehe ausführlicher B. GRÜMME, Noch ist die Träne nicht weggewischt von jeglichem Angesicht, sowie A. GRÜN, Erlösung durch das Kreuz. Zum Verhältnis von Selbst- und Fremderlösung und insbesondere zu dem christlichen Glauben widersprechenden Vorstellungen der Selbsterlösung siehe M. SECKLER, Theosoterik und Autosoterik.

[122] K. RAHNER, Rede des Ignatius von Loyola an einen Jesuiten von heute, Schriften XV, 377. Zur Erfahrbarkeit Gottes siehe auch K. RAHNER, Grundkurs, 79-96, insb. 81-83 und 90-92. Zur seelsorglichen Dimension dieser Erweckung solcher göttlicher Erfahrung siehe Kap. 5.2.5., wo ausführlich auf den Mystagogiebegriff Rahners und die Konzeption einer mystagogischen Seelsorge eingegangen wird.

[123] K. RAHNER, Rede des Ignatius von Loyola an einen Jesuiten von heute, Schriften XV, 378.

[124] K. RAHNER, Rede des Ignatius von Loyola an einen Jesuiten von heute, Schriften XV, 380. Zu Rahners Mystagogiebegriff vgl. auch das dazu unter 5.2.5. Gesagte und K. P. FISCHER, Gotteserfahrung, 27-74. Fischer geht hier auch ausdrücklich auf die Theologie und Anthropologie der Exerzitien ein (ebd., 41-74). Zu Rahners Sicht der Exerzitien vgl. DERS., Betrachtungen zum ignatianischen Exerzitienbuch, sowie J. SUDBRACK, Karl Rahner und die Theologie der Exerzitien.

che öffentliche Überzeugung und religiöse Sitte aller mitgetragen wird"[125].
Mystik oder mystische Gotteserfahrung sind hierbei für Rahner „nicht das
Privileg einzelner Mystiker, sondern in jedem Menschen gegeben"[126]. Für
Rahner gibt es „Stufen in der Erfahrung der Gnade [und damit der Erfahrung Gottes, A.d.V.], deren unterste auch uns zugänglich sind"[127]. Rahner
zeigt unter Bezug auf alltägliche Erfahrungen, wie z.B. dem Schweigen bei
ungerechter Behandlung oder dem Verzeihen ohne Gegenlohn, auf, dass wir
gerade in diesen Alltäglichkeiten „die Erfahrung des Geistes gemacht haben,
die wir meinen. Und nun: wenn wir diese Erfahrung des Geistes machen,
dann haben wir (als Christen mindestens, die im Glauben leben) auch schon
faktisch die Erfahrung des *Übernatürlichen* gemacht. Sehr anonym und un-
ausdrücklich vielleicht ... da ist die Stunde seiner Gnade"[128].

Unüberbietbarer Höhepunkt der Antreffbarkeit Gottes in der Welt ist die
Menschwerdung Gottes in Jesus Christus.[129] In ihm geht Gott untrennbar in
die Geschichte der Welt und des Menschen ein, so dass Rahner von einer
Einheit (nicht Identität!) von Welt- und Erlösungsgeschichte spricht.[130] Gott
macht in Jesus Christus die Geschichte des Menschen zu seiner eigenen Geschichte. So sehr dies der Kern christlicher Lehre und christlichen Lebens
ist, das sich am expliziten Bekenntnis zu Jesus Christus in Glaube und Taufe
entscheide, spricht Rahner davon, „dass es auch ein ‚anonymes Christen-

---

[125] K. RAHNER, Frömmigkeit früher und heute, Schriften VII, 22. Nicht weniger deutlich hat
Rahner dies 1979 in einem Gespräch mit A. Benzer ausgedrückt: „Wenn man heute nicht
Mystiker ist, kann man auch kein Christ mehr sein" (K. RAHNER, Glaube in winterlicher Zeit,
77).
[126] K. RAHNER, Gotteserfahrung heute, Schriften IX, 161-176, 164f.
[127] K. RAHNER, Über die Erfahrung der Gnade, Schriften III, 105.
[128] K. RAHNER, Über die Erfahrung der Gnade, Schriften III, 108.
[129] Vgl. hierzu den Abschnitt *Jesus Christus* in K. RAHNER, Grundkurs, 178-312, insb.178f.,
193-202, 298-303. Auf die einzelnen Schritte und auch möglichen Probleme der transzendentalen Christologie Rahners kann und soll an dieser Stelle nicht eingegangen werden. Zur Christologie Karl Rahners vgl. etwa A. R. BATLOGG, Vom Mut, Jesus um den Hals zu fallen, und
H. VORGRIMLER, Karl Rahner, 207-218. Dort finden sich auch Hinweise auf die Kritik, Rahners
Christologie sei unbiblisch und apriorisch (ebd., 208f.). Die anthropologische Seite dieser
Christologie wird unter dem Stichwort der hypostatischen Union in 5.2.6. näher behandelt.
Vgl. zur Bedeutung Jesu Christi für unser Gottesverhältnis auch K. RAHNER, Über die Ein-
heit der Nächsten- und Gottesliebe, Schriften VI, 195f. In seinem Buch *Ich glaube an Jesus
Christus* bringt K. RAHNER die Bedeutung des geschichtlichen Jesus Christus für unser Got-
tesverhältnis pointiert in dem Satz zum Ausdruck: „Die wahre Begegnung mit Gott geschieht
in der Geschichte" (ebd., 33). Damit zeigt sich, dass der Vorwurf, Rahners Christologie sei
ungeschichtlich zwar vielleicht auf einzelne Formulierungen, aber nicht auf seine eigentliche
Intention und seinen Gottes- und Christusbezug zutrifft.
[130] Vgl. etwa den Beitrag *Erlösungswirklichkeit in der Schöpfungswirklichkeit* in K. RAHNER,
Sendung und Gnade, 51-87. In seinem Aufsatz *Weltgeschichte und Heilsgeschichte* geht Rahner ausführlich darauf ein, dass diese zwar nicht identisch seien, dass sich aber die Heilsgeschichte in der Weltgeschichte vollzieht.

tum' gibt."[131] Auch ohne explizites christliches Bekenntnis ist Gott für einen Menschen erfahrbar und dieser kann wie ein Christ leben, ohne dass er selbst bewusst darum weiß. Kontext dieser Aussage Rahners ist seine Überzeugung vom universellen Heilswillen Gottes. Entscheidend für die Rede vom ‚anonymen Christen' ist nämlich nicht, was der Mensch tut, sondern was Gott am Menschen tut. Gott bietet sich in seiner Selbstmitteilung jedem Menschen, auch dem Ungetauften an. Somit ist jeder Mensch zumindest im Modus des Angebotes ein Begnadeter – und in diesem Sinne ein (anonymer oder bekennender) Christ.[132]

Karl Rahner wurde oft kritisiert, dass es sich beim Terminus vom ‚anonymen Christen' um das Vereinnahmen von Nicht-Christen handeln würde bzw. dass damit das explizite christliche Bekenntnis in seiner Bedeutung für das Heil des Menschen gemindert würde.[133] Meines Erachtens treffen beide Kritikpunkte nicht auf Rahners Verständnis zu. Rahner führt den Begriff des anonymen Christen nicht ein, um Menschen gegen deren Willen der Kirche einzuverleiben oder den Wert des christlichen Bekenntnises herabzusetzen, sondern um etwas auszusagen, was das Wesen des Menschen vor jedem expliziten religiösen Bekenntnis ausmacht: Seine Verwiesenheit auf Gott und sein Leben in der Beziehung zu diesem, das immer getragen sein muss von der Nächstenliebe, denn „zu dieser innersten mystischen Erfahrung Gottes ist letztlich doch nur der Mensch fähig, der den Nächsten liebt."[134]

Die Rede vom anonymen Christen sagt in Übereinstimmung mit dem Zweiten Vatikanischen Konzil,[135] dass sich dies auch ohne explizites christ-

---

[131] K. RAHNER, Grundkurs, 178. Vgl. auch DERS., Die anonymen Christen, Schriften VI, 545-554, sowie die ausführliche Untersuchung von N. SCHWERDTFEGER, Gnade und Welt. Zur Genese dieses Konzeptes vgl. auch P. RULANDS, Selbstmitteilung Gottes in Jesus Christus: Gnadentheologie, insb. 176f. A. RAFFELT UND H. VERWEYEN, Karl Rahner, 77f., weisen nach, dass Rahner der Sache nach schon 1947 in seiner Reaktion auf die Enzyklika *Mystici corporis Christi* Pius XII. das Theorem vom ‚anonymen Christen' entfaltet hat (Der Beitrag ist 1955 leicht überarbeitet im zweiten Band seiner Schriften zur Theologie erschienen. Die entsprechende Ausführung findet sich dort auf Seite 88). Die entsprechende Ausführung findet „in einer Zufallsprägung erstmals beiläufig in einer Diskussion von 1948" von Rahner gebraucht worden. Sie fahren fort: „es dauert ein Jahrzehnt, bis der Teminus durch seine Wiederholung berühmt wird" und verweisen auf den zweiten Band der Reihe Quaestiones disputatae, *Zur Theologie des Todes* von 1958.

[132] Vgl. hierzu das in Kap. 5.2.1. zum ‚übernatürlichen Existential' Ausgeführte.

[133] Zur Kritik am Begriff und der Konzeption des ‚anonymen Christen' vgl. N. SCHWERDTFEGER, Der ‚anonyme Christ' in der Theologie Karl Rahners, 88f., sowie ausführlicher DERS., Gnade und Welt, 26-58. Eine zusammenfassende Darstellung findet sich bei H. VORGRIMLER, Karl Rahner, 182-188. Rahner selbst war wohl durchaus bereit, den Begriff aufzugeben, hielt aber an der Sache, nämlich der Aussage des universalen Heilswillen Gottes fest! (edb., 185). K. RAHNER schreibt in *Erfahrungen eines katholischen Theologen*, 111: „(So) muss eben doch über das ‚anonyme' Christentum überall und zu allen Zeiten nachgedacht werden, auch wenn mir an dem umstrittenen Wort als solchem nichts liegt."

[134] K. RAHNER, Im Gespräch 2, 44.

[135] Vgl. hierzu z.B. die entsprechenden Passagen der Dokumente des Zweiten Vatikanums, etwa in *Lumen gentium* 16, *Gaudium et spes* 22, *Ad gentes* 7, oder *Nostra aetate* 1f.

liches Bekenntnis realisieren kann. Da Karl Rahner zugleich betont, dass „in der Dimension der vollen Geschichtlichkeit dieser einen Selbstmitteilung Gottes an die Menschen in Christus und auf ihn hin nur der ein Christ (ist)..., der sich ausdrücklich zu Jesus als dem Christus in Glaube und Taufe bekennt"[136], ist die Kritik, Rahner befördere einen Ausverkauf des Christlichen, zurückzuweisen.[137] Dies zeigen auch Rahners Beiträge zur Frage der christlichen Mission und seine pastoraltheologischen Überlegungen, nach denen die Theologie und die Kirche „viel missionarischer und mystagogischer sein müsse als bisher."[138] „Der Missionsauftrag der Kirche und ihre Sendung zu allen Völkern standen für ihn nie zur Diskussion und waren zweifellos ein zentrales Thema seiner Theologie."[139]

Grundlage des Missionsauftrages, der sich bereits in den Schlussversen des Matthäus-Evangeliums findet,[140] sind bei Rahner das allen Menschen von Gott verliehene ‚übernatürliche Existential' und das Theorem des ‚anonymen Christen'. Christliche Mission kann und soll bei der jedem Menschen möglichen Erfahrung Gottes im konkreten Alltag des Einzelnen ansetzen. Aufgabe der von Rahner geforderten „*Mystagogie* in die eigentliche religiöse Erfahrung"[141] ist es somit, dass „der einzelne Mensch darauf aufmerksam gemacht wird, dass sich in seiner unmittelbaren Hinwendung

---

[136] K. RAHNER, Grundkurs, 178.

[137] So urteilt K. H. NEUFELD, Karl Rahner – Zeitgenosse, 23, über den Christusbezug Rahners: „Die Frage nach Jesus und dem Verhältnis des Menschen zu ihm wurde für Rahner zum vornehmlichen Schlüssel seines theologischen Arbeitens. ... Hier meldet sich Rahners Jesuitsein in unverkennbarer Nachdrücklichkeit."

[138] M. SIEVERNICH, Karl Rahners Neuinterpretation der Mission, 171. Sievernich stellt ebd., 159, heraus, dass „die Notwendigkeit der Mission ... zu diesen grundlegenden Optionen" bei Karl Rahner gehört. Sievernich bezieht sich bei seinen Ausführungen auf Rahners Artikel *Anonymes Christentum und Missionsauftrag der Kirche*, Schriften IX, 498-515, in dem Rahner sich mit den Kritikpunkten am Theorem des ‚anonymen Christen' auseinandersetzt und ausdrücklich dessen Vereinbarkeit mit dem Missionsauftrag der Kirche herausarbeitet. Vgl. auch W. SCHMOLLY, Pastoral verantworten, 252-254. Zum Zusammenhang von Mission und Mystagogie siehe M. SIEVERNICH, Ignatianische Spiritualität und pastorale Grundorientierung, der für Ignatius und Rahner den Zusammenhang dieser beiden Dimensionen christlichen Lebens in der Welt aufzeigt und die „pastorale Grundorientierung der Theologie Karl Rahners" als „Konsequenz der ignatianischen Inspiration" (ebd. 61) aufzeigt. Zum frühen Wirken des Jesuitenordens und insbesondere der Bedeutung der Seelsorge und Mission bei Ignatius siehe M. SIEVERNICH, homo jesuiticus, 67-76. Bei RAHNER selbst siehe zu der Rolle der Mission für die Praktische Theologie die im Band 19 der Sämtlichen Werke gesammelten Beiträge Rahners (DERS, Selbstvollzug der Kirche, SW 19, insb. 151-160, 297-316, 343-374), sowie DERS., Sendung und Gnade, insb. 88-126, 464-483.

[139] F. WEBER, Missionswissenschaft als Wesensbestandteil der Praktischen Theologie, 214.

[140] Vgl. Mt 28, 19f.: „Darum geht zu allen Völkern, und macht alle Menschen zu meinen Jüngern; tauft sie auf den Namen des Vaters und des Sohnes und des Heiligen Geistes, und lehrt sie, alles zu befolgen, was ich euch geboten habe."

[141] K. RAHNER, Die grundlegenden Imperative für den Selbstvollzug der Kirche in der gegenwärtigen Zeit, SW 19, 309.

zur konkreten Welt immer wieder namenlos diese Transzendenzerfahrung wirklich ereignet"[142]. Für Rahner kann der „Mensch von heute ... nur dann ein Glaubender sein, wenn er eine wirklich echte, persönliche religiöse Erfahrung gemacht hat, immer neu macht und darin durch die Kirche eingeweiht wird."[143]

Rahner versteht den Begriff Mystagogie dabei nicht als die Einführung in eine Geheimlehre, wie beispielsweise in den antiken Mysterienkulten,[144] und auch nicht als die allegorische Auslegung eines liturgischen Rituals, wie in den mystagogischen Predigten der frühen Kirche oder der Mysterientheologie Odo Casels und Romano Guardinis,[145] sondern als Einführung in das Geheimnis, das Gott ist, und damit als theologische Auslegung einer existentiellen Erfahrung.[146] Es geht bei Rahner also nicht um die Einführung in ein vorgegebenes Ritual oder eine vorgegebene Lehre, sondern der Einzelne soll angeregt werden, in seinem konkreten Leben Gottes Spuren zu entdecken und für Gottes Gegenwart im konkret Alltäglichen sensibilisiert werden. „Nur wo der Mensch so mit der individuellen Konkretheit seines eigenen Lebens konfrontiert werden kann, kann er ganz die Christlichkeit seines Lebens begreifen, die er eigentlich nicht herstellen, sondern als von Gott schon gegeben annehmen muss."[147] „Eine solche Mystagogie, in der der einzelne Mensch darauf aufmerksam gemacht wird, dass sich in seiner unmittelbaren Hinwendung zur konkreten Welt immer wieder namenlos diese Transzendenzerfahrung wirklich ereignet, könnte beim einzelnen Menschen nur im Einzelgespräch, in einer individuellen Logotherapie möglich sein."[148]

Stand zunächst ganz der transzendentaltheologische Aspekt der persönlichen Erfahrung im Mittelpunkt des Verständnisses von Mystagogie, hat Karl Rahner diesen Begriff später trinitarisch differenziert und heilsgeschichtlich konkretisiert. In dieser späteren Fassung versteht Rahner unter Mystagogie „das Bemühen von jemand, sich oder erst recht einem anderen eine möglichst deutlich und reflex ergriffene Erfahrung seiner vorgegebenen pneumatischen Existenz zu vermitteln. Christliche Mystagogie ist auch

---

[142] K. RAHNER, Grundkurs, 68.
[143] K. RAHNER, Die grundlegenden Imperative für den Selbstvollzug der Kirche in der gegenwärtigen Zeit, SW 19, 309f. Rahner vergleicht an dieser Stelle die Bedeutung einer solchen Einführung in persönliche religiöse Erfahrungen mit der Bedeutung einer Lehranalyse für einen Psychotherapeuten: Bei beiden reicht reines theoretisches Wissen nicht aus, um erfolgreich wirken zu können.
[144] Vgl. hierzu W. BURKERT, Antike Mysterien.
[145] Vgl. hierzu einführend B. NEUNHEUSER, Art. Mysterientheologie, sowie H. HASLINGER, Was ist Mystagogie?, 20-28.
[146] Vgl. K. RAHNER, Die grundlegenden Imperative für den Selbstvollzug der Kirche in der gegenwärtigen Zeit, SW 19, 309-311.
[147] K. RAHNER, Sendung und Gnade, 120.
[148] K. RAHNER, Grundkurs, 68.

der Versuch, dem konkreten Menschen verständlich zu machen, dass seine mystische Geisterfahrung ihm geschichtlich greifbar und irreversibel durch Jesus Christus zugesagt ist."[149] Die Transzendenzerfahrung des Menschen wird von Rahner nun als Erfahrung des Heiligen Geistes gedeutet, die dem Menschen durch Jesus Christus zugesagt und vermittelt ist. Aus der Hinführung zur Erfahrung des Geheimnisses an sich ist so die Hinführung zur Erfahrung des trinitarischen Geheimnisses und der geistbegabten, pneumatischen Existenz geworden. Auch jetzt wendet sich die Mystagogie nicht nur an getaufte Christen, sondern an jeden Menschen, da sie weiterhin auf dem allen Menschen von Gott verliehenen übernatürlichen Existential der Erfahrbarkeit Gottes beruht.

Die Möglichkeit, bei jedem Menschen bei diesem unthematischen Wissen um Gott ansetzen zu können, eröffnet gerade für die pastorale Praxis neue Zugänge, in denen den Menschen, und hier gerade den Nicht-Christen, nicht etwas Fremdes von Außen vermittelt werden muss, sondern in denen jeder Mensch zu sich und seinen immer schon gegebenen Erfahrungen geführt wird.[150] Mystagogie und christliche Verkündigung „appelliert, wenn es christliches Reden ist, immer an den innen in seiner Gnade sprechenden und schon irgendwie gehörten Gott, alle Vermittlung des Christlichen ist Vermittlung dessen, was im Innern des Menschen als Leben schon da ist."[151] Der eigentliche Mystagoge ist für Rahner Gott, denn „das alltägliche Leben hat eine innere Geöffnetheit auf Gott durch die diesem Leben immer schon angebotene Gnade Gottes, die in der Konkretheit dieses Lebens selbst lebendig und fruchtbar werden will. Die Freude, der Ernst ... und tausend andere Vorkommnisse des Lebens, das jeder erfährt, haben einen Tiefgang, der aus der Gnade kommt und in sie hineinführt."[152]

Bei der Einführung in diese Erfahrung der Nähe Gottes ist dem jeweiligen Alter und der Lebenssituation des Einzelnen Rechnung zu tragen, denn „die Ansprechbarkeit durch die einzelnen Wirklichkeiten ist nicht nur indi-

---

[149] K. RAHNER, in P. M. ZULEHNER, ,Denn Du kommst uns mit Deiner Gnade zuvor...', 51.
[150] Zum Ansatz der Mystagogischen Seelsorge vgl. S. KNOBLOCH UND H. HASLINGER, Mystagogische Seelsorge, S. KNOBLOCH, Wieviel ist ein Mensch wert?, und P. M. ZULEHNER, Von der Versorgung zur Mystagogie. Zur Mystagogie bei Rahner vgl. K. RAHNER, Über die Erfahrung der Gnade, Schriften III, 105-109, und DERS., Sendung und Gnade, insb. 115-121, sowie K. P. FISCHER, Gotteserfahrung, DERS., Wo der Mensch an das Geheimnis grenzt, und K. NEUMANN, Der Praxisbezug der Theologie bei Karl Rahner, 188-200.
M. SIEVERNICH, Pastoral Care for the Sick in a Post-Secular Age, 39, zeigt auf, wie im Rahmen der Krankenhausseelsorge über die Grenzen der eigenen Konfession und Religion hinaus in einem mystagogischen Sinn die tröstende Gegenwart Gottes erfahrbar werden kann und so die therapeutische Dimension des Christentums, wie Eugen Biser sie herausgearbeitet hat, wirksam entfaltet werden kann. Zu E. BISERs Ansatz vgl. DERS., Die Heilkraft des Glaubens, und DERS., Theologie als Therapie.
[151] K. RAHNER, Sendung und Gnade, 116.
[152] K. RAHNER, Sendung und Gnade, 117.

viduell verschieden, sie verändert sich durch die Altersstufen hindurch."[153] Je nach Lebenserfahrung, Bildung und Umfeld wird ein Mensch in verschiedenem Maße für diese Erfahrung offen sein und sie auch jeweils auf andere Art und Weise reflektieren und ins Bewusstsein heben können.[154]

Mystagogie ist dabei nicht nur Aufgabe der Priester, sondern „es wird oft sogar so sein, dass andere als die ‚Erfahreneren' mehr wissen von dieser Maieutik eines individuellen Christentums von innen her. Das Zeugnis des Lebens des einzelnen ist oft die beste, ja einzig mögliche Einweihung in das Geheimnis, dass man, indem man Christ wird, eben doch nur sich in seiner eigenen, von Gott als Gnade geschenkten, letzten Wahrheit findet. Und nur wer so das Christentum findet, wer so eine letzte Identität zwischen sich und dem offiziellen Christentum erfahren hat, ist der ‚einzelne' Christ, der jeder sein muss, weil jener, der Christ nur ist, weil ‚man' es eben ist, eigentlich noch keiner ist."[155]

Für Karl Neumann ist Rahner in seinen geistlichen Schriften und seinen Predigten (auf denen viele seiner geistlichen Schriften beruhen) selbst Mystagoge. So seien die in *Von der Not und dem Segen des Gebetes* festgehaltenen fünf Münchner Predigten aus dem Jahr 1946 „eine Hinführung zu Erfahrung Gottes und seiner Nähe" und die drei 1967 gehaltenen Predigten in *Ich glaube an Jesus Christus* „Mystagogie in actu"[156]. Die Bedeutung, die das Konzept der Mystagogie über das Werk Rahners hinaus gewonnen hat, bringt Michael Sievernich zum Ausdruck, wenn er unter Bezug auf Rahners Klage, die Kirche berücksichtige zu wenig die Kunst einer echten Mystagogie, schreibt: „Dies hat sich seitdem allerdings grundlegend geändert, wenn man die nachhaltige Wirkungsgeschichte dieser pastoral wohl fruchtbarsten Leitkategorie Rahners betrachtet. Denn sie hat zahlreiche Impulse gegeben für Seelsorge, Katechese, Religionspädagogik, Liturgie, geistliche Begleitung, Jugendarbeit und Diakonie."[157]

Der Blick auf Jesus Christus, als der geschichtlich realisierten Einheit von Gott und Mensch, führt Rahner zur Rede von der Einheit von Gottes- und Nächstenliebe, die schon im Liebesgebot des Evangeliums[158] grundgelegt ist. Die Liebe zu Gott und die Liebe zum konkreten Mitmenschen lassen sich nicht von einander trennen. Wo ein Mensch Gott liebt, wird sich diese Liebe in der konkreten Zuwendung zum Nächsten realisieren und wo ein Mensch sich wirklich in selbstvergessender Liebe seinem Mitmenschen zu-

[153] K. Rahner, Sendung und Gnade, 164f.
[154] Vgl. K. Rahner, Selbstvollzug der Kirche, SW 19, 424-429.
[155] K. Rahner, Sendung und Gnade, 119-120.
[156] K. Neumann, Der Praxisbezug der Theologie bei Karl Rahner, 193, 125.
[157] M. Sievernich, Ignatianische Spiritualität und pastorale Grundorientierung, 66f.
[158] Vgl. Mt 22, 37-40 par..

wendet, begegnet er in diesem Gott. [159] So führt die Charakterisierung, „dass der Mensch das auf Gott verwiesene Wesen ist, dessen Verwiesenheit auf das absolute Geheimnis ihm dauernd als Grund und Inhalt seines Wesens von diesem Geheimnis zugesagt ist"[160], über sich hinaus zu einer weiteren Dimension des Menschseins, der Bezogenheit auf den Mitmenschen in Interkommunikation und Liebe.

5.2.2.3. Der Mensch als Wesen der Bezogenheit auf Mitmenschen

Im Zusammenhang mit der Rede von der Kirche legt Karl Rahner dar, dass „der Mensch nicht nur nebenbei auch das Wesen der Interkommunikation ist, sondern diese Eigentümlichkeit die ganze Breite und Tiefe seines Daseins mitbestimmt"[161]. Die Bezogenheit auf den Mitmenschen ist nicht nur eine faktische Gegebenheit, aus der sich der Mensch auch, z.B. durch Rückzug von der sozialen Welt, lösen könnte, sondern sie gehört zum innersten Wesen des Menschen. „In Erkenntnis und Freiheit des konkreten Lebensvollzugs ist das Ich immer auf ein Du bezogen, gleich ursprünglich beim Du wie beim Ich, sich selbst immer nur in der Begegnung mit der anderen Person, von ihr sich unterscheidend und mit ihr sich identifizierend, erfahrend."[162]

Diese Charakterisitik, die sich in den Befunden der Sozial- und Humanwissenschaften breit widerspiegelt, prägt den Menschen und seine Situation vor aller freien Entscheidung.[163] Ihren tiefsten Kern erreicht die Bezogenheit des Menschen auf seinen Mitmenschen bei Karl Rahner in der bereits angeführten Einheit von Nächsten- und Gottesliebe. Er führt aus, „dass der Mensch seine Persönlichkeit, seine Je-Einmaligkeit gar nicht finden kann, indem er sie in einem absoluten Gegensatz sucht zu seiner Gesellschaftlichkeit, sondern nur *in* dieser Gesellschaftlichkeit und *im* Dienst an dieser Gesellschaftlichkeit, wenn Gottes- und Nächstenliebe ein gegenseitiges Bedin-

---

[159] Vgl. hierzu K. Rahner, Grundkurs, 301ff., 395f., sowie Ders., Über die Einheit von Nächsten- und Gottesliebe, Schriften VI, 277-298.

[160] K. Rahner, Grundkurs, 54.

[161] K. Rahner, Grundkurs, 313f., vgl. auch ebd. 51f.

[162] K. Rahner, Selbsterfahrung und Gotteserfahrung, Schriften X, 138. Hier findet sich eine große Nähe zu Martin Buber (vgl. etwa M. Buber, Ich und Du). Carl Rogers weist ebenso eine große Nähe zum Ansatz M. Bubers auf (vgl. A. Suter, Menschenbild und Erziehung bei M. Buber und C. Rogers, und das in Kap 2.1.2. dazu Gesagte).

[163] Vgl. das weiter unten in 5.2.4. zur Schuldbestimmtheit der Freiheitssituation des Menschen Gesagte und die dortigen Verweise. Zu diesbezüglichen Sozial- und Humanwissenschaftlichen Befunden vgl. W. Stroebe u.a., Sozialpsychologie, insb. 40-60, 209-257 und 369-399, sowie A. Treibel, Einführung in soziologische Theorien der Gegenwart, und H. Korte und B. Schäfers, Einführung in die Hauptbegriffe der Soziologie, insb. 17-34, 81-114. Eine Anwendung dieser Kontextabhängigkeit menschlichen Seins auf die Pastoraltheologie bietet R. Feiter, Antwortendes Handeln.

gungsverhältnis zueinander haben und somit Nächstenliebe nicht bloß eine sekundäre Konsequenz moralischer Art aus unserem richtigen Verhältnis zu Gott bedeutet"[164].

Die Bedeutung der Mitmenschlichkeit für die menschliche Subjektivität und ihren Gottesbezug ist für Rahner „der letzte Grund, warum es Kirche als geschichtliche Greifbarkeit der eschatologischen Heilsfrucht überhaupt geben kann und geben muss. Die wirklich transzendental verstandene Zwischenmenschlichkeit ist auch der Grund, warum alle Beziehung zu Gott das Verhältnis des Menschen zum Mitmenschen als inneres Moment in sich selbst hat und umgekehrt. Sie impliziert ferner, dass auch die individuellste Heilsvermittlung diese Zwischenmenschlichkeit, die Sozialität nicht außer acht lassen kann."[165] „Der Mensch kommt nur wirklich in echtem Selbstvollzug zu sich, wenn er sich radikal an den anderen wegwagt. Tut er dies, ergreift er (unthematisch oder explizit) das, was mit Gott als Horizont, Garant und Radikalität solcher Liebe gemeint ist, der sich in Selbstmitteilung (existentiell und geschichtlich) zum Raum der Möglichkeit solcher Liebe macht. Diese Liebe ist intim und gesellschaftlich gemeint und ist in der radikalen Einheit dieser beiden Momente Grund und Wesen der Kirche."[166] Am Verständnis der Liebe und der in dieser untrennbar verbundenen Momente des Selbstvollzugs und der Bezogenheit zeigt sich die spannungsvolle Einheit von Individualität und Relationalität im Personbegriff Rahners. Der Mensch kann nicht er selbst sein, ohne auf andere bezogen zu sein und zugleich führt ihn genau diese Verwiesenheit über sich hinaus zu sich selbst.

Die geschichtlich vollzogene Mitmenschlichkeit ist so für Rahner „ein inneres Konstitutivum ursprünglichster Art, ohne das die Subjektivität gar nicht vollziehbar wäre."[167] Aus dieser Mitmenschlichkeit leiten sich für ihn die Leiblichkeit und die Geschlechterdifferenz des Menschen ab. In ihnen vollzieht der Mensch seine Mitmenschlichkeit. Diese liegt der Leiblichkeit und der Geschlechterdifferenz zugrunde und ergibt sich nicht erst aus ihnen, so dass beide immer im Bezug auf das transzendente Personsein gesehen werden müssen und nie biologisch-regional verkürzt werden dürfen.[168]

Für Karl Rahner ist es grundlegendes Kennzeichen menschlicher Liebe, dass „das Subjekt in seiner Transzendenz und Freiheit ... das andere Subjekt in seiner Eigenständigkeit, Würde und unersetzlichen Andersheit als ‚an sich', für es selbst gültig (erkennt und bejaht); es will das andere Subjekt

---

[164] K. RAHNER, Grundkurs, 314. Zum Verhältnis von Gottes- und Nächstenliebe vgl. auch DERS., Über die Einheit der Nächsten- und Gottesliebe, Schriften VI, 277-298.
[165] K. RAHNER, Grundentwurf einer theologischen Anthropologie, SW 19, 190.
[166] K. RAHNER, Grundkurs, 437.
[167] K. RAHNER, Grundentwurf einer theologischen Anthropologie, SW 19, 190.
[168] Vgl. K. RAHNER, Grundentwurf einer theologischen Anthropologie, SW 19, 189-191.

als das bleibend andere. Aber gleichzeitig erfasst und bejaht das Subjekt die Bedeutsamkeit des anderen für sich selbst, es bezieht es auf sich selbst."[169] Diese Liebe kann aufgrund ihres transzendentalen Wesens „nur beschrieben, nicht definiert werden."[170]

Im Blick auf die Frage, ob man einen Menschen lieben könne, der diese Liebe nicht erwidert, führt Rahner aus, dass Liebe immer dialogisch, d. h. auf Gegenliebe angelegt ist. Deshalb kann man „sich in seinem eigenen, gültigen und selbstverantworteten Sein nicht radikal einem anvertrauen (also lieben), der grundsätzlich und endgültig dieses Sein nicht bejahend annimmt (also nicht lieben will)."[171] Sinnvoll kann ein solches Liebesangebot nur unter der Perspektive der Einheit von Nächsten- und Gottesliebe werden. Aus dieser Einheit ergibt sich nämlich, dass „der liebende Gott immer (wenn auch meist unthematisch) wo einem anderen Liebe angeboten ist, der dialogische Mitpartner ist, der eine einseitige Eröffnung des Dialogs der Liebe immer sinnvoll macht"[172].

Es wird deutlich, dass für Karl Rahner die drei Dimensionen menschlicher Bezogenheit in einer unlöslichen Einheit und gegenseitigen Verwiesenheit stehen: Der Mensch kann nur in einer gelingenden Beziehung zu sich (und in sich) selbst stehen, wenn er auf Gott und auf seinen Mitmenschen bezogen ist und seine Verwiesenheit über sich hinaus in der Bereitschaft zum Absehen von sich selbst, die Rahner Liebe nennt, realisiert.[173] Ebenso kann der Mensch nicht an sich und seinem Wesen vorbei Gott oder seinen Mitmenschen lieben. Rahner spricht unter Rückgriff auf den Thomismus davon, dass „Gottesliebe und richtig verstandene, das Wesen des Menschen nicht schuldhaft verkürzende Selbstliebe also zwei Aspekte der einen Liebe sind, in der man gerade sich selbst findet, wenn man liebend sich an Gott

---

[169] K. RAHNER, Art. Liebe, SW 17, 1185.

[170] K. RAHNER, Art. Liebe, SW 17, 1185. Vgl. A. GANOCZY, Liebe als Prinzip der Theologie, 13-15, der darauf hinweist, dass dementsprechend das Wort Liebe in christlich-theologischen Publikationen zwar viel benutzt wird, dass aber selten genauer dargelegt wird, was unter diesem Begriff verstanden wird.

[171] K. RAHNER, Art. Liebe, SW 17, 1191.

[172] K. RAHNER, Art. Liebe, SW 17, 1191. Dieser Aspekt bietet auch eine Brücke zum christlichen Gebot der Feindesliebe in Mt 5, 43-48 par..

[173] Zu Rahners Verständnis des Begriffes Liebe vgl. K. RAHNER., Theologie der Freiheit, Schriften VI, 225-229, insb. 226, und DERS., Art. Liebe, SW 17, 1184-1198, sowie J. HERZGSELL, Karl Rahners Theologie der Liebe, der ebd., 183, als Kernsatz des Rahnerschen Verständnisses von der Einheit der Liebe zusammenfasst: „Nächsten-, Gottes und Selbstliebe sind zwar real verschieden und müssen dementsprechend auseinander gehalten werden. Sie *bedingen* aber einander auch wirklich und bilden eine echte Einheit. Auch wenn das ‚Objekt' der Liebe zwischen Mitmensch, Gott und Selbst wechseln kann und im konkreten Vollzug auch tatsächlich wechselt – im Inneren vollzieht der Liebende immer die *eine* Liebe, in der er die *eine* Wirklichkeit Gottes und des Menschen existentiell ganz bejaht. Die Liebe des Menschen ist *eine*."

verliert."[174] Im Letzten lässt sich also nicht nur von einer Einheit der Gottes- und Nächstenliebe sprechen, sondern auch die Selbstannahme oder Eigenliebe gehört zu dieser Einheit, da keine der drei Formen der einen Liebe ohne die jeweils anderen voll realisiert werden kann und „diese drei Bezüge des Subjektes zu sich selbst, zu Gott, zum anderen nicht einfach regional und partikulär so nebeneinanderstehen, ... sondern notwendig, wenn auch unthematisch und unreflektiert, in jedem Akt des geistigen und freien Subjekts, wie immer dieser Akt auch sein mag, zusammen gegeben sind und sich gegenseitig bedingen"[175]. Auf diesen inneren Zusammenhang der drei menschlichen Bezüge weist auch das biblische Liebesgebot hin: „Du sollst den Herrn, deinen Gott, lieben mit ganzem Herzen, mit ganzer Seele und mit all deinen Gedanken. Das ist das wichtigste und erste Gebot. Ebenso wichtig ist das zweite: Du sollst deinen Nächsten lieben wie dich selbst."[176]

Zusammenfassend lässt sich festhalten, dass für Karl Rahner der Mensch nicht nur faktisch in Beziehungen lebt, sondern dass er von seinem Wesen her in einem dreifachen Sinn Bezogenheit ist: Bezogenheit in sich und zu sich selbst in den Aspekten von Geist/Seele und Leib/Materie, Bezogenheit auf Gott und Bezogenheit auf die Mitmenschen. Diese dreifache Bezogenheit konstituiert das, was für Rahner das Person- bzw. Subjektsein des Menschen ausmacht: Das Hineingestelltsein in ein vorgegebenes Beziehungsgefüge und das über sich selbst hinaus auf anderes verwiesen sein des Menschen. Im Ausmaß, in dem diese Beziehungen gelingen, sieht Karl Rahner auch das Ausmaß gelingenden, erfüllten Lebens. Es zeigt sich entgegen mancher Kritik, die ihm Individualismus und Geschichtsvergessenheit vorwirft,[177] dass bei Rahner „die Sache des Dialogs und des Dialogischen in seinem Denken anwesend sind" und die Bestimmung des Menschen, „nicht nur transzendentaltheologisch, sondern auch im Blick auf Mitmenschlichkeit, Kommunikation und Dialog"[178] erfolgt. Aus den Bestimmungen des Wesens des Menschen als Person in Individualität und Bezogenheit ergibt sich nun der Blick auf seine Möglichkeiten und seine Entwicklung, auf die im folgenden Kapitel einzugehen ist.

---

[174] K. RAHNER, Art. Liebe, SW 17, 1189.

[175] K. RAHNER, Selbsterfahrung und Gotteserfahrung, Schriften X, 139f. Vgl. auch K. RAHNER, Über die Einheit der Nächsten- und Gottesliebe, Schriften VI, 277-298. Ausführlich dargelegt wird diese Einheit der drei Bezüge unter verschiedenen Aspekten bei W. SANDLER, Bekehrung des Denkens. Sandler weist hierin eine triadische Perspektive von Gottes-, Selbst- und Weltbezug in der Heilstheologie (ebd., 42-57) und in der Anthropologie Rahners, sowohl unter dem Blickwinkel der Erkenntnis als auch im geschichtlich-freien Willensvollzug des Menschen (ebd., 96-179), nach. Vgl. auch die dortige Zusammenfassung (ebd., 497-506).

[176] Mt 22,37b-39 par..

[177] So H. U. v. BALTHASAR, Cordula oder der Ernstfall, 84f., und J. RATZINGER, Vom Verstehen des Glaubens, 184.

[178] R. BÄRENZ, Gesprächsseelsorge, 41.

5.2.3. Möglichkeiten und Entwicklung des Menschen als Wesen der Transzendenz, der Verantwortung und Freiheit

Dem Menschen, aber auch der Schöpfung als Ganzer, wohnt nach Rahner ein Drang zur ständigen Weiterentwicklung und Entfaltung der angelegten Möglichkeiten inne. In Bezug auf die evolutive Entwicklung der Welt spricht Rahner von der bereits angeführten aktiven Selbsttranszendenz.[179] Diese aller Materie innewohnende Tendenz zur Höherentwicklung, die schließlich zum Entwicklungssprung zur geistigen Existenz des Menschen geführt hat, besteht auch im Menschen. Er ist wie die andere belebte und unbelebte Materie auf Höherentwicklung und in diesem Sinne auf Selbsttranszendenz hin angelegt. Im Blick auf das letzte Ziel menschlicher Entwicklung, der Einheit mit Gott, spricht Rahner von der ‚potentia oboedientialis‘ des Menschen auf diese Einheit hin. Mit diesem Ausdruck will Rahner deutlich machen, dass es sich um ein, dem Menschen von Gott ungeschuldet geschenktes ‚Angelegt-sein‘, eine innere Dynamik (= Potenz) handelt, die sich jetzt schon als Streben auf diese Einheit mit Gott hin ausdrückt, die ihre letzte Erfüllung aber erst in der von Gott geschenkten Einheit findet.[180]

Dieser Tendenz entsprechend charakterisiert Rahner den Menschen als Wesen der Transzendenz. Der Mensch neigt dazu, alles in Frage zu stellen und sich mit keinem erreichten Horizont zufrieden zu geben. „Jede Antwort ist immer wieder nur der Aufgang einer neuen Frage. Der Mensch erfährt sich als die unendliche Möglichkeit, weil er in Praxis und Theorie jedwedes erzielte Resultat immer wieder in Frage stellt, immer wieder in einen weiteren Horizont hineinrückt, der sich unabsehbar vor ihm auftut."[181] Die technischen und wissenschaftlichen Fortschritte, etwa in den Bereichen der Genforschung und -manipulation oder der Telekommunikation und Datenverarbeitung bestätigen dies eindrucksvoll. Der Mensch scheint von seinem Wesen her mit keinem erreichten Stand zufrieden zu sein, sondern will sich und seine Erkenntnisse und Errungenschaften ständig weiterentwickeln. Dies zeigt sich darin, dass die Menschheit „verglichen mit allen früheren Zeiten, wissenschaftlich, zivilisatorisch und technisch eine ungeheure Beschleunigung gefunden hat, die sich immer noch steigert, ohne dass man irgendwie schon eine weitere Phase einer Verlangsamung dieses geschicht-

---

[179] Vgl. hierzu und zum Folgenden das oben in 5.2.2.1. Gesagte sowie K. RAHNER, Grundkurs, 185-193, DERS., Art. Hominisation, SW 17, 1091-1096, DERS., Art. Evolution, SW 17, 1030-1037, und ausführlicher DERS., Die Hominisation als theologische Frage.
[180] Vgl. K. RAHNER, Theologie und Anthropologie, Schriften VIII, 43f., DERS., Art. Potentia Oboedientialis, SW 17, 1238-1241, und das unter 5.2.6. zum Zielbild des Menschen Gesagte.
[181] K. RAHNER, Grundkurs, 43.

lichen Tempos absehen könnte."[182] Diese Tendenz hat sich m. E. bis heute eher weiter gesteigert als verzögert, so dass Rahner zuzustimmen ist, „dass das Tempo der Erfolge immer schneller wird und Utopien von heute die Selbstverständlichkeiten von morgen sein können."[183]

In seiner Transzendentalität auf Gott hin ist der Mensch für Rahner „das auf die absolute Zukunft, Gott selbst, geöffnete Wesen"[184]. In seiner ‚potentia oboedientialis' auf die Einheit mit Gott hin ist er auf etwas verwiesen, was sich in dieser Welt und in seiner Gegenwart nie ganz realisieren wird. Alle Erfahrungen bleiben dieser ausstehenden Wirklichkeit gegenüber vorläufig. Alle Gegenwart des Menschen versteht sich letztlich nur aus der Dynamik auf diese Zukunft hin. Hieraus erschließt Rahner die Perspektive der Zeitlichkeit des Menschen.[185] Dass der Mensch sich als zeitliches Wesen erlebt, das eine Geschichte hat, entspringt seiner Verwiesenheit auf Zukunft hin. Zugleich bildet die Zukünftigkeit und Verwiesenheit des Menschen über sich hinaus den Rahmen dafür, dass er das Wesen der Verantwortung und Freiheit ist.[186]

„Indem der Mensch durch seine Transzendenz ins Offene gesetzt ist, ist er gleichzeitig sich selbst überantwortet, ist er nicht nur erkennend, sondern *handelnd* sich selbst anheim- und aufgegeben und erfährt sich in dieser Überantwortetheit an sich selbst als verantwortlich und frei."[187] Für Karl Rahner ist diese Verantwortlichkeit und Freiheit primär eine transzendentale Bestimmung des Menschen. Sie ist allem, was der Mensch ist und tut, vorgegeben und bildet den Horizont für sein Sein und Wirken. Im Letzten geht es hierbei um die Entscheidung des Menschen für oder gegen Gott. Diese

---

[182] K. RAHNER, Die grundlegenden Imperative für den Selbstvollzug der Kirche in der gegenwärtigen Zeit, SW 19, 314.

[183] K. RAHNER, Experiment Mensch, Schriften VIII, 263. Unter dem Stichwort der „Selbstmanipulation des Menschen heute und morgen" (ebd., 260) weist er (in erschreckend zutreffender Weise) auf die Gefahren menschlicher und insb. wissenschaftlicher Selbstmanipulation hin, zeigt aber auch die christliche Chance auf, dass in den technischen und wissenschaftlichen Fortschritten „sich die Nächstenliebe aktiv realisiert, so dass die Selbstmanipulation der Menschheit die konkrete Weise der tätigen Vermittlung der Eröffnetheit auf die absolute Zukunft von Gott selbst her wird, auch wenn sie diese absolute Zukunft nie selber herstellen kann. Das Christentum als Religion der absoluten Zukunft ist und muss in eins damit die Religion sein, die den Menschen in die Tat der Welt schickt" (ebd., 281). Dieser Gedankengang findet sich auch in DERS., Das Christentum und der ‚neue Mensch', Schriften V, 159-179, worin Rahner ebenfalls die Spannung zwischen innerweltlicher Verantwortung des Christen und Verwiesenheit auf eine unendliche Zukunft aufzeigt.

[184] K. RAHNER, Grundkurs, 414. Vgl. hierzu auch K. RAHNER, Grundentwurf einer theologischen Anthropologie, SW 19, 191f. Darin differenziert Rahner zwischen der eschatologischen Zukunftserwartung und diesseitiger Zukunftsplanung.

[185] Vgl. K. RAHNER, Grundkurs, 415f.

[186] Vgl. zum Folgenden: K. RAHNER, Grundkurs, 46-50, 101-113, und DERS., Theologie der Freiheit, Schriften VI, 215-237.

[187] K. RAHNER, Grundkurs, 46.

transzendentale, den ganzen Menschen in seinem Sein betreffende Entscheidung vollzieht sich – thematisch oder unthematisch – in den konkreten Entscheidungen seines Alltags und ist letztlich auch die Entscheidung des Menschen, sich und sein menschliches So-sein anzunehmen oder abzulehnen.[188]

Die transzendentale Verantwortung und Freiheit des Menschen ist immer
kategorial vermittelt. Sie vollzieht sich in der Geschichte des Menschen.
Rahner unterscheidet deshalb „zwischen der [transzendentalen, A.d.V.] Freiheit im Ursprung und der [kategorial vermittelten, A.d.V.] Freiheit, insofern
sie durch das Medium der Welt und der leibhaftigen Geschichte hindurch-
geht und zu sich selbst vermittelt wird."[189] Da es sich bei der transzendentalen Freiheit nicht um ein einzelnes, empirisches Merkmal der Wirklichkeit
des Menschen neben anderen handelt, entzieht sich ihre Betrachtung nach
Karl Rahner den empirischen Wissenschaften. „Eine empirische Psychologie muss immer ein Phänomen auf ein anderes zurückführen und kann so
selbstverständlich keine Freiheit entdecken."[190] Auch wenn es im alltäglichen Erleben des Menschen durchaus die Unterscheidung zwischen subjek-
tiv erlebter Freiheit und Unfreiheit gibt, bleibt die transzendentale Freiheit
als Existential, d. h. als allem konkreten Leben und Erleben vorgegebene
Grundbestimmung des Menschseins, davon unberührt. Es geht bei dieser
Freiheit des Menschen nicht um eine Wahlfreiheit zwischen bestimmten sich
anbietenden Alternativen, sondern darum, ob sich der Mensch als Wesen
der Transzendenz und Verwiesenheit auf Gott in dieser Transzendenz und
Verwiesenheit annimmt oder nicht.[191] „Dort, wo Freiheit wirklich begriffen
wird, ist sie nicht das Vermögen, dieses oder jenes tun zu können, sondern
das Vermögen, über sich selbst zu entscheiden und sich selbst zu tun."[192]

Wie bereits angesprochen, vollzieht sich diese Freiheit in den konkreten
Entschei-dungen des menschlichen Lebens in Raum und Zeit, sie ist immer
„Freiheit an einem kategorialen Objekt und gegenüber innerweltlichem Du,
selbst dort noch, wo sie sich anschickt, unmittelbar und thematisch Freiheit
Gott gegenüber zu sein, weil ja auch ein *solcher* Akt eines *thematischen*
Ja oder Nein zu Gott nicht unmittelbar sich zum Gott der ursprünglichen,
transzendentalen Erfahrung, sondern nur zu dem Gott thematischer, katego-
rialer Reflexion, zu Gott im Begriff ... verhalten kann."[193] Als transzenden-

---

[188] Vgl. K. RAHNER, Grundkurs, 104-109.
[189] K. RAHNER, Grundkurs, 47.
[190] K. RAHNER, Grundkurs, 46. Vgl. hierzu auch DERS., Theologie der Freiheit, Schriften VI,
230.
[191] K. RAHNER, Theologie der Freiheit, Schriften VI, 223.
[192] K. RAHNER, Grundkurs, 49. Vgl. auch ebd., 101.
[193] K. RAHNER, Theologie der Freiheit, Schriften VI, 228. An dieser Stelle schreibt Rahner
dazu auch: „Die *transzendentale* Eröffnung braucht einen *kategorialen* Gegenstand" (ebd.).
Im Grundkurs heißt es: „Transzendentalität und Freiheit werden in Geschichte vollzogen" und

tale Freiheit entzieht sie sich der unmittelbaren Reflexion. Dieser liegen nur die konkreten, kategorial vermittelten Einzelentscheidungen vor, aus denen aber auf die, diesen als Bedingung ihrer Möglichkeit vorgegebene, transzendentale Freiheit geschlossen werden kann.[194] Auch wenn der Mensch sich dieser existentiellen Entscheidungssituation verschließt, kann er ihr nicht entrinnen, da auch das Leugnen der eigenen Freiheit in dieser geschieht und sie darin implizit bejaht.[195]

Die Bedeutung und Existentialität der Verantwortung und Freiheit des Menschen rührt von dessen Tod her.[196] Im Tod kommt das geschichtliche Leben und Werden des Menschen zu seinem Ende. Dieses ist aber kein Abbruch, sondern die Ganzheit und Unwiderruflichkeit seiner Existenz. „Durch den Tod geschieht die getane Endgültigkeit des frei gezeigten Daseins des Menschen. ... So, dass das Werden aufhört, wenn das Sein beginnt."[197] Gerade diese Gerichtetheit und Einmaligkeit der menschlichen Existenz in Raum und Zeit gibt ihr Würde und Bedeutung. „Die Freiheit ist nicht, damit alles immer wieder anders werden könne, sondern damit etwas wirklich Gültigkeit und Unausweichlichkeit erhalte. Freiheit ist gewissermaßen das Vermögen der Stiftung des Notwendigen, des Bleibenden, des Endgültigen ... im Erleiden der Vielfältigkeit der Zeitlichkeit tun wir dieses Ereignis der Freiheit, bilden wir Ewigkeit, die wir selber sind und werden."[198]

Die wesentliche Aufgabe des zur Freiheit begabten Menschen ist für Karl Rahner, den Willen Gottes zu erkennen und zu tun. In dieser Bereitschaft realisiert oder verfehlt der Mensch für ihn sein wahres Wesen und damit auch sein Heil.[199] Da die Freiheitssituation des Menschen immer ambivalent ist, also sowohl die Möglichkeit der Verwirklichung als auch des Verfehlens

---

„die weltliche Selbstentfremdung des Subjekts ist gerade die Weise, in der Subjekt sich selber findet und endgültig setzt" (ebd., 51). Zum Verhältnis von Transzendentalität und Geschichte bei Karl Rahner vgl. auch A. LOSINGER, Der anthropologische Ansatz in der Theologie Karl Rahners, 92-103.

[194] Zur Unterscheidung der Begriffe transzendental und kategorial vgl. das oben in Kapitel 4.2. Gesagte. Zur „Verhülltheit der Entscheidung" vgl. K. RAHNER, Grundkurs, 108.

[195] K. RAHNER, Grundkurs, 50.

[196] Vgl. zum Folgenden K. RAHNER, Das Leben der Toten, Schriften IV, 429-437. Auf diesem Beitrag basieren in weiten Zügen die entsprechenden Ausführungen in DERS., Grundkurs, 264-269. Zum Verhältnis von Freiheit und Tod in der Theologie Rahners siehe auch J. SPLETT, Freiheit zum Tode, das eine leicht veränderte Fassung von DERS., Zu welchem Ende lebt der Mensch?, darstellt.

[197] K. RAHNER, Grundkurs, 267. An anderer Stelle betont Rahner unter Rückgriff auf Feuerbachs Bild vom Tod als Pferdewechseln und Weiterfahren, dass der Tod „ein Ende für den *ganzen* Menschen setzt" und „dass die Zeit sich in Ewigkeit aufgehoben hat" (DERS., Das Leben der Toten, Schriften IV, 429).

[198] K. RAHNER, Grundkurs, 103.

[199] Vgl. K. RAHNER, Theologie der Freiheit, Schriften VI, 225f.

des göttlichen Willens umfasst, entsteht für den Menschen die Notwendigkeit der Unterscheidung der Geister.[200]

Diese meint „jenes besondere Gnadenangebot, das die Fähigkeit verleiht, im Raum der Selbstverwirklichung des Menschen das Gnadenhafte zu erkennen."[201] Selbstverwirklichung ist dabei aus transzendentaltheologischer Sicht immer unter Berücksichtigung des transzendenten Bezuges des Menschen als des Ereignisses der Selbstmitteilung Gottes zu sehen.[202] Dementsprechend ist die Unterscheidung der Geister eine „Orientierungshilfe, die es dem Einzelnen in seiner (jeweils konkreten) Gegenwart erlaubt, die ihm gemäße (christliche) Daseinsform zu finden."[203]

In der Unterscheidung der Geister geht es also darum, aus den vielen inneren und äußeren Stimmen den Ruf Gottes herauszuhören und ihm zu folgen. Schon im Neuen Testament finden sich im ersten Korintherbrief (1 Kor 12,10), im ersten Brief an die Thessalonicher (1 Thess 5,19 ff.) und im ersten Johannesbrief (1 Joh 4,1-6) Hinweise auf die Notwendigkeit einer solchen Unterscheidung zwischen den falschen Propheten, dem bösen Geist und dem Geist Christi. „Die Unterscheidung zwischen ihnen wird jedem Christen zugemutet, sie ist also *nicht nur* ein besonderes Charisma; denn jeder Christ soll als ‚geistlicher' leben und dabei unterscheidend zu erkennen suchen, ‚was der Wille Gottes, was gut und wohlgefällig und vollkommen ist' (Röm 12,2)."[204] Bei dieser Unterscheidung ist der Mensch nicht nur auf sich selbst und seine innere Erfahrung verwiesen. Schon in der Heiligen Schrift und noch mehr in der kirchlichen Tradition werden ihm Hilfen an die Hand gegeben, um über die Gottgemäßheit innerer Regungen entscheiden zu können.[205]

Entscheidend für das heutige Verständnis der Unterscheidung der Geister sind die Exerzitien des Heiligen Ignatius von Loyola.[206] In seinen Exerzitien, die nach Karl Rahner „nichts anderes als eine Wahl (sind); die Wahl der Mittel und des konkreten Weges, wie das Christentum in uns lebendige Wirklichkeit werde"[207], gibt Ignatius dem Suchenden 22 Regeln für diesen

---

[200] Vgl. zu dieser K. Rahner, Die Logik der existentiellen Entscheidung, sowie Ders., Betrachtungen zum ignatianischen Exerzitienbuch.

[201] E. Klinger, Art. Unterscheidung der Geister, 7.

[202] Vgl. Kap. 5.2.1. und 6.2.1..

[203] E. Klinger, Art. Unterscheidung der Geister, 7.

[204] G. Greshake, Geistliche Unterscheidung, 63.

[205] Vgl. zur Unterscheidung der Geister in Schrift und Tradition E. Klinger, Art. Unterscheidung der Geister, 8-11.

[206] Vgl. E. Klinger, Art. Unterscheidung der Geister, 10, der von Ignatius als „dem letzten und für die Folgezeit entscheidensten Lehrer der Unterscheidung der Geister" spricht und H. Zollner, Trost, 11-19 und 27-62, welcher auf Entstehung, Inhalt, Ziel und Dynamik der Exerzitien eingeht.

[207] K. Rahner, Betrachtungen zum ignatianischen Exerzitienbuch, 15.

Unterscheidungsprozess an die Hand.[208] Ignatius spricht dabei von „Regeln, um einigermaßen die verschiedenen Bewegungen zu erklären und zu erspüren, die in der Seele sich verursachen; die Guten, um sie aufzunehmen, die Schlechten, um sie zu verwerfen.“[209]

Ignatius unterscheidet drei verschiedene Möglichkeiten (er spricht von Zeiten), in der Unterscheidung der Geister zu einer Entscheidung zu gelangen.[210] Bei der ersten handelt es sich um die unmittelbare innere Erfahrung des Willens Gottes, so „dass eine ihm ergebene Seele, ohne zu zweifeln oder auch nur zweifeln zu können, dem folgt, was gezeigt wird“[211]. Ist diese unmittelbare Erkenntnis des Willens Gottes nicht geschenkt, ergeben sich nach Ignatius zwei weitere Wege, um zu einer Unterscheidung der menschlichen Regungen und Impulse zu gelangen.

Entscheidendes Kriterium der sog. zweiten Wahlzeit ist bei Ignatius die Erfahrung des Trostes.[212] Hiermit meint er „jede Zunahme von Hoffnung, Glaube und Liebe, und jede innere Freudigkeit, die ihn zu den himmlischen Dingen ruft und zieht und zum eigenen Heil der Seele, indem sie ihn besänftigt und befriedet in seinem Schöpfer und Herrn.“[213] Das Gegenteil dieses Trostes ist die geistliche Trostlosigkeit, „als da ist: Verfinsterung der Seele, Verwirrung in ihr, Hinneigung zu den niederen und erdhaften Dingen, Unruhe verschiedener Getriebenheiten und Anfechtungen, die zum Mangel an Glauben, an Hoffnung, an Liebe bewegen, wobei sich die Seele ganz träg, lau, traurig findet und wie getrennt von ihrem Schöpfer und Herrn.“[214]

Der dritte Weg zu einer Unterscheidung der Geister zu gelangen liegt im rationalen Abwägen der Tatbestände, „wenn die Seele nicht von verschiedenen Geistern hin und her bewegt wird und von ihren natürlichen Fähigkeiten in Freiheit und Ruhe Gebrauch macht.“[215] Diese dritte Möglichkeit soll aber nur in Betracht gezogen werden, wenn es keine anderen inneren Regungen gibt. Rahner stuft sie als einen defizienten Modus ein, da Gottes Wille nie rein rational zu erschließen sei.[216]

---

[208] Siehe IGNATIUS VON LOYOLA, Die Exerzitien, 99-106 (Nr. 313-336).

[209] IGNATIUS VON LOYOLA, Die Exerzitien, 99 (Nr. 313).

[210] Vgl. IGNATIUS VON LOYOLA, Die Exerzitien, 56-58 (Nr. 175-188), sowie K. RAHNER, Die Logik der existentiellen Erkenntnis bei Ignatius von Loyola, insb. 84-95, 136-147. Eine zusammenfassende Darstellung von Rahners Verständnis der Wahlzeiten bietet M. SCHNEIDER, Karl Rahner und die anthropologische Frage, 121-140.

[211] IGNATIUS VON LOYOLA, Die Exerzitien, 56 (Nr. 175).

[212] Vgl. hierzu die ausführliche Untersuchung von H. ZOLLNER, TROST, der nicht nur auf das Verständnis Ignatius' eingeht (ebd., 119-246), sondern auch auf die Wurzeln diese Verständnisses in Schrift und Tradition (ebd., 63-118).

[213] IGNATIUS VON LOYOLA, Die Exerzitien, 100 (Nr. 316).

[214] IGNATIUS VON LOYOLA, Die Exerzitien, 100 (Nr. 317).

[215] IGNATIUS VON LOYOLA, Die Exerzitien, 56 (Nr. 177).

[216] Vgl. K. RAHNER, Die Logik der existentiellen Erkenntnis bei Ignatius von Loyola, 83.

Aus den von Ignatius angeführten Regeln „ergibt sich für die Praxis der Unterscheidung folgender Dreischritt:

• Wahrnehmung der Regungen;
• Beurteilung der wahrgenommenen Regungen;
• Annahme oder Ablehnung der beurteilten Regungen."[217]

Hierbei soll der Mensch in seinen inneren Regungen den Willen Gottes finden. Karl Rahner weist dementsprechend darauf hin, dass das ignatianisch geprägte, „christliche Verständnis Gottes wesentlich ‚praktisch' (ist). Es ruft zur Entscheidung für oder gegen diesen Gott auf und ist darüber hinaus selbst nur in der Entscheidung zu erreichen."[218] Die ignatianische Wahl bzw. Unterscheidung der Geister ist somit nicht nur ein Aspekt christlicher Praxis, sondern sie ist deren wesentlicher Vollzug – und gerade darin Wesenserfüllung des Menschen, denn „nur die Selbstüberschreitung auf Gott hin kann ihn wirklich erfüllen, nur in der Nachfolge Jesu findet er seine wahre Freiheit."[219]

Diese Selbstüberschreitung auf Gott hin vollzieht sich gerade im Umgang mit den konkreten Dingen und Umständen des Alltags, die erschaffen wurden, „um dem Menschen zu helfen, sein Ziel zu erreichen."[220] Der Mensch ist wesentlich Geist in der Welt[221] – und nicht an der Welt vorbei! Rahner schreibt sogar: „Gott wächst im Menschen, je positiver dessen Beziehung zu den Dingen ist und umgekehrt."[222] Allerdings bedarf es dabei des unterscheidenden Abstandes, der sogenannten Indifferenz.[223] Diese „ist Abstand von den Dingen mit dem Ziel, sie zu wollen oder zu lassen."[224] Es handelt sich dabei um eine „Freiheit zur Entscheidung, die eigentlich nicht mehr meine ist, sondern die Gottes: Seinen Willen suche ich in der Wahl."[225] In der Indifferenz soll sich der Mensch von seinen Vorentscheidungen und Vorurteilen sich und der möglichen Alternativen gegenüber frei machen, um ganz offen zu sein für das Hören des Willens Gottes. Dies gilt nicht nur für die Zeit der Exerzitien, als einer besonderen Zeit der Suche nach Gottes Willen insbesondere im Blick auf grundlegende Lebensentscheidungen, sondern „die-

---

[217] M. SCHNEIDER, Unterscheidung der Geister, 21.
[218] K. RAHNER, Betrachtungen zum ignatianischen Exerzitienbuch, 19.
[219] H. ZOLLNER, Trost, 300.
[220] K. RAHNER, Betrachtungen zum ignatianischen Exerzitienbuch, 22.
[221] Vgl. den Titel Rahners frühen, grundlegenden religionsphilosophischen Werkes *Geist in Welt* (= SW 2).
[222] K. RAHNER, Betrachtungen zum ignatianischen Exerzitienbuch, 24.
[223] Vgl. hierzu K. RAHNER, Einübung priesterlicher Existenz, 42-46 und M. SCHNEIDER, Unterscheidung der Geister, 100-102.
[224] K. RAHNER, Betrachtungen zum ignatianischen Exerzitienbuch, 29.
[225] K. RAHNER, Betrachtungen zum ignatianischen Exerzitienbuch, 29.

ses sich Indifferent-Stimmen ist ... das täglich neu Aufgegebene."[226] Diese Indifferenz ist aber nicht, wie etwa in vielen östlichen Meditationsformen, das letzte Ziel, sondern nur ein Mittel auf dem Weg der Unterscheidung der Geister. Hat der Einzelne Gottes Willen erkannt, muss sich die vorherige Indifferenz in der Entschiedenheit des Wollens oder Lassens umsetzen.[227]

Hierbei gilt für Karl Rahner, dass „in allem und jedem Gott gefunden werden (kann)"[228]. Denn wo das Leben bejaht wird, wird Gott bejaht. Seinen zentralen und entscheidenden Ausdruck findet dies in der Beziehung des Menschen zu sich selbst. „Wir brauchen eigentlich nur eines im Blick auf Jesus Christus zu tun: uns anzunehmen. Dann haben wir das angenommen, was Gott angenommen, aufgenommen, erlöst, für endgültig erklärt hat"[229]. Gottes Wille ist dabei für Karl Rahner immer der „Ruf ins Eigene"[230]. Dies führt ihn auch zu der von ihm immer wieder angeführten Einheit von Selbst- und Gotteserfahrung.[231] Der Mensch kann nicht an sich vorbei zu Gott finden, er kann ohne Gott aber auch nicht wirklich zu sich und seinem wahren Wesen finden.

Auch im Blick auf die Freiheit und Verantwortlichkeit des Menschen zeigt sich die tiefe Verbundenheit von Selbst- und Gottesbezug im Denken Karl Rahners. Die menschliche Entscheidung Gott gegenüber, die letztlich in Annahme oder Ablehnung der von Gott dem Menschen angebotenen Selbstmitteilung Gottes und der durch diese bewirkten oder verwirkten Einheit Gottes mit dem Menschen in der unio hypostatica besteht, vollzieht sich (zumindest auch) in der Entscheidung des Menschen seinem eigenen Wesen gegenüber. „Der Mensch kann also als Wesen der Freiheit so sich selbst verneinen, dass er in aller Wirklichkeit zu Gott selbst nein sagt."[232]

Das Rahnersche Verständnis von Freiheit, aber auch der menschlichen Entwicklungstendenz wird darauf zu befragen sein, inwieweit sich zu ihm psychologische Korrelate finden lassen, bzw. inwiefern es trotz seiner transzendentalen Grundstruktur einer empirischen Analyse zugänglich ist. Gerade die Frage der Möglichkeit einer Unterscheidung der Geister, die ja auf einer kategorialen Vermittlung (= der menschlichen Erfahrung) transzendentaler Inhalte (= des Willen Gottes) basiert, stellt hierbei eine interdisziplinäre Herausforderung dar.

---

[226] K. RAHNER, Einübung priesterlicher Existenz, 45.
[227] Vgl. K. RAHNER, Betrachtungen zum ignatianischen Exerzitienbuch, 29f.
[228] K. RAHNER, Betrachtungen zum ignatianischen Exerzitienbuch, 273.
[229] K. RAHNER, Einübung priesterlicher Existenz, 98.
[230] M. SCHNEIDER, Unterscheidung der Geister, 79. Für Schneider ist dieser Ausdruck die Quintessenz des Rahnerschen Exerzitienverständnisses, mit dem er dann auch seine ausführliche Darstellung dieses Verständnisses überschrieben hat.
[231] Vgl. K. RAHNER, Selbsterfahrung und Gotteserfahrung, Schriften X, 133-144, sowie Kap. 4.2.1. und 5.2.2.3..
[232] K. RAHNER, Grundkurs, 107-111, hier 107f.

Parallel zu seiner Freiheit erfährt sich der Mensch immer auch als Verfügter. Sowohl seine Freiheit als solche als auch die Situation, in der er diese vollzieht, sind ihm vorgegeben.[233] „Der Mensch (ist) gerade *als* freies Subjekt und nicht bloß *daneben* das Wesen der Weltlichkeit, der Geschichte und der Mitwelt."[234] Er ist in seiner Freiheit „mitbestimmt durch die freie Geschichte aller anderen, die diese je eigene Mitwelt konstituieren."[235] Aus dieser Verfügtheit und Mitbestimmtheit des Menschen ergibt sich der Blick auf seine Grenzen und seine Gefährdetheit im Vollzug seiner Freiheit und Verantwortlichkeit.

5.2.4. Grenzen und Gefährdetheit des Menschen als Wesen der radikalen Schuldbedrohtheit

Der Mensch ist für Karl Rahner gerade in seiner Transzendentalität und Freiheit das Wesen der radikalen Schuldbedrohtheit.[236] „Schuld und Sünde sind zweifellos ein zentrales Thema für das Christentum, denn dieses versteht sich ja als Erlösungsreligion ..."[237] Der heutige Mensch erlebt sich nicht mehr so wie der Mensch früherer Zeiten als Sünder vor Gott und die Sozial- und Humanwissenschaften geben ihm viele Erklärungen, die „das Erlebnis der Schuldigkeit des Menschen vor Gott zu ‚entlarven' und als falsches Tabu zu zerstören"[238] versuchen. „Er sieht das, was man Schuld nennt, als ein Stück jener allgemeinen Misere und Absurdität des menschlichen Daseins, denen gegenüber der Mensch nicht Subjekt, sondern Objekt ist, je mehr Biologie, Psychologie und Soziologie die Ursachen des sogenannten sittlich Bösen erforschen. Und darum hat der Mensch von heute eher den Eindruck, dass Gott den unerfreulichen Zustand der Welt vor den Menschen rechtfertigen müsse, dass der Mensch eher das Opfer und nicht die Ursache

---

[233] Vgl. K. RAHNER, Grundkurs, 52f.: *Der Mensch als der Verfügte.*
[234] K. RAHNER, Grundkurs, 113.
[235] K. RAHNER, Grundkurs, 113.
[236] Vgl. hierzu K. RAHNER, Grundkurs, 97-121, und K. RAHNER, Grundentwurf einer theologischen Anthropologie, SW 19, 193-196. Ausführlich geht Rahner auf dieses Thema auch in seinem Beitrag *Schuld, Vergebung und Umkehr im christlichen Glauben* in dem gemeinsam mit A. GÖRRES erstellten Band *Das Böse – Wege zu seiner Bewältigung in Psychotherapie und Christentum* ein. Vgl. M. SIEVERNICH, Schuld und Sünde in der Theologie der Gegenwart, 33-69, insb. 46-55, wo er in prägnanter Weise Rahners Verständnis von Schuld und Sünde aus dessen Gesamtwerk herleitet, „da Rahner keine systematische Theologie der Sünde verfasst hat" (ebd. 58).
[237] K. RAHNER, Grundkurs, 97. Vgl. hierzu auch DERS., Verharmlosung der Schuld in der traditionellen Theologie?, Schriften X, 145-163.
[238] K. RAHNER, Grundkurs, 98.

dieser Verfassung der Welt und der Menschheitsgeschichte sei."[239] Gegen diese Tendenz kennzeichnet Rahner das Christentum als die „Religion der radikalen Schuldverfallenheit des Menschen"[240] und gerade darin als Erlösungsreligion, für die es eine Selbstaufgabe wäre, das Böse zu verharmlosen oder als Scheinproblem entlarven zu wollen. „Für die Theologie ist der Begriff der Schuld einer der grundlegendsten Begriffe, denn die Theologie hat es mit Gott zu tun und mit seinem Wort an den Menschen. Dieses Wort aber ... erklärt den Menschen als Sünder vor Gott"[241].

Nur vom Blick auf die Schuldbedrohtheit des Menschen her können seine Würde und die ihm von Gott zugesagte Erlösung verstanden werden. Es besteht „ein unaufhebbarer Zirkel zwischen Erfahrung der Schuld und Erfahrung der Vergebung dieser Schuld, und das eine und das andere sind immer vom jeweils anderen abhängig, um zu ihrem vollen Wesen und ihrem vollen Verständnis zu kommen. Schuld hat selber ihre letzte Radikalität darin, dass sie im Angesicht eines liebenden, sich selbst mitteilenden Gottes geschieht, und nur dort, wo der Mensch das weiß und diese Wahrheit als seine zulässt, kann er auch die Schuld in ihrer Tiefe verstehen."[242] Rahner spricht in diesem Zusammenhang von den zwei Grunderfahrungen des Menschen: „die Erfahrung der innersten Bedrohtheit durch die Sünde, ... und die Erfahrung der Hoffnung einer Wirklichkeit (Gott und seine Gnade genannt), die diese Schuldmöglichkeit und -wirklichkeit aufheben kann und will."[243]

Bei der Frage nach der Schuld des Menschen geht es darum, „ob er Gott mehr liebe als einen konkreten innerweltlichen Wert, ... ob er letztlich in einer gottlosen Ideologie einen bestimmten innerweltlichen Wert so verabsolutieren und vergötzen wolle, dass er ihn – wenn vielleicht auch nicht in der Theorie seiner sittlichen Anschauung, aber in der Praxis – absolut setzt und sein ganzes Dasein von diesem endlichen und doch absoluten Punkt her konstruieren wolle oder nicht."[244] Im Letzten geht es dabei um die Frage, ob sich der Mensch der Maßlosigkeit der Liebe anvertraut. „Und alle Sünde ist im Grunde nur die Weigerung, dieser Maßlosigkeit sich anzuvertrauen, ist die geringere Liebe, die darum, weil sie sich weigert, die größere werden zu wollen, keine mehr ist."[245]

---

[239] K. RAHNER, Grundkurs, 99. Man vergleiche hierzu die Berichterstattungen und Kommentare der Medien hinsichtlich der Naturkatastrophen der jüngeren Vergangenheit, etwa die Tsunami-Katastrophe am 26. 12. 2004.

[240] K. RAHNER, Verharmlosung der Schuld in der traditionellen Theologie?, Schriften X, 145.

[241] K. RAHNER, Schuld und Schuldvergebung als Grenzgebiet zwischen Theologie und Psychotherapie, Schriften II, 279.

[242] K. RAHNER, Grundkurs, 100.

[243] K. RAHNER, Verharmlosung der Schuld in der traditionellen Theologie?, Schriften X, 161.

[244] K. RAHNER, Grundkurs, 394f.

[245] K. RAHNER, Theologie der Freiheit, Schriften VI, 227.

Da es sich bei der Freiheit Gott gegenüber um eine transzendentale handelt, kann der Mensch letztlich nie wissen, ob er im Ganzen seines Lebens Ja oder Nein zu Gott sagt. Diese Entscheidung wird sich erst in seinem Tod vollziehen und zeigen.[246] „In diesem Sinne allerdings hat die Botschaft des Christentums als radikale Interpretation der subjekthaften Freiheitserfahrung einen absolut tödlichen Ernst. Sie sagt jedem von uns, nicht dem anderen, sondern je mir: Du kannst durch dich selbst, durch den, der du in deiner innersten Mitte bist und endgültig sein willst, der sein, der sich in die absolute, tote, endgültige Einsamkeit des Nein Gott gegenüber einschließt."[247]

In dieser Entscheidungssituation stehen das Ja und das Nein des Menschen Gott gegenüber aber nicht gleichberechtigt nebeneinander, da auch das Nein zu Gott ein Ja zu ihm als dem transzendenten Horizont dieser Entscheidung beinhaltet. So lebt letztlich auch dieses Nein von einem Ja zu diesem Gott. Dennoch bleibt die Möglichkeit des Neins bestehen.[248]

Im Blick auf die Verantwortung und Freiheit des Mensch wurde bereits ausgeführt, dass er sich vorgängig zu aller Freiheit als Verfügter erfährt.[249] Er ist in seiner Entscheidung immer „mitbestimmt durch die freie Geschichte aller anderen, die diese je eigene Mitwelt konstituieren."[250] In dieser Mitwelt trifft er auch auf Objektivationen fremder Schuld, die seine Freiheitssituation bedrohen. „Denn jeder Mensch hat den Eindruck, in einer Welt sich selbst zu entscheiden, sich und Gott finden zu müssen, die durch die Schuld und das schuldhafte Versagen anderer mitbestimmt ist."[251] Diese Erfahrung der unüberholbaren Schuldmitbestimmtheit aller menschlichen Freiheit führt Rahner zu dem, was in der theologischen Tradition ‚Erbsünde' genannt wird.[252] Diese ist deutlich von personaler Schuld zu unterscheiden.

---

[246] Rahner führt hierzu Beispiele für die Schwierigkeit der eigenen (oder gar fremden) Einschätzung des transzendentalen Gehalts einer konkreten Haltung oder Einstellung des Menschen an: So wie ein kämpferisches Nein zu einer bestimmten Gottesvorstellung, z.B. zu einem unterdrückenden, den Menschen unfrei machenden Gott, in Wahrheit ein Ja zum transzendenten Gott als Horizont menschlicher Freiheit und Würde sein kann, kann auch ein verbissenes Ja zu einem ebensolchen Gott bürgerlicher Traditionen in Wahrheit eine letzte, trotzige Selbstverschlossenheit dem wahren, transzendenten Gott gegenüber sein. Vgl. K. RAHNER, Grundkurs, 108.

[247] K. RAHNER, Grundkurs, 110. In diesem Sinne deutet Rahner dann auch alle Bilder und Schilderungen der Bibel und der kirchlichen Tradition über die Hölle „als plastische Vorstellung und Ausmalung dieser eigentlichen Verlorenheit" (ebd.).

[248] Vgl. K. RAHNER, Grundkurs, 108f.

[249] Vgl. hierzu das oben unter 5.2.4. dazu Gesagte.

[250] K. RAHNER, Grundkurs, 113.

[251] K. RAHNER, Grundkurs, 114.

[252] Vgl. hierzu und zum Folgenden K. RAHNER, Grundkurs, 116-121, DERS., Art. Erbsünde, SW 17, 1104-1117, und DERS., Erbsünde und Evolution, SW 15, 458-468. Zur Situationsbedingtheit der Freiheit und ihrer Gefährdung durch die Erbsünde vgl. auch K. RAHNER, Theologie der Freiheit, Schriften VI, 232-237. Eine zusammenfassende Darstellung des Rahnerschen Verständnisses der Erbsünde als schuldgeprägter Freiheitssituation findet sich bei M. SIEVERNICH,

Personale Schuld oder Sünde sind das Ergebnis der sich verschließenden Freiheitsentscheidung eines einzelnen Menschen, mit Erbsünde ist die Universalität und Ursprünglichkeit der Schuldbestimmtheit der Freiheitssituation jedes Menschen gemeint. Die Tiefe dieser Schuldbestimmtheit der menschlichen Freiheitssituation lässt sich für Rahner nur verstehen, wenn sie bereits vom Anfang der Freiheitsgeschichte der Menschheit her mitgegeben ist. Von hierher deutet er dann auch den biblischen Bericht vom Sündenfall in Gen 3,1-24.

Unter der Erbsünde versteht er das „*nicht* sein sollende Fehlen einer im voraus zur personalen Entscheidung vergöttlichenden *heiligen* Gnade"[253], das aller persönlichen Entscheidung und Freiheit vorausliegt. Diese erbsündliche Verfasstheit ist für jeden Menschen ein je eigener, innerer Zustand und setzt seinen Entfaltungsmöglichkeiten Grenzen, die ein aus eigener Kraft unüberwindbares Existential darstellen. „'Erbsünde' ist auch für den Getauften nicht einfach eine durch Taufe und Rechtfertigung überholte Sache einer bloßen Vergangenheit. ... Erbsünde ist auch die christliche Kurzformel für die grundlegende Einsicht einer Theologie der Geschichte, dass die von der Schuld mitbestimmte Situation des Todes, der Begierlichkeit, des Gesetzes, der Vergeblichkeit, einer durch die Konkupiszenz für uns gegebenen, empirischen Unentscheidbarkeit von Gut und Böse in der Geschichte unaufhebbar ist, weil sie zum Anfang gehörend, bleibend zu den Konstitutionen aller Geschichte, auch der kommenden, gehört. Das *Paradies* ist kein innerweltlich erreichbares Ziel mehr; die Utopie, es herzustellen, müsste als selbst schuldbare Hybris das Gegenteil bewirken."[254]

Die Auswirkung dieser erbsündlichen Gebrochenheit der menschlichen Freiheitssituation geht für Rahner so tief, dass „auch die endliche gute Freiheitstat, insofern ihr eine absolute Aufarbeitung dieses Materials und eine restlose Umprägung nicht gelingt, immer auch von dieser schuldhaft mitbestimmten Situation her selber zweideutig (bleibt), behaftet mit Auswirkungen, die eigentlich nicht angestrebt werden können, weil sie in tragische Ausweglosigkeiten führen und das in eigener Freiheit gemeinte Gute verhüllen. ... Es gibt für die Menschheit in ihrer konkreten diesseitigen Geschichte auch keine reale Möglichkeit – wenn auch ein asymptotisches Ideal –, diese Schuldbestimmtheit der Freiheitssituation jemals endgültig zu überwinden."[255]

Schuld und Sünde in der Theologie der Gegenwart, 49-55.
[253] K. Rahner, Art. Erbsünde, SW17, 1005.
[254] K. Rahner, Art. Erbsünde, SW17, 1007.
[255] K. Rahner, Grundkurs, 115. In der ihm eigenen Art, scheinbar Banal-Alltägliches zu transzendentalen Reflexionen heranzuziehen, verweist Rahner auf den Kauf einer Banane, an dem deutlich wird, wieviele unabsehbare Auswirkungen und Implikationen selbst ein einfacher Akt des Alltags haben kann (ebd., 117).

Wenn Rahner auch auf die transzendentale Struktur dieser erbsündlichen Gebrochenheit menschlichen Seins hinweist, wird nach den konkreten kategorialen Auswirkungen zu fragen sein und inwiefern diese sich in psychologischen Theorien widerspiegeln. Konkret geht es dabei um die Frage, inwiefern das Rahnersche Verständnis der Erbsünde und der Schuldbedrohtheit menschlicher Freiheit mit dem Rogersschen Verständnis der Inkongruenz zusammenführbar ist, bzw. wo zwischen theologischer und psychologischer Betrachtungsweise unüberwindbare Divergenzen zu konstatieren sind. Ansatzpunkte kann dieser Dialog darin finden, dass für Rahner Schuld immer den Selbstbezug des Menschen, der auch im Zentrum personzentrierter Theorienbildung und Praxis steht, betrifft und dass die erbsündliche Gefährdetheit des Menschen eine wesentlich soziale Dimension hat, insofern der Einzelne als Teil der menschlichen Gemeinschaft in seiner persönlichen Freiheit von den Folgen der Freiheitstaten anderer unumgänglich mitbestimmt ist.

5.2.5. Bedingungen und Wege der Heilung des Menschen

Wie sich gezeigt hat, besteht für Rahner das Unheil des Menschen in der schuldhaften Trennung von Gott. Wenn sich ein Mensch seinem wahren Wesen und Gottes Heilsangebot verschließt, wird Gott diese Entscheidung des Menschen bleibend gelten lassen.[256] Das Heil des Menschen ist demgegenüber die Einheit mit dem sich selbst mitteilenden Gott in der ‚unio hypostatica‘.[257] Der Weg der Heilung des Menschen liegt dementsprechend in der Annahme der vergebenden Liebe Gottes durch die menschliche Freiheit, wobei „die Annahme der Selbstmitteilung Gottes durch eben dieses Angebot Gottes selbst getragen sein muss und getragen ist, die Annahme der Gnade also noch einmal Ereignis der Gnade selbst ist"[258].

Der Mensch kann sein Heil nicht selbst machen oder erreichen, er kann es sich nur von Gott schenken lassen. Die vom Menschen in einzelnen Freiheitstaten oder auch in seinem gesamten Selbstbezug abgelehnte Liebe Gottes kann ihm nur von diesem in Vergebung und Heilung geschenkt werden.[259] Allerdings führt dies nicht etwa zu einer Ohnmacht des Menschen Gott gegenüber. Die Betonung der Gnadenhaftigkeit, d. h. der Ungeschuldetheit und Geschenkhaftigkeit menschlicher Erlösung dient vor allem der Klärung des bleibenden Unterschiedes zwischen Schöpfer und Geschöpf.

---

[256] Vgl. K. RAHNER, Grundkurs, 110, und das oben in 5.2.4. hierzu Gesagte.
[257] Vgl. dazu Kap. 5.2.6..
[258] K. RAHNER, Grundkurs, 124.
[259] Vgl. K. RAHNER, Grundentwurf einer theologischen Anthropologie, SW 19, 193.

Letztlich entscheidend für das Heil des Menschen ist seine Freiheit, in der er die ihm von Gott angebotene Liebe und Vergebung annehmen oder ablehen kann.[260]

Für Schuld und Vergebung gilt, dass sie immer das ganze Beziehungsgefüge des Menschen umfassen: Sie wirken auf ihn selbst, auf seine Beziehung zu Gott und auf seine Beziehung zu den Mitmenschen. „Das Christentum begreift den Menschen als das Wesen, dessen schuldige Freiheitstat nicht seine ‚Privatangelegenheit' ist, die er selbst aus eigener Vollmacht und Kraft wieder bereinigen könnte, sondern die vielmehr (so sehr sie unabwälzbar der freien Subjektivität des Menschen zugehört), einmal gesetzt, nur von Gottes Tat wirklich überwunden werden kann."[261] Dabei wirkt die Sünde immer auch auf die menschliche Gemeinschaft, so dass dieser auch eine aktive Rolle bei der Vergebung zukommt.[262]

Alle innerweltlichen und zeitlichen Wege und Versuche der Heilung des Menschen bleiben vorläufig. In der Frage einer solchen innerweltlichen Heilung des Menschen und seiner konkreten Leiden und Einschränkungen erkennt Rahner der Psychologie und Psychotherapie, aber auch der Medizin und anderen, sich dem Menschen in seiner Hilfsbedürftigkeit zuwendenden Wissenschaften, einen großen Wert zu. Er grenzt die Theologie und auch die Seelsorge hiervon deutlich ab.[263] Rahner führt dies am Beispiel des Priesters und des Arztes aus. „Bei dieser dialektischen Einheit und ontologischen Differenz zwischen Schuld und ihrem konstitutiven Zeichen, zwischen Sünde und Leid sowohl hinsichtlich ihrer jeweiligen Dimension wie hinsichtlich ihrer selbst und ihrer Überwindung ergibt sich die selbe gegenseitige Bezogenheit und Differenz zwischen Priester und Arzt [heute wäre an dieser Stelle sicher auch vom Psychotherapeuten die Rede, A.d.V.] in ihren Aufgaben. Beide haben einen verschiedenen Gegenstand und eine verschiedene Weise ihres Tuns. Der Priester als solcher kann nur der Mittler des schuldvergebenden Wortes Gottes sein ... Der Arzt (des Leibes und der Seele) zielt unmittelbar auf das krankmachende Leid, nicht auf die sündige Tat oder die Sündigkeit der ursprünglichen oder endgültigen Person. ... Insofern ... sind Priester und Arzt in aller Ver-

---

[260] Vgl. das in Kap. 5.2.3. zur menschlichen Freiheit Ausgeführte.

[261] K. RAHNER, Grundkurs, 97.

[262] Vgl. K. RAHNER, Grundkurs, 313f. und 405-407.

[263] Vgl. etwa K. RAHNER, Angst und christliches Vertrauen in theologischer Perspektive, Schriften XV, 276-278. Auch H. VORGRIMLER, Karl Rahner, 382, betont, dass „Karl Rahner immer darauf bedacht (war), die Zuständigkeiten von Psychoanalytikern und Psychotherpeuten auf der einen und von Seelsorgern auf der anderen Seite zu respektieren". Rahner hat diese Trennung auch im Blick auf die Pastoraltheologie gefordert: „Darum ist Pastoraltheologie im letzten nicht Psychologie, Pädagogik, Soziologie usw., sondern Theologie und somit wird nur der solcher Sendung gerecht, der auf Gottes Gnade allein vertraut" (K. RAHNER, Sendung und Gnade, 553).

schiedenheit ihrer Aufgabe und Berufung dennoch aufeinander verwiesen und aufeinander angewiesen."[264]

Krankheit und Leid stellen für Rahner „ein Moment in jenem dauernden Sterben, in dem der Mensch lebt und das im Tod seinen Höhepunkt und sein Ende findet"[265], dar. Der christliche Umgang mit Krankheit und Tod besteht für Rahner zunächst in einer „sich durch das Leben erstreckenden Einübung derjenigen Todesbereitschaft, in der der Christ glaubend den ihn erlösenden Tod annimmt. ... Nur wer sich auf den Schöpfer- und Erlösergott vorbehaltlos einlässt, weiß, dass der Glaube auf jeden Fall eine Heilsmacht für das total menschliche Wesen der Krankheit ist. Diese Heilsmacht des Glaubens kann sich nur darin kundtun, dass sie den (ungläubigen) Protest des Kranken gegen den Tod als Sinnlosigkeit verwandelt in die Bereitschaft zum Tod als erlösender Gabe Gottes, der in ihm das eigentliche und vollendete Leben schenkt."[266]

Gründlich missverstanden wäre diese Ausführung Rahners, wenn ihm damit eine Beschränkung christlicher Heilskraft auf das Jenseitige unterstellt würde. Unter Hinweis darauf, dass „ja Jesus selbst seine Krankenheilungen als ein Zeichen der Ankunft, des Beginns des Sichtbarwerdens der hereinbrechenden Herrschaft Gottes angesehen" hat, führt er aus, „dass diese Begegnung auch zu einer jetzt schon erfahrbaren Überwindung der Krankheit, also zu einer Heilung im medizinischen Sinn führen kann."[267] Allerdings ist die körperliche Heilung für Rahner nicht das primäre Merkmal der Heilungskraft des Glaubens. „Eine heilende Kraft, unter Umständen auch im medizinischen Sinn, kann also gerade nur *der* Glaube haben, der nicht bloß die irdisch-leibliche Heilung erstrebt, sondern die Annahme eines Standpunktes sein will, durch den der Mensch über die Absolutsetzung von Krankheit oder leiblicher Gesundheit sich radikal erhebt. Aber das Erscheinen*können* gerade auch in leiblicher Gesundheit gehört zum Wesen des heilschaffenden Glaubens. *Wie* sich im empirischen Sinn die Heilsmacht des Glaubens auf die Krankheit auswirkt, ist nicht leicht zu sagen. ... Aber dort, wo der Glaubende der völlig Glaubende ist, ... verliert die Krankheit, wenn sie bleibt, den Charakter der ausweglosen Sinnlosigkeit, und es ist die beste Voraussetzung gegeben, sie zu überwinden."[268]

---

[264] K. RAHNER, Schuld und Schuldvergebung als Grenzgebiet zwischen Theologie und Psychotherapie, Schriften II, 296f.

[265] K. RAHNER, Heilsmacht und Heilungskraft des Glaubens, Schriften V, 519.

[266] K. RAHNER, Heilsmacht und Heilungskraft des Glaubens, Schriften V, 521.

[267] K. RAHNER, Heilsmacht und Heilungskraft des Glaubens, Schriften V, 522.

[268] K. RAHNER, Heilsmacht und Heilungskraft des Glaubens, Schriften V, 522f. Den selben Zusammenhang entfaltet Rahner unter anderen Vorzeichen auch in DERS., Selbstverwirklichung und Annahme des Kreuzes, Schriften VIII, 322-326.
Zu empirischen Befunden insb. der Religionspsychologie zum Zusammenhang von Glauben

Für Rahner geht es letztlich immer um mehr als um innerweltliche Heilung, nämlich um das transzendente, endgültige Heil des Menschen. „Die Heilungswunder hingegen lassen innerhalb der Erfahrung den Sinn der göttlichen Tat aufleuchten: das Heil des ganzen Menschen, von der innersten Mitte seines Daseins und daher vom Glauben her; sie nötigen nicht, sondern rufen die freie Entscheidung des Menschen an, so dass (um es einmal so zu sagen) nicht die ‚massivsten‘, sondern die sinndichtesten Wunder die besten sind.‟[269]

„Zum Heil kann nur das gehören, dessen Fehlen das ‚Wesen‘ des Menschen verletzt und so unheil macht.‟[270] Dieses Heil bzw. Unheil des Menschen „besagt die Endgültigkeit des wahren Selbstverständnisses und der wahren Selbsttat des Menschen in Freiheit vor Gott durch die Annahme seines eigenen Selbst, so wie es ihm in der Wahl der in Freiheit interpretierten Transzendenz eröffnet und übereignet ist.‟[271] Der Horizont dieses Heils bzw. Unheils ist die Ewigkeit als „Vollendetheit der Zeit der Freiheit‟[272]. Das Heil des Menschen besteht für Rahner also in der Unmittelbarkeit des Menschen zu Gott in der Einheit von Erkennen und Liebe, mit anderen Worten, in der unwiderruflichen Annahme der Selbstmitteilung Gottes durch das Geschöpf.[273]

Obgleich der Mensch während seines Lebens nie letzte Gewissheit über die eigene Annahme oder Ablehnung des göttlichen Heilsangebotes haben kann, soll er nach Kräften versuchen, diese Annahme jetzt schon in seinem Leben bei aller Begrenztheit seiner Möglichkeiten zu vollziehen. Für Karl Rahner gehören hierzu das explizite christliche Bekenntnis zu Jesus Christus als dem Gottmenschen und Erlöser in Glaube, Leben und Taufe, das aktive Mitwirken in der Kirche als der Gemeinschaft der Glaubenden und ihrem sozialen und sakramental-religiösen Leben und das persönliche Gebet. Ge-

---

und Gesundheit/Krankheitsbewältigung vgl. die entsprechenden Ausführungen im Einleitungskapitel sowie exemplarisch T. DEISTER, Krankheitsverarbeitung und religiöse Einstellungen, die neben einem Überblick über Forschungsergebnisse (bis Ende der 90er Jahre) auch einen sehr interessanten Ansatz zur theoretischen Integration und empirischen Untersuchbarkeit dieses Zusammenhangs bietet. Einen breiten Einblick in diese Thematik bieten auch die Beiträge in D. SEEFELDT, Spiritualität und Psychotherapie, die sich vor allem mit der spirituellen Ebene in der Psychotherapie befassen.

[269] K. RAHNER, Heilsmacht und Heilungskraft des Glaubens, Schriften V, 525.
[270] K. RAHNER, Theologie und Anthropologie, Schriften VIII, 51.
[271] K. RAHNER, Grundkurs, 50.
[272] K. RAHNER, Grundkurs, 50.
[273] Vgl. hierzu 5.2.6. und K. RAHNER, Grundkurs, 122-142, hier insb. 122-132. Die Vollendung des Menschen in der Annahme der Selbstmitteilung Gottes ist für Rahner der Kern der christlichen Botschaft von der Auferstehung des Menschen. Vgl. K. RAHNER, Grundkurs, 264 f. und als geistliche Schrift zu diesem zentralen Thema DERS., Was heißt Auferstehung?, hier insb. den Abschnitt *Der Tod als Vollendung* (ebd., 49-56). Zum Menschen als Ereignis der Selbstmitteilung Gottes vgl. auch das in 5.2.1. Gesagte.

rade seine geistlichen Schriften geben ein reiches Zeugnis davon, welche Bedeutung Rahner diesen konkreten Glaubensvollzügen zumisst.[274]

Für Karl Rahner ist es hierbei selbstverständlich, dass sich diese Vorbereitung auf die endgültige Annahme der göttlichen Selbstmitteilung immer auch in der Verantwortung für andere, in der Nächstenliebe vollzieht.[275] Zentrale Bedeutung in der Zuwendung zum Mitmenschen, insbesondere in der seelsorglichen Begleitung, hat für ihn die oben bereits angeführte Mystagogie.[276] Ihre Aufgabe sieht Rahner darin, den einzelnen Menschen, unabhängig von seinem religiösen Bekenntnis, zur Erfahrung der immer schon gegebenen Gegenwart Gottes im eigenen Leben hinzuführen, und ihm dadurch Wege und Möglichkeiten der Heilung und des Heils zu eröffnen, da diese gerade in der freien Annahme der von Gott angebotenen, vergebenden und gemeinschaftstiftenden Liebe bestehen. Eine solche Sensibilisierung für die alltägliche transzendentale Erfahrung Gottes ist für Rahner die beste Einübung in die Annahme des göttlichen Heilsangebotes, das den Menschen zur Einheit mit Gott, zur hypostatischen Union, dem Zielbild des Menschen, führt.[277]

Es wird zu bedenken sein, inwieweit dieses Verständnis von Mystagogie, das stark an der Selbsterfahrung des Menschen anknüpft und bei Rahner einen zentralen Weg zur Annahme des göttlichen Heilsangebotes darstellt , einem personzentrierten Beziehungs- und Selbsterfahrungsverständnis korrespondiert bzw. wo beide Sichtweisen menschlicher Heilung und Entwicklung sich gegenseitig befruchten können.[278] Dabei darf der je spezifische Zugang zur menschlichen Lebenssituation nicht aus dem Blick verloren werden, um nicht der Gefahr unzulässiger Grenzüberschreitungen und Gleichsetzungen zu erliegen. Auf der anderen Seite sollen jedoch auch die von Karl Rahner

---

[274] Zur Spirituellen Theologie und ihrer Bedeutung bei Karl Rahner siehe A. ZAHLBAUER, Der Lebensweg erzwingt notwendig Entscheidungen.

[275] Vgl. etwa K. RAHNER, Über die Einheit der Nächsten- und Gottesliebe, Schriften VI, 277-298. Das Heil erreicht keiner für sich alleine, sondern immer in der Gemeinschaft mit anderen Menschen, so wie keiner Gott für sich alleine, losgelöst von der Liebe zu seinen Mitmenschen, lieben kann.

[276] Vgl. hierzu K. RAHNER, Die grundlegenden Imperative für den Selbstvollzug der Kirche in der gegenwärtigen Zeit, SW 19, 309-312. und das oben in Kap. 5.2.2.2. Gesagte.

[277] In seinem Beitrag *Rede des Ignatius von Loyola an einen Jesuiten von heute*, Schriften XV, 373-408, führt K. RAHNER aus, dass der Mensch Gott wirklich erfahren kann und dass „die Erweckung solcher göttlicher Erfahrung ... das ausdrücklichere Zusichselberkommen und die freie Annahme einer Verfassung des Menschen ist, die immer gegeben, meist verschüttet und verdrängt, aber unausweichlich ist und Gnade heißt, in der Gott selbst in Unmittelbarkeit da ist" (ebd., 378).

[278] An dieser Stelle sei darauf hingewiesen, dass die drei ersten bei H. HASLINGER, Was ist Mystagogie?, 65-67, angeführten Prinzipien der Mystagogie die von Rogers herausgearbeiteten Grundhaltungen der Wertschätzung, Selbstkongruenz und Empathie sind. Auch wenn Haslinger sich nicht explizit auf Rogers bezieht, ist die Parallele nicht zu übersehen.

angesprochenen Kooperations- und Ergänzungsmöglichkeiten theologisch-seelsorglicher und humanwissenschaftlich-therapeutischer Zugänge zum Menschen ausgelotet und genutzt werden.

5.2.6. Zielbild des Menschseins: Die Einheit des Menschen mit Gott in der hypostatischen Union

Das Ziel des Menschseins und darin auch der ganzen Welt ist die Annahme der Selbstmitteilung Gottes an den Menschen und die im Menschen zu sich selbst gekommene Natur.[279] Rahner schreibt, „dass Gott selbst, das Geheimnis schlechthin, in sich diese absolute Zukunft, das Ziel ist. ... Dieses Ziel ist das absolut gesollte."[280] In der Einheit von Gott und Mensch/Welt vollenden sich die beiden Grundbewegungen der Selbsttranszendenz der Welt und des Menschen auf Gott hin und der Selbstmitteilung Gottes an den Menschen/die Welt.

„Der bleibende Anfang und die absolute Garantie, dass diese letzte Selbsttranszendenz, die grundsätzlich unüberbietbar ist, gelingt und schon angefangen hat, ist das, was wir ‚hypostatische Union' nennen."[281] Rahner führt diesen Gedanken weiter zum Begriff des ‚absoluten Heilsbringers', in dem „diese Selbstmitteilung und Annahme eine unwiderrufliche Irreversibilität in der Geschichte erlangt"[282]. Die geschichtliche Realisierung der Einheit von Selbstmitteilung und ihrer Annahme ist Jesus Christus, der Mensch gewordene Gott. In seiner Menschwerdung hat Gott die ganze Menschheit unwiderruflich angenommen und im Menschsein Jesu ist die Annahme der Selbstmitteilung Gottes einmalig und unwiderruflich geschichtlich wirklich geworden. In Jesus Christus sind Gott und Mensch eins geworden. Nun ist diese Einheit in Jesus Christus aber nicht auf diesen beschränkt, sondern es gilt, „dass die durch die hypostatische Union der menschlichen Wirklichkeit Jesu *innerlich* zuwachsenden Vorzüge solche sind, die in derselben Wesensart auch den anderen geistigen Subjekten durch die Gnade zugedacht

---

[279] Vgl. K. RAHNER, Grundkurs, 189-194.
[280] K. RAHNER, Art. Ziel des Menschen, SW 17, 1388.
[281] K. RAHNER, Grundkurs, 182. Entwickelt wurde der Begriff ‚hypostatische Union' in der Christologie um die Einheit (unio) der beiden Naturen (Hypostasen) Gottes und des Menschen in der einen Person Jesus Christus auszudrücken. Vgl. hierzu K. RAHNER, Grundkurs, 196-198. Entscheidend für das richtige Verständnis des Gemeinten ist, dass zwischen Einheit und Identität unterschieden wird. Die ‚unio hypostatica' meint gerade Einheit bei bleibender Unterschiedenheit und nicht Identität im Sinne einfacher Gleichheit. Dies bringt die chalzedonische Formel „unvermischt, unveränderlich, ungetrennt und unteilbar" (DH 302) zum Ausdruck.
[282] K. RAHNER, Grundkurs, 195.

sind.“[283] In Jesus Christus ist geschichtlich realisiert, was allen Menschen von Gott her angeboten und verheißen ist, in ihm „geschieht die Selbst-mitteilung Gottes grundsätzlich an alle Menschen.“[284] „Die Menschwerdung Gottes ist von daher gesehen der einmalig *höchste* Fall des Wesensvollzugs der menschlichen Wirklichkeit“[285].

Dieses Zielbild des Menschen ist damit nicht nur eine theologische Konstruktion, die bloß ein fernes Zukunftsbild darstellt, sondern in Jesus Christus ist es geschichtliche Wirklichkeit. Von ihm her erschließt sich dem Menschen die ihm von Gott her zugedachte Vollendung. Rahner betont, „dass die Menschheit Gottes, in der er als der einzelne für den je einzelnen Menschen da ist, in sich selbst nicht mit wesentlich anderer Gottesnähe und Gottbegegnung begnadet werden kann und begnadet ist als mit *der* Begeg-nung und Selbstmitteilung Gottes, die tatsächlich *jedem* Menschen in Gnade zugedacht ist, die ihren höchsten Vollzug im Menschen in der visio beata [d. h. der seligen Schau Gottes, A.d.V.] hat.“[286]

Aus der oben ausgeführten Verbundenheit von Gottes-, Nächsten- und Selbstliebe ergibt sich, dass sich die in diesem Zielbild der unio hypostatica realisierte Einheit des Menschen mit Gott auf alle seine Beziehungsebenen auswirkt. Der mit Gott vereinte Mensch ist zugleich ganz mit sich selbst und mit seinen Mitmenschen verbunden. Es wird im interdisziplinären Dialog zu untersuchen sein, inwiefern dieses theologische Zielbild des Menschseins auch psychologische Kategorien umfasst und inwiefern das Rogerssche Ziel-bild der ganz mit sich selbst kongruenten ‚fully fuctioning person‘ in der ‚unio hypostatica‘ enthalten ist, bzw. wo diese Ziel- und Leitbilder differieren.

5.2.7. Zusammenfassung des Menschenbildes des transzendentaltheologischen Ansatzes

Der Mensch ist für Karl Rahner ein Beziehungswesen. In all seinen geisti-gen Vollzügen ist er über sich hinaus verwiesen und kann sein wahres Wesen nicht vollziehen, ohne beim anderen zu sein. Die innere Verknüpfung von beim anderen sein und sich selbst verwirklichen weist den Menschen als dialogisches, personales Wesen aus.

Die Grundlage aller menschlichen Bezogenheit liegt in seiner Geschöpf-lichkeit. Gott hat den Menschen von Natur aus darauf angelegt, Empfänger,

---

[283] K. RAHNER, Grundkurs, 200.

[284] K. RAHNER, Die Christologie innerhalb einer evolutiven Weltanschauung, Schriften V, 211, zugl. Grundkurs, 201.

[285] K. RAHNER, Grundkurs, 216.

[286] K. RAHNER, Grundkurs, 217.

d. h. dialogfähiges Gegenüber der göttlichen Liebe zu sein. Der Mensch ist aber nicht nur auf Gott, sondern auch auf seine Mitmenschen bezogen, da sich in dieser Nächstenliebe die Gottesliebe wesentlich, aber nicht ausschließlich, realisiert. In Analogie zum trinitarischen Gott steht auch der Mensch nicht nur nach außen, sondern auch in sich in Beziehung. In ihm sind Geist/Seele und Materie/Leib aufeinander bezogen und doch nicht von einander zu trennen. Diese unlösliche Verbundenheit von Individualität und Relationalität auf allen Ebenen menschlicher Bezogenheit kennzeichnet das Personsein des Menschen.

Aus der Geschöpflichkeit des Menschen ergibt sich für Rahner dessen Entwicklungstendenz. In der aktiven Selbsttranszendenz, die aller beseelten und unbeseelten Materie innewohnt, erfüllt ihn eine ständig wirkende Kraft hin auf Höherentwicklung. Ziel dieser Entwicklungstendenz ist die Einheit des Menschen und der ganzen Welt mit Gott in der Annahme der göttlichen Selbstmitteilung. Teil der menschlichen Beziehungsfähigkeit als Partner Gottes sind seine Freiheit und Verantwortlichkeit. Deren Bedeutung, wie auch die Würde des Menschen als einmaligem personalem Wesen, ergeben sich aus der Endlichkeit des Menschen. Im Tod wird dessen Leben in all seinen Freiheitsentscheidungen endgültig und vollendet sich in der Annahme oder Ablehung des göttlichen Liebesangebotes. Dabei hat kein Mensch zeitlebens die endgültige Gewissheit, ob er im Letzten ein Ja oder Nein zu sich und zu Gott vollzogen hat, da er die kategorialen Akte seiner Freiheit nie bis ins Letzte entschlüsseln und erfassen kann.

In seiner Freiheit und Verantwortung erfährt sich der Mensch als Verfügter. Er vollzieht seine Freiheit in einer Situation, die ihm vorgegeben ist, ohne dass er sie selbst bestimmen kann. Diese Situation ist immer von den Auswirkungen fremder Schuld mitbestimmt. Diese erbsündliche Mitbestimmtheit der Freiheitssituation ist von der persönlichen Schuld konkreter Freiheitsentscheidungen zu unterscheiden und kann vom Menschen niemals endgültig überwunden werden.

Sein Heil, als die vollkommene Einheit mit Gott und darin auch mit sich selbst und seinen Mitmenschen, kann sich der Mensch nur von Gott schenken lassen. Alle innerweltlichen Versuche und Wege der Heilung bleiben demgegenüber vorläufig. Eine Vorbereitung und ein Vorgriff auf die engültige Annahme seines Heil sind in der transzendentalen Erfahrung Gottes schon in diesem, raumzeitlich gebundenen Leben möglich. Den Weg der Erschließung solcher Erfahrungen bezeichnet Rahner als Mystagogie.

Das Zielbild menschlichen Seins in der Einheit mit Gott ist in Jesus Christus, dem Mensch gewordenen Wort Gottes, bereits geschichtliche Wirklichkeit. Jesus Christus ist in einem der unüberbietbare Höhepunkt der Selbstmitteilung Gottes und deren Annahme durch die Menschheit. An ihm kann der Mensch seine eigene, eschatologische Zukunft ablesen, da die in Jesus Christus vollzogene Einheit zwischen Gott und Mensch das allen Menschen angebotene Heil ist. Jesus Christus ist damit das Ur- und Zielbild des Menschen schlechthin.

5.3. Kritische Würdigung des Menschenbildes Karl Rahners

Die große Bedeutung des Rahnerschen Werkes ist unbestritten und die Ausstrahlung seiner Persönlichkeit wirkt über die ‚Enkelgeneration' hinaus.[287] Dennoch gibt es eine Reihe von Anfragen an seinen transzendentaltheologischen Ansatz und das diesem zugrundegelegte Menschenbild, die hier mit Blick auf den angestrebten interdisziplinären Dialog aufgegriffen und bedacht werden sollen.

Eine erste kritische Frage gilt Rahners transzendentaltheologischen Grundansatz beim Menschen. Rahner werden deshalb Horizontalismus und Verkürzung der christlichen Botschaft vorgeworfen.[288] Vertreter dieser Kritik sind vor allem Hans Urs von Balthasar und Josef Ratzinger. Während von Balthasar[289] vor allem eine Einebnung der Person Jesu Christi und seines Kreuzes und eine Reduktion der Christologie auf Anthropologie befürchtet, sieht Ratzinger[290] die Gefahr, dass insbesondere durch das Theologumenon vom ‚anonymen Christen' und Rahners Sicht vom Christen als „der Mensch, wie er ist"[291] „in dieser Verallgemeinerung das Christliche dann doch gegenstandslos wird, ob es nicht, indem es logisch und anthropologisch zwingend gemacht, zugleich aufgehoben und gleichgültig wird."[292] Ratzinger ist zuzustimmen, dass das Christentum ein „Heraustreten in das Neue bzw. Herausgerissenwerden durch das Gegenüber des eben nicht im transzendentalen Selbst an sich und immer schon Gegebenen"[293] ist. Hier würde ihm aber auch Karl Rahner nicht widersprechen. Denn gerade das über sich hinaus ins unendliche, heilige Geheimnis Hineingezogensein, diese Tendenz zur Transzendierung, wird ja von Rahner betont – allerdings nicht als eine exklusiv an das Christliche Bekenntnis gebundene, sondern von Gott jedem Menschen angebotene Möglichkeit. Dass Rahner hiermit nicht den Wert des

---

[287] Vgl. das zur Bedeutung dieses Ansatzes für Theologie und Pastoral in Kap. 4.3. Gesagte.

[288] Vgl. zu dieser Kritik A. LOSINGER, Der anthropologische Ansatz in der Theologie Karl Rahners, 24 f.

[289] H. U. V. BALTHASAR, Cordula oder der Ernstfall, 84-96, und DERS., Glaubhaft ist nur Liebe, 24f.

[290] J. RATZINGER, Vom Verstehen des Glaubens.

[291] K. RAHNER, Grundkurs, 388.

[292] J. RATZINGER, Vom Verstehen des Glaubens, 183.

[293] J. RATZINGER, Vom Verstehen des Glaubens, 183.

ausdrücklichen Glaubens und Bekenntnisses schmälern will und auch nicht schmälert, bringt er selbst zum Ausdruck, wenn er ausdrücklich darauf hinweist, dass sich der Christ „in sehr vielen Dingen von dem Nicht-Christen unterscheidet" und das christliche Leben „als durch Christus zur Freiheit befreit"[294] erklärt. Rahner weist allerdings selbst darauf hin, „dass in meiner Theologie in einer sicher problematischen Weise das Thema der Sünde und der Sündenvergebung gegenüber dem Thema der Selbstmitteilung Gottes ein wenig im Hintergrund steht."[295]

Ein weiterer Aspekt der Kritik an Rahner ist, „seine Theologie sei unbiblisch"[296]. Der ausdrückliche Bezug zu den biblisch überlieferten Grundaussagen christlichen Glaubens, wie z.B. der Erlösung durch Kreuz und Auferstehung Jesu kommt in der Theologie Rahners sicher zu kurz.[297] Allerdings darf nicht übersehen werden, dass die biblischen Berichte immer den selbstverständlichen, wenn auch oft unausgesprochenen Hintergrund der Rahnerschen Theologie bilden.[298] Dies wird besonders an der bildhaften Sprache seiner geistlichen Schriften deutlich, deren Symbolik meist die Bildhaftigkeit der Bibel aufgreift.[299] Vermutlich entspricht es Rahners Bewusstsein der eigenen fachexegetischen Grenzen, dass er in seinen theologischen Schriften nicht mit Bibelzitaten und Auslegungen arbeitet, die nicht den Ansprüchen exegetischer Wissenschaftlichkeit genügen würden, sondern diesen expliziten Bibelbezug auf seine geistlichen Schriften beschränkt und sich in den theologischen Texten in seinem Fachgebiet, den Grundlagen der Dogmatik und der Philosophie, bewegt.

---

[294] K. RAHNER, Grundkurs, 388.

[295] K. RAHNER, Erfahrungen eines katholischen Theologen, 112f.

[296] R. KAMPLING, Exegese und Karl Rahner, 269-272, hier: 269.

[297] Ebenso K. P. FISCHER, Der Mensch als Geheimnis, 332. Auch O. FUCHS, Theologie aus der Erfahrung des „Mysterium Dei", 91, kritisiert, dass „der narrativ differenzierte Bibelbezug bei ihm [= Rahner, A.d.V.] kein für das dogmatische Denken konstitutiver" ist. Für Fuchs scheint bei Rahner „das Wort der Schrift vornehmlich ‚nur' ein Konstitutiv der Glaubenserfahrung, nicht aber der wissenschaftlichen Theologie zu sein, jedenfalls was die fachexegetische Wahrnehmung der Texte anbelangt" (ebd.).

[298] R. KAMPLING, Exegese und Karl Rahner, schreibt dazu: „Insbesondere für die frühen Schriften Rahners lässt sich nachweisen, dass sie durch und durch von biblischer Sprache, Motiven und Bildern geprägt sind, ohne dass er sich immer genötigt sah, die Schrift zu zitieren. ... Wenn auch die Schrift nicht expressis verbis begegnet, so ist sie als gewusste und geglaubte Voraussetzung ein inhärenter Bestandteil der Rahnerschen Theologie. Sie ist vorgängig Gegenstand der Reflexion und als solche in weiteren theologischen Reflexionen ständig präsent. Rahners Theologie ist keine schriftferne, sondern eine von der Schrift kommende, was seinen letzten Grund wohl darin hat, dass die Schrift in das Leben integriert war und so als gelebte ihren Widerhall in der Theologie fand" (ebd., 269f.).

[299] Vgl. hierzu K. NEUMANN, Der Praxisbezug in der Theologie bei Karl Rahner, 31-35, und J. B. METZ, Karl Rahner – ein theologisches Leben, 313f. Metz' Fazit bezüglich Rahners biblischen Fundamenten lautet: „Diese lebensgeschichtliche Dogmatik ist schon in sich selbst Überlieferung der Schrift" (ebd. 314).

Ein zweiter Kritikpunkt am Menschenbild Rahners ist, dass er die Geschichtlichkeit des Menschen und der Offenbarung und damit die kategoriale Seite der Wirklichkeit vernachlässigen würde.[300] Peter Eicher sieht darin die Gefahr, dass es zu einem „Rückzug auf die eigenste Subjektivität als Ort der Offenbarung" kommt und sowohl die biblische als auch die kirchliche geschichtliche Offenbarung „zur Funktion religiöser Subjektivität"[301] wird. Eichers Bedenken zielen dahin, dass Rahner den Menschen und sein subjektives Erleben über die biblische Botschaft und die geschichtliche Offenbarung stelle.[302] In eine ähnliche Richtung geht die Kritik Ratzingers, dem die „Verschmelzung von Transzendentalität und Transzendenz zu nahtlos"[303] geschieht. Paul Weß schreibt zu Rahners Konzept der Transzendentalität als eines Vorgriffs auf das absolute Sein, dass dieses „auf einer illegitimen Gleichsetzung der Denk- mit der Seinsebene"[304] beruhe. Ratzinger führt als einen Beleg seiner Kritik einer ungenügenden Unterscheidung zwischen Göttlichem und Menschlichem Rahners Freiheitsbegriff an. Dieser tendiere zu stark zum Menschen als Verfügendem und das Vermögen, sich selbst zu tun, entspreche nicht der conditio humana, wie Ratzinger sie sieht.[305]

Auch aus der personzentrierten Perspektive Carl Rogers' ist anzumerken, dass Karl Rahner in stärkerem Maße auf die konkrete Erfahrbarkeit und empirische Nachweisbarkeit der von ihm transzendentaltheologisch erschlossenen Sachverhalte, wie z.B. der menschlichen Schuldgefährdetheit oder der Freiheit, aber auch der dem Menschen im übernatürlichen Existential angebotenen Möglichkeit zum Empfang der göttlichen Selbstmitteilung, hätte eingehen sollen. Dies wäre gerade im Blick auf den interdisziplinären Dialog von großer Bedeutung, da gerade der Bereich des konkret Antreffbaren eine Brücke zwischen den der Empirie verpflichteten Wissenschaften und einer hermeneutisch arbeitenden Theologie darstellt.

Diese Kritik spricht durchaus einen Schwachpunkt der Theologie und auch des Menschenbildes Karl Rahners an. Wie genau das Verhältnis von

---

[300] Vgl. die entsprechenden Hinweise bei K. H. WEGER, Karl Rahner, 119-120, A. LOSINGER, Der anthropologische Ansatz in der Theologie Karl Rahners, 112, sowie R. A. SIEBENROCK, Theologie um der Seelsorge willen, 371.

[301] P. EICHER, Offenbarung, 394, 403.

[302] Dass P. EICHER, Offenbarung, 420, Rahner sogar in eine Linie mit Feuerbach und dessen Vergöttlichung des Menschen stellt und Rahners mystagogische Theologie als „Glossolalie" (ebd., 368) bezeichnet, sei erwähnt, aber nicht näher behandelt, da es sich dabei für den neutralen Beobachter offensichtlich um „das Problem Eichers und nicht das Rahners" handelt, wie B. J. HILBERATH, Karl Rahner, 64, urteilt.

[303] J. RATZINGER, Vom Verstehen des Glaubens, 183.

[304] P. WESS, Die fundamentaltheologische Relevanz der christlichen Praxis, 132. Zur etwas unglücklichen Begrifflichkeit des Vorgriffs, der ja ein Verweis und eben kein Ergreifen ist, siehe P. ENDEAN, Karl Rahner im englischsprachigen Raum, 61.

[305] J. RATZINGER, Vom Verstehen des Glaubens, 184.

Transzendenz und Geschichte bzw. Kategorialität zu denken ist, bleibt offen und Rahners Analysen insbesondere im *Grundkurs des Glaubens* zielen immer stärker auf die transzendente als die kategoriale Seite der Erfahrung und der Freiheit. Die sehr lebensnahen geistlichen Schriften können als Beleg dafür dienen, dass Karl Rahner in der Tat, wie er selbst es darlegt, seine transzendentaltheologische Reflexionen immer als Nachvollzug einer vorher schon tatsächlich ergangenen, geschichtlichen Offenbarung und damit den Menschen immer zuerst als ein geschichtlich vermitteltes Wesen ansieht.[306] Dass der Mensch für ihn immer beides, transzendentales und kategoriales Wesen ist, bringen schon seine frühen Schriften *Geist in Welt* und *Hörer des Wortes* zum Ausdruck. Rahner schreibt selbst: „Die christliche Botschaft, dass das Heil geschichtlich ergangen ist, lässt sich nicht allein metaphysisch-transzendental mit Argumenten darlegen, sondern bleibt als Geschichte des Heils zu erzählen. Aber auch solche narrative Theologie ist von vornherein rational, ... Damit ist dann natürlich auch eine theoretische, metaphysische, theologische Reflexion und Argumentation ermöglicht"[307].

   Dass die Kritik der Geschichtsvergessenheit eher auf eine Schwierigkeit im Verstehen und eine mögliche Schwachstelle der transzendentaltheologischen Methode, aber nicht auf einen blinden Fleck in Rahners Menschenbild hinweist, wird m. E. auch darin deutlich, dass sich Rahner neben aller theologischen Arbeit stets auch in der personalen Seelsorge und der Verkündigung engagiert hat.[308] Darüberhinaus prägte sein Ansatz bestimmte Strömungen der Theologie der Befreiung, der sicher keine Geschichtsvergessenheit vorzuwerfen ist.[309] Die Kritik sollte aber dazu führen, gerade in der Anwendung des Rahnerschen Ansatzes stärker auf die Frage der kategorialen Erfahrbarkeit der in transzendentaler Reflexion gewonnenen Einsichten zu achten, als dies z.T. bei Rahner selbst der Fall ist. Dass Rahners Verständnis der Transzendentalität und Gottunmittelbarkeit des Menschen nicht schlechterdings spekulativ und unbiblisch ist, bestätigt Leo Scheffczyk

---

[306] Vgl. z.B. den entsprechenden Hinweis K. RAHNERS im Grundkurs, 14, dass der konkrete Daseinsvollzug bzw. das Christsein der Reflexion immer vorausgehen. Im Blick auf die transzendentale Christologie schreibt Rahner: „Eine transzendentale Christologie ... entsteht faktisch und zeitlich doch erst nach und wegen der geschichtlichen Begegnung mit Jesus als dem Christus" (ebd., 203).

[307] K. RAHNER, Glaubensbegründung heute, Schriften XII, 18. Diese Ausführung spiegelt den Zusammenhang der beiden Seiten der einen Erfahrung oder Erkenntnis: Die transzendentale Seite ist die Bedingung der Möglichkeit der kategorialen Erkenntnis und nur in dieser kommt die transzendentale Verfasstheit zu ihrem eigentlich wesen. Vgl. hierzu auch B. J. HILBERATH, Karl Rahner, 114-117, der ausführlich auf diese Problematik eingeht.

[308] Ein eindrucksvolles Bild dieses Engagements gibt A. RÖPER, Karl Rahner als Seelsorger.

[309] Zu Karl Rahners Einfluss auf die Theologie der Befreiung siehe K. RAHNER, Glaube in winterlicher Zeit, 78-82, K. H. NEUFELD, Die Brüder Rahner, 336-339, J. SOBRINO, Gedanken über Karl Rahner aus Lateinamerika, und den Beitrag LEONARDO BOFFS, Theologie der Befreiung, in: K. RAHNER, Bilder eines Lebens, 146-150.

auf eindrucksvolle Weise. Für Scheffczyk steht der Mensch als „der Index und die höchste Potenz der ‚Gottunmittelbarkeit' ... in unmittelbarer Korrespondenz zu Gott".[310] Einer anthropologischen Wende, wie sie von Rahner vollzogen wurde, „kann von der Schöpfungstheologie her in legitimer Weise entsprochen werden".[311]

Aus der Gefahr, das Geschichtliche zu Gunsten des Transzendentalen zu vernachlässigen, ergibt sich auch die Gefahr, dass das Menschenbild Rahners einseitig „einen individualistischen Grundzug"[312] fördert. Johann Baptist Metz weitet diese Kritik zu der Anfrage, ob Rahner „das geschichtlich zu realisierende Heil der Menschheit nicht zu sehr auf die Frage konzentriert, ob der einzelne diese seine Wesensverfassung frei annehme oder ablehne? Entsteht damit aber nicht die Gefahr, dass die Heilsfrage zu sehr privatisiert wird, die Heilsgeschichte zu weltlos konzipiert und dem universalen geschichtlichen Streit um den Menschen zu rasch die Spitze abgebrochen wird?"[313] Dem ist zu entgegnen, dass Rahner neben der Betonung der Bedeutung der inneren Entscheidung des Menschen seiner eigenen Verfasstheit gegenüber stets auch die untrennbare Verwobenheit der Bezüge zu sich, zu Gott und zum Nächsten und das notwendige Praktischwerden und Darinerst-zu-sich-selber-kommen aller inneren Entscheidungen in äußeren Vollzügen und Konkretionen betont. So sieht es Josef Speck gerade als Rahners Verdienst an, zur Wiedergewinnung des Personalen in der Theologie beigetragen zu haben, „indem Rahner auf diese Weise das Verhältnis zwischen Gott und dem Menschen als eine doppelpersonale Beziehung im Sinne eines dialogischen Verhältnisses sieht."[314] Dies findet seinen Niederschlag auch darin, dass Heilsvermittlung und Mystagogie, so sehr Rahner deren individualseelsorglichen Aspekt betont, immer im Rahmen der Kirche als Gemeinschaft der Glaubenden und als Heilsgemeinschaft zu geschehen haben.[315]

Gerade diese zwischenmenschliche Dimension steht im Zentrum der personzentrierten Ansatz Carl Rogers'. So ist aus psychologischer Sicht eine deutlichere Entfaltung der Bedeutung dieser sozialen Dimension des Menschseins und der konkreten Bedingungen menschlicher Heilung zu fordern, da der bloße Verweis auf eine von Gott zu schenkende, transzendente Erlösung ohne Explikation derer kategorialer Seite sich als nicht dialogfähig erweist und sich dem Erkenntnisbereich profaner Wissenschaften

---

[310] L. SCHEFFCZYK, Einführung in die Schöpfungslehre, 109.

[311] L. SCHEFFCZYK, Einführung in die Schöpfungslehre, 99. Vgl. auch DERS., Der Mensch als Bild Gottes, und DERS., Der moderne Mensch vor dem biblischen Menschenbild.

[312] A. LOSINGER, Der anthropologische Ansatz in der Theologie Karl Rahners, 112 f.

[313] J. B. METZ, Karl Rahner, 517.

[314] J. SPECK, Karl Rahners theologische Anthropologie, 36.

[315] Vgl. K. RAHNER, Sendung und Gnade, 119f., sowie DERS., Die grundlegenden Imperative für den Selbstvollzug der Kirche in der gegenwärtigen Zeit, SW 19, 309-312.

von vornherein entzieht. Eine konkretere Beschreibung und Erfassung der entsprechenden Faktoren und Kennzeichen menschlichen Heils, aber auch menschlicher Gefährdetheit, ist nicht nur aus Gründen der interdisziplinären Dialogfähigkeit, sondern auch zugunsten eines konkreten Bezugs zur alltäglichen Erfahrung praktizierender Christen zu wünschen.

Trotz der angeführten Einwände und Kritikpunkte scheint es m. E. angemessen, das Menschenbild des transzendentaltheologischen Ansatzes Karl Rahners als dem Erleben und der Verfasstheit des Menschen gerecht werdend zu charakterisieren und einem interdisziplinären Dialog mit der Psychologie, wie er hier exemplarisch durchgeführt wird, zugrunde zu legen. Hierbei wird gerade nach der konkreten empirisch-kategorialen Erfahrbarkeit und wissenschaftlichen Erfassbarkeit mancher transzendentaltheologischer Dimensionen (wie z.B. der transzendentalen Freiheit) zu fragen sein.

Die eigens dafür hergeleiteten anthropologischen Kategorien haben sich für die Darstellung des Menschenbildes Karl Rahners als angemessen erwiesen. Es konnten alle wesentlichen Aspekte dieser Sicht des Menschen erfasst und eindeutig einer der Kategorien zugeordnet werden.

III. Teil: Der interdisziplinäre Dialog und seine Implikationen

6. Dialogische Zusammen- und Weiterführung der Menschenbilder

Im bisherigen Verlauf dieser Arbeit wurden der personzentrierte Ansatz Carl Rogers' und der transzendentaltheologische Ansatz Karl Rahners in Grundzügen dargestellt und das ihnen zugrundeliegende Menschenbild anhand von a priori formulierten Kategorien herausgearbeitet. Im Folgenden werden die einzelnen Aspekte beider Menschenbilder zusammen- und weitergeführt. Der Betrachtung der Grundlagen eines solchen dialogischen Vorgehens in den beiden Anthropologien (6.1.) folgt die Zusammen- und Weiterführung der Menschenbilder Carl Rogers' und Karl Rahners (6.2.). Eine kritische Würdigung dieses Dialoges, die insbesondere den anthropologischen und methodischen Ertrag sowie die Grenzen und Möglichkeiten dieser Zusammen- und Weiterführung beachtet, schließt das Kapitel ab (6.3.). Im siebten Kapitel werden die Implikationen und Konsequenzen dieses Dialoges für die psychologische und theologische Forschung sowie die psychotherapeutische und seelsorgliche Praxis dargelegt.

6.1. Grundlagen des Dialogs in den beiden Anthropologien

Der hier angestrebte interdisziplinäre Dialog rechtfertigt sich durch den, von beiden Autoren in ihrem Werk erhobenen und auch umgesetzten, fachübergreifenden anthropologischen Anspruch.[1] Darüber hinaus zeigen die Berührungspunkte in der praktischen Anwendung, insbesondere im Bereich der mystagogischen Seelsorge und der seelsorglichen Beratung,[2] dass es einer Suche nach einer gemeinsamen anthropologischen Grundlage bedarf, um die in der Praxis vollzogene Verknüpfung der beiden Sichtweisen theoretisch zu fundieren. Hierbei darf es nicht um die eklektische Subsumierung des einen Ansatzes unter den anderen gehen, sondern gegenseitige Ergänzung, kritische Anregung und eine weiterführende Synthese sind gefordert.[3] Dieser Austausch über die Grenzen einer bestimmten Wissenschaft hinaus entspricht einer allen Menschenbildern innewohnenden Tendenz, jegliche Fokusierung auf ein je Größeres und

---

[1] Vgl. hierzu und zum Folgenden Kap. 1.2.2. sowie die autorenspezifischen Kapitel 3.1. (C. Rogers) und 5.1. (K. Rahner).
[2] Vgl. H. HASLINGER, Was ist Mystagogie, 64-67, und H. LEMKE, Personzentrierte Beratung in der Seelsorge.
[3] Zu den intra- und interdisziplinären Grundlagen und Rahmenbedingungen des hier angestrebten Dialogs siehe die entsprechenden Ausführungen in Kap. 1.2.2. und 1.3..

Ganzes hin, das der menschlichen Personalität entspricht, zu übersteigen.

In den autorenspezifischen Kapiteln haben sich die a priori abgeleiteten anthropologischen Kategorien[4] bei der Darstellung des jeweiligen Menschenbildes bewährt.[5] Alle wesentlichen Aspekte konnten ihnen eindeutig zugeordnet und zu einer Gesamtsicht des Menschen integriert werden. Es ist nun zu prüfen, ob sie nicht nur geeignet sind, die Menschenbilder zu explizieren, sondern sie auch dialogisch zusammen- und weiterzuführen. Diese Frage wird Gegenstand der formal-methodischen Reflexion des Vorgehens (6.3.1.) im Anschluss an den Dialog sein.

6.2. Zusammen- und Weiterführung der Menschenbilder

Eine grundlegende Übereinstimmung der Menschenbilder Carl Rogers' und Karl Rahners besteht trotz der in Kapitel 1.2.2. ausgeführten disziplinenspezifischen und wissenschaftskulturellen Unterschiede darin, dass für beide Autoren der Mensch wesentlich Person und Subjekt bzw. Individuum ist. Er ist als Mensch eine unableitbare, einmalige Person. Als solche kann er unter bestimmten Perspektiven betrachtet und verstanden werden, aber keine Teilperspektive allein wird seiner Ganzheit, die etwas anderes und ungleich mehr ist als die Summe seiner Einzelaspekte, gerecht.[6]

Diese beiden Autoren gemeinsame Grundlage ist in den weiteren Ausführungen zu beachten, da ihr entsprechend, alle Übereinstimmungen und Unterschiede in Einzelaspekten hinsichtlich ihrer Relevanz für das Gesamtbild des Menschen zu befragen und von diesen her einzuschätzen sind. Der Personbegriff beider Autoren wird in Kap. 6.2.2. näher betrachtet, so dass an dieser Stelle lediglich die grundlegende Gemeinsamkeit des Blickes auf den Menschen als Ganzen und des damit verbundenen, die eigenen Fachgrenzen übersteigenden Erkenntnisinteresses zu konstatieren ist.

Die im Folgenden durchzuführende Zusammen- und Weiterführung der Menschenbilder des personzentrierten Ansatzes Carl Rogers' und des transzendentaltheologischen Ansatzes Karl Rahners erfolgt mittels derselben Gliederung wie die Darstellung der beiden Menschenbilder in den Kapiteln 3 und 5: Der *allgemeinen Charakterisierung des Menschen* (6.2.1.) schließen sich die Aspekte der *Bezogenheit* (6.2.2.), der *Entwicklung und Möglichkeiten* (6.2.3.), der *Grenzen und Gefährdetheit* (6.2.4.), sowie der *Wege*

---

[4] Zur Herleitung und Begründung der Kategorien vgl. Kap. 1.3.2..

[5] Vgl. die jeweilige kritische Würdigung in Kap. 3.3. (C. Rogers) und 5.3. (K. Rahner).

[6] Vgl. C. ROGERS, Meine Beschreibung einer personzentrierten Haltung, und K. RAHNER, Grundentwurf einer christlichen Anthropologie, SW 19, 182, sowie DERS., Grundkurs, 37-42.

und Bedingungen der Heilung des Menschen (6.2.5.) und des im jeweiligen Menschenbild enthaltenen *Zielbildes des Menschseins* (6.2.6.) an. Abschließend erfolgt eine *Zusammenfassung* (6.2.7.) des sich aus der durchgeführten Zusammen- und Weiterführung ergebenden, fächerübergreifenden Menschenbildes.

6.2.1. Allgemeine Charakterisierung des Menschen

Die Frage nach der allgemeinen Charakterisierung des Menschen in den Werken Carl Rogers' und Karl Rahners führt zur Feststellung grundlegender Übereinstimmungen aber auch fundamentaler Unterschiede in ihren anthropologischen Ansätzen. Eine grundlegende Übereinstimmung beider Autoren besteht darin, dass beide den Menschen vor allem unter der Perspektive seiner positiven Potentiale betrachten – ein fundamentaler Unterschied besteht darin, auf welcher Grundlage diese Möglichkeiten basieren sollen.

Während Carl Rogers den Menschen im Blick auf seine innerweltlichen, in seiner biologischen Natur (der ,organismischen Aktualisierungstendenz') fußenden Möglichkeiten betrachtet, ist der Mensch für Karl Rahner wesentlich Geschöpf Gottes und verdankt seine Möglichkeiten der ihm ungeschuldet geschenkten „Selbstmitteilung Gottes, Heiliger Geist der Gnade genannt"[7]. Dieses Selbstangebot Gottes gilt nach Rahner allen Menschen. Er spricht vom ,übernatürlichen Existential', einer von Gott verliehenen, allgemein menschlichen Anlage zum Empfang dieser Selbstmitteilung.

Diese Differenz der Ansätze erscheint im Blick auf die jeweilige Fachdisziplin, der die Autoren angehören, als selbstverständlich. Während sich der empirisch geprägte Psychologe auf objektiv beobachtbare, immanente Zusammenhänge zu stützen hat, richtet sich der Blick des Theologen quasi automatisch auf Gott. Interessant ist allerdings, dass sich beide Autoren nicht mit dieser, von ihrer jeweiligen Disziplin vorgegebenen Orientierung begnügen, sondern einen darüber hinausgehenden Geltungsanspruch erheben.[8]

Es ist zu fragen, ob sich diese beiden Charakterisierungen des Wesens des Menschen zusammenführen lassen, so dass sich eine gemeinsame Basis für eine detailliertere Betrachtung der Einzelaspekte des jeweiligen Menschenbildes zeigt, oder ob beide Autoren in ihren Grundannahmen so weit von einander entfernt sind, dass ihre Menschenbilder miteinander unverein-

---

[7] K. RAHNER, Die theologische Dimension der Frage nach dem Menschen, Schriften XII, 401.
[8] Vgl. Kap. 6.1., sowie zu Rogers Kap. 3.1. und zu Rahner Kap. 5.1..

bar sind. Hierbei wird der bereits angeführte Unterschied zwischen psychologisch-immanenter und theologisch-transzendentaler Betrachtungsweise stets dahingehend zu berücksichten sein, inwiefern sich trotz des je eigenen Erkenntnisinteresses eine Kompatibilität im Sinne einer Entsprechung der kategorial-empirischen und der transzendental-theologischen Sichtweise aufzeigen lässt oder nicht.

Beiden Autoren ist gemeinsam, dass sie den Menschen primär von den ihm innewohnenden bzw. ihm angebotenen Möglichkeiten her charakterisieren. Der konstruktiven naturalen Grundausstattung des Menschen bei Rogers korrespondiert bei Rahner das übernatürliche Existential der Begnadetheit des Menschen durch Gott. Für beide ist die menschliche Entwicklung somit von einer konstruktiven, auf die Entfaltung und Entwicklung des Menschen ausgerichteten Kraft getragen. Allerdings unterscheiden sich die beiden Ansätze hinsichtlich der Grundlage (naturale Aktualisierungstendenz versus sich selbst mitteilender Gott) als auch der Zielvorstellung dieses Prozesses (Selbstverwirklichung der ‚fully functioning person' versus Erlösung und Vollendung des Menschen in der Gemeinschaft mit Gott). Im Blick auf die Möglichkeiten und die Entwicklung des Menschen (6.2.3.) ist deshalb genauer zu fragen, ob sich die von Rogers postulierte Aktualisierungstendenz mit einem christlichen Verständnis der Geschöpflichkeit und Begnadetheit des Menschen vereinen lässt. Bezüglich des Zieles dieser Entwicklung (6.2.6.) ist zu erörtern, inwieweit die sich selbst verwirklichende Person bei Rogers als kategoriale Entsprechung zur hypostatischen Union bei Rahner verstanden werden kann, bzw. wo bleibende Unterschiede und Ergänzungsnotwendigkeiten zu konstatieren sind.

Gemeinsam ist beiden Ansätzen auch, dass sie den Menschen jeweils unter der Perspektive grundlegender Bezogenheit verstehen. Während bei Carl Rogers sowohl die positive Entwicklung als auch deren Störung primär und wesentlich beziehungsabhängig sind (Beziehungsbedürftigkeit des Menschen, soziale Wurzel der Inkongruenz und Entfaltung des Menschen in hilfreichen Beziehungen), ist der Mensch für Karl Rahner nur aus seiner Bezogenheit auf Gott, dem Ursprung und Ziel menschlicher Entwicklung, zu verstehen. Karl Rahner geht hierbei so weit, anzunehmen, dass der Mensch sich nur selbst finden kann, „wenn er sich anbetend und liebend loslässt in die freie Unbegreiflichkeit Gottes hinein"[9]. Es wird zu klären sein, inwieweit der sich hier wieder zeigende Unterschied zwischen primär sozial-horizontaler versus transzendent-vertikaler Perspektive der menschlichen Bezogenheit durch jeweilige Ergänzung aufheben lässt, bzw. sich als

---

[9] K. Rahner, Die theologische Dimension der Frage nach dem Menschen, Schriften XII, 390.

interdisziplinär unüberwindbar erweist (6.2.2.). Es kann schon hier ange-
merkt werden, dass für beide Autoren die jeweils andere Bezogenheitsebene
ebenfalls Teil ihres Menschenbildes ist, wobei zu fragen sein wird, inwieweit dies ihrer jeweiligen Fachdisziplin legitim entspricht und damit über
das persönliche Menschenbild hinaus für einen Dialog der Disziplinen von
Nutzen ist.

Eine weitere Gemeinsamkeit der dargestellten Ansätze besteht darin, dass
für beide die Störung bzw. Gefährdetheit des Menschen gegenüber seinen Entwicklungsmöglichkeiten nicht das primäre Wesensmerkmal ist. Dies ist um so
interessanter, als Carl Rogers seine Annahmen über das positive Wesen des
Menschen und die demgegenüber sekundäre, im sozialen Kontext erworbene
Inkongruenz gerade in Abgrenzung zu dem ihn in seiner Kindheit stark be-
einflussenden Protestantismus und der ihm dort begegnenden Betonung der
Sündhaftigkeit des Menschen entwickelt hat.[10] Auch für Karl Rahner ist die
Begnadetheit des Menschen durch Gott gegenüber der Schuldbedrohtheit das
primäre Merkmal des Menschseins.[11] Schuld lässt sich für ihn nur angesichts
der dem Menschen von Gott angebotenen Selbstmitteilung angemessen verstehen – wobei gerade die schuldhafte Ablehnung dieser angebotenen Liebe
und die dem Menschen dennoch angebotene Vergebung die Größe dieser göttlichen Liebe verdeutlichen.[12] Es wird zu diskutieren sein, ob das psychologische Konstrukt der Inkongruenz als Grundlage der Deformation menschlicher
Entwicklung mit dem transzendentaltheologischen Verständnis der Schuldbedrohtheit des Menschen und deren Auswirkungen zusammenführbar ist bzw.
wo bleibende Unterschiede festzustellen sind (6.2.4.).

Der Blick auf die allgemeine Charakterisierung des Menschen in den Ansätzen Carl Rogers' bzw. Karl Rahners zeigt also, dass trotz der unterschiedlichen Perspektiven (immanente versus transzendente Grundlage menschlichen Seins) eine Übereinstimmung zumindest hinsichtlich der enthaltenen
Grundaspekte (Bezogenheit, Entwicklungsmöglichkeiten, Gefährdetheit,
Zielbild) vorliegt und so eine detaillierte Zusammen- und Weiterführung der
beiden Menschenbilder gerechtfertigt scheint. Es wird dabei jedoch zu prüfen sein, inwieweit die von Rahner in den Mittelpunkt seines anthropologischen Ansatzes gestellte transzendentale Struktur menschlichen Erkennens
und Seins mit einer psychologisch fundierten Sicht des Menschen vereinbar
ist, bzw. inwieweit die personzentrierte Anthropologie auf diese transzendentale Dimension hin weiterentfaltet werden kann, ohne in Widerspruch zu
dem Grundansatz zu geraten.

---

[10] Vgl. das hierzu in Kap. 2.1. Ausgeführte.
[11] Vgl. K. RAHNER, Erfahrungen eines katholischen Theologen, 112f.
[12] Zu diesem Zirkel gegenseitiger Erschließung, in dem das eine ohne das andere nicht angemessen verstanden werden kann, vgl. K. RAHNER, Grundkurs, 100.

6.2.2. Bezogenheit des Menschen als Person

Sowohl Carl Rogers als auch Karl Rahner verstehen den Menschen als Person. Im Werk beider hat sich gezeigt, dass sich diese Personalität auf die Dimensionen der Individualität und der Relationalität bzw. Bezogenheit erstreckt. Beide Autoren betrachten den Menschen als je einmaliges Individuum, der „nicht bloß ein Fall des Allgemeinen"[13] ist und von seinem Wesen her auf die Beziehung zu anderen angelegt ist.

Im Blick auf den Personbegriff Carl Rogers' wurde bereits kritisiert, dass Rogers diesen Begriff nirgends genauer klärt, sondern ihn „in einem mehr allgemeinen Sinn (gebraucht), um auf jedes Individuum hinzuweisen"[14]. Auch wenn sich in der Verwendung des Begriffes und in den einzelnen Aspekten des personzentrierten Ansatzes ein den beiden Dimensionen der Individualität und Bezogenheit entsprechendes Menschenbild zeigte, wäre eine explizite Klärung des Personverständnis sowohl im Blick auf den interdisziplinären Dialog als auch auf die Rezeption des Rogersschen Ansatzes wünschenswert gewesen. Dies hätte auch dazu beitragen können, individualistische Engführungen insbesondere im Verständnis der Selbstverwirklichung zu verhindern. Hier kann die psychologische Forschung und Praxis m. E. von der genaueren Klärung des unter menschlicher Personalität Verstandenen im Rahmen der Theologie profitieren.[15]

Karl Rahner betont in seinen Ausführungen zur Personalität besonders die Unableitbarkeit des Menschen, die jeder einzelnen empirischen Erfahrung und wissenschaftlichen Erkenntnis zugrundeliegt.[16] Dieser Grundzug, der sich auch bei Carl Rogers zumindest implizit findet,[17] führt zu der Forderung, alle einzelnen Erkenntnisse bezüglich des Menschen mit dem Ganzen, der er wesentlich ist, in Bezug zu setzen. Eine bloß separierende, sich auf das empirisch messbare beschränkende Betrachtungsweise wird dem Menschen letztlich nicht gerecht.[18] Bei Carl Rogers entspricht dem der Ver-

---

[13] K. RAHNER, Sendung und Gnade, 96. Zu diesem Grundzug bei Rogers vgl. R. EISENGA, Das Menschenbild Rogers', 23f.

[14] C. ROGERS UND P. F. SCHMID, Person-zentriert, 128.

[15] Vgl. neben dem in Kap. 5.2. dargestellten Verständnis Karl Rahners auch J. WERBICK, Art. Person, und J. RATZINGER, Einführung in das Christentum, 139-150, wo Ratzinger u.a. darauf hinweist, dass die „Überschreitung der Einzahl im Personbegriff notwendig eingeschlossen (ist)" (ebd., 141) und dass „das christliche Denken den Kern des Personbegriffs gefunden (hat), der etwas anderes und unendlich mehr als die bloße Idee des ‚Individuums' besagt"(ebd., 144).

[16] K. RAHNER, Grundkurs, 39-42.

[17] Vgl. hierzu die ausführliche Untersuchung des Rogersschen Personbegriffes bei P. F. SCHMID, Souveränität und Engagement, insb. 19f.

[18] Dies ist eine Forderung, die sich im Bereich der psychologischen Forschung schon in der Gestaltpsychologie z.B. bei M. WERTHEIMER, Produktives Denken, oder K. GOLDSTEIN, Der

zicht auf eine einzelne Aspekte des psychischen Erlebens herausgreifende Diagnostik. Psychotherapie und hilfreicher Umgang mit dem Menschen können sich nach ihm immer nur auf das Ganze des menschlichen Erlebens beziehen und sich nicht auf ein einzelnes Phänomen oder Symptom beschränken.[19]

Wenn auch die von Rogers aus seinem Verständnis gezogene Konsequenz des Verzichtes auf eine psychologische Diagnostik sicher nicht als zwangsläufige Folge eines Verständnisses des Menschen als Person zu sehen ist und in der Weiterentwicklung seines personzentrierten Ansatzes zunehmend revidiert wurde, indem auch im Rahmen personzentrierter Psychotherapie eine Differentialdiagnostik vorgenommen wird,[20] weist sie doch auf die grundlegende Notwendigkeit hin, alle Differenzierungen wieder auf den einen Menschen als Ganzen zurückzubeziehen. Für die Psychotherapie, die aufgrund des Kostenerstattungsverfahren der Krankenkassen immer stärker auf eine dem sog. medizinischen Modell entsprechende Diagnose- und Indikationsstellung angewiesen ist, zeigt sich, „dass sich in fast jeder der bekannten und benannten psychischen Krankheiten eine Form von Inkongruenz finden lässt."[21] Dies kann als Hinweis darauf verstanden werden, dass eine eher am ganzen Menschen denn an einzelnen Diagnosen und Symptomen orientierte Sichtweise, wie sie den Ansätzen Carl Rogers' und Karl Rahners entspricht, sich in vielen Fällen als angemessen erweist.

Für den interdisziplinären Dialog ist bedeutsam, dass sich diese ganzheitliche Sicht des Menschen als Person bei Karl Rahner nicht aus einer explizit theologischen Kategorie (etwa dem Geschaffensein des Menschen oder der angebotenen Selbstmitteilung Gottes) ableitet, sondern aus der Beobachtung, dass der Mensch im Erkennen immer schon das Erkannte übersteigt und damit bei einem je Größeren als dem Erkannten ist.[22] Ohne den (auch innerhalb der Theologie durchaus nicht unumstrittenen) Schluss von dieser Transzendentalität menschlichen Erkennens auf die Existenz eines transzendenten Gegenübers (= Gott) mitvollziehen zu müssen, ergibt sich

---

Aufbau des Organismus, findet. Vgl. hierzu auch N. GROEBEN UND E. ERB, Reduktiv-implikative versus elaborativ-prospektive Menschenbildannahmen in psychologischen Forschungsprogrammen.

[19] Vgl. hierzu die Abgrenzung des personzentrierten Ansatzes von den als objektzentriert charakterisierten Ansätzen der Psychoanalyse und Verhaltenstheorie in Kap. 2.2.1., sowie die entsprechenden Ausführungen in Kap. 3.2.2..

[20] Vgl. J. FINKE, Gesprächspsychotherapie, 79-83, sowie J. FINKE UND L. TEUSCH, Die störungsspezifische Perspektive in der Personzentrierten Psychotherapie, und U. und J. BINDER, Studien zu einer störungsspezifischen klientenzentrierten Psychotherapie.

[21] E.-M. BIERMANN-RATJEN U.A., Gesprächspsychotherapie, 146. Zur Rolle der Indikation und Prognose im Zuge der Kostenerstattung für Psychotherapie siehe ebd., 141.

[22] Vgl. K. RAHNER, Grundkurs, 40, sowie die Darstellung des transzendentaltheologischen Ansatzes in Kap. 4.2.1..

aus dieser erkenntnistheoretischen Grundlage auch für die psychologische Forschung die Notwendigkeit einer Reflexion der Einzelerkenntnisse auf das je größere Ganze des menschlichen Seins hin und eine explizite Berücksichtigung dieser, alles Einzelne transzendierenden Erkenntnisstruktur im Rahmen der verschiedenen psychologischen (aber auch theologischen!) Einzeldisziplinen.

Die Konsequenzen einer solchen ganzheitlichen, Einzelbefunde in eine Gesamtsicht des Menschen als Person integrierenden Sichtweise für die wissenschaftliche Forschung in Psychologie und Theologie aber auch die psychotherapeutische und seelsorgliche Praxis werden in Kap. 7 näher zu bedenken sein. Hierbei wird zu berücksichtigen sein, dass dieser personale Selbstbesitz des Individuums kein empirisch fassbares Moment am Menschen, sondern der allen Einzelerfahrungen vorgegebene Horizont ist.[23] Dies spiegelt sich im personzentrierten Ansatz Carl Rogers' darin, dass er nie versucht hat, seinen Personbegriff operational zu definieren. Alle anderen Teilbegriffe seines Ansatzes hat Rogers definiert und zumindest ansatzweise operationalisiert, um sie einer empirischen Überprüfung zugänglich zu machen.[24] Das Personsein des Menschen entzieht sich im Letzten allen Definitionen und empirischen Operationalisierungen und kann nur durch eine alle Einzelbefunde übersteigende und integrierende, in diesem Sinne also transzendentale, Reflexion erfasst werden. Hierbei sind die Aspekte der Individualität und der Bezogenheit als untrennbare Facetten des Personbegriffes zu berücksichtigen.

Die grundlegende Bezogenheit des Menschen hat sich sowohl im personzentrierten Ansatz Carl Rogers' als auch im transzendentaltheologischen Ansatz Karl Rahners auf drei Ebenen vollzogen: als Bezogenheit in sich, als Bezogenheit auf Mitmenschen und als Bezogenheit auf Gott. Die Ebenen der horizontalen Bezogenheit auf Mitmenschen und der transzendenten Bezogenheit auf Gott werden im Folgenden gemeinsam behandelt, da in beiden Ansätzen diese beiden Ebenen der Bezogenheit eng verwoben sind. Hatte sich die Bezogenheit auf Transzendenz bei Carl Rogers aus Erfahrungen in der zwischenmenschlichen Beziehung entwickelt, so erwächst bei Karl Rahner die Bezogenheit auf Mitmenschen aus der Verwiesenheit auf Gott. Eine zusammenführende Betrachtung dieser beiden Ebenen in einem

---

[23] Vgl. K. RAHNER, Grundkurs, 40f.
[24] Ausführlich und umfassend zu finden in C. ROGERS, Eine Theorie der Psychotherapie. In DERS., Entwicklung der Persönlichkeit, 113, drückt Rogers seine Hoffnung aus, „dass allmählich einige der Spekulationen, Meinungen und der auf klinischen Daten gestützten Vermutungen einer operational ausgerichteten, definitiven Prüfung unterzogen werden", an der er selbst mit seinen Mitarbeitern fortwährend gearbeitet hat und die in Bezug auf die meisten Aspekte seines Ansatzes auch erfolgreich war. Vgl. hierzu das in Kap. 2.3. zur wissenschaftlichen Fundierung des personzentrierten Ansatzes Gesagte.

Abschnitt scheint damit sowohl den Anliegen beider Autoren als auch der Verwobenheit der Ebenen am besten zu entsprechen.

6.2.2.1. Bezogenheit des Menschen in sich

Beide Autoren verstehen den Menschen als ein Wesen innerer Bezogenheit. Handelt es sich bei Carl Rogers um die Bezogenheit von Organismus und Selbst, bezieht Karl Rahner die Aspekte von Geist/Seele und Materie/Leib aufeinander. Während Carl Rogers den Organismus, als menschliche Grundnatur, dem Selbst, als dem Bewusstsein seiner selbst, gegenüberstellt, betont Karl Rahner, dass Geist und Materie mehr Gemeinsames als Verschiedenes haben. Allerdings ist diese Verbundenheit der beiden Aspekte als Momente des einen Menschen auch bei Carl Rogers implizit enthalten, wenn er ausführt, dass die Antriebskraft des Selbst, die Selbstaktualisierungstendenz, ein Teilaspekt der organismischen Aktualisierungstendenz ist.

Im Rahmen einer Zusammenführung der Menschenbilder ist zu fragen, ob sich diese innerpersonalen Differenzierungen zu einer gemeinsamen Basis führen lassen. Hierbei würde eine, sich auf den ersten Blick anbietende, Gleichsetzung von Organismus und Materie/Leib bzw. von Selbst und Geist/Seele zu kurz greifen, da der Organismus im Rogersschen Sinne weit über die eigentliche Leiblichkeit des Menschen hinausgeht und von ihm als „innerer Kern der menschlichen Persönlichkeit"[25] verstanden wird und damit sowohl physische als auch psychische Aspekte umfasst. Eine größere Nähe besteht zwischen den Begriffen Selbst und Geist. Beide beziehen sich auf die Selbstgegebenheit des Menschen und unterscheiden ihn von allen nicht-menschlichen Lebensformen, für die transzendentaltheologisch zwar von Beseeltheit, nicht aber von Geistigkeit gesprochen werden kann.[26]

Ein wichtiger Unterschied ist hierbei, dass das Selbst bei Rogers durch das dem Menschen innewohnende Bedürfnis nach positiver Beachtung durch andere und die sich daraus im Selbst entwickelnden, den organismischen Bewertungsprozess blockierenden Bewertungsbedingungen wesentlich an der Entwicklung der Inkongruenz als Störung der menschlichen Entwicklung beteiligt ist. Wenngleich sich diese pathogene Rolle auf die Starrheit des Selbstkonzeptes aktueller Erfahrung gegenüber und nicht auf das Selbst per se bezieht, erscheint diese Dimension menschlicher Personalität bei Rogers doch in einem eher negativen Licht.[27] Das Rogersche

---

[25] C. ROGERS, Entwicklung der Persönlichkeit, 100f.

[26] Vgl. das in Kap. 5.2.2.1. zur Unterscheidung von Geist und Seele im Schrifttum Karl Rahners Gesagte.

[27] Sehr pointiert kritisieren dies A. KÖHLER-WEISKER U.A., Auf der Suche nach dem wahren Selbst, 172.

Ideal scheint zu sein, sich ganz dem organismischen Bewertungsprozess zu überlassen.[28]

Diese doch tendenziell negative Betrachtungsweise des Selbst als des unterscheidend Menschlichen ist aus transzendentaltheologischer Sicht, zumindest hinsichtlich einer Gleichsetzung dieses Selbst mit dem Geistigen des Menschen, wie sie sich im personzentrierten Ansatz Carl Rogers' andeutet, zu kritisieren. Transzendentaltheologisch betrachtet, ist die geistige Dimension gerade Ergebnis einer Höherentwicklung des Materiellen. Im geistigen Selbstbewusstsein findet der Mensch zu sich, während die Materie den Rahmen bildet, in dem sich der Mensch als Geist in seiner Eingebundenheit in Welt und Gemeinschaft mit anderen findet und vollzieht.

Während bei Rogers das Naturale dem Geistigen gegenüber überlegen zu sein scheint, ergibt sich aus dem transzendentaltheologischen Verständnis eine Hochschätzung des Geistigen als Erfüllung der dem Materiellen innewohnenden Tendenz zur Höherentwicklung. Im Rahmen einer Zusammenführung von personzentriertem und transzendental-theologischem Menschenbild können sich diese beiden Tendenzen gegenseitig korrigieren. Die Hochschätzung des Organismisch-Naturalen bei Rogers lenkt den Blick auf die positiven Kräfte, die dieser Seite menschlichen Seins innewohnen, während die Betonung der Bedeutung menschlicher Geistigkeit vor einem biologistischen Naturalismus[29] und einem psychologischen Emotionalismus, wie er sich in manchen humanistisch-psychologischen Richtungen zeigt,[30] bewahrt. Insbesondere im Blick auf den angeführten Naturalismus und die in ihm enthaltene Reduzierung menschlicher Geistigkeit auf neuronale Vorgänge ist die Unterscheidung zwischen kategorialen Strukturen (z.B. neuronalen Erregungsmustern im Gehirn) und transzendentalem Subjekt (d. h. dem denkenden und darin über sich selbst verfügenden Menschen) von entscheidender Bedeutung. Während die Neurowissenschaften wertvolle Erkenntnisse über die physische Seite geistiger Vorgänge liefern, können diese doch nie auf solche neuronalen Abläufe reduziert werden, ohne den Menschen

---

[28] Besonders deutlich wird dies in Rogers' Idealbild der ‚fully functioning person', deren Selbst als geistige Instanz keine die Person steuernde Funktion hat, sondern nur der Bewusstwerdung des vorbewusst ablaufenden Prozesses der organismischen Wertung dient. Vgl. Kap. 3.2.6., sowie Kap. 6.2.6..

[29] Zur Diskussion desselben aus theologischer Sicht siehe P. NEUNER, Naturalisierung des Geistes – Sprachlosigkeit der Theologie, und J. QUITTERER UND E. RUNGGALDIER, Der neue Naturalismus – eine Herausforderung an das christliche Menschenbild. Einen Überblick über aktuelle Erkenntnisse der Neurowissenschaften bieten G. EDELMANN, Das Licht des Geistes, sowie D. B. LINKE, Das Gehirn – Schlüssel zur Unendlichkeit, der sich dabei insbesondere auf die religiöse Dimension des Menschseins bezieht. Als Beispiel für einen naturalistischen Psychotherapieansatz siehe K. GRAWE, Neuropsychotherapie, der versucht, das menschliche Erleben über eine Veränderung neuronaler Verknüpfungen zu modifizieren.

[30] Vgl. P. C. VITZ, Der Kult ums eigene Ich.

des entscheidend Menschlichen, nämlich seiner alle einzelnen Erkenntnisse übersteigenden Transzendentalität und Personalität, zu berauben.[31]

Zur Lösung der sich sowohl bei Rogers als auch bei Rahner zeigenden Unklarheiten in der Verwendung der Begrifflichkeiten des Organismisch bzw. Leiblich-Materiellen bzw. des Bewussten, Seelisch bzw. Geistigen,[32] und somit zur Weiterführung ihrer Menschenbilder bietet sich m. E. die Differenzierung dreier in Einheit miteinander verbundener Ebenen im Menschen an: des Geistigen, Seelischen und Körperlich-Leiblichen. Dem Geistigen entsprechen hierbei die bewussten Vollzüge des Denkens und Planens, dem Seelischen die Ebene des Fühlens und der Intuition und dem Körperlichen das Handeln sowie die biologische Grunddisposition des Menschen und die physischen Entsprechungen geistiger und seelischer Vollzüge.[33] Dieser phänomenologischen Differenzierung des Menschen entsprechen z.B. auch die psychologischen Disziplinen der Kognitions- und Emotionspsychologie sowie der Verhaltensbeobachtung, die sich je einem dieser drei Aspekte besonders zuwenden.[34]

Die Betrachtung des Menschen unter dieser dreifachen Perspektive aufeinander bezogener und miteinander verbundener Aspekte ermöglicht eine Zusammenführung der im personzentrierten bzw. transzendentaltheologischen Ansatz unterschiedenen Aspekte in ein Verstehensmodell und erleichtert dadurch den Dialog mit anderen Betrachtungsweisen des Menschen, wie sie z.B. in den psychoanalytischen und verhaltenstheoretischen Ansätzen vorliegen.[35] Außerdem erleichtert sie eine Klärung der Frage nach der Stellung des Menschen im Gegenüber zu unbelebter und belebter materieller Welt, wie sie sich sowohl im Konstrukt der Aktualisierungstendenz bei Carl Rogers als auch im Rahmen der aktiven Selbsttranszendenz bei Karl Rahner stellt.[36]

---

[31] Vgl. zu diesem Aspekt der aktuellen Naturalismusdiskussion den philosophischen Beitrag von M. PAUEN, Illusion Freiheit?. Der Gedanke findet sich aber schon in der Isomorphiehypothese bei W. KÖHLER, Werte und Tatsachen, dessen Ergebnisse gestaltpsychologischer Wahrnehmungsforschung bereits 1938 eine Gleichartigkeit neuronaler Erregungsmuster und erlebter Zusammenhänge in der Wahrnehmung des Menschen aufzeigten. Zur Transzendentalität menschlicher Erkenntnis und Personalität vgl. Kap. 4.2.1.

[32] Vgl. hierzu die entsprechenden Hinweise in 3.2.2.1. und 5.2.2.1.

[33] Vgl. hierzu z.B. E. WEIHER, Mehr als Begleiten, insb. 20-26.

[34] Vgl. D. HARTMANN, Philosophische Grundlagen der Psychologie, 39-256, der seine Abhandlung über *Die Grundbegriffe der Allgemeinen Psychologie* genau in diese drei Bereiche bzw. Ebenen des Menschseins aufteilt.

[35] Siehe zur Diskussion über die Leib-Seele-Problematik im Bereich der Theologie W. BEINERT, Die Leib-Seele-Problematik in der Theologie, sowie für die Psychologie M. CARRIER, Geist, Gehirn, Verhalten, und D. HARTMANN, Philosophische Grundlagen der Psychologie, 257-328. Einen Überblick über philosophische Positionen bietet J. SEIFERT, Das Leib-Seele-Problem und die gegenwärtige philosophische Diskussion. Eine ausführliche, über den Ansatz Karl Rahners hinausgehende Diskussion kann im Rahmen der hier vorliegenden Untersuchung nicht geleistet werden, es sei hierfür auf die angeführte Literatur verwiesen.

[36] Zur eingehenden Diskussion dieser beiden Entwicklungsprinzipien vgl. Kap. 6.2.3.

Im Rahmen des personzentrierten Ansatzes Carl Rogers' ist der Begriff des Organismus insbesondere den Ebenen des Körperlichen und des Seelischen zuzuordnen, während das Selbst bzw. Selbstkonstrukt des Menschen dem geistigen Bereich angehört, ohne mit diesem identisch zu sein, da die von Rogers dem Organismus zugeordneten Funktionen des Erfahrens, Wahrnehmens und Reagierens ebenfalls in den Bereich des Geistigen hineinreichen. Die von Rogers als Grundlage psychischer und sozialer Störungen und Fehlentwicklungen angenommene Inkongruenz lässt sich somit als eine Spaltung zwischen Teilfunktionen des menschlichen Geistes, im Sinne des Selbstbewusstseins und der in ihm enthaltenen Erfahrungen und Bewertungen, und den anderen Aspekten des Menschen als Geist-Seele-Körper-Einheit beschreiben. Hierbei zeigt sich die enge Verbindung geistiger und seelischer Vorgänge, da mit den im Selbstbild gespeicherten Erfahrungen und Bewertungen immer auch emotionale Prozesse, nämlich das Erleben eines unbefriedigten Bedürfnisses nach positiver Beachtung durch andere, verbunden sind. Es wird deutlich, dass es sich keineswegs um eine Konstrastierung von Denken und Fühlen, sondern einen sehr viel differenzierteren Prozess im Menschen handelt und insofern auch nicht von einem ,Anti-Intellektuellen-Affekt' bei Rogers gesprochen werden kann, wie dies manche Kritiker tun.[37]

Während die Ebene des Körperlichen den Menschen mit der unbelebten Materie verbindet, korrespondiert die Ebene des Seelischen mit der belebten Materie. Als das unterscheidend Menschliche zeigt sich das geistige Selbst-Bewusstsein. Deshalb spricht Karl Rahner auch zu recht davon, dass im Zuge der aktiven Selbsttranszendenz die Materie (die in diesem Sinne auch die beseelte Materie der Pflanzen- und Tierwelt umfasst) im Geistigen des Menschen zu sich selber kommt. In der Primatenforschung zeigen empirische Befunde, dass es auch bei diesen geistige Prozesse im Sinne des Denkens gibt.[38] Allerdings wird zurecht darauf hingewiesen, dass diese Befunde nicht auf ein dem Menschen entsprechendes Selbstverständnis schließen lassen, zumal die entsprechenden Tiere dann nicht mehr als Tiere zu betrachten wären. Ein Affe, der sich mit dem Menschen über das Affe-sein austauschen könnte, wäre kein Tier mehr, sondern würde über ein menschlich-personales Selbstbewusstsein verfügen. Insofern mag es Formen tierischen Denkens geben, diese lassen sich aber nur sehr analog als geistige Prozesse verstehen, selbst wenn sie auf Ansätze von Sprachbildung u.ä. hinweisen. Desweiteren lässt sich im Rahmen einer evolutiven Weltanschauung insgesamt nur

---

[37] Vgl. K. REMELE, Tanz um das goldene Selbst?, 313, und A. KÖHLER-WEISKER U.A., Auf der Suche nach dem wahren Selbst, 172.

[38] Vgl. einführend zu Ergebnissen der Primatenforschung und ihrem Bezug zu menschlicher Geistigkeit H. R. MATURANA UND F. J. VARELA, Der Baum der Erkenntnis, 229-242.

bedingt eine scharfe Grenze zwischen tierischem und menschlichem Sein ziehen, wie wohl es, in Form des geistigen Selbst-Bewusstseins, einen wesentlichen Unterschied gibt.

Entscheidend ist bei aller Differenzierung verschiedener Aspekte im Sein des Menschen stets, dass diese letztlich eine untrennbare Einheit bilden und die Betrachtung jedes dieser Aspekte auch die jeweils anderen zu berücksichtigen hat. Geistige, seelische und körperliche Ebene des Menschen lassen sich nie voneinander trennen, sondern sind immer als „Einheit in wirklicher Vielfalt"[39] gegeben. Dennoch ist eine Differenzierung der verschiedenen Aspekte möglich und sinnvoll. Sie wird von Karl Rahner sogar als „theologisch richtig, lehramtlich gefordert und berechtigt"[40] bezeichnet und auch im Rahmen der wissenschaftlichen Psychologie durch die bereits erwähnte Unterscheidung von Kognitions- und Emotionspsychologie sowie Verhaltensbeobachtung vollzogen.[41] Allerdings zeigt sich auch hier eine enge Verzahnung der verschiedenen Prozesse im Menschen, so dass in der psychotherapeutischen Anwendung wissenschaftlicher Erkenntnisse immer zu einer integrierenden Berücksichtigung geistig-kognitiver, seelisch-emotionaler und körperlich-verhaltensmäßiger Prozesse, sowie physischer Grundlagen psychischer Probleme geraten wird.[42]

Die wesentliche Einheit und Bezogenheit der unterschiedlichen Aspekte menschlichen Seins ist insbesondere im Blick auf die gemäß des personzentrierten Ansatzes der Inkongruenz zugrundeliegende Spaltung zwischen Organismus und Selbst zu beachten. Diese müssen stets als zwei Momente des einen Menschen verstanden werden und können nicht voneinander losgelöst werden, ohne dass dabei die personale Einheit des Menschen aufgegeben würde. Hier ist kritisch anzumerken, dass diese Einheit der Aspekte sich, wie bereits erwähnt, bei Carl Rogers zwar als implizit enthalten erschließen lässt, dass er im Gegensatz zu Karl Rahner, der eindeutig auf die aller Unterschiedenheit zugrundeliegende Einheit von Geist und Materie hinweist,

---

[39] K. RAHNER, Grundentwurf einer theologischen Anthropologie, SW 19, 182. Vgl. hierzu auch die Ausführungen des Zweiten Vatikanischen Konzils zur Einheit von Leib und Seele in *Gaudium et spes 14.*

[40] K. RAHNER, Der Leib in der Heilsordnung, 37.

[41] Vgl. zu einem einführenden Überblick über diese psychologischen Teildisziplinen P. G. ZIMBARDO, Psychologie, sowie die bereits angeführte Abhandlung D. HARTMANN, Philosophische Grundlagen der Psychologie, 39-256.

[42] Vgl. hierzu exemplarisch R. H. E. BASTINE, Klinische Psychologie Bd. II, 57-84, sowie im Blick auf die Umsetzung in verschiedenen psychotherapeutischen Schulen G. C. DAVISON UND J. M. NEALE, Klinische Psychologie, 605-675. Ein Paradebeispiel hierfür ist die verhaltenstheoretisch fundierte Rational-emotive Therapie nach Albert Ellis, die über die kognitive Beeinflussung emotionaler Vorgänge eine Veränderung auf der Erlebens- und Verhaltensebene erreichen will. Siehe hierzu A. ELLIS, Die rational-emotive Therapie, sowie DERS., The myth of self-esteem.

dies jedoch nicht explizit ausdrückt, weshalb die Gefahr dichotomisierender Deutungen und Missverständnisse besteht.

Sowohl der personzentrierte Ansatz Carl Rogers' als auch der transzendentaltheologische Ansatz Karl Rahners differenzieren im Menschen verschiedene, aufeinanderbezogene Aspekte, die einem ganzheitlichen Verständnis des Menschen als Person insofern gerecht werden, als sich in beiden Ansätzen sowohl Individualität als auch Relationalität wiederfinden lassen. Ist der Organismus bei Rogers primär autark charakterisiert, so ist das Selbst für ihn ein stark sozial geprägtes Konstrukt. Karl Rahner hingegen weist explizit darauf hin, dass die materielle Seite des Menschen diesen mit der materiellen und sozialen Welt verbindet, während die geistige Ebene des Menschen in den Funktionen des Selbstbesitzes und der Selbstgegebenheit das individuelle Sein des Menschen hervorhebt. In der Integration beider Ansätze in ein Verständnis des Menschen als Geist-Seele-Körper-Einheit ergibt sich daraus, dass auf allen drei Ebenen des Menschen Individuelles und Sozial-Bezogenes zu finden ist. Während auf der Ebene des Körperlich-Leiblichen sowohl die menschliche Eingebundenheit in Welt und Gesellschaft als auch individuelle, auf der Natur innewohnenden Entwicklungstendenzen beruhende Kräfte zu beobachten sind, sind auf der seelischen und geistigen Ebene Bezogenheit und Individualität als Verwiesenheit auf andere und auf Gott (insbesondere in der geistigen Transzendentalität, wie sie Karl Rahner in seinem transzendentaltheologischen Ansatz aufgewiesen hat[43]), aber auch als Selbstbesitz des Menschen miteinander verbunden. Der Mensch erweist sich somit als personale Einheit von Selbstbesitz und Verwiesenheit. Er kann auf keine dieser Dimensionen reduziert werden, ohne in seinem eigentlichen Sein verfehlt zu werden.

Besonders existentiell zeigt sich dies im menschlichen Tod und im christlichen Verständnis der Auferstehung. So wie der ganze Mensch stirbt, meint der christliche Glaube mit der „Auferstehung also die Endgültigkeit und Vollendung des *ganzen* Menschen vor Gott"[44]. Während ein psychotherapeutischer Ansatz zunächst eine Antwort auf die Frage nach dem menschlichen Schicksal im Tod schuldig bleiben muss, da metaphysische Aussagen nicht in sein eigentliches Erkenntnisinteresse gehören, kann aus dem transzendentaltheologischen Ansatz Karl Rahners heraus dem Menschen eine Hoffnung und ein Sinn über diese scheinbar so sinnlose Grenze des Todes hinaus aufgezeigt werden. Diese kann insbesondere im Umgang mit lebensbedrohlich erkrankten sowie trauernden Menschen hinsichtlich der psychischen Belastungen und Einschränkungen verarbeitungsrelevant

---

[43] Vgl. hierzu Kap. 4.2.1. und 5.2.2..
[44] K. Rahner, Auferstehung des Fleisches, Schriften II, 222.

sein.[45] Die Möglichkeiten und Grenzen einer Integration solcher metaphysisch-religiöser Perspektiven in den konkreten Rahmen psychologisch-psychotherapeutischer Behandlung bzw. Betreuung und auch psychologischer Forschung wird noch näher zu bedenken sein (7.2.1.).

Liegt der Verdienst des personzentrierten Ansatzes Carl Rogers' in der hohen Wertschätzung des Leiblichen und der unmittelbaren naturalen Kräfte des Menschen (theologisch gesprochen: seiner Geschöpflichkeit und Leiblichkeit), so ist Karl Rahner der Verweis auf die Bedeutung der geistigen Vollzüge als transzendentaler, das empirisch Messbare übersteigender Ebene des Menschsein zu verdanken. Beide Perspektiven zusammen ergeben ein ganzheitliches Bild des Menschen als Einheit innerer Bezogenheit von Geist, Seele und Körper.

Nachdem der Mensch als Bezogenheit in sich charakterisiert wurde, werden nun die Menschenbilder Carl Rogers' und Karl Rahners unter der Perspektive der Bezogenheit des Menschen auf Mitmenschen und auf Gott bzw. Transzendenz dialogisch zusammen- und weitergeführt.

6.2.2.2. Bezogenheit des Menschen auf Mitmenschen und auf Gott bzw. Transzendentes

Während in der jeweiligen Darstellung der Menschenbilder die Dimensionen der Bezogenheit auf Mitmenschen sowie auf Gott bzw. Transzendentes getrennt betrachtet wurden, sollen sie hier gemeinsam diskutiert werden, da beide Ansätzen eine enge Verbindung dieser Dimensionen aufweisen. So wie Karl Rahner von einer Einheit von Nächsten- und Gottesliebe spricht, hat sich der Transzendenzbezug Carl Rogers' aus Erfahrungen in der zwischenmenschlichen Beziehung erschlossen. Im Folgenden sollen zunächst die im personzentrierten Ansatz geforderten therapeutischen Haltungen mit dem christlichen Verständnis der Nächstenliebe in Bezug gesetzt werden, bevor die Frage nach dem jeweiligen Gottesbezug bei Rogers und Rahner gestellt wird. Aus diesen beiden Dialogansätzen können dann weitere Aspekte dieser zweifachen Bezogenheit des Menschen erschlossen werden.

Sowohl für Carl Rogers als auch Karl Rahner ist der Mensch von seinem inneren Wesen her auf seine Mitmenschen bezogen. Im personzentrierten Ansatz wird dabei der Mensch nicht nur als beziehungsbedürftig, sondern auch als beziehungsfähig beschrieben. Diese Bezogenheit ist für Rogers untrennbar mit der Selbstverwirklichung des Menschen verbun-

---

[45] Vgl. zu einem internationalen Forschungsüberblick zum Zusammenhang von Religiosität und psychischer und physischer Gesundheit S. MURKEN UND H. RÜDDEL, Wie kann Religiosität gesundheitsfördernd sein?

den. Gerade der sich selbst und seine inneren Antriebe und Bedürfnisse verwirklichende Mensch ist für ihn zutiefst sozial und auf die Berücksichtigung der Interessen und Bedürfnisse seiner Mitmenschen ausgerichtet.[46] Auch für Rahner kommt der Mensch „nur in echtem Selbstbezug zu sich, wenn er sich radikal an den anderen wegwagt."[47] Während Rahner diese grundlegende Verwiesenheit des Menschen auf Gemeinschaft aus der stets über sich selbst hinausstrebenden, transzendentalen Subjektivität des Menschen ableitet, postuliert Rogers ein angeborenes Bedürfnis nach positiver Beachtung durch andere, wie es sich auch in den Befunden der Säuglingsforschung zeigt.[48]

Diese beiden, dem jeweiligen wissenschaftlichen Zugang entsprechenden Charakterisierungen ergänzen sich wechselseitig. Das transzendentaltheologisch erschlossene transzendierende Streben des menschlichen Subjektes hat seine kategoriale Entsprechung im Bedürfnis nach positiver Beachtung, ohne ganz in diesem aufzugehen, da das geistige ‚Immer über sich hinausgehen' des Menschen mehr ist, als nur eine angeborene Disposition. Dennoch entspricht ihm diese psychische Grundorientierung auf Andere und kann als ein kategorialer Ausdruck des stets auf Andere und Anderes Hinorientiertsein des Menschen verstanden werden. Das transzendentale Wesen des Menschen findet hier seine Entsprechung in der psychisch-naturalen Grundausstattung und umgekehrt. Diese wechselseitige Ergänzung ist insofern für ein genaueres Verständnis des Menschen wesentlich, als der transzendentaltheologischen Erkenntnis der prinzipiellen Verwiesenheit des Menschen im empirisch nachgewiesenen Bedürfnis nach positiver Beachtung ein belegbarer, kategorialer Ausdruck korrespondiert und als die sich empirisch zeigende Verwiesenheit des Menschen nicht nur ein in seiner psychisch-naturalen Grunddisposition wurzelnder Zug des Menschen, sondern eine notwendige transzendentale Eigenart seines psychischen und geistigen Seins ist. Somit ist auf einer grundlegenden anthropologischen Ebene allen individualistischen Missverständnissen eines personzentrierten Begriffes von Selbstverwirklichung der Boden entzogen, da die Bezogenheit des Menschen auf andere in seinem geistigen Wesen verankert und nicht eine rein biologische Abhängigkeit eines hilfsbedürftig auf die Welt gekommenen Wesens ist, die es im Zuge der persönlichen Entwicklung zu überwinden gilt.[49]

---

[46] Vgl. C. Rogers, Entwicklung der Persönlichkeit, 193f., sowie Ders., Die klientenbezogene Gesprächspsychotherapie, 447.

[47] K. Rahner, Grundkurs, 437.

[48] Vgl. E.-M. Biermann-Ratjen, Bedürfnis nach positiver Beachtung/Selbstbeachtung, und D. Stern, Die Lebenserfahrung des Säuglings. Die grundlegende Darstellung dieses Bedürfnisses erfolgte bei S. Standal, The need for positive regard.

[49] Zur Diskussion solcher individualistischer Deutungen vgl. Kap. 3.3..

Die Bezogenheit des Menschen auf Andere drückt sich im personzentrierten Ansatz nicht nur im Blick auf deren Rolle bei der Entwicklung des Selbst aus, sondern auch darin, dass eine konstruktive, den eigenen Potentialen entsprechende Entwicklung des Menschen von förderlichen Beziehungserfahrungen abhängt. Aus umfangreicher empirischer Forschungsarbeit hat Carl Rogers dabei die drei Grundhaltungen der Kongruenz, der bedingungslosen Wertschätzung und des empathischen Verstehens als „notwendig und hinreichend"[50] für eine solche freie und positive Entwicklung des Menschen herausgestellt.

Es ist ein breiter Konsens in den pastoralpsychologischen Anmerkungen zum personzentrierten Ansatz, dass „die therapeutischen Grundhaltungen der Echtheit, Wertschätzung und Einfühlung ... ein hohes Maß an impliziter Christlichkeit (enthalten)."[51] Trotz dieser verbreiteten Einschätzung sollen die therapeutische Grundhaltungen und die christliche Nächstenliebe als Aspekte der Bezogenheit des Menschen auf Mitmenschen an dieser Stelle dialogisch zusammengeführt werden, da zum einen genauer zu beleuchten ist, ob es sich um eine vollständige Identität dieser Haltungen mit christlicher Nächstenliebe handelt oder ob es zu wechselseitigen Ergänzungen und Präzisierungen kommen kann und zum anderen zu fragen ist, wie die Möglichkeit der Umsetzung solcher Haltungen bzw. der Nächstenliebe anthropologisch verstanden und begründet werden kann.

Christliche Nächstenliebe will das Wohl des anderen, um des anderen willen – und findet gerade darin zur Erfüllung des eigenen Wesens.[52] Ein Wesenszug christlicher Nächstenliebe zeigt sich somit als das Ganz-beim-Anderen-sein, das von sich selbst im Akt des Liebens absieht und gerade darin die Bedeutsamkeit des anderen für sich selbst bejaht. Diese dialogisch strukturierte Liebe geht dabei so weit, dass sie sogar den Feind und den, der diese Liebe ablehnt, einschließt.[53]

Diese Charakterisierung des Kerns christlicher Nächstenliebe als Ganz-beim-Anderen-sein, weist schon auf die bereits angeführte Nähe zu dem von

---

[50] C. ROGERS, Die notwendigen und hinreichenden Bedingungen, 167.

[51] I. BAUMGARTNER, Pastoralpsychologie, 474. Vgl. auch R. TROIDL, Die klientenzentrierte Gesprächspsychotherapie in der Seelsorge, 72-79, M. BELOK, Humanistische Psychologie und Katechese, 79f., H. LEMKE, Personzentrierte Beratung in der Seelsorge, 13, C. LINDEN, Lebendige Beziehung als Erschließung des Glaubens an den dreifaltigen Gott, 210f., sowie P. F. SCHMID, Personale Begegnung, 255-257, und H. POMPEY, Theologisch-psychologische Grundbedingungen der seelsorglichen Beratung, 197-200.

[52] Vgl. K. RAHNER, Grundkurs, 437. Siehe auch K. RAHNER, Art. Liebe, SW 17, 1186, sowie J. WERBICK, Vom entscheidend und unterscheidend Christlichen, 124, der davon spricht, dass „die Liebe, wie das Christentum sie predigt, dem Einzelnen, seiner Unverlierbarkeit, seinem nicht relativierbaren Eigenwert (gilt)."

[53] Vgl. K. RAHNER, Art. Liebe, SW 17, 1191. Zum christlichen Verständnis der Liebe siehe ausführlich BENEDIKT XVI, Deus caritas est.

Carl Rogers in den drei therapeutischen Grundhaltungen angelegten Bezie-hungsangebot hin, die im Folgenden eingehender zu differenzieren ist.[54]

Der Kongruenz und Echtheit in der helfenden Beziehung entspricht die christliche Tugend der Wahrhaftigkeit, die sich nicht nur auf den inhaltlichen Aspekt von Aussagen, sondern auch auf eine „helfende Selbsttransparenz"[55] bezieht und letztlich ihren theologischen Grund in der Selbstmitteilung Gottes findet.[56] So wie es sich bei der christlichen Offenbarung nicht um das Mittei-len einer vom Mitteilenden trennbaren Botschaft, sondern um eine wirkliche Selbstmitteilung Gottes handelt, so ist aus christlicher Sicht auch in der zwi-schenmenschlichen Liebe eine Wahrhaftigkeit gefordert, die nicht nur etwas mitteilt oder gibt, sondern letztlich sich selbst dem anderen anbietet.[57]

Mit den von Rogers geforderten Haltungen der Empathie und der be-dingungslosen Wertschätzung korrespondiert bei Rahner die Bejahung des Anderen in seiner Andersheit, die ihn so verstehen will, wie er ist, und nicht wie er vielleicht sein sollte. Ein solches Verstehen ist für Karl Rahner nur aus der Erfahrung der Liebe Gottes heraus möglich. „Die Liebe aus Gott ermöglicht ein Verstehen der Entscheidungen des anderen, ja ist selbst ein solches Verstehen."[58] Das Gebot der Feindesliebe[59] radikalisiert die Bedin-gungslosigkeit liebender Zuwendung, wie sie sich auch im Konzept der be-dingungslosen Wertschätzung findet, und weist auf die Verbundenheit dieser zwischenmenschlichen Beziehung mit der liebenden Zuwendung Gottes als dialogischem Mitpartner solcher Liebe hin.[60] Dem entsprechend hat Carl Rogers im Blick auf die Haltung der bedingungslosen Wertschätzung auch von einer „Art Liebe zu dem Klienten, wie er ist, ... entsprechend dem theo-logischen Begriff der Agape"[61] gesprochen.

Dieser Qualifizierung zwischenmenschlicher Beziehung als Agape kann aus transzendentaltheologischer Sicht nur zugestimmt werden, wenn die

---

[54] Vgl. H. Pompey, Theologisch-psychologische Grundbedingungen der seelsorglichen Be-ratung, 198-200. Zur Darstellung der drei therapeutischen Haltungen siehe Kap. 2.2.1. und 3.2.5..

[55] H. Pompey, Theologisch-psychologische Grundbedingungen der seelsorglichen Beratung, 198.

[56] Zur Selbstmitteilung Gottes und ihrem Bezug zum Menschsein vgl. Kap. 5.2.1..

[57] Vgl. zum Zusammenhang göttlicher Selbstmitteilung und zwischenmenschlicher Liebe K. Rahner, Art. Liebe, SW 17, 1187f.

[58] K. Rahner, Weihe des Laien zur Seelsorge, Schriften III, 318. Vgl. zu diesem Gedanken auch Ders., Über den Begriff des Geheimnisses in der katholischen Theologie, Schriften IV, 58-62.

[59] Siehe zum Gebot der Feindesliebe Mt 5,43-48 (par.), sowie K. Rahner, Art. Liebe, SW 17, 1185.

[60] Zur Einheit von Nächsten- und Gottesliebe vgl. Kap 5.2.2.3. sowie K. Rahner, Über die Einheit von Nächsten- und Gottesliebe, Schriften VI, 277-298 und Ders., Art. Liebe, SW 17, 1191.

[61] C. Rogers, Therapeut und Klient, 218.

prinzipielle Gleichwertigkeit der beiden Partner dieser Beziehung berücksichtigt bleibt. Aus christlicher Sicht ist es ein unverzichtbarer Wesensbestandteil einer Liebesbeziehung, dass sie dialogisch ist und dass beiden Partnern eine gleiche Wertigkeit zugesprochen wird.[62] Insbesondere an der liebenden Beziehung Gottes zum Menschen wird deutlich, dass Gott unabhängig von allen Wesensunterschieden zwischen ihm und dem Menschen diesen als gleichberechtigten Bündnispartner und nicht als abhängiges Gegenüber sucht. Ohne Achtung der Freiheit und Eigenständigkeit des Anderen kann es keine Liebe geben. Zugleich darf die zwischenmenschliche Beziehung, wenn sie aus christlicher Sicht zurecht als Liebe qualifiziert werden soll, kein Mittel für einen anderen Zweck sein. „Die Liebe ist umsonst; sie wird nicht getan um damit andere Ziele zu erreichen."[63]

Kritiker mahnen, dass es sich bei der therapeutischen Beziehung im personzentrierten Ansatz gerade nicht um eine solche Beziehung gleichwertiger Partner handle, sondern dass es eine klare Rollen- und Machtverteilung gebe.[64] Allerdings hat sich Rogers genau gegen dieses therapeutische Beziehungsmodell gewandt, das er als ‚medizinisches Modell' bezeichnet und scharf kritisiert hat.[65] Für Rogers ist gerade die Begegnung „von Person zu Person"[66] entscheidend für therapeutische Erfolge, auch wenn der Wechselseitigkeit dieser dialogischen Beziehung keine Symmetrie entspricht.[67] Genau diese Gleichrangigkeit der Dialogpartner ist aber aus christlicher Sicht in der Nächstenliebe zu fordern.[68]

Die Charakterisierung des Rogersschen Beziehungskonzeptes als Nächstenliebe ist also dahingehend zu korrigieren, dass die von Rogers herausgearbeiteten entwicklungsförderlichen Haltungen zwar wichtige Aspekte, aber nicht das Ganze der christlichen Nächstenliebe sind, da diese eine prinzipielle Gleichwertigkeit der Partner in der Beziehung fordert, die im Rahmen einer therapeutischen Beziehung aufgrund der rollenspezifischen Unterschiede so nicht realisierbar erscheint. In anderen hilfreichen Beziehungen, wie z.B. zwischen Ehepartnern oder innerhalb von Familien ist dies eher zu verwirklichen, so dass die Ergebnisse Carl Rogers' durchaus einen Weg

---

[62] Vgl. hierzu und zum Folgenden K. RAHNER, Art. Liebe, SW 17, 1184-1198, sowie Kap. 5.2.2.2. und 5.2.2.3..

[63] BENEDIKT XVI, Deus caritas est, Nr. 31c.

[64] Vgl. zu dieser Kritik aus personzentrierter Sicht W. M. PFEIFFER, Die Bedeutung der Beziehung bei der Entstehung und Therapie psychischer Störungen, 29-37.

[65] Vgl. zu Rogers' Kritik an diesem Behandlungsverständnis das in Kap. 2.2.1. zur Abgrenzung von Psychoanalyse und Verhaltenstherapie Ausgeführte, sowie C. ROGERS, Die klientenzentrierte Gesprächspsychotherapie, 205-212.

[66] C. ROGERS, Therapeut und Klient, 281.

[67] Vgl. W. M. PFEIFFER, Die Bedeutung der Beziehung bei der Entstehung und Therapie psychischer Störungen, 33.

[68] Vgl. hierzu BENEDIKT XVI, Deus caritas est, Nr. 30-34.

aufzeigen, „Nächstenliebe nicht nur verwirklichen zu *wollen*, sondern sie durch entsprechende Hilfen auch verwirklichen zu *können*"[69], wenn dabei die Gleichwertigkeit der Partner berücksichtigt bleibt.

Die von Rogers herausgestellten Haltungen sind dabei nicht nur notwendige Grundlagen hilfreicher Gesprächsbeziehungen, sondern lassen sich über diesen Kontext hinaus als wesentliche Aspekte auch auf andere Formen tätiger Nächstenliebe übertragen, auch wenn sie dort in analoger Weise anzuwenden sind. Sicher sind z.B. von einem Notarzt eher rasches Anpacken und zielgeleitetes Intervenieren als empathisches Verstehen gefordert, aber auch für solche medizinische Notfallintervention gilt, wenn sie als Akt christlicher Nächstenliebe verstanden sein will, der Anspruch, die Würde und den Willen des Anderen zu respektieren und sich ihm als Person mit bedingungslosem Wert zuzuwenden. Und insbesondere die aktuelle Diskussion um Patientenverfügungen und das Unterlassen lebensverlängernder Maßnahmen bei vermutetem entsprechendem Wille des Betroffen lassen in diesem Kontext die Notwendigkeit empathisch-verstehenden Umgangs neu in den Blick rücken.[70] Auch für andere diakonal-caritative Zuwendungen zu hilfsbedürftigen Menschen gilt, dass sie, bei allen notwendigen Ergänzungen zu den von Rogers beschriebenen Haltungen, sich personal, den anderen in seiner Einmaligkeit und seiner Würde achtend und mit wahrhaftiger Intention und Umsetzung dem anderen zuwenden müssen, wollen sie dem Anspruch christlicher Nächstenliebe genügen. Insofern kann mit Hilfe des personzentrierten Ansatzes und seiner empirisch fundierten Erkenntnisse das christliche Verständnis der Nächstenliebe in Form der als notwendig charakterisierten Aspekte einer hilfreichen Begegnungshaltung konkretisiert und vertieft werden.

Eine wichtige Anregung des personzentrierten Ansatzes für die Theologie liegt im Einsatz empirischer Methodik zur Erforschung menschlicher Beziehungen. Insbesondere für die Pastoraltheologie, die es ja in ihrer Reflexion kirchlicher Praxis auf ganz unterschiedlichen Ebenen mit zwischenmenschlichen Beziehungen und deren Korrespondenz mit christlichen Werten und Zielen zu tun hat, liegt eine große Herausforderung darin, diese Beziehungen zum einen auch empirisch zu reflektieren und zum anderen theologisch erarbeitete Anregungen für die pastorale Praxis einer empirischen Überprüfung zugänglich zu machen sowie ihre Effekte zu überprüfen.

Carl Rogers beschreibt ebenso wie andere personzentrierte Autoren die Erfahrung, dass es durch die Umsetzung dieser Haltungen zu der Erfahrung eines Übersteigens der zwischenmenschlichen Beziehung hin auf Transzen-

---

[69] H. LEMKE, Personzentrierte Beratung in der Seelsorge, 13.
[70] Vgl. NATIONALER ETHIKRAT, Patientenverfügung: Stellungnahme, sowie K. BAUMGARTNER, Für ein Sterben in Würde.

denz kam.[71] Auch für Karl Rahner sind Nächsten- und Gottesliebe, Zuwendung zum Mitmenschen und zumindest unthematischer Bezug auf Gott nicht zu trennen.[72] Wo ein Mensch sich dem anderen liebend zuwendet, „ergreift er (unthematisch oder explizit) das, was mit Gott als Horizont, Garant und Radikalität solcher Liebe gemeint ist, der sich in Selbstmitteilung (existentiell und geschichtlich) zum Raum der Möglichkeit solcher Liebe macht."[73]

Im Folgenden soll untersucht werden, inwieweit sich der bei Carl Rogers angedeutete und bei Karl Rahner ausführlich dargelegte Gottesbezug des Menschen entsprechen bzw. wo Ergänzungen notwendig sind. Hierbei kann es nicht um die theologische Wahrheitsfrage hinsichtlich Aussagen über das Wesen Gottes gehen, das weder in den Bereich einer psychologischen Anthropologie fällt, noch im Rahmen der hier vorliegenden Untersuchung behandelt werden kann, sondern es ist zu fragen, ob die Art des Transzendenzbezuges dem anthropologisch dargelegten personalen Wesen des Menschen entspricht.

An verschiedenen Stellen insbesondere seiner späten Publikationen geht Carl Rogers auf Erfahrungen der Transzendenz im Rahmen seiner personzentrierten Praxis ein. Auffällig ist, dass er, der bei all seinen Aussagen über den Menschen stets so großen Wert auf dessen personales Sein legt und seine Nähe zu Martin Buber betont, in Bezug auf Transzendentes zu apersonalen Formulierungen neigt. So spricht er davon „dass dieser Bericht etwas Mystisches an sich hat", bzw. dass seine Erfahrungen „das Transzendente, das Unbeschreibbare, das Spirituelle ein(schließen)."[74] An anderer Stelle spricht er von „einer mächtigen schöpferischen Tendenz"[75] die das Universum erschaffen habe. Rogers überschreitet mit diesen Aussagen die Grenzen der psychologischen Anthropologie, ohne dem Anspruch einer philosophisch reflektierten Basis wirklich zu entsprechen. Rogers betont sehr die menschliche Personalität[76], weicht jedoch einer personalen Transzendenzvorstellung aus. Dieser Bruch kann den verschiedenen Quellen, aus denen Rogers geschöpft hat, entstammen.[77] Er verbindet personale Vorstellungen mit östlicher, apersonaler Religiosität und bleibt damit hinter der, gerade von dem

---

[71] Vgl. Kap. 3.2.2.3..

[72] Ausführlich dargelegt in K. Rahner, Über die Einheit von Nächsten- und Gottesliebe, Schriften VI, 277-298. Vgl. 5.2.2.3..

[73] K. Rahner, Grundkurs, 437. Vgl. hierzu auch W. Molinski, Art. Nächstenliebe, 156, der ausführt dass „jeder Akt der Nächstenliebe im Maß ihrer Liebe materiell ein Akt der Gottesliebe" ist und Benedikt XVI, Deus caritas est, Nr. 20, der von der „in der Gottesliebe verankerten Nächstenliebe" spricht und ebd., Nr. 18, alle menschliche Liebe als „göttlich" charakterisiert, „weil sie von Gott kommt und uns mit Gott eint".

[74] C. Rogers, Ein klienten- bzw. personzentrierter Ansatz in der Psychotherapie, 242.

[75] C. Rogers, Der neue Mensch, 84.

[76] Vgl. Kap. 3.2.2..

[77] Vgl. zu diesen Kap. 2.1.2..

von Rogers so hoch geschätzten Martin Buber sowie von Søren Kierkegaard vertretenen, personalen Gottesbeziehung zurück.[78] Dies an den negativen Erfahrungen Rogers' mit der ihn in seiner Kindheit prägenden und von ihm als zutiefst lebensfeindlich erlebten protestantisch-freikirchlichen Tradition liegen, genügt aber trotz dieser biographischen Wurzeln nicht dem an eine „philosophische Basis"[79] zu stellenden Anspruch und lässt gerade das von Rogers in seinen späteren Veröffentlichungen betonte dialogische Moment vermissen.[80]

Der transzendentaltheologische Ansatz Karl Rahners erschließt demgegenüber aus der Analyse menschlicher Transzendentalität heraus den dialogischen Bezug des Menschen auf einen personalen Gott.[81] Ohne diesen Bezug auf Gott verfehlt der Mensch sein Wesen, „das, was ihn von einer innerweltlichen Sache unterscheidet."[82] Es ist an dieser Stelle wichtig zu beachten, dass Karl Rahner den Gottesbezug des Menschen nicht aus dem christlichen Bekenntnis ableitet (wiewohl dieses natürlich als persönliche Überzeugung all seinen Ausführungen zugrundeliegt), sondern aus dem geistigen Vollzug des Menschen, der in all seiner Selbst- und Weltreflexion immer schon über den einzelnen Gegenstand seines Erkennens hinausgeht und auf einen unendlichen Horizont bezogen ist.[83]

Anstelle einer hier nicht möglichen erkenntnistheoretischen Analyse dieses Gedankengangs Karl Rahners, ist festzuhalten, dass der Mensch sowohl aus transzendentaltheologischer Sicht als auch aus personzentrierter Erfahrung (zumindest bei Rogers und einer Reihe weiterer personzentrierter Autoren, wie Brian Thorne, Peter F. Schmid und Wunibald Müller)[84] als Wesen der Verwiesenheit auf Transzendenz beschrieben wird und dass dem personalen Wesen des Menschen, das beide Ansätze beschreiben, ein personaler Transzendenzbezug besser entspricht als ein apersonaler, da es sonst zu einem schwer überbrückbaren Bruch zwischen Immanenz und Transzendenz kommt. Gerade östlichen, apersonalen religiösen Vorstellungen ist ein

---

[78] Vgl. hierzu etwa die auch von Rogers immer wieder angeführten Werke M. Buber, Ich und Du, sowie S. Kierkegaard, Die Krankheit zum Tode.

[79] C. Rogers, Der neue Mensch, 84.

[80] Vgl. zur Betonung des Dialogischen bei Rogers J. Finke, Gesprächspsychotherapie, 14, und P. F. Schmid, Souveränität und Engagement, 137-151, der auf den Bezug Rogers' zu Buber und Kierkegaard eingeht.

[81] Vgl. Kap. 5.2.2.2..

[82] K. Rahner, Art. Mensch, SW 17, 1202.

[83] Vgl. hierzu die ausführliche Darstellung des transzendentaltheologischen Ansatzes in Kap. 4.2.1..

[84] Vgl. B. Thorne, Person-centred counselling, 183, P. F. Schmid, Personale Begegnung 89f., W. Müller, Wenn der Geist die Seele berührt, 122, sowie die entsprechenden Ausführungen in Kap. 3.2.2.3..

westlicher, personaler Begriff des Menschen fremd.[85] Es geht in diesen Religionen gerade nicht um personale Selbstverwirklichung, wie bei Carl Rogers, sondern um das Aufgeben der eigenen Personalität zugunsten der Einheit mit dem Allumfassenden. An dieser Stelle soll keine Aussage über den theologischen Wahrheitsanspruch personaler bzw. apersonaler Gottesvorstellungen gemacht werden, sondern nur die bessere Einpassung eines personalen Gottesbezuges in ein personales Verständnis des Menschen dargelegt werden, wie sie dem biblisch fundierten Verständnis der Gottebenbildlichkeit des Menschen entspricht.[86]

Im Rahmen der Zusammenführung der personzentrierten therapeutischen Haltungen und eines transzendentaltheologischen Verständnis der Nächstenliebe wurde bereits die Frage nach den Bedingungen der Möglichkeit der Verwirklichung der geforderten Haltungen aufgestellt. Nach Carl Rogers ist „dies am ehesten der Person möglich, die einen grundlegenden Respekt vor ihrer eigenen Bedeutung und ihrem eigenen Wert hat."[87] Hierbei ist für ihn die Erfahrung einer menschlichen Beziehung, in der man angenommen und verstanden wird, die Grundlage dafür, dass ein Mensch sich selbst annehmen oder gar lieben kann. Eine ähnliche Verschränktheit und Einheit der verschiedenen Ebenen menschlicher Bezogenheit zeigt sich bei Karl Rahner, wenn er davon spricht, dass „diese drei Bezüge des Subjektes zu sich selbst, zu Gott, zum anderen nicht einfach regional und partikulär so nebeneinanderstehen, ... sondern notwendig ... zusammen gegeben sind und sich gegenseitig bedingen."[88]

Sowohl gemäß des personzentrierten als auch des transzendentaltheologischen Ansatzes sind Selbstannahme bzw. -liebe und Annahme bzw. Liebe des Anderen nicht von einander zu trennen. Der personzentrierte Ansatz belegt empirisch, dass es sich hierbei nicht nur um einen moralisch zu fordernden, sondern um einen wesensnotwendigen Zusammenhang handelt, da die eine Liebe ohne die andere nicht zu realisieren ist.[89]

Aus transzendentaltheologischer Perspektive ist dieser Zusammenhang noch um eine weitere Dimension zu ergänzen: um die Liebe zu Gott bzw. die Erfahrung des Geliebtseins durch Gott. Denn wenn der Mensch als ‚Ereignis der Selbstmitteilung Gottes' angesehen wird und sein wahres Wesen

---

[85] Vgl. hierzu die entsprechenden Ausführungen in B. Scherer, Die Weltreligionen.

[86] Vgl. Gen 1,27, sowie L. Scheffczyk, Der Mensch als Bild Gottes.

[87] C. Rogers, Die klientenzentrierte Gesprächspsychotherapie, 36, Anm. 6.

[88] K. Rahner, Selbsterfahrung und Gotteserfahrung, Schriften X, 139f.

[89] Vgl R. und A.-M. Tausch, Gesprächspsychotherapie, die an verschiedenen Stellen dieses Werkes auf entsprechende Befunde eingehen und denen der Verdienst zukommt, wesentlich zur Konstruktion und Etablierung der entsprechenden deutschsprachigen Erhebungsverfahren, auf die sich z.B. auch E.-M. Biermann-Ratjen u.a., Gesprächspsychotherapie, 53-57, beziehen, beigetragen zu haben.

nicht ohne den liebenden Bezug auf den ihn erschaffenden und in seinem Sein erhaltenden Gott vollziehen kann, dann kann diese Ebene menschlicher Bezogenheit auch nicht von den anderen beiden Bezügen getrennt werden. Nach Karl Rahner verfehlt nämlich der seinen Gottesbezug ablehnende Mensch damit auch sich selbst und sein Potential zur zwischenmenschlichen Liebe.[90]

Auch wenn Carl Rogers diese transzendente Grundlage menschlicher Beziehungsfähigkeit nicht entfaltet, deutet sie sich bei ihm zumindest da an, wo er im Falle besonders gelingender zwischenmenschlicher Verbundenheit die bereits erwähnten transzendenten Erfahrungen als einen Selbstüberstieg der rein menschlichen Beziehung thematisiert. Es kann an dieser Stelle nicht entschieden werden, ob das Rogerssche „mit dem Unbekannten in mir in Berührung"[91]-Sein zurecht als Erfahrung und Umsetzung des sich von Gott geliebt Wissens gedeutet werden darf, zumindest sind Ähnlichkeiten nicht zu leugnen. Obschon Rogers den Transzendenzbezug nicht systematisch als Grundlage therapeutischen bzw. hilfreichen zwischenmenschlichen Wirkens insgesamt entfaltet hat, steht eine solche transzendente Grundlage, wie sie in vielen sog. biblisch- und christlich fundierten Therapieansätzen explizit formuliert und gefordert wird,[92] zumindest nicht in einem Widerspruch zu seinem personzentrierten Ansatz.

Es ist allerdings zu fragen, inwieweit eine solche transzendente Grundlage überhaupt Teil einer psychologischen Theorie bzw. eines psychotherapeutischen Ansatzes sein kann. Carl Rogers' transzendente Aussagen sind dementsprechend auch von vielen Vertretern des personzentrierten Ansatzes kritisiert worden, da sie in ihnen (sicher zu recht) ein deutliches Verlassen des wissenschaftstheoretischen Zuständigkeitsbereiches und damit eine Gefahr für die Reputation des Ansatzes insgesamt sehen.[93] Es kann sicher nicht Aufgabe und Ziel einer psychologischen Theorie sein, die Tatsächlichkeit eines transzendenten Gegenübers des Menschen, wie auch immer dieses genannt und verstanden wird, zu be- oder widerlegen, da sich psychologische Erkenntnisse per definitionem immer auf das Kategoriale, der empirischen Erfahrung Zugängliche beschränken. Allerdings kann (und sollte) es Teil psychologischer Untersuchungen sein, inwieweit z.B. ein als positiv erlebter transzendenter Bezug zur Umsetzung der im personzentrierten Ansatz geforderten Haltungen hilfreich oder hinderlich ist bzw. welches die Merk-

---

[90] K. RAHNER, Art. Liebe, SW 17, 1191.
[91] C. ROGERS, Der neue Mensch, 80.
[92] Vgl. die Beiträge in C.J. HARTMANN UND W. HAHN, Damit die Seele heil wird, insb. W. HAHN, Grundmodell für christliche Therapie und Seelsorge.
[93] Vgl. etwa R. STIPSITS UND G. PAWLOSKY, Deutung aus Empathie, 217, oder C. KORUNKA, Der Mensch ist gut, 76.

male eines förderlichen Transzendenzbezuges sind.[94] Solche Zusammenhänge, denen sich die religionspsychologische Forschung zuwendet, können sehr wohl empirisch untersucht werden, ohne dass damit über ihren inneren Wahrheitsgehalt entschieden wird.

So kommt beispielsweise David Jordahl in seiner ausführlichen Befragung von Psychotherapeuten zu deren Verhältnis zur Religiosität zu dem Ergebnis, „dass eine aufgeschlossene religiös-ethische Haltung unentbehrlich für eine wirksame therapeutische Tätigkeit ist, weil sie eine menschliche Lebensdimension mit einschließt, die zum Mensch-Sein gehört."[95] Damit soll nicht gesagt sein, dass ein Psychotherapeut ohne explizites religiöses Bekenntnis nicht therapeutisch wirksam sein kann, jedoch ist damit die bereits in 6.2.1. ausgeführte Grundfrage nach dem Wesen des Menschen aufgegriffen, die sich nicht aus dem Bereich psychologischer und psychotherapeutischer Ansätze fernhalten lässt, da sie den Menschen als Ganzen betrifft. Wenn der Mensch in seinem Wesen zutiefst auf Gott bzw. Transzendenz bezogen ist, dann gilt dies auch bezüglich seiner psychischen Aspekte und Störungen. Insofern kann eine psychologische Betrachtung und psychotherapeutische Theorie, die den Anspruch erhebt, sich dem Menschen als Ganzem und nicht nur einem Teilaspekt (wie z.B. einem eng umrissenen psychischen Symptom) zuzuwenden, diesen Aspekt nicht von vornherein ausklammern, sondern muss sich mit ihm und seiner Relevanz für ihren Aussagebereich befassen.

Der personzentrierte Ansatz Carl Rogers' zeichnet sich dadurch aus, dass er den Anspruch einer ganzheitlichen Betrachtung des Menschen als Person erhebt. Insofern ist aus transzendentaltheologischer Sicht von ihm zu fordern, dass er auch auf die Bedeutung menschlicher Erfahrung von Transzendentalität für den psychotherapeutischen Prozess sowie für hilfreiche menschliche Beziehungen insgesamt eingeht. Wie eine solche Berücksichtigung der transzendenten Dimension menschlichen Seins aussehen kann und welche theoretischen und praktischen Konsequenzen sich für psychologische Forschung und Praxis daraus ergeben können, soll in Kap. 7.2.1. näher betrachtet werden.

Eine mögliche Brücke zur Integration transzendentaltheologischer Erkenntnisse über die Verwiesenheit des Menschen auf Gott in, die von ihrem eigenen Anspruch her ja weltanschaulich neutrale, psychotherapeutische Forschung und Praxis bieten m. E. die Rahnerschen Konzepte des anonymen Christentums und der Mystagogie. Gemäß des transzendentaltheologischen

---

[94] Zu diesem Aspekt religionspsychologischer Forschung vgl. H.G. KÖNIG U.A., Handbook of religion and health, 53-59, 513-589, L. MARKS, Religion and Bio-Psycho-Social Health, sowie B. GROM, Religiosität – psychische Gesundheit – subjektives Wohlbefinden.
[95] D. JORDAHL, Psychotherapeuten denken religiös, 233.

Ansatzes kann auch dort, wo es nicht um explizit religiöses Handeln geht, der transzendente Bezug des Menschen angemessen realisiert werden, da jeder Mensch, unabhängig von seinem bewussten und ausdrücklichen Bekenntnis, in der tranzendentalen Struktur seines Erkennens und seiner Freiheit wesentlich auf Gott bezogen und von diesem prinzipiell zur Erfahrung Gottes befähigt ist. Übertragen auf psychologische Ansätze kann dies bedeuten, dass sie christliche Haltungen, wie z.B. die die Gottesliebe realisierende Nächstenliebe, aufgreifen können, ohne dies explizit christlich begründen oder benennen zu müssen. So können weltanschauliche Neutralität und Umsetzung transzendentaltheologisch fundierter Erkenntnisse miteinander verbunden werden. Dabei darf jedoch die in der therapeutischen Situation „praktizierte Nächstenliebe nicht Mittel für das sein, was man heute als Proselytismus bezeichnet. Die Liebe ist umsonst; sie wird nicht getan, um damit andere Ziele zu erreichen."[96]

Psychologische Zugänge zum Menschen können eine wichtige mystagogische, dem Menschen sich selbst und darin auch die Erfahrung Gottes im eigenen Leben erschließende Funktion ausüben.[97] Sie können „als notwendiger Erschließungsvorgang des Glaubens an den dreifaltigen Gott"[98] verstanden werden. Grundlage hierfür ist der Zusammenhang zwischen der Erfahrung gelingender zwischenmenschlicher Beziehungen, einem wahrhaftigen und annehmenden Selbstbezug und der Möglichkeit der existentiellen Aneignung des Glaubens an einen Gott, der in sich Beziehung ist.[99] So geht es z.B. im Bereich seelsorglicher Begleitung darum, „die spirituelle und psychologische Dimension des Glaubens miteinander zu verbinden und dabei nicht nur den Kopf, sondern auch das Herz und den Leib anzusprechen."[100]

Der angeführten Nähe von psychologischer und pastoraler Praxis entsprechend bilden die therapeutischen Haltungen der bedingungslosen Wertschätzung, Kongruenz und Empathie die ersten drei Prinzipien der mystagogischen Seelsorge[101] und nach Konrad Baumgartner konvergiert „Rogers' Auffassung von Psychotherapie in gewissem Maß mit einem sich immer

---

[96] BENEDIKT XVI, Deus caritas est, Nr. 31c.
[97] Vgl. A. GRÜN, Intensivformen der geistlichen Begleitung, 110.
[98] C. LINDEN, Lebendige Beziehung als Erschließung des Glaubens an den dreifaltigen Gott, 226.
[99] Vgl. zum trinitarischen Gottesglauben einführend und stark zusammenfassend K. RAHNER, Grundkurs, 139-142. Ausführlich entfaltet dies J. RATZINGER, Einführung in das Christentum, in Auslegung des apostolischen Glaubensbekenntnis. Die gegenseitige Verwobenheit von Gottes-, Selbst- und Nächstenliebe entfalten K. RAHNER, Selbsterfahrung und Gotteserfahrung, Schriften X, 133-144, sowie DERS., Über die Einheit von Nächsten- und Gottesliebe, Schriften VI, 277-298.
[100] A. GRÜN, Intensivformen der geistlichen Begleitung, 101.
[101] Vgl. H. HASLINGER, Was ist Mystagogie, 65-67.

mehr bahnbrechenden mystagogischen Seelsorgsverständnis."[102] In gleichem Sinne führt Anselm Grün aus, „dass es keinen Weg zu Gott gibt, der nicht über eine ehrliche Selbstbegegnung führt"[103] und weist auf die hilfreiche Funktion psychologischer Erkenntnisse und Praktiken hierzu hin.[104]

Ohne psychotherapeutisches Tun oder andere Formen hilfreicher, die Entfaltung der Persönlichkeit fördernder Beziehungen pastoral oder missionarisch verzwecken zu wollen, können sie doch eine wesentliche Grundlage für einen positiven, sich selbst erkennenden und annehmenden Zugang des Menschen zu sich selbst schaffen. Und nur auf der Basis eines solchen gelingenden Selbstbezuges kann sich Gott dem Menschen innerlich erschließen.[105] Lebendiger Glaube basiert für Rahner immer darauf, Gott im Alltag zu erfahren. Dies ist nur dem möglich, der sich in einem offenen und wahrhaftigen Verhältnis zu sich selbst und seinem Erleben befindet. Im personzentrierten Ansatz entsprechen dem die Konzepte der Kongruenz und der positiven Selbstbeachtung.

Indem ein psychotherapeutisch fundierter Umgang mit dem Menschen den Einzelnen darin unterstützt, einen besseren Zugang zum eigenen Erleben und einen positiveren Selbstbezug zu entwickeln, kann er also, im Sinne des Schaffens innerpsychischer Voraussetzungen, eine vorbereitende mystagogische Funktion haben. Auf diese Erweiterung der Selbstwahrnehmung kann und muss dann eine, nicht mehr in die Zuständigkeit der Psychologie fallende, explizit religiöse Deutung dieser Erfahrungen als Hinführung zur bewussten Erfahrung Gottes im konkreten alltäglichen Leben, also eine Mystagogie im engeren Sinne, aufbauen.[106] Auf der anderen Seite kann eine religiöse Welt- und Lebensdeutung eine psychisch stabilisierende und einen gelingenderen Zugang zu sich und seinen Mitmenschen fundierende Wirkung haben.[107]

So können psychologisch-psychotherapeutisches und theologisch-pastorales Handeln aufeinander aufbauen und einander ergänzen, ohne den je eigenen Zuständigkeitsbereich zu überschreiten und ohne in einem bezie-

---

[102] I. BAUMGARTNER, Pastoralpsychologie, 475.

[103] A. GRÜN, Intensivformen der geistlichen Begleitung, 102.

[104] Vgl. A. GRÜN, Intensivformen der geistlichen Begleitung, 110: „Das Anschauen der psychologischen Ebene ist also die Grundvoraussetzung, dass Gott den ganzen Menschen verwandeln kann."

[105] Vgl. K. RAHNER, Über die Erfahrung der Gnade, Schriften III, 105-108.

[106] Vgl. die Beiträge in S. KNOBLOCH UND H. HASLINGER, Mystagogische Seelsorge, die bezüglich verschiedener Handlungs- und Aufgabenfelder Beispiele mystagogischer Seelsorge bieten.

[107] Einen aktuellen Überblick über die deutschsprachige Religionspsychologie und die entsprechenden empirischen Befunde zur Bedeutung von Religiosität für Gesundheit und Lebensbewältigung bietet B. GROM, Religiosität – psychische Gesundheit – subjektives Wohlbefinden.

hungslosen Nebeneinander zu verharren. So unterscheidet auch Karl Lehmann zwischen Seelsorge und Therapie, unterstreicht jedoch deren Beziehung, da „die Not der Ratsuchenden gemeinsame Herausforderung ist."[108]

Aus transzendentaltheologischer Sicht ergibt sich eine Rechtfertigung dieser Kooperation mit psychologisch-psychotherapeutischer Praxis daraus, dass der Mensch, wenn er wirklich zu sich als Ganzem hinfindet, gerade die Erfahrung Gottes machen kann.[109] Karl Rahner schreibt, dass der Mensch „diese Offenbarung auch schon an(nimmt), wenn er sich selbst wirklich *ganz* annimmt, denn sie spricht schon *in* ihm."[110]

Aus transzendentaltheologischer Sicht sei noch darauf hingewiesen, dass eine solche Hinführung zu transzendenten Erfahrungen im Rahmen menschlicher Selbsterfahrung nicht nur eine mystagogische Funktion im Sinne der Hinführung zu einer ausdrücklichen christlichen Gottesbeziehung haben kann, sondern dass gerade die Offenheit für die transzendente Dimension erst ein vollständiges Zusichselberkommen des Menschen und damit eine umfassende Selbsterfahrung ermöglicht.[111]

Ziel der hier ausgeführten wechselseitigen Zuordnung von psychologisch-psychotherapeutischem und theologisch-pastoralem Zugang zum Menschen kann nicht sein, psychotherapeutisch fundierte Beziehungen für christliche Mystagogie oder christlicher Glaube für psychisches Wohlbefinden zu verzwecken und ihres Eigenwertes zu berauben. So war auch Karl Rahner, gerade weil ihm die interdisziplinäre Zusammenarbeit am Herzen lag, „darauf bedacht, die Zuständigkeiten von Psychoanalytikern und Psychotherapeuten auf der einen und Seelsorgern auf der anderen Seite zu respektieren."[112] Vielmehr sollen beide Zugänge zum Menschen gerade in der wechselseitigen Zusammen- und Weiterführung vertieft und gestärkt werden.

Im Rahmen der nächsten Abschnitte wird zu untersuchen sein, ob sich diese prinzipielle Übereinstimmung und Ergänzungsmöglichkeit des personzentrierten und des transzendentaltheologischen Menschenbildes weiter vertiefen und bestätigen lässt. Hierzu soll zunächst der Mensch unter der Perspektive seiner Entwicklungstendenzen und der ihm jeweils zugesprochenen Möglichkeiten betrachtet werden.

---

[108] K. LEHMANN, Beratung auf neuen Wegen, 112. Vgl. zur Differenzierung zwischen Seelsorge und Psychotherapie auch die entsprechenden Ausführungen in Kap. 5.2.5., sowie K. RAHNER, Schuld und Schuldvergebung als Grenzgebiet zwischen Theologie und Psychotherapie, Schriften II, 279-297.
[109] Vgl. A. GRÜN, Psychologie und gesunde Spiritualität, 50f.
[110] K. RAHNER, Art. Mission, 89.
[111] Vgl. K. RAHNER, Rede des Ignatius von Loyola an einen Jesuiten von heute, Schriften XV, 377-380.
[112] H. VORGRIMLER, Karl Rahner, 382. Vgl. hierzu etwa Rahners Aussage in K. RAHNER, Sendung und Gnade, 553, wo er betont, dass darum die „Pastoraltheologie im Letzten nicht Psychologie, Pädagogik, Soziologie usw., sondern Theologie" ist.

6.2.3. Möglichkeiten und Entwicklung des Menschen

Beide Autoren beziehen sich hinsichtlich der Entwicklungsmöglichkeiten des Menschen explizit auf eine evolutive Sicht der Welt.[113] Rogers leitet hieraus die von ihm postulierte Aktualisierungstendenz ab, während Rahner aus der evolutiven Weltentwicklung auf das Prinzip der aktiven Selbsttranszendenz schließt. Es ist zu untersuchen, inwieweit diese beiden Konzepte auf einer gemeinsamen Basis zusammengeführt werden können, bzw. wo zwischen ihnen Widersprüche und gegenseitige Ergänzungsmöglichkeiten bestehen. Im Anschluss daran werden die Freiheitsbegriffe der beiden Anthropologien betrachtet, bevor abschließend das Konzept der organismischen Wertung, das sich im personzentrierten Ansatz aus den dem Menschen zugeschriebenen Entwicklungsmöglichkeiten ergibt, aus transzendentaltheologischer Sicht kritisch angefragt und dem Prinzip der Unterscheidung der Geister gegenübergestellt wird.

Die grundsätzliche Vertrauenswürdigkeit des Menschen und seiner Entwicklung stellt die entscheidende Grundlage des personzentrierten Ansatzes dar.[114] Basis dieses Vertrauens ist für Carl Rogers die organismische, den Menschen in die übrige belebte und unbelebte Welt einordnende Aktualisierungstendenz, die er ebenso wie zahlreiche andere personzentrierte Autoren durch aktuelle naturwissenschaftliche Befunde zu belegen sucht.[115]

Auch Rahners Konzept der aktiven Selbsttranszendenz bezieht sich auf eine dem Menschen, aber auch der Schöpfung als Ganzer innewohnende Tendenz zur ständigen Weiterentwicklung und Entfaltung der angelegten Möglichkeiten. So wie der Mensch ständig versucht, erreichte Grenzen zu übersteigen, wohnt auch der belebten und unbelebten Natur ein Drängen auf Weiter- und Höherentwicklung inne, das im Menschen zur Bewusstheit seiner selbst gelangt ist.[116]

Eine auffallende Übereinstimmung beider Wachstumskonzepte zeigt sich darin, dass beide den Menschen mit der belebten und unbelebten Natur verbinden. Während Rogers hierbei menschliche und nichtmenschliche Natur horizontal nebeneinander stellt, besteht bei Rahner ein eher vertikales Verhältnis: die unbelebte Natur transzendiert sich hin auf die belebte, und diese als bloß beseelte wiederum hin auf das geistige Wesen des Menschen,

---

[113] Vgl. K. Rahner, Die Christologie innerhalb einer evolutiven Weltanschauung, Schriften V, 183-221, und C. Rogers, Der neue Mensch, 65-84.
[114] Vgl. Kap. 2.2.1., 3.2.1. und 6.2.1..
[115] So neben C. Rogers, Der neue Mensch, 75-77, u.a. auch D. Höger, Klientenzentrierte Psychotherapie – ein Breitbandkonzept mit Zukunft, 215, E.-M. Biermann-Ratjen u.a., Gesprächspsychotherapie, 85-90, und P. F. Schmid, Personale Begegnung, 101f.
[116] Vgl. K. Rahner, Grundkurs, 185-193.

in dem dieser Prozess die Dimension der Bewusstheit erreicht. Diese vertikale Entwicklungsdimension ist insofern bedeutsam, als sie die Bezogenheit zwischen geistigem und ‚bloß' naturalem Sein expliziert, ohne dass es damit zu einer Abwertung dieser Naturalität kommt, da jede höhere Entwicklungsstufe das Sein der ihr zugrundeliegenden in sich bewahrt und aufhebt.

Ein Vorzug des Rogersschen Konzeptes gegenüber dem Rahnerschen Verständnis der Entwicklung ist, dass Rogers auf die Funktion der Umwelt für den Menschen eingeht, die gerade in modernen systemischen Ansätzen eine bedeutende Rolle spielt.[117] Wenngleich sich die Rolle der Umwelt im personzentrierten Konzept zunächst auf die Bereitstellung wachstumsfördernder Bedingungen beschränkt und die wesentlichen Wachstumsimpulse dem Individuum bzw. Organismus innewohnen sollen, bietet sich damit zumindest die Grundlage für eine Einordnung des sich Entwickelnden in seine Umgebung. Obwohl Rogers in seinen Ausführungen nicht explizit ein dialogisches Verhältnis des Menschen zu seiner Umwelt ausführt, kann ein solches doch aus seiner Sicht erschlossen werden. Denn so wie jeder Mensch durch seine Beziehungen zur Umwelt in seinem Selbstbild und damit in seinen Entwicklungsmöglichkeiten beeinflusst wird, wirkt diese umweltbedingte Entfaltung oder Blockierung seiner Möglichkeiten auch wieder auf die Umgebung zurück. Sowohl förderliche als auch hinderliche Wachstumsbedingungen verstärken sich somit mittels ihrer Rückwirkung auf die ihnen ausgesetzten Personen.

Während bei Rogers ein dialogisches Verhältnis zur Umwelt zumindest impliziert vorliegt, bleibt die Rolle der Umwelt im Rahnerschen Konzept der aktiven Selbsttranszendenz unberücksichtigt, obwohl die Befunde der naturwissenschaftlichen Forschung belegen, dass Entwicklung immer Einordnung und Anpassung an eine konkrete Umwelt und zugleich verändernden Einfluss auf diese umfasst.[118] Dass Karl Rahner menschliche Entwicklung aber sehr wohl auch unter dem Aspekt sozialer Bezogenheit sieht, wird dort deutlich, wo er von der menschlichen Liebe spricht. Diese höre dort, wo sie nicht mehr die je größere Liebe werden will, auf, Liebe zu sein.[119] Auch der menschlichen Beziehung zu Anderen, sei es zu Gott oder zu Mitmenschen, wohnt also die Tendenz zur Selbsttranszendenz, zum ständigen Überstieg über das bereits Erreichte, inne.

---

[117] Vgl. J. KRIZ, Entwurf einer systemischen Theorie klientenzentrierter Psychotherapie, 174-176.

[118] Vgl. zu aktuellen Verstehensansätzen kosmologischer Weltentstehung und –entwicklung den Sammelband H. HEINZ U.A., Im Anfang war der Urknall!?, der neben naturwissenschaftlichen auch philosophisch-theologische Verstehensansätze umfasst, sowie H. KÜNG, Der Anfang aller Dinge, welcher aktuelle naturwissenschaftliche Erkenntnisse von der theologischen Gottesfrage her darstellt.

[119] Vgl. K. RAHNER, Theologie der Freiheit, Schriften VI, 227.

Insgesamt muss jedoch konstatiert werden, dass die Eingebundenheit des Menschen in eine soziale, kulturelle und auch geschichtliche Situation und der Einfluss der konkreten biologisch-physikalischen Umwelt, in der ein Individuum lebt, in beiden Ansätzen zu wenig berücksichtigt werden. Dies ist umso auffallender, als beide Denker in ihren Fächern und weit darüber hinaus am Zeitgeschehen teilnahmen und beide aus der Auseinandersetzung mit den aktuell anfallenden Fragen und der Situation in der sie umgebenden Gesellschaft heraus ihre Ansätze formuliert haben.[120]

Das Konzept der Aktualisierungstendenz gehört zu den am meisten kritisierten Begriffen des personzentrierten Ansatzes. Die Kritiker halten es für naiv optimistisch, bezweifeln seine in der biologischen Natur des Menschen angesetzte Grundlage und verweisen auf das Destruktive und Zerstörerische des Menschen, das allenthalben zu Tage trete.[121] Carl Rogers hat angesichts dieser Kritik an verschiedenen Stellen betont, dass er keineswegs die Augen vor dem Leid und der Destruktivität in unserer Welt verschließe, dass dies aber für ihn nicht Ausdruck des wahren Wesens des Menschen, sondern eben seiner Entfremdung und somit einer Störung seiner Entwicklung sei.[122] Einen wirklich überzeugenden, sich im Rahmen der empirischen Psychologie bewegenden Nachweis für die Gültigkeit konnte er aber – abgesehen vom Verweis auf seine persönliche therapeutische Erfahrung – nicht leisten.

Die von Rogers postulierte grundlegende Konstruktivität und positive Ausrichtung menschlicher, aber auch sonstiger naturaler Entwicklung lässt sich m. E. nur im Blick auf den christlichen Schöpfungsglauben rechtfertigen. Rogers stellt zwar selbst keine religiösen Bezüge zur Fundierung seiner Hypothese her und zieht die naturwissenschaftlichen Befunde etwas einseitig zur Bestätigung seiner Annahme heran[123], dennoch kann diese m. E. gut in eine christliche Weltsicht integriert werden.

Die von Rogers postulierte Aktualisierungstendenz korrespondiert mit dem Wesen des Menschen, wie er von Gott gewollt und geschaffen ist. Von diesem Menschen sagt der biblische Schöpfungsbericht, dass er sehr gut sei und in unmittelbarer Gemeinschaft mit Gott und seinen Mitmenschen, aber auch der Natur lebe.[124] Die Entfremdung des Menschen wird auch biblisch als sekundär, nämlich im Sündenfall verursacht und den Menschen von seinem Schöpfungszustand trennend, geschildert.[125] Für das Menschenbild des

---

[120] Vgl. das in den Kapiteln 2.1.1. und 4.1.1. jeweils dazu Ausgeführte.
[121] Vgl. zu dieser Kritik Kap. 3.3..
[122] Vgl. etwa C. ROGERS, Entwicklung der Persönlichkeit, 42-43, 99-101, 177-179.
[123] Vgl. hierzu die Kritik von P. F. SCHMID, Personale Begegnung, 110.
[124] Vgl. die beiden Schöpfungsberichte in Gen 1,1-2,24.
[125] Vgl. Gen 3,1-24. Inwieweit das personzentrierte Verständnis der Inkongruenz mit dem christlichen Verständnis der erbsündlichen Entfremdung des Menschen in Bezug gesetzt werden kann, wird in Kap. 6.2.5. zu untersuchen sein.

transzendentaltheologischen Ansatzes gilt ebenso, dass die Begnadetheit des Menschen gegenüber der Sündhaftigkeit als das stärkere Motiv verstanden wird.[126] Ein wesentlicher Unterschied zwischen Rahner und Rogers besteht aber in der Frage nach der Tiefe der menschlichen Gebrochenheit. Während Rogers im Blick auf das Kleinkind von einem integrierten, ganz dieser konstruktiven Tendenz folgenden Organismus spricht und die Entfremdung als nur erlernt bezeichnet,[127] ist für Rahner die erbsündliche Verfassung des Menschen eine unentrinnbare Grundbestimmung seines Seins.[128]

Somit kann aus transzendentaltheologischer Sicht zwar prinzipiell der Annahme einer positiven Natur des Menschen, wie Gott ihn geschaffen hat und wie der Mensch in der Vollendung seiner Erlösung durch Gott sein wird, zugestimmt werden, allerdings wird aus theologischer Sicht die menschliche Entfremdung von Rogers unterschätzt.[129] Eher zugestimmt werden kann seiner Annahme einer positiven Entwicklungstendenz im Blick auf die nichtmenschliche Natur. Hier zeigt sich bei allen Brüchen und Umwegen der evolutiven Weltentwicklung eine zum Menschen hin ansteigende, das jeweils Zugrundeliegende übersteigende Entwicklungstendenz, die dem Konzept der aktuellen Selbsttranszendenz bei Rahner entspricht.

In Bezug auf das geistige Sein des Menschen erschließt sich aus dieser Entwicklungstendenz die Dimension der Geschichtlichkeit, die bei Rogers nicht in den Blick tritt. Gerade das Ausgerichtetsein auf Zukunft ist aber Kennzeichen menschlicher Entwicklung. Im personzentrierten Ansatz wird dies heute in der Forderung einer stärkeren Berücksichtigung der biographischen Perspektive über das bloße Arbeiten im Hier und Jetzt hinaus aufgegriffen.[130] Diese geschichtliche Betrachtung menschlicher Entwicklung ist auch insofern von Bedeutung, als sich ein angemessenes Verständnis von Entwicklungsprozessen nicht nur aus ihrem Ursprung bzw. ihrer Grundlage (in diesem Fall der Aktualisierungstendenz bzw. der Tendenz zur aktiven Selbsttranszendenz), sondern immer auch von ihrem Ziel her erschließt, soll es sich wirklich um einen gerichteten, nicht nur um einen bloß zufälligen Prozess handeln.[131]

Sowohl für Karl Rahner als auch für Carl Rogers ist der Mensch aufgrund der ihm innewohnenden Entwicklungspotentiale wesentlich durch

---

[126] Vgl. K. RAHNER, Grundkurs, 108f., sowie DERS., Betrachtungen zum ignatianischen Exerzitienbuch, 43, sowie die bereits oben erwähnte Selbsteinschätzung Rahners in DERS., Erfahrungen eines katholischen Theologen, 112.
[127] C. ROGERS UND P. TILLICH, Paul Tillich und Carl Rogers im Gespräch, 264.
[128] Vgl. K. RAHNER, Grundkurs, 100.
[129] Vgl. H. LEMKE, Theologie und Praxis annehmender Seelsorge, 36-43.
[130] Vgl. G. ZURHORST, Eine gesprächspsychotherapeutische Störungs-/Krankheitstheorie in biographischer Perspektive.
[131] Zum Vergleich der jeweiligen Zielvorstellungen menschlicher Entwicklung siehe Kap. 6.2.6..

die Dimensionen der Freiheit und der Verantwortung gekennzeichnet. Hinsichtlich des Freihheitsbegriffes stimmen transzendentaltheologischer und personzentrierter Ansatz darin überein, dass die Freiheit des Menschen von ihrem Wesen her nicht als Wahlfreiheit zwischen Gegenständen, sondern als „das Vermögen, über sich selbst zu entscheiden und sich selbst zu tun"[132] verstanden wird. Beiden Ansätzen liegt damit ein transzendentales Verständnis von Freiheit zugrunde, das weder in einfacher Übereinstimmung noch im Widerspruch zu kategorialen bzw. empirischen Beschreibungsversuchen steht.[133] Die transzendentale Freiheit des Menschen, sich selbst zu leben oder nicht, wird immer durch konkrete, kategoriale, empirisch beobachtbare Realisierungen verwirklicht, auch wenn diese nie das Ganze der transzendentalen Freiheit umfassen.

In beiden Ansätzen erschließt sich aus der menschlichen Freiheit das Verständnis menschlicher Verantwortlichkeit. Während bei Carl Rogers Verantwortung allerdings primär in Relation zur eigenen Selbstverwirklichung und erst in deren Folge als Verantwortung anderen gegenüber erscheint, steht die menschliche Verantwortung bei Karl Rahner immer in der Perspektive der Entscheidung Gott und dessen angebotener Selbstmitteilung gegenüber. Die Existentialität dieser Verantwortung und auch der Freiheit rührt für Karl Rahner von der Endlichkeit des Menschen her. Im Tod erhält das Leben des Menschen den Charakter der Endgültigkeit. In ihm ist die transzendentale, sich in vielen kleinen, gleichsam bruchstückhaften Entscheidungen des alltäglichen Lebens vollziehende Freiheit und Verantwortlichkeit des Menschen zu ihrer Vollendung im dann ewig gültigen Ja oder Nein zu Gott gelangt. Diese Dimension menschlicher Endlichkeit tritt bei Carl Rogers nicht in den Blick. Für ihn vollzieht sich menschliche Freiheit in der je jetzigen Realisierung des eigenen Wesens – ohne dass die Zukünftigkeit und Endlichkeit des Menschen explizit berücksichtigt wird.[134]

Die Verantwortung des Menschen anderen gegenüber erschließt sich bei Rogers nur indirekt. Während es in seinen Ausführungen zur menschlichen Freiheit immer primär um die Entscheidung für sich selbst und die sich dem Menschen innerlich erschließende, organismische Orientierung hin auf grö-

---

[132] K. RAHNER, Grundkurs, 49. Vgl. C. ROGERS, Lernen in Freiheit, 260, wo Rogers Freiheit als „die Einsicht, dass ich mich selbst leben kann, hier und jetzt und in eigener Entscheidung" versteht.
[133] Vgl. K. RAHNER, Theologie der Freiheit, Schriften VI, insb. 223-230. Zum personzentrierten Freiheitsbegriff vgl. C. KORUNKA, Der Mensch ist gut, 79.
[134] So beschränkt sich Rogers' *Blick in die Zukunft* (in: C. ROGERS, Der neue Mensch, 173-186) auf die Darlegung seiner Vorstellungen gelingenden Menschseins, wie sie für ihn der Umsetzung des personzentrierten Ansatzes in möglichst vielen Bereichen menschlichen Lebens entspringen sollen, ohne auf Fragen der menschlichen Geschichtlichkeit oder Endlichkeit einzugehen.

ßere Selbstverwirklichung geht, finden Werte wie Treue oder die Übernahme sozialer Pflichten wenig Berücksichtigung.[135] Diese soziale Dimension menschlicher Freiheit und Verantwortung erschließt sich allerdings bei einem näheren Blick auf Rogers' Verständnis von Selbstverwirklichung. Diese ist nach seinem Verständnis nie bloßer Egoismus, sondern beinhaltet stets die für ihn wesentliche Dimension menschlicher Bezogenheit auf Andere.[136] Er kann sich hierbei auf Forschungsergebnisse von Abraham Maslow stützen, die zeigen, dass sich selbst verwirklichende Menschen „gleichzeitig die am meisten individualistischen und am meisten altruistischen, sozialen und liebenden aller Menschen"[137] sind. Aufgrund der von ihm als wesentlich sozial verstandenen, konstruktiven Natur des Menschen, wird die Selbstverwirklichung des Einzelnen immer auch zu gelingenderen Beziehungen zu anderen führen. Insofern richtet sich die starke Gesellschaftskritik Rogers' immer primär gegen starre, den Einzelnen von sich selbst entfremdende Strukturen und nicht gegen den Sinn und die Berechtigung sozialer Gefüge an sich.[138]

Rogers kommt allerdings z.T. zu Schlüssen, die aus christlicher Sicht nicht geteilt werden können. So ist z.B. sein Verständnis menschlicher Partnerschaft und der Legitimität außerehelicher Verhältnisse zur Befriedigung sexueller Bedürfnisse einem christlichen Verständnis der Ehe und der Bedeutung zwischenmenschlicher Treue als Ausdruck der Treue zu Gott (und der Treue Gottes zu den sich in der Ehe aneinander bindenden Partner) diametral entgegengesetzt.[139] Auch wenn an dieser Stelle eine moraltheologische oder sozialethische Analyse dieser Ansichten Rogers' nicht möglich ist, sollen sie dennoch hinsichtlich ihres anthropologischen Gehaltes betrachtet werden. Vielleicht lässt sich diese Befürwortung sexueller Freizügigkeit durch Rogers auch als Tribut an den Zeitgeist der sexuellen Liberalisierung der Studentenbewegung von 1968 verstehen, die in Amerika eine ganze Generation noch stärker als in Deutschland prägte und einen nicht unbedeutenden Einfluss auf das Denken Carl Rogers' hatte.[140]

---

[135] Vgl. K. REMELE, Tanz um das goldene Selbst?, 312-314.

[136] Vgl. K. REMELE, Tanz um das goldene Selbst?, 343-345.

[137] A. MASLOW, Motivation und Persönlichkeit, 232.

[138] Vgl. C. ROGERS, Die Kraft des Guten, 281-323, wo er aus personzentrierter Sicht ein neues politisches Menschenbild darlegt und DERS., Der gute Mensch von La Jolla, wo Rogers ausführlich auf die politischen und gesellschaftskritischen Implikationen seines Ansatzes eingeht.

[139] Vgl. hierzu C. ROGERS, Partnerschule, wo Rogers anhand vielfacher Beispiele auf die aus seiner Sicht der menschlichen Entfaltung förderliche Möglichkeit außerehelicher Beziehungen eingeht. Allerdings erwähnt er hier auch die damit verbunden möglichen Schwierigkeiten für die eheliche Grundbeziehung.

[140] Vgl. Kap. 2.2.3., W. M PFEIFFER, Klientenzentrierte Psychotherapie im Kontext von Kultur und Mode, 224-228, J. A. SCHÜLEIN, Rogers' Theorie und Amerika, 208-213, und R. EISENGA, Das Menschenbild Rogers', 24-29.

Die Frage nach der Bedeutung ehelicher Treue verweist auf den jeweils verschiedenen Bezugspunkt menschlicher Verantwortung im personzentrierten bzw. transzendentaltheologischen Verständnis des Menschen. Während aus personzentrierter Sicht der Mensch bei aller ihm zugeordneten sozialen Bezogenheit primär für seine eigene Selbstverwirklichung Verantwortung trägt, steht er aus christlicher Sicht immer in der Verantwortung Gott gegenüber. Hieraus resultiert ein doppelter Unterschied: Zum einen ist transzendentaltheologisch jedes Bedürfnis des Menschen darauf zu befragen, ob es seiner Beziehung zu Gott dient oder dieser entgegensteht, zum zweiten vollzieht sich die menschliche Freiheit hier in einer anderen zeitlichen Dimension. Die Entscheidung des je jetzigen Augenblickes steht transzendentaltheologisch immer in Bezug auf ihre ewige, überzeitliche Vollendung in der Gemeinschaft mit Gott – oder im Verfehlen dieser Gemeinschaft. Insofern kann der Verzicht auf die Befriedigung eines aktuellen Bedürfnisses, das in der Gegenwart durchaus als Verwirklichung des innerlich Angelegten erscheint, im Blick auf die menschliche Endgültigkeit in der Einheit oder Getrenntheit von Gott geboten und sinnvoll sein. Carl Rogers wusste um die möglichen Konfliktpunkte zwischen seinem personzentrierten und dem christlichen Verständnis menschlicher Verantwortlichkeit, führte diese Spannung leider nicht zu einer konstruktiven Lösung.[141]

Es zeigt sich an dieser Stelle im Werk Rogers' eine Diskrepanz, die wohl im Letzten in seiner Persönlichkeit selbst gründet. Auf der einen Seite fordert Rogers in den personzentrierten Haltungen einen hohen ethischen Standard, zum anderen können persönliche Bedürfnisse auch auf Kosten der Kränkung anderer befriedigt werden. Dazwischen „gibt es bei Rogers nichts Drittes, das der Gestaltung eines menschlichen Lebens unter konkreten und begrenzenden Bedingungen der Geschichte dient."[142] Dieser Widerspruch findet sich auch in seinem eigenen Leben. Auf der einen Seite forderte er von sich selbst, seiner Frau und seinen Kindern gegenüber verstehend und wertschätzend zu sein, auf der anderen Seite ging er während der Krankheit seiner Frau außereheliche sexuelle Beziehungen ein, obwohl er wusste, dass seine Frau darunter litt.[143] Der hier deutlich werdende Konflikt zwischen eigenem inneren Bedürfnis und Verantwortung dem Mitmenschen gegenüber lässt sich rein innerweltlich nicht lösen. Eines der beiden erlebten Bedürfnisse, nämlich das nach außerehelicher sexueller Befriedung bzw. das nach

---

[141] So weist Rogers in einem Schreiben an William Schenk vom 8. 5. 1953 darauf hin, dass es in der Umsetzung seines Ansatzes zu Konflikten mit kirchlich vertretenen Positionen kommen kann (vgl. N. Groddeck, Carl Rogers, 110f.). Auch wenn er sich hierbei primär auf die hierarchische Ordnung der Kirche bezogen hat, waren ethische Entscheidungen dabei wohl durchaus mit im Blick.

[142] S. Heine, Grundlagen der Religionspsychologie, 321.

[143] Vgl. C. Rogers, Der neue Mensch, 52.

ehelicher Treue seiner Frau gegenüber, wird immer unbefriedigt bleiben, ohne dass es auf einer höheren Ebene aufgehoben werden kann. Der transzendentaltheologische Blick auf die vertikale Verantwortlichkeit des Menschen der ihm angebotenen Selbstmitteilung des ihn liebenden Gottes gegenüber kann hier eine wertvolle Entscheidungshilfe darstellen. Das Zurückstellen einer aktuellen Bedürfnisbefriedigung kann im Blick auf die jetzt schon erfahrbaren Auswirkungen auf die eigene Offenheit dem göttlichen Angebot gegenüber sinnvoll erscheinen, ohne als bloßer Verzicht erlebt zu werden.

Diese tranzendente, über das je eigene und aktuelle Bedürfnis hinausgehende Perspektive wird im Folgenden in der Auseinandersetzung mit dem personzentrierten Konstrukt der organismischen Wertung noch näher zu entfalten sein.

Für Carl Rogers hat der Mensch in dem inneren Prozess der organismischen Wertung, der „sich vor allem danach richtet, ob das Objekt der Erfahrung ihm zur Selbstverwirklichung verhilft"[144], die zuverlässigste Orientierungshilfe für sein Leben. Ein wichtiges Kennzeichen dieses Prozesses der organismischen Wertung ist, dass Werte nie fixiert werden, sondern es sich um einen, der jeweiligen konkreten inneren und äußeren Situation angemessenen, kontinuierlichen Wertungsprozess handelt.[145] Rogers geht in seinen Ausführungen nicht auf die Frage ein, wie der Mensch im Falle des Konfliktes zwischen innerer, organismischer Orientierung und sozialer Verantwortung zu einer Entscheidung gelangen kann. Er scheint davon auszugehen, dass die soziale Dimension über ihre Auswirkungen auf das Erleben der Person quasi automatisch in diesen Bewertungsprozess integriert ist, ohne als eigene Dimension thematisiert werden zu müssen.[146]

Der organismischen Wertung Rogers' ist auf transzendentaltheologischer Seite die Unterscheidung der Geister, wie sie sich vor allem in der ignatianischen Spiritualität findet, gegenüberzustellen.[147] Diese meint „jenes

---

[144] C. ROGERS, Der Prozess des Wertens beim reifen Menschen, 48-50, hier: 48.

[145] Vgl. C. ROGERS, Eine Theorie der Psychotherapie, 37, sowie Kap. 3.2.3..

[146] Vgl. zu den sich daraus möglicherweise ergebenden Schwierigkeiten das bereits angeführte Beispiel der Rogersschen Ausführungen zu außerehelichen Beziehungen. Siehe hierzu S. HEINE, Grundlagen der Religionspsychologie, 321f., sowie K. REMELE, Tanz um das goldene Selbst, 312-314.

[147] Vgl. IGNATIUS VON LOYOLA, Die Exerzitien, insb. 99-106, wo Ignatius im Blick auf die von ihm initiierten Exerzitien 22 Regeln zur Unterscheidung der Geister aufführt (Nr. 313-336). Über Ignatius hinaus eignen sich zur Einführung E. KLINGER, Art. Unterscheidung der Geister, und G. GRESHAKE, Geistliche Unterscheidung. Eine ausführliche Analyse der Unterscheidung der Geister bei Ignatius, aber auch der biblischen und theologiegeschichtlichen Wurzeln bietet H. ZOLLNER, Trost. Zu Rahners Verständnis der Exerzitien und darin auch der Unterscheidung der Geister vgl. K. RAHNER, Die Logik der existentiellen Entscheidung, und die beiden Sammlungen Rahnerscher Betrachtungen zu Exerzitientexten in DERS., Betrachtungen zum ignatianischen Exerzitienbuch und DERS., Einübung priesterlicher Existenz. Eine zusammenfassende Darstellung des Rahnerschen Verständnisses der ignatianischen Exerzitien

besondere Gnadenangebot, das die Fähigkeit verleiht, im Raum der Selbstverwirklichung des Menschen das Gnadenhafte zu erkennen."[148] Diese Begriffsbestimmung weist darauf hin, dass es keinen prinzipiellen Widerspruch zur im personzentrierten Konzept der organismischen Wertung angestrebten Selbstverwirklichung geben muss, wenn diese unter Berücksichtigung des transzendenten Bezuges des Menschen verstanden wird.[149]

Dies ist sicherlich der entscheidende Unterschied zwischen dem personzentrierten Konzept der organismischen Wertung und der ignatianisch geprägten Unterscheidung der Geister. Diese ergänzt die beiden Ansätzen gemeinsame Grundlage der wahrhaftigen und für alle Aspekte des inneren Erlebens offenen Selbsterfahrung durch die Überprüfung dieser Erfahrung auf ihre Übereinstimmung mit dem zu suchenden und umzusetzenden Willen Gottes. Während sich die organismische Wertung auf die Wahrnehmung und Umsetzung innerer Regungen beschränkt, werden diese im Zuge der Unterscheidung der Geister überprüft und möglicherweise auch abgelehnt. Hier ist die in Kap. 6.2.4. genauer zu betrachtende Frage nach der Gefährdetheit und den Grenzen des Menschen von Bedeutung. Denn während für Rogers die tiefen inneren, von ihm als organismisch bezeichneten Impulse des Menschen eine untrügliche und wesenhaft gute Orientierungshilfe für den Menschen darstellen, liegt aus transzendentaltheologischer Sicht allen menschlichen Entscheidungen eine bleibende und tiefgreifende Ambivalenz zugrunde.[150] Aus diesem Grund ist die dargestellte Unterscheidung der Geister unumgänglich, um die zum Guten, d. h. zu Gott und darin auch zur Verwirklichung des inneren Wesens des Menschen führenden Impulse und Regungen wirklich erkennen zu können.

Der von Rogers dargelegte Prozess der organismischen Wertung und der dafür erforderlichen Kongruenz den eigenen inneren Antrieben gegenüber stellt allerdings eine unumgängliche Grundlage für einen sinnvollen Unterscheidungsprozess dar. Wenn der Mensch seine inneren Regungen nicht kennt, kann er sie auch nicht unterscheiden. Interessant ist, dass Karl Rahner und Carl Rogers in einer gewissen kritischen Distanz zu rein rational getroffenen Entscheidungen des Menschen übereinstimmen. Während Rogers ausführt, „dass der Mensch weiser als sein Intellekt sei und dass voll entfaltete Menschen gelernt haben, ihre Erfahrungen als zuverlässige Steuerung

---

bietet M. SCHNEIDER, Unterscheidung der Geister, 79-133, insb. 123-133. Zur grundlegenden Bedeutung der ignatianischen Exerzitien für den transzendentaltheologischen Ansatz Karl Rahners siehe Kap. 4.1.2..

[148] E. KLINGER, Art. Unterscheidung der Geister, 7.

[149] Vgl. Kap. 5.2.1. und 6.2.1..

[150] So ist in *Gaudium et spes* 13 die Rede davon, dass „der Mensch in sich selbst zwiespältig (ist)".

für ihr Verhalten zu betrachten"[151], ist für Karl Rahner „trotz des rationalen Erkenntniselements der göttliche Wille nicht rein rational abzuleiten"[152]. Die personzentrierte Sichtweise kann so dazu anregen, die inneren, z.T. intuitiv und unbewusst bleibenden Impulse des Menschen deutlicher in ihren konstruktiven Möglichkeiten zu sehen und nicht der Gefahr einer Rationalisierung menschlichen Suchens zu erliegen.

Wird das personzentrierte Verständnis des Menschen insbesondere hinsichtlich seines Wachstums- und Orientierungsprozesses durch die transzendentaltheologische Annahme einer wesentlichen, d. h. unaufgebbar zum Menschen gehörenden Bezogenheit auf Gott ergänzt bzw. weitergeführt, zeigt sich eine noch größere Nähe zwischen organismischer Wertung und Unterscheidung der Geister: Wenn es zum Wesen des Menschen gehört, auf Gott bezogen zu sein und dessen Selbstmitteilung in sich empfangen zu können, dann kann er auch in seinem inneren Erfahrungsprozess die von Ignatius als erste Wahlzeit angesprochene unmittelbare Erfahrung des Willens Gottes machen und dann fallen organismische Wertung und Unterscheidung der Geister in eins. Dasselbe gilt auch für den zweiten Weg der Unterscheidung. Wenn der ausdrückliche Bezug zu Gott und die innerlich erlebte Nähe bzw. Distanz zu diesem Teil des bewussten menschlichen Erlebens sind, dann wird eine kongruente Offenheit für das innere Erleben des Menschen immer auch zur Erfahrung der je größeren Nähe oder Ferne zu diesem Gott führen. Wenn der Mensch seinen inneren Sensus für diese Nähe zu Gott schult, dann darf er seinem inneren Erleben als einer Orientierungsinstanz für sein Leben vertrauen.

Es zeigt sich somit auch im Blick auf die Möglichkeiten und die Entwicklung des Menschen, dass es bei Hinzunahme der transzendenten Dimension des Menschen im personzentrierten Ansatz zu einer weitgehenden Übereinstimmung der beiden Ansätze in ihren Grundansichten kommt. Sie können dahingehend zusammen- und weitergeführt werden, dass der Mensch als ein Wesen konstruktiver Entwicklungsmöglichkeiten verstanden wird, das in sich die Möglichkeiten einer seinem Wesen entsprechenden Orientierung hin auf Erfüllung der ihm innewohnenden Potentiale trägt, dabei allerdings einer kritischen Unterscheidung der Geister, d. h. einer differenzierenden Prüfung der sich zeigenden Antriebe, bedarf, um der seiner Freiheit eigenen Verantwortlichkeit sich selbst, aber auch seinen Mitmenschen und Gott gegenüber gerecht zu werden.[153]

---

[151] C. ROGERS, Die Kraft des Guten, 274.
[152] M. SCHNEIDER, Unterscheidung der Geister, 120.
[153] Vgl. hierzu auch C. LINDEN, Lebendige Beziehung als Erschließung des Glaubens an den dreifaltigen Gott, 215, der darauf hinweist, dass „eine ganzheitliche Sicht von Wachstum nicht von Innen, sondern nur von Außen, von Gott her möglich" sei und W. SCHÄFFER, Das Streben

Der personzentrierte Ansatz kann hierbei wichtige Anregungen geben, welche Haltungen und Faktoren einem Menschen die als Grundlage jeder wirklich verantwortungsvollen Orientierung notwendige Selbstexploration ermöglichen bzw. erleichtern. Die Haltungen der bedingungslosen Wertschätzung, Kongruenz und Empathie sind so auch für jeden geistlichen Begleitungsprozess unerlässliche Faktoren, ohne die eine Hinführung zu ehrlicher Selbstexploration und dadurch auch zu einem wirklichen Unterscheidungsprozess der inneren Antriebe und Regungen nicht möglich ist. Es wäre ein lohnendes Feld empirischer Forschung, welche darüber hinausgehenden Haltungen und Faktoren für eine fruchtbare Unterscheidung der Geister erforderlich sind, oder ob die Rogersschen Haltungen einen dafür ausreichenden Rahmen bieten.

Eine Unterscheidung der Geister muss, um zu wirklich verantwortungsvollen und differenzierenden Entscheidungen hinführen zu können, die Frage nach der Gefährdetheit des Menschen durch ihm innewohnende bzw. ihn beeinflussende destruktive Kräfte und nach seinen Grenzen stellen, der im Folgenden näher nachzugehen ist.

6.2.4. Grenzen und Gefährdetheit des Menschen

Im personzentrierten Ansatz Carl Rogers' wird die in der frühen Kindheit erlernte Inkongruenz zwischen dem in der Auseinandersetzung mit der Umwelt erworbenen Selbstbild und der unmittelbaren organismischen Erfahrung als Grundlage aller psychischen und sozialen Probleme und somit als zentrale Grenze und Gefährdung menschlicher Entwicklung angesehen. Karl Rahner spricht demgegenüber vom Existential menschlicher Schuldbedrohtheit, das jeder konkreten menschlichen Freiheitsentscheidung vorausliegt und seinen theologischen Ausdruck in der Lehre von der Erbsünde findet. Dieses Existential wirkt sich in der freiheitlichen und damit sündhaften, aber auch in einer unbewussten und damit nicht schuldhaften, deshalb aber nicht weniger ernstzunehmenden, Verweigerung Gott gegenüber aus. Im Folgenden wird zu betrachten sein, inwieweit diese beiden Verständnisse menschlicher Begrenztheit und Gefährdetheit miteinander in Einklang stehen. Hierbei spielen insbesondere die Fragen nach der Tiefe dieser Entfremdung, nach ihrer

---

nach Selbstverwirklichung in Korrelation zum Leben nach dem Willen Gottes, 406, der vor einer „Ideologie der Selbstverwirklichung warnt" und anfragt, „ob allein durch Selbstexploration und Vertrauen in den eigenen Organismus ein Mensch sein wahres Wesen *in ganzer Fülle* entdeckt". Aus transzendentaltheologischer Sicht ist dies nur dann möglich, wenn sich der Mensch in seiner Selbstexploration als Geschöpf Gottes und Ereignis dessen Selbstmitteilung versteht.

Vermeidbarkeit und Überwindbarkeit und nach ihren konkreten Auswirkungen auf das Leben des Menschen eine wichtige Rolle.

Für beide Autoren handelt es sich bei der menschlichen Gefährdetheit um eine existentielle, d. h. den Menschen in seinem ganzen Sein betreffende Entfremdung. Während das personzentrierte Verständnis der Inkongruenz hierbei vor allem auf eine innermenschliche Entfremdung abzielt, liegt der Schwerpunkt der (Erb-)Sündenlehre auf der Trennung des Menschen von Gott. Aus transzendentaltheologischer Sicht braucht dieser je eigene Schwerpunkt der Sichtweisen aber keine unüberwindbare Differenz darzustellen. Wird der Mensch von seinem ganzen Sein her als Ereignis der Selbstmitteilung Gottes und damit als in all seinen Vollzügen auf Gott verwiesen verstanden, dann ist jede Entfremdung und Trennung von diesem Gott zugleich eine Selbstentfremdung und umgekehrt.[154] Der von seiner eigenen unmittelbaren Erfahrung abgespaltene, inkongruente Mensch kann auch Gott nur noch in einem defizitären, durch seine begrenzten und begrenzenden Vorstellungen eingeschränkten Maße in sich und seinem Leben erfahren. Und umgekehrt kann der von Gott getrennte Mensch sich selbst nicht im vollen und umfassenden Maße erfahren, da ihm seine innere Bezogenheit auf Gott und die ihm von diesem zugesprochene Liebe nur bruchstückhaft zugänglich sind.[155]

In beiden Ansätzen wird diese Entfremdung als eine transzendentale Bestimmung des Menschen verstanden, die nicht seiner unmittelbaren Erfahrung und Reflexion zugänglich ist, sondern von ihm aus Anzeichen und Symptomen erschlossen werden muss.[156]

Auf dieser eher allgemeinen Ebene können personzentriert verstandene Inkongruenz und transzendentaltheologisch verstandene Erbsünde zusammengeführt werden, wenn erstere um die transzendente Dimension des Menschen ergänzt wird. Wilhelm Schäffer spricht sogar von einer „frappierenden Affinität"[157] zwischen dem Menschenbild der Humanistischen Psychologie (hier Carl Rogers') und der katholischen Erbsündenlehre. Bevor dieser Einschätzung zugestimmt werden kann, sind allerdings noch wesentliche Elemente der beiden Konzepte genauer zu betrachten.

---

[154] Vgl. etwa den in K. RAHNER, Selbsterfahrung und Gotteserfahrung, Schriften X, 133-144, dargelegten inneren Zusammenhang dieser beiden menschlichen Erfahrungsebenen.

[155] Vgl. zu diesem Zusammenhang M. SIEVERNICH, Schuld und Vergebung, 303, der darlegt, dass Sünde immer „die Beziehung zum transzendenten Anderen (Gott) und die Beziehung zum immanenten Anderen (Mitmensch)" betrifft und dass sich darin „auch eine Verweigerung der Selbstliebe spiegelt." Sievernich kennzeichnet so Sünde als „Weigerung, sich ‚beziehungsreich' zu verwirklichen, d. h. im Verhältnis zu den Anderen, zu dem ganz Anderen und zu sich selbst. Die Selbstliebe aber hat ihr Maß an der Gottes- und Nächstenliebe." (ebd.).

[156] Vgl. E.-M. BIERMANN-RATJEN U.A., Gesprächspsychotherapie, 28, sowie K. RAHNER, Grundkurs, 108,115f.

[157] W. SCHÄFFER, Das Streben nach Selbstverwirklichung in Korrelation zum Leben nach dem Willen Gottes, 407.

Ein wesentlicher Unterschied zwischen personzentriertem und transzendentaltheologischem Verständnis menschlicher Entfremdung besteht hinsichtlich der Frage nach ihrer Entstehung und Überwindbarkeit. Während es sich für Rogers bei der Inkongruenz um eine erlernte und damit prinzipiell vermeidbare Bestimmung menschlichen Lebens handelt, ist die Erbsünde eine allen menschlichen Lernprozessen unvermeidbar vorgegebene Prägung.[158]

Transzendentaltheologisch betrachtet sind also Unumgehbarkeit und (innerweltliche) Unaufhebbarkeit der menschlichen Entfremdung zwei Seiten einer Medaille. So wie die Erbsünde eine jedem Menschen vor aller sonstigen Prägung vorgegebene und damit unvermeidbare Vorbestimmtheit seiner Freiheitssituation ist, so ist sie auch seitens des Menschen unaufhebbar. „Das *Paradies* ist kein innerweltlich erreichbares Ziel mehr; die Utopie, es herstellen zu können, müsste als selbst schuldbare Hybris das Gegenteil bewirken."[159] Eine Überwindung dieser Entfremdung des Menschen von Gott und damit auch von seinem eigenen Wesen ist nur durch das erlösende Wirken Gottes in Jesus Christus möglich.[160] Für Rogers hingegen ist die innere Entfremdung des Menschen in der Inkongruenz das Ergebnis einer „tragischen Entwicklung während der Kindheit"[161], und wäre damit im Rahmen einer ideal verlaufenden Erziehung vermeidbar bzw. durch eine ideal verlaufende Psychotherapie prinzipiell überwindbar.[162]

Paul Tillich, dessen Entfremdungsbegriff eine große Nähe zu zahlreichen Äußerungen Rogers' aufweist,[163] bezeichnet Rogers' Vorstellungen bezüglich des (noch!) nicht entfremdeten Zustandes von Kleinkindern als „träumende Unschuld" und vergleicht ihn mit dem „mythologischen Status von Adam und Eva vor dem Fall"[164]. Dieser Vorstellung einer träumen-

---

[158] Vgl. K. Rahner, Art. Erbsünde, SW 17, 1007, wo Rahner darauf hinweist, dass die Erbsünde „unaufhebbar ist, weil sie zum Anfang gehörend, bleibend zu den Konstitutionen aller Geschichte, auch der kommenden gehört." So haben schon die Konzilsväter des Tridentinum festgehalten, dass diese Grundbestimmung menschlichen Seins „durch Fortpflanzung, nicht durch Nachahmung übertragen" werde (DH 1513). Hierbei darf der Fortpflanzungsbegriff des Konzils nicht biologistisch missverstanden und als Abwertung menschlicher Sexualität verstanden werden, sondern seine Aussageabsicht bezieht sich vor allem darauf, dass diese erbsündliche, d. h. in einer grundlegenden Entfremdung von Gott stehende Grundprägung des Menschen ihm unvermeidbar zu eigen ist und nicht nachträglich zu einer an sich heilen Natur auf dem Wege der Nachahmung hinzutritt.

[159] K. Rahner, Art. Erbsünde, SW 17, 1007.

[160] Vgl. hierzu auch die folgenden Kapitel zu Wegen der Heilung (6.2.5.) und den Zielbildern des Menschseins (6.2.6.), in denen diese Frage ausführlicher erörtert wird.

[161] C. Rogers, Eine Theorie der Psychotherapie, 52.

[162] Vgl. hierzu Rogers' Ausführungen in C. Rogers und P. Tillich, Paul Tillich und Carl Rogers im Dialog, 260f.

[163] Vgl. die entsprechenden Ausführungen in Kap. 3.2.4..

[164] C. Rogers und P. Tillich, Paul Tillich und Carl Rogers im Dialog, 264.

den Unschuld des Kleinkindes ist aus transzendentaltheologischer Sicht zu widersprechen, da die Lehre der Erbsünde ja gerade die grundlegende Entfremdung des Menschen vor allen Lern- und Prägungsprozessen festhält. Dies bringt auch Rahners Rede vom Existential der Schuldbedrohtheit des Menschen zum Ausdruck. Ein Existential ist grundlegender Teil des menschlichen Wesens und nicht etwas später Erworbenes.[165] Dass der Entfremdungsbegriff als solcher nicht per se einem katholischen Verständnis menschlicher Erbsünde widerspricht, zeigt seine Verwendung bei Walter Kasper, der im Rahmen seiner Darlegung der Erbsündenlehre von der Entfremdung des Menschen von Gott, von sich selbst und zwischen den Menschen spricht.[166]

Carl Rogers und Karl Rahner stimmen dahingehend überein, dass das jeweilige Verständnis menschlicher Entfremdung als Grundlage für das Böse und Destruktive in der Welt angesehen wird.[167] Der Mensch ist für beide Denker in seiner Freiheit herausgefordert, sich zwischen seinen konstruktiven und destruktiven, bzw. guten und bösen Möglichkeiten zu entscheiden und darin die Grundentscheidung für oder gegen sich und sein wahres Wesen zu vollziehen.[168] Karl Rahner weist dabei deutlich darauf hin, dass der Mensch erst in seinem Tod die Endgültigkeit und Gewissheit seiner Entscheidung für oder gegen Gott und darin auch für oder gegen den Vollzug seines eigenen Wesens als des Ereignisses der Selbstmitteilung Gottes erreicht. Wie bereits erwähnt wurde, spielt diese Dimension für den wachstumsorientierten Ansatz Carl Rogers' keine Rolle, ist aber gut mit ihm vereinbar. Auch für Rogers ist die Entscheidung für oder gegen die Impulse zu bösartigem Verhalten neben der sozialen Prägung wesentlich eine Frage der freien Entscheidung – und darin eine Entscheidung für oder gegen das menschliche Sein.[169] Beide Ansätze verstehen den Menschen also als Verfügten, der auf etwas seiner Freiheit Vorgängiges trifft, das seine Lebenssituation zutiefst prägt und mit dem er sich in den konkreten Entscheidungen seines Lebens auseinandersetzen muss.

Gemeinsam ist den Ansätzen Rogers' und Rahner, dass die destruktiven Tendenzen des Menschen bei ihnen nicht als das Primäre betrachtet wer-

---

[165] Vgl. K. RAHNER, Grundkurs, 97-121, insb. 113ff.

[166] Vgl. W. KASPER, Jesus der Christus, 240.

[167] Vgl. C. ROGERS, Entwicklung der Persönlichkeit, 100f.

[168] Vgl. hierzu auch die Pastoralkonstitution *Gaudium et spes* des Zweiten Vatikanischen Konzils die in Anlehnung an die tridentinische Erbsündenlehre darauf hinweist, dass „der Mensch in sich selbst zwiespältig (ist). Deshalb stellt sich das ganze Leben der Menschen, das einzelne wie das kollektive, als Kampf dar, und zwar als einen dramatischen, zwischen Gut und Böse, zwischen Licht und Finsternis. ... Die Sünde mindert aber den Menschen selbst, weil sie ihn hindert, seine Erfüllung zu erlangen" (DH 4313).

[169] Vgl. C. ROGERS, Reply to Rollo May's letter, 253.

den. Für beide ist die positive menschliche Natur verwundet, aber nicht zerstört.[170] Hierin widersprechen beide dem, Rogers in seiner Kindheit prägenden, protestantischen Verständnis vom Menschen als totus peccator, in dem „der Mensch ausschließlich negativ, nämlich als ‚sich selbst im Wege‘ bestimmt wird."[171]

Für die Zusammenführung des personzentrierten und des transzendental-theologischen Menschenbildes ergibt sich aus dem bisher zu Erbsünde und Inkongruenz Ausgeführten, dass die innermenschliche Inkongruenz ebenso wie die aus ihr resultierenden sozialen Probleme als ein kategorialer Ausdruck der zugrundeliegenden erbsündlichen Entfremdung des Menschen von Gott und damit auch von sich selbst und seiner Umwelt verstanden werden kann. Beide stellen einen Defekt des Selbstbezugs des Menschen dar, der sich unweigerlich auch auf seine Beziehung zu Gott und zu seinen Mitmenschen auswirkt und in dem der Mensch in Gefahr ist, sich selbst zu verfehlen.[172]

Auffallend ist die Nähe der Ansichten Rogers' zu an der sozialen Dimension der Erbsündlichkeit orientierten theologischen Ansätzen, wie sie sich etwa bei Piet Schoonenberg und Paul M. Zulehner finden.[173] Während Schoonenberg anhand des Begriffes der Situiertheit des Menschen ein Konzept der sozialen ‚Vererbung‘ der erbsündlichen Verfasstheit des Menschen entfaltet, spricht Zulehner von einer Tradition des Bösen, „die jeden Menschen, der in diese Gesellschaft eintritt, in der Mitte seiner Identität mitformt."[174] Hierbei ist allerdings allen Versuchen, eine Umgehbarkeit dieser Entfremdung zu behaupten, entgegenzuwirken.[175] Auch der mit sich selbst zumindest weitgehend kongruente Mensch steht Gott gegenüber in einer, seiner Freiheit vorgegebenen Entscheidungssituation zwischen Sünde und Erlöstheit und wird durch seine konkreten Freiheitsentscheidungen einen der beiden Zustände ratifizieren.[176]

Die grundlegende Entfremdung des Menschen von Gott und damit auch von seinem eigenen wahren Wesen erweist sich somit als eine allen sozial vermittelten, kategorialen Entfremdungsprozessen vorgängige, transzendentale Bestimmung des Menschen. Der personzentrierte Ansatz ist der

---

[170] Vgl. die entsprechenden Ausführungen in Kap. 6.2.3., sowie K. Remele, Tanz um das goldene Selbst?, 307.

[171] M. Sievernich, Schuld und Sünde in der Theologie der Gegenwart, 345.

[172] Vgl. den in Kap. 5.2.2.3. dargestellten inneren Zusammenhang von Gottes-, Nächsten- und Selbstliebe im Denken Karl Rahners, sowie M. Sievernich, Schuld und Vergebung, 303f.

[173] Vgl. P. Schoonenberg, Mysterium Inquitatis, 577-591, P. M. Zulehner, Umkehr: Prinzip und Verwirklichung, insb. 82-85, und Ders., Heirat – Geburt – Tod, 150-172.

[174] P. M. Zulehner, Umkehr: Prinzip und Verwirklichung, 85.

[175] Vgl. K. Rahner, Art. Erbsünde, SW 17, 1007.

[176] Vgl. K. Rahner, Grundkurs, 104-113.

Gefahr ausgesetzt, sich „von *Unschuldswahn und Schuldverdrängung* in der modernen Gesellschaft nicht ganz freimachen"[177] zu können und die Tiefe menschlicher Ambivalenz zu unterschätzen. Dennoch können gerade psychologische Erkenntnisse, wie z.B. das personzentrierte Inkongruenzmodell, helfen, den Prozess der konkreten kategorialen Auswirkungen der grundlegenden erbsündlichen Entfremdung des Menschen genauer zu verstehen und die Frage nach Bedingungen und Wegen der Heilung des Menschen treffender stellen und beantworten zu können.

6.2.5. Bedingungen und Wege der Heilung des Menschen

Gegen den personzentrierten Ansatz Carl Rogers' wird häufig der Vorwurf erhoben, er sei für eine Selbsterlösungsideologie anfällig.[178] Dem steht entgegen, dass Carl Rogers gerade die Unerlässlichkeit positiver Beziehungserfahrungen für die konstruktive Entwicklung der menschlichen Persönlichkeit betont und darüber hinaus keinen theologischen Erlösungsanspruch erhebt, sondern förderliche Bedingungen menschlicher Entwicklung aufzeigt. So wie durch ein „pathogenes Beziehungsangebot"[179] die Inkongruenz entsteht, gilt auch, „dass wirkliche Veränderung durch Erfahrung in einer Beziehung zustande kommt."[180] Insofern kann beim personzentrierten Ansatz nicht von einer autosoterischen Position gesprochen werden, da heilsame Einflüsse immer an Beziehungserfahrungen gebunden sind und Carl Rogers keinen Heilsanspruch erhebt.[181]

Auch im transzendentaltheologischen Verständnis Karl Rahners sind Heilung und Erlösung des Menschen etwas, zu dem er selbst in seiner Freiheit beitragen muss und kann, das ihm letztlich aber nur in der Beziehung zu dem sich ihm selbst mitteilenden Gott, geschenkt werden kann. Transzendentaltheologisch verstandene Heilung und Erlösung des Menschen bestehen in der Annahme der vergebenden Liebe Gottes, wobei Rahner betont, dass auch die der Freiheit des Menschen gegebene Möglichkeit dieser Annahme letztlich

---

[177] I. BAUMGARTNER, Pastoralpsychologie, 479.
[178] So bei W. SCHÄFFER, Das Streben nach Selbstverwirklichung in Korrelation zum Leben nach dem Willen Gottes, 406f., und I. BAUMGARTNER, Pastoralpsychologie, 476-471.
[179] J. FINKE, Empathie und Interaktion, 109.
[180] C. ROGERS, Entwicklung der Persönlichkeit, 46.
[181] Vgl. hierzu M. SECKLER, Theosoterik und Autosoterik, 290, der diese beiden Erlösungsansätze folgendermaßen unterscheidet: „Auf der einen Seite Heil von Gott her und in Gott, das sich verdienter- oder unverdientermaßen nahebringt, auf der anderen Seite menschliche Selbsterlösungspraxis und ein Heil ganz im Horizont des Menschen." Beides trifft auf Rogers m. E. nicht zu, da er, seiner Aussageabsicht als Psychologe entsprechend, zwar keinen theosoterischen Ansatz vertritt, aber auch keinesfalls einen autosoterischen Anspruch erhebt.

von Gott ermöglicht und in diesem Sinne gnadenhaftes Geschenk ist.[182] Dennoch darf die Bedeutung des menschlichen Beitrags zu dieser Erlösung nicht unterschätzt werden, so dass Rahner sogar davon gesprochen hat, „dass der Mensch sich selbst, wenn man so sagen will, erlösen kann."[183]

Auf einer grundsätzlichen Ebene lassen sich personzentrierter und transzendentaltheologischer Ansatz also dahingehend zusammenführen, dass für beide die Heilung des Menschen wesentlich ein Beziehungsgeschehen ist. Dieses ist nun näher auf die jeweilige Ebene des Geschehens, auf seine Bedingungen und seine Auswirkungen im Einzelnen zu betrachten.

Karl Rahner differenziert in mehreren Aufsätzen zwischen der transzendentalen und der kategorialen Ebene des Heils bzw. der Heilung des Menschen und verweist in diesem Zusammenhang auch ausdrücklich auf die je eigene Zuständigkeit von Theologie/Seelsorge und Medizin/Psychologie bzw. Psychotherapie.[184] Neben der Eigenständigkeit und Unabhängigkeit des jeweiligen Zuständigkeitsbereiches und Erkenntnisinteresses betont Rahner dabei, dass beide Zugänge „in aller Verschiedenheit ihrer Aufgabe und Berufung dennoch aufeinander verwiesen und aufeinander angewiesen (sind)."[185] Wie bereits in Bezug auf die anderen Dimensionen des jeweiligen Menschenbildes ausgeführt, lässt sich auch hier der personzentrierte Ansatz Carl Rogers' als kategoriale Entsprechung des transzendentaltheologischen Ansatzes Karl Rahners verstehen.

Für beide Ansätze ist die Erfahrung bedingungslos annehmender Liebe entscheidend. Während für Rogers dies in der zwischenmenschlichen Beziehung zwischen Klient und Therapeut geschieht, ist für Rahner die Erfahrung der vergebenden Liebe des sich selbst mitteilenden, also in unmittelbarer Beziehung zum Menschen stehenden Gottes zentral. Die Annahme dieser Liebe Gottes bleibt jedoch kein rein transzendentales Geschehen, sondern vollzieht sich gemäß der Einheit von Nächsten- und Gottesliebe in zwischenmenschlichen Beziehungen und findet in diesen Realisierungen zu ihrer Erfüllung.[186]

Der schon bei Carl Rogers selbst, aber auch bei anderen Psychologen zu findende Verweis auf Transzendenzerfahrungen im Rahmen der psychothe-

---

[182] Vgl. K. RAHNER, Grundkurs, 124.
[183] K. RAHNER, Das christliche Verständnis der Erlösung, Schriften XV, 237. Vgl. hierzu das in Kap. 5.2.2.2. Ausgeführte.
[184] Vgl. K. RAHNER, Angst und christliches Vertrauen in theologischer Perspektive, Schriften XV, 276-278, DERS., Schuld und Schuldvergebung als Grenzgebiet zwischen Theologie und Psychotherapie, Schriften II, 296f., sowie DERS., Heilsmacht und Heilungskraft des Glaubens, Schriften V, 518-526, und DERS., Sendung und Gnade, 553.
[185] K. RAHNER, Schuld und Schuldvergebung als Grenzgebiet zwischen Theologie und Psychotherapie, Schriften II, 297. Vgl. zu diesem Gedankengang die ausführliche Darstellung in Kap. 5.2.5..
[186] Vgl. Kap. 5.2.5. und ausführlicher 5.2.2.3., sowie K. RAHNER, Über die Einheit von Nächsten- und Gottesliebe, Schriften VI, 277-298.

rapeutischen Arbeit ist ein Hinweis, dass diese Verbindung von Nächstenliebe und Gotteserfahrung zumindest in Einzelfällen im Rahmen helfender, bestimmte psychologische Bedingungen erfüllender zwischenmenschlicher Beziehungen erfahrbar wird.[187] Obwohl solche subjektiven Erfahrungen nicht als Beweis für eine Existenz und Gegenwart des Göttlichen dienen können, sind sie zumindest ein interessanter Hinweis auf die sich im Blick auf die jeweiligen Anthropologien zeigende Nähe zwischen personzentriertem und transzendentaltheologischem Zugang zum Menschen.

Die begrenzten Möglichkeiten des Therapeuten bzw. Helfenden in einer zwischenmenschlichen Beziehung wirklich bedingungslose Wertschätzung, vollständige Kongruenz und tiefes empathisches Verstehen zu realisieren, sind im göttlichen Beziehungsangebot an den Menschen radikalisiert. Gott, der in sich selbst Liebe und Wahrheit ist, kann den Menschen tiefer erfassen und verstehen als dieser sich selbst und ihn gerade dadurch zur Verwirklichung seines wahren Wesens führen. Somit kann das personzentrierte Beziehungsangebot zwar als eine Erschließungserfahrung des dreieinen Gottes bezeichnet werden, da es im zwischenmenschlichen Bereich das göttliche Beziehungsangebot zu realisieren versucht,[188] die dem Menschen von Gott angebotene Beziehung bleibt aber immer die transzendentale Erfüllung und Vollendung gelingender und hilfreicher Beziehung, die allein das Heil des Menschen bewirkt und in sich schon darstellt.[189] Diese Erfahrung Gottes ist für Karl Rahner auch unabhängig von zwischenmenschlicher Begegnung möglich, auch wenn sie wesentlich auf diese bezogen ist. Während Rahner an mehreren Stellen die Einheit der drei Bezüge auf Gott, den Nächsten und sich selbst betont,[190] weist er auch darauf hin, dass es eine direkte und unmittelbare Erfahrung Gottes und seiner Liebe gibt. „Der Mensch kann Gott selbst erfahren. Und eure Seelsorge müsste immer und bei jedem Schritt dieses Ziel unerbittlich vor Augen haben."[191] Allerdings ist auch diese unmittelbare Erfahrung Gottes und seiner gnadenhaften Liebe nicht von der Bereitschaft zur Nächstenliebe und der Erfahrung hinführender Beziehungen zu trennen, so dass sich auch hier wieder die Verwobenheit der verschiedenen Aspekte menschlicher Bezogenheit zeigt.

---

[187] Vgl. hierzu die bereits in Kap. 3.2.2.3. angeführten Erfahrungen Carl Rogers', sowie exemplarisch A. GÖRRES, Kirchliche Beratung, 31, I. BAUMGARTNER, Pastoralpsychologie, 543, und W. MÜLLER, Wenn der Geist die Seele berührt, insb. 122f.

[188] Vgl. C. LINDEN, Lebendige Beziehungen als Erschließung des Glaubens an den dreifaltigen Gott, 226.

[189] Vgl. K. RAHNER, Grundkurs, 50.

[190] So z.B. in K. RAHNER, Über die Einheit von Nächsten- und Gottesliebe, Schriften VI, 277-298, und DERS, Selbsterfahrung und Gotteserfahrung, Schriften X, 135-140, wo Rahner ausdrücklich darauf hinweist, dass „alle diese drei Erfahrungen letzlich eine sind mit drei Aspekten, die sich gegenseitig bedingen" (ebd., 139).

[191] K. RAHNER, Rede des Ignatius von Loyola an einen Jesuiten von heute, Schriften XV, 373-378, hier: 377.

Gemeinsame Bedingung für das Zustandekommen einer hilfreichen bzw. heilenden Beziehung ist in beiden Sichtweisen neben dem jeweils gegebenen Beziehungsangebot die Bereitschaft des Hilfe- bzw. Heilsuchenden, zum einen seine eigene Bedürftigkeit zu sehen und anzuerkennen und zum anderen die ihm angebotene Beziehung wahrzunehmen. Dem Beziehungsangebot muss die Annahme desselben korrespondieren.[192]

Hinsichtlich der Bedingungen und des Weges menschlicher Heilung bzw. menschlichen Heils kann bei Berücksichtigung der jeweiligen spezifischen Zugangsebene zum Menschen eine Entsprechung von personzentriertem und transzendentaltheologischem Ansatz konstatiert werden, wobei der personzentrierte Ansatz im konkret zwischenmenschlichen eine mystagogische, den Einzelnen zur transzendentalen Erfahrung des Beziehungsangebotes Gottes hinführende Funktion haben kann. Hierzu bedarf er allerdings der expliziten und bewussten Inblicknahme der transzendenten Dimension des Menschseins, in der sich Gott dem Einzelnen selbst als Gegenüber einer dialogischen Beziehung anbietet. Das Zustandekommen dieser transzendentalen Beziehung selbst wird theologisch als Heil des Menschen verstanden und schließt zugleich das volle Zusichselberkommen des Menschen als des Ereignisses der Selbstmitteilung Gottes ein. Insofern lässt sich die im personzentrierten Ansatz intendierte Kongruenz und Selbstverwirklichung des Menschen letztlich gar nicht unter Ausschluss dieser transzendentalen Dimension erreichen, da diese zum Wesen des Menschen gehört. Umgekehrt ist wirkliche Erfahrung göttlichen Heils ohne kongruente Selbsterfahrung nicht möglich, so dass sich auch hier ein wechselseitiges Bedingungsverhältnis zeigt.[193]

Der Blick auf den Zusammenhang zwischen transzendentem Heil und kategorialer Heilung muss dabei stets berücksichtigen, dass zwischen beiden Dimensionen kein Automatismus besteht. Dem transzendenten Heil des Menschen entspricht nicht immer automatisch die kategoriale Heilung und innerweltliche Heilung ist nicht aus sich heraus ein Hinweis auf transzendentes Heil – wie auch innerweltliche Krankheit nicht als Beleg für transzendentale Heillosigkeit gesehen werden darf.[194]

Ein zentraler und bleibender Unterschied zwischen einem psychologisch-therapeutischen und einem theologisch-seelsorglichen Zugang zum

---

[192] Vgl. hierzu die Betonung der Bedeutung der menschlichen Freiheit im Erlösungsgeschehen bei K. RAHNER, Selbstverwirklichung und Annahme des Kreuzes, Schriften VIII, 322-326, sowie die erste, zweite und sechste Bedingung bei C. ROGERS, Die notwendigen und hinreichenden Bedingungen, 170-176.

[193] Vgl. hierzu ausführlich K. RAHNER, Selbsterfahrung und Gotteserfahrung, Schriften X, 133-144.

[194] Vgl. K. RAHNER, Heilsmacht und Heilungskraft des Glaubens, Schriften V, 522f.

Menschen stellt der Bereich menschlicher Schuld dar.[195] Während diese aus psychologischer Sicht nur hinsichtlich ihrer subjektiven Dimension, d. h. dem persönlichen Erleben von Schuld und Schuldgefühlen, in den Blick genommen wird, eröffnet sich aus theologischer Sicht auch ein Zugang zur objektiven Seite der Schuld und zu Möglichkeiten deren Vergebung. Hier wird der Unterschied zwischen beiden Zugängen deutlich. Während die Psychologie im Subjektiv-Immanenten ansetzt und sich auf persönliche und auch soziale Bewältigungsmöglichkeiten beschränkt,[196] bietet der christliche Glaube konkrete Versöhnungsmöglichkeiten über das Innerweltliche hinaus. Kern des christlichen Glaubens ist ja gerade das Vergebungs- und Erlösungsangebot des den Menschen liebenden Gottes, der in den Sakramenten dem Menschen konkret erfahrbare Wege der Vergebung und Tilgung von Schuld angebietet. So können sich psychologische und theologische Sicht des Menschen auch in diesem Bereich ergänzen: Während die Psychologie den Blick für die persönlichen aber auch sozialen Auswirkungen schuldhaften Verhaltens schärfen und Hilfen zu deren psychischer Bewältigung anbieten kann,[197] zeigen Theologie und christliche Seelsorge Wege zu deren Vergebung auf.[198] Und gerade diese Vergebungsmöglichkeiten schaffen den Freiraum, in dem der Mensch seine Verantwortung und Schuld erst wirklich in den Blick nehmen kann, ohne an ihnen zerbrechen oder ihnen verdrängend ausweichen zu müssen.

Dementsprechend besteht für Karl Rahner „ein unaufhebbarer Zirkel zwischen Erfahrung der Schuld und Erfahrung der Vergebung dieser Schuld"[199] und gerade diese Erfahrung der Vergebung stellt aus transzendentaltheologischer Sicht das Heil bzw. die Heilung des Menschen dar.[200] Diese Vergebung geht weit über eine bloße Annahme des anderen trotz seiner Schuld hinaus, da sie die Schuld wirklich aufhebt und nicht nur von ihr absieht.[201] Dennoch kann m. E. die von Rogers geforderte bedingungslose

---

[195] Vgl. hierzu und zum Folgenden K. RAHNER, Schuld und Schuldvergebung als Grenzgebiet zwischen Theologie und Psychotherapie, Schriften II, 279-297, sowie ausführlich und sowohl die psychologische als auch die theologische Sichtweise darstellend A. GÖRRES und K. RAHNER, Das Böse.

[196] So spricht I. BAUMGARTNER, Pastoralpsychologie, 479, davon, dass „die Gesprächspsychotheraie keine andere Vergebung als die empathische Annahme des Therapeuten" zu bieten habe.

[197] Vgl. beispielhaft A. GÖRRES, Das Böse und die Bewältigung des Bösen in Psychotherapie und Christentum, insb. 141-144.

[198] Zum christlichen Verständnis von Schuld und Vergebung siehe K. RAHNER, Schuld, Vergebung und Umkehr im christlichen Glauben, insb. 217-229, wo Rahner u.a. auf die Bedeutung der Sakramente in der Schuldvergebung eingeht, sowie zusammenfassend M. SIEVERNICH, Schuld und Vergebung.

[199] K. RAHNER, Grundkurs, 100.

[200] Vgl. Kap. 5.2.5..

[201] Vgl. M. SIEVERNICH, Schuld und Vergebung, 304-308.

Wertschätzung zumindest als ein Versuch der zwischenmenschlichen Entsprechung zum göttlichen Vergebungsangebot gesehen werden, da sie dem Mitmenschen einen Raum der Annahme eröffnet, der diesen erst befähigt, sich der eigenen Schuld und Lebensverantwortung zu stellen. So wie der menschlichen Schulderkenntnis immer schon die liebende Annahme Gottes vorausgeht, erleichtert die zwischenmenschliche Erfahrung bedingungslos annehmender Liebe die wahrhaftige Selbsterkenntnis, ohne selbst eine Vergebung der schuldhaften Anteile menschlicher Verantwortlichkeit leisten zu können. Interessant sind in diesem Zusammenhang religionspsychologische Befunde, die auf einen positiven Zusammenhang zwischen religiös erfahrener Vergebung, dem Erleben positiver Emotionen und Gesundheit hinweisen.[202]

Eine große Nähe zwischen personzentriertem und transzendentaltheologischem Ansatz besteht hinsichtlich des Ziels von Heilung bzw. Erlösung des Menschen. Für beide ist dieses die Einheit des Menschen mit seinem wahren Wesen, wenn dieses Wesen auch jeweils anders verstanden wird. Für Rahner bleiben die im personzentrierten Ansatz intendierten innerweltlichen Realisierungen dieses Wesens dabei immer vorläufig zu der nur im Tod des Menschen zu erreichenden „Endgültigkeit des wahren Selbstverständnisses und der wahren Selbsttat des Menschen in Freiheit vor Gott durch die Annahme seines eigenen Selbst, so wie es ihm in der Wahl der in Freiheit interpretierten Transzendenz eröffnet und übereignet ist."[203]

Interessant ist in diesem Zusammenhang die Rogerssche Weigerung, von Heilung zu sprechen, da dieser Begriff für ihn eine festlegende Vorstellung davon, was gesund bzw. krank ist, beinhaltet. Das Ziel therapeutischer Beziehung ist für ihn gerade die individuelle, dem je eigenen Wesen entsprechende Entwicklung und Entfaltung innewohnender Möglichkeiten und nicht das Erreichen eines bestimmten, von Außen definierbaren Zustandes.[204] Diese Betonung eines offenen, dem Einzelnen entsprechenden Verständnisses von Heilung ist auch für ein angemessenes Verständnis menschlichen Heils wesentlich. Beim transzendentalen Heil des Menschen handelt es sich ja um eine, den Einzelnen als dialogischen Partner einschließende Beziehung zwischen Gott und Mensch. So hat die theologische Vorstellung der Vollendung des Menschen in eben dieser Beziehung zum sich selbst schenkenden Gott die Individualität des Einzelnen und seiner Lebens- und Beziehungsgeschichte zu berücksichtigen, will sie nicht die göttliche Gnade so (miss-) verstehen, dass sie den Einzelnen genau dieser Individualität

---

[202] Vgl. E.L. WORTHINGTON JR. U.A., Unforgiveness, forgiveness, religion, and health.
[203] K. RAHNER, Grundkurs, 50.
[204] Vgl. Kap. 3.2.5., sowie C. ROGERS, Die beste Therapieschule ist die selbst entwickelte, 32.

beraubt und damit den Wert seines vorherigen, je individuellen Lebens, das die Grundlage der Entscheidung des Menschen für oder gegen den sich ihm anbietenden Gott ist, aufhebt.[205]

Nachdem im Blick auf die Bedingungen und Wege der Heilung bzw. des Heils des Menschen die Menschenbilder des personzentrierten bzw. transzendentaltheologischen Ansatzes als kategoriale bzw. transzendentale Entsprechung einer Sicht des Menschen als in sich Möglichkeiten bergendem, aber zu deren positiver Entfaltung wesentlich auf heilsame und hilfreiche Beziehungserfahrung verwiesenem Wesen zusammengeführt werden konnten, sollen nun die im jeweiligen Ansatz enthaltenen Zielbilder des Menschseins näher auf ihre Vereinbarkeit betrachtet werden.

6.2.6. Zielbild des Menschseins

Im personzentrierten Ansatz zeigte sich die voll verwirklichte Persönlichkeit (‚fully functioning person‘), die von Rogers auch als „Ziel der sozialen Entwicklung" und „Endpunkt einer optimal verlaufenden Therapie"[206] bezeichnet wird, als hypothetische Zielvorstellung gelingenden Menschseins. Diese Vorstellung bündelt die zentralen Elemente des Rogersschen Menschenbildes: die konstruktiven, dem Menschen innewohnenden Kräfte, seine grundlegende Sozialität und seine Freiheit und Offenheit, ganz er selbst zu sein und seiner unmittelbaren Erfahrung zu vertrauen.[207]

Als Zielbild des transzendentaltheologischen Ansatzes erwies sich der in der ‚hypostatischen Union‘ mit Gott vereinte Mensch, wie er in Jesus Christus geschichtlich realisiert und „*jedem* Menschen in Gnade zugedacht ist"[208]. Auch dieses Zielbild erscheint als eine Zusammenfassung der zuvor in verschiedenen Perspektiven entfalteten Anthropologie, da es die dem Menschen (und in ihm dem ganzen Kosmos) angebotene Selbstmitteilung Gottes und die seine Entwicklung antreibende aktive Selbsttranszendenz in der Einheit von Angebot und Annahme der göttlichen Liebe zusammenführt.[209]

In beiden Ansätzen erweist sich somit das Zielbild des Menschseins als eine Art Summe der vorher entfalteten Aspekte. Deshalb sollen an dieser Stelle nicht alle Facetten noch einmal betrachtet werden, sondern auf die Basis der zuvor analysierten Konvergenzen und Differenzen der beiden Menschenbilder zurückgegriffen werden.

---

[205] Vgl. das in Kap. 5.2.3. und 5.2.5. zur Bedeutung der Freiheit des Menschen Gesagte.
[206] C. ROGERS, Eine Theorie der Psychotherapie, 59.
[207] Vgl. Kap. 3.2.6..
[208] K. RAHNER, Grundkurs, 217.
[209] Vgl. Kap. 5.2.6..

Erwartungsgemäß ist auch der Blick auf die Zielvorstellung erfüllten menschlichen Lebens durch den Unterschied einer immanenten und einer transzendenten Betrachtungsweise geprägt, wie sie der jeweiligen wissenschaftlichen Disziplin der Autoren entspricht. Dennoch verweist gerade der hypothetische Charakter der ‚fully functioning person‘ über das konkrete, kategorial Realisierbare hinaus. Rogers charakterisiert diese Person als „vollkommenste und absoluteste Freiheit ... er selbst zu werden"[210], die den Rahmen des in den determinierenden und einschränkenden Zusammenhängen dieser Welt Möglichen übersteigt. Rogers verlässt in ihr wiederum die Ebene empirisch fundierter psychologischer Anthropologie. Dieses Zielbild wirkt dabei wie eine psychologische Charakterisierung der in der hypostatischen Union bei Karl Rahner beschriebenen Vollendung des Menschseins in der Einheit mit Gott.

Rogers' ‚fully functioning person‘ ist so den irdischen Begrenzungen enthoben, dass sie letztlich, insbesondere unter Berücksichtigung der transzendenten Dimension des Menschen, nur von Gott her realisierbar scheint. Denn transzendentaltheologisch betrachtet, eröffnet sich dem Menschen gerade aus der Beziehung zu Gott und der frei angenommenen Abhängigkeit von diesem die eigene Freiheit.[211] Auch scheint die von Rogers angesprochene optimale Therapie letztlich nur von Gott her möglich, da aufgrund der menschlichen Gefährdet- und Begrenztheit (6.2.4.) die von Rogers geforderten hilfreichen Haltungen nur in der göttlichen Liebe wirklich vollkommen realisiert sind (6.2.5.). Gemeinsam ist beiden Ansätzen, dass die menschliche Vollendung letztlich nie aus diesem selbst, sondern immer aus einer dem Menschen angebotenen Beziehung – auf der einen Seite zum optimalen Therapeuten, auf der anderen Seite zum vergebenden und vollendet liebenden Gott – entspringt.[212]

Ein wesentlicher Unterschied zwischen personzentriertem und transzendentaltheologischem Zielbild des Menschseins besteht darin, dass es sich aus personzentrierter Sicht um ein hypothetisches Konstrukt, transzendentaltheologisch aber um eine geschichtlich realisierte Möglichkeit handelt. Während es für Rogers noch nie eine ‚fully functioning person‘ gab, ist die hypostatische Union in Jesus Christus für Rahner geschichtliche Realität. Während der personzentrierte Ansatz also letztlich dazu auffordert, sich nach einer unerreichbaren Decke auszustrecken, lädt die christliche Botschaft ein, eine bereits Wirklichkeit seiende Vollendung zu erhoffen.[213] Gemeinsam ist

---

[210] C. ROGERS, Entwicklung der Persönlichkeit, 192.
[211] Vgl. K. RAHNER, Grundkurs, 86f., sowie Kap. 5.2.2.2. und 5.2.3..
[212] Vgl. Kap. 6.2.5..
[213] Vgl. K. RAHNER, Was heißt Auferstehung?, 33-39, sowie DERS., Grundkurs, insb. 260-278.

beiden Ansätzen, dass sich das jeweilige Zielbild hierbei nicht innerweltlich realisieren lässt, wenngleich in Rogers' Zukunftsvisionen manchmal dieser Eindruck erweckt wird.[214]

Aus transzendentaltheologischer Sicht muss die Rogerssche Vision der voll verwirklichten Persönlichkeit um die transzendente Dimension ergänzt werden, da eine solch vollkommene Einheit mit sich selbst, wie sie von Rogers skizziert wird, theologisch ohne den bewussten Vollzug der Einheit mit Gott nicht denkbar ist. Der Mensch ist so sehr das Wesen der Verwiesenheit über sich hinaus, dass sich dieses Wesen ohne unmittelbare Erfahrung dieser Transzendenz nicht voll entfalten kann.[215]

In der personzentrierten Betonung der Prozesshaftigkeit der ‚fully functioning person‘ liegt m. E. ein wichtiges Korrektiv für theologische Vorstellungen menschlicher Vollendung. Denn es ist nur folgerichtig, dass der Mensch, wenn er so wesentlich auf Entwicklung und Wachstum angelegt ist (6.2.3.), auch in seiner Vollendung nicht einen statischen Zustand, sondern ein lebendiges, für Veränderung und Entwicklung offenes Beziehungsgeschehen erreicht. Dieses lässt sich theologisch aus der Geheimnishaftigkeit Gottes ableiten. Denn selbst wenn der Mensch die Einheit mit Gott in der „visio beata"[216], der seligen Schau Gottes, erreicht, wird er mit diesem Gott, welcher der je Größere und im Letzten Unfassbare ist, und damit auch mit sich selbst als dem Gegenüber dieses Gottes, nie an ein Ende kommen.[217]

Es zeigt sich auch im Blick auf das Zielbild des Menschseins, dass die personzentrierte und die transzendentaltheologische Sichtweise zu einem gemeinsamen, den Menschen als Beziehungswesen charakterisierenden Menschenbild zusammen- und weitergeführt werden können, wenn die jeweiligen Besonderheiten des Erkenntnisinteresses berücksichtigt werden und wechselseitige Ergänzungen vorgenommen werden.

6.2.7. Zusammenfassendes Ergebnis der Zusammen- und Weiterführung der Menschenbilder Carl Rogers' und Karl Rahners

Nach der dialogischen Analyse der Menschenbilder Carl Rogers' und Karl Rahners auf der Ebene der einzelnen anthropologischen Dimensionen soll

---

[214] Vgl. etwa C. ROGERS, Der neue Mensch, 173-186. Solche Visionen Rogers' werden aber z.B. von E.M. BIERMANN-RATJEN U.A., Gesprächspsychotherapie, 85, als nicht realisierbare Fiktion gewertet.

[215] Vgl. Kap. 6.2.1..

[216] K. RAHNER, Grundkurs, 217.

[217] Vgl. Kap. 4.2.1. und Rahners Ausführungen zur Eschatologie in K. RAHNER, Grundkurs, 414-429.

jetzt die zusammenfassende Weiterführung der Einzelaspekte mit Blick auf eine Synthese der Menschenbilder auf einem höheren Reflexionsniveau erfolgen. Dazu ist es notwendig, über die bisherige Gliederung der Diskussion in den Einzelaspekten hinaus der Frage nachzugehen, welche gemeinsame Sicht des Menschen sich aus dem Dialog der beiden exemplarischen Menschenbilder aus Psychologie und Theologie ergibt. Neben der Zusammenfassung derjenigen Aspekte, in denen beide Anthropologien übereinstimmen, sollen besonders diejenigen Aspekte, in denen sich aufgrund der Fachspezifität der beiden Disziplinen notwendige gegenseitige Ergänzungen ergaben, aufgegriffen werden, um sie zu einem, die psychologische und die theologische Sichtweise integrierenden Menschenbild weiterzuführen.

Diese Integration der Menschenbilder soll dann im Anschluss an die kritische Würdigung des anthropologischen Ertrags des hier durchgeführten interdisziplinären Dialogs (6.3.) als Grundlage des abschließenden siebten Kapitels dienen, in dem Konsequenzen und Folgerungen sowohl für die psychotherapeutische als auch pastoraltheologische Forschung und Praxis aufgezeigt werden.

Wer ist also der Mensch aus einer Theologie und Psychologie übergreifenden Perspektive?

Wesen des Menschen

Der Mensch zeigt sich als ein personales Wesen bezüglich dessen alle empirischen und theoretischen Einzelbefunde nur im Rahmen einer Gesamtsicht, eben eines expliziten Menschenbildes, zutreffend eingeordnet werden können. Aus den beiden betrachteten Ansätzen ergeben sich als grundlegende Kennzeichnung des Menschen als Person bzw. Subjekt die beiden spannungsvollen Einheiten von einerseits Individualität und Relationalität sowie andererseits von Immanenz und Transzendenz (6.2.2.).

Die Individualität des Menschen zeigt sich nicht nur in der Einzigartigkeit seines Erlebens und Verhaltens, das sich aus gestalttheoretischer sowie transzendentaltheologischer Sicht nicht aus der Addition der Einzelteile summieren lässt, sondern in der Gesamtheit seiner Persönlichkeit im Sinne einer Gestalt wirklich etwas Anderes als die Summe seiner Teile ist, sondern auch in seiner Bezogenheit auf Andere und Anderes hin. Der Mensch kann als Einzelner nicht bestehen, sondern ist in Sein und Entwicklung auf ein Du verwiesen. Sowohl in seiner Individualität wie auch in seiner Relationalität ist der Mensch dabei auf die konkret gegebenen, kategorialen Inhalte seines Erlebens und Verhaltens gerichtet, übersteigt diese aber zugleich auf ihren transzendentalen Horizont hin. Darin unterscheidet sich der Mensch grundsätzlich von allen anderen Lebewesen.

Individualität und Relationalität sind so tief miteinander verschränkt, dass sich auch innerhalb des Menschen die Bezogenheit verschiedener Dimensionen zeigt: des Geistigen, Seelischen und Körperlichen. Zwar können diese Ebenen menschlichen Seins unterschieden werden, doch stehen sie in einer so tiefen Verbundenheit untereinander, dass die Betrachtung einer Ebenen immer auch die beiden anderen Dimensionen einschließt. Dies zeigt sich sowohl in der Differenzierung zwischen Organismus und Selbst bei Rogers als auch in der Unterscheidung von Geist/Seele und Materie/Leib bei Rahner. Beide Differenzierungen können m. E. in die Ebenen Geist, Seele und Körper transferiert werden (6.2.2.1.).

Die Transzendentalität des Menschen kann im Sinne einer theologischen Deutung explizit als Gottesbeziehung erfasst werden, sie wird aber auch ohne religiös-konfessionellen Kontext als Verwiesenheit auf eine die empirisch-kategoriale Wirklichkeit übersteigende Realität erfahren oder zumindest reflektiert. Selbst Menschen, die sich im Sinne eines Agnostizismus einer Entscheidung in der Frage der Transzendenz enthalten oder im Sinne des Atheismus eine Raum und Zeit übersteigende Wirklichkeit ablehnen, sind zumindest in der Frage nach der Sinnhaftigkeit ihrer Existenz und der Deutung der Grundstruktur ihrer Erfahrungen auf den Begriff der Transzendenz verwiesen. Karl Rahner bezeichnet den Menschen deshalb als das Ereignis der Selbstmitteilung Gottes (6.2.1.).

Die enge Verknüpfung der drei Ebenen der Bezogenheit des Menschen in sich, auf Mitmenschen und auf Gott bzw. Transzendenz hin zeigt sich darin, dass jede dieser Beziehungsdimensionen zugleich die potentielle Erfahrung der anderen einschließt. Wer mit sich selbst wirklich in Beziehung tritt, wird auch seine Verwiesenheit auf ein soziales und auch ein transzendentes Du erfahren. Ebenso kann die tiefe Erfahrung der Beziehung zu einem menschlichen Gegenüber sowohl zur Erfahrung von Transzendenz als auch zu vertiefter und gewandelter Selbsterfahrung im Sinne der hilfreichen Beziehung bei Rogers führen. Je bewusster und freier ein Mensch seine Individualität erfahren und entfalten kann, in desto tieferen und erfüllteren Beziehungen wird er auch zu immanentem wie transzendentem Gegenüber leben (6.2.2.2.).

Möglichkeiten und Grenzen der Entwicklung des Menschen
Die vielfachen Potentiale des Menschen ermöglichen und fordern zugleich einen lebenslangen Entwicklungsprozess. Der Mensch begnügt sich nicht mit dem faktisch Gegebenen und Erreichten, sondern trägt in sich den Drang und das Potential zur fortwährenden Transzendierung des Bisherigen. Diese Eigenart prägt sowohl sein Erkennen, als auch sein Handeln. Aus ihr ergibt sich, dass der Mensch das Wesen der Geschichtlichkeit ist, das die Abfolge

der persönlichen aber auch sozialen Ereignisse nicht nur als faktische Folge, sondern als inneren Entwicklungsprozess erlebt. Dieses Entwicklungspotential, das personzentriert als Aktualisierungstendenz, transzendentaltheologisch als aktive Selbsttranszendenz verstanden wird, bezieht sich wiederum auf alle oben angeführten Ebenen des Menschseins (6.2.3.).

Der Mensch ist von Zeugung und Geburt an ein einzigartiges Individuum, das sich über seine ganze Lebensspanne hinweg weiterentwickelt. Diese Entwicklung vollzieht sich zwangsläufig in (mehr oder weniger gelingenden) sozialen Beziehungen, was sich im Konzept des ‚Bedürfnisses nach positiver Beachtung durch andere‘ bei Rogers ausdrückt. Auch in der Auseinandersetzung mit der Frage bzw. Erfahrung der Transzendenz durchläuft jeder Mensch im Laufe seines Lebens seine je eigene Entwicklung, die ihn zu Ablehnung, Enthaltung oder Zustimmung gegenüber Gott bzw. der Existenz einer transzendenten Wirklichkeit führt. Im Wesen der Entwicklung sind nicht nur Differenzierung und Zugewinn, sondern auch Misslingen und Scheitern angelegt. Bei der Frage nach dem Ge- bzw. Misslingen menschlichen Lebens steht die Frage nach ge- oder misslungenen Beziehungen im Vordergrund.

Um nicht einem naiven anthropologischen Optimismus zu erliegen, wie er Carl Rogers vorgeworfen wurde, ist es notwendig, trotz der Betonung der positiven menschlichen Entwicklungspotentiale die existentielle Entfremdung des Menschen von seinem eigentlichen Wesen, wie sie sich in den Konzepten der Erbsünde bzw. Schuldbedrohtheit bei Rahner und der Inkongruenz bei Rogers ausdrückt, zu berücksichtigen. Grundlage aber auch Folge menschlicher Pathologien ist die Störung seiner Beziehung zu sich, zum Mitmenschen und zu Gott. Zwar kann die menschliche Inkongruenz als eine kategoriale Erscheinungsform der grundlegenden, erbsündlichen Entfremdung des Menschen von Gott und damit auch von seinem eigenen wahren Wesen aufgefasst werden, allerdings darf dies nicht dazu führen, dass eine Vermeidbarkeit oder innerweltliche Überwindbarkeit dieser Entfremdung des Menschen angenommen wird (6.2.4.). Neben der freiheitlichen Entscheidung des Menschen für oder gegen den Vollzug seines eigenen Wesens spielen die bedingungslos annehmenden Beziehungsangebote durch den Mitmenschen und im letzten durch Gott die entscheidende Rolle für eine heilvolle Entwicklung (6.2.5.).

Der zentrale christliche Weg der Heilung bzw. des Heils des Menschen ist die Erfahrung der vergebenden Liebe Gottes, die allein den Menschen von der ihn von Gott und von sich selbst trennenden Schuld befreien kann. Die personzentrierten therapeutischen Haltungen können dabei als Versuch einer zwischenmenschlichen Entsprechung dieses göttlichen Liebesangebotes gewertet werden, ohne dieses ersetzen oder voll realisieren zu können.

Eine rein immanent-psychologische Selbsterlösung des Menschen im Sinne einer Autosoterik erscheint wenig realistisch, da es weder den vollkommenen Therapeuten noch eine rein zwischenmenschliche Möglichkeit wirklich umfassender, den ganzen Menschen befreiender Schuldvergebung gibt. Diese ist allein in der Erlösung durch Jesus Christus in der Annahme der göttlichen Selbstmitteilung real gegeben (6.2.5.).

Die Erfahrung und Annahme göttlicher wie zwischenmenschlicher Liebe kann den Menschen aber dazu befähigen, sich seiner eigenen Realität immer umfassender bewusst zu werden und diese in der Annahme der angebotenen Liebe hin zu einer größeren Realisierung der ihm innewohnenden Entwicklungs- und Beziehungspotentiale zu übersteigen. Gerade die personzentrierten Haltungen der Kongruenz, der bedingungslosen Wertschätzung und der Empathie können hierbei eine mystagogische, den Menschen zur Erfahrung der Liebe Gottes hinführende Funktion haben. Die Annahme der angebotenen Beziehung stellt dabei schon einen wesentlichen Teil des Heils bzw. der Heilung des Menschen dar, da er gerade in gelingenden, wechselseitigen Beziehungen sein wahres personales Wesen vollzieht (6.2.2.). Der Mensch ist dabei nicht nur beziehungsbedürftig, sondern auch beziehungsfähig. Er ist ein zutiefst auf menschliche Gemeinschaft angelegtes und angewiesenes, durch seine soziokulturelle wie auch biologisch-physikalische Umwelt geprägtes Wesen, das in fortwährender Wechselwirkung mit dieser Umwelt lebt (6.2.3.).

Wesentlicher Bestandteil der menschlichen Beziehungsfähigkeit ist seine Freiheit. Diese beschränkt sich nicht auf die Wahl zwischen Gegenständen oder Alternativen, sondern besteht in ihrem Kern in der transzendentalen Freiheit, sich selbst zu vollziehen. Aus Endlichkeit und Transzendentalität des Menschen ergibt sich dabei die Dimension seiner Verantwortlichkeit. Er schafft mit dem Ausmaß, in dem er sein eigenes Wesen vollzieht oder ablehnt, eine, die Grenzen seines irdischen Lebens übersteigende, in seinem Tod Endgültigkeit findende Wirklichkeit. Die menschliche Freiheit steht dabei in einer bleibenden Ambivalenz zwischen gut und böse, zwischen Vollzug und Ablehnung des eigenen wahren Wesens und Seins, die eine fortlaufende ‚Unterscheidung der Geister', d. h. eine differenzierende Reflexion der eigenen Antriebe und Ziele notwendig macht, damit der Mensch in der Vielzahl seiner konkreten Entscheidungen des Alltags nicht sein eigentliches Wesen und damit sein Heil, das in der Annahme des göttlichen Beziehungsangebotes besteht, verfehlt (6.2.3.).

Ziel des Menschen
Ziel menschlicher Entwicklung bzw. Erlösung ist der uneingeschränkt beziehungsfähige, mit sich selbst und seinem wahren Wesen übereinstimmende,

in vollkommener Einheit mit Gott und daraus resultierend auch in vollkommener Einheit mit den Mitmenschen lebende Mensch. Dieses Zielbild entspricht der Überwindung der menschlichen Gefährdetheit und Entfremdung: psychologisch der Überwindung der innermenschlichen Inkongruenz, theologisch der Überwindung der sündhaften Trennung von Gott. Aufgrund der dem Menschen zutiefst innewohnenden Tendenz zur Weiterentwicklung und Transzendierung erscheint auch dieses Zielbild (die ‚fully functioning person' bei Rogers bzw. der in der ‚unio hypostatica' mit Gott vereinte Mensch bei Rahner) als eine ‚Person im Prozess', die in lebendiger Beziehung Veränderungen unterliegt und sich weiterentwickelt und nicht einen statischen Endzustand erreicht hat (6.2.6.). Auch der in Liebe mit Gott vereinte Mensch wird mit der Erkenntnis desselben nie an ein Ende kommen. Daraus ergibt sich, dass es eine zentrale Aufgabe aller menschlichen Lebensbereiche und gesellschaftlichen Institutionen ist, den Menschen in seinem je eigenen Entwicklungsgang zu unterstützen, um ihn immanent und transzendent zur größtmöglichen Individualität und Relationalität zu verhelfen.

6.3. Kritische Würdigung des Dialoges und seiner Ergebnisse

Im Rahmen einer kritischen Würdigung sollen der formal-methodische (6.3.1.) und der material-inhaltliche (6.3.2.) Aspekt der hier vorliegenden Arbeit unterschieden werden, obwohl beide Ebenen eng miteinander verwoben sind.

6.3.1. Formal-methodische Reflexion des Vorgehens

Unter Berücksichtigung der jeweiligen fachspezifischen Zugangsweise und bei Unterscheidung der empirisch-kategorialen und der transzendental-wesensbezogenen Ebene sowohl innerhalb als auch zwischen beiden Ansätzen ergab sich als gemeinsame Basis eine grundlegende Sicht des Menschen (6.2.7.). Hierbei zeigte sich die Differenzierung der beiden Betrachtungsebenen nicht nur als ein Unterschied zwischen den Disziplinen und ihres jeweiligen wissenschaftstheoretischen Ansatzes, sondern auch innerhalb des jeweiligen Zugangs zum Menschen. Jede empirisch orientierte Psychologie stützt sich auf zumindest implizite Annahmen bezüglich des Wesens des Menschen, und jede transzendental orientierte theologische Reflexion bedarf der Rückbindung an konkrete Erfahrungsgegebenheiten, wenn sie

sich nicht in der Abstraktion verlieren und letztlich für den Menschen be-
deutungslos werden will. So kann es als möglich angesehen werden, den
interdisziplinären Dialog nicht quasi vereinnahmend von Außen an die beiden Disziplinen heranzutragen, sondern ihn aus dem inneren Anspruch jeder
der beiden Fachrichtungen heraus zu entwickeln. Die Möglichkeit eines solchen interdisziplinären Dialoges lässt sich m. E. mit der hier durchgeführten
Zusammen- und Weiterführung der Menschenbilder Carl Rogers' und Karl
Rahners bestätigen.

Die im Rahmen des Dialogs entwickelte gemeinsame Sicht des Menschen erscheint um so beachtenswerter, als beide Autoren zwar zeitlich
parallel, aber von unterschiedlichen fachlichen, kulturellen und religiösen
Ausgangspunkten her geforscht und ihre Konzepte entwickelt haben.[218] Wer
wie Carl Rogers und Karl Rahner versucht, durch Reflexion zum wahren
Wesen des Menschen vorzudringen, stößt dabei offensichtlich auf einen
kulturenübergreifenden Kern, der sich theologisch aus der Herkunft aller
Menschen aus dem einen, sie erschaffenden Gott herleiten lässt. Von großem
Interesse wäre in diesem Zusammenhang eine Fortführung des Dialogs mit
Protagonisten aus dem afrikanischen, asiatischen oder südamerikanischen
Raum. Hierbei würden die noch deutlicheren kulturellen Unterschiede si-
cher eine größere Rolle spielen als bei einem amerikanischen und einem
deutschsprachigen Dialogpartner, jedoch sollten sich die hier aufgezeigten
Grundwesenszüge des Menschen auch in diesen kulturellen Zusammenhän-
gen bestätigen lassen.

Für den interdisziplinären Dialog wurden gemeinsame Kategorien für die
Darstellung und Synthese der Menschenbilder erarbeitet. Der dadurch gegebene Rahmen erwies sich als angemessen und hilfreich für die Darstellung
der beiden Menschenbilder und bewährte sich auch für die Explikation eines umfassenden, inter- bzw. überdisziplinären Menschenbildes. Somit kön-
nen diese anthropologischen Grunddimensionen in der weiteren Forschung
sowohl für das Hinzuziehen weiterer Dialogpartner aus Psychologie und
Theologie (etwa anderer Psychotherapieverfahren wie Psychoanalyse oder
Verhaltenstherapie, aber auch anderer theologischer Ansätze wie etwa der
Eugen Bisers oder Josef Ratzingers), als auch für den Dialog mit weiteren
Disziplinen, etwa aus den Bereichen der Natur- bzw. Geisteswissenschaften,
Anwendung finden. Hierfür können zwar in einzelnen Dimensionen Modifikationen erforderlich sein (so wird etwa die Dimension der Bedingungen
und Wege der Heilung des Menschen in vielen Naturwissenschaften nur
rudimentär enthalten sein), die hier aufgezeigten Grundlinien bilden m. E.
jedoch ein disziplinenübergreifendes, dem Grundwesen des Menschen ent-

---

[218] Vgl. die entsprechenden Ausführungen zur ‚transatlantischen Differenz' in Kap. 1.2.2..

sprechendes Raster, in das Ergänzungen und Akzentverschiebungen jeweils integriert werden können.

Bei allen bleibenden interdisziplinären Unterschieden bezüglich des wissenschaftstheoretischen bzw. methodischen Zugangs und der bevorzugten Erkenntnisebene ließen sich mehrere analoge Entsprechungen zwischen kategorial und transzendental erschlossenen Kennzeichnungen des Menschen aufzeigen. Als Beispiele seien an dieser Stelle nur die beiden Entwicklungskonzepte der Aktualisierungstendenz und der Selbsttranszendenz, das Verständnis menschlicher Entfremdung in Inkongruenz bzw. (Erb-) Sünde und das Zielbild des vollkommen beziehungsfähigen Menschen als ,fully functioning person' bzw. als in der hypostatischen Union erlöster und vollendeter Mensch genannt. Hierbei ist es wichtig, zu berücksichtigen, dass es sich um Entsprechungen zwischen verschiedenen anthropologischen Reflexionsebenen und nicht um eine Gleichsetzung psychologischer und theologischer Termini handelt. Eine solche Gleichsetzung, die die Unterschiede der jeweiligen Dimensionen Immanenz und Transzendenz nivelliert, würde weder den interdisziplinären Unterschieden noch dem zu erschließenden Menschenbild gerecht.

Die hier aufgezeigten Analogien dienen der wechselseitigen Validierung der jeweiligen Konzepte und tragen zu einem differenzierteren und vertieften Verständnis des Menschen im Rahmen einer disziplinenübergreifenden Anthropologie bei. Doch ist kritisch anzumerken, dass diese interdisziplinären Entsprechungen immer der Gefahr einer Verwischung der unterschiedlichen Zugänge der Dialogpartner und einer Nivellierung ihrer bleibenden Unterschiede ausgesetzt sind. So zeigte sich z.B. für das personzentrierte Konzept der Inkongruenz, dass sie als prinzipiell sowohl vermeidbar als auch überwindbar gilt, während genau dies im transzendentaltheologischen Begriff der Erbsünde ausgeschlossen ist. Somit steht jede dialogische Zusammenführung spätestens bei ihrer Rückführung in Forschung und Praxis einer der Ausgangsdisziplinen vor der Herausforderung und Schwierigkeit, ihre Ergebnisse wieder in die Methodik und die Erkenntnismöglichkeiten der Ausgangsdisziplin zu transferieren. Trotz dieser Schwierigkeit konnten hier m. E. die Möglichkeiten und Grenzen der Übertragbarkeit und Übersetzbarkeit von Betrachtungskategorien zwischen den Disziplinen aufgezeigt werden.

Für beide Ansätze wurde die Bedeutung der anthropologischen Grundlagen reflektiert. So wie für Karl Rahner alle „christlich orthodoxe Unterweisung unbefangen beim Menschen, bei seiner Selbsterfahrung, bei seiner Existenz anfangen und, richtig verstanden, auch bei ihm enden darf,"[219] gilt

---

[219] K. RAHNER, Die theologische Dimension der Frage nach dem Menschen, Schriften XII, 402.

für Carl Rogers, „dass die Beschaffenheit meiner Begegnungen auf lange
Sicht wichtiger ist als mein sachliches Wissen, meine berufliche Ausbildung,
meine therapeutische Orientierung oder die im Gespräch angewandte Technik."[220] Beide Autoren belegen damit die praktische Relevanz der Reflexion
impliziter Menschenbilder und wenden sich gegen einen äußerlich und oberflächlich bleibenden Eklektizismus, der versucht, Methoden und Techniken
zu übernehmen, ohne ihre anthropologischen Grundlagen und Konsequenzen zu bedenken. Für die beiden hier herangezogenen Ansätze ließ sich die
Relevanz eines angemessenen, expliziten Menschenbildes für die Qualität
der jeweiligen Theorie und Praxis aufzeigen. Sowohl die Pastoraltheologie
als auch die Psychologie bedürfen eines reflektierten, zutreffenden Menschenbildes als Integrationsbasis für Forschungsmethoden und -ergebnisse
wie Interventionstechniken. Nur eine Klärung und Zusammenführung der
anthropologischen Grundlagen kann helfen, dass aus dem faktisch häufig
gegebenen Nebeneinander der Disziplinen ein konstruktives Miteinander in
Forschung und Praxis entsteht.

6.3.2. Material-inhaltliche Reflexion der Ergebnisse

Der eigentliche inhaltliche Ertrag der Zusammen- und Weiterführung der
Menschenbilder Carl Rogers' und Karl Rahners wurde in Kap. 6.2.7. dargelegt. An ihm ist kritisch zu würdigen, dass sich eine m. E. insgesamt umfassende, den Menschen in seinen wesentlichen Dimensionen beschreibende
Gesamtsicht ergibt. Der Mensch zeigte sich als personales, auf die Beziehung zu sich, Mitmenschen und Gott verwiesenes Entwicklungswesen, das
ungeachtet seiner Potentiale bleibend der Gefährdetheit seiner Beziehungen
durch die Entfremdung von sich, Gott und Mitmensch unterliegt, und dessen
Heil bzw. Heilung durch die Annahme liebender Beziehungsangebote und
letztlich der vergebenden Liebe Gottes geschieht. Als Zielbild erschien der
uneingeschränkt beziehungsfähige Mensch, der mit sich, Gott und daraus
resultierend auch den Mitmenschen vollkommen vereint ist.
    Der hier vorgelegte interdisziplinäre Dialog wurde anhand zweier kon-
kreter, exemplarischer Anthropologien durchgeführt. Ein fruchtbarer, zu
wechselseitiger Vertiefung und Ergänzung führender Dialog scheint mittels
konkreter, in sich geschlossener Einzelansätze besser möglich, als angesichts pauschaler Konzepte, die für einen ganzen Wissenschaftsbereich, hier
die Disziplinen Psychologie und Theologie, stehen sollen und in sich schon
eine ganze Bandbreite divergierender Einzelpositionen integrieren müssen.

---

[220] C. ROGERS, Therapeut und Klient, 212.

So wie jeder Mensch sich als unverwechselbares, einmaliges Individuum zeigt, so haben auch Menschenbilder in sich eine individuelle Komponente, die durch die Abstraktion auf eine disziplinenweite Gültigkeit verloren zu gehen droht.

Auf der Basis der hier aufgezeigten Gemeinsamkeiten, Ergänzungen und Gegensätze der ausgewählten exemplarischen Menschenbilder Carl Rogers' und Karl Rahners lassen sich nun weitere Sichtweisen aus den Disziplinen Psychologie und Theologie, aber auch aus anderen wissenschaftlichen Bereichen in die erarbeitete Zusammen- und Weiterführung der Menschenbilder integrieren bzw. können mit dieser Synthese in Dialog gebracht werden. Hierbei muss jedoch stets auf die spannungsvolle Einheit der Ebenen der theoretischen Abstraktion und der Gültigkeit für den konkreten Einzelfall geachtet werden, die sich auch für den transzendentaltheologischen Ansatz Karl Rahners wie den personzentrierten Ansatz Carl Rogers' als grundlegend erwies, da der Mensch nie bloß ein Fall des Allgemeinen, sondern immer ein konkretes, einmaliges und unverwechselbares Individuum ist.

Eine Schwierigkeit der vorliegenden Untersuchung ergab sich daraus, dass beide Autoren kein zusammenfassendes anthropologisches Werk verfasst haben, das ihren anthropologischen Ansatz in gebündelter Form wiedergibt. Während sich die anthropologischen Beiträge Karl Rahners in einer fast unüberschaubaren Breite entfalten, finden sich bei Carl Rogers zwar an vielen Stellen seines Werkes anthropologische Aussagen, doch beschränken sich diese oft auf die Wiederholung zentraler Punkte, ohne seine Anthropologie systematisch zu entfalten. So mussten einige Bereiche des personzentrierten Menschenbild aus implizierten, aber nicht systematisch reflektierten Aussagen erschlossen werden. Gerade der Unterschied des jeweiligen Reflexionsniveau der Ansätze stellt dabei eine Schwierigkeit für den Dialog dar, insofern er Raum für Deutungsunschärfen und divergierende Interpretationen eröffnet. Sicher könnten zu beiden Autoren auch zumindest teilweise andere Deutungen und Akzentuierungen vorgenommen werden, doch haben sich die hier vorgenommen Interpretationen am Duktus des jeweiligen Gesamtwerkes und dem weitgehenden Konsens der Rezeption orientiert und scheinen damit der Intention des jeweiligen Protagonisten zu entsprechen.

Im Rahmen einer grundlegenden Kritik bedürfen beide Ansätze aus soziologischer Sicht einer stärkeren Berücksichtigung der Wechselwirkung des Einzelnen mit seiner Umgebung und hier insbesondere der Gesellschaft. So hat sich zwar Carl Rogers insbesondere in der letzten Schaffensperiode verstärkt dem politisch-gesellschaftlichen Bereich zugewandt und so erfuhr auch Karl Rahners Ansatz insbesondere im Rahmen der Theologie der Befreiung eine politische Akzentuierung, doch haben beide Autoren diese gesellschaftspolitische Dimension nicht mehr in ihr grundlegendes anthropologisches Modell integriert. Zwar stellen beide Autoren die Bedeutung der Beziehung sowohl im Blick auf die Entwicklung, als auch die Gefährdung und Erlösung bzw. Heilung des Menschen in den Mittelpunkt ihres Ansatzes und können somit m. E. zurecht als dialogisch-relational gekennzeichnet werden, allerdings bleiben gesellschaftliche Wechselwirkungen, wie sie etwa in der aktuellen Diskussion um Nachhaltigkeit in vielen Bereichen der öffentlichen und wissenschaftlichen Diskussion breit auftreten,[221] unzureichend berücksichtigt.

Zu den Ergänzungs- bzw. Vertiefungsmöglichkeiten bezüglich der beiden hier herangezogenen Ansätze gehört m. E. somit eine stärkere Reflexion des konkreten soziokulturellen und historischen Umfeldes. Beide Autoren vertreten einen stark von der europäischen Geistesgeschichte geprägten Personbegriff, der hinsichtlich der in ihm sehr ausgeprägten Bedeutung menschlicher Individualität in dieser Form in einem arabisch-afrikanischen oder asiatischen Umfeld sicher nicht vertreten würde.[222] In diesen soziokulturellen Kontexten würden die Relationalität des Menschen und die Bedeutung sozialer Bezüge für ihn stärker akzentuiert werden. Beiträge und Ansätze aus diesen kulturellen Kontexten können sicher zur weiteren Differenzierung und Vertiefung anthropologischer Forschung beitragen.

Eine stärkere Berücksichtigung sozialer Determiniertheit und Eingebundenheit des Menschen könnte auch dazu beitragen, die sich bei beiden Autoren zeigende Gefahr eines idealisierenden, den Gegebenheiten der konkreten Lebenssituation nicht gerecht werdenden Freiheitsbegriffes zu reduzieren. Bei beiden Autoren wird Freiheit als Vermögen über sich selbst verstanden, wobei die Grenzen der Fähigkeit zu wirklich verantwortetem Selbstvollzug nicht ausreichend problematisiert werden.

Trotz der hier angeführten kritischen Einschränkungen kann es m. E. als gelungen angesehen werden, die Menschenbilder des personzentrierten Ansatzes Carl Rogers und des transzendentaltheologischen Ansatzes Karl Rahners im Rahmen eines interdisziplinären Dialogs zu einer umfassenden, die wesentlichen Aspekte menschlichen Seins bedenkenden Sicht zusammen- und weiterzuführen. Aus dieser sollen im nun folgenden Kapitel Anregungen und Konsequenzen für die weitere psychologische und theologische Forschung, sowie die psychotherapeutische und pastorale Praxis abgeleitet werden.

---

[221] Vgl. hierzu exemplarisch die Beiträge in P. C. GRUBER, Zeit für Nachhaltigkeit, sowie aus theologischer Sicht H. WULSDORF, Nachhaltigkeit und O. REIS, Nachhaltigkeit – Ethik – Theologie.
[222] Vgl. z.B. B. SCHERER, Die Weltreligionen, 32f.

7. Implikationen des Dialoges für Forschung und Praxis

Nach der Durchführung und kritischen Würdigung des interdisziplinären Dialogs sollen nun Perspektiven und Konsequenzen dieses Dialoges und seiner Ergebnisse für die beiden in ihm vertretenen wissenschaftlichen Disziplinen Psychologie und Theologie sowie ihrer praktischen Anwendung in Psychotherapie und Seelsorge aufgezeigt werden. Nach dem Blick auf Implikationen, welche beide Disziplinen betreffen (7.1.), werden die weiteren Anregungen nach Fächern getrennt skizziert, um beim Transfer der im Dialog erarbeiteten interdisziplinären Gesamtsicht des Menschen in die beiden Wissenschafts- und Praxisbereiche das jeweilige Erkenntnisinteresse und die methodischen Besonderheiten angemessen zu berücksichtigen (7.2.). Obgleich die anthropologischen Grundlagen der hier herangezogenen exemplarischen Ansätze Carl Rogers' und Karl Rahners zu einer gemeinsamen, fächerübergreifenden Sicht des Menschen weitergeführt werden konnten, bleibt die Umsetzung der sich daraus ergebenden Impulse jeweils Aufgabe der beiden zugrundeliegenden wissenschaftlichen Disziplinen. Ziel des hier gewählten interdisziplinären Vorgehens ist es nicht, die Grenzen und Unterschiede zwischen den Fächern und ihren Arbeitsweisen zu nivellieren, sondern sie als je eigenständige Dialogpartner in ihrer Erkenntnis und ihren Möglichkeiten weiterzuführen. Abschließend wird ein Resümee des Vorgehens und seiner Ergebnisse gezogen (7.3.).

7.1. Gemeinsame Implikationen

Eine grundlegende, beide Disziplinen betreffende Anregung ergibt sich aus der personalen Struktur menschlichen Seins. Sowohl im personzentrierten Ansatz Carl Rogers' als auch im transzendentaltheologischen Ansatz Karl Rahners ist der Mensch eine allen an ihm feststellbaren Einzelaspekten zugrundeliegende und diese in eine Ganzheit integrierende Person.[1] Aus dem Verständnis des Menschen als einer personalen Gestalt, die immer etwas anderes und mehr ist als die bloße Summe ihrer Teile, ergibt sich die Notwendigkeit, alle wissenschaftlichen Einzelbefunde in eine Gesamtsicht des Menschen zu integrieren. Ohne diese Rückbindung an ein ganzheitliches Menschenbild beschreibt kein in psychologischer oder theologischer For-

---

[1] Vgl. Kap. 6.2.1. und 6.2.2..

schung erarbeiteter Befund den Menschen wirklich als Person. Damit verlieren die wissenschaftlichen Teildisziplinen mit den ihnen eigenen methodischen und inhaltlichen Schwerpunkten nicht ihre Legitimation, sie bedürfen jedoch einer sie übersteigenden und integrierenden Basis. Integrationspunkt der in den Spezialdisziplinen erarbeiteten Befunde kann und muss dabei die jeweilige fachbezogene Anthropologie sein, die diese Befunde zu einer psychologischen bzw. theologischen Gesamtsicht des Menschen zusammen- und weiterführt.

Im Konkreten heißt dies für die psychologische Forschung, die Ergebnisse der Kognitions- oder Emotionspsychologie in Fortentwicklung des Rogersschen Ansatzes in eine umfassende Sicht des Menschen zu integrieren[2] und nach ihrem Bezug zu anderen psychologischen Theorien und Forschungsergebnissen, z.B. aus der Sozial- oder Entwicklungspsychologie, zu fragen. Ein Beispiel hierfür sind die Theorien zur sozialen Informationsverarbeitung, in denen Ansätze und Ergebnisse aus verschiedenen psychologischen Teilgebieten zusammenfließen,[3] aber auch die entwicklungspsychologische bzw. systemische Weiterentwicklung des personzentrierten Ansatzes.[4] Dieses Anliegen einer Integration der Erkenntnisse verschiedener psychologischer aber auch außerpsychologischer Ansätze und Erkenntnisse findet sich bereits bei Carl Rogers. In den personzentrierten Ansatz Rogers' sind sowohl verhaltenstheoretische (etwa das empirische Vorgehen in der Psychotherapieforschung) als auch psychoanalytische (etwa das Konzept unbewusster innerer Widersprüche in der Inkongruenz oder die Unterscheidung psychischer Instanzen in der Differenzierung von Organismus und Selbst) Konzepte eingeflossen, und Rogers hat sich stets auch um die Integration naturwissenschaftlicher Forschungsergebnisse (z.B. bezüglich der sogenannten formativen Tendenz bzw. Aktualisierungstendenz) und geisteswissenschaftlicher Verstehensansätze (etwa dem Begriff der Entfremdung, der eine große Nähe zu Paul Tillich aufweist) bemüht.

Gleiches gilt in Analogie für den Bereich theologischer Forschung. Karl Rahner bezieht sich in seinen Reflexionen immer wieder auf die Erkenntnisse anderer theologischer und außertheologischer Disziplinen, etwa der Moraltheologie, Exegese oder der Philosophie und fordert deren Integration in einer anthropologisch fundierten Theologie. Ausdrücklich geht Rahner hierauf im Zusammenhang mit seiner Konzeption einer praktischen Theo-

---

[2] Vgl. R. Sachse, Zur allgemeinpsychologischen Fundierung von klientenzentrierter Psychotherapie.

[3] Vgl. J.-P. Leyens und J.-P. Codol, Soziale Informationsverarbeitung.

[4] Vgl. E.-M. Biermann-Ratjen, Zur Notwendigkeit einer Entwicklungspsychologie für Gesprächs-psychotherapeuten aus dem personzentrierten Konzept für die Zukunft der klientenzentrierten Psychotherapie, bzw. J. Kriz, Entwurf einer systemischen Theorie klientenzentrierter Psychotherapie.

logie ein, aber auch in seinen Ausführungen zum Verhältnis von Theologie und Anthropologie.[5]

Neben der Integration von Befunden verschiedener Spezialdisziplinen hat eine explizite Anthropologie auch die Aufgabe, die den Einzeldisziplinen zugrundeliegenden Grundannahmen über den Menschen zu explizieren und somit einer Reflexion zugänglich zu machen.[6] Diese explizite Reflexion anthropologischer Grundannahmen und Integration neuer Forschungsbefunde in das jeweilige anthropologische Gegenstandsvorverständnis kann in beiden Disziplinen zu einem, dem Menschen möglichst umfassend gerecht werdenden hermeneutischen Zirkel beitragen.[7] Das jeweils erarbeitete psychologische bzw. theologische Menschenbild dient dabei wieder als Kriterium für die anthropologischen Grundannahmen weiterer Forschung und führt so zu einer ständigen Weiterentwicklung und Differenzierung des wissenschaftlichen Menschenbildes.

Von besonderer Relevanz kann eine integrierende und explizite Kriterien erarbeitende Anthropologie für die klinische Psychologie und die Psychotherapie sein. Wie die vergleichende Untersuchung der Menschenbilder psychotherapeutischer Richtungen von Eva Jaeggi zeigt, fehlt es noch an angemessenen Kriterien für einen wissenschaftlich fundierten Vergleich bzw. eine Integration der verschiedenen Psychotherapieschulen und ihrer Behandlungsmethodik.[8] Obwohl es in der Praxis zunehmend zur Übernahme methodischer Ansätze zwischen den Therapieschulen kommt – bis hin zum eklektischen, rein an der empirisch festgestellten Effizienz einzelner Interventionsformen für die Behandlung bestimmter Symptome orientierten Ansatz des Neurolinguistischen Programmierens (NLP)[9] – ist m. E. sowohl die Übernahme von Theorieelementen als auch von Behandlungsansätzen ohne Reflexion der ihnen zugrundeliegenden anthropologischen Grundannahmen problematisch.[10] Grundlage eines solchen, für eine wirklich weiterführende

---

[5] Vgl. K. RAHNER, Die praktische Theologie im Ganzen der theologischen Disziplinen, SW 19, 503-515, und DERS., Art. Anthropologie, SW 17, 900f.

[6] Vgl. zur Bedeutung der Explikation der anthropologischen Vorannahmen in der wissenschaftlichen Forschung das in Kap. 1.1.1. Ausgeführte, sowie für die Psychologie H.-G. GADAMER UND P. VOGLER, Psychologische Anthropologie, 9f., und N. GROEBEN, Handeln, Tun, Verhalten, insb. 49-64, sowie für die Theologie K. RAHNER, Theologie und Anthropologie, Schriften VIII, 43-65.

[7] Vgl. zum Prinzip des hermeneutischen Zirkels in der wissenschaftlichen Erkenntnis H.-G. GADAMER, Wahrheit und Methode, 270-312.

[8] Vgl. E. JAEGGI, Zu heilen die zerstoßnen Herzen, 297-303.

[9] Vgl. T. STAHL, Neurolinguistisches Programmieren (NLP), und G. und K. BIRKER, Was ist NLP?.

[10] Neben E. JAEGGI, Zu heilen die zerstoßnen Herzen, 298, die von einem „unreflektierten Verlangen nach Integration" spricht, siehe hierzu auch die entsprechende personzentrierte Literatur, etwa D. TSCHEULIN, Für und Wider die Methodenintegration in der Psychotherapie, und J. HOWE, Integratives Handeln in der Gesprächstherapie.

Methodenintegration unerlässlichen Dialogs der verschiedenen Therapierichtungen können die hier im interdisziplinären Dialog erprobten anthropologischen Kategorien sein, da sie zum einen die an eine wissenschaftlich
fundierte Psychotherapietheorie zu stellenden theoretischen Anforderungen
Entwicklungstheorie, Ätiologie und Therapietheorie umfassen[11] und zum
anderen sich auch für den anthropologischen Dialog über den eigentlichen
Bereich der Psychotherapie hinaus bewährt haben und somit Basis einer er-
weiterten psychologischen Anthropologie sein können.

Auch für den Bereich der Pastoraltheologie und der seelsorglichen Praxis
gilt die Forderung, Methoden und Ansätze anderer Disziplinen, etwa aus der
Psychologie und Psychotherapie, nicht einfach unreflektiert zu übernehmen,
sondern auf ihre Vereinbarkeit mit den eigenen anthropologischen Grundlagen zu befragen.[12] Dies gilt in besonderem Maße für die Pastoralpsychologie, als einer Brücke zwischen Theologie bzw. Seelsorge und Psychologie
bzw. Psychotherapie.[13] Hierzu bedarf es sowohl der expliziten Reflexion
des den pastoralen Ansätzen zugrundeliegenden Menschenbildes[14] als
auch des interdisziplinären anthropologischen Dialogs mit den psychologischen Theorien, deren Methoden und Erkenntnisse in die Pastoral integriert
werden sollen.

Eine weitere, beiden beteiligten Disziplinen geltende Anregung des hier
vorgenommenen Dialogs stellt eine stärkere Berücksichtigung der sozialen
Dimension des Menschseins dar. Sowohl in Bezug auf Carl Rogers als auch
Karl Rahner wurde moniert, dass sie die Eingebundenheit des Menschen
in konkrete soziale Gefüge in ihrem Menschenbild nicht ausreichend berücksichtigen.[15] So ist bei Carl Rogers zwar die zwischenmenschliche Beziehung zentraler Bestandteil des theoretischen wie praktischen Ansatzes,
„allerdings bleiben diese Beziehungen individueller zu familiären oder gar
gesellschaftlichen Prozessen bei Rogers sehr blass."[16] Auch Karl Rahners
transzendentaltheologischer Ansatz wird als individualistisch und „zu sehr

---

[11] Vgl. Kap. 1.3.2., sowie E. Jaeggi, Zu heilen die zerstoßnen Herzen, 67f.

[12] Vgl. N. Mette und H. Steinkamp, Sozialwissenschaften und Praktische Theologie, 169.

[13] Vgl. H. Brunner, Menschenbilder in Psychologie und Psychotherapie, der sich allerdings
auf Darstellung und Kritik verschiedener psychologischer Menschenbilder beschränkt und
nicht in einen Dialog mit ihnen tritt.

[14] So hat Karl Rahner in seinen Beiträgen zum *Handbuch der Pastoraltheologie* einen *Grundentwurf einer theologischen Anthropologie* vorgelegt, da die für eine praktische Theologie
als Reflexion der Praxis der Kirche und ihrer Seelsorge „wichtigen Normen dieses Selbstvollzugs weithin von den Sätzen einer theologischen, philosophisch erhellten Anthropologie
(und natürlich von der damit in ihrem Grund gegebenen Moraltheologie) abhängen" (Ders.,
Grundentwurf einer theologischen Anthropologie, SW 19, 181).

[15] Vgl. die entsprechende Kritik in Kap. 6.3.2..

[16] J. Kriz, Entwurf einer systemischen Theorie klientenzentrierter Psychotherapie, 176.

privatisiert"[17] kritisiert. Eine stärkere Berücksichtigung der sozialen und gesellschaftlichen Dimension des Menschen erscheint sinnvoll. Diese Erweiterung kann (mittels der in der Sozialpsychologie bzw. der Pastoralsoziologie gegebenen Ansätze) durch die Hinzunahme der Soziologie als drittem Gesprächspartner geschehen und das jeweilige Menschenbild weiterführen.

Der interdisziplinäre Dialog, wie er in der vorliegenden Arbeit exemplarisch durchgeführt wurde, kann für alle beteiligten Disziplinen zu einer Vertiefung des eigenen Verständnisses des Menschen und zur Überprüfung bzw. Validierung eigener Modelle und Forschungsergebnisse durch die Konfrontation mit den Theorien und Ergebnissen anderer Wissenschaften beitragen. Es zeigen sich nicht nur weitgehende Übereinstimmungen der anthropologischen Grundannahmen Carl Rogers' und Karl Rahners, der Dialog führt auch zu konkreten Anregungen der Weiterentwicklung.

So kann der transzendentaltheologische Ansatz Rahners zu einer Vertiefung und Differenzierung sowohl des Transzendenzbezuges als auch der Tiefe menschlicher Entfremdung und Gefährdetheit bei Rogers beitragen, während der personzentrierte Ansatz Carl Rogers' zu einem stärkeren Erfahrungsbezug und zur empirischen Überprüfung der Annahmen Karl Rahners herausfordert. Darüberhinaus fordert das interdisziplinäre Gespräch zu einer Reflexion und Weitung des eigenen Sprach- und Denkhorizontes heraus, da scheinbare Selbstverständlichkeiten einer Disziplin für eine andere Betrachtungsweise der Wirklichkeit übersetzt werden müssen. So sind weder das empirische Paradigma der Psychologie noch die recht fraglose Annahme der Existenz Gottes in der Theologie der jeweils anderen Disziplin selbstverständlich. Auch fordert die Übersetzung der eigenen Begrifflichkeit in die Terminologie einer anderen Wissenschaft eine differenzierte Klärung und explizite Definition des eigenen Begriffsverständnisses. So kann ein Psychologe unter den Begriffen Freiheit oder Glaube etwas ganz anderes verstehen als ein Theologe. Während es für den einen um empirisch zu erfassende Einstellungen des Menschen geht, handelt es sich für den anderen um sehr tiefgreifende Bestimmungen menschlicher Existenz, die sich aus seiner Sicht nicht oder nur schwer empirisch fassen lassen.[18] In der vorliegenden Arbeit zeigte sich eine solche Divergenz im Begriffsverständnis z.B. angesichts der menschlichen Entfremdung, die für Rogers eine erlernte und prinzipiell überwindbare innerpsychische Gegebenheit darstellt, während sie aus

---

[17] J. B. Metz, Karl Rahner, 517.

[18] Vgl. etwa zum Begriff der Freiheit K. Rahner, Grundkurs, 46, Ders., Theologie der Freiheit, Schriften VI, 230, und M. Sievernich, Freiheit und Verantwortung, sowie die entsprechenden Ausführungen in den Kap. 3.2.3., 5.2.3. und 6.2.3.. Zur Diskussion der Frage der menschlichen Freiheit zwischen den drei großen Therapierichtungen vgl. das in Kap. 2.2.1. Ausgeführte.

theologischer Sicht eine dem Menschen und seiner Freiheit unausweichlich vorgegebene, innerweltlich nicht überwindbare Grundbestimmung ist.

Ein interdisziplinärer Dialog wird neben den jeweiligen Begriffsverständnissen auch die genaue Differenzierung der beiden, anthropologisch legitimen und einander ergänzenden Ebenen der empirisch-beschreibenden und der wesensbezogen-deutenden Aussagen zu berücksichtigen haben, um der jeweiligen Aussageabsicht und dem Geltungsbereich von Konzeptionen gerecht zu werden und zu einer fruchtbaren Ergänzung und Vertiefung gelangen zu können.

7.2. Fachspezifische Implikationen

Es werden nun zunächst die fachspezifischen Implikationen des Dialogs für die psychologische Forschung und psychotherapeutische Praxis (7.2.1.) und anschließend für die theologische Forschung und seelsorgliche Praxis (7.2.2.) dargestellt.

7.2.1. Implikationen für die psychologische Forschung sowie die psychotherapeutische Praxis

Die Analyse der Grundstruktur menschlicher Erkenntnis führte Karl Rahner zur Feststellung der unausweichlichen Verwiesenheit des Menschen auf Transzendenz.[19] Es ist nach Rahner für den Menschen unumgänglich, auf Gott, als den unendlichen Horizont aller endlichen Erkenntnis, bezogen zu sein. Diese Grundstruktur menschlichen Erkennens und Handelns birgt in sich für die Psychologie die Herausforderung, über die derzeitige religionspsychologische Forschung, deren Schwerpunkt auf der empirischen Erfassung von Religiosität[20] und der Frage nach dem Zusammenhang zwischen religiösen Haltungen bzw. Einstellungen und dem Wohlbefinden bzw. der Gesundheit liegt,[21] hinaus den menschlichen Transzendenzbezug auch in anderen psychologischen Teildisziplinen, wie z.B. der Kognitionspsychologie, Entwicklungspsychologie aber auch klinischen Psychologie, zu berücksichtigen. So sollte diese Dimension menschlichen Erlebens und menschlicher

---

[19] Vgl. Kap. 4.2.1. und 5.2.2.2..
[20] Einen ausführlichen Einblick in verschiedene deutschsprachige Ansätze einer empirischen Erfassung von Religiosität bieten die Beiträge in H. MOOSBRUGGER U.A., Religiosität, Persönlichkeit und Verhalten, sowie S. HUBER, Skalen, Messmodelle und Ergebnisse einer empirisch orientierten Religionspsychologie.
[21] Vgl. B. GROM, Religionspsychologie.

Einstellungen auch in Persönlichkeitstests und diagnostische Verfahren aufgenommen und im Zusammenhang mit anderen Persönlichkeitsmerkmalen differenziert untersucht werden. Gerade die zwar geringen, aber konsistenten statistischen Zusammenhänge zwischen Religiosität und psychischem aber auch physischem Wohlbefinden verweisen auf die Praxisrelevanz einer solchen Forschung, z.B. im Bereich der Psychotherapie und der Medizin.[22]

Religion und Religiosität haben zwar „nicht den Charakter von Psychopharmaka"[23] und können nicht wie Tabletten verabreicht werden, dennoch können sie zum tieferen Verständnis menschlichen Erlebens und Verhaltens, wie es Gegenstand psychologischer Forschung und psychotherapeutischer Praxis ist, beitragen. Ein Beispiel hierfür ist neben den bereits angeführten religionspsychologischen Befunden der Bereich der Thanatopsychologie. Gerade im Zusammenhang mit der Erforschung menschlichen Sterbens und der Einstellung zum Tod hat sich gezeigt, dass der Glaube an ein Leben nach dem Tod, wie er Teil z.B. des christlichen Glaubens ist, eine angstreduzierende Wirkung auf die Auseinandersetzung mit der eigenen Sterblichkeit und dem Tod hat.[24] Dieser Befund ist nicht nur für die seelsorgliche Praxis im Krankenhaus, sondern auch für eine psychologische und psychotherapeutische Arbeit mit lebensbedrohlich erkrankten und anderen, mit dem Tod konfrontierten Menschen relevant.

Neben diesem salutogenetischen, menschliches Wohlbefinden fördernden Effekt ist die Religiosität bzw. Transzendentalität des Menschen auch in psychopathologischer Sicht von Bedeutung. Neben den entsprechenden Untersuchungen zu ekklesiogenen Neurosen und anderen Formen religiöser Psychopathologie[25] kann der transzendentaltheologische Ansatz Karl Rahners auch zu einem differenzierten Verständnis der Grundlagen menschlichen Leidens beitragen. Gerade die von Rahner durchgeführte Unterscheidung zwischen Angst- bzw. Schulderleben und der zugrundeliegenden Erfahrung existentieller Schuld bzw. Gefährdetheit sowie der letztlich nur religiös zu verwirklichenden Möglichkeit deren Vergebung bzw. Erlösung, kann hier zu einer Weiterentwicklung beitragen.[26] Obgleich sich die Frage menschlicher Schuld letztlich einem empirisch psychologischen Forschungszugang und

---

[22] Vgl. die Beiträge in T. G. PLANTE UND A. C. SHERMAN, Faith and Health, sowie für den deutsprachigen Bereich die bereits angeführten Werke B. GROM, Religionspsychologie, und DERS., Religiosität – psychische Gesundheit – subjektives Wohlbefinden.

[23] B. GROM, Religiosität – psychische Gesundheit – subjektives Wohlbefinden, 206.

[24] Vgl. R. OCHSMANN, Angst vor dem Tod und Sterben, 103-112.

[25] Vgl. R. RUTHE, Wenn die Seele schreit, bzw. K. FRIELINGSDORF, Der wahre Gott ist anders.

[26] Vgl. K. RAHNER, Schuld und Schuldvergebung als Grenzgebiet zwischen Theologie und Psychotherapie, Schriften II, 279-297, und Ders., Angst und christliches Vertrauen in theologischer Perspektive, Schriften XV, 267-279.

auch der Kompetenz psychotherapeutischer Interventionen entzieht, bildet sie doch den Verstehenshintergrund für das entsprechende menschliche Erleben, das durchaus Teil psychotherapeutisch zu bearbeitender Problematiken ist.

Eine weitere Anregung des interdisziplinären Dialogs für die psychologische Forschung kann in einer Differenzierung des Heilungsbegriffes bzw. der Ziele psychotherapeutischer Behandlung liegen. Sowohl für Carl Rogers als Psychologe und Psychotherpeut als auch für Karl Rahner als Theologe und Seelsorger lag das Ziel helfender Interventionen nicht allein in der Beseitigung und Überwindung konkreter Symptome, so sehr dies auch Ziel therapeutischer Behandlung ist und sein soll, sondern darin, dem Menschen persönliche Entwicklungsperspektiven zu ermöglichen.[27] Sinnfindung und Selbstverwirklichung des Menschen erscheinen dabei als heilsam, selbst wenn konkrete psychische oder physische Symptome bestehen bleiben.[28] Es stellt sich die im Rahmen psychologischer Forschung näher zu untersuchende Frage nach anthropologisch angemessenen Erfolgskriterien für psychotherapeutische Behandlung. Gerade in Zeiten knapper werdender finanzieller Resourcen im Gesundheitswesen und im Zusammenhang mit der Kostenübernahme für psychotherapeutische Behandlungen durch die Krankenkasse hat diese Frage eine besondere Aktualität, da sie eng mit Kriterien für Lebensqualität und letztlich Sinn und Würde menschlichen Lebens zusammenhängt.

Innerhalb der wissenschaftlichen Psychologie kann eine explizite Anthropologie auch zu einer Weitung der Forschungsmethodik beitragen. Gerade die hermeneutische Analyse der Struktur menschlichen Erkennens im transzendentaltheologischen Ansatz Karl Rahners und die aus ihr abgeleiteten, in wesentlichen Bereichen mit den empirischen Befunden Carl Rogers' konvergierenden anthropologischen Konzepte können auch innerhalb der Psychologie zu einer verstärkten Integration hermeneutisch verstehender Ansätze ermutigen.[29] So kann die freiwillige Selbstbeschränkung psychologischer Forschung auf empirische Falsifikation und messstatistisches Vorgehen im Rahmen der Explikation des zugrundeliegenden Menschenbildes durch die Hinzunahme hermeneutischer Vorgehensweisen ergänzt werden und es kann zum einen dem Grundanliegen empirischer Forschung, zum anderen aber auch der Notwendigkeit hermeneutischen Verstehens und der Klärung der, die Erkenntnismöglichkeiten wissenschaftlicher Untersuchungen entscheidend mitbestimmenden, anthropologischen Grundannahmen

---

[27] Vgl. Kap. 3.2.5. und 5.2.5..

[28] Vgl. K. RAHNER, Heilsmacht und Heilungskraft des Glaubens, Schriften V, 519-523.

[29] Vgl. zu einem Ansatz der Integration hermeneutischen und empirischen Vorgehens in der psychologischen Forschung N. GROEBEN, Handeln, Tun, Verhalten, 322-414.

Rechnung getragen werden.[30] Ein, allerdings aufgrund z.T. fehlender Explikation der jeweiligen Verstehensebene nicht rundum gelungener, Ansatz hierzu findet sich im personzentrierten Menschenbild Carl Rogers', in dem empirische Befunde (z.b. bezüglich der hilfreichen Haltungen in zwischenmenschlichen Beziehungen oder der Veränderung der Inkongruenz im Rahmen einer therapeutischen Behandlung) und hermeneutisch-wesenbezogene Analysen (etwa der Grundlagen der Inkongruenz bzw. der Aktualisierungstendenz) miteinander kombiniert sind.[31]

Nachdem die sich aus dem Ergebnis des interdisziplinären Dialogs ergebenden Anregungen einer Explikation der anthropologischen Grundlagen und der Integration der Einzelbefunde in Forschung und Therapie in ein umfassendes Menschenbild sowie eines verstärkten Einsatzes hermeneutischer Erkenntniswege für die weitere psychologische Forschung und psychotherapeutische Praxis bedacht wurden, sollen nun die Implikationen für die theologische Forschung und seelsorgliche Praxis dargestellt werden.

7.2.2. Implikationen für die theologische Forschung sowie die seelsorgliche Praxis

Eine erste Implikation des interdisziplinären Dialogs besteht für Theologie und Pastoral in einer differenzierten Reflexion der eigenen Grundprämisse ‚Es gibt Gott'. Gerade die Nicht-Selbstverständlichkeit dieser Annahme für andere Wissenschaften und Handlungsansätze fordert dazu heraus, die Gültigkeit und den theoretischen wie praktischen Wert dieser Grundlage theologischer Forschung wie christlicher Praxis näher zu untersuchen und zu belegen. Dies ist auch ein Grundanliegen des transzendentaltheologischen Ansatzes Karl Rahners, der durch die Analyse menschlicher Erkenntnis und Freiheit den Sinn und die Unausweichlichkeit menschlicher Verwiesenheit auf Gott aufweist. Dabei bedarf es des Mutes, sich von der Selbstverständlichkeit dieser Prämisse zu lösen und sich den Anfragen der anderen wissenschaftlichen Zugänge zu stellen. So versteht der personzentrierte Ansatz den Menschen, ohne auf Gott oder Transzendenz zu rekurrieren.

---

[30] Zum spannungsreichen, aber mit vielen Möglichkeiten zum Erkenntnisfortschritt verbundenen Verhältnis zwischen empirischem und hermeneutischem Vorgehen in der Psychologie vgl. F. BREUER, Wissenschaftstheorie für Psychologen, 70-92, sowie H.-G. GADAMER, Philosophische Hermeneutik, 52, der sich kritisch mit dem Ideal der Verifizierung bzw. Falsifizierung auseinandersetzt und zu dem Schluss gelangt, dass dieses Ideal „oft nicht zu den wahrhaft wichtigen Dingen" führt. W. DILTHEY, Ideen über eine beschreibende und zergliedernde Psychologie, 144f., hat schon 1894 zwischen erklärender und beschreibender Psychologie unterschieden und eine integrierende Zusammenführung beider Ansätze gefordert.
[31] Vgl. hierzu die kritische Würdigung des Menschenbildes Carl Rogers in Kap. 3.3..

Aufgabe der Theologie ist es, nachzuweisen, dass die Annahme Gottes und z.b. der Erschaffung des Menschen durch diesen, zu einem tieferen, auch anderen Zugängen nachvollziehbaren Verständnis des Menschen und seiner Situation beiträgt. Eine solche Auseinandersetzung mit sog. profanen Daseinsdeutungen, aber auch anderen metaphysischen Sichtweisen der Welt und des Menschen ist gerade in einer Zeit der „fortschreitenden Säkularisierung des öffentlichen Lebens bei gleichzeitiger Zunahme des individuellen religiösen Bedürfnisses"[32] von großer Relevanz. Entkirchlichung und Respiritualisierung erscheinen als gleichzeitige, wenn auch gegenläufige Tendenzen.[33] Diese Entwicklung zeigt sich auch im personzentrierten Ansatz Carl Rogers': Eine prinzipielle Ablehnung kirchlich geprägter Begriffe korrespondiert zum einen mit einem apersonalen Transzendenzbezug und zum anderen mit dem Aufgreifen transzendenter Phänomene in den späteren Lebensjahren Rogers'.[34]

Neben einer expliziten Reflexion und Rechtfertigung der eigenen Rede von Gott stellt sich dabei für Theologie und Pastoral auch die Herausforderung, deren Sinn für andere, nicht-theologische Verstehensansätze aufzuweisen. So zeigt sich, dass eine personale Gottesbeziehung, wie sie dem biblischen Glauben entspricht, einem personalen Menschenbild angemessener scheint, als ein apersonaler Transzendenzbezug.[35] Auch wenn die Existenz Gottes letztlich nie mit wissenschaftlichen Mitteln zu beweisen sein wird, da er in seiner Transzendenz jeden empirischen und hermeneutischen Zugang übersteigt und nie ein Erkenntnisgegenstand neben anderen sein kann, kann die Konfrontation dieses Axioms mit den Erkenntnissen und Verstehensmodellen anderer Wissenschaften zu einem vertieften theologischen Verstehen Gottes und des Menschen beitragen. Darauf basiert auch die von Karl Rahner erhobene und umgesetzte Forderung nach dem interdisziplinärem Dialog der Theologie mit den anderen Wissenschaften.[36]

Die Transzendentalität des primären Gegenstandes theologischer Forschung, Gott, darf nicht zu einer Immunisierung gegen die Anfragen und Erkenntnisse anderer Wissenschaften führen, sondern muss sich gerade in der Radikalisierung und Weiterführung derselben erweisen.[37] Dass dies

---

[32] C. Böttigheimer, Säkularisierung und neue Religiosität, 134.
[33] Vgl. dazu die ausführliche soziologische Untersuchung von M.N. Ebertz, Kirche im Gegenwind.
[34] Vgl. Kap. 3.2.3..
[35] Vgl. Kap. 6.2.2.2..
[36] Vgl. K. Rahner, Die Theologie im interdisziplinären Gespräch der Wissenschaften, SW 15, 693-703, sowie Ders., Zum Verhältnis zwischen Theologie und heutigen Wissenschaften, SW 15, 704-710.
[37] Vgl. den Grundansatz des *Grundkurs des Glaubens*, in dem Rahner den christlichen Glauben vor der menschlichen Vernunft rechtfertigen und begründen will.

möglich ist, zeigen die analogen Entsprechungen zwischen wesentlichen Aspekten des personzentrierten und des transzendentaltheologischen Menschenbildes, wie z.B. der Aktualisierungstendenz und der Geschöpflichkeit, der Inkongruenz und der erbsündlichen Schuldbedrohtheit, sowie des wesentlichen Angelegtseins auf Beziehung. Es ist eine bleibende Aufgabe der Theologie, nach solchen und anderen konkreten kategorialen Entsprechungen zu transzendenten, einer unmittelbaren empirischen Untersuchung nicht zugänglichen Sachverhalten zu suchen, um die eigenen Annahmen und Theoreme vor der Vernunft des postmodernen Menschen verantworten zu können.

Gerade die Ableitung des Rogersschen Menschenbildes aus der empirischen Untersuchung psychotherapeutischen Geschehens stellt an die Theologie die Herausforderung, eigene Annahmen und Handlungen konkreter zu definieren und einer empirischen Operationalisierung und Überprüfung angenommener Wirkzusammenhänge zugänglich zu machen. So wie sich für die Psychologie aus dem hier vorliegenden interdisziplinären Dialog die Anregung einer verstärkten Integration hermeneutischer Verstehensansätze ergibt, sollte die Theologie stärker als bislang geschehen empirische Untersuchungsmöglichkeiten aufgreifen. So ist aus personzentrierter Sicht eine konkrete Definition mystagogischer Praxis, wie sie im Rahmen der mystagogischen Seelsorge in Rückbezug auf Rahner versucht wurde,[38] ebenso wünschenswert, wie eine genaue phänomenologische Beschreibung der kategorialen Realisierungen menschlichen Heils oder auch menschlicher Gefährdetheit durch die Erbsünde. Gerade die Nähe der empirisch begründeten Rogersschen therapeutischen Einstellungen zu christlichen Grundhaltungen ermutigt zu einer stärkeren Nutzung empirischer Erkenntnismöglichkeiten, wie dies in Teilen der Pastoraltheologie bereits versucht wird.[39] Die Integration empirischer Forschungsmethoden hat ebenso wie die Anwendung psychotherapeutischer Interventionsformen in der seelsorglichen Praxis stets die anthropologischen Grundlagen und Grenzen zu reflektieren, um nicht zu einem Eklektizismus sondern zu einer wirklich sinnvollen Integration und Weiterentwicklung der eigenen Möglichkeiten zu führen.

Die Reflexion der theoretischen und praktischen Relevanz theologischer Kategorien über das unmittelbare Feld der Theologie hinaus zielt in zwei Richtungen: Zum einen kann sie zu einer Überprüfung und Validierung der eigenen wissenschaftlichen wie praktischen Konzepte beitragen, zum anderen die Übertragbarkeit und den Erklärungswert theologischer Kategorien für andere wissenschaftliche Ansätze aufweisen. Gerade in Zeiten zunehmender

---

[38] Vgl. die Prinzipien der Mystagogie bei H. Haslinger, Was ist Mystagogie?, 64-71.
[39] Vgl. den empirischen Ansatz von J. A. van der Veen, Entwurf einer empirischen Theologie.

Entkirchlichung und immer knapper werdender finanzieller Ressourcen steht auch die Seelsorge zunehmend unter dem Druck einer Evaluation eigener Maßnahmen. Auch wenn diese oft nicht einer unmittelbaren Kosten-Nutzen-Analyse unterliegen können, da es Teil christlicher Praxis ist, sich nicht nur am Lohnenden und an messbaren Erfolgen zu orientieren, sondern auch Schwieriges und scheinbar Ausweisloses auszuhalten,[40] so verweist doch gerade das Gespräch mit dem an empirischer Operationalisierbarkeit ausgerichteten personzentrierten Ansatz Carl Rogers' auf die Möglichkeit und Notwendigkeit konkreter Definition von Zielen und der Überprüfung deren Erreichung. Hier kann die empirische Psychotherapieforschung, zu deren Begründung und Entwicklung Carl Rogers wesentlich beigetragen hat, bei aller gebotenen kritischen Distanz wichtige Anregungen für eine Evaluation pastoraler Maßnahmen und Aufgaben geben.

Neben der Anwendung psychologischer Ansätze zur Evaluation der pastoralen Praxis kann eine Konkretisierung und Operationalisierung theologischer Kategorien auch zu einer Weiterentwicklung deren Integration im Rahmen psychologischer Forschung beitragen. So sollte aus theologischer Sicht versucht werden, z.B. in Dialog mit der religions-psychologischen Forschung, die sich mit der empirischen Erfassung religiöser Phänomene und Einstellungen befasst, zu treten und zum einen das eigene Verständnis menschlichen Glaubens durch deren Befunde zu überprüfen, aber auch zu einer Weiterentwicklung und Vertiefung religionspsychologischer Konzepte und deren Theoriebezug beizutragen.[41] Wenngleich dabei ebenso wie im hier vorliegenden exemplarischen Dialog immer auf die wissenschaftstheoretischen Unterschiede zwischen Theologie und Psychologie zu achten sein wird, hat sich doch gezeigt, dass ein wechselseitiger Beitrag zur Weiterentwicklung theoretischer wie praktischer Konzepte möglich ist.

In Bezug auf die pastorale Ausbildung und Praxis der Kirche ergibt sich eine weitere wichtige Anregung des personzentrierten Ansatzes aus der in diesem betonten Bedeutung der Selbsterfahrung und -kongruenz des professionellen Helfers. Auch wenn person-zentrierte Selbsterfahrung mittlerweile in vielen Bereichen seelsorglicher Qualifizierung zumindest in Ansätzen aufgegriffen wurde, kann die Seelsorge m. E. von den psychotherapeutischen Ausbildungs- und Supervisionskonzepten wichtige Anregungen erhalten. Rogers betont ausdrücklich, dass das Einnehmen der hilfreichen Haltungen anderen gegenüber voraussetzt, sich selbst ebenso

---

[40] Vgl. K. RAHNER, Heilmacht und Heilungskraft des Glaubens, Schriften V, 518-526, der ausführlich darauf eingeht, dass gerade das Aushalten aus christlicher Sicht heilsam und sinnvoll sein kann.

[41] Zur Kritik mangelnden Theoriebezugs der Religionspsychologie und zum Verhältnis von Theologie und Religionspsychologie vgl. M. UTSCH, Religionspsychologie, 28-32, 210-231.

annehmend, verstehend und wertschätzend begegnen zu können. Zwar korrespondiert dem das christliche Liebesgebot mit seiner Aufforderung, den Nächsten zu lieben wie sich selbst, allerdings ist dies m. E. in der konkreten seelsorglichen Ausbildung und Praxis noch nicht ausreichend umgesetzt. So sind zwar geistliche Begleitung und die Möglichkeit vertiefender Selbsterfahrung z.b. im Rahmen von Exerzitien, verbreitete Angebote,[42] aber im Gegensatz zu psychotherapeutischer Ausbildung und Praxisbegleitung erscheinen diese Angebote nicht ausreichend systematisch entfaltet. Einen Versuch, dies zu leisten, stellen pastoralpsychologische Ausbildungcurricula dar,[43] die aber keineswegs zum Standard pastoraler Qualifikation in den deutschen Bistümern zu rechnen sind. Eine solche Weiterentwicklung pastoraler Ausbildung deckt sich mit dem Rahnerschen Verständnis von Mystagogie, nach dem der Mystagoge analog zu einer Lehrpsychotherapie eines Therapeuten selbst in diese Erfahrung eingeführt und mit ihr vertraut sein muss.[44]

Die im Rahmen des Dialogs ausgeführte mögliche mystagogische Funktion personzentrierter Selbstexploration[45] verweist die seelsorgliche Praxis, insbesondere wenn sie sich als mystagogische Seelsorge versteht, auf die Notwendigkeit und die Chancen einer Kooperation mit psychologisch-psychotherapeutischen aber auch caritativ-beratenden Diensten. Im Dienste einer zur Gotteserfahrung hinführenden Selbsterfahrung, wie sie im transzendentaltheologischen Ansatz Karl Rahners entfaltet wurde,[46] sollte es innerkirchlich keine Konkurrenz zwischen Pastoral und Caritas geben, wie sie Rolf Zerfass konstatiert,[47] sondern eine enge Zusammenarbeit zwischen psychologisch fundierter Beratung und pastoraler Seelsorge. Ein Beispiel einer solchen Integration stellt die Krankenhausseelsorge dar, zu deren Selbstverständnis sowohl die psychologische Qualifizierung als auch die seelsorgliche Begleitung der ihr anvertrauten Menschen gehört.[48] Diese Seelsorgsform greift auch das mystagogische Anliegen Rahners einer Zuwendung zu allen Menschen, unabhängig von ihrem religiösen Bekenntnis, auf, da sie zwar in konfessioneller Zuordnung, aber nicht mit Begrenzung auf die der eigenen Konfession zugehörigen Patienten und Mitarbeiter arbeitet und dabei auf das Rahnersche Konzept des anonymen Christentums

---

[42] So gibt es z.B. im Bistum Mainz ein eigenes Institut zur geistlichen Begleitung Hauptamtlich in der Seelsorge Tätiger.
[43] Vgl. H. LEMKE, Personzentrierte Beratung in der Seelsorge, 64-75, sowie M. KLESSMANN, Pastoralpsychologie, 629-659.
[44] Vgl. K. RAHNER, Rede des Ignatius an einen Jesuiten von heute, Schriften XV, 377f.
[45] Vgl. hierzu die Beiträge in P. RAAB, Psychologie hilft glauben.
[46] Vgl. K. RAHNER, Selbsterfahrung und Gotteserfahrung, Schriften X, 133-144.
[47] Vgl. R. ZERFASS, Beratung – ein Zankapfel zwischen Caritas und Pastoral?, 31.
[48] Vgl. E. WEIHER, Mehr als Begleiten, 11-88.

bzw. des allen Menschen von Gott verliehenen übernatürlichen Existentials rekurrieren kann.[49]

Der interdisziplinäre Dialog mit dem personzentrierten Ansatz Carl Rogers' führt somit für die Theologie sowohl zu der forschungsmethodischen Anregung einer verstärkten Integration empirischer Verfahren etwa zur Evalutation und Weiterentwicklung eigener Konzepte als auch zu der seelsorgspraktischen Anregungen einer vertieften Integration von und Kooperation mit psychotherapeutischen Formen menschlicher Hilfe und Selbsterfahrung.

7.3. Resümee

Sowohl die Seelsorge als auch die Psychotherapie wollen dem Menschen zu einem gelingenden und erfüllten Leben helfen. Dabei greifen Theologie und Psychologie zwar auf verschiedene theoretische und methodische Grundlagen zurück, doch konnte anhand des hier vorliegenden exemplarischen interdisziplinären Dialoges die Möglichkeit einer Zusammen- und Weiterführung dieser Grundlagen zu einer gemeinsamen, fächerübergreifenden Sicht des Menschen aufgezeigt werden. Am ehesten werden Pastoral und Psychologie ihrer Aufgaben für das Wohl des Menschen gerecht, wenn sie zu einer Kooperation finden, in der bei aller Unterschiedlichkeit der Möglichkeiten und Schwerpunkte in komplementärer Ergänzung zusammengearbeitet wird. Die psychologisch fundierte Selbstexploration und Stabilisierung kann dabei im Sinne einer mystagogischen Hinführung zur Erfahrung der eigenen Transzendentalität und zum Entdecken von über das unmittelbar Gegebene hinausgehenden Sinnperspektiven beitragen. Die Befunde religionspsychologischer Untersuchungen, aber auch die anthropologischen Konvergenzen der beiden hier untersuchten Ansätze belegen, dass es hierbei zu wechselseitig unterstützenden Effekten kommen kann. Der salutogenetischen Rolle positiv erfahrener Religiosität entspricht dabei die mystagogische Funktion psychologischer Selbsterfahrung.

Eine weitere Dimension der Verwiesenheit von Theologie und Psychologie auf eine Fortführung des hier durchgeführten interdisziplinären Dialogs ist die wechselseitige forschungsmethodische Ergänzung. Während es auf psychologischer Seite um eine Integration hermeneutischen Verstehens in ein bislang streng empirisches Forschungsparadigma geht, kann die theologische Forschung bei aller hermeneutisch-philosophischen Fundierung etwa

---

[49] Vgl. das Leitbild der Krankenhausseelsorge im Bistum Mainz, veröffentlicht unter www. Bistum-Mainz.de (Stand: 25.3.2006).

der transzendentaltheologischen Methode Karl Rahners, von einer Integration empirischer Forschungsmethodik profitieren, um ihre Theorien und Impulse zu konkretisieren und zu überprüfen. Dabei kann und soll es nicht um die Konstruktion einer Einheitswissenschaft gehen, die alles ‚kann‘, sondern um ein wechselseitiges Lernen, das zur Weiterführung und Vertiefung des je Eigenen und Spezifischen beiträgt. Es würde den Autor dieser Arbeit sehr freuen, wenn mit diesem exemplarischen Dialog ein Beitrag dazu gelungen wäre.

Zusammenfassung

In der hier vorliegenden Arbeit *Anthropologie im Dialog* werden die Menschenbilder Carl Rogers' und Karl Rahners als exemplarischen Vertretern der Psychologie bzw. Theologie dialogisch zusammen- und weitergeführt. Die methodische Voraussetzung dafür bildet die Herleitung und Begründung anthropologischer Kategorien. Sowohl die grundlegende Beschreibung als auch der anschließende interdisziplinäre Dialog der Menschenbilder erfolgen anhand der sechs Themenbereiche: Allgemeine Charakterisierung des Menschen, Bezogenheit des Menschen als Person, Möglichkeiten und Entwicklung, Grenzen und Gefährdetheit, Bedingungen und Wege der Heilung, sowie Zielbild des Menschseins.

Anhand des jeweils sehr umfangreichen Schrifttums der Autoren, die beide keine anthropologische Monographie vorgelegt haben, wird das personzentrierte bzw. transzendentaltheologische Menschenbild herausgearbeitet, nachdem dazu hinführend der jeweilige Ansatz samt seinen Wurzeln und seiner Bedeutung vorgestellt wurde.

Im personzentrierten Ansatz Carl Rogers' zeigte sich der Mensch als ein personales, auf die Beziehung zu anderen angelegtes Entwicklungswesen voller positiver Möglichkeiten, die ihm aufgrund der Aktualisierungstendenz innewohnen. Entfaltung wie Störung dieses Potentials basieren auf Beziehungserfahrungen, die auch für eine Heilung des Menschen hin auf das Zielbild der ganz mit sich kongruenten ‚fully functioning person' entscheidend sind. Hierfür sind die Erfahrung von Kongruenz, Empathie und bedingungsloser Wertschätzung von zentraler Bedeutung.

Der transzendentaltheologische Ansatz Karl Rahners versteht den Menschen als wesentlich auf die Beziehung zu dem sich selbst mitteilenden Gott angelegt. In der aktiven Selbsttranszendenz, die ihn mit der gesamten Schöpfung verbindet, wohnt dem Menschen eine positive Entwicklungstendenz inne. Aufgrund der aller menschlichen Freiheit vorgängigen erbsündlichen Schuldbedrohtheit kann dem Menschen die Annahme der angebotenen Erfüllung in Gott nur durch dessen verzeihende und heilende Liebe ermöglicht werden.

In der Zusammen- und Weiterführung dieser beiden Menschenbilder zeigen sich neben einzelnen Divergenzen grundlegende Übereinstimmungen. Während Rogers den Menschen unter einer immanent-empirischen Perspektive betrachtet, steht bei Rahner die Transzendentalität des Menschen im Mittelpunkt. Allerdings lassen sich trotz dieser grundlegenden Differenz des jeweiligen Zugangs zum Menschen analoge Entsprechungen der einzelnen anthropologischen Charakteristika aufzeigen. Für beide Autoren ist der Mensch ein primär positives, auf Beziehung in sich, zu Mitmenschen und zu Gott angelegtes, personales Wesen, das in seinem Beziehungspotential allerdings der Gefährdung durch Entfremdung von seinem eigentlichen Wesen unterliegt. Der Weg der Heilung liegt für beide Autoren in der Erfahrung und Annahme liebender und annehmender Beziehung: bei Rogers des zwischenmenschlich-helfenden, bei Rahner des göttlich-erlösenden Beziehungsangebotes.

Abschließend werden die in diesem Dialog herausgearbeiteten Anregungen im Sinne von Implikationen für die psychologische und theologische Forschung bzw. die psychotherapeutische und seelsorgliche Praxis skizziert. Neben einer wechselseitigen Bereicherung der Forschungsmethodik durch ein verstärktes Aufgreifen hermeneutischen Vorgehens in der Psychologie und empirischer Methoden in der Theologie, ist die Fortführung des interdisziplinären Dialoges insbesondere im Bereich der Religions- und Pastoralpsychologie, aber auch zwischen Psychotherapie und Beratung notwendig, um jeweils die Differenzierung und Weiterentwicklung des Kenntnisstandes weiter zu fördern und sowohl den salutogenetischen Effekt der Religiosität als auch die mystagogische Dimension psychologischer Selbsterfahrung zum Wohle der Menschen zu nutzen.

Insgesamt scheint es nicht nur möglich, Menschenbilder verschiedener wissenschaftlicher Fachdisziplinen im Dialog zusammenzuführen, sondern sowohl mit Blick auf den wissenschaftlichen Fortschritt als auch die Qualität der Handlungsmöglichkeiten in der praktischen Anwendung förderlich und wünschenswert. Dazu will diese Arbeit einen Beitrag leisten.

Dank

Mein Dank gilt Herrn Prof. Dr. Michael Sievernich SJ für die Betreuung und Begutachtung der hier vorliegenden Arbeit, die im Wintersemester 2006 vom Fachbereich Katholische Theologie der Johannes Gutenberg-Universität als Dissertation angenommen wurde, sowie Herrn Prof. Dr. Werner Simon für die Erstellung des Zweitgutachtens.

Ferner danke ich dem Bistum Mainz, besonders Herrn Bischof Karl Kardinal Lehmann und Herrn Generalvikar Dietmar Giebelmann für die Unterstützung bei der Erstellung und Veröffentlichung der Arbeit, sowie Herrn Pfarrer Herbert Schega für die Ermutigung und sein Zutrauen.

Mein Dank gilt auch allen Patientinnen und Patienten, sowie den Mitarbeitenden des Kreiskrankenhauses Heppenheim, denn ohne dieses Praxisfeld und die vielen Begegnungen und Erfahrungen, die mir dort geschenkt sind, wäre es bei Gedankenspielen geblieben. Gerade die alltäglichen Herausforderungen der Arbeit als Krankenhausseelsorger haben den impliziten wie expliziten Dialog von Theologie und Psychologie, von Seelsorglichem und Psychotherapeutischem gefordert und gefördert. Möge mit dieser Arbeit der Dialog ein Stück weitergehen.

Lorsch, im Advent 2006   Bernhard Deister

Literaturverzeichnis

I. Quellen

Schrifttum Carl Rogers'

Monographien und Einzelbeiträge[1]

Ansichten eines Psychologen über den Atomkrieg: Seine Gefahren, seine mögliche Verhinderung, in: GwG-Info 48 (1982) 36-47.

Blick in die Zukunft, in: Ders., Der neue Mensch, 173-186.

Brauchen wir ‚eine' Wirklichkeit?, in: Ders. und R. Rosenberg, Die Person als Mittelpunkt der Wirklichkeit, 175-184.

Das bin ich, in: Ders., Entwicklung der Persönlichkeit, 19-43.

Der gute Mensch von La Jolla, in: Psychologie heute 5 (1978) 37-42.

Der neue Mensch, Teilausgabe aus dem Originaltitel: A Way of Being, 1980, Stuttgart ⁴1991.

Der Prozeß des Wertens beim reifen Menschen, in: Ders. und B. Stevens, Von Mensch zu Mensch, 37-55.

Die beste Therapieschule ist die selbst entwickelte, Transkript eines Vortrages mit anschl. Diskussion, in: P. Frenzel u.a. (Hg.), Handbuch der personzentrierten Psychotherapie, Köln 1992, 21-37.

Die klientenzentrierte Gesprächspsychotherapie, Originaltitel: Client-Centered Therapy, 1951, Frankfurt 1993.

Die Kraft des Guten – Ein Appell zur Selbstverwirklichung, Originaltitel: On Personal Power – Inner Strength and its Revolutionary Impact, 1977, Frankfurt 1992.

Die nicht-direktive Beratung, Originaltitel: Counseling and psychotherapy. New concepts in practice, 1942, München 1972.

Die notwendigen und hinreichenden Bedingungen für Persönlichkeitsentwicklung durch Psychotherapie, in: Ders. und P. F. Schmid, Person-zentriert, 165-184.

Die zwischenmenschliche Beziehung: Das tragende Element in der Therapie, in: Ders., Therapeut und Klient, 211-231.

Ein Abend mit Carl Rogers an der Evang.-Theol. Fakultät in Wien. April 1981, Transkript von G. Pawlowsky und R. Stipsits, in: Personzentriertes Arbeiten im Religionsunterricht 2 (1983) 23-31.

Ein Bericht über Psychotherapie mit Schizophrenen, in: Ders., Therapeut und Klient, 188-210.

Ein klientzentrierter bzw. personzentrierter Ansatz in der Psychotherapie, in: Ders. und P. F. Schmid, Person-zentriert, 238-256.

---

[1] Monographien Carl Rogers' werden inklusive des Originaltitels und -erscheinungsjahres angegeben, alle sonstigen Beiträge nur mit dem deutschen Titel.

Eine Theorie der Persönlichkeit und des Verhaltens, in: Ders., Die klientzentrierte Gesprächspsychotherapie, 417-458.

Eine Theorie der Psychotherapie, der Persönlichkeit und der zwischenmenschlichen Beziehung, Originaltitel: A Theorie of Therapy, Personality and Interpersonal Relationships, as developed in the Client-Centered Framework, 1959, Köln [3]1991.

Empathie – eine unterschätzte Seinsweise, in: Ders. und R. Rosenberg, Die Person als Mittelpunkt der Wirklichkeit, 75-93.

Encounter-Gruppen. Das Erlebnis menschlicher Begegnung, Originaltitel: On Encountergroups, 1970, Müchen 1974.

Entwicklung der Persönlichkeit: Psychotherapie aus der Sicht eines Therapeuten, Originaltitel: On Becoming a Person. A Therapist's View of Psychotherapy, 1961, Stuttgart [9]1992.

Freiheit und Engagement: Personenzentriertes Lehren und Lernen, Originaltitel: Freedom To Learn for the 80's, 1983, München 1984.

Klientenzentrierte Psychotherapie, in: Ders. und P. F. Schmid, Person-zentriert, 185-237.

Lernen in Freiheit, Zur Bildungsreform in Schule und Universität, Originaltitel: Freedom to learn, 1969, München 1974.

Measuring personality adjustment in children nine to thirteen years of age, New York 1931.

Meine Beschreibung einer personzentrierten Haltung, in: Zeitschrift für personzentrierte Psychologie und Psychotherapie 1 (1982) 75-77.

Partnerschule, Originaltitel: Becoming Partners: Marriage and its Alternatives, 1972, Frankfurt 1992.

Reply to Rollo May's letter, in: H. Kirschenbaum und V. Land Henderson, Carl Rogers: Dialogues, 251-255.

Rogers, Kohut, and Erikson – A Personal Perspective on Some Similarities and Differences, in: Person-Centered Review 1 (1986) 125-140.

The Process of Therapy, in: Journal of Counseling Psychology 4 (1940) 161-164.

The Rust Workshop. A personal overview, in: Journal of Humanistic Psychology 26/3 (1986) 23-45.

Therapeut und Klient – Grundlagen der Gesprächspsychotherapie, hg. v. W. M. Pfeiffer, Frankfurt 1992.

Publikationen Carl Rogers' mit anderen Autoren

Ders. und Rosenberg, Rachel L., Die Person als Mittelpunkt der Wirklichkeit, Originaltitel: A Pessoa como Centro, 1977, Stuttgart 1980.

Ders. und Schmid, Peter F., Person-zentriert: Grundlagen von Theorie und Praxis, Mainz 1991.

Ders. und Stevens, Barry, Von Mensch zu Mensch: Möglichkeiten, sich und anderen zu begegnen, Original: Person to Person, The Problem of Being Human, 1967, Paderborn 1984.

Ders. und Tillich, Paul, Paul Tillich und Carl Rogers im Gespräch, in: C.R. Rogers und P. F. Schmid, Person-zentriert, 257-273.

Schrifttum Karl Rahners

Sämtliche Werke (Sigel: SW)

SW 2, Geist in Welt: philosophische Schriften, bearb. v. A. Raffelt, Zürich u.a. 1996.

SW 3, Spiritualität und Theologie der Kirchenväter, bearb. v. A. R. Batlogg, E. Farrugia und K.-H. Neufeld, Freiburg i.Br. u.a. 1999.
E latere Christi. Der Ursprung der Kirche als zweiter Eva aus der Seite Christi des zweiten Adam. Eine Untersuchung über den typologischen Sinn von Jo 19,34 (unveröffentlichte Diss., Innsbruck 1937), 1-84.

SW 4, Hörer des Wortes: Schriften zur Religionsphilosophie und zur Grundlegung der Theologie, bearb. v. A. Raffelt, Freiburg i.Br. u.a., 1997.

SW 12, Menschsein und Menschwerdung Gottes, bearb. v. H. Vorgrimler, Freiburg u.a. 2005.
Bewährung in der Zeit der Krankheit, 415-420.

SW 15, Verantwortung der Theologie. Im Dialog mit Naturwissenschaften und Gesellschaftstheorie, bearb. v. H. D. Mutschler, Freiburg 2002.
Die Theologie im interdisziplinären Gespräch der Wissenschaften, 693-703.
Erbsünde und Evolution, 458-468.
Zum Verhältnis zwischen Theologie und heutigen Wissenschaften, 704-710.

SW 17, Enzyklopädische Theologie, Die Lexikonbeiträge der Jahre 1956-1973, bearb. v. H. Vorgrimler, Freiburg i.Br. 2002.
Art. Anthropologie, II. Theologische Anthropologie, 900-908.
Art. Erbsünde, 999-1009.
Art. Evolution, II. Theologisch, 1030-1037.
Art. Hominisation, II. Theologisch, 1091-1096.
Art. Liebe, 1184-1198.
Art. Mensch, III. Zum theologischen Begriff des Menschen, 1199-1207.
Art. Potentia Oboedientialis, 1238-1241.
Art. Selbstmitteilung Gottes, 1280-1284.
Art. Transzendentaltheologie, 1332-1337.
Art. Ziel des Menschen, 1381-1389.

SW 19, Selbstvollzug der Kirche. Ekklesiologische Grundlegung praktischer Theologie, bearb. v. K. H. Neufeld, Freiburg 1995.
    Die grundlegenden Imperative für den Selbstvollzug der Kirche in der gegenwärtigen Situation, 297-316.
    Die Praktische Theologie im Ganzen der theologischen Disziplinen, 503-515.
    Grundentwurf einer theologischen Anthropologie, 181-196.
    Neue Ansprüche der Pastoraltheologie an die Theologie als Ganze, 516-531.
    Pastoraltheologie – Ein Überblick, 3-29.
    Wissenschaftstheoretische Vorüberlegungen, 256-260.

Schriften zur Theologie (Sigel: Schriften)

Schriften I, Gott – Christus – Maria – Gnade, Einsiedeln ³1958.
    Probleme der Christologie von heute, 169-222.
    Über das Verhältnis von Natur und Gnade, 323-345.
    Über den Versuch eines Aufrisses der Dogmatik, 9-28.

Schriften II, Kirche und Mensch, Einsiedeln ³1958.
    Auferstehung des Fleisches, 211-225.
    Schuld und Schuldvergebung als Grenzgebiet zwischen Theologie und Psychotherapie, 279-297.
    Über die Frage einer formalen Existentialethik, 227-246.
    Würde und Freiheit des Menschen, 247-277.

Schriften III, Zur Theologie des Geistlichen Lebens, Einsiedeln ³1959.
    Priester und Dichter, 349-378.
    Über die Erfahrung der Gnade, 105-109.
    Über die gute Meinung, 127-154.
    Weihe des Laien zur Seelsorge, 313-328.
    Zur Theologie der Weihnachtsfeier, 35-46.

Schriften IV, Neuere Schriften, Einsiedeln u.a. 1960.
    Das Leben der Toten, 429-437.
    Theologische Bemerkungen zum Problem der Freizeit, 455-483.
    Über den Begriff des Geheimnisses in der katholischen Theologie, 51-99.
    Zur Theologie der Menschwerdung, 137-156.
    Zur Theologie des Symbols, 275-311.

Schriften V, Neuere Schriften, Einsiedeln 1962.
    Das Christentum und der ‚neue Mensch‘, 159-179.
    Die Christologie innerhalb einer evolutiven Weltanschauung, 183-221.
    Heilsmacht und Heilungskraft des Glaubens, 518-526.

Schriften VI, Neuere Schriften, Einsiedeln u.a. 1965.
  Die anonymen Christen, 545-554.
  Die Einheit von Geist und Materie im christlichen Glaubensverständnis, 185-214.
  Philosophie und Theologie, 91-102.
  Theologie der Freiheit, 215-237.
  Über die Einheit von Nächsten- und Gottesliebe, 277-298.

Schriften VII, Ein Grundriß des Geistlichen Lebens, Einsiedeln 1966.
  Frömmigkeit früher und heute, 11-31.

Schriften VIII, Theologische Vorträge und Abhandlungen, Einsiedeln u.a. 1967.
  Experiment Mensch, 260-285.
  Selbstverwirklichung und Annahme des Kreuzes, 322-327.
  Theologie und Anthropologie, 43-65.

Schriften IX, Konfrontationen, Einsiedeln 1970.
  Anonymes Christentum und Missionsauftrag der Kirche, 498-515.
  Gotteserfahrung heute, 161-176.
  Über die Methode der Theologie, 79-126.

Schriften X, Im Gespräch mit der Zukunft, Zürich u.a. 1972.
  Bemerkungen zum Problem des ‚anonymen Christen', 531-546.
  Selbsterfahrung und Gotteserfahrung, 133-144.
  Verharmlosung der Schuld in der traditionellen Theologie, 145-163.

Schriften XII, Theologie aus der Erfahrung des Geistes, Zürich u.a. 1975.
  Die theologische Dimension der Frage nach dem Menschen, 387-406.
  Glaube zwischen Rationalität und Emotionalität, 85-110.
  Glaubensbegründung heute, 17-40.

Schriften XV, Wissenschaft und christlicher Glaube, Zürich u.a. 1983.
  Angst und christliches Vertrauen in theologischer Perspektive, 267-279.
  Das christliche Verständnis der Erlösung, 236-250.
  Rede des Ignatius von Loyola an einen Jesuiten von heute, 373-408.

Monographien und Einzelbeiträge

Art. Mission, III. Mission und implizite Christlichkeit, in: Ders. (Hg.), Herders Theologisches Taschenlexikon, Bd. 4, 88-91.

Bekenntnisse. Rückblick auf 80 Jahre, hg. v. G. Sporschill, Wien – München ²1984.

Betrachtungen zum ignatianischen Exerzitienbuch, München 1965.

Bilder eines Lebens, hg. v. P. Imhof und H. Biallowons, Freiburg 1985.

Das große Kirchenjahr. Geistliche Texte, hg. v. A. Raffelt, Freiburg i.Br. u.a. ²1988.

Der Leib in der Heilsordnung, in: Ders. und A. Görres, Der Leib und das Heil, 29-44.

Die Hominisation als theologische Frage, in: P. Overhage und Ders., Das Problem der Hominisation. Über den biologischen Ursprung des Menschen (Quaestiones disputatae Bd. 12/13), Freiburg i.Br. u.a. [2]1961, 13-90.

Die Logik der existentiellen Entscheidung, in: F. Wulf (Hg.), Ignatius von Loyola: seine geistliche Gestalt und sein Vermächtnis; 1556-1956, Würzburg 1956, 343-405.

Einübung priesterlicher Existenz, Freiburg i.Br. 1970.

Erfahrung des Geistes, Freiburg i.Br. 1977.

Erfahrungen eines katholischen Theologen, in: K. Lehmann (Hg.), Vor dem Geheimnis Gottes den Menschen verstehen. Karl Rahner zum 80. Geburtstag, München 1984, 105-119.

Erinnerungen. Im Gespräch mit Meinold Krauss, Neuausgabe, Innsbruck – Wien 2001.

Gebete des Lebens, Beten mit Karl Rahner, 2 Bde, Bd. 2, hg. v. A. Raffelt mit einer Einführung von Karl Kard. Lehmann, Freiburg i.Br. u.a. 2004.

Glaube in winterlicher Zeit. Gespräche mit Karl Rahner aus den letzten Lebensjahren, hg. v. P. Imhoff und H. Biallowons, Düsseldorf 1986.

Gnade als Freiheit. Kleine theologische Beiträge, Freiburg i.Br. 1968.

Gnade als Mitte christlicher Existenz. Interview mit Karl Rahner aus Anlass seines 70. Geburtstages, in: Herder-Korrespondenz 28 (1974) 77-92.

Grundkurs des Glaubens, Freiburg i.Br. u.a. [10]2004. (Sigel: Grundkurs)

Herders Theologisches Taschenlexikon, 8 Bde, Freiburg u.a. 1972.

Ich glaube an Jesus Christus (Theologische Mediationen Bd. 21), Freiburg 1968.

Im Gespräch, 2 Bde, hg. v. P. Imhoff und H. Biallowons, München 1982-1983.

Kirche und Sakramente (Quaestiones disputatae Bd. 10), Freiburg i.Br. u.a. 1960.

Praxis des Glaubens. Geistliches Lesebuch, hg. v. K. Lehmann und A. Raffelt, Freiburg i.Br. u.a. [2]1984.

Sacramentum mundi: theologisches Lexikon für die Praxis, 4 Bde, Freiburg i.Br. u.a. 1967-1969.

Schuld, Vergebung und Umkehr im christlichen Glauben, in: A. Görres und Ders., Das Böse, 199-229.

Sendung und Gnade. Beiträge zur Pastoraltheologie, Innsbruck – Wien [5]1988.

Von der Not und dem Segen des Gebets, Beten mit Karl Rahner, 2 Bde, Bd. 1, hg. v. A. Raffelt mit einer Einführung von Karl Kard. Lehmann, Freiburg i.Br. u.a. 2004.

Wagnis des Christen, Freiburg i.Br. 1974.

Was heißt Auferstehung? Meditationen zu Karfreitag und Ostern, hg. v. A. Raffelt, Freiburg i.Br. u.a. [2]1986.

Worte ins Schweigen, Innsbruck [7]1959.

Zur Theologie des Todes (Quaestiones disputatae Bd. 2), Freiburg u.a. 1958.

Publikationen Karl Rahners mit anderen Autoren

Ders. und Fries, Heinrich, Einigung der Kirchen – reale Möglichkeit (Quaestiones disputatae Bd. 100), Neuausgabe, Freiburg 1985.

Ders. und Görres, Albert, Der Leib und das Heil (Probleme der Praktischen Theologie Bd. 4), Festgabe zum 60. Geburtstag von Weihbischof J. M. Reuss, Mainz 1967.

Ders., Jüngel, Eberhard und Seitz, Manfred, Die praktische Theologie zwischen Wissenschaft und Praxis (Studien zur Praktischen Theologie Bd. 5), München 1968.

Ders. und Vorgrimler, Herbert, Kleines Konzilskompendium. Sämtliche Texte des Zweiten Vatikanums mit Einführungen und ausführlichem Sachregister, Freiburg i.Br. [23]1991.

Görres, Albert und Ders., Das Böse – Wege zu seiner Bewältigung in Psychotherapie und Christentum, Freiburg i.Br. u.a. [3]1984.

Raffelt, Albert und Ders., Anthropologie und Theologie, in: F. Böckle u.a. (Hg.), Christlicher Glaube in moderner Gesellschaft (Enzyklopädische Bibliothek Bd. 24), Freiburg i.Br. u.a. 1981, 5-55.

II. Sekundärliteratur

Amelang, Manfred und Bartussek, Dieter, Differentielle Psychologie und Persönlichkeits-forschung, Stuttgart u.a. [5]2001.

Amelang, Manfred und Zielinski, Werner, Psychologische Diagnostik und Intervention: mit 35 Tabellen, Berlin [3]2002.

Anderson, Rob und Cissna, Kenneth N., The Martin Buber – Carl Rogers Dialogue. A new transcript with commentary, Albany 1997.

Asanger, Roland u.a. (Hg.), Rogers und die Pädagogik: Theorieanspruch und Anwendungsmöglichkeiten des personzentrierten Ansatzes in der Pädagogik, Weinheim 1987.

Bärenz, Reinhold (Hg.), Gesprächsseelsorge: Theologie einer pastoralen Praxis, Regensburg 1980.

Barrett-Lennard, Goffrey T., Inkubation und Geburt der klientenzentrierten Psychotherapie, Die Roosevelt-Rogers-Verbindung, in: GwG-Info 51 (1983) 16-35.

Bastine, Reiner H. E., Klinische Psychologie, 2 Bde, Stuttgart u.a. [2]1990.

Battlog, Andreas R., Die Mysterien des Lebens Jesu bei Karl Rahner. Zugang zum Christusglauben (Innsbrucker Theologische Studien Bd. 58), Innsbruck 2001.

– In die Pflicht genommen: Im Wiener Seelsorgeamt, in: Ders. u.a., Der Denkweg Karl Rahners, 144-157.

– Vom Mut, Jesus um den Hals zu fallen. Christologie, in: Ders., u.a., Der Denkweg Karl Rahners, 277-299.

Battlog, Andreas R. u.a., Der Denkweg Karl Rahners. Quellen – Entwicklungen – Perspektiven, Mainz 2003.

Baumgartner, Isidor (Hg.), Handbuch der Pastoralpsychologie, Regensburg 1990.

Baumgartner, Isidor, Pastoralpsychologie. Einführung in die Praxis heilender Seelsorge, Düsseldorf 1990.

Baumgartner, Konrad, Für ein Sterben in Würde: Erfahrungen unter medizinisch-therapeutischen und theologisch-pastoralen Aspekten, München 1997.

Baumgartner, Konrad und Müller, Wunibald (Hg.), Beraten und Begleiten: Handbuch für das seelsorgliche Gespräch, Freiburg i.Br. 1990.

Behr, Michael, Carl R. Rogers und die Pädagogik. Theorieanspruch und Anwendungsprobleme des personzentrierten Ansatzes in der Erziehung, in: R. Asanger u.a. (Hg.), Rogers und die Pädagogik, 141-167.

Beillerot, Jacky u.a. (Hg.), Autobiographie de Carl Rogers: lectures plurielles (Savoirs et rapport au savoir), Paris 2003.

Beinert, Wolfgang, Die Leib-Seele-Problematik in der Theologie, Köln 2002.

–　Theologische Erkenntnislehre, in: Ders. (Hg.), Glaubenszugänge – Lehrbuch der katholischen Dogmatik, Bd. 1, 45-197.

Beinert, Wolfgang (Hg.), Glaubenszugänge – Lehrbuch der katholischen Dogmatik, 3 Bde, Bd. 1, Paderborn u.a. 1995.

Belok, Manfred, Humanistische Psychologie und Katechese, Münster 1984.

Benedikt XVI, Enzyklika Deus caritas est, An die Bischöfe, an die Priester und Diakone, an die gottgeweihten Personen und an alle Christgläubigen über die christliche Liebe, Vatikan 2005.

Benesch, Hellmuth, Art. Psychoanalyse, in: Ders., dtv-Wörterbuch zur Klinischen Psychologie, 2 Bde, Bd. 2, München 1981, 152-187.

–　Art. Verhaltenstherapie, in: Ders., dtv-Wörterbuch zur Klinischen Psychologie, 2 Bde, Bd. 2, München 1981, 379-430.

Besier, Gerhard, Seelsorge und klinische Psychologie: Defizite in Theorie und Praxis der ‚Pastoralpsychologie‘, Göttingen 1980.

Biermann-Ratjen, Eva-Maria, Ätiologiekonzeption(en), in: G. Stumm u.a. (Hg.), Grundbegriffe der Personzentrierten und Focusing-orientierten Psychotherapie und Beratung, 32-34.

–　Bedürfnis nach positiver Beachtung/Selbstbeachtung, in: G. Stumm u.a. (Hg.), Grundbegriffe der Personzentrierten und Focusing-orientierten Psychotherapie und Beratung, 41-42.

–　Bewertungsbedingungen, in: G. Stumm u.a. (Hg.), Grundbegriffe der Personzentrierten und Focusing-orientierten Psychotherapie und Beratung, 52-53.

–　Die entwicklungspsychologische Perspektive des klienten-zentrierten Konzepts, in: W. W. Keil und G. Stumm, Die vielen Gesichter der Personzentrierten Psychotherapie, 123-145.

–　Zur Notwendigkeit einer Entwicklungspsychologie für Gesprächspsychotherapeuten aus dem personzentrierten Konzept für die Zukunft der klientenzentrierten Psychotherapie, in: R. Sachse und J. Howe (Hg.), Zur Zukunft der klienten-zentrierten Psychotherapie, 102-125.

Biermann-Ratjen, Eva-Maria, Eckert, Jochen und Schwartz, Hans-Joachim, Gesprächspsychotherapie. Verändern durch Verstehen, Stuttgart ⁹2003.

Binder, Ute, Empathieentwicklung und Pathogenese in der klientenzentrierten Psychotherapie: Überlegungen zu einem systemimmanenten Konzept, Eschborn bei Frankfurt a. M. 1994.

Binder, Ute und Binder, Johannes, Empathie, in: G. Stumm u.a. (Hg.), Grundbegriffe der Personzentrierten und Focusing-orientierten Psychotherapie und Beratung, 82-86.

– Studien zu einer störungsspezifischen klientenzentrierten Psychotherapie: schizophrene Ordnung, psychosomatisches Erleben, depressives Leiden, Eschborn bei Frankfurt a. M., ³1999.

Birker, Gabriele und Birker, Klaus, Was ist NLP?: Grundlagen und Begriffe des Neurolinguistischen Programmierens, Reinbek bei Hamburg ³2000.

Biser, Eugen, Der Mensch – das uneingelöste Versprechen; Entwurf einer Modalanthropologie, Düsseldorf 1995.

– Die Heilkraft des Glaubens. Entwurf einer therapeutischen Theologie, in: Concilium 34 (1998) 534-544.

– Theologie als Therapie. Zur Wiedergewinnung einer verlorenen Dimension, Heidelberg 1985.

Biskup, Reinhold und Hasse, Rolf (Hg.), Das Menschenbild in Wirtschaft und Gesellschaft (Beiträge zur Wirtschaftspolitik Bd. 75), Bern u.a. 2000.

Blum, Hubert E., Über das Menschenbild in der Medizin: Symposium am 24. Mai 2003 im Congress Centrum Hamburg, Stuttgart u.a. 2004.

Boff, Leonardo, Theologie der Befreiung, in: K. Rahner, Bilder eines Lebens, 146-150.

Bokwa, Ignacy, Das Verhältnis zwischen Christologie und Anthropologie als Interpretations-modell der Theologie Karl Rahners, in: R. A. Siebenrock (Hg.), Karl Rahner in der Diskussion, 33-43.

Böttigheimer, Christoph, Der Mensch im Spannungsfeld von Sünde und Freiheit: die ökumenische Relevanz der Erbsündelehre (Münchner theologische Studien Bd. 49), St. Ottilien 1994.

– Säkularisierung und neue Religiosität. Sakralisierung der säkularisierten Gesellschaft als Herausforderung und Chance christlicher Glaubensvermittlung, in: Theologie und Glaube 95 (2005) 134-146.

Braun, Ursula, Selbstaktualisierung versus Verhaltenskontrolle. Aufarbeitung der Kontroverse Rogers-Skinner zur Klärung theoretischer Grundlagen der Gesprächspsychotherapie, Frankfurt a. M. 1983.

Bräutigam, Walter (Hg.), Medizinisch-psychologische Anthropologie (Wege der Forschung Bd. 228), Darmstadt 1980.

Breuer, Franz, Wissenschaftstheorie für Psychologen. Eine Einführung (Arbeiten zur sozialwissenschaftlichen Psychologie, Beiheft 1), Münster ⁵1991.

Brunner, Heinz, Menschenbilder in Psychologie und Psychotherapie, in: I. Baumgartner (Hg.), Handbuch der Pastoralpsychologie, 63-85.

Buber, Martin, Ich und Du, Heidelberg [11]1983.

Bucher, Rainer, Pastoraltheologie als Kulturwissenschaft des Volkes Gottes, in: Pastoraltheologische Informationen 24/2 (2004) 182-191.

Burkert, Walter, Antike Mysterien, München [3]1994.

Burton, Andrew, Twelve Therapists, San Francisco 1972.

Cain, David, Carl R. Rogers. The man, his vision, his impact, in: Person-Centered
Review 2 (1987) 283-288.

Carrier, Martin, Geist, Gehirn, Verhalten: das Leib-Seele-Problem und die Philosophie der Psychologie, Berlin u.a. 1989.

Cissna, Kenneth N. und Anderson, Rob, Carl Rogers in Dialogue with Martin Buber:
A new analysis, in: Person Centered Journal 4 (1997) 4-13.

Cohen, David, Carl Rogers: A critical Biography, London 1997.

Cohen, David, Psychologists on Psychology, London 1977.

Cohn, Ruth C. und Farau, Alfred, Gelebte Geschichte der Psychotherapie: Zwei Perspektiven, Stuttgart [2]1993.

Corell, Werner, Persönlichkeitspsychologie. Eine Einführung in die Persönlichkeits-
systeme von Freud bis Skinner, Donauwörth 1976.

Darlapp, Adolf und Splett, Jörg, Art. Geschichte und Geschichtlichkeit, in: K. Rahner (Hg.), Herders Theologisches Taschenlexikon, 8 Bde, Freiburg i.Br. 1972,
Bd. 3, 33-45.

Davison, Gerald C. und Neale, John M., Klinische Psychologie. Ein Lehrbuch,
München – Weinheim [3]1988.

Deister, Tonja, Krankheitsverarbeitung und religiöse Einstellungen. Ein Vergleich
zwischen onkologischen, kardiologischen und HIV-Patienten, Mainz 2000.

Delgado, Mariano und Lutz-Bachmann, Matthias, Theologie aus Erfahrung der
Gnade: Annäherungen an Karl Rahner (Schriften der Diözesanakademie Berlin
Bd. 10), Hildesheim – Berlin 1994.

Demorest, Amy, Psychology's grand theorists: how personal experiences shaped
professional ideas, Mahwah N.J. 2005.

Dewey, John, Problems of Man, New York 1946.

Dilthey, Wilhelm, Ideen über eine beschreibende und zergliedernde Psychologie, in:
Ders., Die geistige Welt. Einleitung in die Philosophie des Lebens (Gesammelte
Schriften Bd. 5), Leipzig u.a. 1924, 139-240.

Dörner, Günter (Hg.), Menschenbilder in der Medizin – Medizin in den Menschenbildern (Berliner Studien zur Wissenschaftsphilosophie und Humanontogenetik
Bd. 16), Bielefeld 1999.

Dorsch, Friedrich, Art. Menschenbild, in: Ders. u.a. (Hg.), Psychologisches Wörter-
buch, Bern u.a. [11]1987, 413.

Ebertz, Michael N., Kirche im Gegenwind. Zum Umbruch der religiösen Landschaft, Freiburg u.a. 1997.

Eckert, Jochen (Hg.), Forschung zur klientenzentrierten Psychotherpie. Aktuelle Ansätze und Ergebnisse, Köln 1995.

Edelmann, Gerald, Das Licht des Geistes. Wie Bewusstsein entsteht, Düsseldorf 2004.

Eicher, Peter, Die anthropologische Wende. Karl Rahners philosophischer Weg vom Wesen des Menschen zur personalen Existenz (Dokimion Bd. 1), Freiburg/ Schweiz 1970.

– Erfahren und Denken. Ein nota bene zur Flucht in meditative Unschuld, in: Theologische Quartalschrift 157 (1977) 142-143.

– Offenbarung. Prinzip neuzeitlicher Theologie, München 1977.

– Wovon spricht die transzendentale Theologie? Zur gegenwärtigen Diskussion um das Denken von Karl Rahner, in: Theologische Quartalschrift 156 (1976) 284-295.

Eisenga, Ruut, Das Menschenbild Rogers': Zwischen Einzahl und Mehrzahl, in: R. Sachse und J. Howe (Hg.), Zur Zukunft der klientenzentrierten Psychotherapie, 21-37.

Elliott, Robert, Greenberg, Leslie S. und Lietaer, Germain, Research on Experiential Psychotherapies, in: M. J. Lambert (Hg.), A.E. Bergin and S.L. Garfield's Handbook of Psychotherapy and Behavior Change, New York [6]2004, 493-539.

Ellis, Albert, Die rational-emotive Therapie. Das innere Selbstgespräch bei seelischen Problemen und seine Veränderung, München 1982.

– The myth of self-esteem: how rational emotive behavior therapy can change your life forever, Amherst NY 2006.

Endean, Philip, Die ignatianische Prägung der Theologie Karl Rahners. Ein Versuch der Präzisierung, in: R. A. Siebenrock (Hg.), Karl Rahner in der Diskussion, 59-73.

– Karl Rahner and Ignatian Spirituality, Oxford 2001.

– Karl Rahner im englischsprachigen Raum, in: Stimmen der Zeit 129/Spezial 1 (2004) 57-74.

Engels, Eve-Marie (Hg.), Neurowissenschaften und Menschenbild, Paderborn 2005.

Esser, Ulrich, Pabst, Hans und Speierer, Gert-Walter (Hg.), The Power of the Person-Centered-Approach. New Challenges – Perspectives – Answers, Köln 1996.

Evangelischer Erwachsenen-Katechismus: Kursbuch des Glaubens (im Auftrag d. Katechismuskommision d. Vereinigten Evang.-Luther. Kirche Deutschlands), Gütersloh 1975.

Fahrenberg, Jochen, Annahmen über den Menschen. Menschenbilder aus psychologischer, biologischer, religiöser und interkultureller Sicht, Heidelberg 2004.

Feiter, Reinhard, Antwortendes Handeln. Praktische Theologie als kontextuelle Theologie (Theologie und Praxis Bd. 14), Münster 2002.

Finke, Jobst, Das Konzept ‚Widerstand' und die klientenzentrierte Psychotherapie, in: R. Sachse und J. Howe (Hg.), Zur Zukunft der klientenzentrierten Psychotherapie, 54-75.

–   Empathie und Interaktion. Methodik und Praxis der Gesprächspsychotherapie, Stuttgart ²2003.

–   Gesprächspsychotherapie: Grundlagen und spezifische Anwendungen, Stuttgart ³2004.

Finke, Jobst und Teusch, Ludwig, Die störungsspezifische Perspektive in der Personzentrierten Psychotherapie, in: W. W. Keil und G. Stumm, Die vielen Gesichter der Personzentrierten Psychotherapie, 147-162.

Fischer, Klaus P., Der Mensch als Geheimnis. Die Anthropologie Karl Rahners (Ökumenische Forschungen, II. Soteriolog. Abteilung Bd. 4), Freiburg i.Br. u.a. 1974.

–   Gott als das Geheimnis des Menschen. Karl Rahners theologische Anthropologie. Aspekte und Anfragen, in: Zeitschrift für katholische Theologie 113 (1991) 1-23.

–   Gotteserfahrung. Mystagogie in der Theologie Karl Rahners und in der Theologie der Befreiung, Mainz 1986.

–   Philosophie und Mystagogie. Karl Rahners ‚reductio in mysterium' als Prinzip seines Denkens, in: Zeitschrift für katholische Theologie 120 (1998) 34-56.

–   ‚Wo der Mensch an das Geheimnis grenzt.' Die mystagogische Struktur der Theologie Karl Rahners, in: Zeitschrift für katholische Theologie 98 (1976) 159-170.

Freud, Sigmund, Freud, Abriß der Psychoanalyse, Frankfurt ²⁵1975.

Friedman, Maurice, Carl Rogers and Martin Buber. Selfactualization and dialogue, in: Person-centered Review 1 (1986) 409-435.

Frielingsdorf, Karl, Der wahre Gott ist anders: von krankmachenden zu heilenden Gottesbildern, Mainz 1997.

Frielingsdorf, Karl und Kehl, Medard (Hg.), Ganz und heil. Unterschiedliche Wege zur ‚Selbstverwirklichung', Würzburg 1990.

Frischenschlager, Otto, Präsymbolische Ebenen des psychoanalytischen Diskurses, in: E. Bartosch u.a. (Hg.), Aspekte einer neuen Psychoanalyse: Ein selbstpsychologischer Austausch, New York – Wien 1999, 37-52.

Fuchs, Ottmar, Theologie aus der Erfahrung des ‚Mysterium Dei', in: Pastoraltheologische Informationen 24/2 (2004) 68-104.

Funke, Dieter, Theologie und (Tiefen-) Psychologie, in: Renovatio 48 (1992) 219-228.

Gadamer, Hans-Georg, Philosophische Hermeneutik, Tübingen 1967.

–   Wahrheit und Methode. Grundzüge einer philosophischen Hermeneutik (Gesammelte Werke Bd. 1), Tübingen ⁶1990.

Gadamer, Hans-Georg und Vogler, Paul (Hg.), Psychologische Anthropologie (Neue Anthropologie, 5 Bde, Bd. 5), Stuttgart 1973.

Ganoczy, Alexandre, Liebe als Prinzip der Theologie, Würzburg 1994.

Gendlin, Eugene, Focusing, Salzburg ²1993.

Gierer, Alfred, Biologie, Menschenbild und die knappe Resource Gemeinsinn, Würzburg 2005.

Gilles, Astrid, Gesprächspsychotherapie, in: H. Zygowski (Hg.), Psychotherapie und Gesellschaft. Therapeutische Schulen in der Kritik, Reinbek bei Hamburg 1987, 98-126.

Glania, Beate, Zuhören verwandelt: ein pastoralpsychologischer Beitrag zur Telefonseelsorge auf bibeltheologischer und personzentrierter Grundlage (Pastoralpsychologie und Seelsorge Bd. 8), Frankfurt a. M. 2005.

Gmainer-Pranzl, Franz, Glaube und Geschichte – Erfahrung von Gnade oder Auslegung des Wortes? Ein Blick auf Karl Rahner und Gerhard Ebeling, in: R. A. Siebenrock (Hg.), Karl Rahner in der Diskussion, 189-201.

– Glaube und Geschichte bei Karl Rahner und Gerhard Ebeling (Innsbrucker Theologische Studien Bd. 45), Innsbruck 1996.

Goldstein, Kurt, The organism: a holistic approach to biology derived from pathological data in man, New York 1939.

Görres, Albert, Das Böse und die Bewältigung des Bösen in Psychotherapie und Christentum, in: Ders. und K. Rahner, Das Böse, 9-198.

– Kirchliche Beratung – eine dringliche Antwort auf Symptome und Ursachen seelischer Krisen?, in: Sekretariat der Dt. Bischofskonferenz (Hg.), Kirchliche Beratungsdienste (Arbeitshilfen 51), Bonn 1987, 5-31.

– Nothelfer für Leib und Seele, in: H. Vorgrimler (Hg.), Karl Rahner verstehen, 45-47.

Görres, Albert und Rahner, Karl, Das Böse – Wege zu seiner Bewältigung in Psychotherapie und Christentum, Freiburg i.Br. u.a. ³1984.

Grawe, Klaus, Neuropsychotherapie, Göttingen u.a. 2004.

– Caspar, Franz und Ambühl Hansruedi, Differentielle Psychotherapieforschung: Vier Therapieformen im Vergleich, in: Zeitschrift für Klinische Psychologie 19 (1990) 292-376.

– Donati, Ruth und Bernauer, Friederike, Psychotherapie im Wandel. Von der Konfession zur Profession, Göttingen ²1994.

Greene, Brian, Der Stoff aus dem der Kosmos ist: Raum, Zeit und die Beschaffenheit der Wirklichkeit, München 2004.

Greshake, Gisbert, Art. Anthropologie, II. systematisch-theologisch, in: Lexikon für Theologie und Kirche³ Bd. 1, 726-731.

– Geistliche Unterscheidung, in: Ders., Gottes Willen tun – Gehorsam und geistliche Unterscheidung, Freiburg i.Br. u.a. ²1987, 62-85.

Groddeck, Norbert, Carl Rogers: Wegbereiter der modernen Psychotherapie, Darmstadt 2002.

Groddeck, Norbert, Person-zentrierte Konzepte im Bereich Schule und Lehrerbildung, in: R. Asanger u.a. (Hg.), Rogers und die Pädagogik, 79-140.

Groeben, Norbert, Handeln, Tun, Verhalten als Einheiten einer verstehend-erklären-den Psychologie. Wissenschaftstheoretischer Überblick und Programmentwurf zur Integration von Hermeneutik und Empirismus, Tübingen 1986.

Groeben, Norbert und Erb, Egon, Reduktiv-implikative versus elaborativ-prospekti-ve Menschenbildannahmen in psychologischen Forschungsprogrammen – Pro-blemskizze einer theoretische-psychologischen Anthropologie (Berichte aus dem Psychologischen Institut der Universität Heidelberg, Diskussionspapier Nr. 70), Heidelberg 1991.

Grom, Bernhard, Religionspsychologie, München 1992.

– Religiosität – psychische Gesundheit – subjektives Wohlbefinden: Ein For-schungsüberblick, in: C. Zwingmann und H. Moosbrugger (Hg.), Religiosität: Messverfahren und Studien zur Gesundheit und Lebensbewältigung. Neue Bei-träge zur Religionspsychologie, Münster 2004, 187-214.

Gruber, Petra C. (Hg.), Zeit für Nachhaltigkeit (Schriftenreihe Bildung und nachhal-tige Entwicklung, Bd. 1), Münster 2005.

Grümme, Bernhard, ‚Noch ist die Träne nicht weggewischt von jeglichem Ange-sicht‘. Überlegungen zur Rede von Erlösung bei Karl Rahner und Franz Ro-senzweig (Münsteraner theologische Abhandlungen Bd. 43), Altenberge 1996.

Grün, Anselm, Erlösung durch das Kreuz. Karl Rahners Beitrag zu einem heutigen Erlösungsverständnis (Münsterschwarzacher Studien Bd. 26), Münsterschwarz-ach 1975.

– Intensivformen der geistlichen Begleitung, in: K. Baumgartner undW. Müller (Hg.), Handbuch für das seelsorgliche Gespräch, 101-110.

– Psychologie und gesunde Spiritualität, in: P. Raab (Hg.), Psychologie hilft glau-ben, 49-59.

Grupe, Gisela, Anthropologie: ein einführendes Lehrbuch; mit 49 Tabellen, Berlin u.a. 2005.

Hahn, Winfried, Grundmodell für christliche Therapie und Seelsorge. Doppelte Identifikation, in: C.J. Hartmann und Ders. (Hg.), Damit die Seele heil wird, 179-189.

Hartmann, Claus. J. und Hahn, Winfried, Damit die Seele heil wird. Entstehung und Behandlung psychischer Probleme, Holzgerlingen 2003.

Hartmann, Dirk, Philosophische Grundlagen der Psychologie (Wissenschaft im 20. Jh.: Transdisziplinäre Reflexionen), Darmstadt 1998.

Haslinger, Herbert (Hg.), Handbuch Praktische Theologie, 2 Bde, Bd. 1 Grundle-gungen, Mainz 1999.

Haslinger, Herbert, Was ist Mystagogie? Praktisch-theologische Annäherung an ei-nen strapazierten Begriff, in: S. Knobloch und H. Haslinger (Hg.), Mystagogi-sche Seelsorge, 15-75.

Haslinger, Herbert u.a., Praktische Theologie – eine Begriffsbestimmung in Thesen, in: Ders. (Hg.), Handbuch Praktische Theologie, 2Bde, Bd.1, 386-397.

Hautzinger, Martin (Hg.), Kognitive Verhaltenstherapie bei psychischen Erkrankungen, Berlin u.a. 1994.

Heekerens, Hans-Peter und Ohling, Maria, Therapieevaluation – eine Sach- und Beziehungsklärung, in: Gesprächspsychotherapie und Personzentrierte Beratung 35 (2005) 5-11.

Heine, Susanne, Grundlagen der Religionspsychologie. Modelle und Methoden, Göttingen 2005.

Heinerth, Klaus, Die Kenntnis der Biologie des Menschen erleichtert das Verstehen eines individuellen Organismus, in: R. Sachse und J. Howe (Hg.), Zur Zukunft der klientenzentrierten Psychotherapie, 126-141.

– Selbst, Selbstkonzept, in: G. Stumm u.a. (Hg.), Grundbegriffe der Personzentrierten und Focusing-orientierten Psychotherapie und Beratung, 278-280.

Heinrich, Michael und Schmidt, Andreas, Der Atom-Atlas: Nach Tschernobyl: Kernenergie zwischen Angst und Hoffnung; Zahlen, Fakten, Hintergründe, München 1986.

Heinz, Hanspeter, Negele, Manfred und Riegger, Manfred (Hg.), ‚Im Anfang war der Urknall!?‘ Kosmologie und Weltentstehung. Naturwissenschaft und Theologie im Gespräch, Regensburg 2005.

Henning, Christian, Murken, Sebastian und Nestler, Erich (Hg.), Einführung in die Religionspsychologie, Paderborn 2003.

Hepp, Hermann, Knoepffler, Nikolaus und Schwarke, Christian, Verantwortung und Menschenbild. Beiträge zur interdisziplinären Ethik und Anthropologie (Akzente Bd. 5), München [2]1997.

Hermans, Chris A. M. und Scherer-Roth, Michael, Interdisziplinarität in der Praktischen Theologie. Epistemologische Grundfragen einer hermeneutisch-empirischen Begründung der Praktischen Theologie, in: Pastoraltheologische Informationen 24/2 (2004) 154-181.

Herms, Eilert (Hg.), Menschenbild und Menschenwürde, Gütersloh 2001.

Herzgsell, Johannes, Karl Rahners Theologie der Liebe, in: Geist und Leben 77 (2004) 171-183.

Herzog, Walter, Modell und Theorie in der Psychologie, Göttingen 1984.

Hilberath, Bernd J., Karl Rahner: Gottgeheimnis Mensch (Theologische Profile), Mainz 1995.

Hoffmann, Sven O., Art. Psychoanalyse, in: R.J. Corsini (Hg.), Handbuch der Psychotherapie, 2 Bde, Bd. 2, München – Weilheim [2]1987, 987-1007.

Höger, Dieter, Klientenzentrierte Psychotherapie – ein Breitbandkonzept mit Zukunft, in: R. Sachse und J. Howe (Hg.), Zur Zukunft der klientenzentrierten Psychotherapie, 197-222.

Howe, Jürgen, Integratives Handeln in der Gesprächstherapie, Weinheim 1982.

– Störungsspezifisches Handeln in der Gesprächspsychotherapie?, in: R. Sachse und Ders. (Hg.), Zur Zukunft der klientenzentrierten Psychotherapie, 9-20.

Howe, Jürgen und Minsel, Wolf-Rüdiger, Gesprächspsychotherapie. Die Kraft des Guten, in: H. Petzold (Hg.), Wege zum Menschen. Methoden und Persönlichkeiten modernen Psychotherapie, Ein Handbuch, 3 Bde, Bd. 1, Paderborn 1984, 309-386.

Huber, Stefan, Dimensionen der Religiosität. Skalen, Messmodelle und Ergebnisse einer empirisch orientierten Religionspsychologie (Freiburger Beiträge zur Psychologie Bd. 18), Freiburg/Schweiz 1996.

Ignatius von Loyola, Die Exerzitien, übertragen von H. U. v. Balthasar (Geistliche Meister Bd. 45), Einsiedeln [7]1981.

Ingham, John M., Psychological anthropology resonsidered, Cambribge 1996.

Iseli, Catherine (Hg.), Identität – Begegnung – Kooperation. Person-/Klientenzentrierte Psychotherapie an der Jahrhundertwende, Köln 2002.

Jaeggi, Eva, Art. Verhaltenstherapie, in: R.J. Corsini (Hg.), Handbuch der Psychotherapie, 2 Bde, Bd. 2, München – Weinheim [2]1987, 1418-1427.
– Zu heilen die zerstoßnen Herzen. Die Hauptrichtungen der Psychotherapie und ihre Menschenbilder, Hamburg 1997.

Jordahl, David, Psychotherapeuten denken religiös – Eine überraschende Bilanz, Olten 1990.

Kampling, Rainer, Exegese und Karl Rahner, in: M. Delgado und M. Lutz-Bachmann (Hg.), Theologie aus Erfahrung der Gnade, 267-283.

Kasper, Walter, Jesus der Christus, Mainz [2]1975.

Keil, Wolfgang W., Abwehr, in: G. Stumm u.a. (Hg.), Grundbegriffe der Personzentrierten und Focusing-orientierten Psychotherapie und Beratung, 15-16.
– Inkongruenz, in: G. Stumm u.a. (Hg.), Grundbegriffe der Personzentrierten und Focusing-orientierten Psychotherapie und Beratung, 175-177.
– Die verschiedenen Strömungen in der Personzentrierten Psychotherapie: Einleitung, in: Ders. und G. Stumm (Hg.), Die vielen Gesichter der Personzentrierten Psychotherapie, 65-72.
– Zur Erweiterung der personzentrierten Therapietheorie, in: Person 6/1 (2002) 34-44.

Keil, Wolfgang W. und Stumm, Gerhard (Hg.), Die vielen Gesichter der Personzentrierten Psychotherapie, Wien 2002.

Keil, Wolfgang W. u.a. (Hg.), Selbst-Verständnis. Beiträge zur Theorie der klientenzentrierten Psychotherapie, Innsbruck 1994.

Kentrup, Christoph, ‚Das Selbst zu sein, das man in Wahrheit ist'. Das Wachsen der Persönlichkeit nach C.R. Rogers, in: K. Frielingsdorf und M. Kehl (Hg.), Ganz und heil, 84-105.

Kern, W. (Hg.), Traktat Theologische Erkenntnislehre: mit Schlussteil Reflexion auf Fundamentaltheologie, Handbuch der Fundamentaltheologie, 4 Bde, Bd. 4, Tübingen [2]2000.

Kern, Walter und Niemann, Franz-Josef, Theologische Erkenntnislehre (Leitfaden Theologie Bd. 4), Düsseldorf 1981.

Kiekegaard, Søren, Die Krankheit zum Tode, Jena ²1924.

Kießling, Klaus, Art. Psychotherapie, in: K. Baumgartner und P. Scheuchenpflug (Hg.), Lexikon der Pastoral (Lexikon für Theologie und Kirche kompakt), 2 Bde, Bd. 2, Freiburg 2002, 1410-1411.

Kirchler, Erich, Meier-Pesti, Katja und Hofmann, Eva (Hg.), Menschenbilder in Organisationen (Arbeits- und Organisationspsychologie Bd. 5), Wien 2004.

Kirschenbaum, Howard, Carl Rogers, in: M.M. Suhd (Hg.), Positive Regard, 1-102.

Kirschenbaum, Howard, On becoming Carl Rogers, New York 1979.

Kirschenbaum, Howard und Land Henderson, Valerie, Carl Rogers: Dialogues – Conversations with Martin Buber, Paul Tillich, B. F. Skinner, Gregory Bateson, Michael Polanyi, Rollo May, and others, Boston 1989.

Kirschenbaum, Howard und Land Henderson, Valerie, The Carl Rogers Reader, Boston 1989.

Klessmann, Michael, Pastoralpsychologie: Ein Lehrbuch, Neukirchen-Vluyn 2004.

Klessmann, Michael und Lückel, Kurt (Hg.), Zwischenbilanz: Pastoralpsychologische Herausforderungen: Zum Dialog zwischen Theologie und Humanwissenschaften. Festschrift für Klaus Winkler zum 60. Geburtstag, Bielefeld 1994.

Klinger, Elmar, Art. Unterscheidung der Geister, in: K. Rahner (Hg.), Herders Theologisches Taschenlexikon, Bd. 8, 7-12.

– Das absolute Geheimnis im Alltag entdecken. Zur spirituellen Theologie Karl Rahners, Würzburg 2001.

Klinger, Elmar (Hg.), Christentum innerhalb und außerhalb der Kirche (Quaestiones disputatae Bd. 73), Freiburg i.Br. 1976.

Klinger, Elmar und Wittstadt, Klaus, Glaube im Prozess. Christsein nach dem II. Vatikanum. Für Karl Rahner, Freiburg 1994.

Knieps, Thomas, Die Unvertretbarkeit von Individualität. Der wissenschafts-philosophische Ort der Theologie nach Karl Rahners ‚Hörer des Wortes‘, Würzburg 1995.

Knobloch, Stefan, Wieviel ist ein Mensch wert? Einzelseelsorge – Grundlagen und Skizzen, Regensburg 1993.

Knobloch, Stefan und Haslinger, Herbert (Hg.), Mystagogische Seelsorge. Eine lebensgeschichtlich orientierte Pastoral, Mainz 1991.

Knoepffler, Nikolaus, Der Begriff ‚transzendental‘ bei Karl Rahner. Zur Frage seiner kantischen Herkunft (Innsbrucker Theologische Studien Bd. 39), Innsbruck 1993.

Knoepffler, Nikolaus (Hg.), Humanbiotechnologie als gesellschaftliche Herausforderung (Angewandte Ethik Bd. 2), Freiburg i.Br. 2005.

Köhler, Wolfgang, Werte und Tatsachen (Originalausgabe: The Place of Value in a World of Facts, New York 1938), Berlin 1968.

Köhler-Weisker, Angela, Horn, Klaus und Schülein, Johann A., ‚Auf der Suche nach dem wahren Selbst.‘ Eine Auseinandersetzung mit Carl Rogers, Frankfurt a. M. 1993.

König, Harold G., Mc Cullough, Michael E. und Larson, David B., Handbook of Religion and Health, Oxford u.a. 2001.

Korte, Hermann und Schäfers, Bernhard (Hg.), Einführung in die Hauptbegriffe der Soziologie (Einführungskurs Soziologie, Bd. 1), Opladen 1998.

Korunka, Christian, ‚Der Mensch ist gut, er hat nur viel zu schaffen.‘ Werte und Menschenbild in der Personzentrierten Psychotherapie, in: P. Frenzel u.a. (Hg.), Handbuch der Personzentrierten Psychotherapie, 71-82.

Koslowski, Peter (Hg.), Gottesbegriff, Weltursprung und Menschenbild in den Weltreligionen, München 2000.

Kreuter-Szabo, Susan, Der Selbstbegriff in der Humanistischen Psychologie von A. Maslow und C. Rogers, Frankfurt a. M. 1988.

Kriz, Jürgen, Entwurf einer systemischen Theorie klientenzentrierter Psychotherapie, in: R. Sachse und J. Howe (Hg.), Zur Zukunft der klientenzentrierten Psychotherapie, 168-196.

– Grundkonzepte der Psychotherapie. Eine Einführung, Weinheim ³1991.

– Zum 100. Geburtstag von Carl Rogers, in: Gestalt Theory 24 (2002) 224-228.

– 50 Jahre empirische Psychotherapieforschung: Rückblicke – Einblicke – Ausblicke, in: Person 15/2 (2003) 1-14.

Kriz, Jürgen und Stumm, Gerhard, Aktualisierungstendenz, in: G. Stumm u.a. (Hg.), Grundbegriffe der Personzentrierten und Focusing-orientierten Psychotherapie und Beratung, 18-21.

Kühnen, Angela (Hg.), Das Bild des Menschen in den Wissenschaften, Münster 2002.

Küng, Hans, Der Anfang aller Dinge. Naturwissenschaft und Religion, München 2005.

– Unfehlbar? Eine Anfrage, Zürich u.a. 1970.

Ladenhauf, Karl Heinz, Psychotherapie, in: H. Haslinger (Hg.), Handbuch Praktische Theologie, Bd. 1, 279-291.

Langemeyer, Georg, Theologische Anthropologie, in: W. Beinert (Hg.), Glaubenszugänge, Bd. 1, 497-622.

Langer, Inghard, Das Persönliche Gespräch als Weg in der psychologischen Forschung. Ein Arbeitsbuch für Ausbildung und Praxis, Köln 2000.

Langer, Inghard (Hg.), Menschlichkeit und Wissenschaft, Festschrift zum 80. Geburtstag von Reinhard Tausch, Köln 2001.

Lehmann, Karl, Art. Rahner, Karl, in: Lexikon für Theologie und Kirche³, Bd. 8, 805-808.

– Beratung auf neuen Wegen. Leitgedanken und Unterstützungsmöglichkeiten durch die Kirche, in: H.J. Beckers und A. Wittrahm (Hg.), Beratung auf neuen Wegen. Grenzen im Wandel, Stuttgart 1996, 108-122.

– ‚Ich glaube, weil ich bete‘, in: K. Rahner, Gebete des Lebens, 7-13.

– Karl Rahner, in: H. Vorgrimler und R. van der Gucht (Hg.), Bilanz der Theologie im 20. Jahrhundert, Bd. 4 Bahnbrechende Theologen, Freiburg 1970, 143-181.

– Karl Rahner: Ein katholischer Pionier der Ökumene, in: C. Möller u.a. (Hg.), Wegbereiter der Ökumene im 20. Jahrhundert, Göttingen 2005, 272-293.
– Karl Rahner. Ein Poträt, in: Ders. und A. Raffelt, Karl Rahner Lesebuch, Freiburg u.a. 2004, 13*-56*.
– Karl Rahner und die Kirche, in: Ders. (Hg.), Vor dem Geheimnis Gottes den Menschen verstehen, 120-135.
– Karl Rahner und die praktische Theologie, in: Zeitschrift für katholische Theologie 126 (2004) 3-15.
– Karl Rahners Bedeutung für die Kirche, in: Stimmen der Zeit 129/Spezial 1 (2004) 3-15.
– Lebendige Gemeinden in erneuerten Pastoralen Räumen. Referat zum Beratungsprozess im Bistum Mainz, veröffentlicht unter www.bistum-mainz.de (Stand: 25. März 2006).
– Philosophisches Denken im Werk Karl Rahners, in: A. Raffelt (Hg.), Karl Rahner in Erinnerung, Düsseldorf 1994, 10-27.
Lehmann, Karl (Hg.), Vor dem Geheimnis Gottes den Menschen verstehen – Karl Rahner zum 80. Geburtstag, München – Zürich 1984.
Lehmann, Karl und Raffelt, Albert, Karl Rahner Lesebuch, Freiburg u.a. 2004.
Lemke, Helga, Personzentrierte Beratung in der Seelsorge, Stuttgart u.a. 1995.
– Theologie und Praxis annehmender Seelsorge, Stuttgart 1978.
– Verkündigung im seelsorglichen Gespräch, in: I. Baumgartner (Hg.), Handbuch der Pastoralpsychologie, 493-508.
Levin, Jeffrey S., God, faith and health: exploring the spirituality-healing connection, New York 2001.
Lewin, Kurt, Feldtheorie, Kurt-Lewin-Werkausgabe Bd. 4, Bern 1982.
Leyens, Jacques-Philippe und Codol, Jean-Paul, Soziale Informationsverarbeitung, in: W. Stroebe u.a. (Hg.), Sozialpsychologie, 89-111.
Linden, Christopher, Lebendige Beziehungen als Erschließung des Glaubens an den dreifaltigen Gott, in: B. J. Hilberath (Hg.), Erfahrung des Absoluten – absolute Erfahrung, Festschrift für J. Schmitz , Düsseldorf 1990, 196-226.
Linke, Detlef B., Das Gehirn – Schlüssel zur Unendlichkeit. Der Geist ist mehr als unser Hirn, Freiburg 2004.
Linster, Hans, Wissenschaftliche Fundierung von Psychotherapie – Fundierung aus ihrem Selbstverständnis, in: R. Sachse und J. Howe (Hg.), Zur Zukunft der klientenzentrierten Psychotherapie, 142-167.
Lobkowicz, Nikolaus, Das Menschenbild des zweiten Vatikanum, Basel – Frankfurt a. M. 1989.
Losinger, Anton, Der anthropologische Ansatz in der Theologie Karl Rahners, St. Ottilien 1991.

Mahoney, Michael J., Kognitive Verhaltenstherapie. Neue Entwicklungen und Integrationsschritte (Leben lernen Bd. 29), München ²1979.

Maier-Kuhn, Hildegard, Utopischer Individualismus als personales und säkulares Heilsangebot. Eine ideologiekritische und sozialethische Untersuchung der Gesprächspsychotherapie von Carl R. Rogers unter besonderer Berücksichtigung ihrer Adaptation durch die Pastoralpsychologie, Würzburg 1979.

Marks, Loren, Religion and Bio-Psycho-Social Health: A Review and Conceptual Model, in: Journal of Religion and Health 44 (2005) 173-186.

Martin, David G., Gesprächspsychotherapie als Lernprozess, Salzburg 1975.

Maslow, Abraham H., Motivation und Persönlichkeit, Reinbek b. Hamburg ⁹1999.

Maturana, Humberto R. und Varela, Francisco J., Der Baum der Erkenntnis: die biologischen Wurzeln des menschlichen Erkennens, Bern – München ⁴1992.

May, Rollo, The problem of evil: An open letter to Carl Rogers, in: H. Kirschenbaum und V. Land Henderson (Hg.), Carl Rogers: Dialogues, 239-251.

Mayr, Franz K., Vermutungen zu Karl Rahners Sprachstil, in: H. Vorgrimler (Hg.), Wagnis Theologie, 143-159.

Mergenthaler, Daniela, Oliver Sacks – Elemente einer Neuroanthropologie (Naturwissenschaft – Philosophie – Geschichte Bd. 13), Münster 2001.

Mette, Norbert, Zwischen Reflexion und Entscheidung. Der Beitrag Karl Rahners zur Grundlegung der praktischen Theologie, in: Trierer Theologische Zeitschrift 87 (1978) 26-43 und 136-151.

– Von der Anwendungs- zur Handlungswissenschaft. Konzeptionelle Entwicklungen und Problemstellungen im Bereich der (katholischen) Praktischen Theologie, in: O. Fuchs (Hg.), Theologie und Handeln. Beiträge zur Fundierung der Praktischen Theologie, Düsseldorf 1984, 50-63.

Mette, Norbert und Steinkamp, Hermann, Sozialwissenschaften und Praktische Theologie (Leitfaden Theologie Bd. 11), Düsseldorf 1983.

Metz, Johann B., Den Glauben lernen und lehren. Dank an Karl Rahner, München 1984.

– Karl Rahner, in: H.J. Schultz (Hg.), Tendenzen der Theologie im 20. Jahrhundert, Stuttgart 1966, 513-518.

– Karl Rahner – ein theologisches Leben, in: Stimmen der Zeit 192 (1974) 305-316.

– Theologie als Biographie, in: Ders., Glaube in Geschichte und Gesellschaft. Studien zu einer praktischen Fundamentaltheologie, Mainz 1977, 195-203.

Metz, Johann B. u.a. (Hg.), Gott in Welt. Festgabe für Karl Rahner, 2 Bde, Freiburg u.a. 1964.

Metzger, Wolfgang, Gestalt-Psychologie. Ausgewählte Werke aus den Jahren 1950 bis 1982, hg. von M. Sandler und H. Crabus, Frankfurt a. M., 1986.

Meyer, Adolf-Ernst u.a., Forschungsgutachten zu Fragen eines Psychotherapeutengesetzes, Hamburg-Eppendorf 1991.

Miggelbrink, Ralf, Latens Deitas. Das Gottesdenken in der Theologie Karl Rahners, in: R. A. Siebenrock, Karl Rahner in der Diskussion, 99-129.

Moldzio, Andrea, Das Menschenbild in der systemischen Therapie, Heidelberg ²2004.

Molinski, Waldemar, Art. Nächstenliebe, in: K. Rahner (Hg.), Herders Theologisches Taschenlexikon Bd. 5, 154-157.

Moosbrugger, Helfried, Zwingmann, Christian und Frank, Dirk (Hg.), Religiosität, Persönlichkeit und Verhalten, Beiträge zur Religionspsychologie, Münster – New York 1996.

Muck, Otto, Thomas – Kant – Maréchal: Karl Rahners transzendentale Methode, in: H. Schöndorf (Hg.), Die philosophischen Quellen der Theologie Karl Rahners, 31-56.

Müller, Anselm W., ,Lasst uns Menschen machen!' Ansprüche der Gentechnik – Einspruch der Vernunft (Ethik aktuell Bd. 8), Stuttgart 2004.

Müller, Gerhard L., Katholische Dogmatik, Freiburg u.a. ⁵2003.

Müller, Max und Halder, Alois, Art. Person, in: K. Rahner (Hg.), Herders Theologisches Taschenlexikon, Bd. 5, 381-390.

Müller, Wunibald, Beratung und Begleitung im Kontext der Seelsorge, in: K. Baumgartner und Ders., Beraten und Begleiten, 20-30.

– Die Ehre Gottes ist der lebendige Mensch. Selbstverwirklichung als Menschwerdung, Mainz 1995.

– Ganz Ohr: Grundhaltungen in der seelsorglichen und spirituellen Beratung, Mainz 1994.

– Menschliche Nähe in der Seelsorge: sich selbst annehmen – den anderen annehmen, Mainz 1987.

– Über die Menschen zu Gott. Begegnungen und Auseinandersetzung mit Carl Rogers, in: P. Raab (Hg.), Psychologie hilft glauben, 174-181.

– Wenn der Geist die Seele berührt. Geistesgegenwart in der Psychotherapie, in: Lebendige Seelsorge 56 (2005) 120-123.

Müller, Wunibald (Hg.), Psychotherapie in der Seelsorge (Freiburger Akademieschriften Bd. 4), Düsseldorf 1992.

Murken, Sebastian, Gottesbeziehung und psychische Gesundheit. Die Entwicklung eines Modells und seine empirische Überprüfung (Internationale Hochschulschriften Bd. 262), Münster u.a. 1998.

Murken, Sebastian und Rüddel, Heinz, Wie kann Religiosität gesundheitsfördernd sein?, in: H.-C. Deter (Hg.), Psychosomatik am Beginn des 21. Jahrhunderts. Chancen einer biopsychosozialen Medizin, Bonn u.a 2001, 540-548.

Murmann, Ulrike, Freiheit und Entfremdung: Paul Tillichs Theorie der Sünde (Forum Systematik Bd. 8), Stuttgart 2000.

Mutschler, Hans-Dieter, Karl Rahner und die Naturwissenschaft, in: Ders. (Hg.), Gott neu buchstabieren, Zur Person und Theologie Karl Rahners, Würzburg 1994, 97-117.

Nationaler Ethikrat, Patientenverfügung: Stellungnahme, Berlin 2005.

Neufeld, Karl Heinz, Karl Rahner – Zeitgenosse, in: H. D. Mutschler (Hg.), Gott neu buchstabieren, 13-35.

– Die Brüder Rahner. Eine Biographie, Freiburg i.Br. ²2004.

Neumann, Karl, Der Praxisbezug der Theologie bei Karl Rahner, Freiburg i.Br. 1980.

Neuner, Peter, Der Glaube als subjektives Prinzip der theologischen Erkenntnis, in: W. Kern (Hg.), Traktat Theologische Erkenntnislehre, 23-108.

Neuner, Peter (Hg.), Naturalisierung des Geistes – Sprachlosigkeit der Theologie? Die Mind-Brain-Debatte und das christliche Menschenbild (Quaestiones disputatae Bd. 205), Freiburg i.Br. 2003.

Neunheuser, Burkhard, Art. Mysterientheologie, in: K. Rahner (Hg.), Herders Theologisches Taschenlexikon, Bd. 5, 134-136.

Nye, Robert D., Three psychologies: perspectives from Freud, Skinner, and Rogers, Belmont ⁶2000.

Nykl, Ladislav, Beziehung im Mittelpunkt der Persönlichkeitsentwicklung. Carl Rogers im Vergleich mit Behaviorismus, Psychoanalyse und anderen Theorien. Mutter-Kind und andere Beziehungen, Münster 2005.

– Psychologische Kontexte in der C.-Rogers-Psychotherapie – das Selbst im Mittelpunkt der Persönlichkeitstheorie. Vergleich zum Behaviorismus und der Psychoanalyse, Wien 2000.

Ochsmann, Randolph, Angst vor Tod und Sterben. Beiträge zur Thanato-Psychologie, Göttingen u.a. 1993.

Oeggl, Elfriede, Das Sterben, in: K. Rahner, Bilder eines Lebens, 162-163.

Oerter, Rolf und Montada, Leo (Hg.), Entwicklungspsychologie: Ein Lehrbuch, ³1995.

O'Haara, Maureen, Rogers as scientist and mystic, in: Journal of Humanistic Psychology 35/4 (1995) 40-53.

Orlinsky, David E. und Kenneth, Howard I., The relation of process to outcome in psychotherapy, in: A.E. Bergin und S.L. Garfield (Hg.), Handbook of psychotherapy and behavior change, New York ³1986, 311-381.

Pannenberg, Wolfhart, Anthropologie in theologischer Perspektive: religiöse Implikationen anthropologischer Theorie, Göttingen 1983.

– Das Glaubensbekenntnis: ausgelegt und verantwortet vor den Fragen der Gegenwart, Gütersloh ⁴1982.

Pastoraltheologische Informationen 24/2 (2004): Theologie aus pastoraler Leidenschaft – Karl Rahner und die Grundfragen der Praktischen Theologie.

Pauen, Michael, Illusion Freiheit? Mögliche und unmögliche Konsequenzen der Hirnforschung, Frankfurt 2004.

Pauleikoff, Bernhard, Das Menschenbild im Wandel der Zeit. Ideengeschichte der Psychiatrie und der klinischen Psychologie (Schriften zur Wissenschaftsgeschichte Bd. 7), 4 Bde, Bd. 4, Die Zeit bis zur Gegenwart, Hürtgenwald 1987.

Pawlowsky, Gerhard, Wie werde ich wieder gesund? Wie heilt der Personzentrierte Ansatz?, in: P. Frenzel u.a. (Hg.), Handbuch der Personzentrierten Psychotherapie, 128-136.

Pesch, Otto H., Das Wort Gottes als objektives Prinzip der theologischen Erkenntnis, in: W. Kern (Hg.), Traktat Theologische Erkenntnislehre, 1-22.

– Frei sein aus Gnade: theologische Anthropologie, Freiburg i.Br. u.a. 1983.

Pfeiffer, Samuel (Hg.), Seelsorge und Psychotherapie: Chancen und Grenzen der Integration., Moers 1991.

Pfeiffer, Wolfgang M., Die Bedeutung der Beziehung bei der Entstehung und Therapie psychischer Störungen, in: L. Teusch und J. Finke (Hg.), Krankheitslehre der Gesprächspsychotherapie, 19-39.

Pfeiffer, Wolfgang M., Klientenzentrierte Psychotherapie im Kontext von Kultur und Mode, in: R. Sachse und J. Howe (Hg.), Zur Zukunft der klientenzentrierten Psychotherapie, 223-247.

Philipp, Thomas, Die theologische Bedeutung der Psychotherapie: eine systematisch-theologische Studie auf der Grundlage der Anthropologie Alexander Mitscherlichs (Freiburger theologische Studien Bd. 159), Freiburg i.Br. u.a. 1997.

Pieper, Josef, Über das christliche Menschenbild, München [6]1955.

Plante, Thomas G. und Sherman, Allan C. (Hg.), Faith and Health. Psychological Perspectives, New London 2001.

Pompey, Heinrich, Seelsorge zwischen Gesprächstherapie und Verkündigung, in: Lebendige Seelsorge 26 (1975) 162-173.

– Theologisch-psychologische Grundbedingungen der seelsorglichen Beratung, in: E. Lade (Hg.), Christliches ABC heute und morgen, Handbuch für Lebensfragen und kirchliche Erwachsenenbildung, Bad Homburg 1986, 179-209.

– Zur Geschichte der Pastoralpsychologie, in: I. Baumgartner (Hg.), Handbuch der Pastoralpsychologie, 23-40.

Pörtner, Marlies, Praxis der Gesprächspsychotherapie: Interviews mit Therapeuten, Stuttgart 1994.

Puntel, Bruno L., Zu den Begriffen ,transzendental' und ,kategorial' bei Karl Rahner, in: H. Vorgrimler (Hg.), Wagnis Theologie, 189-198.

Quitmann, Helmut, Humanistische Psychologie. Zentrale Konzepte und philosophischer Hintergrund, Göttingen 1985.

Quitterer, Josef und Runggaldier, Edmund (Hg.), Der neue Naturalismus – eine Herausforderung an das christliche Menschenbild, Stuttgart u.a. 1999.

Raab, Peter (Hg.), Psychologie hilft glauben: durch seelisches Reifen zum spirituellen Erwachen, Berichte, Erfahrungen, Anregungen, Freiburg i.Br. 1990.

Radlbeck-Ossmann, Regina, Art. Menschenbild, in: K. Baumgartner und P. Scheuchenpflug (Hg.), Lexikon der Pastoral (Lexikon für Theologie und Kirche kompakt), 2 Bde, Bd. 2, Freiburg i.Br. 2002, 11135-1137.

Raffelt, Albert, Editionsbericht, in: K. Rahner, Geist in Welt, SW 2, XIII-XXXVII.

– Geist in Welt: einige Anmerkungen zur Interpretation, in: H. Schöndorf (Hg.), Die philosophischen Quellen der Theologie Karl Rahners, 57-80.

Raffelt, Albert und Rahner, Karl, Anthropologie und Theologie, in: F. Böckle u.a. (Hg.), Christlicher Glaube in moderner Gesellschaft (Enzyklopädische Bibliothek Bd. 24), Freiburg i.Br. u.a. 1981, 5-55.

Raffelt, Albert und Verweyen, Hansjürgen, Karl Rahner, München 1997.

Ratzinger, Josef, Aus meinem Leben. Erinnerungen (1927-1977), München 1998.

– Einführung in das Christentum, München 1990.

– Vom Verstehen des Glaubens. Anmerkungen zu Rahners Grundkurs des Glaubens, in: Theologische Revue 74 (1978), 177-186.

Rauchfleisch, Udo, Wer sorgt für die Seele? Grenzgänge zwischen Psychotherapie und Seelsorge, Stuttgart 2004.

Reber, Joachim, Das christliche Menschenbild, Augsburg 2005.

Reinecker, Hans (Hg.), Lehrbuch der klinischen Psychologie und Psychotherapie. Modelle psychischer Störungen, Göttingen u.a. ⁴2003.

– Lehrbuch der Verhaltenstherapie, hg. v. d. Dt. Gesellschaft für Verhaltenstherapie, Tübingen 1999.

Reis, Oliver, Nachhaltigkeit – Ethik – Theologie: eine theologische Revue der Nachhaltigkeitsdebatte, Münster 2005.

Reisenhofer, Josef, ‚Ich glaube, weil ich bete‘. Zur Theologie des Gebetes bei Karl Rahner, in: R. A. Siebenrock (Hg.), Karl Rahner in der Diskussion, 149-158.

Remele, Kurt, Der Tanz um das Goldene Selbst? Therapiegesellschaft, Selbstverwirklichung und Gemeinwohl (Theologie im kulturellen Dialog Bd. 9), Graz u.a. 2001.

Rogers, David, A Ripple in the Pond, in: M.M. Suhd (Hg.), Positive Regard, 275-300.

Rogers, Nathalie, The Creative Journey, in: M.M. Suhd (Hg.), Positive Regard, 175-226.

Röper, Anita, Karl Rahner als Seelsorger, Innsbruck – Wien 1987.

Roth, Gerhard, Das Gehirn und seine Wirklichkeit: kognitive Neurobiologie und ihre philosophischen Konsequenzen, Frankfurt a. M. 1994.

Rulands, Paul, Selbstmitteilung Gottes in Jesus Christus: Gnadentheologie, in: A. R. Batlogg u.a., Der Denkweg Karl Rahners, 161-196.

– Zur Genese des Theologumenons vom ‚übernatürlichen Existential‘. Ein Versuch zur exemplarischen Erhellung der Bedeutung der Neuscholastik für die Theologie Karl Rahners, in: R. A. Siebenrock (Hg.), Karl Rahner in der Diskussion, 225-246.

Russell, Roberta, Das therapeutische Bündnis, in: Psychologie heute 24/2 (1994) 60-65.

Ruthe, Reinhold, Wenn die Seele schreit: macht der Glaube psychisch krank?, Moers 1991.

Ryback, David, Emotionale Intelligenz im Management – Wege zu einer neuen Führungsqualität, Köln 2000.

Sachse, Rainer, Lehrbuch der Gesprächspsychotherapie, Göttingen u.a. 1999.
– Zielorientierte Gesprächspsychotherapie. Eine grundlegende Neukonzeption, Göttingen 1992.
– Zur allgemeinpsychologischen Fundierung von klientenzentrierter Psychotherapie: Die Theorien zur ‚konzeptgesteuerten Informationsverarbeitung' und ihre Bedeutung für den Verstehensprozess, in: Ders. und J. Howe (Hg.), Zur Zukunft der klientenzentrierten Psychotherapie, 76-101.

Sachse, Rainer und Howe, Jürgen (Hg.), Zur Zukunft der klientenzentrierten Psychotherapie, Heidelberg 1989.

Sandler, Willibald, Bekehrung des Denkens. Karl Rahners Anthropologie und Soteriologie als formal-offenes System in triadischer Perspektive, Frankfurt a. M. 1996.
– Die Kunst des Fragens. Versuch einer systematischen Rekonstruktion von Karl Rahners transzendental-phänomenologischer Methode, in: R. A. Siebenrock (Hg.), Karl Rahner in der Diskussion, 247-267.

Schäffer, Wilhelm, Das Streben nach Selbstverwirklichung in Korrelation zum Leben nach dem Willen Gottes, in: Ders., Erneuerter Glaube – verwirklichtes Menschsein – Die Korrelation von Glauben und Erfahrung in der Lebenspraxis christlicher Erneuerung, (Studien zur Praktischen Theologie Bd. 28), Einsiedeln 1983, 402-412.

Schaeffler, Richard, Die Wechselbeziehungen zwischen Philosphie und katholischer Theologie, Darmstadt 1980.

Scharfenberg, Joachim, Psychologie und Psychotherapie, in: F. Klostermann und R. Zerfaß (Hg.), Praktische Theologie heute, München – Mainz 1974, 339-346.

Scheel, Heike, Menschenbild und Heilung. eine verleichende Standortbestimmung therapeutischer Richtungen unter besonderer Berücksichtigung der Leib-Psychotherapie bzw. Psychoenergetik nach Peter Schellenbaum, Wien 2003.

Scheffczyk, Leo (Hg.), Der Mensch als Bild Gottes, Darmstadt 1969.

Scheffczyk, Leo, Der moderne Mensch vor dem biblischen Menschenbild, Freiburg i.Br. u.a. 1964.
– Einführung in die Schöpfungslehre, Darmstadt ³1987.

Scherer, Burkhard (Hg.), Die Weltreligionen: zentrale Themen im Vergleich, Gütersloh 2003.

Schlagheck, Michael (Hg.), Theologie und Psychologie im Dialog über die Angst (Schriftenreihe der Kath. Akademie Die Wolfsburg, Mühlheim, Ruhr), Paderborn 1997.
– Theologie und Psychologie im Dialog über die Schuld (Schriftenreihe der Kath. Akademie Die Wolfsburg, Mühlheim, Ruhr), Paderborn 1996.
– Theologie und Psychologie im Dialog über ihre Menschenbilder (Schriftenreihe der Kath. Akademie Die Wolfsburg, Mühlheim, Ruhr), Paderborn 1997.

Schmid, Margarethe, Mitarbeiter im Wiener Seelsorgeamt 1939-1944, in: K. Rahner, Bilder eines Lebens, 36-38.

Schmid, Peter F., Anspruch und Antwort: Personzentrierte Psychotherapie als Begegnung von Person zu Person, in: W. W. Keil und G. Stumm (Hg.), Die vielen Gesichter der Personzentrierten Psychotherapie, 75-105.

– Herr Doktor, bin ich verrückt? Eine Theorie der leidenden Person statt einer ‚Krankheitslehre‘, in: P. Frenzel u.a. (Hg.), Handbuch der Personzentrierten Psychotherapie, 83-125.

– Menschenbild, in: G. Stumm u.a. (Hg.), Grundbegriffe der Personzentrierten und Focusing-orientierten Psychotherapie und Beratung, 210-213.

– Menschengerechte Förderung und Herausforderung. Die Bedeutung der Pastoralpsychologie für die Seelsorge, die Theologie und die Psychologie, in: Diakonia 34 (2004) 234-240.

– Person, in: G. Stumm u.a. (Hg.), Grundbegriffe der Personzentrierten und Focusing-orientierten Psychotherapie und Beratung, 226-227.

– Personale Begegnung: Der personzentrierte Ansatz in Psychotherapie, Beratung, Gruppenarbeit und Seelsorge, Würzburg ²1995.

– Personzentrierte seesorgerliche Beratung und Begleitung im Einzelgespräch, in: K. Baumgartner und W. Müller (Hg.), Beraten und Begleiten, 74-91.

– Souveränität und Engagement – Zu einem personzentrierten Verständnis von ‚Person‘, in: C. Rogers und Ders., Person-zentriert, 11-164.

– Was ist personzentriert? Zur Frage von Identität, Integrität, Integration und Abgrenzung, in: C. Iseli u.a. (Hg.), Identität, Begegnung, Kooperation, 219-256.

Schmidt, Lothar R., Klinische Psychologie. Entwicklungen, Reformen, Perspektiven, Tübingen 2001.

Schneider, Michael, Karl Rahner und die anthropologische Frage: zum theologischen Ansatz einer ‚Logik existentieller Erkenntnis‘ (Edition Cardo Bd. 117), Köln 2004.

– ‚Unterscheidung der Geister‘. Die ignatianischen Exerzitien in der Deutung von E. Przywara, K. Rahner und G. Fessard (Innsbrucker theologische Studien Bd. 11), Innsbruck – Wien 1983.

Schneider, Theodor (Hg.), Handbuch der Dogmatik, 2 Bde, Düsseldorf 1992.

Schomaekers, Günter, Daten zur Geschichte der USA, München 1983.

Schöndorf, Harald (Hg.), Die philosophischen Quellen der Theologie Karl Rahners (Quaestiones disputatae Bd. 213), Freiburg i.Br. 2005.

Schoonenberg, Piet, Mysterium Inquitatis. Ein Versuch über die Erbsünde, in: Wort und Wahrheit 21 (1966) 577-591.

Schülein, Johann A., Rogers Theorie und Amerika, in: A. Köhler-Weisker u.a. (Hg.), ‚Auf der Suche nach dem wahren Selbst‘, 175-213.

Schulz, Michael, Karl Rahner begegnen, Augsburg 1999.

Schüssler, Werner, Art. Tillich, Paul, in: Biographisch-Bibliographisches Kirchenlexikon Bd. 12, Herzberg 1997, 85-123.

Schwerdtfeger, Nikolaus, Der ‚anonyme Christ' in der Theologie Karl Rahners, in: M. Delgado und M. Lutz-Bachmann (Hg.), Theologie aus Erfahrung der Gnade, 72-94.

– Gnade und Welt. Zum Grundgefüge von Karl Rahners Theorie der ‚anonymen Christen' (Freiburger Theologische Studien Bd. 123), Freiburg i.Br. 1982.

Seckler, Max, Theosoterik und Autosoterik, in: Theologische Quartalschrift 162 (1982) 289-298.

Seefeldt, Dieter (Hg.), Spiritualität und Psychotherapie, Lengerich u.a. 2001.

Seifert, Josef, Das Leib-Seele-Problem und die gegenwärtige philosophische Diskussion: eine systematisch-kritische Analyse, Darmstadt ²1989.

Shlien, John M., Fragen an John M. Shlien, in: GwG-Zeitschrift 19 (1988) 6-9.

Siebenrock, Roman A., Aus der Mitte in die Weite. Karl Rahner – aus der Generation ‚danach', in: Christ in der Gegenwart 56 (2004), 69-70.

– Einleitung, in: Ders. (Hg.), Karl Rahner in der Diskussion, 9-32.

– Glaube gibt zu denken: ‚Geist in Welt' und ‚Hörer des Wortes', in: A. R. Batlogg u.a., Der Denkweg Karl Rahners, 55-105.

– Gnade als Herz der Welt. Der Beitrag Karl Rahners zu einer zeitgemäßen Gnadentheologie, in: M. Delgado und M. Lutz-Bachmann (Hg.), Theologie aus Erfahrung der Gnade, 34-71.

– Theologie um der Seelsorge willen, in: Diakonia 35 (2004) 369-375.

– ‚Wer sich Gott naht, dem naht sich Gott'. Intuitionen, Themen, Dynamik und ‚Habitus' des Werkes P. Karl Rahners SJ, in: Pastoraltheologische Informationen 24/2 (2004) 20-44.

Siebenrock, Roman A. (Hg.), Karl Rahner in der Diskussion. Erstes und zweites Innsbrucker Karl-Rahner-Symposion: Themen – Referate – Ergebnisse, Innsbrucker Theologische Studien Bd. 56, Innsbruck – Wien 2001.

Sievernich, Michael, Freiheit und Verantwortung. Ethische und theologische Perspektiven, in: J. Eisenburg (Hg.), Die Freiheit des Menschen. Zur Frage von Verantwortung und Schuld, Regensburg 1998, 102-126.

– Homo jesuiticus, in: M. Schwarze (Hg.), Der neue Mensch. Perspektiven der Renaissance (Eichstätter Kolloquium Bd. 9), Regensburg 1999, 51-78.

– Ignatianische Spiritualität und pastorale Grundorientierung, in: Pastoraltheologische Informationen 24/2 (2004) 54-67.

– Karl Rahners Neuinterpretation der Mission, in: Zeitschrift für Missionswissenschaft und Religionswissenschaft 88 (2004) 158-173.

– Pastoral Care for the Sick in a Post-Secular Age: An Ignatian Perspective, in: Christian Bioethics 9 (2003) 23-37.

– Pastoraltheologie, die an der Zeit ist, in: C. Sedmak (Hg.), Was ist gute Theologie? (Salzburger Theologische Studien Bd. 20), Innsbruck – Wien 2003, 225-239.

– Schuld und Sünde in der Theologie der Gegenwart (Frankfurter Theologische Studien Bd. 29), Frankfurt a. M. 1982.

– Schuld und Vergebung. Grundthema und Anfrage, in: Wege zum Menschen 57 (2005) 296-308.

Sievernich, Michael und Switek, Günter (Hg.), Ignatianisch. Eigenart und Methode der Gesellschaft Jesu, Freiburg i.Br. u.a. ²1991.

Singer, Wolf, Ein neues Menschenbild? Gespräche über Hirnforschung, Frankfurt a. M. 2003.

Smulders, Pieter, Art. Schöpfung, in: K. Rahner, Herders Theologisches Taschenlexikon, Bd. 6, 342-351.

Skinner, Bhurrius F., Futurum zwei, Hamburg 1970.

– Science and Human behavior, New York 1953.

Sobrino, Jon, Gedanken über Karl Rahner aus Lateinamerika, in: Stimmen der Zeit 129/Spezial 1 (2004) 43-56.

Speck, Josef, Karl Rahners theologische Anthropologie. Eine Einführung, München 1967.

Speierer, Gert-Walter, Das Differenzielle Inkongruenzmodell der Gesprächspsychotherapie, in: W. W. Keil und G. Stumm (Hg.), Die vielen Gesichter der Personzentrierten Psychotherapie, 163-185.

– Die Krankheitslehre der klientenzentrierten Psychotherapie (Gesprächspsychotherapie/GT), in: R. Sachse und J. Howe (Hg.), Zur Zukunft der klientenzentrierten Psychotherapie, 37-53.

Spielhofer, Hans, Organismisches Erleben und Selbsterfahrung, in: Person, 21 (2001) 5-18.

Splett, Jörg, Der Mensch ist Person. Zur christlichen Rechtfertigung des Menschseins, Frankfurt a. M. 1978.

– Freiheit zum Tode. Zu einem Kernstück von Karl Rahners Anthropo-Theologie, in: H. Schöndorf (Hg.), Die philosophischen Quellen der Theologie Karl Rahners, 101-126.

– Zu welchem Ende lebt der Mensch?, in: Theologie und Philosophie 79 (2004) 55-72.

Stahl, Thies, Neurolinguistisches Programmieren (NLP); was es kann, wie es wirkt und wem es hilft (Therapieverfahren unserer Zeit), Mannheim ⁴1994.

Standal, Stanley, The need for positive regard: A contribution to client-centered theory, Unpublished doctoral dissertation, Chicago 1954.

Steenbuck, Gisela, Zur Aktualität Personzentrierter Begleitung und Beratung. Der Personzentrierte Ansatz – ein Klassiker im 21. Jahrhundert, in: Gesprächspsychotherapie und Personzentrierte Beratung 35 (2005) 81-86.

Steinmeier, Anne M., Wiedergeboren zur Freiheit: Skizze eines Dialogs zwischen Theologie und Psychoanalyse zur theologischen Begründung des seelsorglichen Gesprächs (Arbeiten zur Pastoraltheologie Bd. 33), Göttingen 1998.

Stern, Daniel, Die Lebenserfahrung des Säuglings, Stuttgart 1992.

Stipsits, Reinhold, Ablenkung und Klischee – Über den Schatten im personzentrierten Konzept, in: Arbeitsgemeinschaft Personzentrierte Gesprächsführung (Hg.), Persönlichkeitsentwicklung durch Begegnung, Wien 1984, 184-194.

Stipsits, Reinhold, Carl Rogers im Gespräch mit Martin Buber, in: Arbeitsgemeinschaft Personzentrierte Gesprächsführung (Hg.), Persönlichkeitsentwicklung durch Begegnung, Wien 1984, 52-72.

– Gegenlicht. Studien zum Werk von Carl R. Rogers (1902-1987), Wien 1999.

Stipsits, Reinhold und Pawlowsky, Gerhard, Deutung aus Empathie. Ein Beitrag zum personzentrierten und analytischen Verständnis der Deutung aus der Beziehung, in: T. Reinelt und W. Datler (Hg.), Beziehung und Deutung im psychotherapeutischen Prozeß, Berlin 1988, 213-220.

Stolina, Ralf, Die Theologie Karl Rahners: Inkarnatorische Spiritualität. Menschwerdung Gottes und Gebet (Innsbrucker theologische Studien Bd. 46), Innsbruck – Wien 1996.

Stollberg, Dietrich, Therapeutische Seelsorge: die amerikanische Seelsorgebewegung; Darstellung und Kritik, mit einer Dokumentation (Studien zur praktischen Theologie Bd. 6), München [3]1972.

Stroebe, Wolfgang u.a. (Hg.), Sozialpsychologie. Eine Einführung, Berlin u.a., 1990.

Stumm, Gerhard und Keil, Wolfgang W., Das Profil der Klienten-/Personzentrierten Psychotherapie, in: W. W. Keil und G. Stumm (Hg.), Die vielen Gesichter der Personzentrierten Psychotherapie, 1-62.

Stumm, Gerhard und Kriz, Jürgen, Organismus, in: G. Stumm u.a. (Hg.), Grundbegriffe der Personzentrierten und Focusing-orientierten Psychotherapie und Beratung, 219-221.

Stumm, Gerhard, Wiltschko, Johannes und Keil, Wolfgang W. (Hg.), Grundbegriffe der Personzentrierten und Focusing-orientierten Psychotherapie und Beratung, Stuttgart 2003.

Sudbrack, Josef, Karl Rahner und die Theologie der Exerzitien, in: H. D. Mutschler (Hg.), Gott neu buchstabieren, 37-61.

Suhd, Mel (Hg.), Positive Regard. Carl Rogers and Other Notables He Influenced, Palo Alto 1995.

Suter, Alois, Menschenbild und Erziehung bei M. Buber und C. Rogers. Ein Vergleich (Studien zur Geschichte der Pädagogik und Philosophie der Erziehung Bd. 6), Bern – Stuttgart 1986.

Swildens, Johannes, Die klientenzentrierte Therapie, die prozessorientierte Gesprächstherapie und die Personzentrierte Gesprächsführung: Drei Töchter des gleichen Vaters, aber aus verschiedener Ehe, in: R. Stipsits und R. Hutterer (Hg.), Perspektiven Rogerianischer Psychotherapie, 54-70.

Taft, Jessie, The Dynamics of Therapy in a Controlled Relationship, New York 1933.

Tausch, Reinhard und Tausch, Anne M., Gesprächspsychotherapie; hilfreiche Gruppen- und Einzelgespräche in Psychotherapie und alltäglichem Leben, Göttingen u.a. [9]1990.

Teichmann-Wirth, Beatrix, Fully functioning person, in: G. Stumm u.a. (Hg.), Grundbegriffe der Personzentrierten und Focusing-orientierten Psychotherapie und Beratung, 133-135.

Teusch, Ludwig und Finke, Jobst (Hg.), Krankheitslehre der Gesprächspsychotherapie. Neue Beiträge zur theoretischen Fundierung, Heidelberg 1993.

Thorne, Brian, Carl Rogers, London 1992.

– Carl Rogers: Vermächtnis und Herausforderung, in: R. Stipsits und R. Hutterer (Hg.), Perspektiven Rogerianischer Psychotherapie, 39-53.

– Person-centred counselling. Therapeutic and spiritual dimensions. London 1991.

Tillich, Paul, Der Mensch im Christentum und im Marxismus, in: Ders., Das religiöse Fundament des moralischen Handelns, Gesammelte Werke Bd. 3, Stuttgart 1966, 194-208.

– Die theologische Bedeutung von Psychoanalyse und Existentialismus, in: Ders., Offenbarung und Glaube, Gesammelte Werke Bd. 8, Stuttgart 1970, 304-315.

– Die Verkündigung des Evangeliums, in: Ders., Offenbarung und Glaube, Gesammelte Werke Bd. 8, Stuttgart 1970, 265-275.

– Entfremdung und Versöhnung im modernen Denken, in: Ders., Philosophie und Schicksal, Gesammelte Werke Bd. 4, Stuttgart 1961, 183-198.

– Systematische Theologie, 3 Bde, Bd. 2, Stuttgart 1958.

Treibel, Annette, Einführung in soziologische Theorien der Gegenwart (Einführungskurs Soziologie Bd. 3), Opladen 1998.

Troidl, Robert, Die klientenzentrierte Gesprächspsychotherapie in der Seelsorge (Europäische Hochschulschriften, Reihe 23 Theologie, Bd. 334), Frankfurt 1988.

Tscheulin, Dieter, Für und Wider die Methodenintegration in der Psychotherapie, in: H. Schultz und M. Hautzinger (Hg.), Psychotherapie, 3 Bde, Bd.1, Tübingen 1980, 123-136.

Ullrich, Lothar (Hg.), Aspekte eines christlichen Menschenbildes (Erfurter theologische Schriften Bd. 21), Leipzig 1991.

Utsch, Michael (Hg.), Wenn die Seele Sinn sucht: Herausforderung für Psychotherapie und Seelsorge, Neukirchen-Vluyn 2000.

Van der Ven, Johannes A., Entwurf einer empirischen Theologie (Theologie und Empirie Bd. 10), Weinheim 1990.

– Praktische Theologie und Humanwissenschaften. Der Modus der Kooperation, in: H. Haslinger (Hg.), Handbuch Praktische Theologie, Bd.1, 267-278.

Van der Ven, Johannes A. und Ziebertz, Hans-Günter (Hg.), Paradigmenwechsel in der Praktischen Theologie, Weinheim 1993.

Van Kalmthout, Martin, The religios dimension of Carl Rogers' work, in: Journal of Humanistic Psychology 35/4 (1995) 23-39.

Vasconcellos, John, Eulogy, in: Person-Centered Review 2 (1987) 353-370.